ISA MA...

VocabuLando

Vocabulário Prático Inglês–Português
▶ from **ABILITY** to **ZEST** ◀

Falsos cognatos e outros termos e expressões de difícil tradução

com a colaboração de
DAVID COLES

© 2006 Isa Mara Lando

Consultoria e revisão do português
Carla Finger

Revisão do inglês
David Coles

Assistente editorial
Gabriela Canato

Capa e projeto gráfico
Paula Astiz

Editoração eletrônica
Priscila Arícia Neto / Paula Astiz Design

Dados Internacionais de Catalogação na Publicação (CIP)
(Câmara Brasileira do Livro, SP, Brasil)

Lando, Isa Mara
  Vocabulando : vocabulário prático inglês-português : from ability to zest / Isa Mara Lando ; com a colaboração de David Coles. – Ed. atual. e ampl. – São Paulo : Disal, 2006.

  "Falsos cognatos e outros termos e expressões de difícil tradução"
  Bibliografia.

  ISBN 85-89533-51-4

  1. Inglês – Vocabulários, glossários etc. – Português I. Coles, David. II. Título.

06-5613   CDD-423.69

Índices para catálogo sistemático:

1. Inglês-português : Vocabulários : Lingüística 423.69

Todos os direitos reservados em nome de: Bantim, Canato e Guazzelli Editora Ltda.

Rua Major Sertório, 771, cj. 1, Vila Buarque
01222-001, São Paulo, SP
Tel./Fax: (11) 3237-0070

Visite nosso site: www.disaleditora.com.br

Vendas:
Televendas: (11) 3226-3111
Fax gratuito: 0800 7707 105/106
E-mail para pedidos: comercialdisal@disal.com.br

Nenhuma parte desta publicação pode ser reproduzida, arquivada nem transmitida de nenhuma forma ou meio sem permissão expressa e escrita da Editora.

Dedicado com carinho aos que tudo me ensinaram

meus queridos pais
Jayme Lando e Tania Lando

meus queridos irmãos
Milton e Mauro

meus excelentes professores de inglês,
em especial D. Sílvia Galvão

meus colegas, alunos e amigos
que tanto contribuíram com sugestões e incentivo

Special thanks to my invaluable research assistants
Larry Page and Sergey Brin

e para o Fernando, companheiro de tantas horas boas,
fiando e tecendo o VocabuLando.

I am only one; but still I am one.
I cannot do everything, but still I can do something.
I will not refuse to do something I can do.
Helen Keller

Para traduzir é preciso, em primeiro lugar ter fé –
fé na língua portuguesa e nas suas possibilidades de expressão.

Haroldo de Campos

Uma obra original pode às vezes nascer ao calor da inspiração,
de um só jato, em poucas semanas ou dias, e se beneficiar disto;
a tradução, porém, é sempre lavor de filigrana.

Paulo Rónai

... O frabjous day! Callooh! Callay! *He chortled in his joy.*	*Oh dia fremular! Bravooh! Bravarte!* *Ele se ria, jubileu.*
Lewis Carroll – Jabberwocky	**Augusto de Campos – Jaguadarte**

SIGNIFICADO DOS SÍMBOLOS

> Quadro de alerta – falso cognato ou palavra capciosa, que induz a erro.

LINK Consulte também esse verbete.

≠ LINK Consulte também esse verbete, oposto ou contrastante.

- Sugestões de tradução, comparações, contrastes.

◊ Nota sobre a origem da palavra, curiosidades culturais, abonações de outros dicionários.

♪ Letra de canção que exemplifica bem o conceito.

▶ A grande maioria das frases em inglês foi produzida por *native speakers* e aqui modificadas, em geral reduzidas. As traduções são todas nossas, salvo menção em contrário. Teremos prazer em retificar qualquer omissão de crédito.

ABREVIATURAS

abrev. – abreviação
adj. – adjetivo
adv. – advérbio
conj. – conjunção
esp. – especialmente
expr. – expressão
fem. – feminino
inf. – uso informal
intrans. – intransitivo
masc. – masculino
neg. – negativo
port. – português
prep. – preposição
pron. – pronome
s., subst.– substantivo
UK – Reino Unido (usado só no inglês britânico)
trad. – tradução
trans. – transitivo
v. – verbo

SUMÁRIO

11 Apresentação

13 A Treasure-trove for Teachers, Students and Translators

15 VocabuLando

565 Bibliografia

567 Sobre os autores

APRESENTAÇÃO

Tudo começou com um velho caderno de capa dura. Já no primeiro livro que me confiaram para traduzir – nos idos de 1986, quando eu trabalhava como assistente na editora Rio Gráfica – senti a necessidade de elaborar meu próprio glossário, para registrar meus achados e não repetir as pesquisas.

Apesar da minha admiração pelos dicionários existentes, para o trabalho profissional eles se revelaram desatualizados, carentes de exemplos e de esclarecimentos sobre falsos cognatos e outras dificuldades do inglês.

Comecei então a compilar opções para palavras que se repetem muito, como *background, highlight, scenario,* assim como soluções para conceitos difíceis de expressar em português, como *timing, overlapping, take for granted, fill the gap.* O instinto de professora veio se unir ao de tradutora e passei a incluir palavras como *substitute, fast, piece,* que via traduzidas equivocadamente, fosse no trabalho dos alunos, ou em livros, revistas, legendas de cinema e TV. Para esses erros comuns – as tais "armadilhas" do inglês – acrescentei exemplos expressivos e quadros de alerta, com explicações claras, simples e padronizadas. Afinal, onde alguém tropeçou decerto existe alguma dificuldade que é preciso esclarecer.

Em relação aos falsos cognatos, naturalmente "devorei" o Guia do prof. Agenor Soares dos Santos, buscando internalizar um pouco da sua impressionante erudição. Meus verbetes *evidence, used to, fresh* e outros se beneficiaram muito das suas observações certeiras. Passei a incluir sistematicamente os "falsos amigos" mais comuns, como *actually, eventually, parents, compromise, ingenious,* e muitos outros como *engineer, navigate, particular, virtually,* que nem sempre significam *engenheiro, navegar, particular, virtualmente.*

Do hábito de ler TIME e Newsweek toda semana desde a adolescência, e depois outras fontes de notícias na internet, passei a coletar palavras e acepções "modernas", nas quais o inglês é tão pródigo e inventivo, e onde nossos dicionários pouco ajudam. O filme foi muito *hyped up*... Temos que nos preparar para *the worst case scenario*... As mulheres têm que ser *empowered*... É melhor adotar um *low profile*...

É fascinante mergulhar numa língua de cultura como o inglês, esse oceano interminável, tão amigo dos neologismos, que cresce e se enriquece a cada dia. Elaborar verbetes, esclarecendo palavras novas e interessantes, ou capciosas e sutis, tornou-se um hábito quase diário. Eu me esforçava para conseguir expressá-las em português de maneira fiel, natural e fluente, abrindo ao máximo o leque de opções para captar suas diferentes nuances.

E falando em naturalidade, termos e expressões muito comuns em inglês – como *how, enough, regardless,* ou o famoso *shake one's head* – garantiram sua presença, já que podem gerar frases canhestras, que doem no ouvido quando traduzidos sem imaginação. Mas quem leu muito, desde a infância, Monteiro Lobato, Clarice Lispector, Vinicius de Moraes, Cecília Meireles, Rubem Braga, Manoel Bandeira, Carlos Drummond, quem ouviu muito Chico, Caetano e Gil, Luiz Gonzaga e Dorival Caymmi, tem amor pela língua portuguesa e gosta de vê-la bem tratada.

Esse conceito essencial de "dupla fidelidade" – ao espírito do original inglês, mas também à língua de chegada, respeitando a natureza do português, respeitando o leitor brasileiro – me foi transmitido pelos maravilhosos livros do prof. Paulo Rónai, tão acessíveis e ao mesmo tempo reveladores do nosso ofício.

Em matéria de teoria, foi o prof. Rónai quem me deu régua e compasso. Mas a centelha inicial do interesse veio das geniais traduções e ensaios do mestre Augusto de Campos, especialmente sua assombrosa transcriação do *Jabberwocky,* poema de Lewis Carroll incluído em *Through the Looking-Glass (Alice Através do Espelho).* Foi esse fantástico *Jaguadarte,* que li aos 14 anos (ainda sei de cor) que me despertou a admiração e o gosto pela tradução criativa.

Em 1988 o velho caderno já não tinha mais espaço e comecei a transcrever meus achados no computador. Com isso as coisas se organizaram melhor. Adquiri o costume de anotar e prestar atenção em tudo que tivesse a ver com tradução. As boas soluções iam direto para o meu "vocabulário", como eu o chamava no início. A partir de 1995 os exemplos foram ficando mais numerosos e mais completos, pescados diariamente nos mares da internet.

Na busca de soluções naturais, bem idiomáticas, passei a incluir também frases originais dos escritores brasileiros da minha predileção, como Machado de Assis, Nelson Rodrigues, Clarice Lispector, Fernando Sabino, Adélia Prado, trechos de canções de Chico e Caetano, tentando ilustrar como um grande autor expressa, em bom português, a idéia que anima um dado termo em inglês.

Aquela grossa pilha de papéis em cima da minha mesa logo se tornou indispensável ao meu trabalho. Ganhei a satisfação de aproveitar todas as pesquisas, não desperdiçar nenhum bom achado, e elaborar algo sólido e duradouro a partir de tantos trabalhos fugazes.

A vontade de compartilhar minhas sugestões veio naturalmente, mas para isso o material precisava estar mais bem acabado. Em 1999 o livro, já com 13 anos de vida, ficou pronto para ser útil aos colegas. Decidi fazer uma publicação independente. Finalizei, levei o disquete a uma gráfica e saí com a primeira tiragem debaixo do braço – 50 exemplares com uma vistosa capa vermelha e o título **VocabuLando**, sugerido pelo meu amigo Henrique – título que se demonstrou depois tão simpático aos leitores.

And the rest, as they say, is history. O trabalho foi divulgado pelos colegas nas listas de tradutores e a internet fez o resto. A editora SBS se interessou e seguiram-se duas edições profissionais, em 2000 e 2002. Felizmente, o livro foi bem aceito; recebi muitos e-mails de agradecimento e estímulo dos leitores, chamando-o de "Manual dos Aflitos", "meu amigão, sempre aberto na minha mesa", "meu fiel escudeiro".

As duas edições se esgotaram e, a convite da DISAL EDITORA, o VocabuLando reestréia em 2006, com 50% a mais de material, colhido desde 2000. No conteúdo e na forma, diversas melhorias – muitas sugeridas por Carla Finger e David Coles, preciosos críticos e colaboradores. Além de 735 novos verbetes, muitos incluídos a pedido dos leitores, ampliei quase todos os que já constavam. Vários, como *agenda, deliver, feature, pursue* aparecem agora bem enriquecidos e mais nuançados – sem esgotar, é claro, todos os seus numerosos significados.

Inspirada na internet, incluí LINKS que remetem a outros verbetes parecidos ou contrastantes. Pode-se ir de BIAS para PREJUDICE, ou para o oposto, ≠ FAIRNESS. De OVERWHELMING para COMPELLING, de COMPELLING para DRAMATIC... O leitor pode navegar naturalmente por essas palavras afins, enriquecendo seu inglês – e seu português – de maneira espontânea e prazerosa. Poderá também praticar esse vocabulário sistematicamente, quando tiver em mãos o *VocabuLando Companion,* com exercícios baseados neste livro.

Como sou apaixonada pela língua inglesa e igualmente pelo português, a coisa não tem fim. Continuo sempre... *vocabulando*. Afinal, escrever em bom português também é uma maneira de ser útil ao meu país, o Brasil, que recebeu de braços abertos meus pais e meus avós, judeus vindos da Polônia e da Rússia em busca de uma terra mais acolhedora.

Como você vê, este livro é um *labor of love* e um *work in progress.* Envie suas sugestões para que ele fique cada vez melhor.

Enjoy!

A TREASURE-TROVE FOR TEACHERS, STUDENTS AND TRANSLATORS

Up-to-date and *user-friendly,* **VocabuLando** is a real Aladdin's Cave, full of *insights* and idiomatic translations. The book is *unlike* conventional dictionaries in that it fully explores and reveals the meaning and usage of many *crucial* high-frequency English words by means of a wealth of Portuguese translation sentences.

It not only looks in detail at *dozens* of "false friends", but it also clearly explains many other types of *challenges* that a translator will *often* encounter, with items from many categories (words, idioms, quotations, phrasal verbs, grammatical structures, pronunciation tips) drawn from a range of registers —*business*, journalism, and conversation as well as science, the law, and literature. VocabuLando will also *help* English-speakers looking for modern *materials* to *enhance* their Portuguese.

This wonderful *resource* is worthy to take its place on bookshelves alongside the works of other outstanding authors such as Agenor Soares dos Santos and Ulisses Wehby de Carvalho. What unites all these writers is not simply their far-reaching knowledge of English but also their passionate defense of the highest *standards* in Portuguese.

My *advice* to you, English teacher, language student, translator or interpreter, whether you are a native-speaker of Portuguese or of English, is to immerse yourself in **VocabuLando**. Read it from cover to cover – from *ability* to *zest* – and *thoroughly* absorb its contents. I can *promise* you that your English and also your Portuguese will improve *dramatically*. And you'll have *fun* too!

David Coles
Freelance interpreter and interpretation instructor

VocabuLando

ABILITY s.   SKILL

1. capacidade, poder, dom, faculdade, meios, recursos

- *Man has the **ability** to think and speak.* ▷ *O homem tem a **capacidade, faculdade**, o **poder**, o **dom** de pensar e falar.*
- *Web designers today have the **ability** to generate a site in a few minutes.* ▷ *Hoje os web designers têm **meios, recursos** para gerar um site em poucos minutos.*
- *A leader must have the **ability** to tolerate dissent.* ▷ *Um líder deve **ser capaz** de tolerar as divergências de opinião.*

2. habilidade, competência, aptidão, perícia, talento

- *Disabled athletes often show great **ability**.* ▷ *Muitos atletas deficientes mostram grande **habilidade, competência, talento, perícia**.*
- *It was a hunting dog with exceptional physical **abilities**.* ▷ *Era um cão de caça com **aptidões físicas excepcionais**.*

ABLE adj.   SKILLFUL

capaz, apto, bom, competente, destro, eficiente, hábil, habilitado, mestre, perito, proficiente, qualificado, talentoso

- *Where can you find an **able** mechanic?* ▷ *Onde se pode encontrar um mecânico **bom, apto, capaz, competente, habilidoso, qualificado**?*

be ABLE v.   CAN

1. poder; ser capaz de, ter capacidade, estar apto para

- *This rocket **is able** to reach a height of 600 ft.* ▷ *Esse foguete **pode, consegue** atingir 600 pés de altitude.*
- *I've always wanted **to be able** to speak French fluently.* ▷ *Sempre quis **ser capaz de** falar francês fluentemente.*
- *Are you **able** to face risk and frustration?* ▷ *Você é **capaz de** está **apto** para enfrentar riscos e frustrações?*

2. conseguir

- *Is she **able** to finish on time?* ▷ *Será que ela **consegue** terminar a tempo?*

• Usa-se **to be able** em lugar de **can** para expressar capacidade, sucesso (não mera possibilidade). Na tradução prefira "conseguir" em vez de "poder":

- *They tried to lift the fallen tree but **were** only **able** to shift it an inch or two.* ▷ *Tentaram levantar a árvore tombada, mas só **conseguiram** movê-la alguns centímetros.*

• Também se usa **to be able** em tempos verbais onde não é possível usar **can** – futuro, condicional etc:

- *Will you **be able** to pay the rent?* ▷ *Você **vai poder, vai conseguir** pagar o aluguel?*
- *Do you think I **would be able** to get there on time?* ▷ *Você acha que eu **conseguiria** chegar a tempo?*
- *It's wonderful **being able** to see the woods from my window.* ▷ *É maravilhoso **poder** ver o bosque da minha janela.*

abort

▶ *Careful, you **may not be able** to find your way back.* ▷ *Cuidado, talvez você não **consiga** encontrar o caminho de volta.*
▶ *I **used to be able** to play soccer really well.* ▷ *Eu **jogava** futebol muito bem.*

ABORT v.

1. **abortar**
▶ *After much struggle she decided to **abort** her baby.* ▷ *Depois de muita luta, ela decidiu **abortar**.*

2. **cancelar, suspender,** desativar, fechar, finalizar, interromper, parar, sustar, terminar STOP, THWART
▶ *The flight was **aborted** at the last minute.* ▷ *O vôo foi cancelado, suspenso no último minuto.*
▶ *Many cultural programs have been **aborted**.* ▷ *Muitos programas culturais foram **terminados, desativados, interrompidos**.*

ABSENT-MINDED adj.

distraído, dispersivo, aéreo, avoado, alheado, alheio, aluado, ausente, desatento, desconcentrado, desmemoriado, disperso, esquecido; no mundo da lua; com a cabeça na lua, nas nuvens; *inf.* desligado

▶ *Albert Einstein was the prototypical "**absent-minded** professor".* ▷ *Albert Einstein era o protótipo do professor **distraído**.*
▶ *At school he's always **absent-minded**.* ▷ *Na escola ele vive **distraído, desligado, disperso, no mundo da lua**.*

ABSOLUTELY adv.   DEFINITELY

> **Absolutely** tem sentido positivo. É uma maneira vigorosa, entusiástica de dizer "Sim, com certeza!". Em português, "absolutamente" tem sentido negativo. Contraste:
> *"Was the trip worth all that money?" "**Absolutely**, every penny!"* ▷ *"Valeu a pena gastar tanto dinheiro nessa viagem?" "Sim, **com certeza**, valeu cada centavo!"*
> *"Você concorda?" "Absolutamente, de jeito nenhum!"* ▷ *"Do you agree?" "**Absolutely not!** / Not at all!"*

1. **absolutamente,** completamente, totalmente, decididamente, perfeitamente
▶ *She's **absolutely** adorable.* ▷ *Ela é **absolutamente** adorável.*
▶ *The goods shall be kept in an **absolutely** separate room.* ▷ *As mercadorias devem ser guardadas numa sala **totalmente** separada.*

2. **sim, com certeza,** claro, decerto, indubitavelmente, inquestionavelmente, naturalmente, necessariamente; sem dúvida; de qualquer maneira
▶ *"In short, is the book worth reading?" "**Absolutely, absolutely**."* ▷ *"Em suma, vale a pena ler esse livro?" "**Claro! Sem dúvida, com certeza!**"*

3. Na negativa: **absolutely not** AT ALL
   não; absolutamente, em absoluto, de maneira nenhuma, de forma alguma
▶ *"Are you a member of the Communist Party?" "Not at all, **absolutely not!**"* ▷ *O senhor é membro do Partido Comunista?" "**Absolutamente! De maneira nenhuma!**"*

ABUSE s.

1. **abuso,** violação

▶ Human rights **abuses** ▷ **Violações, abusos** dos direitos humanos

2. **violência, agressão,** abuso, sevícias; maus-tratos

▶ "We provide shelter to victims of **abuse**. ▷ Damos abrigo para vítimas de **violência, abusos, maus-tratos, agressões.**

3. **insultos, xingamentos,** ofensas, injúrias, palavrões, ultrajes; palavras ofensivas, injuriosas

▶ As a child I had to endure endless verbal **abuse**. ▷ Em criança tive que suportar intermináveis **insultos, ofensas, xingamentos.**

▶ He got furious and started shouting **abuse** at me. ▷ Ele ficou furioso e começou a me **xingar** aos gritos.

ABUSE v.

1. **abusar**

▶ The mayor **abused** his position of authority. ▷ O prefeito **abusou** da sua posição de autoridade.

2. **agredir, maltratar;** tratar com violência, crueldade; bater, espancar, seviciar; inflingir abusos sexuais, maus-tratos, sevícias, violências; violar, violentar   HARASS, BULLY

▶ The children had been **abused** again and again. ▷ As crianças tinham sido **agredidas, maltratadas / sofrido abusos sexuais** repetidas vezes.

3. **insultar, ofender,** achincalhar, ultrajar, vexar, xingar; tratar mal, com grosseria   CURSE

▶ Football referees are often **abused** by spectators. ▷ Muitas vezes os juízes de futebol são **insultados, achincalhados, xingados / recebem ofensas, xingamentos, palavrões** do público.

▶ Good clients never **abuse** company personnel. ▷ Um bom cliente nunca **ofende, trata mal, com grosseria** os funcionários da empresa.

ABYSMAL adj. ABYSMALLY adv.   APPALLING

péssimo, lamentável, calamitoso, deplorável, grave, lastimável, pavoroso, severo, tenebroso, terrível, tremendo

▶ Exam results were **abysmal.** ▷ Os resultados dos exames foram **péssimos, deploráveis, lamentáveis, abaixo de crítica.**

▶ **Abysmal** ignorance / poverty / working conditions ▷ Ignorância / pobreza / condições de trabalho **tenebrosas, terríveis, pavorosas**

▶ Hygienic standards were **abysmally** low. ▷ As condições de higiene eram **péssimas, terríveis, calamitosas.**

ACCOMMODATE v.

1. **acomodar, aceitar,** alojar, comportar; ter lugar

▶ The rooms can **accommodate** five guests. ▷ Os quartos **acomodam, têm lugar para** cinco hóspedes.

▶ The new interface **accommodates** all internet connections. ▷ A nova interface **aceita, comporta** todas as conexões de internet.

accomplish

2. atender, aceitar, adaptar-se, admitir, comportar, conciliar, harmonizar, satisfazer, servir; prestar-se a; abrir espaço; chegar a um *modus vivendi* COMPROMISE

- *If you have any special requests, we will try our best to **accommodate** you.* ▷ *Se você tiver algum pedido especial, faremos o máximo para **atendê-lo, servi-lo, satisfazê-lo**.*
- *A good working relationship must **accommodate** differences in work style.* ▷ *Uma boa relação profissional deve **comportar, aceitar, conciliar, abrir espaço** para diferenças em estilo de trabalho.*
- *The stand **accommodates** both vertical and horizontal mounting.* ▷ *O estande **serve, se presta** tanto para montagem vertical como horizontal.*

ACCOMPLISH v., ACCOMPLISHMENT s.   ACHIEVE, REALIZE

conseguir, realizar, alcançar, atingir, completar, concluir, concretizar, conquistar, cumprir, executar, finalizar; ter sucesso (em algo importante e difícil)

- *I love being a teacher. I enjoy seeing kids **accomplish**.* ▷ *Adoro ser professora. Gosto de ver as crianças **conseguirem resultados, realizarem, concretizarem, conquistarem** alguma coisa.*
- *Mission **accomplished*** ▷ *Missão **cumprida***
- *The company is proud of its **accomplishments**.* ▷ *A empresa tem orgulho das suas **realizações, conquistas**.*

ACCOMPLISHED adj.   SKILLED, EXPERT

consumado, completo, competente, culto, esmerado, exímio, notável, perfeito, prendado, rematado, requintado; de mão cheia

- *She's an **accomplished** pianist.* ▷ *É uma pianista **rematada, exímia, de mão cheia**.*

ACCOUNT FOR v.

1. constituir, formar, representar, responder por, somar

- *Computers **account for** 70% of our sales.* ▷ *Os computadores **constituem, representam, formam, somam, respondem por** 70% das nossas vendas.*

2. ser responsável, responder por; ser a causa   SOURCE

- *Bad weather **accounted for** a long delay at the airports.* ▷ *O mau tempo **foi responsável** por um longo atraso nos aeroportos.*
- *Boredom **accounts** for much teenage crime.* ▷ *O tédio **é a causa** de muitos crimes dos adolescentes.*

3. explicar, justificar; dar uma explicação, uma justificativa; dar satisfações; responder pelos seus atos; dar conta; prestar contas; explicar o destino, o paradeiro (do dinheiro, das vítimas)   ≠ UNACCOUNTED FOR

- *Authorities can't **account for** the missing refugees.* ▷ *As autoridades não conseguem **explicar o paradeiro, destino** dos refugiados.*
- *Much of this money has still not been **accounted for**.* ▷ *Ainda não se **sabe o paradeiro** / O governo ainda não **prestou contas**, não **explicou o destino** de boa parte desse dinheiro.*
- *These hypotheses attempt to **account for** the origin of the planets.* ▷ *Essas hipóteses tentam **explicar** a origem dos planetas.*
- *The best theory is the simplest one that **accounts for** all the evidence.* ▷ *A melhor teoria é a mais simples capaz de **dar conta** de todas as evidências.*

ACCOUNTABILITY s.

dever de prestar contas; responsabilidade; transparência; controle, cobrança de resultados; prestação de contas; definição de responsabilidades

▶ *Some firms resist accountability.* ▷ *Certas firmas resistem à **transparência e à prestação de contas.***
▶ *The big problem in our country is a total **lack of accountability**, which gives rise to wholesale corruption.* ▷ *O grande problema do nosso país é que o governo **não presta contas** aos cidadãos / é a total **falta de transparência nas contas públicas**, o que dá ensejo à corrupção generalizada.*
▶ *These clear rules provide accountability for an enterprise.* ▷ *Essas regras claras dão a **definição de responsabilidades** para a empresa.*

● Usar os verbos: prestar contas, justificar; dar satisfações; assumir a responsabilidade; responder por, ser responsável pelos seus atos; responsabilizar; cobrar, exigir transparência, prestação de contas

▶ *I try to teach my children accountability.* ▷ *Tento ensinar meus filhos a serem **responsáveis**, a **assumir a responsabilidade** pelos seus atos.*
▶ *As a manager I have accountability for my staff's mistakes.* ▷ *Como gerente, sou **responsável**, **respondo pelos** erros dos meus subordinados.*
▶ *Voters need to demand accountability from politicians.* ▷ *Os eleitores precisam **cobrar transparência** dos políticos, exigir que **prestem contas**, **justifiquem** os gastos.*

◊ **Accountability** difere de **responsibility** por implicar a transparência, a exigência de prestar contas das incumbências que nos foram confiadas, especialmente o dinheiro público.

ACCOUNTABLE adj.   LIABLE

responsável, transparente

▶ *Our government is less corrupt and more accountable than ever.* ▷ *Nosso governo é menos corrupto e mais **transparente** do que nunca, mais disposto a **prestar contas**, mais **responsável** perante a população.*

BE ACCOUNTABLE, BE HELD ACCOUNTABLE v.

responsabilizar-se, assumir a responsabilidade; prestar contas; dar, dever satisfações, explicações; responder

▶ *Leaders need to **be held accountable** for the crimes they commit.* ▷ *Os líderes devem **ser cobrados, responsabilizados, responder pelos** seus crimes.*
▶ *Anyone who breaks the law has to **be held accountable**.* ▷ *Qualquer pessoa que infringe a lei tem que **responder** por isso.*
▶ *You must change your ways and be accountable for your behavior.* ▷ *Você precisa mudar de atitude e **assumir a responsabilidade** pelo seu comportamento.*
▶ *Our company is accountable only to shareholders.* ▷ *Nossa empresa só **deve satisfações, explicações**, só precisa **prestar contas** aos acionistas.*

HOLD ACCOUNTABLE v.

responsabilizar; cobrar, cobrar resultados; exigir satisfações, explicações, prestação de contas

▶ *In the past, presidents didn't have civic organizations **to hold them accountable**.* ▷ *No passado, os presidentes não tinham organizações cívicas que lhes **cobrassem resultados, exigissem satisfações, explicações, prestação de contas**.*

ACCURATE adj.   FLAWLESS, RELIABLE

exato, preciso, acurado, certeiro, certo, correto, esmerado, fiel, justo, perfeito, procedente, rigoroso, verídico

▶ *An **accurate** description* ▷ *Descrição **precisa, exata, fiel, perfeita***
▶ *An **accurate** shot* ▷ *Tiro **certeiro***
▶ *You will get more **accurate** colors with slide than negative film.* ▷ *As cores ficam mais **fiéis** com slides do que com filme negativo.*

ACHIEVE v.   REALIZE

1. realizar, desempenhar, executar   PERFORM

▶ *This computer can be programmed to **achieve** various functions.* ▷ *O computador pode ser programado para **realizar, executar, desempenhar** várias funções.*

2. alcançar, conseguir, atingir, conquistar, obter; conseguir com esforço, apesar das dificuldades   ACCOMPLISH

▶ *Great benefits can be **achieved** through diplomatic channels.* ▷ *Pode-se **alcançar, atingir, conseguir, obter** grandes benefícios pelos canais diplomáticos.*
▶ *Later in life he **achieved** international recognition.* ▷ *Mais tarde ele **conquistou** reconhecimento internacional.*

ACHIEVEMENT s.

realização, conquista, avanço, empreendimento, êxito, façanha, feito, progresso, sucesso, triunfo, vitória

▶ *Great **achievements** of science* ▷ *Grandes **realizações, conquistas, progressos,** da ciência*
▶ ***Achievements** of diplomacy* ▷ ***Êxitos, vitórias, triunfos** da diplomacia*
▶ *Winning a medal at the Olympic Games is quite an **achievement**.* ▷ *Ganhar uma medalha nas Olimpíadas é uma **façanha** e tanto.*

ACROSS THE BOARD   BOARD

ACT s.

1. lei, ato, decreto, estatuto, norma, portaria

▶ *Clean Air and Water **Act*** ▷ ***Lei, Estatuto** da Qualidade do Ar e da Água*
▶ *In 2001 the Dutch parliament passed a new **Act** on euthanasia.* ▷ *Em 2001 o parlamento holandês aprovou uma nova **Lei** sobre a eutanásia.*

2. ato, ação; **ato** teatral; número de circo   MOVE

▶ *Whoever **acts** with violence, will regret his **acts**.* ▷ *Quem age com violência acaba por se arrepender de seus **atos**, suas **ações**.*
▶ *A play in three **acts*** ▷ *Peça em três **atos***
▶ *The magician is rehearsing a new **act**.* ▷ *O mágico está ensaiando um novo **número**.*

◊ Em português também temos "ato" como "lei" – por exemplo, "Ato Institucional"; mas não é tão comum como **act** em inglês.

ACTOR s.

1. (teatro) **ator, atriz** THEATER

▶ As an **actor** [= actress] she has worked in many indies. ▷ Como **atriz**, trabalhou em muitos filmes independentes.

2. **participante,** agente, ator, entidade, protagonista PLAYER

▶ New global **actors** like Amnesty International or Greenpeace have acquired more power. ▷ Novos **participantes, agentes, entidades** globais, como a Anistia Internacional e a Greenpeace, vêm ganhando mais poder.

▶ Can business firms behave as global **actors** in international politics? ▷ Podem as empresas agir como **atores, protagonistas** na política internacional?

ACTUAL adj.   the REAL THING

> **Actual** NÃO é "atual". Contraste:
>
> *Actual size* ▷ *Tamanho real (NÃO "atual"...!)*
> *Quem é o atual diretor?* ▷ *Who is the CURRENT / present director?*

real, verdadeiro, autêntico, concreto; em si, propriamente dito

▶ Students can be excluded for **actual** violence or just threats of violence. ▷ Os alunos podem ser expulsos por atos **reais, verdadeiros, concretos** de violência ou por simples ameaças de violência.

▶ There is much more in this treaty than its **actual** text. ▷ Há muito mais neste tratado do que o texto **em si, propriamente dito**.

ACTUALLY adv.   REALLY

> **Actually** NÃO é "atualmente". Contraste:
>
> *Actually, I don't smoke.* ▷ *Na realidade (NÃO "Atualmente"...!), eu não fumo.*
> *Atualmente temos dez voluntários no projeto.* ▷ *We CURRENTLY have / Right now, at present, at the moment, nowadays, now, today, we have ten volunteers involved in the project.*

realmente, mesmo; na realidade, na verdade, de verdade, verdadeiramente, a bem da verdade, a bem dizer; de fato, com efeito

▶ None of us had ever **actually** seen the contract. ▷ Nenhum de nós tinha **realmente** visto o contrato.

▶ No, I've never been to Italy. **Actually**, I've never been abroad at all. ▷ Não, nunca fui à Itália. **Na verdade, de fato, na realidade** nunca estive fora do país.

- Usado como reforço:

▶ "Have you ever **actually** seen a volcano erupt?" "Yeah, I saw it, I was **actually** there!" ▷ "Você já viu **mesmo** um vulcão em erupção?" "Vi sim, eu estava lá **de verdade!**"

▶ They designed it, but we **actually** built it. ▷ Eles projetaram, mas quem construiu **mesmo** fomos nós.

ACUMEN s.   SHARPNESS, INSIGHT

acuidade, perspicácia, acume, agudeza, argúcia, discernimento, inteligência, penetração, percepção, sagacidade, tino

▶ *All these elders are healthy and maintain their mental **acumen**.* ▷ *Todos esses idosos são saudáveis e mantêm a **acuidade** mental.*
▶ *The veteran journalist's political and literary **acumen** remain keen.* ▷ *A **perspicácia, argúcia** do veterano jornalista para política e literatura continua **afiada**.*
▶ *By buying out the rival company, the CEO demonstrated his superlative business **acumen**.* ▷ *Ao comprar a empresa rival, o CEO demonstrou seu extraordinário **tino comercial, sagacidade para negócios**.*

◊ **Acumen** vem do latim **acuere**, "afiar", e de **acus**, "agulha".

ADAMANT adj., ADAMANTLY adv.   UNCOMPROMISING

duro, inflexível, ferrenho, férreo, firme, inalterável, inarredável, inquebrantável, intransigente, irredutível, irrevogável, obstinado, rígido, tenaz

▶ *It was useless to insist; he remained **adamant**.* ▷ *Era inútil insistir; ele continuava **inflexível, irredutivel, inarredável, intransigente**.*
▶ *The Pope expressed his **adamant** opposition to abortion and euthanasia.* ▷ *O Papa expressou sua oposição **férrea, ferrenha, obstinada** ao aborto e à eutanásia.*
▶ *He's **adamant** about going.* ▷ *Ele **faz questão absoluta** de ir.*
▶ *(adv.) I'm **adamantly** opposed to this bill.* ▷ *Oponho-me **firmemente** a esse projeto de lei.*
▶ *"She was **adamant**".* ▷ *"Ela, dura como **diamante**." (John Fante, "Pergunte ao Pó", trad. Paulo Leminski)*

◊ A bela tradução de Leminski, acima, é corretíssima, pois adamant vem do grego **adamant** – "diamante", "aço duro", ou qualquer coisa inalterável, invencível.

ADD v.   INCREASE

acrescentar, somar, adicionar, agregar, ajuntar

▶ *Can you **add** and subtract?* ▷ *Você sabe **somar** e subtrair?*
▶ *Add milk and sugar.* ▷ *Acrescente leite e açúcar.*
▶ *McDonald's plans to **add** hundreds more shops.* ▷ *A McDonald's pretende abrir centenas de **novas** lojas.*

ADDED, ADDITIONAL adj.

novo, adicional, complementar, extra, outro, suplementar; mais

▶ *We don't need **added** / **additional** controls.* ▷ *Não precisamos de **outros, novos, mais** controles / controles **adicionais, extra, suplementares**.*

ADDRESS s.

1. **endereço,** endereçamento

▶ *What's your **address**?* ▷ *Qual é o seu **endereço**?*
▶ *Internet **address** system* ▷ *Sistema de **endereçamento** pela internet*

2. tratamento

▶ *"Mrs." is a form of **address** for a married woman.* ▷ *"Mrs." é uma forma de **tratamento**, de se **dirigir** a uma mulher casada.*

3. discurso, comunicação, exposição, fala, oração, palavras, palestra, prédica, pronunciamento, saudação, sermão LECTURE

▶ *Gettysburg Address* ▷ ***Discurso / Oração** (NÃO "Endereço"...!) de Gettysburg*
▶ *Inaugural Address* ▷ ***Discurso** de posse*
▶ *The Queen's Address* ▷ *A **fala** do trono*
▶ *Let's hear the presidential **address**.* ▷ *Vamos ouvir as **palavras**, o **pronunciamento** do presidente.*
▶ *The religious service includes an **address**.* ▷ *O serviço religioso inclui um **sermão**.*

◊ Gettysburg **Address** – Famoso discurso pronunciado por Lincoln em 1863, na inauguração de um cemitério da Guerra Civil em Gettysburg, PA.

◊ **State of the Union Address** – Pronunciamento anual do presidente americano ao Congresso, fixando metas para o ano que se inicia:

▶ *The annual State of the Union **Address** is generally delivered in January.* ▷ *O **Discurso** anual sobre o estado da União em geral é pronunciado em janeiro.*

ADDRESS v.

1. endereçar; enviar, dirigir(-se), encaminhar, remeter

▶ *Guidelines for **addressing** envelopes* ▷ *Regras para **endereçar** envelopes*
▶ *We'll **address** a protest to the Senate.* ▷ *Vamos **enviar, encaminhar, remeter** um protesto ao Senado.*
▶ *Those were the last words he **addressed** to his mother.* ▷ *Essas foram as últimas palavras que ele **dirigiu** à mãe.*

2. considerar, tratar, abordar, contemplar, enfrentar, estudar, examinar, lidar, pensar, ponderar; voltar-se, ser voltado para; dar atenção; tomar providências, medidas DEAL, CONSIDER

▶ *These are important issues that need to be **addressed**.* ▷ *São problemas importantes a **considerar, contemplar, enfrentar, examinar, estudar, ponderar, tratar,** que requerem atenção, providências.*
▶ *We need politics to **address** this problem.* ▷ *Precisamos de políticas **voltadas** para este problema, que **abordem, tratem** desse problema.*
▶ *The argument was **addressed** in a cursory manner.* ▷ *O argumento só **recebeu atenção** superficial.*

3. atender, solucionar, atacar, remediar, resolver, responder, satisfazer, servir; buscar, tentar satisfazer; atuar para resolver TACKLE

▶ *Which technology can best **address** your needs?* ▷ *Qual a tecnologia mais capaz de **atender, satisfazer, servir** suas necessidades?*
▶ *These are important problems we should **address**.* ▷ *São problemas importantes que devemos **atacar, atender, remediar, tentar solucionar, resolver**.*

4. discursar

▶ *The President will **address** the nation.* ▷ *O presidente vai **discursar, dirigir-se, fazer um pronunciamento** à nação.*

5. tratar, chamar

▶ *You should **address** a judge as "Your Honor".* ▷ *Deve-se **tratar, chamar** o juiz de "Meritíssimo".*

ADEPT adj.

> **Adept** NÃO é "adepto" (**follower, initiate**), mas sim "hábil" (EXPERT, SKILLED).

hábil, perito, bom, capacitado, capaz, competente, conhecedor, especialista, exímio, forte, experiente, expert, habilidoso, mestre, proficiente, prático, talentoso, versado; que tem jeito

▶ *He's an **adept** player.* ▷ *É um jogador **hábil, habilidoso, exímio, talentoso,** muito **competente, forte,** joga muito bem.*
▶ *He was very **adept** at negotiating a good price.* ▷ *Era **perito, especialista, mestre** em negociar bons preços.*
▶ *Women are more **adept** than men at taking care of the sick.* ▷ *As mulheres são mais **capazes,** têm mais **jeito** que os homens para cuidar dos doentes.*

ADVANCE v.

1. avançar, adiantar-se, progredir

▶ *The country is **advancing** rapidly.* ▷ *O país **avança, progride** rapidamente.*

2. propor, advogar, apresentar, aventar, colocar, defender, enunciar, expor, formular, lançar, lembrar, postular, preconizar, sugerir   ARGUE

▶ *To **advance** a thesis / a proposal* ▷ *Apresentar, enunciar, formular, expor, defender uma tese / uma proposta*
▶ *This idea has already been **advanced**.* ▷ *Essa idéia já foi **proposta, lançada**.*
▶ *Her name has been **advanced** for this position.* ▷ *Seu nome foi **lembrado, proposto, lançado** para o cargo.*

3. promover, favorecer, apoiar   FOSTER, BOOST

▶ *To **advance** a worthy cause* ▷ *Promover, apoiar uma causa nobre*
▶ *To **advance** one's own agenda* ▷ *Favorecer seus próprios interesses*
▶ *(s.) Medical **advances** have notably increased life expectancy.* ▷ *Os **progressos, avanços** da medicina aumentaram muito a expectativa de vida.*

ADVANTAGE   ASSET, EDGE

take ADVANTAGE expr.

1. (sentido positivo) **aproveitar,** beneficiar-se, utilizar, valer-se; aproveitar as vantagens, todas as vantagens; tirar proveito, tirar partido; fazer bom uso   LEVERAGE

▶ *Learn how to **take advantage** of the internet to boost your sales.* ▷ *Aprenda a **aproveitar** as vantagens, **valer-se, beneficiar-se, tirar partido** da internet para aumentar suas vendas.*

2. (sentido negativo) **aproveitar-se de; levar, tirar vantagem;** abusar, capitalizar, explorar, lucrar, prevalecer-se; abusar da confiança; tirar partido

▶ *Every guy that I have encountered has **taken advantage** of me.* ▷ *Todos os caras que já conheci **se aproveitaram** de mim, **abusaram da minha confiança**.*
▶ *Some political parties were quick to **take advantage** of the popular unrest.* ▷ *Alguns partidos políticos logo **exploraram, capitalizaram, tiraram partido** do descontentamento da população.*

ADVICE s.

> **Advice** NÃO é "aviso" (WARNING).

conselho, aconselhamento, assessoramento, recomendação

▶ *This is sound **advice**.* ▷ *É um **conselho** sensato.*
▶ *Let me give you a **piece of advice**.* ▷ *Deixe-me lhe dar **um conselho**.*
▶ *If I were you, I'd get professional **advice**.* ▷ *No seu lugar eu procuraria **aconselhamento, assessoramento** profissional.*

ADVISE v.   URGE

> **Advise** NÃO é avisar (WARN), exceto em contextos formais.

▶ *I **advise** you to wear a suit and tie for the interview.* ▷ ***Aconselho, recomendo que** você se apresente na entrevista de terno e gravata. (formal)*
▶ *We will **advise** you (= inform, notify, let you know) of any changes.* ▷ *Nós o **avisaremos** se houver quaisquer mudanças.*

ADVOCACY s.

> **Advocacy** NÃO é "advocacia" como profissão (**Law**):
> *Firma, escritório de **advocacia*** ▷ ***Law** firm*
> *Ela estuda **advocacia**.* ▷ *She studies **Law**. / She goes to **Law** School.*

defesa (de causas), **apoio, assessoria** (a uma causa, idéia)

▶ ***Advocacy** of causes in court* ▷ ***Defesa** de causas nos tribunais*
▶ *We provide specialized **advocacy** and legal help to women and children in difficulties.* ▷ *Oferecemos serviços especializados de **defesa** e assessoria legal a mulheres e crianças em dificuldades.*

ADVOCATE s., v.

> **Advocate** em geral NÃO é "advogado" (**lawyer, attorney, barrister**).
> *Biking **advocates*** ▷ ***Entusiastas, amigos, apoiadores** do ciclismo*

affair

1. **defensor, apoiador,** amigo, entusiasta, intercessor, simpatizante de uma causa CHAMPION
   ▶ *The Senator is a children's rights **advocate**.* ▷ *A senadora é **defensora, amiga** dos direitos das crianças.*
   ▶ ***Advocates** of the new technology* ▷ ***Entusiastas, simpatizantes** da nova tecnologia*
   ▶ *(v.) We **advocate** equal rights for both males and females.* ▷ ***Defendemos** direitos iguais para homens e mulheres.*

2. **advogado** (em usos especiais)
   ▶ *Devil's **advocate*** ▷ ***Advogado** do diabo*

AFFAIR s.

1. **assunto, questão,** acontecimento, caso, episódio, evento, fato, história, incidente, lance, negócio, ocorrência ISSUE
   ▶ *He's a specialist in international **affairs**.* ▷ *É especialista em **assuntos, questões** internacionais.*
   ▶ *Don't let your relatives meddle in your private **affairs**.* ▷ *Não deixe seus parentes se intrometerem nos seus **assuntos, negócios** particulares.*
   ▶ *The quarrel was a minor **affair**.* ▷ *A briga foi um **incidente, caso, episódio** de somenos importância.*
   ▶ *"Voltou a pensar no **lance** da véspera." (Machado de Assis, "Quincas Borba")*

2. **afazeres,** interesses, ocupações; negócios pessoais BUSINESS
   ▶ *I have to mind my **affairs**.* ▷ *Preciso cuidar dos meus **afazeres, ocupações**.*

3. **namoro,** aventura, caso, flerte, ligação, relação, relacionamento, romance DATE, ROMANCE
   ▶ *He had many extramarital **affairs**.* ▷ *Teve muitos **casos, relacionamentos, ligações** extraconjugais.*

AFFLUENT adj.   RICH

AFFORD v.

1. **dar, oferecer,** conceder, garantir, proporcionar PROVIDE
   ▶ *Our laws **afford** women full economic and social rights.* ▷ *Nossas leis **dão, garantem, concedem** às mulheres plenos direitos econômicos e sociais.*
   ▶ *Do you take full advantage of the opportunities **afforded** by the internet?* ▷ *Você aproveita bem as oportunidades **oferecidas, proporcionadas** pela internet?*

2. **pagar, poder pagar,** arcar, bancar, custear, financiar, proporcionar, sustentar; ter dinheiro, meios, recursos financeiros, condições para pagar; estar em condições, conseguir, ser capaz de pagar; ganhar o suficiente SUPPORT
   ▶ *Her parents **couldn't afford** a better school.* ▷ *Seus pais **não podiam pagar, custear, proporcionar** a ela uma escola melhor.*

   • Na negativa: **can't afford**
   ▶ *I **can't afford** a new car.* ▷ *Não posso comprar um carro novo; não tenho recursos, meios, condições; não tenho como pagar; não está ao meu alcance; está acima das minhas posses, não ganho para isso, o dinheiro não dá.*

3. **permitir-se,** dar-se ao luxo; ter condições

▶ We **can't afford** to be enemies in a time of crisis. ▷ Não podemos nos **dar ao luxo** de sermos inimigos numa época de crise.
▶ This is our last chance; we **can't afford** wasting any more time. ▷ É a nossa última chance; **não podemos, não temos condições** de perder mais tempo.

AFFORDABLE adj.

acessível, barato, econômico, moderado, módico, razoável, viável; de baixo custo, baixo preço; em conta

▶ Vaccines must be introduced at **affordable** prices. ▷ É preciso oferecer vacinas a preços **baixos, acessíveis, viáveis, razoáveis.**
▶ I'm looking for something more **affordable.** ▷ Procuro algo mais **econômico,** mais **em conta.**

AFRAID adj.

assustado, receoso; com medo, em pânico SCARED

▶ Hearing voices coming up the stairs, she became very **afraid.** ▷ Ao ouvir vozes subindo a escada, ela ficou muito **assustada.**
▶ He's terribly **afraid** of spiders. ▷ Ele tem um **medo** horrível de aranhas.

I'm AFRAID expr.   I'm SORRY

infelizmente, desculpe; sinto muito, lamento muito; é pena, mas...

▶ **I'm afraid** you're mistaken. ▷ **Desculpe, mas acho** que você está enganado.
▶ **I'm afraid** the boss can't see you today. ▷ **Lamento, sinto muito mas** o chefe não pode atendê-lo hoje.

• Usado para introduzir uma notícia desagradável, ou dar uma "desculpa social":

▶ "Come visit us tonight." "**I'm afraid** I can't". ▷ "Venha nos visitar." "**Infelizmente** não posso."

• Na linguagem coloquial evite construções formais como "Temo" ou "Tenho medo":

▶ "Do you have your passport with you?" "**I'm afraid** not." ▷ "Você está com o passaporte em mãos?" "**Infelizmente,** não". (Melhor que "~~Temo~~ que não".)

• Compare:

▶ **Infelizmente** precisamos ir embora. ▷ **I'm afraid** we have to leave now.
▶ **Infelizmente** ele morreu ontem. ▷ **Unfortunately, sadly,** he passed away yesterday.

AFTERMATH s.   OUTCOME, in the WAKE

conseqüência (de um desastre ou infortúnio), efeito, resultado, seqüela; conseqüências trágicas; "day after"

▶ What will be the **aftermath** of the war? Famine, disease and civil strife. ▷ Qual será o **resultado,** quais serão os **efeitos,** as **conseqüências** da guerra? Fome, doenças e conflitos internos.

• Usar: logo após

▶ The baby boom came along in the **aftermath** of World War II. ▷ O "baby boom" ocorreu **logo após** a Segunda Guerra.

in **afterthought**

▶ *The Civil Defense responded in the **immediate aftermath** of the disaster.* ▷ *A Defesa Civil entrou em ação **logo após** o desastre.*

in AFTERTHOUGHT expr.   SECOND THOUGHTS

em retrospecto, numa reflexão posterior, tardia

- Usar: lembrou-se depois, mais tarde; depois lhe ocorreu; pensando bem, pensando melhor
▶ *In **afterthought**, I should have spent a little more to get a better model.* ▷ ***Em retrospecto, pensando bem,** eu devia ter gasto um pouco mais e comprado um modelo melhor.*

AGAIN adv.

novamente, de novo, mais uma vez, outra vez

▶ *Same thing **again!*** ▷ *A mesma coisa **novamente, outra vez!***
▶ *Don't do that **again**.* ▷ *Não faça isso **de novo**.*

- Usar "voltar":
▶ *He never saw her **again**.* ▷ *Não **voltou** mais a vê-la.*

- Usar o prefixo "re":
▶ *Let's start **again**.* ▷ *Vamos **recomeçar**.*
▶ *We had to do the job all over **again**.* ▷ *Tivemos de **refazer** todo o serviço.*

AGAIN AND AGAIN expr.   OFTEN

repetidamente, amiúde, freqüentemente, incessantemente, insistentemente, reiteradamente; muitas e muitas vezes, repetidas vezes, tantas vezes, vezes e vezes sem conta

▶ *I played and lost **again and again**.* ▷ *Eu jogava e perdia **vezes e vezes sem conta**.*

AGENDA s.

1. **pauta, agenda,** agenda de trabalho, ordem do dia; lista, lista de questões, itens, prioridades; programa, programação

▶ *My boss prefers formal meetings with set **agendas**.* ▷ *Meu chefe prefere reuniões formais com uma **pauta, ordem do dia, lista de itens** preestabelecida.*
▶ *As a scientist you must be able to organize your own research **agenda**.* ▷ *Um cientista tem que saber organizar seu próprio **programa** de pesquisas.*

2. **agenda, programa,** objetivos, plano, plataforma, política, projetos, propostas; plano, programa de ação, de governo; prioridades; idéias, questões prioritárias   POLICY

▶ *The President launched an amibitious domestic **agenda**.* ▷ *O presidente lançou um ambicioso **plano, projeto, plataforma, programa de ação** para o país.*
▶ *Let's stay focused on our **agenda**.* ▷ *Vamos nos concentrar nas nossas **propostas, prioridades, objetivos, idéias prioritárias**.*
▶ *"Quando uma mulher decide buscar o poder, ela já tem uma **agenda**, metas que deseja conquistar." (JB)*

aggravate

3. (sentido negativo) **segundas intenções; objetivos,** fins, intenções, interesses, intuitos, metas, planos, propósitos + próprios, pessoais, egoístas, interesseiros   hidden AGENDA

▶ *I didn't realize he had his own **agenda** going.* ▷ *Não percebi que ele tinha **segundas intenções**, seus próprios planos, interesses, seus objetivos pessoais, egoístas, interesseiros.*

Em inglês, **agenda** em geral NÃO significa:

---

1. "agenda", "diário de compromissos" – Em inglês: **diary, calendar,** planner, day planner, appointment calendar, appointment book, date book. (Mais raramente, em inglês também se diz "agenda".)

▶ *Esqueci de anotar minha consulta médica na minha **agenda**.* ▷ *I forgot to write down my appointment with the doctor in my **diary, planner, calendar, date book**.*
▶ *This conference is only offered once a year. Mark your **calendar**!* ▷ *Esse congresso só é oferecido uma vez por ano. Marque na sua **agenda**!*

2. "caderno de endereços e telefones" – Em inglês: **address book**

▶ *Anotei seu telefone na minha **agenda**.* ▷ *I have your phone down in my **address book**.*

3. "horário", "calendário", "cronograma" – Em inglês: SCHEDULE

▶ *Hoje estou com a **agenda** cheia.* ▷ *I've got a full **schedule** today.*

◊ **Agenda** é uma forma do verbo latino **agere** – "agir", "fazer", e significa "as coisas que devem ser feitas".

hidden AGENDA   VESTED INTERESTS

interesses, motivos, planos escusos, egoístas, ilícitos, inconfessáveis, interesseiros, ocultos, pessoais, próprios, secretos, suspeitos; segundas intenções

▶ *Extremist groups are ever ready to use idealistic youngsters to promote their **hidden agendas**.* ▷ *Os grupos extremistas estão sempre prontos a usar os jovens idealistas para promover seus interesses **secretos, suspeitos, escusos, ilícitos**.*
▶ *The drug war is perpetuated by crooked politicians with **hidden agendas**.* ▷ *A guerra contra as drogas é perpetuada por políticos desonestos com seus **interesses próprios, egoístas, pessoais**.*
▶ *I just want to help. I don't have any **hidden agendas**.* ▷ *Quero apenas ajudar. Não tenho **segundas intenções, motivos pessoais**.*

AGGRAVATE v., AGGRAVATED adj., AGGRAVATION s.

1. **agravar, piorar,** acirrar, exacerbar, inflamar, intensificar   COMPOUND

▶ *Bad weather **aggravated** the situation.* ▷ *O mau tempo **agravou, piorou** a situação.*
▶ *The economic crisis was **aggravated** by rapid population growth.* ▷ *A crise econômica foi **acirrada, exacerbada** pelo rápido aumento na população.*

2. **irritar,** aborrecer, agastar, exasperar, incomodar, infernizar, molestar, perturbar, dar nos nervos   ANNOY, UPSET

▶ *A surefire way to **aggravate** your co-workers is to respond to cell phone calls during meetings.* ▷ *Uma maneira garantida de **irritar, exasperar, dar nos nervos** dos colegas é atender o celular durante as reuniões.*

▶ *(adj.) I was extremely **aggravated** by the waiter's insolent attitude.* ▷ *Fiquei extremamente **irritado, agastado, exasperado, incomodado** com a atitude insolente do garçom.*

▶ *(subst.) Internet viruses cause headaches and **aggravation** to many.* ▷ *Os vírus da internet causam dores de cabeça e **irritação, aborrecimento** para muita gente.*

AGGRAVATING adj.

1. agravante

▶ *The judge looked at **aggravating** factors and circumstances and imposed a life sentence.* ▷ *Em vista dos fatores e circunstâncias **agravantes**, o juiz decretou prisão perpétua.*

2. irritante, antipático, desagradável, enervante, exasperador, importuno, incômodo, infernizante, ingrato, mortificante, rebarbativo ANNOYING, OBNOXIOUS

▶ *You will never receive any **aggravating** phone calls trying to sell our services.* ▷ *Você nunca receberá telefonemas **irritantes, importunos** para vender nossos serviços.*

AGGRIEVED adj.   OUTRAGED

injustiçado, indignado, injuriado, lesado, magoado, ofendido, prejudicado, ressentido

▶ *These **aggrieved** minorities have suffered tragic historical traumas.* ▷ *Essas minorias **injustiçadas** sofreram tragédias históricas traumáticas.*

▶ *Men often come out of a divorce feeling **aggrieved** and embittered.* ▷ *Muitos homens saem do divórcio sentindo-se **lesados, prejudicados, ressentidos** e amargurados.*

AGREEABLE adj.

1. agradável, amável NICE, FRIENDLY

▶ *I find college life very **agreeable**.* ▷ *Acho a vida universitária muito **agradável**.*

2. (formal) **aceitável, satisfatório,** justo, razoável

▶ *The deal is **agreeable** to both parties.* ▷ *O acordo **satisfaz**, é **aceitável** para ambas as partes.*

AHEAD adv., AHEAD OF prep.

1. adiante, em frente

▶ *Go straight **ahead**.* ▷ *Siga **em frente**.*

2. adiantado, à frente, antes

▶ *We finished way **ahead of** schedule.* ▷ *Terminamos muito **antes** do prazo.*

▶ *Tommy is way **ahead of** the other children in class.* ▷ *Tommy está muito **à frente**, muito mais **adiantado** que seus colegas de classe.*

3. antecipadamente, com antecedência, de antemão EARLY

▶ *Pay **ahead** and get a discount.* ▷ *Pague **com antecedência, antecipadamente** e ganhe um desconto.*

4. às vésperas, antes, logo antes, no período precedente, preliminar, que antecede, precede RUN-UP

▶ *There's a lot of optimism **ahead of** North Korea talks.* ▷ *Há muito otimismo **antes, logo antes, às vésperas** das conversações com a Coréia do Norte.*

AIM s.

1. **objetivo,** ambição, aspiração, desígnio, desejo, fim, finalidade, fito, intenção, intento, intuito, meta, projeto, propósito, sonho   TARGET

▶ *I have finally reached / fulfilled my **aim**.* ▷ *Finalmente atingi meu **objetivo**, minha **meta**, realizei meu **sonho, desejo**, minha **aspiração**.*

▶ *We monitor all telephone conversations **with the aim of** improving our service.* ▷ *Monitoramos todas as conversas telefônicas, com o **intuito, propósito, finalidade, a fim de** melhorar nossos serviços.*

2. **pontaria,** mira

▶ *I've been doing lots of target practice and my **aim** is definitely improving.* ▷ *Tenho praticado muito tiro ao alvo; minha **pontaria** está melhorando a olhos vistos.*

AIM v.

1. **visar, mirar,** apontar; fazer pontaria

▶ *He **aimed** his gun and shot.* ▷ ***Fez pontaria** e atirou.*

2. **intentar, tencionar,** almejar, ambicionar, aspirar a, buscar, desejar, direcionar-se, dispor-se, propor-se a, planejar, pretender, querer, sonhar, visar; ter por fim, por finalidade; ter em vista, em mira, em mente; ter o intuito de; destinar-se a; tentar alcançar, atingir, obter   PURSUE

▶ *Our association **aims** to preserve the country's rich heritage.* ▷ *Nossa associação **tenciona, visa, tem por fim, se destina, se propõe a** preservar a rica herança cultural do país.*

▶ *You must have some sort of a goal to **aim for**.* ▷ *É preciso ter algum objetivo **em vista, em mente**.*

▶ *To **aim** high* ▷ *Mirar alto, ter altas **aspirações***

AIMLESS adj., AIMLESSLY adv.   DRIFT

sem objetivo, sem destino, sem rumo; ao léu, à toa

▶ *My days were spent killing time, taking **aimless** walks down the neighborhood.* ▷ *Eu passava os dias matando o tempo, andando pelo bairro **ao léu, sem destino, sem rumo**.*

▶ *I used to spend long hours surfing the net **aimlessly**.* ▷ *Eu costumava passar horas e horas navegando na internet **à toa, sem objetivo**.*

to put on AIRS expr.   SMUG

esnobar, exibir-se, desdenhar, desprezar; fazer pose, fazer-se de importante, superior; dar-se ares de grã-fino, lorde, rei, rainha, princesa; ter o rei na barriga, ser o dono do mundo, empinar o nariz; *inf.* bacanear-se, botar banca, ser posudo, prosa

▶ *If she spoke about books, he thought she was **putting on airs**.* ▷ *Se ela falava de livros, ele achava que ela estava **esnobando, se bacaneando, se fazendo de superior**.*

▶ *Her family felt like **she was putting on airs** by becoming more successful than they were.* ▷ *A família achava que ela os estava **desprezando, desdenhando, se fazendo de grã-fina, empinando o nariz** por ter mais sucesso do que eles.*

AISLE s.

1. corredor, passagem, nave (de supermercado, auditório, igreja)

- *I was on the cookie **aisle** at a supermarket.* ▷ *Eu estava no **corredor** dos biscoitos num supermercado.*
- *The auditorium has two **aisles** between the seats.* ▷ *O auditório tem dois **corredores, passagens** entre as cadeiras.*
- *The bride strolled down the **aisle**, on her father's arm.* ▷ *A noiva veio entrando pela nave, pelo braço do pai.*
- *I want to live long. I want to walk my daughter down the **aisle**.* ▷ *Quero viver muito, quero casar minha filha (= entrar na igreja com ela).*

2. (sentido especial) – No Congresso americano, o corredor entre a ala republicana e a democrata, símbolo da divisão entre os dois partidos

- *The law has to be acceptable to **both sides of the aisle**.* ▷ *A lei tem de ser aceitável para **ambos os partidos**.*
- *Senator Clinton (D-NY) has found allies on the Republican side of the **aisle**.* ▷ *A senadora Clinton (Democrata-Nova York) encontrou aliados entre os parlamentares republicanos.*
- *We need coalitions and politicians who will cross the **aisle**.* ▷ *Precisamos de coalizões e de políticos que conversem, se entendam com os adversários do **outro partido**.*

◊ Note a pronúncia, com "s" mudo: /áil/

AKIN adj.   KINDRED

ALIAS s., adj., adv.

> Em inglês **alias** NÃO é "aliás" (**by the way, incidentally**).

apelido, alcunha, nome fictício; vulgo, conhecido como

- *The hacker uses many **aliases** / **alias names** such as Dr. Who and Hobbit.* ▷ *Esse hacker usa muitos **apelidos, alcunhas, nomes fictícios**, como Dr. Who e Hobbit.*
- *Robert Parker, **alias** Butch Cassidy, was a notorious criminal.* ▷ *Robert Parker, **vulgo, conhecido como** Butch Cassidy, foi um famoso bandido.*

ALIEN s., adj.

1. alienígena, extraterrestre

- *An **alien** spacecraft* ▷ *Nave **alienígena, extraterrestre***

2. estrangeiro, forasteiro, imigrante; de fora   STRANGER

- ***Alien** residents* ▷ *Residentes **estrangeiros***
- *From illegal **alien** to mayor – a success story* ▷ *De **imigrante** ilegal a prefeito – uma história de sucesso*

3. estranho, alheio, desconhecido, diferente, discrepante, esquisito, exótico; totalmente alheio; vindo de fora   UNFAMILIAR

alleged

- *"I am a man; nothing human is **alien** to me." (Terence)* ▷ *Sou homem; nada do que é humano me é **estranho, alheio**.*
- *If a foreign insect enters the nest, it is denounced by its **alien** scent.* ▷ *Se um inseto estranho entra no ninho, é denunciado por seu cheiro **desconhecido, diferente**.*
- *Some parents try to safeguard their children from **alien** customs and traditions.* ▷ *Certos pais tentam isolar os filhos do contato com costumes e tradições **diferentes, vindas de fora**.*

ALIENATE v.   PUT OFF

afastar, desagradar, aborrecer, antagonizar, apartar, distanciar, desgostar, indispor; despertar, gerar, provocar antipatia, antagonismo, indiferença, inimizade; fazer alguém esfriar, se afastar, virar as costas; perder a afeição, a amizade, o amor, a lealdade

- *With his arrogant attitudes, the President has managed to **alienate** much of the world.* ▷ *Com suas atitudes arrogantes, o presidente conseguiu **desagradar, antagonizar, perder a amizade, gerar inimizade, esfriar as relações** com boa parte do mundo.*
- *The CEO felt that owning a luxury car could **alienate** his workers.* ▷ *O diretor da empresa achava que possuir um carro de luxo poderia gerar **antipatia, hostilidade, antagonismo** nos funcionários.*
- *They managed to **alienate** my best friends.* ▷ *Conseguiram **afastar, distanciar** de mim, **indispor** contra mim os meus melhores amigos.*
- *Many gay actors won't come out of the closet for fear of **alienating** their fan base.* ▷ *Muitos atores gays não se assumem publicamente por medo de que seus fãs lhes **virem as costas**.*

ALL BUT adv.   VIRTUALLY

quase, praticamente

- *The real causes are **all but** invisible.* ▷ *As verdadeiras causas são **quase** invisíveis.*
- *Discussing AIDS in these countries is **all but** taboo.* ▷ *Discutir a AIDS nesses países é **quase, praticamente** tabu.*

ALL RIGHT expr.   OK

ALLEGED adj., ALLEGEDLY adv.   SUPPOSED, APPARENTLY

suposto, pretenso; **supostamente**

- *The **alleged** killer is on the run* ▷ *O **suposto** assassino está foragido.*
- *Rumors of the **alleged** plot have angered the President.* ▷ *Rumores sobre o **pretenso, suposto** golpe deixaram o presidente irado.*
- *(adv.) He commited suicide eight days after he **allegedly** killed Smith.* ▷ *Ele se suicidou oito dias depois de ter **supostamente** assassinado Smith.*
- *The company has **allegedly** paid journalists to write favorable articles.* ▷ ***Alega-se, afirma**-se que a empresa pagou a jornalistas para escreverem artigos favoráveis.*

- Usar o condicional:
- *According to police, he **allegedly** accelerated his car and ran away.* ▷ *Segundo a polícia, ele **teria** acelerado o carro e fugido.*

- ◊ **Alleged, allegedly,** são muito usados na mídia para deixar uma margem legal de proteção quando a culpa não foi legalmente comprovada, mesmo que amplamente admitida SUPPOSED.

alone

ALONE adj., adv.

1. **sozinho,** desacompanhado
   - ▶ Living **alone** is the norm in the UK. ▷ Morar **sozinho** já é a norma no RU.

2. **somente,** apenas, exclusivamente, unicamente; por si só; e nada mais, e ninguém mais
   - ▶ In Brazil **alone**, 250K new computers are installed annually. ▷ **Somente, apenas** no Brasil, 250 mil novos computadores são instalados por ano.
   - ▶ That fact **alone** proves that miracles happen. ▷ Esse fato, **por si só,** prova que milagres acontecem.
   - ▶ She **alone** must decide what to do. ▷ Ela **e só ela, e ninguém mais**, deve decidir o que fazer.

ALOOF adj., ALOOFNESS s.

1. **distante, reservado,** alheio, arredio, afastado, distanciado, frio, inabordável, inacessível, indiferente; que não se envolve, se mantém à distância; **retraído,** isolado; anti-sociável, avesso à convivência
   - ▶ The Mona Lisa's enigmatic expression seems both alluring and **aloof**. ▷ A expressão enigmática da Mona Lisa parece ao mesmo tempo atraente e **distante, inacessível**.
   - ▶ He was an **aloof** father, leaving his kids hungry for his attention. ▷ Era um pai **distante, arredio, indiferente,** que deixava os filhos carentes de atenção.
   - ▶ He remained **aloof** from the controversy. ▷ Permaneceu **distanciado, afastado, alheio,** sem se envolver na controvérsia.

2. **altivo,** orgulhoso HAUGHTY
   - ▶ Voters didn't like his **aloof** and aristocratic manner. ▷ Os eleitores não gostaram do seu jeito **altivo** e aristocrático.
   - ▶ (subst.) Eventually he alienated his fans with his arrogance and **aloofness**. ▷ Ele acabou afastando os fãs com sua arrogância e seu **distanciamento,** sua maneira **distante, fria, inacessível**.

ALTHOUGH conj.   WHILE 2, REGARDLESS

ALUMNUS, ALUMNI s.

> **Alumnus** NÃO é "aluno" (**student, pupil**).
>
> *Are you a good **alumnus**? ▷ Você é um bom **ex-aluno**? (NÃO "bom ~~aluno~~"...!)*
> *Isto é, você continua em contato com sua antiga universidade ("alma mater"), lhe dá contribuições financeiras etc.?*

1. **ex-aluno,** antigo aluno (sobretudo universitário) GRADUATE
   - ▶ The piano was donated by **alumnus** A. Smith. ▷ O piano foi doado pelo **ex-aluno** A.Smith.
   - ▶ (pl.) **Alumni** associations / meetings ▷ Associações / reuniões de **ex-alunos,** de **antigos alunos**

2. **ex-funcionário** (de grande empresa)
   - ▶ Microsoft **Alumni** Network ▷ Organização dos **ex-funcionários** da Microsoft
   - ▶ This program is available to current employees and **alumni** alike. ▷ O programa está disponível tanto para os funcionários atuais como para os **que já saíram da empresa**.

◊ Feminino: **alumna;** plural latino **alumnae,** mas em inglês também se usa **alumni.**

◊ Ocorrem também **alum, alums:** "The Harvard Business School class of '79 gathered its famous **alums** for its 25th reunion. The most famous **alum** was G.W.Bush." (fortune.com)

AMASS v.   GATHER

> **Amass** NÃO é "amassar".

reunir, acumular, amealhar, colecionar, coletar, juntar

▶ *Within a few years he **amassed** a real fortune.* ▷ *Em poucos anos ele **acumulou, amealhou** uma verdadeira fortuna.*
▶ *For many years Darwin **amassed** evidence to support his theories.* ▷ *Darwin passou muitos anos **coletando, colecionando, reunindo** dados para respaldar suas teorias.*

AMAZE v.   ASTONISH

espantar, assombrar, impressionar, surpreender; deixar admirado, estupefato, surpreso; causar admiração, sensação, surpresa

▶ *His virtuosity **amazed** the audience.* ▷ *Seu virtuosismo **assombrou** o público, deixou o público **admirado, estupefato, impressionado.***
▶ *His generosity never ceases to **amaze** me.* ▷ *A generosidade dele é **espantosa, impressionante.** /Nunca deixo de me **espantar, admirar, surpreender** com a generosidade dele.*

AMAZED, AMAZEMENT, AMAZING   ASTONISHED, ASTONISHMENT, ASTONISHING

AMENITIES s. pl.   FACILITIES

atrativos, comodidades, benfeitorias, confortos, conveniências; serviços, infra-estrutura, opções, instalações de lazer, de recreação; pontos positivos, vantagens

▶ *Resort **amenities** include a sauna, an indoor pool and a golf course.* ▷ *Os **atrativos**, a **infra-estrutura de lazer**, as **instalações** do resort incluem sauna, piscina coberta e campo de golfe.*

ANECDOTE s.

> **Anecdote** NÃO é "anedota" no sentido de "piada" (**joke**).

1. **caso, relato,** episódio, história, historieta, narrativa, reminiscência, sucedido; caso / história real humorística, interessante, pitoresca

▶ *A collection of true **anecdotes** from the American Revolution* ▷ *Coletânea de **casos, episódios** reais da Revolução Americana*
▶ *About his life there's much **anecdote**, little fact.* ▷ *Sobre a sua vida contam-se muitos **casos, histórias, reminiscências,** mas há poucos fatos comprovados.*

anecdotal

▶ *Edgar Alan Poe transformed the short story from **anecdote** to art.* ▷ *Poe transformou o conto de simples **relato, historieta, narrativa** em obra de arte.*

2. (ciência, medicina) **caso,** história, relato sem comprovação, fundamentação científica, sistemática, sem verificação experimental

▶ *Dr. Smith did not present any systematic rigorous data or clinical evidence for his findings, only **anecdotes** about some of his patients.* ▷ *O dr. Smith não apresentou dados rigorosos e sistemáticos, nem provas clínicas das suas conclusões, mas apenas **relatos de casos** de alguns pacientes, **sem comprovação sistemática.***

◊ Indica um relato baseado apenas na observação casual de casos individuais, em contraste com um estudo científico, sistemático e controlado.

ANECDOTAL adj., ANECDOTALLY adv.

empírico, prático; não sistemático, não científico, vindo da observação prática

▶ *Our research confirms the **anecdotal** evidence that video games are not just for teens.* ▷ *Nossa pesquisa confirma as constatações **empíricas, vindas da observação prática,** de que os vídeo games não são só para adolescentes.*

▶ *There has always been **anecdotal evidence** of the benefits deriving from classical music.* ▷ *Sempre houve **relatos de casos** sobre os benefícios da música clássica.*

▶ *(adv.) Though scientific studies on the subject are few, many patients **anecdotally** report significant improvements.* ▷ *Embora haja poucos estudos científicos sobre o assunto, muitos pacientes relatam **experiências pessoais** de melhorias significativas.*

ANGER s., ANGRY adj.   OUTRAGE, OUTRAGED

ANNIHILATE v.   WIPE OUT

▶ *New Orleans was **annihilated** by Katrina.* ▷ *Nova Orleans foi **aniquilada, arrasada, arruinada, devastada, destroçada** pelo Katrina.*

ANNOY v., ANNOYED adj.   BOTHER, UPSET

incomodar, aborrecer, amofinar, amolar, apoquentar, chatear, contrariar, exasperar, importunar, irritar, molestar, perturbar; *inf.* aperrear, aporrinhar, encher, perturbar; encher, torrar a paciência

▶ *Stop **annoying** your sister!* ▷ *Páre de **amolar, aborrecer** a sua irmã!*

▶ *"Deita-se outra vez, furiosa: – Não **chateia!** Não **amola!**" "Não **aporrinha** você também, Maria Inês!" (Nelson Rodrigues, "O Casamento")*

▶ *(adj.) I got so **annoyed** when she was late once again.* ▷ *Fiquei tão **aborrecido, chateado, contrariado, irritado** quando ela se atrasou outra vez.*

ANNOYING adj.   AGGRAVATING, VEXING

incômodo, chato, aborrecido, cansativo, desagradável, importuno, indigesto, infernizante, ingrato, irritante, maçante, molesto, mortificante, rebarbativo

▶ *This situation is so **annoying!*** ▷ *Essa situação é tão **chata, desagradável, irritante!***

ANSWER v.

1. responder, replicar, retorquir; atender   NOD

- *Please **answer** these questions.* ▷ *Queira **responder** a estas perguntas.*
- *"Not now," she **answered** arrogantly.* ▷ *"Agora não", **replicou, retorquiu** com arrogância.*
- *Please **answer** the door / the phone.* ▷ *Por favor, **atenda** a porta / o telefone.*
- *My prayers were **answered**.* ▷ *Minhas preces foram **atendidas**.*

answer back

- *Don't **answer back** to your mother.* ▷ *Não **responda**, não seja **malcriado, insolente** com sua mãe.*

2. responsabilizar-se, responder por   be ACCOUNTABLE

- *Each one must **answer** for their actions.* ▷ *Cada um tem de **responsabilizar-se, responder** pelos seus atos.*

3. solucionar, atender, bastar, satisfazer

- *That **answers** the problem.* ▷ *Isso **soluciona** o problema.*
- *This computer fully **answers** my needs.* ▷ *Esse computador **basta, atende, satisfaz** plenamente às minhas necessidades.*

ANTIESTABLISHMENT adj.   ESTABLISHMENT

- *His ideas are totally **antiestablishment**.* ▷ *Suas idéias são totalmente **antiestablishment**, contra os padrões convencionais da sociedade.*

ANYTHING BUT expr.

- *I'm sorry, but this is **anything but** music.* ▷ *Desculpe, mas isso não é música **em absoluto, de maneira nenhuma**, de jeito nenhum, **está longe de ser** música, é **qualquer coisa menos** música.*

ANYWAY, ANYHOW adv.

1. de qualquer modo, de qualquer forma, de qualquer maneira, seja como for; mesmo assim

- *In the end she'll win **anyway**.* ▷ *No fim, ela vai vencer **de qualquer maneira, seja como for**.*
- *It sounds crazy, but they believed it **anyhow**.* ▷ *Parece loucura, mas eles acreditaram **mesmo assim**.*

2. enfim, afinal, afinal de contas   ULTIMATELY

- *What do you know about her, **anyway**?* ▷ *Mas **enfim, afinal, afinal de contas**, o que é que você sabe sobre ela?*
- *Anyway, this is not the point.* ▷ *Bem, isso não vem ao caso.*
- *Anyway, the trouble started right in the beginning.* ▷ *O fato é que os problemas começaram já no início.*

APATHETIC adj.   LISTLESS

> **Apathetic** NÃO é "patético" (**pathetic**).
> *Depressed, **apathetic** children* ▷ *Crianças deprimidas, **apáticas** (NÃO ~~"patéticas"~~...!)*

apátary...

apático, indiferente, indolente, inerte, passivo; sem energia
- *Apathetic voters* ▷ *Eleitores **apáticos, indiferentes, passivos***
- *Bored, **apathetic** young men* ▷ *Rapazes entediados, **apáticos***

APLOMB s.   GRACE

aprumo, garbo, autoconfiança, autocontrole, autodomínio, classe, compostura, correção, dignidade, elegância, linha, porte, pose, postura, segurança
- *She admired him for his **aplomb** and refined ways.* ▷ *Ela o admirava por seu **aprumo, garbo, porte elegante** e suas maneiras refinadas.*
- *He was a very formal gentleman who never lost his **aplomb**.* ▷ *Era um cavalheiro muito formal, que nunca perdia a **classe, linha, compostura**.*

APPALLED adj.   DISMAYED

estarrecido, horrorizado, abismado, assombrado, aterrado, chocado, consternado, estupefato, pasmado, pasmo; mudo de espanto
- *I was **appalled** to know their infant mortality rate.* ▷ *Fiquei **estarrecida, horrorizada, estupefata** ao saber dos índices de mortalidade infantil.*

APPALLING adj.   AWFUL

estarrecedor, terrível, abominável, alarmante, apavorante, assombroso, assustador, aterrador, atroz, chocante, espantoso, grave, horrível, horroroso, impressionante, medonho, pavoroso, tétrico, tremendo
- *The slaves were transported from Africa to Brazil in **appalling** conditions.* ▷ *Os escravos eram trazidos da África para o Brasil em condições **terríveis, estarrecedoras, pavorosas, atrozes, de estarrecer**.*
- *He had **appalling** nightmares.* ▷ *Tinha pesadelos **terríveis, medonhos, impressionantes, tremendos**.*

APPARENTLY adv.   PROBABLY

> "Aparentemente" é mais formal e menos comum em português do que **apparently** em inglês.
> *Apparently she was aware of all that.* ▷ *Parece que ela estava ciente de tudo isso.*
> (Melhor que "Aparentemente ela estava ciente"...!)

ao que parece, aparentemente; parece que; pelo jeito, pelo visto, pelo que se vê, se percebe; à primeira vista; segundo consta; tudo indica, faz crer, leva a crer
- *Apparently tickets are sold out.* ▷ *Parece que, pelo jeito, pelo visto, segundo consta as entradas estão esgotadas.*
- *Apparently the elections were fair.* ▷ *Tudo leva a crer que as eleições foram limpas.*

◊ Apparently, assim como ALLEGEDLY, SUPPOSEDLY, PROBABLY, LIKELY e os verbos SEEM, APPEAR é muito usado na linguagem jornalística, legal, científica, para atenuar, relativizar, indicar dúvida, evitar o dogmatismo e as afirmações arriscadas:

- *These animals **apparently** breed once per year.* ▷ *Ao que tudo indica, segundo consta, esses animais se reproduzem uma vez por ano.*
- *"There has been a string of **apparently** racially-motivated attacks on dark-skinned people in Eastern Germany." (cnn.com)* ▷ *Vem ocorrendo na Alemanha Oriental uma série de ataques a pessoas de pele escura, **aparentemente** com motivo racial.*

APPEAR v.

1. **aparecer,** surgir
- *The sun **appeared** on the horizon.* ▷ *O sol **apareceu**, surgiu no horizonte.*

2. **parecer,** aparentar, dar a impressão SEEM
- *They **appear** to be very happy.* ▷ *Eles **parecem, aparentam, dão a impressão** de ser muito felizes.*

3. **aparecer em público, apresentar-se;** representar, trabalhar no cinema, teatro, TV
- *He often **appears** on TV.* ▷ *Ele **aparece, se apresenta** muito na TV.*
- *She **has appeared** in many films.* ▷ *Ela já **trabalhou** em muitos filmes.*

4. **ser publicado,** sair
- *A new edition **appeared** in 2005.* ▷ *Uma nova edição **saiu, foi publicada** em 2005.*
- *Their first CD **appeared** in 1990.* ▷ *O primeiro CD da banda **saiu** em 1990.*
- *(subst.) The book's **appearance** in December 2005 was surrounded by intense publicity.* ▷ *A **publicação** do livro, em dezembro de 2005, foi cercada de intensa publicidade.*

5. Usado como atenuante para manter a nuance da dúvida, sobretudo na linguagem científica, jurídica, jornalística. APPARENTLY
- *(Cientista:) It **appears** / It **would appear** that this is a new species.* ▷ ***Parece, ao que tudo indica, pelo que percebemos, tudo leva a crer** que essa é uma nova espécie.*
- *The accused **appears** to have been with Miss Smith the day before.* ▷ ***Aparentemente** o acusado esteve com a srta. Smith no dia anterior.*
- *The flight was aborted when the engine **appeared** to catch fire.* ▷ *O vôo foi cancelado quando, **segundo consta, segundo as informações recebidas**, o motor pegou fogo.*

• Usar o condicional:
- *He **appears** to have been asleep at the wheel.* ▷ *Parece que ele **teria** dormido na direção.*

APPLICANT s.

candidato, inscrito, solicitante, requerente
- *Applicants must include a recent photo.* ▷ *Os **candidatos** devem incluir uma foto recente.*
- *We had 900 **applicants** for 50 spots.* ▷ *Tivemos 900 **inscritos** para 50 vagas.*

APPLICATION s.

1. **aplicação,** uso
- *There are many new **applications** of this technology.* ▷ *Há muitas novas **aplicações**, novos **usos** dessa tecnologia.*

apply

2. pedido, proposta, ficha, formulário, inscrição, requerimento, requisição, solicitação (de emprego, matrícula, bolsa de estudos etc.) SUBMISSION

▶ *Applications must reach us by May 31.* ▷ *Os **pedidos, propostas,** as **inscrições** devem chegar até 31 de maio.*
▶ *Please fill out this **application** form.* ▷ *Por favor, preencha este **formulário**, esta **ficha de inscrição**.*

3. aplicativo, programa de computador, software

▶ *We are developing **applications** for the Linux platform.* ▷ *Estamos desenvolvendo **aplicativos, programas** para a plataforma Linux.*

APPLY v.

1. aplicar

▶ *Apply the product with care.* ▷ *Aplique o produto com cuidado.*
▶ *This technology can be **applied** to a variety of ends.* ▷ *Essa tecnologia pode ser **aplicada** aos mais variados fins.*

2. = apply for SUBMIT
candidatar-se, cadastrar-se, inscrever-se; pedir, requerer, solicitar

▶ *Apply for a job / visa / scholarship / admission / work permit / loan* ▷ ***Candidatar-se, inscrever-se, pedir, solicitar** emprego / visto / bolsa de estudos / matrícula / licença de trabalho / empréstimo*
▶ *Amateurs need not **apply**.* ▷ *Amadores, favor não **se candidatar**.*

APPRECIATE v.

> Nem sempre é "apreciar" – Atenção às acepções ausentes em português!
> *I **appreciate** how much you've suffered.* ▷ ***Compreendo, percebo, avalio,** posso **aquilatar** o quanto você tem sofrido.*

1. apreciar, gostar ENJOY

▶ *Learn to **appreciate** classical music, it will enrich your life.* ▷ *Aprenda a **apreciar, gostar** de música clássica; isso vai enriquecer a sua vida.*
▶ *Listen, if this is a joke, I don't **appreciate** it.* ▷ *Escute aqui, se isso é uma brincadeira, não estou **gostando** nem um pouco.*

2. apreciar, dar valor, estimar, gostar, prezar, reconhecer, valorizar; ter apreço, consideração; ter em alta conta; agradecer, ser grato, ficar agradecido, reconhecido ≠ TAKE FOR GRANTED

▶ *Every day these women make heroic efforts that no one sees or **appreciates**.* ▷ *Todos os dias essas mulheres fazem esforços heróicos que ninguém enxerga nem **aprecia, reconhece, valoriza, dá valor**.*
▶ *After being in jail for a year, I really **appreciate** my freedom.* ▷ *Depois de passar um ano de cadeia, agora eu **prezo, estimo, dou muito valor** à minha liberdade.*
▶ *His colleagues listen to him and **appreciate** what he has to say.* ▷ *Seus colegas o escutam e **prezam, valorizam, têm em alta conta, muita consideração** por suas opiniões.*
▶ *All contributions are greatly **appreciated**.* ▷ ***Agradecemos, somos gratos** por qualquer contribuição.*
▶ *We **appreciate** your understanding.* ▷ ***Muito obrigado** pela sua compreensão.*

3. **compreender, perceber,** avaliar, aquilatar, reconhecer, saber; compreender muito bem; dar-se conta, estar cônscio, consciente REALIZE, AWARE

▶ *I* **appreciate** *there are limitations to this method.* ▷ *Sei, compreendo, reconheço que há limitações nesse método.*
▶ *He* **appreciated** *that his career was finished.* ▷ *Ele* **compreendeu, percebeu** *que sua carreira estava acabada.*
▶ *They failed to* **appreciate** *the gravity of the situation.* ▷ *Eles não* **perceberam***, não se* **conscientizaram***, não se* **deram conta** *da gravidade da situação.*
▶ *(Artista perseguido por fanáticos:) I* **appreciate** *there are people who want to kill me.* ▷ *Compreendo muito bem, estou plenamente cônscio de que há pessoas que querem me matar.*

4. **respeitar**

▶ *(Repórter para pai enlutado que chora:) I* **appreciate** *your emotions.* ▷ *Compreendo,* **respeito** *suas emoções.*

5. (intrans. – finanças) **valorizar-se,** apreciar-se, encarecer, subir de preço INCREASE

▶ *The US dollar has greatly* **appreciated** *against the real over the last year.* ▷ *O dólar* **se apreciou***, subiu muito em relação ao real no ano passado.*
▶ *Investors buy stock in the hope that it will* **appreciate.** ▷ *Os investidores compram ações na esperança de que* **se valorizem, subam de preço.**
▶ *The investments were sold at* **appreciated** *prices.* ▷ *Os investimentos foram vendidos a preços* **mais elevados.**

APPRECIATION s.

1. **apreço, gratidão,** apreciação, consideração, estima, reconhecimento, respeito

▶ *I wish to express my* **appreciation** *to all those who helped me.* ▷ *Desejo expressar minha* **gratidão** *a todos que me ajudaram.*
▶ *Please accept this watch as a token of our* **appreciation.** ▷ *Aceite este relógio como demonstração do nosso* **apreço, reconhecimento***, nossa* **estima.**

2. **compreensão**

▶ *Companies today must have a firm* **appreciation** *of consumer rights.* ▷ *Hoje as empresas precisam* **compreender** *muito bem os direitos do consumidor.*

APPROACH adj.

1. **abordagem, enfoque,** ângulo, atitude, enquadramento, espírito, filosofia, linha, olhar, ótica, "pegada", pensamento, perspectiva, posição, posicionamento, postura, prisma, recorte, viés, visada, visão, ponto de vista, modo de ver, de pensar; plano geral OUTLOOK, VIEW

▶ *Let's try to adopt an ecological* **approach.** ▷ *Vamos adotar uma* **abordagem, perspectiva, ótica***, um* **enfoque, ângulo, prisma, olhar, ponto de vista** *ecológico.*
▶ *Some parents adopt an overly permissive* **approach.** ▷ *Alguns pais adotam uma* **atitude, filosofia, postura** *demasiado permissiva.*
▶ *The two parties have very different* **approaches.** ▷ *Os dois partidos têm* **linhas, pensamentos, filosofias, visões** *muito diferentes.*
▶ *We are looking for articles that exhibit an original* **approach** *to the theme.* ▷ *Procuramos artigos que lancem um* **olhar** *original,* **abordem** *o tema com uma* **perspectiva, visão, "pegada"** *original.*
▶ *"Usei a ficção como se fosse realidade... Todo o* **enquadramento** *é pessoal, autobiográfico." (Fernando Sabino, "O Tabuleiro de Damas")*

appropriate

- Omitir quando supérfluo:

▶ *We must adopt a self-critical* **approach**. ▷ *Precisamos ter autocrítica. (Melhor que "uma* ~~abordagem~~ *autocrítica".)*
▶ *We promote a bi-partisan political* **approach**. ▷ *Promovemos uma política bipartidária.*

2. sistema, método, esquema, estilo, fórmula, formulação, estratégia, jogada, jogo, modelo, organização, processo, solução, tática, técnica, via; linha de ação; maneira, modo de agir, trabalhar, solucionar um problema POLICY

▶ *We must be able to find alternatives when a current* **approach** *is not working.* ▷ *Precisamos encontrar alternativas se o* **esquema, a estratégia, tática, maneira de trabalhar, linha de ação, técnica, solução** *atual não estiver dando certo.*
▶ *GM developed a team* **approach** *to mass manufacturing.* ▷ *A GM desenvolveu um* **processo, método, modelo, sistema** *de equipe para a fabricação em série.*
▶ *There are two major* **approaches** *to create a transgenic animal.* ▷ *Há duas* **técnicas** *básicas para criar um animal transgênico.*
▶ *"Create confusion around your adversary so he will not understand your* **approach**.*" (Sun Tzu, The Art of War)* ▷ *Crie confusão em torno do adversário para que ele não perceba qual o seu* **jogo**, *seu* **modo de agir**.

APPROPRIATE adj.   PROPER

apropriado, oportuno, aceitável, acertado, aconselhável, adequado, apto, azado, bom, cabível, certo, compatível, condizente, conforme, conveniente, correto, pertinente, próprio, relevante; de acordo

▶ *This isn't an* **appropriate** *occasion to discuss such delicate issues.* ▷ *Esta não é uma ocasião* **apropriada, adequada, oportuna, própria, conveniente, pertinente** *para discutir assuntos tão delicados.*
▶ *Make sure the frame is* **appropriate** *for the subject of the picture.* ▷ *A moldura deve ser* **adequada, condizente, compatível** *com o assunto da foto.*
▶ *Please tick the* **appropriate** *box.* ▷ *Por favor assinale a opção* **certa, correta, relevante**.

- Usar os verbos e as expressões: **convir, servir;** vir (bem) a calhar, a propósito; cair bem, ficar bem; *inf.* ter a ver   SUIT, SUITABLE

▶ *These shoes are not* **appropriate** *for a long walk.* ▷ *Esses sapatos não* **servem**, *não são* **adequados** *para uma caminhada longa.*
▶ *Her remarks were very* **appropriate** *for the situation.* ▷ *Seus comentários* **caíram bem, vieram bem a calhar, bem a propósito**.
▶ *I thought it was not* **appropriate** *to invite his ex-girlfiend.* ▷ *Achei que* **não convinha, não ficava bem**, *(inf.)* **não tinha nada a ver** *convidar a ex-namorada dele.*

APPROPRIATE v.

1. destinar, alocar, designar, reservar (verba, fundos, dotação)

▶ *The US Congress* **appropriated** *$70 billion for R&D.* ▷ *O Congresso americano* **destinou, alocou** *US$ 70 bilhões para Pesquisa e Desenvolvimento.*

2. apropriar-se indevidamente, apossar-se, assenhorar-se, tomar, usurpar; *inf.* abiscoitar, abocanhar

▶ *They* **appropriated** *my ideas.* ▷ *Eles* **se apropriaram, usurparam, se apossaram** *das minhas idéias.*
▶ *During the war Germany* **appropriated** *a large part of Poland's territory.* ▷ *Durante a guerra a Alemanha* **tomou, usurpou, abocanhou** *boa parte do território da Polônia.*

- Atenção para a diferença de pronúncia: adj. /ap**PRÓ**priate/ ≠ v. /appropri**ATE**/.

APPROPRIATION s.

verba, dotação orçamentária, fundo, recursos

▶ *This theatrical group received a congressional **appropriation** of $10 million for their new productions.* ▷ *O grupo teatral recebeu uma **verba, dotação orçamentária** de US$ 10 milhões para suas novas produções.*

APPROXIMATELY adv.   NEARLY

> Evite "aproximadamente", palavra muito longa, em especial em textos destinados a serem falados (teatro, cinema, TV).

cerca de, em torno de, por volta de, mais ou menos; aproximadamente, grosso modo

▶ *There were **approximately** a hundred people.* ▷ *Havia **cerca de, por volta de, mais ou menos** cem pessoas.*

ARGUABLY adv.   PROBABLY

▶ *This is **arguably** the best-known car race in the world.* ▷ ***Pode-se dizer, é bem possível** que esta seja / **Esta talvez seja** a corrida de carros mais conhecida do mundo.*

ARGUE v.

1. **argumentar, afirmar,** alegar, opinar, sustentar; tentar demonstrar, provar, convencer, persuadir; ser de opinião   CLAIM

▶ *The Senator **argues** that more immigrants should be admitted into the country.* ▷ *O senador **argumenta, afirma, sustenta, opina, é de opinião** que o país deve aceitar mais imigrantes.*

argue for / argue against

▶ *Some **argue for** granting amnesty to all illegal aliens.* ▷ *Alguns **defendem, propõem** anistia para todos os imigrantes ilegais.*
▶ *The senator **argued against** the proposal.* ▷ *O senador **criticou, atacou, foi contra** a proposta.*

2. **debater,** arrazoar, contender, discutir, disputar, esgrimir, filosofar, raciocinar, questionar   DISCUSS

▶ *We could **argue** this point for hours.* ▷ *Poderíamos passar horas **debatendo, discutindo** este ponto.*

3. **discutir,** brigar   QUARREL

▶ *How to handle people who are always **arguing**.* ▷ *Como lidar com pessoas que vivem **brigando, discutindo**.*

ARGUMENT s.

> **Argument** nem sempre é "argumento". Muito comum nas acepções 2 e 3.

arrangement

1. **argumento, argumentação,** afirmação, afirmativa, alegação, assertiva, colocação, hipótese, premissa, proposição, proposta, teoria, tese; lógica; linha de raciocínio

▶ *Let's hear all the **arguments** for and against.* ▷ *Vamos ouvir todos os **argumentos**, as **colocações** a favor e contra.*

▶ *Your **argument** does not hold water.* ▷ *Sua **argumentação**, **lógica**, **linha de raciocínio** não se sustenta.*

▶ *What is your **argument** for the existence of extraterrestrial life?* ▷ *Qual é a sua **teoria**, **tese** a favor da existência de vida extraterrestre?*

2. **discussão, debate,** controvérsia, disputa, divergência, polêmica DISCUSSION

▶ *I love a good, civil **argument**.* ▷ *Adoro um bom **debate**, uma boa **discussão**, levada com cortesia.*

▶ *Once more creationists are attacking evolution. It's incredible that we have to go back to this 19th century **argument**.* ▷ *Mais uma vez os criacionistas estão atacando a evolução. É incrível que tenhamos que voltar a essa **polêmica, controvérsia, disputa** do século 19.*

3. **briga, discussão,** altercação, atrito, choque, desentendimento QUARREL

▶ *Their parents had endless **arguments** about money.* ▷ *Os pais tinham **brigas, discussões, atritos** intermináveis por causa de dinheiro.*

ARRANGEMENT s.

1. **arranjo, ordem,** disposição, agrupamento, alinhamento, classificação, combinação, composição, coordenação, esquema, montagem, organização, seqüência, sistematização, sistema LAYOUT

▶ *Music by Caetano Veloso with string **arrangements** by Jacques Morelenbaum* ▷ *Música de Caetano, com **arranjos** para cordas de J.M.*

▶ *In the lab I admired the neat **arrangement** of specimens displayed in jars on the shelves.* ▷ *No laboratório, admirei o cuidadoso **arranjo, alinhamento, disposição, esquema**, a **ordem, organização, classificação** dos espécimes em recipientes de vidro nas prateleiras.*

▶ *Seating **arrangements** were carefully thought out.* ▷ *A **disposição** dos convidados à mesa foi muito bem pensada.*

2. **providência,** planejamento, plano

▶ *Make sure that proper **arrangements** have been made for the trip.* ▷ *Verifique se foram tomadas todas as **providências**, feito todo o **planejamento** necessário para a viagem.*

ARRAY s.   RANGE

conjunto, série, arranjo, coleção, espectro, gama, leque, mostra, quantidade, seleção, seqüência, sucessão, variedade; matriz; diversos, vários

▶ *We offer an **array** of professional services.* ▷ *Oferecemos todo um **conjunto, leque**, uma ampla **gama, variedade** de serviços profissionais.*

▶ *We must consider an **array** of possible outcomes.* ▷ *Precisamos considerar **diversas**, toda uma **série** de conseqüências possíveis.*

▶ *We can draw on an expanding **array** of technology tools.* ▷ *Podemos contar com uma **variedade** cada vez maior de ferramentas tecnológicas.*

▶ *A wonderful **array** of jewels* ▷ *Uma maravilhosa **coleção** de jóias*

▶ *Disk **array*** ▷ ***Matriz** de discos*

AS adv., prep., conj.

1. (tempo) **quando**

▶ *As I was getting out of the car, I realized I didn't know his address.* ▷ **Quando** *estava saindo do carro, percebi que não tinha o seu endereço.*

▶ *As a child, I was very shy.* ▷ **Quando** *criança,* **em** *criança,* **na** *infância, eu era muito tímido.*

▶ *As I arrived home I saw my kids waiting for me.* ▷ **Quando cheguei, ao chegar, chegando** *em casa vi meus filhos me esperando.*

2. (tempo) **assim que,** logo que

♪ *"Wednesday morning at five o'clock* **as** *the day begins" (Lennon / McCartney, "She's Leaving Home")* ▷ *Quarta-feira de manhã,* **assim que, logo que** *começa o dia*

as soon as

▶ *As **soon as** I saw him I realized he was the right person for me.* ▷ **Assim que** *eu o vi, percebi que ele era a pessoa certa para mim.*

3. (tempo) **à medida que,** acompanhando, conforme, com, enquanto, segundo

▶ *As populations age, pension costs rise.* ▷ **Conforme, à medida que** *a população envelhece, aumenta o ônus da aposentadoria.*

▶ *These controls will be improved* **as** *the vehicle is designed.* ▷ *Esses controles serão aperfeiçoados* **conforme, segundo** *o andamento do projeto do veículo.*

▶ *Sales will continue to grow* **as** *prices fall.* ▷ *As vendas continuarão a crescer* **acompanhando** *a,* **com** *a queda nos preços.*

• Alternativas para "à medida que":

▶ *Old methods will change* **as** *companies seek stronger security.* ▷ *Os velhos métodos vão mudar* **agora que** *as empresas buscam mais segurança.*

▶ *As time goes by* ▷ **Com** *o tempo,* **com** *o passar do tempo*

▶ *As this cycle increases, the hardest hit will be the small businesses.* ▷ *O ciclo se intensifica, e os mais atingidos serão as pequenas empresas.*

• Usar o gerúndio para dar idéia de ação contínua:

▶ *As I got older, I changed my mind about certain things.* ▷ *À medida que fui* **envelhecendo***, mudei de idéia sobre certas coisas.*

▶ *"Yes", she muttered,* **as** *she looked at herself in the mirror.* ▷ *"Sim", murmurou,* **olhando, fitando** *seu reflexo no espelho.*

• Substituir o verbo por um substantivo cognato:

▶ *As he travelled down the river he saw many different animals.* ▷ **Viajando, em suas viagens** *rio abaixo, viu muitos animais diversos.*

▶ *As our research* **evolved** *we uncovered some startling facts.* ▷ *No* **decorrer***, com a* **evolução** *da nossa pesquisa descobrimos fatos alarmantes.*

▶ *As the industry* **matures***, prices will fall.* ▷ *Com o* **amadurecimento** *do setor, os preços vão cair.*

3. (causa) **como, porque, pois,** já que, uma vez que, visto que (= since, because)

▶ *As it was getting late, I decided to go back.* ▷ **Como** *já era tarde, resolvi voltar.*

▶ *Fire safety is a big concern, **as** the barracks are made of thin material.* ▷ *O risco de incêndio preocupa muito, **pois, já que, uma vez que** as barracas são feitas de tecido fino.*

4. (comparação) **como,** assim como, tal como; tão, tanto, quanto

▶ *Behave yourself **as** a lady.* ▷ *Comporte-se **como** uma dama.*
▶ *Use your coat **as** a blanket.* ▷ *Use seu casaco **como** cobertor.*
▶ *Always begin anew with the day, **just as** nature does.* ▷ *Comece de novo com o novo dia, **tal como** faz a natureza.*

as... as

▶ *He's **as** tall **as** his father.* ▷ *Ele é **tão** alto **como** o pai.*
▶ *Eat **as** much **as** you want.* ▷ *Coma **quanto** quiser.*

• Outras acepções:

▶ *This star can be seen **as** a tiny blue spot.* ▷ *Essa estrela aparece **sob a forma de** um pontinho azul.*
▶ *Ambitious **as** the reforms may be, they will not solve all our problems.* ▷ ***Por mais** ambiciosas que sejam as reformas, não resolverão todos os nossos problemas.*

as always, as expected

▶ *as always, as expected* ▷ ***Como** sempre, **como** era de se esperar*

as long as

▶ ***As long as** your candle burns, everything can be corrected.* ▷ ***Enquanto** sua chama continuar acesa, tudo se pode corrigir.*

as yet

▶ *Projecting sales for an **as yet** nonexistent market is just guesswork.* ▷ *Projetar vendas para um mercado que **até agora, ainda não** existe, não passa de adivinhação.*

ASSERT oneself v.

assumir-se, impor-se, afirmar-se; fazer valer seus direitos

▶ *"Woman, **assert** yourself!"* ▷ *"Mulher, **assuma-se!** / Tenha a coragem de se assumir! / Defenda seus direitos!"*

ASSERTIVE adj.   CONFIDENT

decidido, afirmativo, autoconfiante, firme, incisivo, positivo, seguro; sem medo de se afirmar; que se assume

▶ *They were not used to **assertive** women like her.* ▷ *Não estavam acostumados com mulheres **decididas, firmes, autoconfiantes** como ela.*

ASSET s.

1. **ativo, bem disponível;** cabedal, capital, fortuna, patrimônio, recurso, riqueza; *pl.* bens, haveres, meios, posses; recursos econômicos ≠ LIABILITY

▶ *An investment advisor has the responsibility of managing his clients' **assets**.* ▷ *O consultor de investimentos tem a responsabilidade de administrar os **bens,** o **patrimônio** dos clientes.*
▶ *Short on cash, the company had to sell its **assets**.* ▷ *Com falta de liquidez, a empresa teve de vender seus **ativos, bens, haveres,** seu **patrimônio**.*

▶ *Oil wells are the country's most important **asset**.* ▷ *Os poços de petróleo são a **riqueza**, o **bem**, **capital**, **recurso econômico** mais importante do país.*

▶ *Does the company have the financial **assets** necessary for such a large venture?* ▷ *A empresa tem os **recursos, meios** financeiros necessários para um empreendimento tão grande?*

2. **vantagem, trunfo,** atrativo, atributo, benefício, contribuição, diferencial, patrimônio, qualidade, privilégio, recurso, superioridade, tesouro, virtude; recurso valioso, de peso, de grande valor, grande valia; carta alta; característica, elemento, fator, ponto forte, positivo, favorável, desejável, valioso
RESOURCE

▶ *The system's key **asset** is its ability to run on any sized machine.* ▷ *A principal **vantagem, qualidade, superioridade**, o grande **atrativo, benefício, diferencial** do sistema é rodar em máquinas de qualquer tamanho.*

▶ *One of her major **assets** is her fluency in both French-English.* ▷ *Um de seus principais **trunfos, atributos, pontos fortes, positivos** é a fluência em inglês e francês.*

▶ *Congratulations! You are a great **asset** for our school.* ▷ *Parabéns! Você é uma pessoa **valiosa, de grande valor**, **grande valia** para a nossa escola.*

▶ *Knowledge of Java and Unix would be an **asset**.* ▷ *Conhecimentos de Java e Unix **desejáveis**.*

ASSUME v.

1. **assumir,** apropriar-se, tomar

▶ *Assume responsibilities / blame* ▷ *Assumir a responsabilidade / a culpa*
▶ *Assume control / power* ▷ *Assumir, tomar o controle / o poder*

2. **supor, presumir,** achar, acreditar, admitir, crer, imaginar, pensar, pressupor; partir do princípio, da hipótese, premissa, suposição TAKE FOR GRANTED

▶ *I **assume** he has a vested interest in the business.* ▷ ***Suponho, presumo, imagino, creio, acredito*** *que ele tem seus interesses particulares no negócio.*

▶ *She missed classes for three days, so I **assumed** she was ill.* ▷ *Como ela faltou três dias, **achei, pensei** que estivesse doente.*

▶ *Let's **assume** he was telling the truth.* ▷ *Vamos **supor, partir do princípio** que ele falou a verdade.*

• Contraste: assumir (português) ≠ assume (inglês):

▶ *A firma **assumiu** vários processos que antes eram terceirizados.* ▷ *The company **took over** several processes that had been previously outsourced.*

▶ *Ele é gay **assumido**.* ▷ *He's **out of the closet**. / He's **out**.*

▶ *Envolva-se e **assuma** uma posição.* ▷ *Get involved and **take a stand**.*

▶ *Você tem de **se assumir**!* ▷ *You must **assert yourself**, **take charge** of your own life!*

ASSUMPTION s.

1. **suposição básica, princípio;** conjectura, convicção, fundamento, hipótese, idéia, noção, opinião, postulado, premissa, pressuposição, pressuposto, raciocínio, teoria, tese; ponto de partida BELIEF

▶ *Key assumptions* ▷ *Pressupostos, princípios básicos*
▶ *Valid / False assumptions* ▷ *Suposições, hipóteses, premissas válidas / falsas*
▶ *Stereotypes can lead us to make totally wrong **assumptions**.* ▷ *Os estereótipos podem nos levar a **idéias, noções, convicções, opiniões** totalmente erradas.*

2. **idéia, opinião preconcebida,** arraigada, formada, velha BIAS

▶ *It's time for a new approach. Discard your **assumptions** and start afresh.* ▷ *É hora de adotar uma nova estratégia. Jogue fora suas **idéias preconcebidas**, já **formadas, arraigadas**, suas **velhas opiniões** e recomece do zero.*

♪ *"Prefiro ser essa metamorfose ambulante / Do que ter aquela **velha opinião formada** sobre tudo"* (Raul Seixas, "Metamorfose Ambulante")

• general assumption CONVENTIONAL WISDOM

▶ *Contrary to the **general assumption**, acts of violence are tolerated when they suit a particular agenda.* ▷ *Ao contrário da **opinião geral**, do **consenso geral**, do que **todos pensam**, os atos de violência são tolerados quando convêm a determinados fins.*

• Usar os verbos: **assumir,** pressupor, imaginar, pensar ASSUME

▶ *(Sept. 11, 2001) At first the **general assumption** was that the collision was an accident; no one thought of a terrorist attack.* ▷ *No início **assumia-se, todos pensaram, assumiram, imaginaram** que a colisão foi um acidente; ninguém pensou num ataque terrorista.*

ASSURE v.   REASSURE

garantir, assegurar, afiançar, afirmar, asseverar, atestar, convencer, jurar, tranqüilizar; dar certeza

▶ *The salesman **assured** me the item was new.* ▷ *O vendedor me **garantiu, assegurou**, me **deu certeza** que a mercadoria era nova.*
▶ *He **assured** me, "Everything is OK".* ▷ *Ele me **tranqüilizou**, "Não se preocupe, fique tranqüila, está tudo bem".*

ASTONISH v., ASTONISHING adj.   AMAZE

espantar, assombrar, impressionar, surpreender; deixar admirado, espantado, estupefato, surpreso; causar admiração, espanto, sensação, surpresa

▶ *The eclipse **astonished** the natives.* ▷ *O eclipse deixou os nativos **espantados, assombrados, estupefatos / causou grande espanto** nos nativos.*
▶ *These prices are **astonishing** – US$ 50 for a T-shirt!* ▷ *Esses preços são **absurdos, inacreditáveis, de cair o queixo** – 50 dólares por uma camiseta!*
▶ *The Harry Potter series has enjoyed an **astonishing** success.* ▷ *A série Harry Potter vem tendo um sucesso **impressionante, espetacular, prodigioso, extraordinário.***

ASTONISHED adj.   BEWILDERED

atônito, estupefato, abestalhado, abismado, abobalhado, apalermado, assombrado, atordoado, aturdido, bestificado, boquiaberto, chocado, confuso, desconcertado, embasbacado, espantado, espantado, pasmado, pasmo, perplexo, surpreso; tomado, mudo de espanto, assombro, admiração; sem ação

▶ *My parents were **astonished** when I announced I was pregnant.* ▷ *Meus pais ficaram **atônitos, estupefatos** quando avisei que estava grávida.*
▶ *The sound engineers were **astonished** at the excellence of the recordings.* ▷ *Os engenheiros ficaram **pasmos, assombrados, embasbacados** com a qualidade das gravações.*

ASTONISHMENT s.

espanto, assombro, admiração, choque, confusão, pasmo, perplexidade; grande surpresa

▶ Much to our **astonishment** we saw Iraqi kids waving American flags. ▷ *Para nosso grande espanto e admiração, vimos garotos iraquianos acenando com bandeiras americanas.*

ASTOUND v., ASTOUNDED adj., ASTOUNDING adj.   ASTONISH

▶ *"If we did all the things we are capable of, we would literally **astound** ourselves." (Thomas Edison)* ▷ *Se fizéssemos tudo que somos capazes de fazer, ficaríamos **estupefatos, assombrados**.*
▶ *We were **astounded** at the cost of living in Europe.* ▷ *Ficamos **atônitos, pasmos, boquiabertos** com o custo de vida na Europa.*
▶ *It's **astounding** how little they know about this problem.* ▷ *É **impressionante** como eles sabem pouco sobre esse problema.*

ASYLUM s.   HOSPICE

> Em geral NÃO é "asilo" de velhos, órfãos, refugiados, animais abandonados etc. (**shelter,** HOME).
> *He put his wife in an **asylum**.* ▷ *Ele internou a mulher no **hospício**.*
> *Internou os pais idosos num **asilo**.* ▷ *He put his elderly parents in a **home**.*

1. asilo, abrigo, refúgio

▶ *She's asking for political **asylum** in Canada.* ▷ *Ela está pedindo **refúgio, asilo** político no Canadá.*

2. (= insane asylum) **hospício,** manicômio, sanatório

▶ *You're going to drive your mother into an **asylum**!* ▷ *Sua mãe ainda vai acabar no **hospício**! / Você ainda vai deixar sua mãe **maluca**!*

AT ALL adv.   ABSOLUTELY NOT

de maneira nenhuma, de jeito nenhum, de modo algum, absolutamente, em absoluto, nem um pouco, nada

▶ *"Were you expecting this?" "No, not **at all**."* ▷ *"Você esperava isso?" "Não, **de maneira nenhuma, absolutamente**."*
▶ *The woman had fooled him: she wasn't rich **at all**.* ▷ *A mulher o enganara: não era rica, **em absoluto**, longe disso.*
▶ *I wasn't interested **at all**.* ▷ *Não fiquei **nem um pouco, nada** interessado.*
▶ *We received no Christmas bonus **at all**.* ▷ *Não recebemos gratificação de Natal **de espécie alguma**.*

ATTITUDE s.

1. atitude, jeito, maneira de ser

▶ *Have a positive **attitude**. **Attitude** is everything.* ▷ *Tenha uma **atitude** positiva. A **atitude** é tudo na vida.*

2. atitude errada, negativa, antipática, arrogante, egoísta, insolente

▶ *Anne is a 15-year-old rebellious, troubled teenager **with attitude**.* ▷ *Anne é uma adolescente de 15 anos, rebelde, problemática e **insolente**.*
▶ *The rock star has a serious **attitude** problem.* ▷ *O roqueiro tem um sério problema com sua **atitude arrogante e antipática**.*

give attitude *expr. inf.*
ter uma atitude insolente, antipática, desaforada, desrespeitosa, mal-educada, mal-humorada, ousada, petulante; tratar mal, com atrevimento, desaforo, insolência, má-criação, má vontade

▶ *Don't **give me attitude**, young man!* ▷ *Não me venha com **insolência, atrevimento**, não seja **malcriado**, mocinho!*
▶ *The waitress **gave me attitude** when I spilled my water.* ▷ *A garçonete me **tratou mal, foi mal-educada, desaforada, estúpida, antipática, mal-humorada** quando derramei água.*

• Contraste:
▶ *Você precisa tomar uma **atitude**!* ▷ *You have to do something about it!*

AUDIENCE s.

1. audiência

▶ *The show reached its **audience** peak in May, with 20 million television viewers.* ▷ *O programa alcançou seu pico de **audiência** em maio, com 20 milhões de espectadores.*

2. público, espectadores, ouvintes, platéia   THEATER

▶ *Her latest book has reached a wider **audience**.* ▷ *Seu último livro alcançou um **público** mais amplo.*
▶ *This rock concert was appreciated by **audiences** around the world.* ▷ *Esse show de rock foi apreciado pelo **público**, pelas **platéias**, por **espectadores** do mundo todo.*
♪ *"You're such a lovely **audience**" (Lennon / McCartney, "Sergeant Pepper's")* ▷ *Vocês são um **público** maravilhoso.*

AUTHORITATIVE adj.   RELIABLE

abalizado, aprovado, autêntico, autorizado, credenciado, fidedigno, idôneo, inquestionável, respeitado, válido; digno de respeito, crédito; bem pesquisado; de reconhecida precisão, competência, seriedade

▶ *The new book is the most **authoritative** in the area.* ▷ *O novo livro é o mais **abalizado, respeitado** na área.*
▶ ***Authoritative** sources* ▷ *Fontes **fidedignas***

AVAILABILITY s.

disponibilidade, acesso; facilidade de compra, de acesso

▶ *Ask us about the **availability** of other fabrics.* ▷ *Pergunte-nos sobre a **disponibilidade** de outros tecidos / se há outros tecidos **disponíveis**.*
▶ *What is the **availability** of goods and services in the country?* ▷ *Qual o **acesso**, a **facilidade de acesso** a bens e serviços no país?*

• Usar: à venda, no mercado, nas lojas
▶ *Millions of copies of the new Harry Potter were sold on the first day of **availability**.* ▷ *Milhões de exemplares do novo Harry Potter foram vendidos no primeiro dia **de vendas**, em que chegou às **lojas**, ao **mercado**.*

AVAILABLE adj. ≠ UNAVAILABLE

1. (coisa) **disponível,** aberto, acessível, conveniente, encontrável, existente, público; no mercado, à venda; à disposição, à mão, ao alcance, ao dispor, de fácil acesso; possível, fácil de se obter, de encontrar, de ser fornecido; que se encontra, que se pode obter, de que se pode dispor; em catálogo

▶ *All these CDs are still **available**.* ▷ *Todos esses CDs ainda estão **disponíveis, à venda, no mercado; se encontram, podem ser encontrados**, se encontram **à disposição** do público, estão **em catálogo**.*

▶ *Today there are many more opportunities **available** to women.* ▷ *Hoje há muito mais oportunidades **abertas, ao alcance** das mulheres.*

- Usar: haver, existir (no mercado)

▶ *Many special effects filters are **available**.* ▷ *Há, existem no mercado muitos filtros para efeitos especiais.*

2. (pessoa) **livre,** disponível; a postos; podendo atender

▶ *Are you **available** tonight?* ▷ *Você está **livre** hoje à noite?*

▶ *It is important to be readily **available** during business hours.* ▷ *É importante estar **disponível, a postos, pronto para atender** no horário comercial.*

AWARE adj. ≠ UNAWARE

cônscio, ciente, avisado, consciente, informado, inteirado; a par, sabedor; que sabe, tem ciência, conhecimento, está sabendo, se dá conta

▶ *Are you **aware** of your responsibilities?* ▷ *Você **sabe, está consciente, cônscio, se dá conta** das suas responsabilidades?*

▶ *Are you **aware** of the new rules?* ▷ *Você está **ciente, a par, inteirado, já sabe, está sabendo** das novas regras?*

▶ *It takes time for customers become **aware** of a new product.* ▷ *Leva tempo para o consumidor **tomar conhecimento** de um novo produto.*

make AWARE v. WARN

avisar, conscientizar, comunicar, informar, cientificar, inteirar; dar ciência

▶ *Make your children **aware** of these dangers.* ▷ ***Avise, conscientize** seus filhos sobre esses perigos.*

▶ *Visit your GP to **make** them **aware** of your sight problem.* ▷ *Consulte seu clínico geral para **informá-lo, cientificá-lo** do seu problema de vista.*

AWARENESS s.

1. **conscientização,** divulgação, sensibilização

▶ *Many artists are wearing red ribbons to raise **awareness** of AIDS.* ▷ *Muitos artistas usam fitinhas vermelhas para aumentar a **conscientização, sensibilização**, para **conscientizar, sensibilizar** as pessoas sobre a AIDS.*

2. **noção,** informação, ciência, conhecimento, entendimento

▶ *These students seem to have no **awareness** of the history of colonialism and slavery.* ▷ *Esses alunos não têm nenhuma **noção, ciência, conhecimento** sobre a história do colonialismo e da escravidão.*

▶ *There has been an increase in **awareness** of autism. The movie "Rain Man" was very popular.* ▷ *Hoje as pessoas estão mais **informadas, cônscias, conscientes** sobre o autismo. O filme "Rain Man" foi muito popular.*

awe

- Outras sugestões:
▶ She's been touring the country to raise **awareness** for the plight of the refugees. ▷ Ela viaja pelo país para **divulgar, tornar mais conhecida** a situação dramática dos refugiados.
▶ The company has spent tons of money on brand **awareness.** ▷ A empresa já gastou rios de dinheiro para **divulgar,** aumentar a **visibilidade** da marca.

AWE s.   WONDER

maravilhamento, veneração, admiração, assombro, deslumbramento, espanto, êxtase, medo, mistério, pasmo, respeito, reverência, temor, terror; admiração reverencial, temor reverencial

▶ As I contemplated the great cathedral I was filled with **awe.** ▷ Contemplando a grandiosa catedral, fiquei **maravilhado, deslumbrado,** tomado de **admiração.**
▶ His disciples kept a respectful distance, **in awe** of the old professor. ▷ Seus discípulos mantinham uma distância respeitosa, cheios de **veneração, reverência, temor e admiração** pelo velho professor.
▶ (Iraq War 2003) Operation Shock and Awe ▷ Operação Choque e **Terror**
▶ Those savages live in **awe** of nature. ▷ Esses selvagens sentem **respeito e temor** / um **temor reverencial** pela natureza.
▶ (v.) The solar eclipse **awed** the natives. ▷ O eclipse solar deixou **assombrados e aterrorizados,** causou **temor, espanto e maravilhamento** nos nativos.

◊ **Awe** é uma emoção mista de reverência, temor e maravilhamento, inspirada pela autoridade, o poder, o gênio, a grandiosidade, a sublimidade:

▶ Bach's organ's works fill us with **awe.** ▷ As obras de Bach para órgão nos enchem de **deslumbramento, êxtase, profunda admiração.**
▶ I stood **in awe** at the edge of the Great Canyon. ▷ À beira do Great Canyon parei **assombrado, maravilhado, extasiado** [com a grandiosidade da natureza].

AWE-INSPIRING adj.   AWESOME

▶ We saw some truly **awe-inspiring** vistas in the mountains of Nepal. ▷ Nas montanhas do Nepal vimos panoramas **majestosos, imponentes, sublimes.**

AWED adj.   AWESTRUCK

▶ I am **awed** by Arthur C. Clarke's imagination. ▷ Fico **impressionado, assombrado** / Tenho **profunda admiração** pela imaginação de Arthur C. Clarke.

AWESOME adj.

1. **impressionante, assombroso,** assustador, atemorizador, atemorizante, aterrador, colossal, comovente, espantoso, formidável, grandioso, imponente, majestoso, misterioso, poderoso, respeitável, sobrenatural, sublime, tremendo   OVERWHELMING

▶ This picture taken by NASA reveals an **awesome** perspective of a nearby galaxy. ▷ Essa foto da NASA mostra uma perspectiva **impressionante, grandiosa, majestosa** de uma galáxia próxima.
▶ He caught on camera the awesome force of the tornado. ▷ Captou na câmera a força **impressionante, assombrosa, tremenda, poderosíssima** do tornado.
▶ "A morte é um instante **poderoso, tremendo.**" (Darcy Ribeiro)

*"Para o misticismo judaico, o universo era tido como **um mistério, um lugar tremendo**." (Nilton Bonder)*

2. (gíria) **bárbaro,** demais, genial, "irado", legal, super legal COOL

▶ *A totally **awesome** arcade game!* ▷ *Um game **genial, irado, demais!***

AWESTRUCK, AWESTRICKEN adj.   OVERWHELMED

impressionado, assombrado, aterrado, espantado, intimidado, pasmo, siderado; mudo de assombro, de espanto

▶ *The magician made a car rise and float before **awestruck** spectators.* ▷ *O mágico fez um carro levantar e flutuar diante dos espectadores **assombrados**.*

▶ *I was totally **awestruck** by the beauty of the music and the overall situation.* ▷ *Fiquei **impressionado, siderado, fascinado** com a beleza da música e da situação.*

▶ *He was speechless, **awestruck** before the judge.* ▷ *Calou-se, **intimidado** diante do juiz.*

▶ *The picture shows the **awestruck** shepherds looking at a strange light in the sky.* ▷ *O quadro mostra os pastores, **espantados, aterrados**, fitando uma estranha luz no céu.*

AWFUL adj.

1. horrível, pavoroso, abominável, detestável, execrável, hediondo, horrendo, horripilante, horroroso, odioso, péssimo, tenebroso, terrível APPALLING

▶ ***Awful** weather!* ▷ *Que tempo **horrível, horroroso!***

▶ *Prisoners were kept under the most **awful** conditions.* ▷ *Os prisioneiros eram mantidos nas mais **terríveis, horrendas, tenebrosas** condições.*

2. (menos usado neste sentido:) **temível,** aterrorizante, terrível; que causa medo, pavor FRIGHTENING

▶ *Nobody said a word. We just waited for the Commander's **awful** orders.* ▷ *Ninguém dizia palavra. Ficamos esperando as **temíveis, terríveis** ordens do Comandante.*

AWFULLY adv. (inf.)   VERY

muito, extremamente

▶ *The film is **awfully** good.* ▷ *O filme é **muito bom, ótimo**.*

◊ O adjetivo AWFUL tem sentido negativo, mas o advérbio **awfully** é muito usado com sentido positivo:

▶ *I'm **awfully** glad to see you!* ▷ *Que bom te ver!*

▶ *That's **awfully** nice of you!* ▷ *Quanta gentileza sua!*

AWKWARD adj.

1. (pessoa) **desajeitado, estabanado,** atrapalhado, canhestro, desastrado, deselegante, desengonçado, desgracioso, estouvado, *gauche*, inábil, inepto, trapalhão, troncho; uma negação, um desastre, sem jeito ≠ NIMBLE

▶ *I'm really **awkward** in the kitchen – I break plates, the food gets burned...* ▷ *Sou muito **desajeitado, sem jeito, estabanado, atrapalhado, desastrado, uma negação** na cozinha. Eu quebro os pratos, a comida queima...*

▶ *An **awkward** dancer* ▷ *Dançarino **desajeitado, desengonçado, troncho***

2. (pessoa) **constrangido,** encabulado EMBARRASSED

awkwardness

▶ *I've always felt very **awkward** in social situations.* ▷ *Sempre me senti muito **constrangido, encabulado, sem jeito** em situações sociais.*

3. (situação, problema) **constrangedor,** delicado, desagradável, desconcertante, desconfortável, difícil, embaraçoso, forçado, incômodo, infeliz, melindroso; difícil de lidar UNCOMFORTABLE

▶ *An **awkward** silence followed.* ▷ *Seguiu-se um silêncio **incômodo, constrangido**.*
▶ *An **awkward** situation* ▷ *Situação **constrangedora, delicada, desagradável, embaraçosa, difícil, melindrosa***

AWKWARDNESS s.   EMBARRASSMENT

B

BABY BOOM s., adj.   BOOM

aumento da natalidade, onda de nascimentos, baby boom

▶ *Quebec hopes for a **baby boom**.* ▷ *Quebec deseja um **aumento da natalidade**.*
▶ *"O zoológico...está enfrentando um **baby boom**, o nascimento de filhotes em série entre as espécies do local." (terra.com.br / ciência)*

◊ Refere-se, em princípio, ao grande aumento da natalidade nos EUA logo após a Segunda Guerra, com conseqüências de longo alcance na sociedade americana:

▶ *The **baby-boom** generation will retire over the next 25 years.* ▷ *A geração **baby boom**, pós-guerra vai se aposentar nos próximos 25 anos.*

BABY BOOMER, BOOMER s.

baby boomer, cinqüentão, sessentão, da geração pós-guerra, pós-Segunda Guerra;

▶ ***Baby boomers** are people born between roughly 1946 and 1964.* ▷ *Os **baby boomers**, ou a geração **pós-guerra**, são os nascidos entre 1946 e 1964, aproximadamente.*
▶ *Many **boomers** love music from the 60s.* ▷ *Muitos **cinqüentões** gostam de música dos anos 60.*
▶ *"Clinton, o último **baby boomer**, foi a última persistência anacrônica dos anos 60." (Arnaldo Jabor)*

BACKFIRE v.   BACKLASH

causar reação adversa, indesejada, negativa, contrária, inversa, oposta; voltar-se contra, prejudicar o próprio autor; ser contraproducente

▶ *A hyped-up ad campaign can easily **backfire**.* ▷ *Uma campanha publicitária exagerada pode facilmente **causar uma reação negativa, oposta, adversa, ser contraproducente**.*

BACKGROUND s., adj.

1. formação, instrução, bagagem, carreira, conhecimentos, currículo, educação, escolaridade, experiência, qualificações, treinamento, treino; capacitação profissional; cabedal, conhecimentos; formação acadêmica; trajetória profissional EDUCATION

- *What's your religious **background**?* ▷ *Qual é a sua **formação** religiosa?*
- *In the interview I had to give lots of details about my **background**.* ▷ *Na entrevista, tive de dar muitos detalhes sobre minha **experiência, educação, formação, carreira, currículo**.*
- *To use this camera you must have a **background** in photography.* ▷ *Para usar esta câmera você deve ter **bons conhecimentos, experiência** com fotografia.*
- *People with very different **backgrounds** ascend to job of CEO.* ▷ *Pessoas com as mais diversas **trajetórias profissionais** galgam até o cargo de CEO.*

2. **antecedentes,** background, carreira, credenciais, dossiê, ficha, histórico, folha corrida, folha de serviços track RECORD

- *Teachers must undergo **background** checks before working in this school.* ▷ *Os professores passam por uma investigação dos **antecedentes**, da **folha corrida** antes de trabalhar nessa escola.*
- *The Senator's **background** in civil rights was pretty bad.* ▷ *Quanto aos direitos civis, o senador tinha um **dossiê, histórico,** uma **ficha, folha de serviços** muito negativa.*

3. **origem, origens,** ambiente, base, biografia, cultura, extração, família, formação, história, lastro, passado, proveniência; classe social, origem social

- *The two men were from similar social **backgrounds**.* ▷ *Os dois provinham de **ambientes, classes sociais, origens** semelhantes; tinham a mesma **extração, proveniência**.*
- *I don't know much about his **background**.* ▷ *Não sei muito sobre o seu **passado**, sua **história, biografia, família**.*
- *"É inacreditável, por sua **formação e passado**, o que o presidente está fazendo com o ensino."*

4. **contexto, informações preliminares;** antecedentes, circunstâncias, condições, dados, fatos, histórico, precedentes, subsídios INPUT, BRIEFING

- *Before I decide, I must have all the **background** information.* ▷ *Antes de decidir preciso conhecer bem o **contexto, as circunstâncias,** ter todos os **subsídios, antecedentes, dados, fatos, informações preliminares**.*

5. **fundo,** cenário, moldura, panorama, quadro; pano de fundo; segundo plano

- *Background music* ▷ *Música de **fundo***
- *Here's a photo of me in in Rio, with the Sugar Loaf in the **background**.* ▷ *Aqui estou eu no Rio, com o Pão de Açúcar ao **fundo**, servindo de **moldura, cenário**.*
- *The novel takes place against a historical **background**.* ▷ *O romance tem um **pano de fundo** histórico.*
- *She always stayed in the **background**.* ▷ *Ela sempre ficava em **segundo plano**.*

BACKLASH s.   BACKFIRE

reação adversa, contrária, negativa, hostil; sentimento de hostilidade

- *The recent killings provoked a **backlash** against the gun lobby.* ▷ *Os recentes assassinatos provocaram uma **forte reação contra** o lobby das armas.*
- *There has been a **backlash** against globalization.* ▷ *É visível a **reação, a hostilidade contra** a globalização.*

BAD adj.   AWFUL, EVIL, WICKED

BAD GUY s.   BULLY, HOOLIGAN

BAFFLED adj., BAFFLE v.   PUZZLED

perplexo, atônito, confuso, desconcertado, desnorteado, desorientado, intrigado, sem resposta; no escuro, às escuras; sem saber o que pensar

- ▶ *The magician disappeared before the **baffled** audience.* ▷ *O mágico desapareceu diante do público **atônito, perplexo.***
- ▶ *Police are completely **baffled** by the murder.* ▷ *A polícia está completamente **sem resposta, às escuras** quanto ao crime.*
- ▶ *(v.) This problem has **baffled** me for a long while.* ▷ *Há muito esse problema me deixa **confuso, perplexo, desnorteado.***
- ▶ *The fate of the ship still **baffles** the experts.* ▷ *O destino do navio até hoje **desafia, deixa frustrados** os especialistas, continua **insolúvel.***

BAFFLING adj.   PUZZLING, MYSTIFYING

confuso, desconcertante, complexo, difícil, enigmático, estranho, incompreensível, indecifrável, inexplicável, intrigante, misterioso, problemático; difícil de entender

- ▶ *Can anyone help me with this totally **baffling** problem?* ▷ *Alguém pode me ajudar a resolver esse problema tão **desconcertante, incompreensível, inexplicável, misterioso?***

BAN s.   PROHIBITION

proibição, interdição, boicote, embargo, moratória, veto

- ▶ *There should be a **ban** on all nuclear testing.* ▷ *Deveria haver uma **proibição, interdição, moratória** para todos os testes nucleares.*
- ▶ *In 2004 NYC passed a **smoking ban** for bars and restaurants.* ▷ *Em 2004 Nova York aprovou uma lei que **proíbe fumar** nos bares e restaurantes.*

BAN v.

proibir, banir, abolir, eliminar, excluir, expulsar, impedir, interditar, interdizer, proscrever, suprimir; proibir de entrar

- ▶ *Cigarettes have been **banned** from offices and airplanes.* ▷ *Os cigarros estão **proibidos**, foram **abolidos** nos escritórios e nos aviões.*
- ▶ *Members are **banned** from engaging in political activities of any kind.* ▷ *É **proibido** aos membros envolver-se em atividades políticas de qualquer tipo.*
- ▶ *Incredibly, many classics have been **banned** from school curriculums.* ▷ *É inacreditável, mas muitos livros clássicos foram **abolidos, banidos, suprimidos** do currículo escolar.*
- ▶ *I got **banned** from school.* ▷ *Fui **expulso** da escola.*
- ▶ *She was **banned** from the Mall for shoplifting.* ▷ *Ela foi **proibida de entrar** no shopping por ter roubado em lojas.*

BAR s.

> Atenção ao sentido 4, muito comum!
> *American **Bar** Association* ▷ *Ordem dos **Advogados** dos EUA (NÃO "Associação dos ~~Bares~~...!")*

1. bar
- *What's the minimum age for drinking in **bars**?* ▷ *Qual a idade mínima para beber num **bar**?*

2. barra
- *Iron **bar** / Chocolate **bar*** ▷ ***Barra** de ferro / de chocolate*
- ***Bar** code* ▷ *Código de **barras***
- *He spent 16 years behind **bars**.* ▷ *Passou 16 anos atrás das **grades**.*

3. tribunal, barra do tribunal COURT
- *He was arrested and taken to the **bar**.* ▷ *Foi preso e levado ao **tribunal**, à **barra do tribunal**.*

4. advocacia, Direito; Ordem dos Advogados ≠ ADVOCACY
- *If you graduate from Law school, do you automatically get into the **bar**?* ▷ *Quem se forma em Direito tem automaticamente permissão para **advogar**, exercer a **advocacia**?*
- *I am preparing for the **bar** exam.* ▷ *Estou me preparando para o exame da **Ordem**.*
- *State **Bar** of Texas* ▷ ***Ordem dos Advogados** do Estado do Texas*

5. compasso musical
- *The flute joins in after a few **bars**.* ▷ *A flauta entra após alguns **compassos**.*

raise the bar expr.
subir o nível, exigir mais; elevar os critérios, os padrões de exigência; tentar melhorar, buscar ou impor mais qualidade STANDARD
- *Keep **raising the bar** on yourself.* ▷ *Exija sempre mais de você mesmo.*
- *Great athletes never become complacent, but are always **raising the bar** on themselves.* ▷ *Um grande atleta nunca "dorme nos louros" – está sempre **procurando melhorar, buscando mais qualidade, exigindo mais** de si mesmos.*

◊ A idéia é elevar a barra, ou sarrafo, no salto em altura.

BAR v.

1. barrar, impedir, proibir
- *Some sites **bar** access to nonsubscribers.* ▷ *Alguns sites **impedem, barram, proíbem** o acesso de quem não é assinante.*

2. excluir, excetuar, abrir exceção

bar none
- *These are the best bikes on the planet – **bar none**!* ▷ *Essas são as melhores bicicletas do planeta – **sem exceção**!*

BARRING prep. BUT FOR
salvo, exceto, afora, fora
- *It will be launched in May, **barring** unexpected problems.* ▷ *Será lançado em maio, **salvo, exceto** se houver problemas imprevistos.*

BARRAGE s.

1. **barragem**, represa

▶ *A huge barrage was built across the river.* ▷ *Foi construída uma enorme barragem, represa no rio.*

2. **barragem, ataque,** agressão, assalto, carga, investida, ofensiva

▶ *We were under heavy artillery barrage.* ▷ *Estávamos sob uma pesada barragem, investida, ofensiva da artilharia.*

▶ *The President is facing a barrage of criticism.* ▷ *O presidente enfrenta uma barragem, enxurrada de críticas.*

BASIC adj.   KEY

BASICALLY adv.

praticamente, em essência, no fundo; **em suma,** resumindo, em resumo, em poucas palavras   VIRTUALLY

▶ *That political party is basically a band of thugs.* ▷ *Esse partido político é, em essência, no fundo, um bando de facínoras.*

▶ *New technologies basically eliminate the wait.* ▷ *Novas tecnologias praticamente eliminam o tempo de espera.*

▶ *What we are trying to do is basically save these threatened animals.* ▷ *O que procuramos fazer, em suma, em poucas palavras, é salvar estes animais ameaçados.*

▶ *It's all very long and involved, but basically…* ▷ *É uma história muito comprida e complicada, mas em resumo, resumindo…*

• Muito usado no inglês coloquial como um expletivo sem muito significado. Nesses casos a tradução pode omitir sem prejuízo:

▶ *Well, basically I was lying in bed but I couldn't sleep at all.* ▷ *Bom, eu estava tentando dormir, mas não conseguia de jeito nenhum.*

BASKET CASE expr.   HOPELESS

caso perdido, sem esperanças; incurável, irremediável; que não tem jeito; algo horrível; *inf.* um trapo, um lixo

▶ *That country is a basket case and no amount of money can fix it.* ▷ *Esse país é um caso perdido, um problema irremediável, não tem jeito e não há dinheiro que o conserte.*

▶ *I get depressed sometimes but I'm not a basket case.* ▷ *Às vezes fico deprimida, mas não sou um caso perdido.*

▶ *When the judgment finally came I was a basket case.* ▷ *Quando por fim chegou o julgamento, eu já estava um trapo, um lixo.*

BATTERY s.

1. **bateria,** pilha

▶ *Car battery* ▷ *Bateria de carro*

▶ *I've bought new radio batteries.* ▷ *Comprei pilhas novas para o rádio.*

2. **agressão,** espancamento

▶ *After a violent quarrel, the husband was charged with **battery**.* ▷ *Depois de uma discussão violenta, o marido foi acusado de **agressão, espancamento**.*

BE ABOUT, BE ALL ABOUT expr.

> NÃO traduzir como "é sobre":
>
> *Climbing, for me, **is about** surviving.* ▷ *Para mim, escalar é sobreviver, **é questão de** sobrevivência.*
> (NÃO "é ~~sobre~~ sobreviver...!")

1. **ser, significar;** consistir, destinar-se, implicar, depender, representar; ser questão de, tratar-se de, resumir-se em INVOLVE

▶ *What is success in life? It **is not about** victories but about happiness.* ▷ *O que é o sucesso na vida? Não **se trata**, não **consiste**, não **depende**, não **se resume**, não **é questão de** vitórias, mas sim de felicidade.*
▶ *Democracy is not just "majority rules;" it **is also about** making sure minorities have a voice.* ▷ *A democracia não é apenas o governo da maioria; também **significa, implica** garantir que as minorias tenham voz.*
▶ *Our work **is about** helping the organization succeed.* ▷ *Nosso trabalho **consiste em, se destina** a ajudar o sucesso da empresa.*
▶ *American cars **were about** freedom, sexual liberation and sheer patriotism.* ▷ *Os carros americanos **significavam, representavam** liberdade, libertação sexual e puro patriotismo.*

• Usar simplesmente "é":

▶ *Television **is about** emotion.* ▷ *Televisão é emoção.*
▶ *That's what democracy **is all about**!* ▷ *Isso é que é democracia!*

2. **ser a essência, o essencial,** o eixo, o fulcro, o fundamental, o principal; o assunto, negócio, ponto, tema; (+ adjs.) básico, central, fundamental, principal, verdadeiro KEY

▶ *Seeing is what photography **is all about**.* ▷ *O olhar **é a essência** da fotografia.*
▶ *This is what the internet **is about**: you get an interactive experience.* ▷ *Essa é a **essência, o princípio básico** da internet: o usuário tem uma experiência interativa.*
▶ *Power struggles – this is what their marriage **is about**.* ▷ *Luta pelo poder – esse é o **ponto principal, central, eixo, fulcro, a essência** desse casamento. / O **negócio** daqueles dois é a luta pelo poder.*
▶ *Will power – that's really what the film **is about**.* ▷ *Força de vontade – esse é o **verdadeiro assunto, tema** do filme.*

• Outras sugestões:

▶ *Silicon Valley **is about** ideas and innovation.* ▷ *O Vale do Silício **vive em função, gira em torno de** idéias e inovação.*
▶ *That is what deep-sea diving **is all about** – the thrill and challenge of adventure.* ▷ *Esse é o (inf.) **grande lance, o grande barato** do mergulho em mar profundo – a adrenalina e o desafio da aventura.*

BE AROUND expr.

conviver

▶ *Susan is a nice person to **be around**.* ▷ *Susan é uma pessoa fácil de **conviver**.*

be there

BE THERE expr.   EXPERIENCE

> Atenção ao sentido especial – não traduza literalmente!
> *I know how you feel. I've **been there** too.* ▷ *Sei como você se sente. Eu também já **passei por isso**.*
> (NÃO "*Eu já estive lá*"...!)

experimentar, passar por alguma coisa, por uma experiência

▶ *My friend Jeff had also lost a brother. There's nothing like talking to someone who's **been there**.* ▷ *Meu amigo Jeff também já perdeu um irmão. Nada como conversar com alguém que já **passou pela mesma coisa**, já **teve a mesma experiência**.*

BE THERE for someone expr.   SUPPORT, STAND

apoiar, ajudar; dar apoio; estar ao (seu) lado; estar presente, marcar presença; *inf.* dar uma força

▶ *His wife **was there for him** all along.* ▷ *Sua esposa sempre **lhe deu apoio**, sempre esteve **ao seu lado**.*
▶ *I know you'll always **be there for me**.* ▷ *Sei que sempre vou poder **contar com você**.*
▶ *My father **was** never **there for me** when I was growing up.* ▷ *Meu pai nunca **esteve presente**, nunca me **deu força** quando eu era adolescente.*

BEAR s., adj., BEARISH adj.

em baixa, baixista; pessimista em relação ao mercado, à economia   ≠ BULL, ≠ BULLISH

▶ *How can you manage your assets in a **bear market** / **bearish market**?* ▷ *Como administrar seus bens num **mercado em baixa**?*
▶ *On Wall Street, bulls and **bears** are in a constant struggle.* ▷ *Em Wall Street há uma luta constante entre os otimistas e os **pessimistas**.*
▶ *Are you bullish or **bearish** on Japan?* ▷ *Você está otimista ou **pessimista** em relação ao Japão, à economia japonesa?*

◊ O urso (**bear**) ataca de cima para baixo, derrubando a vítima no chão; daí a associação com a baixa. Veja o oposto, BULL.

BEAR MARKET s.   ≠ BULL MARKET

baixa do mercado financeiro

▶ *Bankruptcies are at record levels since the **bear market** began.* ▷ *Houve um número recorde de falências desde que o mercado entrou em **baixa**.*

BELIEF s.

1. crença, fé

▶ *Why should anyone die in the name of "patriotism" or religious **beliefs**?* ▷ *Por que morrer em nome do patriotismo ou da **fé**, de uma **crença** religiosa?*

2. convicção, idéia, conceito, noção, opinião, orientação, princípio; maneira de pensar, ponto de vista   VIEW

- They suffered persecution based on their political **beliefs**. ▷ Foram perseguidos devido às suas **convicções, princípios** políticos.
- People's attitudes and **beliefs** about drugs vary widely. ▷ As atitudes e **idéias, opiniões, pontos de vista** sobre as drogas variam muito.

3. **suposição,** conjectura, hipótese, princípio, teoria ASSUMPTION

- This recent discovery has confirmed the scientist's original **beliefs**. ▷ Essa recente descoberta confirmou as **suposições, teorias, conjecturas** iniciais do cientista.

BELIEVE v., BELIEVER s.

> "Acreditar" nem sempre é uma boa tradução para **believe**:
> *I **don't believe** in cruelty to animals.* ▷ ***Sou contra*** *maltratar os animais. (NÃO "Não ~~acredito~~...!")*
> *He won't have his picture taken since the Talibans **don't believe** in photography.* ▷ *Ele se recusou a ser fotografado, pois os Taliban **são contra** a fotografia.*

1. **acreditar,** confiar, crer, pensar; ter certeza, estar certo, convicto de que

- *Believe me!* ▷ *Acredite em mim! Pode **ter certeza**!*
- *Many people **believe** peace is possible.* ▷ *Muitas pessoas **acreditam, crêem, pensam, estão certas, convictas** de que a paz é possível.*

2. **ser a favor,** ser da opinião; ter a convicção, o princípio, ter como lema; achar bom, certo, indispensável; apoiar, concordar; acreditar no valor, na importância

- *I **believe** in going to bed early.* ▷ ***Sou a favor, tenho por princípio*** *deitar cedo.*
- *My dad **believed** in taking vacations and always took us skiing and fishing.* ▷ *Meu pai **era a favor, achava certo, indispensável** tirar férias e sempre nos levava para esquiar e pescar.*
- *(subst.) I'm a **firm believer** in seatbelts.* ▷ *Sou totalmente **a favor, acredito** firmemente **no valor, na importância** do cinto de segurança.*

• Usar as expressões: a meu ver, no meu entender; na minha opinião, no meu modo de pensar, aos meus olhos

- *I **believe** in helping the needy.* ▷ *A meu ver, na minha opinião, no meu entender devemos ajudar os necessitados.*

• Na negativa: **don't believe**
   ser contra, discordar, achar errado, não concordar, não achar certo

- *I **don't believe** in suicide.* ▷ *Acho errado, não **concordo** com o suicídio. (Melhor que "~~Não acredito~~ em suicídio...!")*
- *I **don't believe** in demanding so much from a small child.* ▷ *Sou contra, não sou a favor, não acho certo exigir tanto de uma criança pequena.*

BELONG v.

1. **pertencer,** ser de alguém

- *Hey, this keyring **belongs** to me.* ▷ *Ei, esse chaveiro **me pertence, é meu**.*
- ♪ *"My heart **belongs** to daddy" (Cole Porter)* ▷ *Meu coração **é do** papai.*

benchmark

2. **fazer parte,** ser do lugar, do grupo; adaptar-se, ajustar-se, ambientar-se, caber, encaixar-se, integrar-se; sentir-se bem, em casa; sentir que é o seu lugar; estar no lugar certo, devido; ter seu lugar; *inf.* enturmar-se

▶ *I like this town. This is where I belong.* ▷ *Gosto dessa cidade. Aqui é o **meu lugar**, é onde eu **me sinto bem, me encaixo, me sinto em casa**.*

- Na negativa: **don't belong**
  estar fora de lugar, desambientado, desenturmado, deslocado, "por fora"; não se integrar; sentir que não é o seu lugar; ser inadequado, não ter lugar

▶ *I felt I **didn't belong** in that school.* ▷ *Naquela escola eu ficava **por fora, desambientado, deslocado, desenturmado, por fora, não me integrava.** / Eu sentia que aquela escola **não era o meu lugar**, o **lugar certo, adequado** para mim. / Lá eu **não tinha lugar**.*

▶ *Those poor women are innocent; they **don't belong** in the prison at all.* ▷ *Essas pobres mulheres são inocentes; **o lugar delas não é a prisão**, de modo algum.*

3. **ser adequado,** certo, devido, pertinente, próprio   FIT, SUIT

▶ *Please put each object back where it **belongs**.* ▷ *Por favor, recoloque cada objeto no seu **devido lugar**, no seu **lugar certo**.*

▶ *Prejudiced jokes **don't belong** on this forum.* ▷ *Piadas preconceituosas **são inadequadas, não cabem, não têm lugar** neste fórum.*

BENCHMARK s., adj.

1. **benchmark, tabela comparativa,** de comparação, desempenho, referência

▶ *Our **benchmark** compares laptops of different brands and models.* ▷ *Nossa **tabela de desempenho**, nosso **benchmark** compara laptops de várias marcas e modelos.*

2. **parâmetro** (de excelência), critério, ideal, marco, modelo, norma, padrão, paradigma, referência, referencial; ponto de referência, termo de comparação; valor básico; conjunto de critérios, de parâmetros   STANDARD

▶ *In many nations, the American style of government is the **benchmark**.* ▷ *Em muitos países, o estilo americano de governo é o **parâmetro, paradigma, modelo, ponto de referência**, a **norma**, o **ideal**.*

▶ *Government officials should follow the highest **benchmark** of ethical behavior.* ▷ *As autoridades governamentais deveriam seguir os **critérios, padrões** mais elevados de comportamento ético.*

▶ *(adj.) We found no difference in performance relative to **benchmark** companies.* ▷ *Não encontramos diferença no desempenho em relação às empresas **padrão, de referência**.*

◊ **Benchmark** é uma tabela comparativa entre produtos ou serviços de várias empresas, mostrando qual é o melhor de acordo com diferentes parâmetros.

BESET v.   BESIEGE

BESIEGE v.   HARASS

cercar, sitiar, acossar, assaltar, assediar, atacar, perseguir, rodear

▶ *In 1942 Stalingrad was **besieged** by the German army, starting a year-long **siege**.* ▷ *Em 1942 Stalingrado foi **cercada, sitiada** pelo exército alemão, iniciando um **cerco** que durou um ano.*

▶ *The singer was **besieged** by paparazzi.* ▷ *A cantora foi **assediada, acossada, rodeada, perseguida** pelos paparazzi.*

BESTOW v.

conceder, dar, conferir, outorgar, presentear

▶ *This medal is **bestowed** on civilians for acts of great bravery.* ▷ *A medalha é **concedida**, **outorgada** a civis por atos de grande bravura.*

BEWILDERED adj.   PUZZLED

aturdido, perplexo, aparvalhado, atarantado, atônito, atordoado, atrapalhado, confuso, desarvorado, desconcertado, desnorteado, desorientado, estonteado, estupefato, pasmo, perturbado, surpreso, tonto, zonzo; num estupor; *inf.* baratinado

▶ *The September 11 attacks left us **bewildered** and in disbelief.* ▷ *Os ataques de 11 de setembro nos deixaram **atônitos, estupefatos, pasmos**, sem conseguir acreditar.*
▶ *Beckett's "Waiting for Godot" left me **bewildered** and uncertain whether to laugh or cry.* ▷ *"Esperando Godot", de Beckett, me deixou **perplexo, desconcertado**, sem saber se devia rir ou chorar.*
▶ *"O **atônito**, o ofuscado, o desgovernado Geraldo" (Nelson Rodrigues, "A coroa de orquídeas").*

BEWILDERING adj.   BAFFLING

estonteante, confuso, desconcertante, desnorteante

▶ *Here one can find a **bewildering** variety of therapeutic techniques.* ▷ *Aqui se pode encontrar uma variedade **estonteante** de técnicas terapêuticas.*
▶ *There was a **bewildering** choice of French perfumes.* ▷ *Havia uma variedade de perfumes franceses que deixava a gente **tonta, atordoada, aturdida**.*

BEWILDERMENT s.   ASTONISHMENT

BIAS s.

1. **viés; tendência,** inclinação, diretriz, linha, orientação, pendor, predisposição, propensão, veia, vertente
   APPROACH

▶ *This gown is cut on the **bias**.* ▷ *Este vestido é cortado de **viés**.*
▶ *Sue has a strong artistic **bias**.* ▷ *Sue tem forte **tendência, pendor, queda** para a arte.*
▶ *The newspaper has a right-wing **bias**.* ▷ *O jornal tem **tendência, orientação, inclinação, linha** direitista; se **inclina, pende** para a direita.*
▶ *"Prefeitura que o PT governa com **viés** politicamente corretíssimo" (Veja)*
▶ *"A tradução inglesa de Freud, com seu **viés** médico e cientificista" (Paulo César Souza)*

1. **bias against**
   (sentido negativo) **preconceito,** discriminação, distorção, desvio, injustiça, parcialidade, parti-pris, prevenção, tendenciosidade; idéia preconcebida   PREJUDICE

▶ *There's a pervasive **bias against** women in the courts. Women are often denied equal justice.* ▷ *Há um **preconceito**, uma **prevenção** generalizada contra as mulheres nos tribunais. Muitas vezes elas não recebem sentenças justas e imparciais.*
▶ *Racial **bias** / Gender **bias*** ▷ ***Discriminação** racial / sexual*
▶ *The justice system must be untainted by political **bias**.* ▷ *O sistema judicial não deve ser maculado pela **parcialidade**, pelos **desvios**, **distorções** políticas.*

biased

▶ *Ideally, scientific research should be totally **bias-free**.* ▷ *Idealmente a pesquisa científica deveria ser totalmente livre de **tendenciosidades, idéias preconcebidas, parti pris**.*

2. bias towards
(sentido positivo) **preferência, favoritismo,** pendor, predileção, queda ≠ FAIRNESS

▶ *Many employers show a strong **bias towards** younger candidates.* ▷ *Muitos empregadores mostram forte **preferência, favoritismo, predileção** por candidatos mais jovens.*

BIASED adj. ≠UNBIASED

tendencioso, parcial, desigual, distorcido, enviesado, faccioso, injusto, opiniático, preconceituoso, predisposto, propenso, sectário, suspeito, torto, unilateral; que toma partido

▶ *The news story should not be **biased** in any way.* ▷ *A reportagem não deve ser **tendenciosa, parcial, unilateral, facciosa**, não deve **tomar partido**, ter nenhum tipo de **parcialidade, preconceito**.*
▶ ***Biased** jurors who vote by skin color murder justice.* ▷ *Jurados **preconceituosos**, que votam segundo a cor da pele, assassinam a justiça.*
▶ *I may be **biased** but my grandson is a genius!* ▷ *Posso ser **suspeita** para falar, mas meu neto é um gênio!*

● Outras sugestões:

▶ *The book is heavily **biased against** the government.* ▷ *O livro tem forte **parti pris, posição contra, contrária** ao governo.*
▶ *Most history books are **biased in favor** of the victors.* ▷ *Os livros de História em geral têm um **viés**, uma **orientação**, uma **abordagem favorável, tomam o partido** dos vencedores.*

BIG adj.

grande, enorme; de grande porte, envergadura HUGE

▶ *Are you ready for the **big** day?* ▷ *Está pronto para o **grande** dia?*
▶ *A **big** event* ▷ *Um evento de **grande envergadura***

● Usar o aumentativo sintético com os sufixos: **ão, ona, aço** etc.:

▶ *A **big** man / woman* ▷ *Um **homenzarrão** / uma **mulherona***
▶ *A **big** car / A **big** party* ▷ *Um **carrão**, uma **festança***
▶ *"Era uma loir**ona**, um mulher**aço**." (Dorothy Parker, "Big Loira", trad. Ruy Castro)*

BIGOT s., BIGOTED adj., BIGOTRY s. PREJUDICE

fanático, intolerante, cego, dogmático, doutrinário, faccioso, intransigente, preconceituoso, sectário, xiita

▶ *The Bible becomes hate literature in the hands of **bigots**.* ▷ *Nas mãos dos **fanáticos, intolerantes**, a Bíblia se torna uma literatura que incita o ódio.*
▶ *White supremacy **bigots** attacked the black champion.* ▷ ***Fanáticos** da supremacia branca atacaram o campeão negro.*
▶ *Many students are **bigoted** against gays.* ▷ *Muitos alunos têm **preconceito** contra, **discriminam** os gays.*
▶ *We are committed to fighting **bigotry** and racism.* ▷ *Estamos na luta contra o **fanatismo, preconceito**, a **intolerância, intransigência** e o racismo.*

BIT s.

1. **pedaço, pedacinho,** bocado, fagulha, fiapo, fragmento, gota, isca, laivo, migalha, naco, nada, nadinha, nesga, partícula, pitada, porção, pouco, pouquinho, resquício, vestígio; *inf.* teco, tequinho
OUNCE

▶ *Could you pass me a **bit** of that pudding?* ▷ *Quer me passar um **pedaço, pedacinho** de pudim?*
▶ *I was bored. I just **wanted a little bit** of a change.* ▷ *Eu estava entediado; só queria um **pouco** de mudança.*

• Usar o diminutivo:

▶ *Give me just a little **bit**.* ▷ *Me dá só um **pouquinho**, um **pedacinho**.*

2. (usado para designar individualmente substantivos incontáveis:) PIECE

▶ *That **bit of advice** saved my life.* ▷ *Esse **conselho** me salvou a vida.*
▶ *The inefficiency is unbelievable. It took me three days to get **one bit of information**!* ▷ *A ineficiência é inacreditável. Levei três dias para conseguir **uma informação**!*

A BIT adv.

▶ *The house was empty, which I found **a bit** strange.* ▷ *A casa estava vazia, o que eu achei **um pouco, meio** estranho.*

sound BITE s.   SOUND bite

BITTER adj.

1. **amargo,** ácido, acre, desagradável

▶ *Bitter as a gall* ▷ *Amargo como fel*
▶ *Bittersweet pork* ▷ *Porco agridoce*

2. **cortante,** agudo, áspero, brutal, cruel, doloroso, intenso, lancinante, penetrante, pungente, rigoroso, severo HARSH

▶ *Bitter cold* ▷ *Frio **cruel, intenso, rigoroso***
▶ *Bitter wind* ▷ *Vento **cortante, penetrante***

3. **encarniçado, implacável,** acerbo, acrimonioso, cáustico, ferrenho, figadal, furioso, hostil, rancoroso, virulento; cheio de ódio FIERCE

▶ *Bitter fight* ▷ *Luta **encarniçada, furiosa***
▶ *Bitter rivalry* ▷ *Rivalidade **acerba, ferrenha, implacável, virulenta***

BIZARRE adj.   WEIRD

estranho, esdrúxulo, esquisito, estapafúrdio, estrambólico, estrambótico, excêntrico, *inf.* maluco

▶ *I had a very **bizarre** dream.* ▷ *Tive um sonho muito **estranho, estranhíssimo**.*
▶ *Experimental vehicles include many **bizarre** designs.* ▷ *Os veículos experimentais incluem muitos projetos **esdrúxulos, estrambóticos, malucos**.*
▶ *Bizarre behavior* ▷ *Comportamento **excêntrico, maluco**.*

BLAND adj.   MILD, VAPID

BLANK adj.

1. **em branco;** virgem

▶ *Blank page questionnaire* ▷ *Página, formulário **em branco***
▶ *Blank diskette / tape* ▷ *Fita / disquete **virgem***

2. (olhar, semblante) **inexpressivo,** parado, perdido, vazio; sem expressão

▶ *His face was **blank**.* ▷ *Seu rosto estava **sem expressão**.*
▶ *She greeted us with a **blank** stare.* ▷ *Ela nos recebeu com um olhar **vazio, parado, perdido**.*

BLATANT adj., **BLATANTLY** adv.   OUTRAGEOUS

flagrante, ostensivo, aberto, acintoso, cabal, chocante, clamoroso, confesso, conspícuo, cru, desavergonhado, descarado, deslavado, escancarado, escandaloso, evidente, explícito, expresso, fragoroso, franco, gritante, grosso, indisfarçado, indisfarçável, manifesto, nu, óbvio, ofensivo, palpável, patente, rematado; estampado na cara; público e notório; nu e cru; que salta aos olhos; feito às escâncaras

▶ *Blatant corruption* ▷ *Corrupção **ostensiva, acintosa, descarada, escancarada, pública e notória***
▶ *Blatant lie* ▷ *Mentira **rematada, deslavada, desavergonhada***
▶ *Blatant violation of the law* ▷ *Violação da lei **flagrante, manifesta, explícita, palpável***
▶ *Blatant discrimination* ▷ *Discriminação **chocante, clamorosa, patente, que salta aos olhos***
▶ *(adv.) These measures are **blatantly** illegal.* ▷ *Essas medidas são **fragorosamente** ilegais.*

BLEAK adj.   GRIM, DIRE

árido, desolado, deprimente, desanimador, descampado, desolador, duro, ermo, frio, fúnebre, gelado, lúgubre, melancólico, negro, nu, sombrio, soturno, tenebroso, triste

▶ *A **bleak** landscape* ▷ *Paisagem **árida, desolada, nua, erma***
▶ *Bleak prospects for the future* ▷ *Perspectivas **negras, sombrias, desanimadoras** para o futuro*

BLEARY adj.

exausto, sonado; (olhos) **turvos, lacrimejantes,** cansados, congestionados, congestos, fatigados, inflamados, vermelhos

▶ *His voice was **bleary**, sleep-fogged.* ▷ *Sua voz estava **arrastada, pastosa** de sono.*
▶ *She was **bleary**-eyed from lack of sleep.* ▷ *Tinha os olhos **congestionados, vermelhos** de sono, de não dormir.*

BLEND v.   MERGE, MIX

BLOODY adj., adv.

1. **sangrento,** ensangüentado; sanguinário

▶ *Whaling: a **bloody** war* ▷ *Caça às baleias: uma guerra **sangrenta***
▶ *We brought down a **bloody** dictator.* ▷ *Derrubamos um ditador **sanguinário**.*

2. (UK) (*inf.*, depreciativo) **maldito, droga,** porcaria, raio DAMNED

▶ *Why can't they play the bloody rent?* ▷ *Por que eles não pagam logo esse maldito, esse raio desse aluguel?*
▶ *He's bloody useless!* ▷ *Ele é completamente inútil!*

3. (UK) (*inf.*, usado como reforço) **muito,** completamente, extremamente, totalmente

▶ *I know that bloody well.* ▷ *Sei disso muito bem.*
▶ *We had a bloody good time.* ▷ *A gente se divertiu à beça, às pampas, para caramba.*

BLOOMING adj.   THRIVING, FLOURISH

BLUE adj.

1. **azul; triste,** deprimido, melancólico GLOOMY, DEJECTED

▶ *Navy blue* ▷ *Azul marinho*
▶ *My mother told me, "Always buy something red if you're blue – a lipstick, a dress".* ▷ *Minha mãe me disse, "Sempre compre alguma coisa vermelha se você estiver triste, deprimida – um batom, um vestido".*

2. **Democrata** (partido político americano)

▶ *In the 2004 presidential election Kerry won 19 blue states, while Bush carried 31 red states.* ▷ *Nas eleições presidenciais de 2004, Kerry venceu em 19 estados Democratas, enquanto Bush levou 31 estados Republicanos.*

out of the BLUE expr.   SUDDENLY

inesperadamente, inopinadamente; de improviso, de surpresa; sem mais nem menos; sem esperar

▶ *Out of the blue I received a letter from an old friend.* ▷ *Recebi inesperadamente, sem esperar uma carta de uma velha amiga.*
▶ *He arrived out of the blue.* ▷ *Chegou de improviso, de surpresa, sem mais nem menos.*

BLUE-COLLAR adj.   ≠ WHITE COLLAR

braçal, manual, fabril, industrial; não qualificado; referente aos operários, proletários, trabalhadores braçais, manuais, de fábrica

▶ *I come from a blue-collar background.* ▷ *Sou de origem operária.*
▶ *Immigrants take jobs in construction, landscaping and other blue-collar work.* ▷ *Os imigrantes se empregam na construção civil, jardinagem e outros trabalhos braçais.*

◊ Literalmente, "colarinho azul" – define quem trabalha de macacão; **white-collar** indica o funcionário de escritório, de "colarinho branco".

BLUEPRINT s.

1. **planta, projeto** arquitetônico DESIGN

▶ *The blueprint must be approved by the client.* ▷ *O projeto, a planta da casa tem de ser aprovada pelo cliente.*

2. esquema, modelo, plano, projeto, receita; plano de ação detalhado PATTERN

▸ *Assemble it yourself – just follow the **blueprint**.* ▷ *Monte sozinho – basta seguir o **esquema**.*

▸ *There is no **blueprint** ready for our country to copy.* ▷ *Não existe nenhum **esquema, modelo, plano de ação, receita** pronta para ser copiada no nosso país.*

BLUNDER s.

1. gafe, cincada, escorregada, escorregadela, escorregão, deslize, engano, papelão, rata, tropeção, vexame; ato, gesto, comentário desastrado, desajeitado, impensado, indiscreto, infeliz; *inf.* fora, bola fora, mancada

▸ *The American president commited a terrible **blunder** when he called Brazil "Bolivia".* ▷ *O presidente americano cometeu uma **gafe, mancada**, um **fora, deslize, escorregão, lapso** terrível ao chamar o Brasil de Bolívia.*

▸ *The minister's **blunder** triggered angry reactions.* ▷ *O **comentário desastrado, infeliz** do ministro provocou reações iradas.*

2. erro grave, erro crasso, imperícia

▸ *The match was lost due to a **blunder** by the goalkeeper.* ▷ *A partida foi perdida devido a um **erro crasso** do goleiro.*

▸ *The surgeon's **blunder** cost Martin his sight.* ▷ *Um **grave erro**, a **imperícia** do cirurgião fez Martin perder a vista.*

BLUNT adj., BLUNTLY adv.

1. sem corte, "cego" ≠ SHARP

▸ *Avoid shaving with a **blunt** blade.* ▷ *Não faça a barba com uma lâmina **cega, sem corte**.*

2. direto e franco, abrupto, breve, brusco, categórico, contundente, desabrido, desbocado, descortês, frio, grosseiro, incisivo, indisfaçado, ríspido, rude, seco, sucinto; **sem rodeios,** cerimônia, disfarce, tato, circunlóquios, eufemismos, meias palavras, papas na língua, preâmbulos; de uma franqueza desconcertante; *inf.* curto e grosso CURT

▸ *The boss was **blunt**: "You have no future in this company."* ▷ *O chefe foi **direto e franco**, falou **sem cerimônia, sem tato, sem circunlóquios**, não teve **papas na língua**, foi **curto e grosso**: "Você não tem futuro nesta empresa".*

▸ *The new law was very **blunt**: "All marriages are to be based on the free consent of men and women."* ▷ *A lei era **breve, sucinta, categórica**: "Todos os casamentos devem basear-se no livre consentimento do homem e da mulher."*

▸ *Rick asked **bluntly**, "Are you gay?"* ▷ *Rick perguntou **sem rodeios, sem preâmbulos, sem meias palavras**: "Você é gay?"*

BLUR v.

1. turvar, confundir, embaçar, embaraçar, embaralhar, enevoar, misturar, nublar; não distinguir, não separar; ficar indistinto, incerto, tremido, vago

▸ *As he lay in bed with a high temperature, all those memories **blurred** in his mind.* ▷ *Deitado na cama com febre alta, todas aquelas lembranças se **confundiam**, se **turvavam**, se **nublavam**, se **misturavam** na sua mente.*

▸ *We cannot **blur** the distinction between fact and fiction.* ▷ *Não podemos **confundir, misturar**, fato e ficção. / **Precisamos separar** o fato da ficção.*

♪ *"Os letreiros a te colorir / **Embaraçam** a minha visão" (Chico Buarque, "As Cidades")*

2. **apagar, borrar,** desfazer, desmanchar, desvanecer, dissolver, dissipar, esvaecer; fazer desaparecer FADE

▶ *Social mixing and intermarriage have **blurred** religious differences.* ▷ *O contato social e os casamentos mistos **apagaram, desvaneceram** as diferenças religiosas.*

▶ *Traditional borders between art forms are becoming increasingly **blurred**.* ▷ *As fronteiras tradicionais entre as diversas formas de arte estão **se dissolvendo, se desfazendo, desaparecendo**.*

BLURRED adj., BLUR s.

1. **borrado, embaçado,** anuviado, desfocado, difuso, enevoado, esfumado, manchado, nebuloso, nublado, toldado, tremido, turvo; mal definido, fora de foco, pouco nítido, sem nitidez ≠ SHARP

▶ *The photo is **blurred**; it was taken from a moving vehicle.* ▷ *A foto está **borrada, tremida, desfocada**; foi tirada de um veículo em movimento.*

▶ *I had a high temperature. I couldn't see anything but **blurred** images whirling around my head.* ▷ *Tive febre alta. Não via nada mais que imagens **borradas, turvas, nubladas** rodopiando na minha cabeça.*

▶ *The old man's eyesight was **blurred**.* ▷ *O velho tinha a vista **turva, embaçada**.*

▶ *(subst.) This device automatically corrects both out-of-focus **blur** and motion **blur**.* ▷ *O dispositivo corrige automaticamente o aspecto **borrado, tremido, manchado** da imagem, seja por estar fora de foco ou por movimento da câmera.*

2. **indistinto, confuso,** ambíguo, embaralhado, incerto, indefinido, indefinível, indeterminado, indistinguível, vago VAGUE

▶ *With the passage of time his memories became **blurred**.* ▷ *Com o passar do tempo, suas lembranças ficaram **confusas, embaralhadas**.*

▶ *The line between fantasy and reality has become **blurred**.* ▷ *O limite entre fantasia e realidade tornou-se **ambíguo, impreciso, indistinto, indefinido**.*

• Usar os verbos de BLUR:

▶ *With the rapid growth of trade and communications, national borders are becoming **blurred**.* ▷ *Com o rápido crescimento do comércio e das comunicações, as fronteiras nacionais estão **se dissolvendo, se desfazendo, se desmanchando, desaparecendo**.*

3. (fala) **arrastada,** pastosa, sonolenta BLEARY

▶ *The man was utterly drunk, cursing in a **blurred** voice.* ▷ *O homem estava completamente bêbado, xingando com voz **pastosa, arrastada**.*

▶ *"Who's that?" said Alice in a sleep-**blurred** voice.* ▷ *"Quem é?" perguntou Alice, numa voz **sonolenta**.*

BOARD s., BOARDER s.

1. **tábua** de madeira TWO-BY-FOUR

▶ *I need **boards** to make benches.* ▷ *Preciso de **tábuas** para fazer bancos.*

▶ *Boardwalk* ▷ *Passarela de madeira*

2. **mesa;** comida; pensão

▶ *Bed and **board*** ▷ *Pensão com casa e **comida***

across the board

▶ *I decided to take some **boarders**.* ▷ *Decidi arranjar uns **pensionistas, hóspedes**.*

3. **diretoria,** comitê, conselho, corpo diretor

▶ *A member of the **board*** ▷ *Membro da **diretoria**, um dos **diretores***

ACROSS THE BOARD expr.

geral, abrangente; sem exceção

▶ *The new version offers **across the board** improvements.* ▷ *A nova versão apresenta melhorias **em todos os aspectos**.*
▶ *We will implement a variety of programs **across the board**.* ▷ *Vamos implementar diversos programas **em todas as frentes**.*
▶ *I loved the play. The acting was excellent **across the board**.* ▷ *Adorei a peça; **todos** os atores eram excelentes, **sem exceção**.*

BOAST v.

1. **gabar-se, vangloriar-se,** alardear, bravatear, exibir-se, jactar-se, pavonear-se, ufanar-se; fazer alarde; contar grandezas, vantagem; *inf.* bacanear-se, botar banca, fazer farol

▶ *He got drunk and started to **boast** that he could get any girl in town.* ▷ *Ficou bêbado e começou a **vangloriar-se, gabar-se** de que podia conquistar qualquer garota da cidade.*
▶ *It's clear the U.S. electoral system is not as fair and perfect as the country **boasts**.* ▷ *É bem claro que o sistema eleitoral americano não é tão justo e perfeito como o país **alardeia**.*

2. **orgulhar-se,** ostentar, ter (justo) orgulho, exibir com orgulho

▶ *The city **boasts** a brand-new museum.* ▷ *A cidade **se orgulha** do seu novíssimo museu.*

BOASTFUL adj.

convencido, exibido, auto-elogioso, fanfarrão, gabola, presunçoso, pretensioso, vaidoso; cheio de si; *inf.* exibido, faroleiro, garganta, prosa

▶ *We found Tom arrogant and **boastful**.* ▷ *Achamos Tom arrogante e **exibido**, muito **vaidoso, garganta, prosa, convencido, presunçoso, cheio de si**.*
▶ *Avoid a **boastful** resumé.* ▷ *Evite mandar um currículo **pretensioso, auto-elogioso**.*

BOASTING s.

bravata, presunção, alarde, bazófia, convencimento, fanfarronice, gabolice, imodéstia, jactância, ostentação, vaidade

• Usar verbos: BOAST

▶ *Cut that out, Mark. We're all tired of your **boasting**.* ▷ *Pára com isso, Mark. Já estamos cansados das suas **bravatas** / de ouvir você se **gabar, contar vantagem, fazer farol**.*

BOGUS adj. FAKE

▶ *He sold **bogus** Rolex watches.* ▷ *Vendia relógios Rolex **falsos**.*

BOLD adj., **BOLDNESS** s.   BRAVE, RECKLESS

1. **audacioso, ousado,** arrojado, atirado, atrevido, audaz, corajoso, denodado, destemido, impávido, intimorato, intrépido, valoroso

▶ *He was an avant-garde artist, renowned for his **bold** experimentations / his **boldness** in composition.* ▷ *Era um artista de vanguarda, conhecido por suas experiências **audaciosas, ousadas**, sua **ousadia** na composição.*

▶ *(Provérbio) "Fortune favors the **bold**."* ▷ *A sorte favorece os **audazes**.*

▶ *A group of **bold** young men volunteered to make contact with the enemy.* ▷ *Um grupo de jovens **corajosos, destemidos, intrépidos, valorosos** se ofereceu para fazer contato com o inimigo.*

▶ *When the ladies left the room, the conversation became **bolder and bolder**.* ▷ *Quando as senhoras saíram da sala, a conversa ficou cada vez mais **atrevida, ousada, liberada**.*

▶ *Manhood was measured by a soldier's **boldness** in battle.* ▷ *Julgava-se a virilidade de um soldado pela sua **audácia, intrepidez**, coragem, seu arrojo, **destemor** na batalha.*

2. negrito

▶ *The main word is written in **bold** letters / in **bold**.* ▷ *A palavra principal vem escrita em **negrito**.*

BOOM s., adj.   ≠ BUST

alta, boom, expansão da economia; (fase, período, surto de) aceleração, aquecimento, aumento, crescimento, desenvolvimento, efervescência, esplendor, euforia, explosão, febre, florescimento, frenesi, movimentação, progresso, prosperidade, sucesso, surto; milagre econômico; dias de glória, época áurea, de ouro; tempo das vacas gordas

▶ *The dotcom **boom** is over.* ▷ *Acabou o **boom, frenesi**, a **euforia, febre de crescimento, explosão, época áurea**, os **dias de glória** das empresas de internet.*

▶ *Despite a building **boom**, many migrants cannot find jobs.* ▷ *Apesar de um **surto, aquecimento, rápido crescimento** no mercado de construções, muitos migrantes não encontram emprego.*

▶ *The industry has had nine **boom** years.* ▷ *O setor teve nove anos de **alta, prosperidade, progresso, sucesso, vacas gordas, plena expansão**.*

▶ *The rubber **boom and bust*** ▷ *Esplendor e decadência da borracha*

● Reforçar com os adjetivos: **rápido, vertiginoso,** acelerado, acentuado, espetacular, forte, franco, grande, pleno, repentino, robusto, súbito, vertical, vigoroso

▶ *A **boom** in productivity* ▷ *Uma **rápida, acentuada, vigorosa expansão** da produtividade*

▶ ***Boom** town* ▷ *Cidade em **franca expansão**, em **pleno desenvolvimento***

BOOM v.   THRIVE

crescer, expandir-se, frutificar, prosperar, progredir

▶ *Despite the bear market, our company is **booming**.* ▷ *Apesar da baixa geral no mercado, nossa empresa está **crescendo, se expandindo, prosperando, progredindo**.*

● Usar os substantivos de BOOM s.

▶ *Sales are **booming**.* ▷ *Há uma **explosão** nas vendas.*

▶ *Business is **booming**.* ▷ *Os negócios estão **em crescimento acelerado**, numa **fase de aquecimento, grande expansão, sucesso, prosperidade**.*

BOOMING adj.

1. crescente, enorme, explosivo; em expansão   INCREASING
- *The new law tries to control our **booming** prison population.* ▷ *A nova lei tentar controlar nossa população carcerária, que é enorme, **não pára de crescer**, está em **crescimento explosivo**.*

2. próspero, lucrativo, progressista, vibrante; em alta, em plena expansão, franco desenvolvimento   THRIVING
- *Online gaming has become a **booming** business.* ▷ *Os jogos online se tornaram um negócio **extremamente próspero, lucrativo**.*
- *Tourism has transformed this village into a **booming** town.* ▷ *O turismo transformou esse povoado numa cidade **próspera, vibrante, em plena expansão**.*

BOOST s.

reforço, impulso, acréscimo, aumento, avanço, elevação, empurrão, fomento, fortalecimento, incentivo, promoção, salto, subida; *fig.* tônico, injeção de ânimo
- *A huge **boost** is expected in international travel.* ▷ *Espera-se enorme **aumento, salto, elevação** nas viagens internacionais.*
- *Ecotourism will give a **boost** to the economy.* ▷ *O ecoturismo vai dar um **impulso, reforço, fomento, incentivo, empurrão,** uma **injeção de ânimo** na economia.*

BOOST v.   ADVANCE

levantar, apoiar, acelerar, alavancar, aumentar, dinamizar, elevar, estimular, fomentar, fortalecer, impelir, impulsionar, incentivar, incrementar, melhorar, multiplicar, potencializar, promover, reforçar; fazer crescer; *inf.* turbinar, dar uma levantada, uma força, um pique, uma injeção de ânimo
- *Our aim is to **boost** innovation.* ▷ *Nossa meta é **apoiar, estimular, incentivar, promover, alavancar, incentivar** a inovação.*
- *The band's mission was to **boost** the soldiers' morale* ▷ *A missão da banda era **levantar, elevar, reforçar** o moral dos soldados.*
- ***Boost** your sales!* ▷ ***Aumente, reforce, multiplique, turbine** suas vendas!*

to BOOT expr.

e ainda por cima, além disso, para completar, como se não bastasse
- *She is intelligent, talented, charismatic and beautiful **to boot**.* ▷ *Ela é inteligente, talentosa, carismática e, **ainda por cima, como se não bastasse**, é linda.*
- *This booklet is not only informational, but quite funny **to boot**!* ▷ *O livreto não só informa **como ainda** é muito engraçado!*

BOOZE v., s. (gíria)   INTOXICATE, PROHIBITION

beber demais, ficar bêbado; tomar um porre, uma bebedeira; *inf.* encher a cara
- *How can colleges discourage excessive **boozing**?* ▷ *O que podem fazer as universidades para desestimular as **bebedeiras, o consumo excessivo de álcool**?*
- *Our culture is obsessed with drugs, sex and **booze**.* ▷ *Nossa cultura é obcecada por drogas, sexo e **bebida, álcool**.*

BORE v., s., BOREDOM s.

entediar, aborrecer, amolar, cansar, chatear, enfadar, enfarar, maçar; *inf.* aporrinhar, encher, torrar a paciência

▶ *The truth is that I hate babysitting, it **bores** me no end.* ▷ *A verdade é que eu odeio cuidar de crianças; aquilo me **entedia** terrivelmente, **me enche a paciência**, é uma **chateação** sem fim.*
▶ *(subst.) He's well known as a **bore**.* ▷ *Todo mundo sabe que ele é um sujeito **maçante**, um **chato**.*
▶ *What a terrible **bore** this movie is!* ▷ *Mas que filme **chato**! Que **porre**!*
▶ *Exercise helps to fight **boredom**.* ▷ *O exercício ajuda a combater o **tédio**, a **monotonia**.*

BORED adj.

entediado, enfastiado, aborrecido, cansado, chateado, cheio, enfadado, enfarado, enjoado, farto, saturado; *inf.* de saco cheio

▶ *After waiting for two hours, I was **bored** out of my mind.* ▷ *Depois de esperar duas horas, eu já estava **enfastiado**, **saturado**, morrendo de **tédio**.*

BORING adj.   DULL

chato, enfadonho, aborrecido, arrastado, cansativo, chocho, desinteressante, enjoado, enjoativo, entediante, insosso, maçante, monótono, morno, morto, parado, soporífero, surrado, tedioso; sem graça, brilho, interesse, movimento, sem-sal, sem vida; um tédio

▶ *What a **boring** film!* ▷ *Que filme **chato**, **maçante**, **monótono**, **parado**, **soporífero**!*

• "Chato" nem sempre é **boring**. Contraste: ANNOYING, AWKWARD

▶ *Que aula **chata**! Eu quase adormeci.* ▷ *What a **boring** lesson! I almost fell asleep.*
▶ *Estou com uma dorzinha **chata** nos pés.* ▷ *I have this **annoying** pain in my feet.*
▶ *Eu não lembrava o nome dela. Que situação **chata**!* ▷ *I couldn't remember her name. What an **awkward**, **embarrassing** situation!*

BOTH... AND conj.

também, ao mesmo tempo, a um só tempo; tanto... quanto, tanto... como

▶ *The disease attacks **both** men **and** women.* ▷ *A doença ataca **tanto** os homens **como** as mulheres.*
▶ *The proposal was **both** simple **and** bold.* ▷ *A proposta era, **ao mesmo tempo**, simples e arrojada / simples, **mas também** arrojada / **combinava** simplicidade e audácia.*

BOTHER v.

1. **incomodar, importunar,** aborrecer, amolar, chatear, estorvar, perturbar ANNOY

▶ *Stop **bothering** me with your phone calls!* ▷ *Páre de me **importunar**, **aborrecer**, **amolar** com esses telefonemas!*
▶ *Sorry to **bother** you, but where's the bathroom?* ▷ *Desculpe **incomodar**, **perturbar**, mas onde é o banheiro?*

2. **incomodar-se,** dar-se ao trabalho

▶ *They couldn't **be bothered** to help us.* ▷ *Eles **não se deram ao trabalho** de nos ajudar.*

bottom line

BOTTOM LINE s.

1. **saldo,** resultado financeiro final, líquido; linha de lucro do balanço, balancete; dinheiro, finanças, lucro, lucratividade

   ▶ *How will these new developments affect our **bottom line**?* ▷ *De que modo esses novos fatos vão afetar nossos **lucros**, nossas **finanças**, nosso **balancete**?*
   ▶ *We try to balance **bottom line** concerns with social responsibility.* ▷ *Procuramos equilibrar as **finanças**, os aspectos **financeiros** com a responsabilidade social.*
   ▶ *It's unforgivable when a doctor does not care about his patients, when all he cares about is the **bottom line**.* ▷ *É imperdoável que um médico não se preocupe com os pacientes, que só pense no **dinheiro**, **lucro**.*

2. **conclusão final;** resumo; ponto chave, crucial, principal; soma total, moral da história; a verdade, a grande lição POINT

   ▶ *The **bottom line** is that cigarrettes kill.* ▷ ***Em suma**, o **ponto principal**, a **conclusão**, **moral da história**, a **verdade**, a **grande lição** é que o cigarro mata.*

BOUND adj.

1. **destinado, fadado,** certo, predestinado, predeterminado; que tem de, não pode deixar de FATED

   ▶ *The band seems **bound** for success.* ▷ *Parece que a banda está **destinada** ao sucesso.*
   ▶ ***Bound** for glory* ▷ ***Destinado, nascido** para a glória*
   ▶ *With a photo like that, he's **bound** to win the prize.* ▷ *Com uma foto assim ele **tem de** ganhar, **não pode deixar** de ganhar o prêmio.*

   • Usar: decerto, com certeza, inevitavelmente, fatalmente, necessariamente

   ▶ *He's a specialist – he's **bound** to know the answer.* ▷ *Ele é especialista – ele **tem de** saber, **decerto, com certeza** ele sabe a resposta.*
   ▶ *These conclusions are **bound** to be inaccurate.* ▷ *Essas conclusões **só podem, necessariamente**, ser inexatas.*
   ▶ *I think another terrorist attack is **bound** to happen; airport security is a complete joke.* ▷ *Creio que outro ataque terrorista está **fadado** a acontecer, **tem de** acontecer **inevitavelmente, fatalmente, necessariamente**; a segurança nos aeroportos é uma piada.*

2. **compelido, obrigado** COMPEL, OBLIGE

   ▶ *No man is **bound** to believe the word of another.* ▷ *Ninguém é **obrigado** a acreditar na palavra de outrem.*

3. que vai para uma certa direção

   ▶ *All **northbound** traffic will be diverted.* ▷ *Todo o trânsito na **direção norte** será desviado.*
   ♪ *"I wish I was homeward **bound**"* (Simon & Garfunkel, "Homeward Bound") ▷ *Como eu gostaria de estar **indo para** casa*

BOWL s.

1. **tigela, vasilha,** cuia, cumbuca, fruteira, poncheira, pote, recipiente, sopeira, terrina

   ▶ *Have a **bowl** of soup.* ▷ *Tome uma **tigela** de sopa.*
   ▶ *She put the fruit in a beautiful glass **bowl**.* ▷ *Colocou as frutas numa linda **fruteira, vasilha, recipiente** de vidro.*

2. (prêmio) **taça,** copa
   - Our horse won the Gold **Bowl.** ▷ Nosso cavalo ganhou a **Taça** de Ouro.
   - Super **Bowl** ▷ Campeonato de futebol americano

BRACE, BRACE ONESELF v.

preparar-se (para um impacto, um perigo); segurar-se; aprontar-se, ficar preparado; armar-se de coragem, de ânimo; juntar forças; cerrar os dentes, ficar firme
- The country **braces** for possible attacks. ▷ O país **se prepara, se arma** para possíveis ataques.
- **Brace yourself** – here comes the worst part. ▷ **Segure-se, coragem** – agora vem o pior.

BRAG v., BRAGGART adj. BOAST, BOASTFUL

- Virus writers usually get caught because they **brag** about their successes. ▷ Os programadores de vírus em geral são pegos porque se **vangloriam, se gabam** dos seus sucessos.

BRASS s., adj.

1. **latão; os metais** (instrumentos musicais)
   - Bronze, copper and **brass** objects ▷ Objetos de bronze, cobre e **latão**
   - **Brass** instruments include the trumpet, the horn and the tuba. ▷ Os **metais** incluem o trompete, a trompa e a tuba.

3. (= **top brass**) **altas patentes** militares; oficiais de alto escalão, cúpula, equipe sênior = RANK AND FILE
   - There were officials from NASA and top naval **brass.** ▷ Havia autoridades da NASA e **altas patentes** da Marinha.
   - The **Brass,** the **top brass** didn't like the results. ▷ A **cúpula, o alto escalão** da empresa não gostou dos resultados.

BRAVE adj., v.

1. **bravo, corajoso,** aguerrido, combativo, decidido, denodado, destemido, firme, indômito, intrépido, resoluto, valente, valoroso
   - Rosa Parks was a very **brave** woman. ▷ Rosa Parks foi uma mulher muito **corajosa, valente, destemida.**
   - (v.) The explorers **braved** bitter cold. ▷ Os exploradores **enfrentaram corajosamente** o frio intenso.

2. **excelente,** admirável, grande, impressionante FINE, SUPERB
   - "Brave New World" by Aldous Huxley ▷ "**Admirável** Mundo Novo"

BREAK DOWN v. COLLAPSE

give me a BREAK! expr.

- You want me to do your job? Come on, **give me a break!** ▷ Você quer que eu faça o seu trabalho? Ah, essa não! / Tenha dó! / Ora essa! / Ora, faça-me o favor! / Vamos e venhamos! / Tenha a santa paciência! / Dá um tempo!

BREAKTHROUGH s. DEVELOPMENT, IMPROVEMENT

grande avanço, descoberta, conquista, desenvolvimento, evolução, guinada, inovação, invenção, marco, melhoria, novidade, progresso, reformulação, reviravolta, revolução, sucesso, virada; idéia revolucionária, salto qualitativo

▶ *This is a dramatic **breakthrough** in diabetes treatment.* ▷ *Este é um grande **avanço, progresso**, uma **conquista, evolução, inovação, revolução** no tratamento da diabete.*
▶ *They're expecting some progress, but not **breakthroughs**.* ▷ *Estão esperando alguns progressos, mas nenhuma **virada, guinada, reviravolta**, nada de **revolucionário**.*

- Reforçar esses substantivos com adjetivos:

▶ *A real **breakthrough** in genetic engineering* ▷ *Um avanço **revolucionário, espetacular**, um **marco decisivo** na engenharia genética*

BREATHTAKING adj.   DAZZLING, RIVETING

de tirar o fôlego, arrebatador, espetacular, fabuloso, fantástico, fenomenal, impressionante, majestoso, sensacional, surpreendente; um espetáculo, um estouro

▶ *A **breathtaking** view* ▷ *Um panorama **espetacular, sensacional, de tirar o fôlego***

BRICK-AND-MORTAR, BRICKS-AND-MORTAR adj.   ≠ VIRTUAL

(empresa) **convencional, tradicional**

▶ *Many **brick-and-mortar** firms have not gone online yet.* ▷ *Muitas empresas **tradicionais, convencionais** ainda não entraram na internet, não fazem comércio eletrônico.*

BRIDGE THE GAP, CLOSE THE GAP v.   GAP

BRIEF adj., BRIEFLY adv.

breve, sucinto, abreviado, condensado, resumido, sintético, telegráfico

▶ *Give a **brief** account of Darwin's life.* ▷ *Faça um resumo **breve, sucinto** da vida de Darwin.*
▶ *It's a long story, but **briefly**, I lost every penny I had.* ▷ *É uma longa história, mas resumindo, **em resumo, em síntese, em suma, em poucas palavras**, perdi até o último centavo.*

BRIEF v.

informar, instruir, avisar, cientificar, esclarecer; dar as informações prévias, coordenadas, diretrizes; **resumir,** sintetizar; dar um sumário, resumo

▶ *The sargent **briefed** the soldiers before their mission.* ▷ *Antes da missão, o sargento **instruiu, deu as coordenadas** aos soldados.*
▶ *These poor tourists weren't **briefed** on the local customs.* ▷ *Esses pobres turistas não **receberam informações prévias**, não foram **informados** com antecedência sobre os costumes locais.*
▶ *After visiting the country, the aids will **brief** their bosses.* ▷ *Após a visita ao país, os assessores **farão um resumo** dos fatos para seus chefes.*

BRIEFING s

informações prévias; coordenadas, conselhos, instruções, orientações; **relatório,** resumo informativo
GUIDELINES, REPORT

- *Before the trip, tourists receive **briefings** on diseases and vaccines.* ▷ *Antes da viagem os turistas recebem **informações, instruções, orientações**, todas as **coordenadas** sobre doenças e vacinas.*
- *The boss gave us a **briefing** on the current situation.* ▷ *O chefe nos deu um **resumo** da situação atual.*

BRIGHT adj.

1. **brilhante, luminoso,** ardente, chamejante, cintilante, claro, fulgurante, incandescente, intenso, lustroso, radiante, reluzente, resplandecente, vívido, vivo

- ***Bright** eyes* ▷ *Olhos **brilhantes, luminosos***
- *We saw a **bright** light in the sky.* ▷ *Vimos uma luz **intensa, fulgurante, resplandecente** no céu.*
- *A **bright** red car* ▷ *Carro de um vermelho **vivo***

2. **inteligente** BRILLIANT, CLEVER

- *She's a very **bright** student.* ▷ *É uma aluna **muito inteligente, brilhante**.*

BRIGHTNESS s.

1. **brilho, luminosidade,** cintilação, clarão, claridade, esplendor, fulgor, luz, resplendor

- *I noticed a new **brightness** in her eyes.* ▷ *Notei que ela tinha um novo **brilho** nos olhos.*
- *The filter reduces the **brightness** of the Moon.* ▷ *O filtro reduz a **luz, luminosidade, claridade** da lua.*

2. **inteligência** INTELLIGENCE

- *Her teachers were impressed by her **brightness** and enthusiasm.* ▷ *Os professores se impressionavam com sua **inteligência** e entusiasmo.*

BRILLIANT adj.   ≠ GENIAL

brilhante, ótimo, estupendo, genial

- *What a **brilliant** idea!* ▷ *Que idéia **genial**!*

BRISK adj.   ENERGETIC, LIVELY

vivo, acelerado, animado, ativo, enérgico, ligeiro, rápido, vigoroso, vivaz, vívido

- *Take a **brisk** walk every day.* ▷ *Dê uma caminhada **rápida, acelerada, vigorosa** todos os dias.*
- *Walk **briskly** / with a **brisk** step.* ▷ *Caminhe num passo **ligeiro, animado**.*
- *Shops are doing **brisk** business.* ▷ *As lojas estão fazendo **bons** negócios, muito **movimento**.*
- *The settlers entered into a **brisk** trade with the Indians.* ▷ *Os colonos estabeleceram um **ativo** comércio com os índios.*

BROKER s.

corretor, agente, intermediário, mediador, negociador

- *Insurance **broker** / Real-estate **broker*** ▷ ***Corretor** de seguros / de imóveis*
- *Our agency acts as a **broker** between researchers and industry.* ▷ *Nossa agência atua como **intermediária, mediadora** entre os pesquisadores e a indústria.*
- *Marriage **broker*** ▷ ***Casamenteira***

BROKER v.　COMPROMISE

intermediar, mediar, negociar

▶ *The two leaders signed a U.S.-**brokered** peace accord.* ▷ *Os dois líderes assinaram um acordo de paz **negociado, intermediado, com intermediação** dos EUA.*

BROWSE v.

1. **ler, folhear,** olhar; dar uma folheada, uma lida por cima; passar os olhos

▶ *She **browsed** the morning papers.* ▷ ***Deu uma lida, uma olhada, uma folheada, passou os olhos** nos jornais da manhã.*

2. **procurar, percorrer,** pesquisar; dar uma olhada, espiada; *inf.* bisbilhotar, fuçar, sapear, xeretar; dar uma fuçada, sapeada, xeretada

▶ *I **browsed** the internet in search of a good course.* ▷ ***Procurei, bisbilhotei,** dei uma **olhada, xeretada** na internet buscando um bom curso.*
▶ *I've always enjoyed **browsing** in bookshops.* ▷ *Sempre gostei de **fuçar, sapear** nas livrarias.*
▶ *Use the button "File" to **browse for** the file.* ▷ *Use o botão "File" para **procurar** o arquivo.*

3. (na internet) **navegar,** passear, percorrer; dar uma passada, navegada　NAVIGATE

▶ *I was just **browsing** the net when I came across this site.* ▷ *Eu estava só **passeando, dando** umas **navegadas** na internet quando encontrei esse site.*

4. (animais) **pastar, alimentar-se,** comer (capim, folhas)

▶ *We saw some horses **browsing** on the hillside.* ▷ *Vimos alguns cavalos **pastando** na encosta da colina.*
▶ *Moose **browse** on shrubs and leaves.* ▷ *Os alces **comem, se alimentam** de arbustos e folhas.*
▶ *We watched small fish **browsing** on algae.* ▷ *Vimos peixinhos **comendo, se alimentando** de [NÃO "pastando"...!] algas.*

BROWSER s.

▶ *Microsoft's Internet Explorer is the most popular **browser**.* ▷ *O Internet Explorer é o **browser, navegador** de internet mais vendido.*

BUFFER s., adj.

tampão, reserva, bolsão, colchão, folga, margem, proteção, "pulmão"; adicional, extra, intermediário, reserva, suplementar; de defesa, proteção, segurança

▶ *The West needed **buffer** states like Yugoslavia as a bulwark against Communism.* ▷ *O Ocidente precisava de estados-**tampão** como a Iugoslávia como barreira contra o comunismo.*
▶ ***Buffer** stocks* ▷ *Estoques **extra**, de **segurança**, de **reserva***
▶ *The timetable must contain **buffer** times to allow for unexpected events.* ▷ *O cronograma deve conter prazos **extra, adicionais, suplementares**, uma **margem de segurança** para absorver eventos inesperados.*
▶ *"Para evitar longos tempos de espera, produtos acabados são estocados nos chamados **buffers**, ou pulmões".*

BUILD v.

1. construir, armar, montar; implantar, implementar, instalar DEPLOY

- *Build your own stand with step-by-step instructions.* ▷ **Construa, monte, arme** *seu estande com instruções passo a passo.*
- *How to* **build** *a team* ▷ *Como* **montar** *uma equipe*
- *The company is* **building** *an e-commerce website.* ▷ *A empresa está* **implantando** *um site de comércio online.*
- *Students learn to design,* **build** *and maintain computer networks.* ▷ *Os alunos aprendem a conceber,* **implementar, instalar** *e dar manutenção a redes de computadores.*

2. criar, compor, elaborar, fazer, formar, gerar, inventar, fabricar, produzir PRODUCE

- *The PC industry has spent millions trying to* **build** *a better mouse.* ▷ *A indústria do PC já gastou milhões de dólares para* **criar, inventar, fabricar, produzir** *um tipo melhor de mouse.*
- *Developing countries need to* **build** *their democratic institutions.* ▷ *Os países em desenvolvimento precisam* **criar, formar** *suas instituições democráticas.*
- *Site registration is used to* **build** *profiles.* ▷ *O cadastramento no site é usado para* **gerar, elaborar** *o perfil dos internautas.*
- *We specialize in team* **building***.* ▷ *Somos especialistas em* **formação** *de equipes.*

3. desenvolver, cultivar, aumentar, consolidar, fortalecer, incentivar, reforçar DEVELOP, BOOST

- *Our school* **builds** *skills for scientific thinking.* ▷ *Nossa escola* **desenvolve, cultiva** *as habilidades necessárias para o raciocínio científico.*
- *Brand* **building** ▷ **Consolidação** *da marca*
- *These activities* **build** *company loyalty.* ▷ *Essas atividades* **incentivam, reforçam** *a lealdade à empresa.*

BUILD UP v.

1. acumular, estocar AMASS

- *Some friction has* **built up** *over recent months.* ▷ *Os atritos se* **acumularam** *nos últimos meses.*
- *The company has* **built up** *huge liabilities in its rush to expand.* ▷ *A empresa* **acumulou** *enormes dívidas na corrida para expandir-se.*

2. compor, fazer, formar

- *The storage system is* **built up** *from an array of hard disks.* ▷ *O sistema de armazenamento é* **composto, formado** *por um conjunto de discos rígidos.*

BUILDING BLOCK s.

1. bloco de montar

- *Manufacture of cement* **building blocks** ▷ *Fabricação de* **blocos** *de cimento*

2. componente, ingrediente, módulo; elemento constituinte, essencial, básico, fundamental; *inf.* tijolo, tijolinho

- *Our factory produces the basic* **building blocks** *that go into phones and watches.* ▷ *Nossa fábrica produz os* **componentes básicos** *dos telefones e relógios.*
- *Proteins are the fundamental* **building blocks** *of the human body.* ▷ *As proteínas são os* **componentes, elementos fundamentais** *do corpo humano.*

built-in

- ▶ *Fair elections and a free press are basic **building blocks** of democracy.* ▷ *Eleições limpas e uma imprensa livre são **elementos essenciais, básicos** da democracia.*
- ▶ *(Manchete com duplo sentido:) "Lego lays out the **building blocks** of its new strategy"* ▷ *A Lego apresenta os **fundamentos**, "**tijolinhos**" da sua nova estratégia.*

BUILT-IN adj.   EMBEDDED

embutido, acoplado, incluído, incluso, incorporado, inserido, integrado, integrante; já instalado; que faz parte

- ▶ *Built-in wardrobe* ▷ *Armário **embutido***
- ▶ *Helmet with **built-in** light* ▷ *Capacete com lanterna **acoplada***

• Usar os verbos: acompanhar, já vir com; incluir, incorporar, trazer

- ▶ *The software has a **built-in** spell checker.* ▷ *O software **inclui, já traz, já vem com** corretor ortográfico.*

BULL s., adj.

1. touro; macho adulto (de animais grandes como elefante, alce, tubarão etc.) COW

- ▶ *Cows, oxen and **bulls*** ▷ *Vacas, bois e **touros***
- ▶ ***Bullfight*** ▷ *Tourada*
- ▶ *We saw about twenty elephants – **bulls**, cows and calves.* ▷ *Vimos cerca de vinte elefantes – **machos**, fêmeas e filhotes.*
- ▶ *He was attacked by a 7-foot **bull** shark.* ▷ *Foi atacado por um **tubarão macho** de mais de dois metros.*

2. = **bullish** adj. ≠ BEAR, ≠ BEARISH

otimista, altista, entusiasmado, entusiástico (esp. quanto ao mercado, à situação econômica)

- ▶ *The **bulls** are celebrating the stock market recovery.* ▷ *Os **otimistas, altistas** comemoram a recuperação da Bolsa.*
- ▶ *Are you **bullish** or bearish on next year?* ▷ *Você está **otimista** ou pessimista em relação ao panorama econômico do ano que vem?*
- ▶ *The new game has **bullish** aficionados.* ▷ *O novo jogo tem adeptos **entusiásticos**.*

3. (abrev. de BULLSHIT) (gíria)

- ▶ *They promised to deliver by the deadline and all kinds of **bull**.* ▷ *Eles prometeram entregar no prazo e mais um monte de **lorotas**.*
- ▶ *A girl in my school is making up all these **bull** stories about me.* ▷ *Uma colega está inventando um monte de **mentiras** sobre mim.*

BULL MARKET s.

mercado financeiro altista, em alta, otimista

- ▶ *We had a 20-year **bull market**.* ▷ *Tivemos 20 anos de **alta** no mercado, de mercado **altista**.*

- ◊ O touro apanha alguém com os chifres e joga para cima – daí a associação com o mercado em alta. Veja o oposto, BEAR MARKET.

BULLSHIT, B.S. s. (vulgar) — NONSENSE

mentira; bobagem, absurdo, besteira, baboseira, disparate, lorota, mentira, patacoada; *inf.* blablablá, cascata, conversa; conversa fiada, mole, pra boi dormir; embromação, enrolação, lero-lero, papo furado

▶ *There's no easy money on the internet, just a lot of B.S.* ▷ Não existe dinheiro fácil na internet. É tudo **mentira, cascata, embromação, papo furado.**

▶ *Bullshit! I don't believe a word you're saying.* ▷ Quanta **besteira,** quanto **lero-lero!** Isso é **conversa fiada!** Não acredito em nada disso.

BULLY s., adj. — HOOLIGAN

valentão, tirano, agressivo, algoz, brigão, briguento, brutamontes, bruto, déspota, despótico, opressor, prepotente, provocador, sádico, tirânico, truculento, violento; um terror, o terror da vizinhança, da escola

▶ *As a kid I was always terrified of the school bullies.* ▷ Na escola eu vivia aterrorizado pelos **valentões, brutamontes,** os garotos **briguentos, violentos, sádicos.**

▶ *My boss is a bully. No wonder I'm so stressed.* ▷ Meu chefe é um **tirano, déspota,** um sujeito **despótico, prepotente.** Não é à toa que vivo tão estressado.

BULLY v. — HARASS, ABUSE

intimidar, perseguir, abusar, achacar, acossar, agredir, ameaçar, amedrontar, apavorar, assustar, atacar, atemorizar, aterrorizar, atormentar, barbarizar, brigar, brutalizar, espezinhar, forçar, hostilizar, humilhar, maltratar, oprimir, pressionar, provocar, tiranizar, tripudiar, vexar; usar a truculência

▶ *As a child I was constantly bullied in the classroom. Other kids teased me and called me names.* ▷ Na escola eu era **perseguido,** vivia **aterrorizado, atormentado.** Os outros garotos me provocavam e me xingavam.

▶ *It's high time that country stopped bullying its neighbors.* ▷ Já é hora de esse país parar de **intimidar, acossar, atacar, agredir, tiranizar, oprimir** seus vizinhos.

▶ *Brokers are accused of bullying customers into buying stock.* ▷ Os corretores são acusados de **pressionar, forçar** os clientes a comprarem ações.

BULLY PULPIT s. — CLOUT

posição, condição privilegiada, de poder, de grande influência política

▶ *Presidents have often used the bully pulpit to get support for their agenda.* ▷ Muitos presidentes já usaram o **poder da presidência,** sua **posição privilegiada, a influência do cargo** para conseguir apoio para suas propostas.

◊ Theodore Roosevelt cunhou a expressão quando foi presidente dos EUA (1901-1909), referindo-se à posição de poder de onde podia divulgar suas opiniões com grande impacto.

BULLYING s., adj.

brutalidade, truculência, agressão, hostilidade, intimidação, vitimização

▶ *No one should put up with bullying.* ▷ Ninguém deveria tolerar a **intimidação, brutalidade, truculência.**

▶ *Bullying is a big problem for kids.* ▷ A **agressão, hostilidade, brutalidade** dos mais fortes é um grande problema para as crianças.

burgeoning

- *Many schools are implementing **antibullying** policies.* ▷ *Muitas escolas estão introduzindo medidas contra os **valentões**, os alunos **agressivos**, a **vitimização** dos mais fracos.*
- *AOL accused Microsoft of **bullying** tactics.* ▷ *A AOL acusou a Microsoft de usar táticas **hostis**, **truculentas**, de **intimidação**.*
- *How should you deal with a **bullying** boss who uses his power to humiliate the defenseless?* ▷ *Como lidar com um chefe **tirano**, que usa seu poder para humilhar os indefesos?*

BURGEONING adj.   FLOURISHING, THRIVING

BURNED-OUT, BURNT-OUT adj.

estressado, esgotado, abatido, cansado, combalido, depauperado, desgastado, esfalfado, estafado, exausto, extenuado; que não agüenta mais; *inf.* cheio, de saco cheio

- *I'm so depressed and **burned-out** on that job that I just want to quit.* ▷ *Estou tão deprimido e **estressado, esgotado, desgastado, cheio** daquele emprego que só penso em pedir demissão.*
- *Kids go to dilapidated schools with **burnt-out** teachers.* ▷ *As crianças freqüentam escolas dilapidadas, com professores **exaustos, extenuados, depauperados, esfalfados**, que já não agüentam mais o **desgaste** do trabalho.*

BUSINESS s.

1. **empresa,** companhia, firma, loja, negócio

- *Small and medium-sized / midsize **businesses*** ▷ *Pequenas e médias **empresas***
- *Why privatize? They say **business** is more efficient than government.* ▷ *Por que privatizar? Dizem que as **empresas privadas** são mais eficientes do que o governo.*
- *Business owner* ▷ *Dono de **loja, comerciante, negociante***

2. **os negócios,** o **comércio,** a **economia** (em geral); o meio empresarial, as empresas, os empreendimentos (em geral); o clima econômico; movimento comercial, volume de negócios; atividade econômica, comercial; atuação, operação

- *Christmas is good for **business**.* ▷ *O Natal é bom para os **negócios**, o **comércio**, a **economia**, as **empresas**, o **movimento comercial**.*
- *Games account for 70 per cent of our **business**.* ▷ *Os jogos representam 70% do nosso **volume de negócios**.*
- *The shop closed down for lack of **business**.* ▷ *A loja fechou por falta de **movimento**.*
- *It's a fast-growing company with international **businesses**.* ▷ *Empresa em rápido crescimento, com **atividades, atuação** no comércio internacional.*

3. **setor, ramo,** área, indústria, mercado, segmento; **divisão,** segmento, setor interno de uma empresa
INDUSTRY

- *We are the best in the toy **business**.* ▷ *Somos os melhores da **área, do setor, segmento, ramo, mercado** de brinquedos.*
- *Show **business*** ▷ ***Indústria** do entretenimento*
- *We are expanding our beauty products **business**.* ▷ *Estamos expandindo nossa **divisão** de produtos de beleza.*
- *Since joining DuPont in 1988, she's run more than a dozen **businesses**.* ▷ *Desde que entrou na DuPont em 1988 ela já chefiou mais de 12 **divisões, setores, segmentos**.*

4. **cliente**

▶ *New **Business**: only one recent visit* ▷ **Cliente** *novo: apenas uma visita recente*
▶ *If they want my **business**, they've got to drop the price.* ▷ *Se eles quiserem me ter como **cliente**, quiserem fazer **negócio** comigo, têm de baixar o preço.*

5. **profissão,** atividade, ganha-pão

▶ *What is your father's **business**?* ▷ *Qual a **profissão, atividade,** o **ramo de atividade** do seu pai? / O que seu pai **faz**?*

6. **interesses,** afazeres, ocupações, problemas; negócios pessoais, vida pessoal   CONCERN

▶ *I have to mind my own **business**.* ▷ *Tenho que tratar dos meus **interesses,** da minha **vida**.*
▶ *That's my **business** and no one else's.* ▷ *Isso é **problema** meu e de mais ninguém.*

● Algumas expressões idiomáticas:

▶ *Mind your **business**.* ▷ *Vá cuidar da sua vida.*
▶ *That's not your **business**.* ▷ *Não é da sua conta.*
▶ *Let's get down to **business**.* ▷ *Vamos ao que interessa.*
▶ *This time he means **business**.* ▷ *Desta vez ele está falando sério.*

● Não abusar da palavra "negócio", já que **business** pode aparecer dezenas de vezes num texto. Muitas vezes é redundante e se pode omitir na tradução. Use também "empresa", "firma", "loja" etc.   BUSINESS adj.

BUSINESS adj.

▶ *Business plan* ▷ *Plano **comercial / empresarial / de negócios***
▶ *Business hours* ▷ *Horário **comercial,** de **serviço, expediente, funcionamento***
▶ *Business relationships* ▷ *Relações **profissionais***
▶ *Flying First Class, **Business** Class or Economy Class* ▷ *Voar na primeira classe, na classe **executiva** ou na econômica*

BUSINESSLIKE adj.

profissional, prático, diligente, eficiente, metódico, objetivo, organizado, sério, sistemático

▶ *The consultant was friendly but maintained a **businesslike** attitude.* ▷ *A consultora foi simpática mas manteve uma atitude **profissional, objetiva**.*

BUST s.   ≠ BOOM

baixa, crise, bancarrota, desastre, estouro, falência, fracasso, quebra; quebradeira, depressão econômica; duro golpe

▶ *How to beat the market **bust**.* ▷ *Como vencer a **baixa, crise, quebra, quebradeira** no mercado.*
▶ *Lessons learned from the 2001 **bubble bust**.* ▷ *Lições do **estouro da bolha** de 2001.*
▶ *How can you stabilize coffee prices and avoid **boom-and-bust** cycles?* ▷ *Como estabilizar os preços do café e evitar os ciclos de **altas e baixas**?*
▶ *Rubber **boom and bust*** ▷ *Esplendor e decadência da borracha*

BUSTLING adj., BUSTLE v.   THRIVING, HUSTLE and BUSTLE

vibrante, agitado, alvoroçado, animado, efervescente, movimentado, nervoso, pulsante; cheio de vida

but

- *Hong Kong is a **bustling** city.* ▷ *Hong Kong é uma cidade **vibrante, agitada, efervescente, cheia de vida**.*
- *His office now **bustles** with new projects.* ▷ *Hoje seu escritório está em **efervescência**, num **alvoroço, corre-corre**, numa **roda-viva** com os novos projetos.*

BUT conj., prep., adv.

1. mas, porém, todavia, contudo, entretanto; mesmo assim, apesar disso NEVERTHELESS

- *The plan was good **but** poorly executed.* ▷ *O plano era bom, **mas** foi mal executado.*

2. mas sim, pelo contrário RATHER

- *People do not follow programs **but** leaders who inspire them.* ▷ *As pessoas não seguem programas, **mas sim** os líderes que as inspiram.*

= but rather

- *They decided not to emigrate **but rather** stay in the country.* ▷ *Decidiram não emigrar, **mas sim** ficar no país.*

3. apenas, só, nada mais que, não passa de

- *I had **but** one goal in life: becoming a writer.* ▷ *Eu só tinha um objetivo na vida: ser escritor.*
- *Guests have included celebrities like Mick Jagger, Elton John and Nicole Kidman, to name **but** a few.* ▷ *Entre os convidados estavam M.J., E.J. e N.K., para citar **apenas** alguns.*
- *"The world is **but** a canvas to our imaginations." (H.D. Thoreau)* ▷ *O mundo é **apenas, não passa de** uma tela para a nossa imaginação.*

4. exceto, com exceção; apenas BARRING

- *This climb should not be attempted by any **but** those in top physical condition.* ▷ *Essa escalada deve ser tentada **apenas** pelos que estão em ótima forma física. (Isto é, não deve ser tentada por ninguém, **exceto** os...)*

= but for

- *Good analysis **but for** a few minor items.* ▷ *Uma boa análise, **exceto por** alguns detalhes.*

ALL BUT adv.   ALL but

ANYTHING BUT adv.   ANYTHING but

BUZZ s.   HYPE

- *The new product was released with a lot of **buzz**.* ▷ *O novo produto foi lançado com muita **publicidade, alarde, atenção, barulho, comentários, entusiasmo, interesse**.*
- *Podcasting was the **buzzword** of the year.* ▷ *Podcasting foi a **palavra da moda** este ano.*

BY prep.

> *100 million Chinese are expected to travel abroad **by** 2020.* "*Espera-se que 100 milhões de chineses viagem para o estrangeiro **até 2020** (NÃO ~~em 2020~~...!).*
> *[Isto é, a soma total dos viajantes desde agora até 2020.]*

1. **até** (data limite); até no máximo, não depois de
▶ *This species might become completely extinct **by** 2030.* ▷ *Essa espécie pode se tornar totalmente extinta **até** 2030 (NÃO "~~em~~ 2030...!").*
▶ *Applications will be received **by** May 30.* ▷ *Os pedidos serão recebidos **até** 30 de maio **no máximo**.*
▶ *We will add 400 more phones **by** yearend.* ▷ *Vamos instalar mais 400 telefones **até** o fim do ano.* **Sell-by** date ▷ *Data **limite** para a venda; vender **até**...*
▶ *Things got worse and worse. **By** January, I was unable to meet my bills.* ▷ *As coisas foram piorando. Ao **chegar** janeiro, eu não conseguia pagar minhas contas.*

2. **por,** meio de, mediante
▶ *You can get this information **by** asking a series of questions.* ▷ *Você pode obter essas informações **mediante, por meio de** uma série de perguntas.*

● Outras sugestões:
▶ *Travel **by** car / bus / plane* ▷ *Viajar **de** carro / ônibus / avião*
▶ *Our annual revenue is up **by** $1 million.* ▷ *Nosso faturamento anual aumentou **em** US$ 1 milhão / teve um aumento **de** US$ 1 milhão.*

BYPASS s., adj.

desvio; rota, acesso, passagem alternativa

▶ *The road was closed to all traffic so we took a **bypass** / a **bypass** route.* ▷ *Como a estrada estava fechada, pegamos um **desvio, acesso alternativo**.*
▶ *Coronary **bypass*** ▷ ***Ponte** de safena*

BYPASS v.   IGNORE

desviar-se, contornar, evitar, ignorar; deixar passar; passar por cima, ao largo

▶ *The canal was built to **bypass** a dangerous spot on the river.* ▷ *O canal foi construído para **desviar-se, contornar, evitar** um trecho perigoso do rio.*
▶ *Internet businesses simply **bypass** problems of geography.* ▷ *As empresas online simplesmente passam **por cima, ignoram** os problemas geográficos.*
▶ *Few companies took advantage of the new law; most have **bypassed** the opportunity altogether.* ▷ *Poucas empresas aproveitaram a nova lei; a maioria **deixou passar** a oportunidade.*

C

CABLE s.

1. **cabo, fio**
▶ *Power supply **cable** / Steel **cable** / Fiber optic **cable*** ▷ ***Cabo** de força / de aço / de fibra óptica*

callous

▶ *Microphone **cable*** ▷ *Fio do microfone*

2. (= cablegram) **telegrama**

▶ *I got a **cable** saying, "Come at once."* ▷ *Recebi um **telegrama** dizendo "Venha imediatamente".*

CALLOUS adj.   GROSS, RUDE

calejado, empedernido, brutal, desumano, duro, egoísta, endurecido, indiferente, insensível; sem diplomacia, sentimentos, tato; *inf.* casca-grossa

▶ *Many workers suffer under greedy and **callous** employers.* ▷ *Muitos trabalhadores sofrem com patrões gananciosos e **insensíveis, empedernidos, desumanos, sem sentimentos.***
▶ *Authorities show **callous** disregard for human rights.* ▷ *As autoridades mostram uma indiferença **brutal** pelos direitos humanos.*
▶ *I am outraged at his **callous** comments.* ▷ *Estou revoltado com seus comentários **insensíveis, sem diplomacia, sem nenhum tato.***

CAN v.

> *I couldn't see the film till the end; it was very boring.* ▷ *Não consegui (NÃO "Não pude"...!) ver o filme até o fim; era muito chato.*
> *"The boy who could fly"* ▷ *O garoto que sabia (NÃO "que podia"...!) voar*

1. poder, conseguir; ser capaz; ter condições, capacidade para; dar conta be ABLE

▶ *I **can't** do it, it's too difficult for me.* ▷ *Não **consigo**, é muito difícil para mim.*
▶ *Sorry, I **can't** go today; I've got a previous engagement.* ▷ *Desculpe, hoje não **posso** ir; já tenho compromisso.*
▶ *I know I **can** make you happy.* ▷ *Sei que **posso, consigo, sou capaz** de te fazer feliz.*
▶ *The village is very poor and **can't** accommodate tourists.* ▷ *A aldeia é muito pobre e **não tem condições** de alojar os turistas.*

• Usar: dar para

▶ *You **can** smell it from a distance.* ▷ ***Dá para** sentir o cheiro à distância.*

2. ter permissão, poder

▶ *Please, miss, **can** I go out for a minute?* ▷ *Por favor, professora, **posso** sair um pouquinho?*

3. saber

▶ *I need a nanny who **can** drive, cook, swim, and speak Spanish.* ▷ *Procuro babá que **saiba** dirigir, cozinhar, nadar e falar espanhol.*

• Omitir "poder" quando supérfluo em português, buscando a naturalidade e a concisão:

▶ *From my window I **can** see the square.* ▷ *Da minha janela **vejo** a praça. (Melhor que "posso ver"...!)*
▶ *That dog **can** do amazing tricks.* ▷ *Esse cachorro **faz** uns números incríveis.*
▶ *This airplane **can** cross the Atlantic in seven hours.* ▷ *Esse avião **atravessa** o Atlântico em sete horas.*
▶ *These measures **can** help to increase profits.* ▷ *Essas medidas **ajudam** a aumentar os lucros.*

care

CANDID adj., CANDIDLY adv., CANDOR s.

> Em português, "cândido" significa "branco, alvo", ou "puro, inocente, ingênuo" (NAIVE, **guileless**).
> **Candid** em inglês é "franco, sincero"; implica falar a verdade mesmo que desagradável:
> *To be **candid**, I have to tell you that you have absolutely no musical talent.* ▷ *Para ser **franco, sincero**, sou obrigado a dizer que você não tem nenhum talento musical.*

1. **franco, sincero** aberto, direto, espontâneo, honesto, verdadeiro EARNEST

▶ *Surveys are faulty; it's difficult to get **candid** answers about sexuality.* ▷ *As pesquisas são falhas; é difícil obter respostas **honestas, sinceras, verdadeiras** sobre a sexualidade.*

▶ *(adv.) The actress spoke **candidly** about her life and her lovers.* ▷ *A atriz falou com toda a **franqueza, espontaneidade** sobre sua vida e seus amores.*

▶ *(subst.) Our questionnaire aims to elicit **candor**.* ▷ *Nosso questionário tenta conseguir **sinceridade**, respostas **sinceras**.*

2. (foto) **instantâneo;** espontâneo, não posado, não ensaiado

▶ ***Candid** pictures* ▷ *Fotos **instantâneas, não posadas***
▶ *"**Candid** Camera"* ▷ *"Câmera Indiscreta"*

CAPABILITY s.

1. **capacidade,** capacitação, know-how, habilidade, condições, possibilidade, recurso, trunfo, vantagem; ponto forte; aquilo que se pode, se é capaz de fazer ABILITY, COMPETENCE

▶ *It's important to understand the current **capabilities** of technology.* ▷ *É importante compreender as **possibilidades, trunfos, vantagens** atuais da tecnologia / tudo que ela **pode, é capaz de fazer**.*

▶ *Respect suppliers' **capabilities**.* ▷ *Respeite as **condições**, o **know-how** do fornecedor / aquilo que ele é **capaz, tem condições** de fazer.*

▶ *We must improve the **capabilities** of our workforce.* ▷ *Precisamos melhorar a **capacitação** da nossa mão-de-obra.*

2. **recurso, função,** funcionalidade RESOURCE, FEATURE

▶ *Our software combines the **capabilities** of e-mail, chat, and scheduling.* ▷ *Nosso software combina os **recursos**, as **funções** de e-mail, chat e calendário.*

▶ *Pocket PC with GPS **capability*** ▷ *PC de bolso com **funcionalidade** GPS*

CARE s.

1. **cuidado,** atenção; esmero, perfeição, capricho; **carinho**

▶ *These numbers have been calculated with the utmost **care**.* ▷ *Esses cálculos foram feitos com o máximo **cuidado e atenção**.*

▶ *Homework assignments are to be done with **care**; sloppy work will not be accepted.* ▷ *O dever de casa deve ser feito com **esmero, capricho**; não serão aceitos trabalhos desleixados.*

▶ *These puppies need lots of tender loving **care**.* ▷ *Esses cachorrinhos precisam de muito amor e **carinho**.*

care

2. atendimento, tratamento médico, hospitalar

▶ *I got first-rate care in that hospital.* ▷ *Recebi um **atendimento** de primeira nesse hospital.*

CARE v., CARING adj.

1. cuidar, tratar; tomar conta

▶ *She cares for her sick husband day and night.* ▷ *Ela **cuida** do marido doente dia e noite.*

2. importar-se, incomodar-se, interessar-se, ligar, preocupar-se, valorizar; dar importância, valor; ter interesse por KEEN

▶ *Our students don't care about politics.* ▷ *Nossos alunos **não se importam, não se preocupam, não se interessam, não ligam** para a política.*
▶ *We sell something customers really care about.* ▷ *Vendemos algo que os clientes realmente **valorizam, dão valor, importância.***
▶ *Who cares?* ▷ *Que **importância** tem? / E daí? / E o que tem isso?*

3. gostar, apreciar, ter carinho, querer bem CHERISH

▶ *You know she cares a lot about you.* ▷ *Você sabe que ela **gosta** de você, te **quer bem**, tem muito **carinho, se interessa, se preocupa** por você.*
▶ *In times of trouble, a friend who cares / a caring friend is invaluable.* ▷ *Nas horas difíceis, uma amiga **carinhosa, amorosa, atenciosa** é de um valor inestimável.*

• Na negativa: **don't care**

▶ *I don't care about sports.* ▷ ***Não gosto, não ligo** para esportes.*
▶ *I don't care what people say.* ▷ *Não me **importa,** não me **interessa,** (inf.) **não ligo,** não dou bola, não dou a mínima, não estou nem aí, estou pouco me lixando para o que os outros dizem.*

CAREFUL adj., CAREFULLY adv.

1. cuidadoso, atento, cauteloso, prudente SENSIBLE

▶ *She's a very careful driver.* ▷ *Ela é uma motorista muito **cuidadosa, prudente.***
▶ *(adv.) Drive carefully!* ▷ *Dirija **com cuidado, atenção, prudência!***
▶ *Please don't answer until you have carefully considered the question.* ▷ *Por favor, só responda depois de pensar **muito bem** na pergunta, **com a máxima atenção.***

2. esmerado, caprichado; criterioso, detalhado, meticuloso, minucioso; bem feito, feito com apuro, capricho, esmero THOROUGH

▶ *Countless careful studies have proved Darwin was right.* ▷ *Incontáveis estudos **meticulosos, minuciosos, criteriosos** já provaram que Darwin tinha razão.*
▶ *(adv.) The Committee has carefully examined your application for admission.* ▷ *O Comitê examinou **minuciosamente** seu pedido de admissão.*
▶ *He was always carefully dressed.* ▷ *Andava sempre vestido com **apuro, esmero, capricho, muito bem** vestido.*

CARELESS adj., CARELESSLY adv.

descuidado, desatento, desleixado, imprudente, incauto, malfeito, negligente, relapso, relaxado

▶ *Careless mistakes* ▷ *Erros de **falta de atenção***

- *Hunters endanger human life with the **careless** use of firearms.* ▷ *Os caçadores põem em perigo a vida humana com o uso **descuidado, imprudente** de armas de fogo.*
- *(adv.) His written work is always **carelessly** done.* ▷ *Seus trabalhos são sempre **descuidados, malfeitos**, feitos com **descuido, negligência**.*

CARNIVAL s.

> **Carnival** NÃO é só "carnaval":
> *We went to a **carnival** complete with games, prizes, and a huge ferris wheel.* ▷ *Fomos a um **parque de diversões** com jogos, prêmios e uma enorme roda-gigante.*

1. **parque de diversões,** feira, feirinha
- *I met my wife at a local church **carnival**.* ▷ *Conheci minha mulher num **parque de diversões**, numa **feira** da nossa igreja.*

2. **Carnaval,** festival, festa de rua
- *The Mardi Gras parade is the culmination of **Carnival**.* ▷ *O desfile da terça-feira é o ponto culminante do **Carnaval**.*
- *Winter **carnival*** ▷ ***Festival** de inverno*

CARROTS AND STICKS expr.   STICKS AND CARROTS

CARRY v.

1. **carregar,** levar, portar, transportar; ter
- *Carry a heavy load* ▷ *Carregar um fardo pesado*
- *These plants may **carry** diseases or pests.* ▷ *Essas plantas podem **ter, portar** doenças ou pragas.*
- *These three stories **carry** many similarities.* ▷ *Essas três histórias **têm** muitas semelhanças.*

2. **acarretar,** causar, envolver, implicar, resultar em, trazer LEAD TO
- *New technologies **carry** higher risks.* ▷ *Novas tecnologias **acarretam, implicam, trazem** riscos mais elevados.*

3. **gestar,** estar grávida, em gestação
- *She's **carrying** twins.* ▷ *Ela **está grávida** de gêmeos.*
- *After nine months **carrying** a baby, I'm thoroughly exhausted.* ▷ *Depois de nove meses **com um bebê na barriga**, estou totalmente exausta.*

4. **vender, ter à venda,** em estoque
- *Do you **carry** color pens?* ▷ *Vocês **vendem** canetas coloridas?*

CARRY OUT v.   ACCOMPLISH

CASE s.

1. **caso,** acontecimento, evento, exemplo ANECDOTE

castigate

- *As a veteran reporter he had many amusing **cases** to tell.* ▷ *Como repórter veterano, tinha muitos **casos** divertidos para contar.*
- *Is this law unfair? Here's **a case in point**.* ▷ *Será que essa lei é injusta? Eis um **exemplo representativo**.*

2. argumentos, argumentação, defesa, justificativa, posição, tese; motivo, razão; algo a favor, em defesa ARGUMENT, EVIDENCE

- *What is the **case for** drug legalization?* ▷ *Quais são os **argumentos**, qual a **argumentação, justificativa, tese** a favor da legalização das drogas?*
- *The **case for** euthanasia* ▷ *Em **defesa, a favor** da eutanásia*
- *This book presents the **case for** King Arthur as a genuine historical figure.* ▷ *O livro **defende a posição, tese** que o rei Artur foi uma figura histórica genuína.*

3. causa judicial, ação, demanda, pleito, processo

- *Although he had a good lawyer, he lost his **case**.* ▷ *Mesmo com um bom advogado, ele perdeu a **causa**.*
- *Case law* ▷ *Jurisprudência (decisões judiciais baseadas em precedentes, em **processos** anteriores)*

4. bons motivos (para abrir um processo, ganhar uma causa)

- *We have **no case**.* ▷ *Não temos base para ganhar a **causa**.*
- *We have a **case**!* ▷ *Temos uma boa base para vencer, podemos ganhar a **causa**!*
- *Could **a case be made** for religious discrimination?* ▷ *Será que poderíamos **abrir um processo** alegando discriminação religiosa?*

make a case
argumentar, defender uma idéia

- *Make your case!* ▷ *Apresente, **defenda** seu **argumento**, suas **idéias**!*
- *The book **makes a strong case** for teaching science to all students.* ▷ *O livro **defende convincentemente a idéia** de que é preciso ensinar ciências a todos os alunos.*

CASTIGATE v.   SCOLD

> **Castigate** em geral NÃO é "castigar" (**punish, chastise**).
> É mais usado para críticas verbais, em geral em público.

criticar, censurar severamente, censurar, condenar, culpar, fustigar, incriminar, recriminar, reprochar, reprovar; *inf.* desancar

- *Nelson Mandela **castigated** the big drug makers for charging too much for their anti-AIDS drugs.* ▷ *Mandela **censurou, criticou, fustigou, incriminou, desancou** os grandes laboratórios pelo alto preço dos medicamentos anti-AIDS.*
- *"O relatório **baixa o sarrafo** no aumento da taxa de desemprego." (Veja)*

CASUAL adj., CASUALLY adj.

1. casual, acidental, aleatório, circunstancial, en passant, fortuito, imprevisto, improvisado, incidental, inesperado, inopinado; não planejado; por acaso, por coincidência. RANDOM

- *We had a casual meeting.* ▷ *Tivemos um encontro **casual, fortuito, acidental, inopinado, imprevisto**. / Nos encontramos **por acaso, casualmente**.*
- *A **casual** friendship* ▷ *Amizade **circunstancial***
- *A **casual** remark* ▷ *Comentário **fortuito, en passant***

2. **eventual, ocasional,** "bissexto", esporádico, irregular ≠ EVENTUAL

- ***Casual** investors should be especially careful.* ▷ *O investidor **ocasional, eventual, esporádico, bissexto** deve tomar especial cuidado.*

3. **informal, descontraído,** despreocupado, gostoso, natural, relaxado, tranqüilo; à vontade, sem cerimônia NONCHALANT

- *Negotiations included a lot of **casual** talks.* ▷ *As negociações incluíram muitas conversas **informais**.*
- *He tried to appear **casual** as he asked her to dance.* ▷ *Tentou parecer **natural, despreocupado, descontraído, à vontade** quando a tirou para dançar.*

4. (traje) **esporte,** esportivo, informal

- *Can you wear **casual** clothes to work?* ▷ *Você pode trabalhar de roupa **esporte**?*
- *Take **casual** shoes and also dress-up shoes.* ▷ *Leve sapatos **esporte** e também sociais.*

5. **displicente,** desatento, descuidado, desinteressado, impensado, indiferente, negligente, superficial OFFHAND, CAVALIER

- *The country's present borders reveal **casual** mapmaking.* ▷ *As atuais fronteiras do país resultam de mapas elaborados de maneira **impensada, descuidada, negligente**.*
- *(adv.) She walked **casually** away.* ▷ *Saiu andando com ar **displicente, como quem não quer nada**.*
- *Sex is way too important to be treated so **casually**.* ▷ *O sexo é muito importante para ser tratado assim tão **superficialmente**, de maneira tão **despreocupada**, com tanta **displicência**.*

CASUALTY s.

> **Casualty** NÃO é "casualidade" (**chance, accident**).
> *That actress became a **casualty** of the talkies.* ▷ *A atriz foi **vítima** do cinema falado.*
> (NÃO "uma ~~casualidade~~"...!)

vítima, baixa, perda; *(pl.)* **perdas,** mortos e feridos

- *Battlefield **casualties** were high.* ▷ *Houve muitas **vítimas, perda de vidas**, pesadas **baixas**, muitos **mortos e feridos** no campo de batalha.*
- *"Truth is the first **casualty** of war."* ▷ *A verdade é a primeira **vítima**, a primeira **que morre** numa guerra.*
- ***Casualty** ward* ▷ *Pronto-socorro*

CATCH-22 expr.

beco sem saída, círculo vicioso, dilema, impasse; situação absurda, kafkiana

- *You can't get a job without a work permit, but they won't give you a work permit unless you already have a job. It's **catch-22!*** ▷ *Não se pode conseguir um emprego sem licença de trabalho, mas eles não dão a licença se você já não tiver um emprego. É um **beco sem saída, impasse absurdo,** uma **situação kafkiana**!*

cater

◊ Em "Catch-22" (1961), famoso livro de Joseph Heller sobre a Segunda Guerra, os pilotos enfrentavam um dilema absurdo: podiam alegar insanidade para recusar as missões de bombardeio. "Orr would be crazy to fly more missions and sane if he didn't, but if he was sane he had to fly them."

CATER v., CATERER s.

atender, servir (esp. alimentação)

▶ *Our hotel is fully equipped to **cater** to all your needs.* ▷ *Nosso hotel está plenamente equipado para **atender, servir** a todas as suas necessidades.*
▶ *These photo retailers **cater** only to professional photographers.* ▷ *Essas lojas só **atendem** aos fotógrafos profissionais.*
▶ *We hired a **caterer / catering service** for our wedding.* ▷ *Contratamos um **bufê** para o nosso casamento.*

CAVALIER adj., CAVALIERLY adv.

> **Cavalier** em geral NÃO é "cavaleiro" (**horseman, rider, knight**).
> Também NÃO é "cavalheiro" (**gentleman**), mas sim o contrário!

1. **arrogante, rude,** altivo, desdenhoso, presunçoso; que descarta, despreza, menospreza RUDE

▶ *He displayed a **cavalier** attitude towards his reports.* ▷ *Tinha uma atitude **arrogante, rude**, de desprezo, de superioridade para com seus subordinados.*

2. **displicente,** negligente, desrespeitoso OFFHAND

▶ *The doctor is troubled by the **cavalier** way his patients are handled at public hospitals.* ▷ *O médico está abalado com a maneira **negligente, displicente, desrespeitosa** com que seus pacientes são tratados em hospitais públicos.*
▶ *(adv.) All historical documents have been preserved; nothing was done **cavalierly**.* ▷ *Todos os documentos históricos foram preservados; nada foi feito com **negligência, displicência**, de maneira **desrespeitosa**.*

CELEBRATE v.

celebrar, comemorar, festejar; **honrar,** homenagear, elogiar, louvar; prestar homenagem; fazer algo em **honra,** homenagem, louvor COMMEMORATE

▶ *We spent the night **celebrating** in the temple.* ▷ *Passamos a noite **festejando** no templo. (Melhor que "celebrando"...!)*
▶ *Martin Luther King's birthday is **celebrated** as a national holiday in the United States.* ▷ *O aniversário de Martin Luther King é **celebrado, comemorado, festejado** nos EUA como feriado nacional.*
▶ *A new hymn was written to **celebrate** the Queen's Golden Jubilee.* ▷ *Foi composto um novo hino em **honra, homenagem** ao Jubileu de Ouro da rainha.*
▶ *"It's not enough to tolerate our differences. We should **celebrate** our diversity." (Bill Clinton)* ▷ *Não basta tolerar nossas diferenças. Devemos **honrar, louvar, festejar** nossa diversidade.*

◊ **Celebrate** só é usado para datas festivas; COMMEMORATE pode se referir a qualquer evento solene, seja triste ou alegre.

CHAIR s., v.

1. cadeira, cátedra, disciplina; cargo, posto FACULTY, OFFICE

- ▶ *Massive wood chairs* ▷ *Cadeiras de madeira maciça*
- ▶ *He is Professor of the Chair of Ecology.* ▷ *É professor da cátedra, cadeira de Ecologia.*
- ▶ *He retired from the chair of editor in 2005.* ▷ *Aposentou-se do cargo de editor em 2005.*

2. (departamento, comitê, reunião) **presidente,** chefe, diretor; presidência, mesa

- ▶ *Who is the Chair of the Department?* ▷ *Quem é o diretor, chefe, presidente do Departamento?*
- ▶ *(v.) Who's going to chair the meeting?* ▷ *Quem vai presidir a sessão?*
- ▶ *Please address your questions to the Chair.* ▷ *Queiram dirigir suas perguntas à mesa.*

CHALLENGE s.

1. desafio; desafio estimulante, interessante

- ▶ *I accepted the challenge for a duel.* ▷ *Aceitei o desafio para um duelo.*
- ▶ *I enjoy challenges – they make life more interesting.* ▷ *Gosto dos desafios – eles tornam a vida mais interessante.*
- ▶ *(Opera review:) Meeting the Challenge of High C's* ▷ *Enfrentando o desafio do dó de peito*

2. disputa, contestação, oposição, questionamento

- ▶ *There were endless challenges to the election results.* ▷ *Houve intermináveis disputas, contestações sobre o resultado das eleições.*
- ▶ *The bill is bound to find serious challenge from the Senate.* ▷ *A proposta deve encontrar séria oposição no Senado.*
- ▶ *This old-fashioned method is under challenge.* ▷ *Hoje se questiona, se disputa esse método ultrapassado.*

3. dificuldade, problema, ameaça, complicação, obstáculo; algo difícil, complicado ISSUE, TROUBLE

- ▶ *Illiteracy is one of the main challenges these women have to face.* ▷ *O analfabetismo é um das mais graves dificuldades, problemas para essas mulheres, uma das coisas mais difíceis que elas têm de enfrentar.*
- ▶ *There are big challenges to launching two films on the same date.* ▷ *Há dificuldades, problemas imensos, é muito complicado lançar dois filmes no mesmo dia.*
- ▶ *A rival product will hit the market next year, so we must fight off this challenge.* ▷ *Um produto rival será lançado no ano que vem, e precisamos enfrentar essa ameaça.*

CHALLENGE v.

1. desafiar, afrontar, enfrentar; bater de frente; *inf.* peitar TACKLE

- ▶ *He challenged me to a tennis match.* ▷ *Ele me desafiou para um jogo de tênis.*
- ▶ *Extreme sports satisfy people's desire to challenge danger.* ▷ *Os esportes radicais satisfazem o desejo de desafiar, enfrentar o perigo.*
- ▶ *The mayor dared to challenge powerful interests.* ▷ *A prefeita teve a coragem de peitar, bater de frente contra interesses poderosos.*

2. questionar, contestar, contradizer, discordar, disputar, divergir, negar, opor-se a, rebater, rechaçar, recusar, refutar, rejeitar, renegar, repelir, repudiar; ir contra, não aceitar; pôr em questão, em xeque QUESTION

- ▶ *The book challenges many established beliefs.* ▷ *O livro questiona, contesta, disputa, nega, rejeita, contradiz, não aceita, põe em questão, em xeque muitas idéias arraigadas.*

challenged

▶ *These avant-garde artists dared to **challenge** the Establishment.* ▷ *Esses artistas de vanguarda ousaram **desafiar, ir contra, bater de frente** contra a ordem estabelecida.*

CHALLENGED adj.

(forma adjetivos compostos:) **que tem dificuldade,** problema, deficiência

▶ *How to teach speech-, hearing-, or vision-**challenged** students* ▷ *Como ensinar alunos com **deficiências, problemas** de fala, audição ou visão*
▶ *How can I help my math-**challenged** students?* ▷ *Como posso ajudar meus alunos que têm **dificuldades** com a matemática?*

CHALLENGING adj.   HARD, HARSH

1. **desafiador;** que apresenta um desafio interessante, estimulante

▶ *For an aspiring writer it's pretty **challenging** to try and write fiction every day.* ▷ *Para o aspirante a escritor, é um **desafio** tentar escrever ficção todos os dias.*
▶ *Our students participate in fun and **challenging** science events.* ▷ *Nossos alunos participam de atividades científicas divertidas, que **desafiam** sua inteligência.*

2. **difícil,** complexo, complicado, duro, hostil, problemático; que exige muito

▶ *The exam is **challenging**, with an overall pass rate below 20%.* ▷ *O exame é **difícil**, com uma taxa de aprovação inferior a 20%.*
▶ *Configuring an intranet is very **challenging**.* ▷ *Configurar uma intranet é muito **difícil, problemático, complexo**.*
▶ *Whitewater slalom is one of the most **challenging** Olympic events.* ▷ *A canoagem slalom é uma das provas olímpicas mais **difíceis, duras,** que mais **exigem** do atleta.*
▶ *How can they survive in such a **challenging** environment?* ▷ *Como eles conseguem sobreviver num ambiente tão **hostil**?*

CHAMPION s., v.

> **Champion** nem sempre é "campeão".

1. **campeão,** o melhor

▶ *She's a tennis **champion**.* ▷ *Ela é **campeã** de tênis.*

2. **defensor,** paladino; quem defende, apóia, luta por uma causa (em geral nobre)   ADVOCATE, SUPPORT

▶ *The Senator is a **champion** of human rights.* ▷ *O senador é **defensor, paladino, defende** os direitos humanos.*
▶ *Many CEOs are **no champions** of this strategy.* ▷ *Muitos CEOs **não apóiam, não são entusiastas** dessa estratégia.*
▶ *(v.) She **champions** animal rights.* ▷ *Ela **defende, luta** pelos direitos dos animais.*

CHANCE s.   LIKELIHOOD, ODDS

CHANGE s.. v.   SHIFT

mudança, modificação, alteração, conversão, deslocamento, desvio, guinada, metamorfose, movimento, mutação, oscilação, passagem, processo, reforma, reformulação, reorganização, reviravolta, revolução, salto, substituição, transferência, transformação, transição, transmutação, troca, variação, virada, viravolta

▶ *There has been an abrupt **change** in her life.* ▷ *Houve uma **mudança** abrupta, uma **guinada, virada, viravolta, reviravolta, revolução** na sua vida.*
▶ *Let's **change** places.* ▷ *Vamos **mudar, trocar** de lugar.*
▶ *The rules are constantly **changed**.* ▷ *As regras vivem sendo **modificadas, alteradas**.*
▶ *She's completely **changed**.* ▷ *Ela está **transformada, mudou** completamente.*
▶ *The frog **changed into** a prince.* ▷ *O sapo **virou, transformou-se** em príncipe.*

CHAPTER s.

1. **capítulo**
▶ *I'm still reading the first **chapter**.* ▷ *Ainda estou no primeiro **capítulo**.*

2. **sede,** centro, escritório, filial, loja (de sociedade, clube, igreja etc.) FACILITY, VENUE
▶ *Volunteer for the Red Cross. Call your local **chapter**.* ▷ *Seja voluntário da Cruz Vermelha. Procure uma **sede, filial,** um **centro** na sua cidade.*
▶ *Masonic **chapter*** ▷ ***Loja** maçônica*

CHARACTER s.

1. **caráter, natureza,** cunho, feição, feitio, índole, perfil, personalidade, têmpera, temperamento; maneira, modo, jeito de ser
▶ *A woman of strong **character*** ▷ *Mulher de **caráter** forte*
▶ *These are issues of a different **character*** ▷ *São questões de outra **natureza***
▶ *How can we change the **character** of our society?* ▷ *Como podemos mudar a **natureza** da nossa sociedade?*
▶ *The play had a strong nationalistic **character**.* ▷ *A peça tinha forte **cunho** nacionalista.*

2. **personagem,** tipo; *inf.* figura LARGER THAN LIFE
▶ *Hamlet is the main / lead **character** of the play.* ▷ *Hamlet é o **protagonista, personagem principal** da peça.*
▶ *He's vey a funny guy, a real **character**.* ▷ *É um sujeito muito gozado, (inf.) **uma figura, figuraça**.*

CHARTER s.

1. **carta,** constituição, convenção, estatuto, estatutos; carta constitucional, régia, de fundação, de intenções; código legal, contrato social, constituição de formação de uma sociedade
▶ *The UN **Charter** was signed by 50 countries on 26 June 1945.* ▷ *A **Carta, Carta Régia, Carta de Fundação** da ONU foi assinada por 50 países em 26 de junho de 1945.*
▶ *The modification was included in the company's **charter**.* ▷ *A modificação foi incluída nos **estatutos**, na convenção da empresa.*
▶ ***Charter** member* ▷ *Membro **fundador***

2. **licença,** alvará, concessão

▶ *Charter schools* ▷ *Escolas públicas terceirizadas (= escolas particulares licenciadas, com concessão, alvará do governo)*

CHEAP adj.

1. **barato,** econômico, de baixo custo, a preço baixo; pechincha; ordinário, inferior, vagabundo, vulgar; de má qualidade, de carregação, de quinta categoria AFFORDABLE, POOR

▶ *Cheap labor* ▷ *Mão-de-obra barata*
▶ *In Italy I survived on pasta and cheap wine.* ▷ *Na Itália eu sobrevivia na base do macarrão e vinho vagabundo.*
▶ *There's something cheap about her.* ▷ *Ela tem algo de vulgar.*
▶ *This bracelet looks really cheap.* ▷ *Essa pulseira parece bem ordinária, de carregação.*

2. **mesquinho;** pão-duro MEAN

▶ *That was really cheap of him.* ▷ *Foi muita mesquinharia da parte dele.*

CHEAT v.   DECEIVE

1. **enganar, ludibriar,** burlar, defraudar, esbulhar, espoliar, fraudar, iludir, lesar, lograr, manipular, manobrar, maquinar, prejudicar, roubar, tapear, trapacear

▶ *The white men cheated the Indians in land transactions and trade.* ▷ *Os brancos enganavam, ludibriavam, tapeavam os índios no comércio e na venda de terras.*
▶ *Consumers were cheated out of their money.* ▷ *Os consumidores foram fraudados, esbulhados, espoliados, lesados, roubados.*
▶ *"Planos de saúde sacaneiam velhos" (Notícias Populares)*

2. **trair,** enganar (esposa ou marido)

▶ *Everybody knows he cheats on his wife.* ▷ *Todo o mundo sabe que ele trai, engana a mulher.*

3. **roubar** (num jogo), **colar** (num exame)

▶ *He was caught cheating at poker.* ▷ *Foi pego roubando no pôquer.*
▶ *We were warned against cheating in the exam.* ▷ *Fomos avisados para não colar no exame.*

CHECK v., s.

1. **checar, conferir,** averiguar, comprovar, confirmar, consultar, controlar, examinar, fiscalizar, inspecionar, investigar, ticar, verificar, vistoriar; tirar a limpo VERIFY

▶ *Let me check the spelling in the dictionary.* ▷ *Vou checar, conferir a grafia no dicionário.*
▶ *Check the brakes before you leave.* ▷ *Antes de partir, verifique, examine os freios.*
▶ *The guards check the camps every week.* ▷ *Os guardas fiscalizam, inspecionam os acampamentos todas as semanas.*

2. **deter, parar,** coibir, conter, controlar, cortar, estancar, frear, impedir, interromper, obstar, obstruir, paralisar, refrear, reprimir, restringir, segurar, sofrear, suspender, sustar, suster, terminar, tolher, travar DETER, DETERRENT

▶ *I checked an impulse to express my true opinion.* ▷ *Contive, reprimi, controlei meu impulso de expressar minha verdadeira opinião.*

- We tried to **check** the flow of blood. ▷ Tentamos *estancar* o sangramento..
- (subst.) The media acts as a **check** on abuses by companies. ▷ A mídia age como *freio* sobre os abusos das empresas.

CHECK OUT v. (gíria)

conhecer, conferir

- The place is worth **checking out**. ▷ Vale a pena **conhecer, conferir** o lugar.
- **Check out** these cool sites. ▷ Dê uma **olhada, conferida** nestes sites legais.

CHECKS AND BALANCES expr.

freios e contrapesos (separação e equilíbrio entre os três poderes)

- The US constitution provides **checks and balances** between the president, the Congress and the Supreme Court. This way it prevents any of the three branches of government – the legislative, the executive, and the judicial – from having more power than the other. ▷ A constituição americana prové um sistema de **freios e contrapesos** entre o presidente, o Congresso e a Suprema Corte, impedindo que qualquer das três esferas do governo – legislativa, executiva e judiciária – tenha mais poder que as outras.

CHEESY adj.

- I love those **cheesy** 50's sci-fi films. ▷ Adoro aqueles filmes de ficção científica dos anos 50, bem **cafonas e ridículos**.

CHERISH v., CHERISHED adj.

1. **prezar, estimar,** amar, apreciar, considerar, estimar, respeitar, valorizar; dar valor; querer bem; ter apreço, afeto, afeição, carinho, estima; tratar com carinho; considerar algo caro, querido APPRECIATE, TREASURE

- They **cherish** their traditions. ▷ Eles **prezam, estimam, valorizam, amam** suas tradições.
- I **cherish** my old friends. ▷ Eu **amo, quero muito bem, tenho muito afeto, carinho** pelos meus velhos amigos.
- We **cherish** our freedom to live in any city, to pursue any career. ▷ **Prezamos, damos muito valor** à nossa liberdade de viver em qualquer cidade, seguir qualquer carreira.
- She's one of my most **cherished** friends. ▷ Ela é uma das minhas amigas mais **queridas, estimadas, diletas, prediletas**.
- This album will bring back many **cherished** memories. ▷ Esse disco trará muitas lembranças **queridas, benquistas**.

2. **cuidar,** acalentar, guardar, alimentar, manter; conservar, manter, preservar NURTURE

- These are fond memories we want to **cherish**. ▷ São lembranças queridas que desejamos **guardar, conservar com carinho**.
- I don't want to **cherish** illusions. ▷ Não quero **acalentar, alimentar** ilusões.

CHIEF adj. KEY, LEADING, MAJOR

china

CHINA s.

> *This is the **china** room.* ▷ *Este é o salão das **porcelanas**. (NÃO "sala da ~~China~~"...!)*

1. (com maiúscula) **China**
▶ *China will be the next superpower.* ▷ *A **China** será a próxima superpotência.*

2. (com minúscula) **porcelana;** louça fina
▶ *I bought a beautiful **china** soup bowl.* ▷ *Comprei uma linda sopeira de **porcelana.***
▶ *Eyes of **china** blue* ▷ *Olhos azuis cor de **porcelana***
▶ *Our Christmas table was set with the best **china** and cutlery.* ▷ *Nossa mesa de Natal era posta com as melhores **louças** e talheres.*

CHUCKLE s., v.   GIGGLE

risadinha divertida, marota, de satisfação

▶ *You should get a decent **chuckle** out of the jokes below.* ▷ *Essas piadinhas valem umas **risadinhas**.*
▶ *He **chuckled**.* ▷ ***Riu**, divertido.*
▶ *In the beginning they just **chuckled** at his ideas.* ▷ *No início eles só **riam, faziam pouco** das suas idéias.*

CHUTZPAH s.   IMPUDENCE, ATTITUDE

atrevimento, desfaçatez, desplante, insolência, petulância; *inf.* topete

▶ *He had the **chutzpah** to challenge his boss.* ▷ *Teve o **atrevimento**, a **coragem** de desafiar o chefe.*
▶ *His lawyer had the **chutzpah** to claim he was as innocent as a baby.* ▷ *Seu advogado teve a **insolência, desfaçatez**, o **desplante** de afirmar que ele era inocente como um bebezinho.*

◊ Palavra iídiche, assimilada dos imigrantes judeus da Europa. O <u>**CH**</u> se pronuncia como um <u>**H**</u> forte: / <u>**HÚTZ**</u>-pa /.

CIGAR s.

> **Cigar** NÃO é "cigarro" (**cigarette**) mas sim "charuto".

▶ *Cuban **cigars** are the best.* ▷ *Os **charutos** cubanos são os melhores.*
▶ *Freud was a **cigar**-smoker.* ▷ *Freud fumava **charutos**.*

CINCH s.

algo muito fácil, facílimo; *inf.* barbada, canja, fichinha, moleza, sopa, brincadeira de criança

▶ *Chopping up vegetables is a **cinch** with this food processor.* ▷ *Picar legumes é **facílimo**, é uma **brincadeira** com esse processador.*

CLAIM s.

1. **afirmação, alegação,** afirmativa, argumento, assertiva, colocação, declaração, idéia, hipótese, promessa, proposição, proposta, teoria, tese

▶ *Some ads make absolutely ludicrous* **claims**. ▷ *Alguns anúncios fazem* **afirmações, promessas** *totalmente absurdas e ridículas.*

▶ *These examples confirm the scientist's basic* **claim**. ▷ *Esses exemplos confirmam a* **colocação, proposta, hipótese, idéia, teoria** *básica do cientista.*

▶ *The facts do not support the government's* **claim** *that unemployment is down*. ▷ *Os fatos não confirmam a* **declaração, tese, argumento** *do governo de que o desemprego diminuiu.*

2. **pedido, reivindicação,** exigência, demanda, pretensão, reclamação

▶ *The injured worker filed an insurance* **claim**. ▷ *O operário acidentado entrou com um* **pedido** *(de indenização) para o seguro.*

▶ *Without registration your* **claim** *to the land is worthless*. ▷ *Sem o registro, seu* **pedido**, *sua* **reivindicação, demanda, pretensão** *à posse da terra não tem valor algum.*

▶ *Multiple objectives set up competing* **claims** *on workers*. ▷ *Os objetivos múltiplos geram* **demandas, exigências** *contraditórias nos funcionários.*

3. **restituição,** entrega, recebimento, recolhimento, recuperação, retirada

▶ *Get your luggage at the Baggage* **Claim** *area*. ▷ *Retire suas malas na área de* **restituição, retirada** *de bagagens.*

4. **direito**

▶ *Private companies should have no* **claim** *on the public purse*. ▷ *As empresas privadas não têm* **direito** *algum ao erário público.*

▶ *The Indians say they hold a legitimate historical* **claim** *on these lands*. ▷ *Os índios afirmam que têm* **direitos** *históricos legítimos sobre essas terras.*

CLAIM v.

1. **afirmar, alegar,** asseverar, declarar, dizer, dizer-se, propor, sustentar

▶ *He* **claims** *to be the legitimate heir*. ▷ **Diz** *ele / Ele* **alega, se diz, declara** *ser o legítimo herdeiro.*

▶ *Many applicants* **claim** *to have been to foreign universities that don't even exist*. ▷ *Muitos candidatos* **afirmam, dizem** *ter estudado em universidades estrangeiras que nem sequer existem.*

- Pode implicar que a afirmação é discutível, não comprovada:

▶ *She* **claims** *to have been kidnapped by aliens*. ▷ *Ela* **alega, afirma, sustenta** *que foi abduzida por alienígenas.*

- Usar "segundo", "de acordo com":

▶ *The dwellers* **claim** *to be the legitimate owners*. ▷ **Segundo, de acordo com** *os moradores, são eles os legítimos donos.*

2. **reivindicar,** assumir (a autoria)

▶ *The attack was* **claimed** *by Hamas*. ▷ *O ataque foi* **reivindicado** *pelo Hamas. / O Hamas* **reivindicou, assumiu** *o ataque /* **assumiu a autoria** *do ataque.*

3. **exigir, pleitear,** defender, disputar, pedir, reclamar, reinvindicar, requerer, requisitar, solicitar; procurar obter; reclamar como seu de direito; julgar-se com direito, reivindicar a posse, exigir a restituição; exigir com veemência

▶ *The suffragettes **claimed** the right to vote.* ▷ *As sufragistas **exigiram, pleitearam** o direito ao voto.*
▶ *I intend to **claim** whatever is owed to me.* ▷ *Pretendo **exigir, requerer, reivindicar, tomar posse** de tudo que me é devido.*

4. **retirar,** buscar, pegar, receber, recolher, recuperar

▶ ***Claim** your luggage immediately after leaving the plane.* ▷ ***Retire, pegue** sua bagagem logo que sair do avião.*

5. **tomar posse,** apropriar-se de, assumir a propriedade   RECLAIM

▶ *Those lands are still **unclaimed**, available for landless peasants to **claim**.* ▷ *Essas terras ainda não foram **reivindicadas** e estão disponíveis para os sem-terra **tomarem posse, assumirem a propriedade.***

6. (guerras, desastres) custar, tomar, tirar (vidas); causar vítimas; matar   take a TOLL

▶ *The 2004 Boxing Day tsunami **claimed** more than 200,000 lives.* ▷ *O tsunami (maremoto) de 26 de dezembro de 2004 **custou** mais de 200 mil vidas.*

CLASH v.   JARRING

destoar; colidir, desafinar; não combinar, não condizer; entrar em conflito, em choque, em desarmonia

▶ *This blue shirt totally **clashes** with the brown of the pants.* ▷ *Essa camisa azul **destoa** completamente, **não combina** nem um pouco com o marrom da calça.*
▶ *The new stores will be built in Colonial style so as not to **clash** with the landscape.* ▷ *As novas lojas serão construídas em estilo colonial, para não **destoar**, não **entrar em conflito, em choque** com a paisagem ao redor.*

CLASSIFIED adj.

> *He confessed he had stolen **classified** materials.* ▷ *Confessou ter roubado materiais **confidenciais / secretos** (NÃO "classificados"...!)*

1. **classificado**

▶ *This bird is **classified** as an endangered species.* ▷ *Essa ave é **classificada** como espécie ameaçada.*
▶ ***Classified** ads* ▷ *Anúncios **classificados***

2. confidencial, secreto, sigiloso   ≠ DECLASSIFY

▶ *Those were highly **classified** documents.* ▷ *Eram documentos altamente **confidenciais, secretos.***

CLEAR adj.

1. **claro, nítido,** cristalino, desanuviado, limpo, límpido

▶ *You must have a very **clear** idea of what you are going to do.* ▷ *Você precisa ter uma idéia **clara e nítida** do que vai fazer.*

- *Clear water* ▷ *Água límpida, cristalina*
- *My conscience is clear.* ▷ *Tenho a consciência limpa.*

2. **transparente** SHEER

- *Clear glass / Clear plastic* ▷ *Vidro / Plástico transparente*

3. **evidente, óbvio,** claro, claríssimo, manifesto, nítido, patente

- *The explanations are crystal clear.* ▷ *As explicações são claríssimas.*
- *A clear case of self-defense* ▷ *Um caso claro, evidente, óbvio de autodefesa*

4. **livre,** aberto, desembaraçado, desimpedido, desobstruído

- *At last we were clear of the danger.* ▷ *Por fim ficamos livres do perigo.*
- *The candidate's way is clear.* ▷ *O candidato tem o caminho aberto, desimpedido. / Nada obsta, nada impede seu caminho.*
- *Please keep the way clear.* ▷ *Por favor, deixem a passagem livre, desimpedida / saiam da frente, não atrapalhem, não fiquem na frente.*

CLEAR v.

1. **limpar; inocentar,** absolver

- *He wants to clear his name.* ▷ *Ele quer limpar seu nome.*
- *DNA testing has cleared many victims of judicial errors.* ▷ *Os testes de DNA já inocentaram, absolveram, provaram a inocência de muitas vítimas de erros judiciais.*

2. **passar, transpor,** galgar, saltar, vencer; passar com facilidade, com sucesso; passar direto, sem encostar nas margens NEGOTIATE

- *On arrival, you will clear customs and immigration.* ▷ *Ao chegar você tem de passar pela alfândega e a imigração.*
- *She has cleared this stage successfully.* ▷ *Ela conseguiu passar, vencer esse estágio.*
- *We had to lower the mast so our ship could clear the bridge.* ▷ *Tivemos que abaixar o mastro para o navio poder passar debaixo da ponte.*
- *The winning horse cleared 19 out of 20 hurdles.* ▷ *O cavalo vencedor saltou 19 dos 20 obstáculos.*

3. **liberar,** aprovar, autorizar; compensar (cheque)

- *Fortunately they cleared my visa in three days.* ▷ *Por sorte eles aprovaram, liberaram meu visto em três dias.*
- *The products will be shipped only when the check clears.* ▷ *Os produtos só serão enviados quando o cheque for compensado.*

CLEVER adj., CLEVERNESS s.

1. **inteligente,** brilhante, criativo, destro, engenhoso, hábil, habilidoso, imaginoso, inteligente, inventivo, original, perspicaz, rápido, sabido; bem bolado SMART, BRIGHT

- *He's always been a clever student.* ▷ *Sempre foi um aluno inteligente, brilhante.*
- *A clever story* ▷ *História criativa, engenhosa, inteligente, bem bolada*
- *He was famous for his cleverness in conversation.* ▷ *Era famoso por sua inteligência, brilho na conversação.*
- *This puzzle is based on the cleverness of its word combinations.* ▷ *Este quebra-cabeças se baseia na inteligência, criatividade, habilidade das suas combinações de palavras.*

2. **esperto, desonesto,** ardiloso, arguto, astucioso, espertalhão, espertinho, ladino, malandro, maroto, matreiro, *inf.* vivo CUNNING

- *It is frightening to see how truth can be twisted by **clever** politicians.* ▷ *É assustador ver a verdade tão distorcida por políticos **espertos, astuciosos, malandros.***
- *Cortez's victory in Mexico is largely due to his **cleverness** in posing as an Aztec god.* ▷ *A vitória de Cortez no México deve muito à sua **esperteza, argúcia** ao fingir ser um deus asteca.*

CLOSE THE GAP v. GAP

CLOUT s. LEVERAGE

poder, influência, ascendência, autoridade, cacife, força, peso, poder, predomínio, preeminência, preponderância, prestígio, primazia, proeminência, superioridade, supremacia; poder de fogo, de barganha

- *The old Senator's opinions don't carry much **clout** anymore.* ▷ *As opiniões do velho senador não têm mais muito **peso, muita influência.***
- *This diplomatic success clearly shows that the President still has a lot of **clout**.* ▷ *Este sucesso diplomático mostra que o presidente ainda tem muita **força, autoridade, prestígio, cacife, poder de fogo.***

CLUE s. CUE, HINT

chave, pista, deixa, indicação, indício, sinal; *inf.* dica

- *The Rosetta stone gave us the **clue** to deciphering ancient Egyptian hieroglyphs.* ▷ *A pedra de Rosetta nos deu a **chave**, a **pista** para decifrar os antigos hieroglifos egípcios.*
- *The police hope to find fingerprints and other **clues**.* ▷ *A polícia espera encontrar impressões digitais e outras **pistas, indícios, sinais.***
- *I haven't got a **clue**. / No **clue**. / I'm **clueless**.* ▷ *Não faço idéia. / Nem desconfio. / Estou no escuro, perdido, por fora.*

CLUELESS adj. BAFFLED, PUZZLED

desorientado, perdido, perplexo; sem fazer a menor idéia; *inf.* no escuro, por fora

- *Many parents are **clueless** about their kids' sex life.* ▷ *Muitos pais **não fazem a menor idéia** da vida sexual de seus filhos.*
- *Can you teach me how to use this machine? I'm **clueless**.* ▷ *Quer me ensinar a usar essa máquina? Estou **perdido, no escuro, por fora.***

CLUMSY adj. AWKWARD

- *As I watched those graceful dancers move, I felt horribly **clumsy**.* ▷ *Vendo aquelas graciosas dançarinas, eu me senti horrivelmente **desajeitado, desengonçado.***

CLUSTER s.

grupo, agrupamento, aglomerado, amontoado, cacho, conglomerado, conjunto, feixe, grupinho, magote, molho, monte, montinho, penca, punhado

- *The village is just a **cluster** of houses.* ▷ *A aldeia é apenas um **agrupamento, aglomerado** de casas.*

COARSE adj.   ROUGH, RUDE

CODE s., v.

> *I'm a coder. I earn a living writing code.* ▷ *Sou programador. Ganho a vida escrevendo **programas**, fazendo **programação** de computadores (NÃO "escrevendo ~~códigos~~"...!)*

1. (= programming code) **programa** de computador, software; programação
   ▶ *Download free code.* ▷ *Baixe **programas, software** gratuito.*
   ▶ *The project had to be rewritten entirely from scratch due to the poor quality code.* ▷ *O projeto teve de ser reescrito desde a estaca zero devido à má qualidade da **programação**.*

2. **código**
   ▶ *Many mathematicians labored to crack Nazi secret codes.* ▷ *Muitos matemáticos trabalharam para decifrar os **códigos** secretos dos nazistas.*

3. (= code word) **palavra em código;** senha; sinônimo, palavra que significa outra coisa
   ▶ *"Containment" is the new code word for economic sanctions.* ▷ *"Contenção" é a nova **palavra em código que significa,** na verdade, sanções econômicas.*
   ▶ *Ethnic diversity should not be code for lowering academic standards.* ▷ *Diversidade étnica não deve tornar-se um **sinônimo** de diminuição do nível acadêmico.*
   ▶ *Recession is code word for opportunity.* ▷ *Recessão também **significa** oportunidade.*

COLLAPSE s.

1. **queda, colapso,** desmoronamento, desabamento, tombo
   ▶ *On September 11, 2001 the whole world watched the collapse of the World Trade Center's Twin Towers.* ▷ *Em 11 de setembro de 2001 o mundo inteiro assistiu à **queda, desmoronamento, colapso** das torres gêmeas do WTC.*

2. **falência, colapso,** derrocada, dissolução, ruína, bancarrota, *débâcle*, derrocada, derrota, desintegração, desmantelamento, dissolução, erosão, esboroamento, extinção, fim, fracasso, implosão, malogro, naufrágio, paralisação, quebra, ruína   FAILURE
   ▶ *I read about the collapse of the Soviet Union in 1991.* ▷ *Li sobre o **colapso, dissolução, naufrágio, queda, esfacelamento,** da União Soviética em 1991.*
   ▶ *Nelson Mandela's leadership was instrumental in the collapse of South Africa's apartheid system.* ▷ *A liderança de Mandela foi fundamental para o **desmantelamento, fim,** a **extinção, derrocada** do apartheid na África do Sul.*

COLLAPSE v.

1. **cair, desabar,** desmoronar, despencar, ruir; vir abaixo, cair por terra; ser derrubado   PLUMMET
   ▶ *An apartment building collapsed during the earthquake.* ▷ *Um edifício **caiu, desabou, veio abaixo, desmoronou** durante o terremoto.*
   ▶ *Our tent collapsed in the wind.* ▷ *Nossa barraca **foi derrubada** pelo vento.*

collapsible

2. **decair, quebrar,** afundar, arrebentar-se, arruinar-se, descambar, desfazer-se, desintegrar-se, desmanchar-se, desmantelar-se, desmontar, esboroar-se, esborrachar-se, esfacelar-se, espatifar-se, falir, implodir, naufragar, sucumbir; cair aos pedaços; entrar em colapso, em crise FAIL, UNRAVEL

▶ *Between 1989 and 1991, Communist regimes **collapsed** throughout Eastern Europe.* ▷ *Entre 1989 e 1991, os regimes comunistas **caíram, ruíram, desmoronaram, se desintegraram, se esfacelaram, imploditam, naufragaram** em toda a Europa oriental.*
▶ *Health services have **collapsed**.* ▷ *Os serviços de saúde **entraram em crise, em falência**.*

COLLAPSIBLE adj.

dobrável, retrátil; de encaixe, telescópico

▶ *Collapsible chair / cane* ▷ *Cadeira / bengala **dobrável, de encaixe***
▶ *Collapsible antenna / lens* ▷ *Antena / lente **telescópica***
▶ *Collapsible roof* ▷ *Capota **retrátil***

● A idéia é que os segmentos se encaixam um dentro do outro, como num telescópio.

COLLAR s.

> **Collar** em geral NÃO é "colar":
> *I've always worn a stiff **collar** round my neck.* ▷ *Sempre usei um **colarinho** (NÃO "colar"...!) duro, engomado no pescoço.*
> *Colar de pérolas* ▷ *Pearl **string, necklace***

1. **colarinho; gola** BLUE-COLLAR, WHITE-COLLAR

▶ *Do you have to wear a **collar** and tie to work?* ▷ *Você trabalha de **colarinho** e gravata?*
▶ *Fur **collar*** ▷ *Gola de pele*
▶ *(adj. ≠) **Collarless** T-shirt* ▷ *Camiseta **sem gola***

2. **coleira** (de animal)

▶ *Anti-flea **collar*** ▷ ***Coleira** antipulgas*
▶ *Use a **collar** and leash when training your dog.* ▷ *Use **coleira** e guia ao treinar seu cão.*

COLLEGE s.   ≠ FACULTY

> **College** em geral NÃO é "colégio" (**school, high school**), mas sim "universidade".
> *She's a **college** graduate.* ▷ *Ela é **formada na universidade**, tem **nível universitário**.*

universidade, faculdade; curso, escola de nível superior, de terceiro grau

▶ *Sorry, we only hire **college** graduates.* ▷ *Desculpe, mas só contratamos pessoas com **nível universitário, curso superior**.*
▶ *He worked his way through **college**.* ▷ *Ele pagou a **faculdade**, os **estudos** com seu próprio trabalho.*
▶ *Just **out of college**, I worked as an accountant.* ▷ *Recém-**formada**, trabalhei como contadora.*

COLORFUL adj.

colorido; pitoresco, curioso, divertido, interessante, rico, expressivo, variado, vívido

- *The women wore colorful costumes.* ▷ *As mulheres usavam trajes coloridos.*
- *Some colorful legends are based in fact.* ▷ *Algumas lendas pitorescas, curiosas são baseadas em fatos reais.*
- *The film's colorful characters include the local gossip, a corrupt judge, an Elvis look-alike and the rodeo queen.* ▷ *Os variados e pitorescos personagens do filme incluem a fofoqueira da cidade, um juiz corrupto, um sósia de Elvis e a rainha do rodeio.*

COMFORT s.

1. **conforto, bem-estar,** amenidade, aconchego, comodidade
   - *Relax in the comfort of a hot bath.* ▷ *Relax no conforto de um banho quente.*
   - *The hotel staff will see to your comfort.* ▷ *A equipe do hotel cuidará do seu bem-estar.*

2. **consolo, carinho,** ajuda, alívio, amparo, ânimo, apoio, assistência, bálsamo, segurança ENCOURAGEMENT
   - *Her neighbors' comfort was invaluable.* ▷ *O consolo, amparo, apoio dos vizinhos foi precioso.*
   - *As life becomes more stressful, people are turning to their pets for comfort.* ▷ *Sentindo mais stress, as pessoas buscam carinho, aconchego, segurança nos seus bichinhos de estimação.*

3. **familiaridade,** facilidade; à vontade
   - *More consumers are shopping online, as their comfort with e-commerce continues to grow.* ▷ *Mais consumidores estão fazendo compras online, agora que estão mais à vontade, têm mais familiaridade, facilidade de usar o comércio eletrônico.*

COMFORT v.   SOOTHE

reconfortar, consolar, acalmar, ajudar, alentar, aliviar, apoiar, assistir, confortar, reanimar, tranqüilizar

- *Neighbors tried to comfort the widow.* ▷ *Os vizinhos tentaram reconfortar, consolar a viúva.*
- *Volunteers did their best to comfort the survivors.* ▷ *Os voluntários fizeram o possível para assistir, ajudar, reanimar os sobreviventes.*
- *The news is comforting.* ▷ *As notícias são tranqüilizadoras, alentadoras.*

COMFORTABLE adj.

1. (coisa) **confortável,** acolhedor, aconchegante, agradável, bom, cômodo, gostoso COZY
   - *A comfortable armchair* ▷ *Poltrona confortável, cômoda, gostosa*
   - *They warmed their hands at the comfortable blaze.* ▷ *Esquentaram as mãos no fogo aconchegante.*

2. (pessoa) **à vontade,** familiarizado, íntimo, natural; sentindo-se bem ≠ UNCOMFORTABLE
   - *Pull up a chair and make yourself comfortable.* ▷ *Puxe uma cadeira e fique à vontade.*
   - *She makes me feel very comfortable.* ▷ *Com ela eu me sinto bem, fico natural, totalmente à vontade.*
   - *He isn't comfortable with his new situation yet.* ▷ *Ele ainda não está bem familiarizado, à vontade com sua nova situação.*

3. **tranqüilo,** descansado, relaxado, satisfeito, sossegado; em paz, sem problemas; satisfatório

command

- *Are we completely **comfortable** putting our family on such a small plane?* ▷ *Será que ficamos **tranqüilos, sossegados, descansados** colocando nossa família nesse aviãozinho?*
- *We proceeded at a more **comfortable** pace.* ▷ *Prosseguimos num ritmo mais **relaxado, tranqüilo.***
- *Our dealings were very **comfortable**.* ▷ *Nossos contatos sempre foram **satisfatórios, sem problemas**.*

4. **em boa situação financeira,** bem de vida; sossegado, tranqüilo, livre de preocupações financeiras
RICH

- *We're not rich, but we're **comfortable**.* ▷ *Não somos ricos mas estamos **bem**, numa **boa situação financeira**.*
- *Step-by-step planning for a **comfortable** financial future.* ▷ *Planejamento passo-a-passo para um futuro **tranqüilo, livre de preocupações financeiras**.*

COMMAND v., s.

1. **comandar,** mandar, ordenar

- *The captain **commanded** us to stop.* ▷ *O capitão nos **mandou** parar.*

2. **dominar**

- *He **commanded** his instrument with unparalleled mastery.* ▷ ***Dominava** seu instrumento com maestria sem igual.*
- *(subst.) How can I improve my **command** of English?* ▷ *Como posso melhorar meu **domínio** do inglês?*

3. **conseguir, ganhar,** alcançar, obter, receber, ter, valer; conseguir obter; receber o justo, o que lhe cabe; contar com, possuir, ter a seu dispor, à sua disposição; ter recursos para; ser dono, senhor

- *These positions **command** the highest salaries.* ▷ *Esses cargos **ganham, alcançam, recebem** os salários mais altos.*
- *The aging engineer can't **command** big projects anymore.* ▷ *O engenheiro, já idoso, não **consegue** mais grandes projetos.*
- *The writer **commands** a loyal following.* ▷ *O escritor **tem, conta com** um público fiel.*

4. **inspirar,** despertar, merecer, fazer jus

- *A remarkable thing about him is the respect he **commands** among fans and fellow musicians alike.* ▷ *É notável o respeito que ele **inspira, merece**, tanto dos fãs como dos outros músicos.*
- *These young doctors dress very casually and seem oblivious to the authority their profession used to **command**.* ▷ *Esses jovens médicos usam roupas muito informais e parecem alheios à autoridade que a profissão antes **despertava, inspirava**.*

5. (dinheiro) **valer,** custar

- *Domain names **command** 7 figures.* ▷ *Um nome de domínio **vale, custa** mais de um milhão de dólares.*

COMMANDEER v.

> **Commandeer** NÃO é "comandar" (COMMAND) mas sim "confiscar".
> Veja os exemplos abaixo, relativos ao furacão Katrina (Nova Orleans, 2005):

confiscar, apropriar-se, tomar; requisitar para uso militar ou próprio

▶ City officials themselves **commandeered** communication equipment from a looted Office Depot. ▷ As próprias autoridades **confiscaram, tomaram** equipamentos de comunicação de uma loja saqueada.
▶ A brave young man **commandeered** a bus and drove fleeing residents to Houston. ▷ Um rapaz corajoso se **apropriou** de um ônibus e levou moradores em fuga até Houston.

COMMEMORATE v., COMMEMORATION s.

> **Commemorate** é celebrar qualquer evento importante, seja alegre ou triste:
> We are here to **commemorate** the Holocaust. ▷ Estamos aqui para **lembrar, recordar, rememorar** o Holocausto, para **honrar, homenagear, prestar homenagem** às vítimas do Holocausto.

1. **comemorar, festejar,** celebrar, homenagear, honrar CELEBRATE
▶ A church service was held to **commemorate** the end of the war. ▷ Foi realizado um culto para **comemorar, festejar** o fim da guerra.
▶ A milepost has been erected to **commemorate** the Millenium. ▷ Foi erguido um marco em **comemoração, honra, homenagem** ao novo milênio.

2. **homenagear,** evocar, honrar, lembrar, marcar, recordar, rememorar; prestar homenagem; servir como memorial
▶ The monument **commemorates** the war victims. ▷ O monumento **homenageia, presta homenagem, lembra, recorda, é um memorial** às vítimas da guerra.
▶ (subst.) A **commemoration** ceremony marked the 60th anniversary of the liberation of the Auschwitz concentration camp. ▷ Houve uma cerimônia de **homenagem, recordação** dos 60 anos da libertação de Auschwitz.

COMMIT v.

1. **cometer**
▶ He **committed** many acts of violence. ▷ **Cometeu** muitos atos de violência.

2. **dedicar,** destinar, guardar, reservar
▶ I don't want to **commit** a whole week to this. ▷ Não quero **dedicar, destinar, reservar** uma semana inteira para isso.

3. **internar** (em hospício, sanatório; mais raramente, na prisão)
▶ Her family had her **committed** to a psychiatric institution. ▷ Sua família a **internou** num sanatório psiquiátrico.
▶ If my daughter continues to take drugs I will have her **committed**. ▷ Se minha filha continuar tomando drogas, vou mandar **interná**-la numa clínica. (NÃO ~~prendê-la...!~~)

= commit oneself
4. **comprometer-se,** apalavrar-se, assumir, dedicar-se, empenhar-se, engajar-se, envolver-se, militar; assumir a responsabilidade; tomar posição; *inf.* vestir a camisa ≠ COMPROMISE
▶ These countries must **commit** to economic reform. ▷ Esses países têm que **se comprometer** a realizar reformas econômicas.

committed

- *Many men don't want to **commit themselves** to a relationship.* ▷ *Muitos homens não querem **assumir, se envolver, assumir a responsabilidade** de um relacionamento.*
- *We have **committed ourselves** to ending gender discrimination.* ▷ *Nós nos **comprometemos, nos empenhamos, nos dedicamos, militamos** para acabar com a discriminação sexual.*

COMMITTED adj.   DEVOTED

comprometido, dedicado, compromissado, empenhado, engajado, envolvido, interessado, militante; seriamente envolvido; *inf.* que veste a camisa

- *The Chinese people have a deep **commitment** to learning and self-improvement.* ▷ *Os chineses têm profunda **dedicação, empenho** no estudo e no progresso.*
- *He's **committed** to his political struggle.* ▷ *Está **comprometido, engajado, dedicado, empenhado** / é **militante, milita** na sua luta política.*
- *Right now I'm in a **committed** relationship.* ▷ *No momento estou **comprometida** numa relação séria.*
- *Our employees are fully **committed** to the company.* ▷ *Nossos funcionários se **envolvem**, "**vestem a camisa**" da empresa.*

COMMITMENT s.   ≠ COMPROMISE

1. **compromisso, obrigação,** promessa, responsabilidade, voto; compromisso sério; objetivo assumido

- *The company signed a **commitment** to invest US$15 m in the country.* ▷ *A empresa assinou um **compromisso** de investir US$ 15 milhões no país.*
- *As a leader I must fulfill the **commitments** I made.* ▷ *Como líder, tenho de cumprir os **compromissos, objetivos,** as **obrigações, responsabilidades** que assumi.*

2. **compromisso, comprometimento,** engajamento, envolvimento, empenho, militância

- *Our volunteers show a deep **commitment** to charitable work.* ▷ *Nossas voluntárias demonstram profundo **compromisso, comprometimento, engajamento, envolvimento** com o trabalho filantrópico.*
- *Many men run from **commitment**.* ▷ *Muitos homens fogem do **compromisso**, de um **envolvimento sério**.*
- *The President showed his **commitment** to reopen the talks.* ▷ *O presidente mostrou seu **empenho** em reabrir as conversações.*

3. **compromisso social,** programa, atividade

- *I was unable to go due to a prior / previous **commitment** (= engagement).* ▷ *Não pude ir devido a um **compromisso** anterior.*

COMMODITY s., adj.

1. ***commodity,*** produto primário (esp. agrícola ou mineral, negociado no mercado internacional)

- *Soy and coffee are important Brazilian export **commodities**.* ▷ *Soja e café são importantes **commodities, produtos de exportação** brasileiros.*

2. **mercadoria, produto;** artigo, bem de consumo, objeto; produto barato, comum, massificado, produzido e vendido em massa

- *Computers have become a mere **commodity**.* ▷ *Os computadores se tornaram uma simples **mercadoria, um bem de consumo, artigo produzido em massa,** um **produto** como outro qualquer.*

- *Commodity computers* ▷ Computador **comum, de loja**
- *Slaves were treated as mere **commodities**, literally bought and sold in the market.* ▷ *Os escravos eram tratados como simples **mercadorias, objetos**, literalmente comprados e vendidos no mercado.*

COMMON adj.

1. comum, corriqueiro USUAL

- *Here are some of the most common queries entered by our site visitors.* ▷ *Eis algumas das perguntas mais **comuns, freqüentes, recorrentes** feitas pelos que visitam nosso site.*

2. rude, vulgar RUDE

- *She thought he was a bit **common** when they first met, but later changed her mind.* ▷ *Achou-o um pouco **vulgar, grosseiro** quando o conheceu, mas depois mudou de idéia.*

COMMON SENSE s.   SENSE

COMMOTION s.   TURMOIL

COMMUTE v., s.

ir e vir, viajar, deslocar-se no trânsito, na condução, em transporte público (diariamente, para o trabalho ou a escola)

- *I live far from work so **commuting** times are long.* ▷ *Como eu moro longe, perco muito tempo **indo e vindo para o trabalho, no trânsito, na condução,** faço uma longa **viagem** todos os dias.*
- *We must reduce **commuting** times.* ▷ *Precisamos reduzir o tempo gasto no **trânsito**, de **transporte, deslocamento para o trabalho.***
- *Fortunately, I work at home – I **commute** in slippers!* ▷ *Felizmente eu trabalho em casa – **vou para o trabalho** de chinelos!*
- *(subst.) I live in a very nice neighborhood, but the price I pay is a longer **commute**.* ▷ *Moro num ótimo bairro, mas tem um preço: uma **viagem diária** mais longa, mais **tempo gasto no trânsito**.*

COMMUTER s., adj.

passageiro; passageiro freqüente, constante, regular; usuário de transporte público

- *Commuters demand cut in fares* ▷ *Os **passageiros** exigem redução das tarifas*

• Outras sugestões:
- *Commuter town* ▷ *Cidade-dormitório*
- *Male students can attend the school as **commuters**, but not residents.* ▷ *Os alunos do sexo masculino podem freqüentar a escola como **externos**, mas não como residentes.*

COMPACT s.

> Atenção a **compact** como subst.:
> Social *compact* ▷ *Contrato* social

acordo, contrato, tratado

▶ *The three states have signed a **compact** to reduce water pollution.* ▷ *Os três estados assinaram um **acordo, tratado** para reduzir a poluição da água.*

▶ *The governor signed a **compact** allowing the Indians to open a new casino.* ▷ *O governador assinou um **acordo** autorizando os índios a abrirem um novo cassino.*

COMPASS s.   NAVIGATE

bússola; orientação, "norte", ponto de referência

▶ *The **compass** needle always points to the north.* ▷ *A agulha da **bússola** aponta para o norte.*

▶ ***Compass** points* ▷ *Pontos **cardeais***

▶ *Kids today are looking to adults for a moral **compass**.* ▷ *Hoje os jovens buscam nos adultos uma **orientação**, um **ponto de referência** moral.*

● Contraste:

▶ *Podemos desenhar círculos com um **compasso**.* ▷ *You can draw circles with **a pair of compasses**.*

▶ *Os **compassos** finais repetem o primeiro tema.* ▷ *The final **bars, measures** repeat the first theme.*   BAR

COMPASSES s. pl.

compasso (para traçar círculos)

▶ *Computer software has virtually replaced T-squares and **compasses**.* ▷ *Os programas de computador praticamente substituíram a régua T e **o compasso**.*

COMPASSIONATE adj.   KIND

compassivo, humano, amoroso, benevolente, benigno, bom, bondoso, compreensivo, humanitário, piedoso; com compaixão, cheio de compaixão; com coração; de grande, bom coração

▶ *Sweden is a a **compassionate** society, where its most vulnerable members are protected.* ▷ *A Suécia é uma sociedade **compassiva, humana,** que protege seus elementos mais vulneráveis.*

▶ *My father was a caring, **compassionate** man.* ▷ *Meu pai era um homem carinhoso, **bondoso, compreensivo, de grande coração**.*

▶ *The public response to the refugee crisis has been generous and **compassionate**.* ▷ *O público reagiu à crise dos refugiados com generosidade e **compaixão**.*

COMPEL v.

1. **compelir, obrigar,** constranger, exigir, forçar, impor   CONSTRAIN, OBLIGE

▶ *You can't **compel** people to work for free.* ▷ *Não se pode **obrigar, forçar** ninguém a trabalhar de graça.*

▶ *An energy crisis **compels** us to adopt emergency measures.* ▷ *Uma crise energética **exige, impõe** medidas de emergência.*

2. **impelir,** impulsionar, induzir, levar, mover   DRIVE

▶ *A sense of duty **compelled** me to volunteer.* ▷ *O senso de dever me **levou, me impeliu** a apresentar-me como voluntário.*

▶ *Children often feel **compelled** to repeat their parents' mistakes.* ▷ *Muitos filhos se sentem **impelidos, compelidos, induzidos** a repetir os erros dos pais.*

- Usar: compulsão, compulsivo
▶ *Why is this game so addictive? I feel **compelled** to play it!* ▷ *Por que esse jogo vicia tanto? Sinto uma **compulsão**, uma vontade **compulsiva** de jogar.*

COMPELLING adj.

1. convincente, persuasivo, bom, contundente, eloqüente, forte, incisivo, poderoso

▶ *Biogeography provides **compelling** evidence for evolution and natural selection.* ▷ *A biogeografia fornece provas **convincentes, eloqüentes** da evolução e da seleção natural.*
▶ *The hypnotist talked in a quiet but **compelling** tone.* ▷ *O hipnotizador falava baixo, mas num tom de voz **incisivo, persuasivo**.*
▶ *He was driven by a **compelling** ambition.* ▷ *Era levado por uma **poderosa** ambição.*

2. impressionante, envolvente, absorvente, arrebatador, atraente, cativante, dramático, estimulante, expressivo, extraordinário, fascinante, forte, impactante, importante, instigante, intenso, interessante, marcante, relevante; de grande impacto DRAMATIC, RIVETING

▶ *Here are the most **compelling** pictures of the year.* ▷ *Eis as imagens mais **marcantes, expressivas, impressionantes, de maior impacto** do ano.*
▶ *Television is very **compelling**, and nothing competes with it, even the internet.* ▷ *A televisão é muito **atraente, cativante, absorvente, fascinante**; nada compete com ela, nem a internet.*
▶ *The film shows landscapes of **compelling** beauty.* ▷ *O filme mostra paisagens de uma beleza **arrebatadora, impactante, extraordinária**.*

3. premente, urgente, imperativo, imperioso URGE

▶ ***Compelling** problems / needs* ▷ *Problemas / Necessidades **prementes, imperiosas***
▶ ***Compelling** reasons* ▷ *Razões **imperiosas**, motivos de **força maior***

COMPETENCE, COMPETENCY s.   SKILL, CAPABILITY

competência; credenciamento, qualificações, *know-how*

▶ *She has shown her **competence** in various roles.* ▷ *Ela já demonstrou **competência** em vários papéis.*
▶ *What are the **competencies** needed for the job?* ▷ *Quais as **qualificações, requisitos** necessários para o cargo?*
▶ *This English course is designed to develop the four basic **skills**: speaking, listening, reading, and writing.* ▷ *Este curso de inglês visa desenvolver as quatro **competências** básicas: falar, ouvir, ler e escrever.*

core competence, core competency CORE BUSINESS
▶ *Google has ventured way beyond its **core competency** of search engines.* ▷ *O Google se aventurou muito além da sua **competência central, estratégica** – as ferramentas de busca.*

COMPLIANCE s.

1. cumprimento, conformidade, acatamento, adesão, obediência, observância, respeito (aos regulamentos, normas, leis, exigências, tratamento médico)

▶ *Zero tolerance for **non-compliance**.* ▷ *Tolerância zero para o **não-cumprimento** das leis.*
▶ *We conduct our operations in full **compliance** with applicable laws and regulations.* ▷ *Agimos em total **conformidade** com as leis e regulamentos.*

compliant

- *Compliance certificate* ▷ *Certificado de **conformidade, observância** às normas*
- *Strict **compliance** to these rules will help safeguard our professional field.* ▷ *A estrita **observância, obediência, respeito** a essas normas ajuda a preservar nosso campo profissional.*
- *Treatment **compliance** is a major challenge. Some patients stop taking their medicine once they start feeling better.* ▷ *A **adesão** ao tratamento é um grande desafio. Alguns pacientes param de tomar os remédios assim que começam a sentir-se melhor.*

2. **concordância, consentimento,** aceitação, aderência, adesão, aquiescência, anuência, aprovação, assentimento, obediência, respeito, sujeição, submissão

- *Please confirm your **compliance** with these norms.* ▷ *Queira confirmar sua **concordância, consentimento, adesão, anuência, assentimento** a estas normas.*

- Usar os verbos: **cumprir,** observar, respeitar, seguir COMPLY

- *We demand strict **compliance** with the school rules.* ▷ *Exigimos que os alunos **cumpram, obedeçam, respeitem, sigam** rigorosamente o regulamento da escola.*
- *This treatment requires full patient **compliance**.* ▷ *Esse tratamento deve ser **seguido** à risca.*

COMPLIANT adj.

conforme, em conformidade com, de acordo com (as leis, normas, exigências)

- *Our company is already fully Kyoto-**compliant**.* ▷ *Nossa empresa já está totalmente **conforme, de acordo, em conformidade** com as normas do Protocolo de Kyoto.*

COMPLY v.   ENFORCE

cumprir, respeitar, acatar, aquiescer, atender a, obedecer, observar, satisfazer, seguir, sujeitar-se

- *The old theater was demolished as it no longer **complied** with the new standards of security.* ▷ *O velho teatro foi demolido, pois não **cumpria,** não **obedecia,** não **atendia** aos novos requisitos de segurança.*
- *Many patients don't **comply** with the prescribed treatment.* ▷ *Muitos pacientes não **seguem,** não **obedecem** ao tratamento receitado.*

COMPOUND v.

> **Compound** não é "compor"!
> *All the streets were very similar, and to **compound** things, no one spoke English!* ▷ *Todas as ruas eram parecidas, e para **piorar** as coisas, ninguém falava inglês!*

1. **piorar, agravar,** aumentar, exacerbar, intensificar, recrudescer AGGRAVATE

- *A harsh winter **compounded** the economic hardships.* ▷ *Um inverno rigoroso veio **piorar, agravar, aumentar, exacerbar** as dificuldades econômicas.*

2. (remédios, fórmulas) **manipular,** combinar, compor, elaborar, misturar

- ***Compounded** prescriptions are needed when the required drug is unavailable off-the-shelf.* ▷ *É necessário usar receitas **manipuladas** quando o medicamento necessário não existe pronto no mercado.*

COMPREHEND v.

1. (formal) **compreender, entender** algo difícil ou complicado; atinar, apreender, alcançar, captar, perceber REALIZE

▶ *Even specialists find this hard to comprehend.* ▷ *Até os especialistas acham isso difícil de entender, de captar.*

2. **abranger, englobar,** abarcar, compreender, conter, encerrar, implicar, incorporar, incluir; consistir de

▶ *Our portfolio comprehends a large range of products.* ▷ *Nosso portfólio abrange, engloba, contém, compreende, consiste de uma grande variedade de produtos.*

COMPREHENSIVE adj., COMPREHENSIVELY adv.   THOROUGH

> **Comprehensive** NÃO é "compreensivo" (UNDERSTANDING, SYMPATHETIC).
>
> *A comprehensive study* ▷ *Estudo abrangente, amplo, completo*
> *Meus pais são muito compreensivos.* ▷ *My parents are very understanding.*

abrangente, completo, amplo, detalhado, extensivo, extenso, geral, total, vasto; de amplo escopo, abrangência, conteúdo

▶ *We have a comprehensive health plan.* ▷ *Temos um plano de saúde amplo e abrangente.*
▶ *Comprehensive information* ▷ *Informações completas, detalhadas*
▶ *Comprehensive car insurance* ▷ *Seguro total para carro*
▶ *(adv.) We are comprehensively examining the system.* ▷ *Estamos fazendo um exame geral, total, extenso e detalhado do sistema.*

COMPROMISE s.

> **Compromise** NÃO é "compromisso, acordo, promessa" (COMMITMENT),
> nem "compromisso social" (COMMITMENT, **engagement, appointment**).
>
> *O prefeito assumiu o compromisso de consertar as estradas.* ▷ *The mayor made a commitment to fix the roads.*
> *Amanhã não posso ir, já tenho um compromisso.* ▷ *I can't go tomorrow – I've got a previous commitment / engagement / appointment.*

1. **concessão, acordo,** acomodação, adaptação, ajuste, arranjo, combinação, conciliação, entendimento, meio-termo, negociação, trato, transigência; acordo conciliatório, solução de compromisso, concessões mútuas, *modus vivendi; inf.* arreglo, barganha, toma-lá-dá-cá

▶ *It was a marriage with a lot of compromises.* ▷ *Era um casamento onde ambos faziam muitas concessões. (NÃO "com muitos compromissos"...!)*
▶ *The strike ended in a compromise.* ▷ *A greve terminou num acordo, numa solução de compromisso. Cada parte fez concessões, cedeu um pouco e chegamos a um meio-termo.*
▶ *Pragmatism and compromise are leading principles in a democracy.* ▷ *O pragmatismo e a conciliação, a transigência são princípios básicos numa democracia.*

compromise

2. flexibilidade, condescendência, transigência; capacidade de ceder, conciliar; *inf.* jogo de cintura
- *Making a marriage work requires commitment and **compromise**.* ▷ *Fazer um casamento dar certo requer empenho e **flexibilidade, condescendência, jogo de cintura**, disposição para **ceder, transigir, fazer concessões**, uma **atitude conciliadora**.*
- *All of us make nothing but **compromises**.* ▷ *Todos nós não fazemos mais nada a não ser **barganhar e ceder**.*

COMPROMISE v.

> **Compromise** NÃO é "comprometer-se" (COMMIT), mas sim fazer concessões mútuas:
> *You do not **compromise** with terrorists.* ▷ *Com o terrorismo não se pode **transigir, negociar, entrar em acordo, fazer concessões**.*
> *Não quero me casar ainda; sou muito jovem para **assumir um compromisso**.* ▷ *I don't want to get married yet; I'm too young to **commit myself**.*

1. transigir, contemporizar, ceder, conciliar, condescender, negociar; chegar a um acordo, entrar em acordo, encontrar um meio-termo; abrir mão, fazer concessões; acomodar-se às circunstâncias; acertar os termos, ser flexível ≠ UNCOMPROMISING
- *Husband and wife must yield and **compromise** in order to live in peace.* ▷ *Marido e mulher precisam ceder e **transigir, contemporizar, fazer concessões, ser flexíveis** para viver em paz.*
- *Workmen and bosses agreed to **compromise** in order to avoid disruptions to train services.* ▷ *Empregados e patrões decidiram **ceder, negociar, entrar em acordo** para não parar os trens.*

2. comprometer, arriscar; expor a perigo, deixar em má situação JEOPARDIZE
- *We construct small projects faster, without **compromising** quality.* ▷ *Construímos projetos pequenos com mais rapidez, sem **comprometer** a qualidade.*

CON v., CON ARTIST, CON MAN s. CON GAME s. (gíria)   DECEPTION, CHEAT

enganar, ludibriar, extorquir; fazer trapaças, trambiques, dar golpes
- *The fake healer sentenced for **conning** a client out of $30,000.* ▷ *O falso curandeiro foi sentenciado por **extorquir** US$ 30 mil de uma cliente.*
- *Frauds and **cons** quickly adapted to the internet.* ▷ *Os impostores e **vigaristas, escroques, espertalhões, golpistas, trambiqueiros, trapaceiros** logo se adaptaram à internet.*
- *The internet is rife with get-rich-quick schemes and other **con games**.* ▷ *A internet está cheia de **trambiques** do tipo enriqueça depressa e outras **trapaças, contos do vigário**.*

◊ "Con" (= **confidence**). O **con man** se especializa em abusar da confiança alheia.

CONCERN s.

1. assunto, aspecto, interesse, preocupação, problema, questão, tema   AFFAIR, ISSUE
- *Sorry, but I don't want to talk about my personal **concerns**.* ▷ *Desculpe, mas não quero falar sobre meus **assuntos, problemas** pessoais.*
- *If you are lonely, look for people with similar **concerns**.* ▷ *Se você está sozinho, procure gente com **interesses, preocupações** semelhantes.*

▶ *"Where are you going?" "It's no **concern** of yours. / Mind your own **concerns**." ▷ **"Onde você vai?" "Não é da sua conta. / Trate da sua vida."***

2. **cuidado,** consideração, interesse; **preocupação,** ansiedade CARE, WORRY

▶ *This is a clear example of the government's **lack of concern** for the needs of its people. ▷ É um claro exemplo do **desinteresse, descuido, falta de consideração** do governo pelas necessidades do povo.*
▶ *Teenage pregnancy is a serious cause for **concern**. ▷ A gravidez adolescente é causa de grave **preocupação**.*

3. **firma,** empresa, loja, negócio; estabelecimento comercial BUSINESS, OPERATION

▶ *There were threats against Pakistani **concerns**. ▷ Houve ameaças contra **lojas, estabelecimentos** paquistaneses.*
▶ *The company is merging with another **concern**. ▷ A empresa está se fundindo com outra **firma**.*

CONCERN v.

1. **tratar de, tratar-se de,** pertencer; dizer respeito, referir-se, ter relação, ser relacionado, ter a ver

▶ *Botany is **concerned** with plant life. ▷ A botânica **trata** da vida vegetal.*
▶ *This is a very difficult question, especially when it **concerns** the whole nation. ▷ É uma pergunta difícil, em especial quando **se trata, diz respeito, tem a ver com** o país inteiro.*

2. **afetar,** atingir, importar, interessar, envolver, preocupar, tocar; ser importante para

▶ *The new rules **concern** all the staff. ▷ As novas regras **afetam, atingem, tocam** toda a equipe.*
▶ *The practical applications of their research should **concern** scientists more. ▷ Os cientistas deveriam **se interessar, se preocupar** mais com as aplicações práticas de suas pesquisas.*
▶ *His private life does not **concern** me. ▷ A vida particular dele não me **interessa**, não me **diz respeito**, não é da minha **conta**. / Não tenho **nada a ver** com isso.*
▶ *As far as I'm **concerned** the solution is OK. ▷ No que me **concerne, me tange, me toca, quanto a mim, para mim, no que me diz respeito** a solução está boa.*

CONCERNED adj.

1. **interessado,** envolvido, ligado a; **preocupado,** ansioso INVOLVED

▶ *We are **concerned** about the high level of unemployment. ▷ Estamos **preocupados** com o alto índice de desemprego.*
▶ *Anyone **concerned** with health issues should read this book. ▷ Qualquer pessoa **interessada, envolvida, ligada** a assuntos de saúde deve ler este livro.*
▶ *The closure of the factory had a great impact on everyone **concerned**. ▷ O fechamento da fábrica teve grande impacto em todos os **envolvidos, interessados**.*

2. **comprometido,** atuante, consciente, conscientizado, cônscio, engajado; responsável COMMITTED

▶ *Union of **Concerned** Scientists ▷ União dos Cientistas **Responsáveis, conscientes, conscientizados, com responsabilidade social***
▶ *As a **concerned** citizen I take issue with this new law. ▷ Como cidadão **consciente, preocupado, responsável**, discordo totalmente dessa nova proposta.*

CONDITION s.

> **Condition** também é "doença"!
> *We are concerned with the progress of her **condition**.* ▷ *Estamos preocupados com o avanço da sua **doença** (NÃO "com o ~~progresso da sua condição~~"...!)*

1. **doença,** distúrbio, enfermidade, mal; problema de saúde DISORDER
▶ *They suffer from **conditions** like diabetes, asthma and high blood pressure.* ▷ *Sofrem de **doenças**, **males**, **distúrbios** como diabete, asma e alta pressão.*

2. **condição**
▶ *They live in appalling **conditions**.* ▷ *Eles vivem em **condições** terríveis.*

CONDONE v

> Não confunda **condone** com **condemn** – são opostos!
> *Should society **condone** abortion?* ▷ *Deve a sociedade **tolerar, admitir, aceitar** (NÃO ~~condenar~~...!) o aborto?*

tolerar, aceitar; admitir, aprovar, condescender, justificar, permitir, perdoar tacitamente; deixar passar, fechar os olhos

▶ *Violence against women is often **condoned** by the state.* ▷ *A violência contra a mulher muitas vezes é **tolerada** pelo Estado. / O Estado muitas vezes **fecha os olhos** à violência contra a mulher.*
▶ *This newspaper **will not condone** racism against groups or individuals.* ▷ *Este jornal **não tolera, não aceita, não admite, não permite** racismo contra grupos ou indivíduos.*

CONFERENCE s.

> **Conference** em geral NÃO é "conferência", "palestra" (LECTURE, **talk, paper, presentation**).
> *My boss called me in for a **conference** (= meeting).* ▷ *Meu chefe me chamou para uma **reunião**.*

1. **congresso, evento,** arena, assembléia, colóquio, conclave, convenção, debate, discussão, encontro, fórum, painel, reunião, simpósio
▶ *The **conference** included talks by various scientists.* ▷ *O **congresso, encontro, evento, fórum, simpósio** incluiu **conferências, palestras** de vários cientistas.*
▶ *Student **conference*** ▷ *Congresso estudantil*
▶ *Summit **conference*** ▷ *Conferência de cúpula, cimeira*
▶ ***Conference** Center* ▷ *Centro de **Convenções**, de **Eventos***
▶ *Press **conference*** ▷ *Coletiva de imprensa*

• Mais raramente se usa em português "conferência":

▶ *Conferência de Liderança Pastoral / Juvenil*

2. reunião

▶ *Conference Room / Conference table* ▷ *Sala / Mesa de **Reuniões***
▶ *Telephone conference* ▷ ***Reunião** por telefone*
▶ *As a parent you must make time for teacher **conferences**.* ▷ *Quem tem filhos precisa arranjar tempo para **reuniões** com os professores.*

3. conferência, palestra, fala, pronunciamento ADDRESS, LECTURE

▶ *Prof. Smith will give a **conference** on biodiversity.* ▷ *A professora Smith dará uma **conferência** sobre biodiversidade.*

CONFOUND v.

> **Confound** é mais forte que "confundir" (**confuse, mix up**). **Confound** implica deixar alguém totalmente confuso, desnorteado, perplexo.

1. confundir, desconcertar, aturdir, desnortear, desorientar; deixar atônito, aturdido, confuso, desconcertado, espantado, perplexo, sem resposta, sem palavras, sem saber o que dizer, o que fazer, o que pensar BAFFLE, MYSTIFY

▶ *Her critics were **confounded** by her international success.* ▷ *Os críticos ficaram **confusos, desconcertados, sem palavras** com seu sucesso internacional.*
▶ *He has solved a problem that has **confounded** other scientists for years.* ▷ *Ele resolveu um problema que há anos deixa os cientistas **perplexos**.*

2. Confound it! expr. DAMNED, HELL

▶ ***Confound** it!* ▷ *Dane-se! Maldição! Raios!*
▶ ***Confound** those idiots!* ▷ *Para o **inferno** com esses idiotas!*

CONGENIAL adj. CONGENIALITY s.   FRIENDLY, GENIAL

simpático, agradável, amigável, gentil, prestativo, sociável

▶ *Fortunately my roommate is very **congenial** and easy to get along with.* ▷ *Felizmente minha colega de quarto é muito **simpática, gentil, prestativa**, e fácil de conviver.*
▶ *Apparently the key to success is **congeniality**, not sheer intelligence.* ▷ *Parece que a chave do sucesso é a **simpatia, sociabilidade**, não a pura inteligência.*
▶ *Sandra Bullock stars in "Miss **Congeniality**".* ▷ *Sandra B. é a estrela de "Miss **Simpatia**".*

CONSEQUENCE s., CONSEQUENTIAL adj.

1. conseqüência, corolário, efeito, produto, resultado

▶ *Discoveries often have unforeseen **consequences**.* ▷ *Muitas descobertas têm **conseqüências, resultados** imprevistos.*

2. importância, gravidade, peso, seriedade, significado, transcendência

consider

- *The ambassador will address terrorism, war, and other matters of **great consequence**.* ▷ *O embaixador falará sobre terrorismo, guerra e outros assuntos de **peso, máxima importância**.*
- *The government pretended that **nothing of consequence** had happened.* ▷ *O governo fez de conta que não aconteceu nada **de importante, sério, grave**.*
- *He traveled worldwide, talking to **men of consequence**.* ▷ *Viajou pelo mundo falando com homens **importantes, notáveis**.*
- *A person of **no consequence*** ▷ *Uma pessoa **comum, sem nenhuma importância***
- *(adj.) This is a very **consequential** development.* ▷ *É um fato muito **importante**.*

CONSIDER v., CONSIDERATION s.

considerar cuidadosamente, refletir, analisar, avaliar, cogitar, contemplar, estudar, examinar, debater, deliberar, investigar, meditar, pensar, pesar, ponderar, raciocinar; levar a sério, em conta, em consideração; pensar bem, pensar seriamente; estudar a possibilidade

- *A merger between the two companies is being **considered**.* ▷ *As duas empresas estão **analisando, examinando, estudando a possibilidade** de uma fusão.* *We are **considering** adopting a new strategy.* ▷ *Estamos **cogitando, estudando a possibilidade, deliberando sobre, pensando** em adotar uma nova estratégia.*
- *Parameters that must be **considered*** ▷ *Parâmetros a serem **considerados, levados em conta, em consideração***
- *(subst.) Composing this application takes time and demands careful **consideration**.* ▷ *Redigir esse pedido leva tempo e exige cuidadosa **reflexão, ponderação**.*

CONSIDERATE adj.   THOUGHTFUL

CONSISTENCY s.

> Nem sempre a melhor tradução é "consistência".

1. **coerência,** congruência, consistência, lógica
- *Children have a right to expect **consistency** in our behavior.* ▷ *As crianças têm direito de esperar **coerência, consistência, lógica** no nosso comportamento.*
- *His political views **lack consistency**.* ▷ *Suas opiniões políticas são **incoerentes, incongruentes**.*

2. **consistência, constância,** confiabilidade, continuidade, estabilidade, firmeza, homogeneidade, invariabilidade, padronização, previsibilidade, regularidade, solidez, uniformidade
- *(Translation software:) Increase your **consistency** by re-using previously translated sentences and phrases.* ▷ *Aumente a **consistência, homogeneidade, padronização, uniformidade** do seu trabalho reutilizando frases e expressões já traduzidas.*
- *Don't expect **consistency** from teenagers – their behavior changes from day to day.* ▷ *Não espere **regularidade, estabilidade, previsibilidade** dos adolescentes – o comportamento deles muda de dia para dia.*
- *The young player was defeated by the **consistency** of the world champion.* ▷ *O jovem jogador foi derrotado pelo jogo **constante, firme, seguro** do campeão mundial.*

CONSISTENT adj., CONSISTENTLY adv.

1. **coerente,** coincidente, compatível, condizente, congruente, consistente ≠ INCONSISTENT

▶ *Respond to your child's behavior in predictable ways. Be **consistent**.* ▷ *Reaja ao comportamento da criança de maneira previsível. Seja **coerente**.*
▶ *The new results were **consistent** with our previous experiments.* ▷ *Os novos resultados foram **coerentes, consistentes, coincidentes** com nossas experiências anteriores.*
▶ *Are your personal objectives **consistent** with our company's goals?* ▷ *Seus objetivos pessoais são **compatíveis, condizentes, coincidem** com os objetivos da nossa empresa?*

2. consistente, constante, confiável, estável, firme, homogêneo, inalterável, invariável, persistente, previsível, regular, sólido, uniforme; que sempre aparece RELIABLE, SOUND

▶ *We utilize extremely accurate controls to produce **consistent** results.* ▷ *Usamos controles extremamente precisos para gerar resultados **consistentes**.*
▶ *He's one of our most **consistent** players.* ▷ *É um dos jogadores de desempenho mais **constante, regular, consistente, uniforme, estável**.*
▶ *Her work is rather good, but unfortunately **not consistent**.* ▷ *Seu trabalho é razoável, mas infelizmente é **irregular**.*
▶ *This is a **consistent** research finding.* ▷ *Esta é uma constatação **que sempre aparece** nas pesquisas.*
▶ *(adv.) TIME is **consistently** chosen as one of America's most popular magazines.* ▷ *A TIME é sempre, regularmente escolhida como uma das revistas americanas mais populares.*

• Usar os verbos: **coincidir,** "bater", casar, combinar, condizer MATCH

▶ *These archeological findings are **consistent** with our maps.* ▷ *Esses achados arqueológicos **coincidem** com os nossos mapas.*
▶ *His recent statements are not **consistent** with his previous claims.* ▷ *Suas afirmações recentes não **batem, combinam, condizem**, não se **coadunam** com as anteriores.*

CONSPICUOUS adj., CONSPICUOUSLY adv.

1. conspícuo, visível, aparente, chamativo, destacado, evidente, flagrante, manifesto, marcante, óbvio, ostensivo, patente, perceptível, proeminente, pronunciado, reconhecível, saliente, vistoso; bem à vista, bem à mostra; que aparece muito, dá na vista, se vê de longe, chama a atenção, se destaca ≠ INCONSPICUOUS

▶ *The most **conspicuous** structure at any airport is the traffic control tower.* ▷ *A estrutura mais **proeminente, reconhecível, destacada, visível** em qualquer aeroporto é a torre de controle.*
▶ *I sat right in the back of the room, trying not to look **conspicuous**.* ▷ *Fui sentar bem no fundo da sala, tentando não **chamar a atenção**.*
▶ *The company made a hostile takeover offer in a **conspicuous** effort to extinguish its biggest rival.* ▷ *A empresa fez uma oferta de aquisição hostil, numa manobra **ostensiva, patente, evidente** de eliminar sua maior rival.*

2. notável, eminente, distinto, ilustre REMARKABLE

▶ *He was one of the most **conspicuous** figures of the literary avant-garde in Paris.* ▷ *Foi uma das figuras mais **eminentes, destacadas, ilustres, notáveis** da vanguarda literária parisiense.*
▶ *The medal was awarded to those who had served **conspicuously** during the war.* ▷ *A medalha foi outorgada aos que se **destacaram**, que prestaram serviços **notáveis** durante a guerra.*

CONSTRAIN v.

1. coagir, obrigar, compelir, constranger, forçar COMPEL

constraint

▶ *Don't feel **constrained** to follow this exact format.* ▷ *Não se sinta **obrigado** a seguir exatamente este formato.*

2. **conter, restringir,** amarrar, cercear, circunscrever, confinar, controlar, deter, dificultar, frustrar, impedir, inibir, limitar, moderar, obstar, obstruir, refrear, reprimir, segurar, tolher THWART

▶ *We believe relationships should not **constrain** personal freedom.* ▷ *Acreditamos que o relacionamento não deve **cercear, restringir, reprimir, limitar** a liberdade pessoal.*

▶ *Humanitarian efforts were **constrained** by corruption and bureaucracy.* ▷ *Os esforços humanitários foram **dificultados, inibidos, obstruídos** pela corrupção e a burocracia.*

CONSTRAINT s.   HINDRANCE

restrição, obstáculo, barreira, bloqueio, empecilho, estorvo, impedimento, limitação

▶ *Immigrants face **constraints** such as excessive rent, lack of credit, and prejudice.* ▷ *Os imigrantes enfrentam **obstáculos, barreiras, empecilhos** como aluguel excessivo, falta de crédito e preconceito.*

CONSTRUE v.   PERCEIVE

> **Construe** NÃO é "construir" (BUILD, **construct**).

interpretar, considerar, compreender, entender; ver como, tomar como

▶ *This passage of the Bible might be **construed** as offensive to women.* ▷ *Essa passagem da Bíblia poderia ser **interpretada, considerada, compreendida** como ofensiva às mulheres.*

▶ *He lived modestly and avoided anything that could be **construed** as putting on a show.* ▷ *Vivia modestamente e evitava fazer qualquer coisa que pudesse ser **interpretada, vista, tomada** como exibicionismo.*

CONTINGENCY s.   SCENARIO

contingência, eventualidade, casualidade, circunstância, possibilidade; fato imprevisível, fortuito

▶ *But what if you are laid off? Be prepared for all **contingencies**.* ▷ *E se você for despedido? Esteja preparado para todas as **contingências, eventualidades, circunstâncias, possibilidades**.*

CONTINGENCY adj.

1. **condicional,** eventual ≠ EVENTUAL

▶ *What is a **contingency fee**, or a "no-win no-fee" arrangement? It is a lump sum which you pay your lawyer only if your case is won.* ▷ *O que são **honorários condicionais**? É uma soma que se paga ao advogado apenas se a causa for ganha.*

2. **emergencial,** de emergência

▶ ***Contingency** plans for closing the border must be considered.* ▷ *Devemos pensar em planos **de emergência** para fechar a fronteira.*

CONTRACT s., adj.   COMPACT

1. **contrato,** trato

- *The **contract** provides life insurance for all employees.* ▷ *O **contrato** prevê seguro de vida para todos os funcionários.*
- *(adj.) We source production from **contract** manufacturers.* ▷ *Compramos a produção de fornecedores **contratados, terceirizados.***

2. **pacto, juramento de morte** MOB

- *He went into hiding after the Mob put out a **contract** on his life.* ▷ *Passou a viver escondido depois que a Máfia fez um **juramento de morte** contra ele, **colocou sua cabeça a prêmio.***

CONTRARY adj.

1. **contrário, oposto,** antípoda, completamente diferente, díspar, distinto, diverso

- *Tom and I have **contrary** opinions* ▷ *Eu e Tom temos opiniões **contrárias, opostas***

2. **birrento,** teimoso, contumaz, intratável, refratário, recalcitrante; *inf.* do contra STUBBORN

- *Why do you insist on being **contrary**?* ▷ *Por que você insiste em ser **teimoso, do contra**?*
- *He's an obstinate child, **contrary** and disobedient.* ▷ *É uma criança obstinada, **birrenta** e desobediente.*

CONVENTIONAL WISDOM, CW s.

idéias, pressupostos convencionais; consenso; opinião geral, idéia majoritária, prevalecente, sabedoria popular; o que a maioria pensa; senso comum; mentalidade tradicional; a voz corrente

- *There's no one in the company that can challenge **conventional wisdom**.* ▷ *Não há ninguém nesta empresa capaz de desafiar as **idéias convencionais.***
- *These journalists tend to cling to the **CW**, the safest bet.* ▷ *Esses jornalistas se apegam às **idéias da maioria, à mentalidade tradicional** à aposta mais garantida.*
- ***Conventional wisdom** has it that women are more emotional than men.* ▷ *Diz o **consenso, senso comum, a sabedoria popular, opinião geral, voz corrente** que as mulheres são mais emotivas do que os homens.*

CONVICT s.

1. **prisioneiro,** presidiário, preso

- ***Convicts** (= prisoners) marching in line* ▷ ***Presidiários** marchando em fila*
- *This road was built by forced labor **convicts**.* ▷ *Esta estrada foi construída por **prisioneiros, presidiários, presos** fazendo trabalhos forçados.*
- *(Inf.) I'm an ex-**con**.* ▷ *Sou ex-**presidiário.***

2. **réu condenado,** sentenciado

- *The **convicts** have the right to appeal against the verdict.* ▷ *O **réu** tem direito de apelar contra o veredicto.*

- Contraste:
- *Ele está **convicto** de estar agindo certo.* ▷ *He is **convinced** that he's doing the right thing.*
- *Solteirão **convicto*** ▷ *A **confirmed** bachelor*
- *Comunista **convicto*** ▷ *A **die-hard, died-in-the-wool** communist*

convict

CONVICT v.

condenar, sentenciar; julgar culpado

▸ *A judge has the power to convict or acquit.* ▷ *O juíz tem o poder de condenar ou absolver.*
▸ *If convicted, he will get the electric chair.* ▷ *Se for condenado, vai pegar cadeira elétrica.*
▸ *The general was convicted of war crimes.* ▷ *O general foi considerado culpado por crimes de guerra.*

CONVICTION s.

> **Conviction** nem sempre é "convicção". Note o sentido 2:
> *He has a long record of previous convictions.* ▷ *Tem uma longa ficha de condenações anteriores.*

1. **convicção,** crença, opinião firme   BELIEF

▸ *I have the firm conviction that democracy is the best system.* ▷ *Tenho a firme convicção de que a democracia é o melhor sistema.*

2. **condenação**

▸ *The Supreme Court reversed the suspect's conviction.* ▷ *A Suprema Corte anulou a condenação do suspeito.*

CONVOLUTED adj.   INVOLVED

complicado, tortuoso, abstruso, arrevesado, complexo, confuso, difícil, emaranhado, intrincado, labiríntico, sinuoso; *inf.* enrolado

▸ *The laws are so convoluted that people just sigh and pay the bill.* ▷ *As leis são tão complicadas, complexas, intrincadas, labirínticas que a gente só suspira e paga a conta.*
▸ *I've never seen such convoluted reasoning.* ▷ *Nunca vi um raciocínio tão tortuoso, arrevesado, confuso.*

COOL adj.

1. **fresco**   FRESH

▸ *A cool breeze was coming from the ocean.* ▷ *Soprava uma brisa fresca do mar.*

2. **moderno,** chique, elegante, *fashion,* transado, da moda; **sensacional,** incrível, transado; *(gíria)* **legal,** bacana, bárbaro, descolado, irado, maneiro, massa, o máximo; da hora; da vez   SMART, HIP

▸ *He was wearing a cool Armani suit.* ▷ *Usava um terno Armani elegantérrimo, chiquérrimo, super fashion.*
▸ *These are the coolest sneakers around.* ▷ *Esse é o tênis mais transado do momento.*
▸ *This is a real cool game.* ▷ *Esse game é realmente incrível, sensacional, bárbaro, maneiro, irado.*
▸ *My dad is the coolest dad in the whole world.* ▷ *Meu pai é o pai mais legal do mundo.*

• Outras sugestões:

▸ *He played the guitar and I found it really cool.* ▷ *Ele tocava guitarra e eu achava isso o máximo, superbacana.*
▸ *I love iPod's cool design.* ▷ *Adoro esse visual moderno, arrojado, bonito, elegante, limpo, minimalista do iPod.*

- *Do you want to look **cool**?* ▷ *Você quer ter um visual **supermoderno e descolado**?*
- *"Ele foi o mais **cool** na passarela." (São Paulo Fashion Week)*

3. (pessoa) **calmo**, composto, contido, controlado, frio, imperturbável, inabalável, inalterável, inexcitável, tranqüilo; **frio, indiferente**, distanciado, distante, reservado, seco ≠ EXCITED

- *When everyone else was panicking, the captain remained **cool**.* ▷ *Quando todo mundo estava em pânico, o capitão permaneceu **frio, contido, calmo, composto, controlado, impassível**.*
- *Stay **cool**, man!* ▷ ***Calma**, fica **frio**, fica **tranqüilo**. Segure-se, contenha-se.*
- *During the date he was very **cool** towards her.* ▷ *Durante o encontro ele foi **frio, distante, seco, indiferente, reservado** para com ela.*

CO-OPT v.

cooptar, encampar, apropriar-se, adotar, assimilar, assumir, incorporar; tomar conta; *inf.* engolir

- *He started as an avant-garde director but was **co-opted** by the Establishment.* ▷ *Começou como diretor de vanguarda, mas foi **cooptado, encampado, engolido** pelo sistema.*
- *The media has **co-opted** the punk movement and transformed it in just another fashion.* ▷ *A mídia **encampou, assumiu, incorporou, se apropriou, tomou conta** do movimento punk e transformou-o numa simples moda.*

COPE v.   TACKLE

enfrentar, agüentar, encarar, suportar; dar conta, lidar com; lutar e vencer, poder com; *inf.* segurar, agüentar a barra; dar conta do recado

- *I was very depressed and just couldn't **cope** with life.* ▷ *Eu estava muito deprimida e não conseguia **agüentar, enfrentar, encarar** a vida.*
- *I'm overworked – it's been hard to **cope** with all this.* ▷ *Estou atolado de trabalho – é duro **dar conta** de tudo isso, **segurar essa barra**.*
- *After the hurricane residents **cope** with rain-swollen rivers.* ▷ *Após o furacão, os moradores têm de **enfrentar** a cheia dos rios.*

COPY s.

1. **cópia**, duplicação, imitação, réplica

- *That's an exact **copy** of the original.* ▷ *É uma **cópia, réplica** exata do original.*
- *Make sure you print a **hard copy*** ▷ *Não deixe de fazer uma **cópia impressa**.*

2. **exemplar**

- *How many **copies** of the book are left?* ▷ *Quantos **exemplares** (NÃO "~~cópias~~"...!) do livro ainda restam?*

3. **texto**, artigo, matéria

- *The ad contain two elements: **copy** and illustrations.* ▷ *O anúncio tem dois elementos: **texto** e ilustração.*
- *Surprising sports results make for great **copy**.* ▷ *Um resultado esportivo surpreendente rende ótimos **textos, artigos, matérias**.*
- *She writes **advertising copy** / **ad copy** for radio and television.* ▷ *Ela escreve **textos** publicitários para rádio e TV.*

- *Copy* editor ▷ Revisor de **texto**
- *Copy* chief ▷ **Redator**-chefe

CORE s.   GIST

núcleo, cerne, alma, âmago, base, centro, coração, espírito, essência, fundamento, fulcro, fundo, íntimo, medula, quintessência, substância, substrato, suco, sumo, xis; o principal, o fundamental, o mais importante

- *The earth's **core** is extremely hot.* ▷ *O **núcleo** da terra é muito quente.*
- *This paragraph contains the **core** of the essay.* ▷ *Este parágrafo contém o **cerne**, **centro**, **fundamento**, **suco** do ensaio.*
- *True healing needs to get to the **core** of the problem.* ▷ *A verdadeira cura precisa atingir a **essência**, o **âmago**, **xis** do problema.*
- *He's honest to the **core**.* ▷ *É honesto até a **alma**.*

CORE adj.   KEY

central, essencial, básico, chave, fundamental, vital

- *The debate centered on **core** issues such as the economy, education and health care.* ▷ *O debate se concentrou em questões **centrais**, **fundamentais**, **essenciais**, **básicas** como a economia, a educação e a saúde.*
- *Labour must keep its **core** voters.* ▷ *O Partido Trabalhista precisa conservar seus **fiéis** eleitores, o **núcleo** do seu eleitorado.*
- ***Core** applications* ▷ *Aplicativos **básicos***
- *The company decided to outsource its **non-core** activities.* ▷ *A empresa decidiu terceirizar suas atividades **não-centrais**.*

CORE BUSINESS s.   BUSINESS, core COMPETENCE

negócio principal, atividade principal, básica, central, essencial; base, núcleo dos negócios; especialidade; o forte, o ponto forte, carro-chefe

- *The company has decided to invest in its **core business** – land and real estate – rather than develop its tourism division.* ▷ *A empresa decidiu investir em seu **negócio principal**, sua **atividade principal** – terrenos e imóveis – em vez de desenvolver sua divisão de turismo.*
- *Luxury sedans are the automaker's **core business**.* ▷ *Os sedãs de luxo são a **especialidade**, o **forte**, **produto principal** da montadora.*

CORN s.

1. (US) **milho**

- *We ate some potato salad and **corn-on-the-cob**.* ▷ *Comemos salada de batata e **espigas de milho**.*

2. (UK) **cereal, grão;** qualquer cereal; o cereal mais importante da região (trigo, cevada, centeio, aveia etc.)
   STAPLE

- *We saw Van Gogh's famous "**Corn** Field"* ▷ *Vimos o famoso "Campo de **Trigo**" (NÃO "Plantação de milho"...!) de Van Gogh*
- *In British English any grain is called **corn**.* ▷ *Em inglês britânico qualquer cereal se chama "corn".*
- *London **Corn** Exchange* ▷ *Bolsa de **Cereais** de Londres*

▶ *Corn Laws (1815)* ▷ *Leis sobre o comércio dos **Cereais***

CORNY adj.   CHEESY

cafona, brega, caipira, jeca, kitsch; de mau gosto, ridículo; água-com-açúcar, melodramático, sentimentalóide

▶ *I hate these tacky, **corny** love songs.* ▷ *Detesto essas músicas românticas **bregas, cafonas, sentimentalóides.***

COSTUME s., adj.

> **Costume** NÃO significa "costume, hábito" (CUSTOM, **habit**).

1. **fantasia;** traje, indumentária, roupa, característica, típica, de época
▶ *Halloween **costume*** ▷ ***Fantasia** de Halloween.*
▶ *The girls were dressed in national **costumes**.* ▷ *As moças usavam **trajes típicos** nacionais.*
▶ ***Costume** ball* ▷ *Baile a **fantasia***
▶ ***Costume** jewelry* ▷ *Jóia-**fantasia**, bijuteria*
▶ ***Costume** play* ▷ *Peça teatral **de época***

2. *(teatro, cinema)* **figurino**
▶ *I enjoyed the set design and the **costumes**.* ▷ *Gostei dos cenários e **figurinos**.*

COTTAGE INDUSTRY s.

indústria caseira, de fundo de quintal; atividade informal   INDUSTRY

▶ *Make your own jewelry and start your own **cottage industry**.* ▷ *Faça suas próprias bijuterias e abra uma **indústria caseira**.*
▶ *Filing medical malpractice lawsuits has become something of a **cottage industry**.* ▷ *Abrir processo por erros médicos já se tornou uma verdadeira "**indústria**".*

COULD v.   CAN

COUNCIL s., COUNCILMAN, COUNCILWOMAN s.

1. **Câmara Municipal;** assembléia dos vereadores; conselho do condado, distrito
▶ *Ms. Miller left the **City Council** to run for mayor.* ▷ *A sra. Miller deixou a **câmara municipal** para concorrer à prefeitura.*
▶ *He has served three terms as a **councilman**.* ▷ *Foi **vereador** durante três mandatos.*
▶ *Profiles of our **Councilmen** and **Councilwomen**.* ▷ *Perfis dos nossos **vereadores** e **vereadoras**.*
▶ *(UK) **Council** housing* ▷ *Conjunto residencial da **prefeitura, condado, distrito***

2. **conselho,** assembléia; corpo deliberativo
▶ *Student **Council*** ▷ *Conselho, assembléia dos estudantes*

COUNTERFEIT adj.   FAKE, FORGE

counterpart

COUNTERPART s.

1. homólogo, colega; alguém de nível, função equivalente ou similar PEER

▶ *The Palestinian negotiator will meet with his Israeli **counterpart**.* ▷ *O negociador palestino encontrará seu **homólogo, colega** israelense.*

2. equivalente, congênere, correlato, correspondente, par, semelhante, similar, versão

▶ *There are hundreds of dog diseases, and many of them have **counterparts** in humans.* ▷ *Há centenas de doenças caninas, muitas com **equivalentes, correspondentes** no ser humano.*

▶ *The Swiss reinsurance company plans to buy a U.S. **counterpart**.* ▷ *A resseguradora suíça planeja comprar uma **congênere, similar** americana. [Isto é, outra resseguradora.]*

▶ *(Video games) Many successful movies have their gaming **counterpart**.* ▷ *Muitos filmes de sucesso têm sua **versão** em jogo.*

- Especificar ao que se refere o "**counterpart**":

▶ *Women often receive fewer job offers than their **male counterparts**.* ▷ *Em geral as mulheres recebem menos propostas de trabalho do que os **homens**.*

▶ *Most laptops run the same software as their **desktop counterparts**.* ▷ *A maioria dos laptops utiliza os mesmos programas que os **computadores de mesa**.*

- Repetir a palavra a que se refere "**counterpart**":

▶ *There's a great deal of interaction between American **physicists** and their European **counterparts**.* ▷ *Há muita interação entre os **físicos** americanos e os **físicos** europeus.*

- Omitir:

▶ *US companies resort to layoffs much more than do their European **counterparts**.* ▷ *As **empresas** americanas demitem muito mais do que **as** européias.*

▶ *Russians are seven times more likely than their Western **counterparts** to contract the HIV virus.* ▷ *Os russos têm sete vezes mais chances de contrair o vírus do HIV do que **os** ocidentais.*

COUNTY s.

> Não confunda **county** com **country** (país). Atenção à lógica:
>
> *Ten people committed suicide in our **county** last year.* ▷ *Dez pessoas se suicidaram no nosso **condado** (NÃO "no nosso ~~país~~"...!) no ano passado.*

condado, área, comarca, distrito, municipalidade, município, região

▶ *In the United States voting systems vary considerably between the 4,000 **counties** within the **country**.* ▷ *Nos EUA os sistemas eleitorais variam bastante entre os 4 mil **condados** do **país**.*

▶ *County authorities* ▷ *Autoridades **municipais***

a COUPLE of

dois ou três; alguns, uns

▶ *I'll call **a couple of** friends.* ▷ *Vou chamar **duas ou três** amigas.*

- *I spent **a couple of** days in Chicago.* ▷ *Passei **alguns** dias em Chicago.*
- *I had **a couple** of beers.* ▷ *Tomei **umas** cervejas.*

COURT s., adj.

> **Court** nem sempre é "corte".
>
> *They spent a year **in the courts**.* ▷ *Passaram um ano **em litígio**, **em disputas legais**, **em brigas judiciais**, **brigando na Justiça**, **nos tribunais**. (NÃO "nas ~~cortes~~"...!)*

1. **tribunal,** corte de Justiça   BAR

- *Supreme **Court*** ▷ ***Corte** Suprema, Supremo **Tribunal***
- *The Hague International Criminal **Court*** ▷ ***Tribunal** Penal Internacional de Haia*
- *The new rules are being challenged **in court**.* ▷ *As novas normas estão sendo contestadas **judicialmente**, **nos tribunais**.*
- *The company reached an **out-of-court** settlement with the employee.* ▷ *A empresa chegou a um acordo **extrajudicial** com o funcionário.*
- *I'll take you to **court**! / I'll go to **court**!* ▷ *Vou te **processar**! Vou lutar na **justiça**!*
- ***Court** translator* ▷ *Intérprete juramentado que trabalha nos **tribunais***
- ***Court** case / **Court** rulings* ▷ *Processo **legal, judicial** / Decisões **judiciais***

2. **corte real,** palácio, paço

- *The knights of King Arthur's **court*** ▷ *Os cavaleiros da **corte** do rei Artur*

3. **pátio,** beco; quadra esportiva

- *The children were playing in the **court**.* ▷ *As crianças brincavam no **pátio**.*
- *Dead-end **court*** ▷ ***Beco** sem saída*
- *Tennis / basketball **court*** ▷ ***Quadra** de tênis / basquete*

COW s., adj.   BULL

vaca; fêmea adulta (de animais grandes, como baleia, elefante)

- *Dairy **cow*** ▷ ***Vaca** leiteira*
- *We saw a male elephant and some **cows** with their calves.* ▷ *Vimos um elefante macho e algumas **fêmeas** com filhotes.*
- *We saw a **cow** whale accompanied by her calf.* ▷ *Vimos uma baleia, uma **fêmea** com seu filhote.*

COZY adj.

1. **aconchegante,** acolhedor, agasalhador, amigo, caloroso, cômodo, confortável, convidativo, gostoso, hospitaleiro, íntimo, simpático   COMFORTABLE

- *We've bought a **cozy** little house in the country.* ▷ *Compramos uma casinha **aconchegante**, **gostosa** no interior.*

2. (acordo, relação comercial, política) **corrupto,** impróprio, demasiado íntimo

- *Many states are enacting laws to curb the **cozy** relationships between lobbyists and politicians.* ▷ *Muitos* estados estão impondo leis para frear as relações **corruptas**, a **corrupção** que impera nas relações entre lobistas e politicos.

CRASH s.

1. estrondo, barulho alto; acidente, batida, colisão

- *"O jatobá veio ao chão num **estrondo** assustador." (Millôr Fernandes, "Eros uma vez")*
- Car **crash** ▷ **Batida, acidente** automobilístico

2. quebra, crise econômica

- The great Stock Market **Crash** of 1929 led to the Great Depression. ▷ A **crise, quebra** da bolsa norte-americana de 1929 levou à Grande Depressão

CRAVE v., CRAVING s.

desejar, ansiar, anelar, necessitar, precisar urgentemente; estar ansioso, carente, faminto, sedento; sentir intenso desejo, vontade, necessidade de consumir determinada droga ou alimento
YEARN

- My dog **craves** attention and will do anything to get it. ▷ Meu cachorro **anseia**, é **carente** de atenção e faz qualquer coisa para conseguir.
- I realized I was pregnant when I started **craving** sweets and cookies, things I don't usually **crave**. ▷ Percebi que estava grávida quando comecei a **sentir desejo** de comer doces e biscoitos, coisas que normalmente não **tenho vontade de comer.**
- (subst.) Physical dependency is a **craving** for drugs. ▷ A dependência física é um **intenso desejo** de consumir drogas.

CRAZE s.   FAD

CRAZY adj.   MAD

- I took so many pills I literally went **crazy** and was put away at a rehab center. ▷ Tomei tantos comprimidos que fiquei **louca, doida, maluca,** (inf.) **pirei, surtei** e fui internada numa clínica.

CRITIC s.

crítico, adversário, acusador, detrator; quem é contra, contrário

- He's an outspoken **critic** of the war. ▷ É um **crítico** declarado da guerra.
- Outsourcing, **critics** say, could kill our economy. ▷ A terceirização, segundo os **adversários, detratores, os que são contra, contrários** à idéia, pode matar nossa economia.

• Usar "anti", "contra"; criticar, censurar, objetar, ser contra   CASTIGATE

- Mr. Smith is a **critic** of the Establishment. ▷ Smith é **anti**-Establishment, é **contra** o Establishment.
- My **critics** say this project will cost too much. ▷ **Os que** me **criticam,** me **censuram** dizem que esse projeto é muito caro.
- **Critics** say the idea goes too far. ▷ Muitos **objetam, são contra,** dizendo que a idéia vai longe demais.

CRITICAL adj.   KEY

▶ *How can we obtain **critical** resources?* ▷ *Como poderemos obter recursos **essenciais, básicos, fundamentais**?*

CROOK s.   CON ARTIST

▶ *Internet **crooks** are always using new tricks to steal passwords.* ▷ *Os **escroques, trapaceiros, escroques, trambiqueiro** da internet estão sempre usando novos truques para roubar senhas.*

CROOKED adj.

1. **torto,** distorcido, indireto, irregular, oblíquo, retorcido, sinuoso, tortuoso

▶ ***Crooked** teeth* ▷ *Dentes **tortos***
▶ *A **crooked** country road* ▷ *Estradinha **tortuosa** do interior*
▶ *A **crooked** tree trunk* ▷ *O tronco **retorcido** de uma árvore*

2. **desonesto,** corrupto, desleal, inescrupuloso   DECEITFUL

▶ ***Crooked** politicians* ▷ *Políticos **corruptos***

CROWD s.

> **Crowd** nem sempre é "multidão". Atenção ao contexto!
> *He hangs out with a **tough** crowd.* ▷ *Ele anda com uma **turma**, um **pessoal** barra-pesada.*

1. large crowd
   multidão, muita gente, aglomeração, massa, maré humana; massa compacta de gente; formigueiro humano; *inf.* povaréu, gentarada; monte, mundo de gente   HOST

▶ *A **large crowd** of protesters gathered at the square.* ▷ *Uma **multidão, massa compacta** de manifestantes se reuniu na praça.*

2. small crowd
   grupo, grupinho, aglomeração, aglomerado, agrupamento, ajuntamento, amontoado, bando, bolo, círculo, gente, pessoal, reunião, roda, rodinha, turma; uma porção de gente   PEOPLE

▶ *A **small crowd** gathered in front of the courthouse.* ▷ *Juntou **gente** / Havia uma **roda de gente**, formou-se uma **aglomeração**, um **ajuntamento, círculo** em frente ao tribunal.*
▶ *I was never a part of any **crowd** in high school.* ▷ *Na escola nunca fiz parte de nenhuma **turma, grupo, bando**.*
♪ *"A **crowd** of people stood and stared" (John Lennon, "A Day in the Life")* ▷ *Havia **uma porção de gente** ali parada, olhando*

• Usar uma palavra mais específica:

▶ *The play was over and the **crowd** filed out.* ▷ *A peça terminou e o **público** foi saindo.*
▶ *The **crowd** in the restaurant was very well dressed.* ▷ *Os **fregueses, clientes, frequentadores**, no restaurante estava muito bem vestida.*

crowd

- Exemplos de autores brasileiros:
  ▶ "O brasileiro é um fascinado por qualquer **ajuntamento**." (Nelson Rodrigues)
  ▶ "Uma alegre **roda**, rindo e falando alto". (Jô Soares, "O Xangô de Baker Street")
  ▶ "No meio daquela **gente** toda, vi um **agrupamento**; fui olhar: era um homem vendendo vários micos." (Clarice Lispector, "Macacos")

CROWD v., **CROWDED** adj.   TEEMING

aglomerar-se, apinhar-se, abarrotar, acotovelar-se, ajuntar-se, amontoar-se, apertar-se, apinhar-se, atravancar, atropelar-se, atulhar-se, comprimir-se, congregar-se, empilhar-se, espremer-se, fervilhar, formigar, reunir-se, superlotar, transbordar

▶ *Thousands are **crowded** in government shelters.* ▷ *Milhares se **aglomeram**, se **comprimem**, vivem **apinhados, amontoados** em abrigos do governo.*
▶ *The hotel was **crowded** to capacity.* ▷ *O hotel estava **repleto, lotado, superlotado**.*
▶ *We walked along the **crowded**, narrow streets.* ▷ *Andamos pelas ruas estreitas e **apinhadas, atopetadas, atravancadas, congestionadas, atulhadas, coalhadas, fervilhantes de gente**.*

CRUCIAL adj.   KEY

▶ *A business plan is **crucial** to a firm's success.* ▷ *Um plano de negócios é **essencial, decisivo, indispensável** para o sucesso de uma firma.*
▶ *Crucial people began to leave the company.* ▷ *Pessoas-**chave, fundamentais importantíssimas** começaram a sair da empresa.*

CRUSH v.   OVERWHELM, WIPE OUT

CUE s.   CLUE, HINT

sinal, indicação, indicador, mostra; *inf.* dica; (teatro) **deixa,** momento certo de entrar em cena

▶ *The boss stood up – it was my **cue** to leave.* ▷ *O chefe se levantou – era o **sinal**, a **dica** para eu ir embora.*
▶ *The skies darkened – that was our **cue** to head for home.* ▷ *O céu escureceu – **sinal** que era hora de voltar para casa.*
▶ *On the audition I was so nervous I almost missed my **cue**.* ▷ *No teste fiquei tão nervoso que quase perdi minha **deixa**.*

on cue expr.

▶ *I had just mentioned her name when, **right on cue**, she came in.* ▷ *Eu acabava de falar nela quando, **justo nesse instante, nesse exato momento** ela entrou.*
▶ *I'm not an actor. I can't cry **on cue**.* ▷ *Não sou ator, não posso chorar **com hora marcada, por encomenda**.*

CUMBERSOME adj.   AWKWARD

desajeitado, difícil, incômodo, pesado, pesadão; um trambolho

▶ *Cumbersome luggage* ▷ *Bagagem **desajeitada, difícil de carregar, um trambolho***
▶ *A **cumbersome** writing style* ▷ *Estilo **pesado***

CUNNING s., adj. ≠ MALICE

astúcia, malícia, esperteza, manha, sagacidade

▶ *We have to resort to cunning if we really want to win.* ▷ *Temos que lançar mão da esperteza, astúcia, malícia se realmente quiseremos vencer.*
▶ *Sherlock Holmes solved this mystery employing his usual deductive cunning.* ▷ *Holmes solucionou o mistério com sua costumeira sagacidade na dedução.*
▶ *(adj.) That was a cunning trick!* ▷ *Que truque astucioso!*
▶ *He was so clever and cunning that twice he escaped from jail.* ▷ *Era tão inteligente e astuto, esperto, ladino, malandro, vivo, que escapou da cadeia duas vezes.*

CURB v.

refrear, conter, moderar RESTRAIN, CHECK

▶ *Please curb your enthusiasm. We haven't won yet.* ▷ *Por favor, modere, controle seu entusiasmo. Ainda não vencemos.*

CURRENT adj., CURRENTLY adv. ≠ ACTUAL, ≠ ACTUALLY

atual; atualmente, agora, no momento

▶ *Who is the current U.N. head?* ▷ *Quem é o atual chefe da ONU?*
▶ *We surveyed more than 200 current and potential customers.* ▷ *Pesquisamos mais de 200 clientes atuais e potenciais.*
▶ *How did you meet your current boyfriend?* ▷ *Como você conheceu seu atual namorado?*
▶ *Joyce Smith is currently our Executive Director.* ▷ *Atualmente, no momento Joyce Smith é nossa diretora executiva.*

● Contraste:

▶ *Ela fala quatro línguas correntemente.* ▷ *She speaks four languages fluently.*

CURT adj. BLUNT

breve, lacônico, abrupto, brusco, conciso, frio, monossilábico, rude, seco, sucinto, telegráfico; de poucas palavras, sem preâmbulos; *inf.* curto e grosso

▶ *His curt replies betrayed his intense irritation.* ▷ *Suas respostas lacônicas, sucintas traíam sua intensa irritação.*
▶ *He took his leave with a curt nod.* ▷ *Despediu-se com um breve gesto de cabeça.*

CUSTOM s.

costume, hábito, convenção, rotina, tradição; prática habitual

▶ *Travellers know that different countries have very different customs and traditions.* ▷ *Quem viaja sabe que os países têm costumes e tradições muito diferentes.*
▶ *It was never my custom to question my boss's requests.* ▷ *Nunca tive o hábito de questionar os pedidos do meu chefe.*

● Não confunda **custom** com CUSTOMS (alfândega), nem com COSTUME (traje típico).

CUSTOM, CUSTOMIZED adj.

sob medida, por encomenda, especial, específico, exclusivo, individualizado, personalizado, único

- *Custom bikes / cars / guitars* ▷ *Motos / carros / guitarras **personalizadas, individualizadas**, feitas **sob encomenda***
- *We design **customized** manuals for your sales team.* ▷ *Criamos manuais **sob medida, específicos** para a sua equipe de vendas.*

= **custom-built**

- *Custom-built furniture* ▷ *Móveis **exclusivos, feitos sob medida***

= **custom-made**

- *The ambassador always wears **custom-made** suits, shirts and shoes from London.* ▷ *O embaixador usa ternos, camisas e sapatos **feitos por encomenda** em Londres.*

CUSTOMIZE v.

personalizar, customizar, configurar segundo as suas necessidades

- *Work from home – **customize** your work time to fit your needs and not anyone else's.* ▷ *Trabalhe em casa – **personalize** seu horário de trabalho segundo as suas necessidades, não as dos outros.*
- ***Customize** your mobile with unique ringtones.* ▷ *Customize, **personalize** seu celular com toques musicais exclusivos.*

CUSTOMS s. pl.

afândega, aduana

- *As you arrive you will have to clear **Customs** & Immigration* ▷ *Ao chegar você tem que passar pela **alfândega** e imigração.*
- *Customs officer* ▷ *Agente **alfandegário***

• **Customs** é usado com verbo no sing.:

- *US **Customs** has confiscated millions of counterfeit goods.* ▷ *A **alfândega** americana já confiscou milhões de artigos falsificados.*

CUTE adj.   ENDEARING

engraçadinho, bonitinho, bonito, fofinho, fofo, gracinha, gracioso, lindo, mimoso; um amor; gato, gatinho, gatinha

- *These twin babies are so **cute**!* ▷ *Esses bebezinhos gêmeos são tão **bonitinhos, engraçadinhos, fofinhos**!*
- *My boyfriend is só **cute**!* ▷ *Meu namorado é um **gatinho**!*

CUTTING EDGE s., adj.   STATE-OF-THE-ART

- *It pays to be on the **cutting edge** of automation.* ▷ *Vale a pena estar na **linha de frente** da automação.*
- *Cutting-edge research* ▷ *Pesquisa **de ponta, a mais avançada***

D

DAMAGE s.   HARM

DAMNED adj., interj.   HELL

(imprecação) **maldito,** amaldiçoado, condenado, danado, desgraçado, diabo, excomungado, famigerado, infeliz, malfadado, malsinado, miserável; *inf.* desgranhento, droga, porcaria, raio

▶ *Damned flies! Oh, damn!* ▷ *Malditas moscas! Miseráveis! Que diabo!*
▶ *OK, here's your damned money.* ▷ *Toma esse raio desse dinheiro.*
▶ *Will you turn off this damned TV!* ▷ *Desliga essa droga, porcaria dessa televisão!*

DARE v.

1. **atrever-se, ousar**

▶ *How dare you talk to me like this?* ▷ *Como você se atreve, ousa falar assim comigo?*

• Usar os substantivos: audácia, atrevimento, coragem   IMPUDENCE

▶ *How dare you?* ▷ *Mas que atrevimento, que audácia!*
▶ *I wanted to get closer to him, but didn't dare to.* ▷ *Eu queria chegar mais perto dele, mas não tive coragem.*

2. **desafiar**

▶ *I dare you to find a better offer!* ▷ *Desafio você a encontrar uma oferta melhor!*

DARING adj.   BOLD

DARK adj.

> **Dark** nem sempre é "escuro". Pode ser "negro", "moreno", ou "castanho":
> *A dark, good-looking man* ▷ *Um moreno bonitão*
> *She was small and dark, with dark hair and dark eyes.* ▷ *Era miúda e morena, com cabelos e olhos negros.*

1. **escuro, negro,** preto, noturno; envolto em trevas

▶ *Dark night* ▷ *Noite escura, negra*
▶ *Dark coat / Dark glasses* ▷ *Casaco / Óculos escuros*

2. **tenebroso,** lúgubre, sinistro, sombrio   GRIM

▶ *I know his dark side.* ▷ *Conheço seu lado negro, sombrio, sinistro.*
▶ *He's deep in the dark embrace of Alzheimer's disease.* ▷ *Ele está preso no tenebroso abraço do mal de Alzheimer.*

3. (pele, cabelo) **moreno,** castanho, negro, preto, trigueiro

135

dark

- ▶ I saw his **dark**, handsome face. ▷ Vi seu belo rosto **moreno**.
- ▶ **Dark** eyes ▷ Olhos **negros, pretos, castanhos, castanhos-escuros**
- ▶ "A vizinha, mãe de Ofélia, era **trigueira** como uma hindu." (Clarice Lispector, "A Legião Estrangeira")

DARK, DARKNESS s.   DUSK

escuridão, brenhas, breu, escuro, negror, negrume, obscuridade, sombra, sombras, trevas; cair da noite

- ▶ The lights went off and we were left in total **darkness**. ▷ As luzes se apagaram e ficamos no **escuro**, em completa **escuridão**, nas **trevas**.
- ▶ I didn't know anything about it. I was totally **in the dark**. ▷ Eu não sabia de nada; estava completamente **no escuro**.
- ▶ Don't go out after **dark**. ▷ Não saia de **noite**.

DATA s. pl.   INFORMATION

> Não confunda **data** com DATE (data – dia, mês e ano).

dados, fatos, constatações, informações, resultados; dados, fatos concretos, objetivos; estatísticas FIGURE

- ▶ **Data** bank / **Database** / ▷ Banco de **dados** / Base de **dados**
- ▶ This site provides current **data** about immigration. ▷ Este site apresenta **dados, informações, estatísticas** atualizadas sobre imigração.
- ▶ These "miracle cure" claims are unsupported by **data**. ▷ Essas alegações de "curas miraculosas" não têm respaldo de **dados concretos**.

- • "Um só dado": a **piece of data, a bit of data;** data element, data item, data object   BIT, PIECE
- ▶ How can I retrieve **a piece / bit of data** from a different file? ▷ Como posso acessar **um dado** de outro arquivo?
- ▶ We provide selected **data items / data elements / pieces of data**, such as a customer's name or an invoice value. ▷ Oferecemos **dados** selecionados, tais como o nome de um cliente ou o valor de uma fatura.

- ◊ **Data** vêm é latim puro: sing.: **datum,** pl. **data** = "dado, dados". Por isso em geral leva verbo no plural: "data are", "data have":
- ▶ Our **data are** the most accurate available today. ▷ Nossos **dados são** os mais precisos hoje disponíveis.

- ◊ Ocorre também com verbo no singular:
- ▶ "Once the data **is** in, we can begin to analyze **it**." (AHD, Usage Note)
- ▶ Show me some hard **data** that **proves** your theory. ▷ Mostre-me os **dados** objetivos que comprovam sua teoria.

DATE s.

1. **data;** dia do mês

- ▶ Put tomorrow's **date** on the cheque. ▷ Ponha a **data** de amanhã no cheque.
- ▶ What is the **date** today? ▷ Em que **dia do mês** estamos?
- ▶ I have no news of him **to date**. ▷ Não tenho notícias dele **até agora**.

2. **encontro,** saída; namoro

▶ *I have a **date** with Sue tonight.* ▷ *Hoje tenho um **encontro**, vou **sair** com a Sue.*
▶ *Blind **date*** ▷ ***Encontro** às escuras, às cegas*

3. **namorado,** namorada; acompanhante, companhia, par

▶ *Do you have a **date** for the party?* ▷ *Você tem **par, companhia** para a festa?*
▶ *He didn´t like his **date**.* ▷ *Ele não gostou da **garota** com quem saiu.*

4. **tâmara**

▶ *The cake was filled with **dates** and raisins.* ▷ *O bolo era recheado de **tâmaras** e passas.*

DATE v.

1. **datar;** remontar

▶ *The monument **dates** from the 15th century.* ▷ *O monumento **data, remonta** ao século 15.*
▶ *The archeologists will **carbon date** their finds.* ▷ *Os arqueólogos vão **datar, definir a idade** dos seus achados com carbono 14.*

2. **namorar,** encontrar, sair junto; estar, ficar com alguém

▶ *They've been **dating** for a year now.* ▷ *Eles estão **namorando, saindo juntos** há um ano.*

DATED adj.   OUTDATED

DAUNTING adj.   FORBIDDING

difícil, colossal, assustador, dificílimo, gigantesco, monumental, respeitável, temível, tremendo; que desanima, intimida, mete medo

▶ *The library, with all its formality, is **daunting** to many students.* ▷ *Para muitos alunos a biblioteca, com sua formalidade, é um lugar que **intimida, mete medo**.*
▶ *The UN forces face the **daunting** task of restoring order in the province.* ▷ *As forças da ONU enfrentam a tarefa **dificílima, colossal** de restaurar a ordem na província.*
▶ *The bank will have to manage ten million accounts – a **daunting** prospect.* ▷ *O banco terá de administrar dez milhões de contas – uma perspectiva **monumental, assustadora, desanimadora**.*

DAUNTLESS adj.   UNDAUNTED

DAWN ON, UPON v.   REALIZE

ocorrer; lembrar; começar a perceber, a compreender, a ver

▶ *It suddenly **dawned on** me that I had left my wallet at home.* ▷ *De repente me **ocorreu, lembrei** que tinha deixado a carteira em casa.*
▶ *Realization of the danger soon **dawned upon** us.* ▷ *Logo **começamos a perceber** o perigo.*

DAZZLED v.

ofuscado, deslumbrado, arrebatado, "cego", estonteado, siderado

dazzling

- *I rushed outdoors and was **dazzled** by the bright daylight.* ▷ *Corri lá fora e fiquei **ofuscado, cego** com a forte luz do dia.*
- *He was **dazzled** by Helen's beauty.* ▷ *Ficou **deslumbrado, arrebatado** pela beleza de Helen.*

DAZZLING adj.   RIVETING

ofuscante, alucinante, deslumbrante, esplêndido, estonteante, fascinante, feérico

- *See the **dazzling** lights of Las Vegas.* ▷ *Veja a iluminação **ofuscante, deslumbrante, feérica** de Laz Vegas.*
- *The magician performed **dazzling** feats.* ▷ *O mágico realizou proezas **deslumbrantes, alucinantes**.*

DEAD s.

1. **morto,** defunto, falecido, finado; inanimado, inerte   NUMB

- *The **dead** don't talk.* ▷ *Os **mortos, defuntos** não falam.*
- *My feet were **dead** (= numb) with cold.* ▷ *Meus pés estavam **inertes** de frio.*

2. **período mais intenso** (da noite, inverno, frio, escuridão)

- *In the **dead** of winter* ▷ *Em pleno inverno, no rigor do inverno*
- *In the **dead** of night* ▷ *No meio da noite, em plena madrugada.*
- ♪ *"Blackbird singing in the **dead** of night" (Paul McCartney, "Blackbrid")* ▷ *Pássaro cantando nas **profundezas** da noite*

DEAD adj.

1. **morto**

- *He was already **dead** when we got there.* ▷ *Quando chegamos já estava **morto**.*

- Usar o verbo "morrer":
- *He's been **dead** for two years.* ▷ *Ele **morreu** há dois anos. (Melhor que "Está morto....!)*
- *Is she **dead**?* ▷ *Ela **morreu**?*

2. **absoluto, total,** completo, pesado, profundo

- *Dead silence* ▷ *Silêncio absoluto*

DEAD adv.

1. (função de reforço:) **absolutamente, totalmente,** bem, completamente, exatamente, inteiramente, mesmo, perfeitamente

- *I'm **dead** against it.* ▷ *Sou **absolutamente, totalmente** contra.*
- *We doubted him, but he was **dead** right.* ▷ *Não acreditamos nele, mas ele estava **certo, certíssimo, absolutamente** certo, tinha **toda** a razão.*
- *I'm **dead** serious.* ▷ *Estou falando sério, sério **mesmo, seríssimo**.*
- *I turned the corner and ran **dead** into him.* ▷ *Virei a esquina e dei **bem** de cara com ele.*
- *The general was **dead** center in his line of formation.* ▷ *O general estava **exatamente, bem** no centro da sua formação.*

2. **abruptamente,** de repente

▶ *When he realized where he was, he stopped **dead**.* ▷ *Quando percebeu onde estava, parou **abruptamente**.*

DEAL v.

1. **lidar, tratar,** atender, cuidar, dedicar-se, ocupar-se, trabalhar com; estar às voltas com, dar conta de, arranjar-se, avir-se, haver-se com ADDRESS

▶ *How do you **deal** with unruly children?* ▷ *Como **lidar, tratar, se haver, dar conta de** crianças indisciplinadas?*
▶ *The Customer Relations department will **deal** with all complaints.* ▷ *O Atendimento ao Cliente vai **atender, cuidar, ocupar-se** de todas as reclamações.*
▶ *I'll **deal** with that later.* ▷ *Depois eu **cuido, trato** disso.*
▶ *The book **deals** with some historical aspects of the Middle Ages.* ▷ *O livro **trata, se dedica** a alguns aspectos históricos da Idade Média.*

2. **negociar,** comerciar, trabalhar, transacionar BUSINESS

▶ *He **deals** in stocks.* ▷ *Ele **trabalha, negocia** com ações.*

DECEIT s.   DECEPTION

DECEITFUL adj.   CON ARTIST

desonesto, inescrupuloso, aproveitador, falso, malandro, mentiroso, tratante, velhaco, vigarista; *inf.* embromador, enrolador, mau-caráter, sacana, safado, salafrário, sem-vergonha, trambiqueiro

▶ *He's a very cunning and **deceitful** guy.* ▷ *É um sujeito muito astucioso e **desonesto, falso, mentiroso, sacana, embromador**.*

DECEIVE v.   CHEAT

enganar, iludir, blefar, burlar, lograr, ludibriar, manobrar, manipular, maquinar, mentir, mistificar, tapear, trapacear; abusar da boa fé; *inf.* embromar, engabelar, engrupir, enrolar; passar a perna, a conversa; levar no bico

▶ *Words can **deceive** – many people don't mean what they say or say what they mean.* ▷ *As palavras **enganam, mentem** – muita gente não sente o que fala, nem fala o que sente.*
▶ *I can't believe you've been **deceiving** me all this time!* ▷ *Não acredito que todo esse tempo você ficou me **iludindo, tapeando, embromando, enrolando**!*

◊ Perceba a relação desse verbo com o substantivo DECEPTION (logro, embuste).

DECENT adj.

1. **decente,** pudico MODEST

▶ *Missionaries insisted the natives should wear "**decent**" clothes instead of going naked.* ▷ *Os missionários exigiam que os nativos usassem roupas "**decentes**" em vez de andar nus.*

2. **ético, digno,** decente, íntegro, justo, respeitável; de bem, de moral, de respeito FAIR

▶ *A **decent** man* ▷ *Um homem **de bem, de moral, de respeito, digno, íntegro, respeitável***
▶ *Were these clothes made under **decent** conditions? Are the workers treated fairly? (stopsweatshops.com)* ▷ *Essas roupas foram fabricadas em condições **dignas, decentes**? As operárias recebem tratamento ético?*

3. razoável, adequado, apresentável, bom, honroso, satisfatório; que não faz vergonha

▶ *He's making **decent** money. / He has a **decent** salary.* ▷ *Ele tem um salário **razoável**.*
▶ *You can expect a **decent** return on your money.* ▷ *Espere um retorno **satisfatório** para o seu dinheiro.*
▶ *You scored a very **decent** 500 points.* ▷ *Você fez 500 pontos – um resultado muito **honroso, razoável, apresentável**.*

DECEPTION, DECEIT s.   SCAM

> **Deception** NÃO é "decepção" (**disappointment, disillusion, disillusionment**).
> *I'm tired of your lies and **deception**!* ▷ *Estou cansada das suas mentiras e **trapaças, enganações**!*
> (NÃO "das suas ~~decepções~~"...!)

embuste, blefe, burla, conto-do-vigário, desonestidade, dolo, engano, engodo, estratagema, farsa, fingimento, fraude, logro, manobra, manipulação, maquinação, mentira, subterfúgio, tramóia, trapaça, truque; *inf.* embromação, enganação, enrolação, tapeação

▶ *Fraud is intentional criminal **deception**.* ▷ *A fraude consiste num **logro, embuste** intencional e criminoso.*
▶ *Most pedophiles resort to **deception** rather than force.* ▷ *A maioria dos pedófilos lança mão de **estratagemas, mentiras, trapaças, tramóias, armadilhas, manobras desonestas**, e não da força.*
▶ *The pharmacist began diluting drugs in 2001 and kept up the **deception** up to 2003.* ▷ *O farmacêutico começou a diluir os remédios em 2001 e manteve essa **fraude, prática desonesta** até 2003.*

• Para maior naturalidade usar o verbo "enganar" ou seus sinônimos (DECEIVE):

▶ *Lying and **deception** will not be tolerated in this school.* ▷ *Mentir e **enganar** (Melhor que "mentira e ~~logro~~...!) são comportamentos que não toleramos nesta escola.*

DECEPTIVE adj., DECEIVING adj., DECEPTIVELY adv.   MISLEADING

enganador, ilusório, artificioso, enganoso, especioso, falaz, falso, fictício, fingido; que engana, ilude, induz a erro, não é o que parece; *inf.* fajuto

▶ *"Appearances are **deceptive**."* ▷ *As aparências **enganam**.*
▶ *The official jobless figures are **deceptive**.* ▷ *As estatísticas oficiais de desemprego são **enganosas, especiosas, falsas**.*
▶ *The Web is full of **deceiving** ads.* ▷ *A internet está cheia de anúncios **enganadores, ilusórios, fajutos**.*
▶ *Using these two terms interchangeably is **deceptive**, for they really mean two different things.* ▷ *Usar esses dois termos de forma intercambiável **induz a erro**, pois na verdade eles significam duas coisas diferentes.*
▶ *(adv.) The book focuses on a **deceptively** innocent question: Why do humans have such a long childhood?* ▷ *O livro trata de uma pergunta **que parece** inocente, **mas não é**: Por que o ser humano tem uma infância tão prolongada?*

DECIDE v.

1. decidir, resolver

▶ *Sorry, but I've **decided** not to go.* ▷ *Desculpe, mas **decidi, resolvi** não ir.*

2. concluir, deduzir, inferir; chegar à conclusão   FIGURE OUT

▶ As I didn't show up the next day, they **decided** I'd abandoned the course. ▷ Como eu não apareci no dia seguinte, eles **concluíram, deduziram, chegaram à conclusão** de que eu tinha abandonado o curso.

DECLASSIFY v.   ≠ CLASSIFIED

revelar, divulgar, liberar; abrir ao público

▶ *The late President's correspondence has been **declassified**.* ▷ *A correspondência do falecido presidente foi revelada, divulgada, liberada, aberta ao público.*

DECORATE v.

> Em inglês NÃO existe o verbo "~~condecorate~~". Só existe **decorate.**

1. **decorar,** adornar, enfeitar, ornamentar ORNATE

▶ *The archeologists found some beautiful **decorated** jars.* ▷ *Os arqueólogos encontraram belos vasos decorados, com adornos, ornamentações.*

2. **condecorar**

▶ *After the war he was **decorated** for bravery.* ▷ *Após a guerra foi **condecorado** por bravura.*

DECORATION s.

1. **decoração**

▶ *I'm studying architecture and interior **decoration**.* ▷ *Estudo arquitetura e **decoração**.*

2. **condecoração**

▶ *The general received many medals and **decorations**.* ▷ *O general recebeu muitas medalhas e condecorações.*

DECREASE s.   ≠ INCREASE

diminuição, queda, achatamento, arrefecimento, asfixia, baixa, caída, corte, crepúsculo, crise, decadência, declínio, declive, decrescendo, decréscimo, desaceleração, desaquecimento, enfraquecimento, esfriamento, fraqueza, recuo, redução, regressão, retração, retrocesso; curva, espiral descendente

▶ *Bad weather contributed to a production **decrease**.* ▷ *O mau tempo contribuiu para uma **queda, diminuição** da produção.*
▶ *He was forced to accept a **decrease** in his salary.* ▷ *Foi forçado a aceitar uma **redução, corte, achatamento** no salário.*
▶ *The latest data have shown a steep **decrease** in economic activity.* ▷ *Os dados mais recentes mostram acentuado **declínio, arrefecimento, desaquecimento, desaceleração, retração, recuo** na atividade econômica.*

DECREASE v.

1. (intrans.) **decrescer, diminuir,** achatar-se, afundar, arrefecer, baixar, cair, contrair-se, decair, declinar, definhar, encolher, encurtar, escassear, esfriar, esmorecer, estiolar-se, minguar, minorar, moderar-se,

decreasing

recuar, reduzir, regredir, resvalar, retroceder; perder impulso, o ritmo; entrar em declínio, numa curva descendente COLLAPSE, PLUMMET

▶ *The population is **decreasing**.* ▷ *A população está **diminuindo, declinando, escasseando, minguando**.*
▶ *Illiteracy rates are **decreasing**.* ▷ *O analfabetismo está **caindo, regredindo, recuando, entrando em declínio**.*

2. (trans.) **reduzir, diminuir,** abreviar, conter, cortar, desfalcar, subtrair RESTRAIN

▶ *A campaign to **decrease** military spending.* ▷ *Campanha para **reduzir, cortar** os gastos militares.*

DECREASING adj.

decrescente, cadente, diminuído, minguante; cada vez menor; que não pára de diminuir; em declínio, queda – ver o subst. DECREASE

▶ *Math courses show **decreasing** numbers of students.* ▷ *Os cursos de matemática vêm **perdendo** alunos, mostram um **número decrescente, cada vez menor** de alunos.*
▶ *What accounts for the **decreasing** birth rates?* ▷ *Qual a explicação para a **queda**, o **declínio** na natalidade?*
▶ *"Os países desenvolvidos têm população estável ou **cadente**." (Veja)*

DEFAULT s., adj.

1. (valor) ***default*, padrão,** automático, inicial, normal, original, predefinido, predeterminado, presumido, preestabelecido, pré-fixado, usual; usado automaticamente, por omissão; valor de fábrica

▶ *(Computação:) **Default** parameters* ▷ *Valores **originais, padrão, de fábrica, pré-fixados, pré-definidos***
▶ *The Minister proposed that college should be the **default** learning track for all students rather than the privilege of a few.* ▷ *O ministro propôs que a universidade seja "o caminho **normal, padrão** para todos" e não privilégio de uns poucos.*
▶ *By **default**, the file is located in this folder.* ▷ ***Normalmente*** *o arquivo se localiza nesta pasta.*

2. **falta,** ausência, desistência; não comparecimento (num jogo, ou no tribunal)

▶ *The other teams didn't show up so we won by **default**.* ▷ *Ganhamos pela **ausência, desistência, não comparecimento**, dos outros times.*

3. **falta de opção,** falta de alternativa, de melhor alternativa

▶ *"I am a leader by **default**, only because nature does not allow a vacuum." (Bishop Desmond Tutu)* ▷ *Sou líder por **falta de opção, de alternativa,** apenas porque a natureza não permite o vácuo.*

4. **inadimplência,** calote, insolvência

▶ *We must reduce the risk of debt **default**.* ▷ *Precisamos reduzir o risco de **inadimplência, calote** da dívida.*

DEFAULT v.

não pagar, deixar de pagar, dar o calote, ser inadimplente, insolvente

▶ *The country is on the verge of **defaulting** on its foreign debt.* ▷ *O país está à beira da **inadimplência**, de **não pagar, dar o calote** na dívida externa.*

DEFEAT v.   OUTDO, OVERWHELM

DEFINITELY adv.

> Há traduções mais idiomáticas do que "definitivamente":
> *It was **definitely** a conscious invention, rather than an accident.* ▷ *Foi, **sem dúvida**, uma invenção consciente, não acidental.*

1. **definitivamente**
   ▶ *After the split the political unity of the Party was **definitely** broken.* ▷ *Depois da cisão, a unidade política do Partido se rompeu **definitivamente** / sofreu uma ruptura **definitiva**.*

2. **decididamente, com certeza,** certamente, decerto, indiscutivelmente, seguramente; ao certo, por certo; sem dúvida, sem dúvida nenhuma, sem a menor dúvida, sem sombra de dúvida; não há dúvida; de maneira nenhuma   ABSOLUTELY
   ▶ *The other site is **definitely** better.* ▷ ***Decididamente, decerto, sem a menor dúvida** o outro site é melhor.*
   ▶ *The function of this organ is not **definitely** known.* ▷ *Não se sabe **ao certo, com certeza** qual a função desse órgão.*
   ▶ *These are **definitely** not for sale.* ▷ *Estes não estão à venda, **de maneira nenhuma**.*

DEJECTED adj.   DISMAYED

deprimido, abatido, acabrunhado, combalido, desalentado, desanimado, desconsolado, descoroçoado, macambúzio, melancólico, murcho, pesaroso, prostrado, sorumbático, triste, tristonho; *inf.* derrubado, de baixo astral, de moral baixo; na fossa, no fundo do poço

▶ *After losing the game the players looked really **dejected**.* ▷ *Depois de perder o jogo os jogadores pareciam muito **abatidos, desalentados, derrubados,** num tremendo **baixo astral**.*

DEJECTION s.   DISMAY

abatimento, melancolia, depressão, desalento, desânimo, desconsolo, infelicidade, prostração, tristeza

▶ *With their team knocked out of the World Cup, Mexican fans were the very picture of **dejection**.* ▷ *Com seu time eliminado da Copa do Mundo, os fãs mexicanos eram o retrato do **desconsolo, desalento, desânimo, tristeza**.*

DELIBERATE adj., **DELIBERATELY** adv.   MALICIOUS, POINTED

deliberado, intencional, calculado, consciente, estudado, pensado, planejado, premeditado, proposital, refletido, voluntário

▶ *He took her remark for a **deliberate** insult.* ▷ *Considerou o comentário dela um insulto **deliberado, intencional**.*

• "Deliberado" e "deliberadamente" são mais formais do que **deliberately.** Sugestões mais idiomáticas em português:

▶ *It was a **deliberate** attempt to undermine the mayor's authority* ▷ *Foi uma tentativa **calculada, consciente, premeditada** de solapar a autoridade do prefeito*

delicacy

- ▶ *(adv.) I'm sure he attacked her **deliberately**.* ▷ *Tenho certeza de que ele a atacou **de propósito, conscientemente, intencionalmente, premeditadamente, de caso pensado**.*
- ▶ *She spoke these words **very deliberately**.* ▷ *Falou essas palavras de modo bem **deliberado, estudado, consciente do efeito**.*

DELICACY s.

iguaria, acepipe, delícia, gulodice, guloseima, manjar, petisco, quitute

- ▶ *She offered us **delicacies** like plum pudding and peach ice cream.* ▷ *Ela nos ofereceu **iguarias, guloseimas** como pudim de ameixas e sorvete de pêssego.*
- ▶ *I love seafood **delicacies**, such as shrimp or lobster.* ▷ *Adoro **delícias** do mar, como camarão e lagosta.*

DELIVER v.

> **Deliver** nem sempre significa "entregar". Também significa "cumprir o prometido", em especial quando intransitivo:
>
> *We are tired of politicians that don't **deliver**.* ▷ *Estamos cansados de políticos que não **cumprem** o que prometem.*

1. **entregar; oferecer,** apresentar, dar, fornecer, disponibilizar, levar, prestar (serviços), proporcionar, trazer, transmitir <u>PROVIDE</u>

- ▶ *He **delivers** newspapers door-to-door.* ▷ *Ele **entrega** jornais de porta em porta.*
- ▶ *The hardest thing for a policeman is to **deliver** a death message.* ▷ *A pior coisa para um policial é **levar** uma mensagem de morte [à família].*
- ▶ *We **deliver** software applications over the internet.* ▷ ***Transmitimos** aplicativos via internet.*
- ▶ *Public services must be **delivered** electronically.* ▷ *Os serviços públicos devem ser **oferecidos, prestados, fornecidos, disponibilizados, apresentados** por meios eletrônicos.*
- ▶ *This system **delivers** tangible benefits.* ▷ *Esse sistema **traz, dá, oferece, proporciona** benefícios tangíveis.*

2. **cumprir o prometido, realizar;** cumprir seus compromissos, fazer o que promete; dar conta de suas obrigações, fazer o seu papel; prestar bons serviços; satisfazer as expectativas, ter o desempenho esperado; apresentar, conseguir, obter resultados concretos, fazer algo de concreto; não ficar só na promessa, nas palavras; *inf.* dar conta do recado

- ▶ *Our customers have confidence in our ability to **deliver**.* ▷ *Nossos clientes confiam na nossa capacidade de **cumprir o que prometemos / prestar bons serviços**.*
- ▶ *He is a manager who just can't seem to **deliver**.* ▷ *É um gerente que não **consegue bons resultados**, não dá conta das suas obrigações.*
- ▶ *The market quickly discovers which companies can **deliver** on promises.* ▷ *O mercado descobre rápido quais empresas conseguem, **realizar, cumprir** o que prometem.*
- ▶ *The dictator promised democracy, but never **delivered** it.* ▷ *O ditador prometeu democracia, mas nunca **cumpriu** a promessa, **ficou só nas palavras, na promessa**.*

   = **deliver the goods**

- ▶ *The candidate has made many promises, but will he be able to actually **deliver the goods**?* ▷ *O candidato fez muitas promessas, mas será capaz de realmente **cumpri-las, realizá-las, concretizá-las**?*

deliverables

- ▶ Anthony Hopkins didn't come cheap, but he really **delivers the goods.** ▷ Hopkins custou caro à produção, mas ele realmente **satisfaz, dá conta do recado.**

3. **realizar, executar,** concretizar, cumprir, implantar, implementar; levar ao mercado, ao público; pôr em prática; apresentar, dar, gerar, produzir sucesso, benefícios, resultados (concretos, tangíveis) DEPLOY

- ▶ In many companies, proposals are approved without details of how they are to be **delivered.** ▷ Em muitas empresas, as propostas são aprovadas sem detalhes sobre como devem ser **realizadas, executadas, cumpridas, concretizadas, implementadas, postas em prática.**
- ▶ The company failed to **deliver** good results. ▷ A empresa não conseguiu **gerar, apresentar, produzir** bons resultados.
- ▶ We develop and **deliver** training programs. ▷ Criamos e **implementamos** programas de treinamento.

deliver the numbers NUMBER

- ▶ Many private hospitals try to **deliver the numbers** by doing unnecessary surgeries. ▷ Muitos hospitais particulares procuram **apresentar bons resultados financeiros** realizando cirurgias desnecessárias.

4. **aprontar,** completar, concluir, finalizar, terminar

- ▶ There are many challenges to **delivering** a project on time and to specification. ▷ Há muitas dificuldades para se **aprontar, concluir, finalizar, terminar** um projeto dentro do prazo e segundo as especificações.

5. **render;** ter um rendimento; proporcionar benefícios, bons resultados

- ▶ The kids push themselves to **deliver** at the same level they see in their older colleagues. ▷ Os rapazes se esforçam para **render, conseguir** o mesmo **rendimento** que os colegas mais velhos.
- ▶ These heavy, expensive programs often **deliver** less than anticipated. ▷ Esses programas caros e pesados muitas vezes **têm rendimento** menor, **proporcionam** menos **benefícios** do que o esperado.

6. **proferir,** fazer (discurso, conferência); falar ADDRESS

- ▶ Greenberg will **deliver** his speech at the annual meeting of the Harvard Alumni Association. ▷ Greenberg **fará um discurso, falará** na reunião anual dos ex-alunos de Harvard.

7. **dar à luz; partejar,** fazer o parto; assistir, atender a parturiente

- ▶ She **delivered** a beautiful little girl. ▷ Ela **deu à luz** uma linda menininha.
- ▶ Most births are **delivered** by Dr. Smith. ▷ A maioria dos **partos** é **feita** pelo Dr. Smith.
- ▶ The baby was **delivered** by a midwife. ▷ O bebê **nasceu pelas mãos** de uma parteira.
- ▶ Most local women are **delivered** by a midwife. ▷ As mulheres da região em geral são **partejadas, assistidas, atendidas** por uma parteira.

DELIVERABLES s. pl.

produtos, serviços a serem entregues; resultados concretos

- ▶ What will be the **deliverables** of this project? ▷ Quais serão os **resultados concretos** deste projeto, os **resultados que vocês se comprometem a entregar?**
- ▶ This contract requires eleven specific **deliverables** to be completed by the Supplier. ▷ Este contrato define onze **produtos** específicos a serem entregues pelo Fornecedor.

DELIVERY s.

1. entrega
- ▶ *Dependable **delivery** by mail* ▷ ***Entrega** garantida pelo correio*

2. execução, realização, concretização, implantação, implementação; resultados práticos; prestação de serviços DEPLOYMENT
- ▶ *After planning comes the **delivery** stage.* ▷ *Depois do planejamento vem o estágio da **realização, execução, implementação.***
- ▶ *Mobile operators invested heavily on the **delivery** of services such as real-time video.* ▷ *As operadoras de celulares investiram pesado na **prestação** de serviços como vídeo em tempo real.*

3. parto
- ▶ *Normal **delivery** or C-section?* ▷ ***Parto** normal ou cesariana?*

DELUDE v.   DECEIVE, CHEAT

> **Delude** NÃO é "desiludir" (**disappoint**).

enganar, iludir, burlar, lograr, trapacear
- ▶ *Fraudulent advertising **deludes** consumers.* ▷ *A propaganda fraudulenta **engana** os consumidores.*
- ▶ *When I look back, I was totally **deluded**.* ▷ *Em retrospecto, vejo que eu estava completamente **iludida**.*

DELUSION s.   WISHFUL THINKING

> **Delusion** NÃO é "desilusão" (**disillusion, disappointment**).

ilusão, delírio, engano, erro, quimera; idéia falsa, equivocada, errada
- ▶ ***Delusions** of grandeur* ▷ ***Delírios** de grandeza, **mania** de grandeza*
- ▶ *Don't become a prey to **delusion**.* ▷ *Não se torne vítima das **ilusões, quimeras, idéias falsas**.*
- ▶ *I was under the **delusion** that the task was easy.* ▷ *Eu estava **iludido, na ilusão** de que a tarefa era fácil.*
- ▶ *Self-**delusion*** ▷ *Auto-**engano***

DEMO s. abrev.

> Cuidado para não confundir os vários sentidos dessa abreviação!

1. (DEMONSTRATION 1) **demo,** amostra, demonstração
- ▶ *Send us your **demo** tape.* ▷ *Envie sua fita **demo**.*
- ▶ *The **demo** provides a good sample of the game.* ▷ *A versão **demo** dá uma boa amostra do jogo.*

2. (DEMONSTRATION 2) **protesto,** manifestação

▶ *A huge anti-war **demo** took place in Madrid.* ▷ *Em Madri houve uma enorme **manifestação popular, passeata, marcha** contra a guerra.*

3. (DEMOGRAPHICS) **público,** mercado

▶ *"Big Brother" wins the male 18-49 **demo**.* ▷ *"Big Brother" conquista o **público** masculino de 18 a 49 anos.*

4. (= DEMOLITION) **demolição**

▶ *It takes weeks for a **demo** team to rig a building before the actual demolition can start.* ▷ *Leva semanas para a equipe de **demolição** preparar um prédio antes de começar a demolição em si.*

DEMOGRAPHICS s.

perfil demográfico; mercado, público, clientela; faixa, segmento do público (consumidores, usuários, telespectadores etc.)

▶ *These two groups have similar **demographics**: white males over 30.* ▷ *Os dois grupos têm **perfil demográfico** semelhante: homens brancos de mais de 30 anos.*

▶ *Our largest **demographics** are mothers with young children.* ▷ *Nosso **público, mercado, segmento, clientela** principal são mães de crianças pequenas.*

DEMONSTRATION s.

1. **demonstração**

▶ *I prefer to learn science by practical **demonstrations**.* ▷ *Prefiro aprender ciências com **demonstrações** práticas.*

2. **protesto, manifestação pública,** caminhada, carreata, marcha, passeata; demonstração de rua; apitaço, panelaço

▶ *The mass **demonstrations** forced the president to resign.* ▷ *As **marchas de protesto, demonstrações de rua, manifestações** de massa obrigaram o presidente a renunciar.*

DENIAL s.

> Atenção ao significado especial:
>
> *We tried to talk to several African leaders about the HIV / Aids crisis but found most of them in a deep state of **denial**.* ▷ *Tentamos conversar com vários líderes africanos sobre a crise do HIV / AIDS, mas a maioria **se recusa a enxergar a realidade**. (NÃO "está num estado ~~negativo~~"…!)*

negação da realidade, recusa de aceitar a realidade, os fatos, de encarar a verdade, de acreditar na existência de algo (desagradável); bloqueio; cegueira; tática da avestruz; *inf.* recusa de cair na real

▶ *Holocaust **denial** is totally irrational. Survivors can still give us first-hand accounts.* ▷ *A **negação do** Holocausto / **Negar** o Holocausto é totalmente irracional. Ainda há sobreviventes que podem nos dar relatos em primeira mão.*

▶ *That kid is the worst kind of bully, but his parents are totally **in denial**.* ▷ *O garoto é um valentão da pior espécie, mas os pais **estão** completamente **cegos, não querem enfrentar, enxergar a realidade, cair na real**.*

▶ *She's broken through the **denial** and is ready to join AA.* ▷ *Ela conseguiu **superar o bloqueio**, **aceitar a realidade, o fato** (de que é alcoólatra) e está pronta para entrar nos Alcóolicos Anônimos.*

◊ O termo **denial** se popularizou com os livros da psicóloga suíça Dra. Elisabeth Kubler-Ross sobre os doentes terminais e as várias etapas do seu processo psicológico. **Denial** é a fase em que o paciente nega que está doente, se recusa a aceitar a realidade.

▶ *"Since 9/11 the Arab-Muslim world has passed through three basic stages: shock, **denial** and, finally, introspection." (NYT)* ▷ *Desde o 11 de setembro, o mundo árabe-muçulmano passou por três estágios básicos: choque, **negação da realidade** e por fim, introspecção.*

DENY v.

1. negar, contestar, denegar, desmentir, refutar, rejeitar, renegar

▶ *He **denied** the rumors.* ▷ *Ele **negou, contestou, desmentiu, refutou** os boatos.*
♪ *"How can I have feelings when my feelings have always been **denied**?" (John Lennon, "How?")* ▷ *Como posso ter sentimentos, se meus sentimentos sempre foram **negados, rejeitados**?*

2. recusar, indeferir; proibir

▶ *Your request was **denied**.* ▷ *Seu pedido foi **recusado, indeferido**.*
▶ *In those countries girls were **denied** an education.* ▷ *Naqueles países as meninas eram **proibidas** de ir à escola.*

3. negar a realidade; recusar-se a aceitar; não aceitar, acreditar, admitir, enxergar a realidade, a existência de algo; ficar cego para um problema

▶ *The deep stigma attached to AIDS makes many Africans **deny** the problem.* ▷ *O profundo estigma associado à aids faz com que muitos africanos **neguem, se recusem a aceitar, a admitir** o problema / **fiquem cegos** para o problema.*

◊ Ver a observação sobre DENIAL, acima.

DEPLOY v.

1. mobilizar, acionar, deslocar, distribuir, estacionar, enviar, lançar, mandar, usar, utilizar; pôr, colocar em ação, em funcionamento; lançar mão; pôr, colocar em campo, em ação

▶ *Hundreds of policemen were **deployed** during the summit.* ▷ *Centenas de policiais foram **mobilizados, acionados, postos em campo, em ação**, ficaram de **prontidão** durante a conferência de cúpula.*
▶ *This aircraft will soon be **deployed**.* ▷ *Essa aeronave em breve será **utilizada, estará em uso, entrará em ação, em funcionamento**.*
▶ *NATO has aircraft **deployed** on Italian bases.* ▷ *A OTAN tem aeronaves **estacionadas** em bases italianas.*
▶ *The governor has **deployed** all his charm to get his way.* ▷ *O governador **usou, utilizou, lançou mão** de todo o seu charme para alcançar seus fins.*

2. posicionar, dispor estrategicamente; alinhar, distribuir, formar   REDEPLOY

▶ *Troops were **deployed** on a north-south line along the road.* ▷ *Os soldados se **posicionaram, foram dispostos** numa linha norte-sul ao longo da estrada.*

3. **aplicar,** empregar, implantar, implementar, utilizar
   - ▶ *This system allows us to **deploy** solutions faster.* ▷ *O sistema permite **aplicar**, **implementar** as soluções mais rápido.*
   - ▶ *Many companies have **deployed** fully automated manufacturing systems.* ▷ *Muitas empresas já **implantaram**, já **empregam, utilizam, aplicam** sistemas de fabricação totalmente automatizados.*

4. **alocar, aplicar,** destinar, empregar, investir, utilizar
   - ▶ *How should new investors **deploy** their money?* ▷ *Como deve o novo investidor **aplicar, investir, alocar** seu dinheiro?*
   - ▶ *His skills will be **deployed** in the service of the nation.* ▷ *Suas habilidades serão **utilizadas, empregadas** a serviço do país.*

5. **disponibilizar,** apresentar, distribuir, oferecer, proporcionar
   - ▶ *During the Olympic Games thousands of mobile phones were **deployed**.* ▷ *Durante a Olimpíada milhares de telefones celulares foram **disponibilizados, distribuídos**.*

6. **abrir, acionar,** lançar, colocar em funcionamento
   - ▶ *Unfortunately, his parachute didn't **deploy**.* ▷ *Infelizmente, o pára-quedas não **abriu**.*
   - ▶ *A probe was **deployed** in 1995 for detailed studies of Jovian atmosphere.* ▷ *Em 1995 foi **lançada** uma sonda para estudar em detalhes a atmosfera de Júpiter.*

DEPLOYMENT s.   REDEPLOYMENT

1. **mobilização,** alocação, deslocamento, distribuição, envio, formação, lançamento, missão, posicionamento
   - ▶ *The **deployment** of troops to the frontier suggests that war is impending.* ▷ *A **movimentação**, o **deslocamento, envio** de tropas à fronteira indica que a guerra é iminente.*
   - ▶ *Staff **deployment*** ▷ ***Distribuição, alocação** do pessoal*

2. **implementação, implantação,** acionamento, alocação, aplicação, utilização
   - ▶ *Rigorous testing is needed before actual **deployment** of a new system.* ▷ *São necessários testes rigorosos antes da **implementação, implantação** de um novo sistema.*
   - ▶ *The book highlights the practical **deployment** of new technologies.* ▷ *O livro destaca as **aplicações, utilizações** práticas de novas tecnologias.*

DEPUTIZE v.   SUBSTITUTE

substituir, representar, agir em nome de
- ▶ *Professor Smith will **deputize** for me during my absence.* ▷ *O prof. Smith vai me **substituir, me representar, agir em meu nome** durante a minha ausência.*

DEPUTY s.

> **Deputy** em geral NÃO é "deputado".

derogatory

1. **assessor, sub-,** adjunto, assistente, auxiliar; segundo no comando; segundo homem; braço direito; o número dois; assessor de alto escalão
   - ▶ *Deputy Secretary of Defense* ▷ *Subsecretário da Defesa*
   - ▶ *As the manager was out of the country, his deputy signed the report.* ▷ *Como o gerente estava fora do país, o subgerente, seu adjunto, assessor, assistente assinou o relatório.*
   - ▶ *The most-wanted list includes Bin Laden and his top deputy.* ▷ *A lista dos mais procurados inclui Bin Laden e seu braço direito, número dois, segundo no comando.*

2. **vice**
   - ▶ *The deputy mayor will stand in for the mayor if the mayor is away from town.* ▷ *O vice-prefeito agirá em nome do prefeito se este estiver ausente da cidade.*

3. **interino,** preposto, suplente, substituto
   - ▶ *I'm acting as deputy while the boss is away.* ▷ *O chefe não está; eu o estou substituindo / estou como interino.*

4. **representante, delegado,** agente, enviado, mandatário   REPRESENTATIVE
   - ▶ *The meeting was skipped by quite a few ministers, who merely sent their deputies.* ▷ *Muitos ministros faltaram à reunião, limitando-se a enviar seus representantes.*

5. **investigador** de polícia (= sheriff's deputy)
   - ▶ *The County sheriff's deputies are searching for the missing girl.* ▷ *Os investigadores da polícia do condado estão em busca da menina desaparecida.*

6. **deputado,** parlamentar (referindo-se a países como Brasil, França, Rússia)   COUNCILMAN
   - ▶ *French deputies will welcome the Dalai Lama.* ▷ *Parlamentares franceses receberão o Dalai Lama.*
   - ▶ *The Israeli parliament, or Knesset, has 120 deputies.* ▷ *O parlamento israelense, chamado Knesset, tem 120 deputados.*
   - ▶ *There will be a presentation by several state deputies and federal deputy Benedita da Silva (Workers' Party, Rio de Janeiro).* ▷ *Falarão vários deputados estaduais e a deputada federal Benedita da Silva (PT-RJ).*

◊ Nos países de língua inglesa **deputy** é pouco usado como "deputado". Nos EUA se diz **Congressman** ou REPRESENTATIVE (abreviado como Rep). No Reino Unido, **Member of Parliament, MP.**

DEROGATORY adj.   DISPARAGING

DESCRIBE v.

> "Descrever" nem sempre é uma boa tradução para **describe.** A acepção 2. é muito comum:
> *No less than 80% of those polled describe themselves as Catholic.* ▷ *Nada menos de 80% dos entrevistados se definem, se classificam (NÃO "se descrevem"...!) como católicos.*

1. **descrever; contar,** relatar dizer, explicar, expor, mencionar, narrar; falar de
   - ▶ *Can you try to describe the thief?* ▷ *O senhor consegue descrever o ladrão?*

design

- ▶ The CEO **described** complaints from the managers about overstretched budgets. ▷ O CEO **relatou, expôs, falou** das queixas dos gerentes quanto à insuficiência de verbas.
- ▶ Could you **describe** for us what leadership means to you? ▷ Poderia **explicar** o que a liderança significa para o sr.?

2. **definir, considerar,** caracterizar, chamar de, classificar, designar, intitular, qualificar, referir-se a, rotular, tachar, ver como

- ▶ Would you **describe** yourself as a Democrat or a Republican? ▷ O sr. se **define**, se **considera**, se **classifica**, se vê como Democrata ou Republicano?
- ▶ My son has often been **described** as antisocial and aggressive. ▷ Meu filho já foi muitas vezes **rotulado, chamado, tachado** de anti-social e agressivo.
- ▶ He **described** his defeat as a bitter disappointment. ▷ **Referiu**-se à sua derrota como uma amarga decepção.

- Usar: **segundo,** para, de acordo com
- ▶ The workers **described** the meeting as productive. ▷ **Segundo, de acordo com** os funcionários, o encontro foi produtivo.
- ▶ The reporter **described** the Thames Barrier flood defenses as "wholly inadequate". ▷ **Para** o repórter, as defesas contra inundação no Tâmisa são "totalmente inadequadas".

DESCRIPTION s.

> "Descrição" nem sempre é uma boa tradução para **description.**

1. **descrição; relato,** explicação, narração, narrativa
- ▶ The beauty of the scenery defies **description**. ▷ A beleza da paisagem ultrapassa qualquer **descrição**, é difícil de **descrever**.
- ▶ Marco Polo wrote a detailed **description** of his travels. ▷ Marco Polo escreveu um **relato**, uma **narrativa** detalhada de suas viagens.
- ▶ "Can you give me a **description** of what happened next?", the policeman asked. ▷ "Pode me **relatar, explicar** o que aconteceu depois?", perguntou o policial.

2. **definição,** caracterização, classificação, designação, qualificação, rótulo
- ▶ Animism is not an adequate **description** of this religion. ▷ A palavra "animismo" não **define** bem, não é uma boa **designação** para essa religião.

DESIGN s.

1. **design,** desenho industrial
- ▶ This chair is a marvellous piece of Swedish **design**. ▷ Essa cadeira é uma maravilhosa criação do **design** sueco.

2. **desenho,** motivo, decoração, padronagem PATTERN
- ▶ Plates with fish **designs** ▷ Pratos com **desenhos, motivos** de peixes
- ▶ Fabrics with abstract **designs** ▷ Tecidos com **padronagens** abstratas

design

3. **estilo,** arquitetura, arranjo, composição, concepção, criação, forma, formas, formato, linhas; grife, moda

- *The Guggenheim Bilbao Museum is known by its futuristic design.* ▷ *O Museu Guggenheim de Bilbao é conhecido por sua **arquitetura, concepção**, seu **estilo**, suas **formas** futuristas.*
- *I love the bold design of this automobile.* ▷ *Acho lindas as **linhas** arrojadas desse carro.*
- *Clothes design* ▷ *Criação de moda*
- *Design-conscious clients* ▷ *Clientes que dão valor à **moda**, ao **estilo**, que usam roupas de **grife**, assinadas por **designers***

4. **projeto, modelo,** esquema, estrutura, organização, planejamento, plano, proposta; plano geral BLUEPRINT, FRAMEWORK

- *What's the campaign design?* ▷ *Qual é o **esquema, projeto, plano geral**, a **proposta** da campanha?*
- *The real problem lies in the organizational design.* ▷ *O verdadeiro problema está na **estrutura**, no **modelo** da organização.*
- *Program design and development* ▷ *Criação, projeto e desenvolvimento de programas*

5. desígnio, intenção, intento, intuito, plano, projeto, propósito AIM

- *The Divine Design* ▷ *O **plano** divino, o Divino **Desígnio***
- *I became a lawyer more by accident than by design.* ▷ *Tornei-me advogado mais por acaso do que por **intenção, planejadamente**.*

- Contraste: **desenho** (português) ≠ **design** (inglês)

- *As pinturas de Dali se caracterizam pelo **desenho** meticuloso e os detalhes realistas.* ▷ *Dali's paintings are characterized by meticulous **draftsmanship** and realistic detail.*
- ***Desenho** de engenharia* ▷ *Engineering **drawing***
- ***Projeto** de engenharia* ▷ *Engineering **design** (inclui especificações, cronogramas etc.)*

DESIGN v.

1. **desenhar, projetar,** conceber, criar, definir, estuturar, fazer, formular, idealizar, imaginar, modelar, pensar, planejar, traçar; criar um modelo; *inf.* bolar

- *Brasilia was designed by Oscar Niemeyer and Lúcio Costa.* ▷ *Brasília foi **projetada, desenhada, idealizada, planejada** por O.N. e L.C.*
- *This program was designed especially for our elder viewers.* ▷ *Este programa foi **criado, pensado, concebido, feito** especialmente para nosso público mais velho.*
- *He helped design the country's new justice system.* ▷ *Ajudou a **definir, estruturar, formular** o novo sistema de justiça do país.*

    redesign v.

- *The University has redesigned its organizational structure.* ▷ *A Universidade **reformulou, reorganizou** sua estrutura organizacional.*

2. **destinar-se a, visar,** pretender, tencionar; servir para, ter por fim, finalidade AIM

- *This experiment is designed to isolate certain substances.* ▷ *A experiência **visa, tem por fim, tenciona, pretende** isolar certas substâncias.*
- *These features are designed to make the camera easier to use.* ▷ *Esses recursos **se destinam a, servem para** tornar a câmera mais fácil de usar.*

DESIGNER s.

designer, projetista, criador, desenhista, estilista

▶ *I'm a fashion **designer**. I design my own clothes.* ▷ *Sou **estilista** de moda. Eu mesma desenho minhas roupas.*
▶ *Art **designer*** ▷ *Diretor de arte (publicidade)*

DESPERADO s.

bandido, bandoleiro, assaltante, criminoso, facínora, fora-da-lei, salteador

▶ *Jesse James, along with his gang of **desperadoes**, robbed trains and banks all over the Wild West.* ▷ *Com sua gangue de **bandoleiros, salteadores**, Jesse James assaltava trens e bancos em todo o Velho Oeste.*

◊ **Desperado** NÃO é "desesperado" (**desperate**), embora provenha do espanhol "desesperado". **Desperado** designa um criminoso ousado e violento, especialmente do Velho Oeste.

DESTITUTE adj.   POOR

DESULTORY adj.   INCONSISTENT

errático, intermitente, desalinhavado, desconexo, descontínuo, disperso, fragmentário, incerto, incoerente, inconsistente, irregular, ocasional, variável; sem método; que passa de um assunto a outro

▶ *He made **desultory** efforts to study for the exam.* ▷ *Fazia esforços **intermitentes, dispersos, inconsistentes** de estudar para o exame.*
▶ *"The conversation roamed in a **desultory**, spasmodic fashion from golf clubs to the causes of the change in the obliquity of the ecliptic." (A. Conan Doyle)* ▷ *A conversa vagava de maneira **desconexa, desalinhavada, errática, espasmódica**, desde os tacos de golfe até as causas da mudança na obliqüidade da eclíptica.*

DETACHED adj., DETACHMENT s.

1. distanciado, isento, afastado, desapaixonado, desapegado, desinteressado, equânime, imparcial, impassível, independente, indiferente, neutro; sem se envolver, sem envolvimento emocional

▶ *The story is seen through the eyes of a **detached** observer.* ▷ *A história é vista pelos olhos de um observador **isento, distanciado**.*
▶ *Try to take a more **detached** view.* ▷ *Tente adotar um ponto de vista mais **distanciado, neutro, desapaixonado, sem tanto envolvimento**.*
▶ *(subst.) He preserved a chilly **detachment** in his relations with the family.* ▷ *Manteve um **distanciamento, afastamento** gélido nas relações com a família.*
▶ *As a lawyer he always strove to maintain his professional **detachment**.* ▷ *Como advogado, sempre procurava manter sua postura profissional de **neutralidade, imparcialidade, isenção, não-envolvimento**.*

2. independente, isolado

▶ *Detached two-story house* ▷ *Sobrado **independente** (não geminado)*

deter

DETER v.   THWART

dissuadir, demover, coibir, conter, desanimar, desencorajar, desestimular, evitar, frear, impedir, inibir, intimidar, obstar, obstruir, prevenir, refrear, reprimir, segurar, sofrear, suster

▶ *It's an effective method to **deter** shoplifters.* ▷ *É um método eficiente para **dissuadir, coibir, inibir, intimidar** os ladrões de lojas.*
▶ *These measures are designed to **deter** war.* ▷ *Essas medidas servem para **impedir, evitar, prevenir** a guerra.*
▶ *Research shows that capital executions do not **deter** crime.* ▷ *As pesquisas mostram que a pena de morte não **reprime, inibe, desestimula** o crime.*

DETERMINED adj.

> "Determinado" nem sempre é uma boa tradução para **determined.**
> *The navigator sailed east, **determined** to test his theory.* ▷ *O navegador partiu em direção ao oriente, **decidido** a testar sua teoria.*
> *Eu estava procurando uma **determinada** rua.* ▷ *I was looking for a **certain** street.*

decidido, resoluto, corajoso, desembaraçado, despachado, destemido, determinado, disposto, enérgico, firme, inabalável, obstinado, resolvido

▶ *I was **determined** to win.* ▷ *Eu estava **decidido, determinado, resolvido** a vencer.*
▶ *From illiteracy to university: A very **determined** woman finds her way* ▷ *De analfabeta a universitária – Uma mulher **decidida, corajosa, resoluta, firme, obstinada** encontra seu caminho*

DETERRENT s. adj.

impedimento, freio, contenção; fator, meio, método de contenção, dissuasão, inibição, intimidação, repressão

▶ *Good economic relations between countries are a powerful **deterrent** to war.* ▷ *As boas relações econômicas entre os países são um poderoso **impedimento, freio, fator de dissuasão** para a guerra.*

• Usar os verbos de DETER:
▶ *In NYC even petty crimes are vigorously prosecuted to send a **deterrent** message.* ▷ *Em Nova York mesmo os pequenos delitos são punidos com rigor para **dissuadir, inibir, coibir** o crime.*

DEVELOP v.

> "Desenvolver" nem sempre é uma boa tradução para **develop.**
> *She **developed** asthma.* ▷ *Ela **contraiu** (NÃO "desenvolveu"...!) asma.*

1. **desenvolver,** cultivar, elaborar, explorar

▶ *We are **developing** a new method.* ▷ *Estamos **desenvolvendo, elaborando** um novo método.*
▶ *We borrowed money to **develop** our land.* ▷ *Tomamos empréstimos para **cultivar** nossas terras.*
▶ *Try to **develop** your interests.* ▷ ***Cultive, explore** seus interesses.*

▶ *Developed / Underdeveloped / Developing countries* ▷ *Países **desenvolvidos** / **subdesenvolvidos** / em **desenvolvimento***

2. **ampliar,** expandir

▶ *The bank is **developing** its businesses in Japan.* ▷ *O banco está **ampliando**, **expandindo** suas atividades no Japão.*

3. **evoluir, transformar-se,** converter-se, tornar-se, virar

▶ *Let's see how things will **develop**.* ▷ *Vamos ver como as coisas vão **evoluir**.*
▶ *Susan **developed into** a beautiful young woman.* ▷ *Susan se **transformou** numa linda jovem.*
▶ *These groups later **developed into** a federation.* ▷ *Mais tarde esses grupos se **transformaram**, se tornaram uma federação.*

4. **surgir,** formar-se

▶ *When a suitable mate is found, a new family **develops**.* ▷ *Quando se encontra um parceiro adequado, **forma-se**, **surge** uma nova família.*

5. **criar,** adquirir, ganhar

▶ *Why do I climb? To **develop** more strength and stamina.* ▷ *Por que eu escalo montanhas? Para **criar**, **ganhar**, **adquirir** mais força e resistência.*
▶ *Soon he **developed** new interests.* ▷ *Logo **criou**, **adquiriu** novos interesses.*

6. (doenças) **contrair,** contaminar-se, ficar com, pegar; ser acometido por

▶ *Both **developed** AIDS.* ▷ *Os dois **contraíram**, **pegaram**, **ficaram** com aids.*
▶ *My son has **developed** a fear of the dark.* ▷ *Meu filho **criou**, **pegou** medo do escuro.*

7. **formar (pessoal)**, capacitar, desenvolver, educar, qualificar, reciclar, treinar

▶ *Schools need to **develop** leaders.* ▷ *As escolas precisam **formar**, **educar** líderes.*
▶ *The CEO often said that **developing** people was his main job.* ▷ *O diretor sempre dizia que sua principal tarefa era a **capacitação**, **qualificação**, o **desenvolvimento** de pessoal.*
▶ *As a theater director I'm keen on **developing** a younger audience.* ▷ *Como diretor de teatro, quero **formar**, **educar**, **criar** um público mais jovem.*

8. (filme) **revelar**

▶ *We **develop** your film in one hour.* ▷ ***Revelamos** seu filme em uma hora.*

DEVELOPER s.

1. **desenvolvedor,** analista, programador de software

▶ *Linux **developers** conference* ▷ *Encontro dos **desenvolvedores** do Linux*

2. **imobiliária,** incorporadora

▶ ***Developers** are buying up land to build condos.* ▷ *As **imobiliárias** estão comprando terras para construir condomínios.*

3. **revelador** (líquido para revelar fotos)

▶ *Let the print soak in the **developer** for one minute.* ▷ *Deixe a foto imersa no **revelador** por um minuto.*

DEVELOPMENT s.

> Nem sempre se traduz por "desenvolvimento", especialmente no plural:
> *New scientific **developments** ▷ Novos **progressos, avanços** da ciência (Melhor que "~~desenvolvimentos~~"...!)*
> *New **developments** in Europe ▷ Novos **fatos, acontecimentos, mudanças** recentes na Europa*

1. **desenvolvimento, progresso,** avanço, evolução IMPROVEMENT
   - ▶ *IBM invests millions in Research and **Development** (R&D). ▷ A IBM investe milhões em Pesquisa e Desenvolvimento (P&D).*
   - ▶ *I hold an optimistic view of the **development** of mankind. ▷ Tenho uma visão otimista do **progresso**, da **evolução** da humanidade.*

2. **notícia, fato importante,** acontecimento, desdobramento, episódio, evento, incidente, lance; mudança significativa; o andamento, desenrolar, transcorrer, a marcha dos acontecimentos SCENARIO
   - ▶ *Hijacked plane – latest **developments** ▷ Seqüestro do avião – últimas **notícias***
   - ▶ *His election was a devastating **development** for the country. ▷ Sua eleição foi um **fato, acontecimento, episódio, evento** terrível para o país.*
   - ▶ *He returned to find a **development** he hadn't expected. ▷ Ao voltar, encontrou um **fato, incidente, lance** inesperado.*
   - ▶ *We are waiting for the new political **developments**. ▷ Estamos aguardando os novos **desdobramentos** políticos, o **desenrolar, transcorrer, a marcha** dos acontecimentos, a **evolução**, as **mudanças** da situação política.*

3. **novidade,** mudança, tendência, transformação NEWS
   - ▶ *There have been a number of interesting **developments** in the field. ▷ Há diversas **novidades, tendências** interessantes na área.*

4. **criação,** elaboração, formação, surgimento
   - ▶ *Avoid **development** of excessive heat. ▷ Evite a **formação, criação** de calor excessivo.*

5. **formação (de pessoal),** desenvolvimento, reciclagem
   - ▶ *Our company is a leader in employee **development**. ▷ Nossa empresa é líder em **formação, desenvolvimento** de pessoal.*
   - ▶ *The University provides continuous faculty **development**. ▷ A Universidade oferece **reciclagem** contínua do corpo docente.*

6. **empreendimento imobiliário,** construção
   - ▶ *The historic quarter is threatened by rampant **development**. ▷ O bairro histórico está ameaçado pelas **construções**, pela **expansão imobiliária** desenfreada.*

7. **revelação** de filme
   - ▶ *One-hour **development** service ▷ **Revelação** em uma hora*

DEVICE s.

1. **aparelho, dispositivo,** acessório, aparato, apetrecho, artefato, engenho, equipamento, ferramenta, instrumento, invenção, invento, máquina, maquinismo, mecanismo, utensílio GADGET

- *Advances in telecommunications made possible modern **devices** such as the telephone, radio, television, and fax machines.* ▷ *Os avanços nas telecomunicações possibilitaram **aparelhos, máquinas, engenhos, inventos, invenções** modernas como o telefone, o rádio, a televisão e o fax.*
- *A printer is a computer output **device**.* ▷ *A impressora é um **dispositivo** de saída do computador.*
- *Nuclear **devices*** ▷ ***Artefatos** nucleares*

2. **recurso, método,** artifício, expediente, meio, plano, solução, tática, técnica; *inf.* macete
   RESOURCE

- *Contraceptive **devices*** ▷ ***Métodos** anticoncepcionais*
- *Parallelism is a stylistic **device**.* ▷ *O paralelismo é um **recurso** estilístico.*
- *The proposal was only a **device** to confuse the opposition.* ▷ *A proposta foi só um **artifício, recurso**, uma **tática** para confundir a oposição.*

DEVISE v.

inventar, criar, arquitetar, conceber, cunhar, engendrar, formular, idealizar, idear, imaginar, planejar, projetar; *inf.* bolar

- *In the 1830's Charles Babbage **devised** the earliest prototype of the computer.* ▷ *Na década de 1830 Babbage **inventou, criou, idealizou** o primeiro protótipo de computador.*
- *The con artist **devised** a clever scheme for obtaining money.* ▷ *O vigarista **arquitetou, engendrou, concebeu, formulou** um plano engenhoso para conseguir dinheiro.*

DIET s.

> Não use "dieta" em contextos não naturais em português!
> *We studied local animals and their **diets**.* ▷ *Estudamos os animais da região e sua **alimentação**, o que eles comem. (NÃO "suas ~~dietas~~"...!)*

1. **alimentação,** hábitos alimentares
- *I try to have a healthy **diet**.* ▷ *Procuro ter uma **alimentação** saudável, bons **hábitos alimentares**.*
- *Many diseases are the result of a poor **diet**.* ▷ *Muitas doenças vêm da má **alimentação**.*

• Usar os verbos: alimentar-se, comer, ingerir
- *These birds' **diet** consists mainly of fruits.* ▷ *Essas aves se **alimentam** sobretudo de frutas.*
- *How long can you survive on a **diet** of only bread and water?* ▷ *Quanto tempo se pode sobreviver **comendo, ingerindo** apenas pão e água?*

2. **regime,** dieta especial
- *I'm on a **diet** to lose 10 pounds.* ▷ *Estou de **dieta**, de **regime**; preciso perder cinco quilos.*

make a DIFFERENCE expr.

fazer uma diferença positiva, ter uma ação positiva, exercer uma influência positiva, fazer algo de bom; marcar presença; ser engajado; deixar o mundo um pouco melhor

dim

▶ *I've always wanted to be a doctor, work with underprivileged children and **make a difference**.* ▷ *Eu sempre quis ser médica, trabalhar com crianças pobres e **fazer algo de bom**, deixar este mundo um pouco melhor, exercer uma influência positiva, marcar minha presença.*
▶ *Working for pardoning the debt, U2's Bono is a rocker who **makes a difference**.* ▷ *Trabalhando pelo perdão da dívida [externa dos países pobres], Bono é um roqueiro **engajado**.*

DIM adj.

1. (luz) **fraca, mortiça,** agonizante, amortecida, apagada, atenuada, baça, bruxuleante, débil, desmaiada, esbatida, esmaecida, lívida, nebulosa, opaca, pálida, tênue; sem brilho PALE

▶ *The oil lamp gave out a **dim** light.* ▷ *A lamparina dava uma luz **baça, mortiça, esmaecida**.*

2. (local) **escuro,** obscurecido, mal iluminado, na semi-escuridão, na penumbra DARK

▶ *He was sitting in a **dim** corner of the room.* ▷ *Estava sentado num canto **mal iluminado** da sala.*
▶ *The room was **dim**.* ▷ *A sala estava na **penumbra**, na **semi-escuridão**.*

3. **vago,** indefinido, indistinto, pouco nítido BLURRED

▶ *I have only **dim** memories of my childhood.* ▷ *Só tenho **vagas** lembranças da minha infância.*
▶ *We saw the **dim** outline of a ship in the horizon.* ▷ *Vimos o contorno **indistinto** de um navio no horizonte.*

4. **negativo,** desfavorável, pessimista DIRE, GRIM

▶ *They take a **dim** view of religion.* ▷ *Têm uma visão **negativa, desfavorável** da religião.*
▶ *Millions are unemployed, with **dim** prospects of getting a job.* ▷ *Há milhões de desempregados, com perspectivas **pessimistas** de conseguir emprego.*

DIRE adj.   GRIM

terrível, grave, adverso, atroz, calamitoso, catastrófico, chocante, desastroso, funesto, horrendo, horrível, horroroso, lúgubre, medonho, nefasto, negro, pessimista, sério, sinistro, sombrio, tétrico, triste

▶ *The family was in **dire** need / in **direst** poverty* ▷ *A família estava na mais **negra, medonha, extrema** necessidade / pobreza.*
▶ *A **dire** mental disease* ▷ *Doença mental **grave, séria, terrível***
▶ ***Dire** consequences* ▷ *Conseqüências **nefastas, sombrias, funestas, sinistras***
▶ *Despite **dire** forecasts, tourism is picking up.* ▷ *Apesar das previsões **pessimistas**, o turismo está se recuperando.*

in dire straits *expr.*
em apuros, numa situação calamitosa, desesperadora

DIRECT v., DIRECTION s.

1. **dirigir, direcionar,** indicar, informar, instruir; dar informações, orientações

▶ *Please **direct** your questions to our Customer Service.* ▷ *Por favor, **dirija** suas perguntas ao serviço de Atendimento ao Cliente.*
▶ *Can you **direct** me to the nearest hospital?* ▷ *Pode me **informar, indicar o caminho** para o hospital mais próximo?*

- *His **directions** weren't very good – I'm afraid I'll get lost.* ▷ *A **orientação**, as **indicações** dele não foram muito boas – acho que vou acabar me perdendo.*
- *Spielberg shouted **directions** to the cameraman.* ▷ *Spielberg gritava **instruções** para o câmera.*

2. reger

- *The conductor **directed** the orchestra with great aplomb.* ▷ *O maestro **regeu** (melhor que "dirigiu"...!) a orquestra com grande aprumo e segurança.*
- *The orchestra shines under the **direction** of Karajan.* ▷ *A orquestra brilha sob a **regência** de Karajan.*

DIRT s., adj.

> NÃO confunda **dirt** (terra) com **dirt** (sujeira) ou **dirty** (sujo). Atenção ao contexto!
> *We'd like to see these **dirt streets** paved.* ▷ *Gostaríamos de ver essas **ruas de terra** (NÃO "ruas ~~sujas~~"...!) todas pavimentadas.*

1. terra, chão, pó, poeira, solo; **de terra,** de terra batida, não pavimentado

- *I need some good **dirt** for the garden.* ▷ *Preciso de **terra** boa para o jardim.*
- *Elephants spray water and **dirt** on their backs to rid themselves of insects.* ▷ *Os elefantes jogam água e terra (NÃO "sujeira"...!) no dorso para evitar insetos.*
- *(adj.) I took a **dirt road**.* ▷ *Peguei uma estradinha **de terra**.*
- ***Dirt** bike* ▷ *Moto offroad (feita para estradas de terra)*
- *Imagine living in a **dirt-floor** shed.* ▷ *Imagine morar num barracão com chão de **terra batida**.*

2. sujeira, refugo; pobreza FILTH

- *Clean the filter and throw away the **dirt**.* ▷ *Limpe o filtro e jogue fora a **sujeira**.*
- *(adj.) **Dirt** poor* ▷ *Paupérrimo*
- ***Dirt** cheap* ▷ *Muito barato, a preço de banana*

DISABLED adj.   HANDICAPPED

DIS v. (gíria - abrev. de DISMISS)

criticar, lançar farpas, alfinetadas, dardos estocadas, ferroadas; *inf.* detonar CASTIGATE

- *I like these gossip magazines where they **dis** celebrities about what they wear.* ▷ *Gosto dessas revistas de fofocas que **lançam farpas, detonam, acabam com** os famosos que se vestem mal.*
- *The critics **dissed** the film.* ▷ *Os críticos **malharam, meteram o pau** no filme.*

DISCLAIMER s.

ressalva, aviso, advertência; termo, nota de isenção de responsabilidade

- *A **disclaimer** protects a company in the event it doesn't live up to all its own hype.* ▷ *A **nota de isenção de responsabilidade** protege a empresa caso ela não corresponda à sua propaganda.*
- ***Disclaimer**: Fees on certain services may apply.* ▷ ***Advertência / Aviso / Ressalva:** Certos serviços podem ser cobrados à parte.*

DISCOURAGE v., DISCOURAGED adj., DISCOURAGING adj.

> Há opções mais idiomáticas do que "desencorajar" e "desencorajado".
> *It made me feel very **discouraged**.* ▷ *Aquilo me deixou muito **desanimado, desalentado**.*

1. **desanimar,** desiludir, esfriar, esmorecer; tirar as esperanças DISMAYED
- *Please don't **discourage** that poor woman!* ▷ *Por favor, não **desanime**, não **tire as esperanças** da pobre mulher!*
- *Don't be **discouraged**; try again.* ▷ *Não **desanime, esmoreça**, tente outra vez.*
- *(adj) Students get **discouraged** if they consistently get low marks.* ▷ *Os alunos **desanimam**, ficam **desanimados, desmotivados** se só recebem notas baixas.*
- *It's very **discouraging** to try and fail so many times.* ▷ *É muito **desanimador** tentar e fracassar tantas vezes.*

2. **dissuadir, inibir,** desaconselhar, demover, desestimular, desfavorecer, deter; fazer desistir, esfriar, renunciar DETER
- *Everybody tried to **discourage** him from joining the Navy.* ▷ *Todos tentaram **dissuadi-lo, fazê-lo desistir, demovê-lo da idéia** de entrar na Marinha.*
- *Our laws try to **discourage** monopoly.* ▷ *Nossas leis procuram **desestimular, desfavorecer, inibir** o monopólio.*

DISCRETION s.

> **Discretion** nem sempre é "discrição"!
> *Disclaimer: Foul language, graphic sex scenes. Viewer **discretion** advised.* ▷ *Advertência: o filme contém linguagem chula, cenas sexuais explícitas. Assista a seu **critério / sob responsabilidade** do espectador. (NÃO "Seja discreto....!)*

1. **discrição,** reserva, tato
- *Can I count on your **discretion**?* ▷ *Posso contar com a sua **discrição**?*

2. **discernimento, critério individual,** arbítrio, escolha, juízo, opinião, responsabilidade individual JUDGMENT
- *Disclaimer: Graphic images, parent **discretion** advised.* ▷ *Advertência: O programa tem imagens chocantes. Fica **a critério, sob responsabilidade** dos pais.*
- *These busy executives leave a lot of **discretion** to their secretaries.* ▷ *Esses executivos muito ocupados deixam muita coisa **a critério, por conta** das secretárias.*

3. **poder de decisão,** direito de decidir
- *Although entrance is based on an exam, the board has some **discretion** in admissions.* ▷ *Embora a admissão dependa de um exame, a diretoria tem algum **poder de decisão**.*
- *The judges have **discretion** to show leniency to first-time offenders.* ▷ *Os juízes têm o **direito** de ser tolerantes com os réus primários.*

DISCUSS v.

> **Discuss** NÃO é "discutir acerbamente" (fight, QUARREL).
> **Discuss** é "debater, discutir idéias", ou simplesmente "conversar".
> *The panel **discussed** new teaching methods.* ▷ *O painel **debateu, discutiu, analisou** novos métodos de ensino.*
> *I had never **discussed** my private life with anybody.* ▷ *Eu nunca tinha **falado, conversado** sobre minha vida particular com ninguém.*

1. **discutir, debater,** analisar, apresentar, considerar, expor, estudar, examinar, tratar, ventilar   ARGUE

▶ *A convention to **discuss** international commerce* ▷ *Uma convenção para **debater, discutir** o comércio internacional*

▶ *This article will **discuss** the three basic types of games.* ▷ *Este artigo vai **apresentar, expor, examinar, tratar** dos três tipos básicos de jogos.*

2. **conversar, falar,** comentar; trocar idéias   TALK

▶ *I had the opportunity to meet and to **discuss** with some very interesting people.* ▷ *Tive a oportunidade de conhecer e **conversar, trocar idéias** com pessoas muito interessantes.*

● Contraste: **discutir** (português) ≠ **discuss** (inglês)

▶ *Os dois irmãos eram muito unidos, nunca **discutiam**.* ▷ *The two brothers were close friends and never **argued / quarrelled**.*

▶ *Tente resolver o problema usando as estratégias **expostas, apresentadas** acima.* ▷ *Try solving this problem using the strategies **discussed** above.*

DISCUSSION s.   ≠ ARGUMENT

> **Discussion** NÃO é "discussão agressiva" (QUARREL, ARGUMENT, row, fight).

conversa, conversação

▶ *Their informal **discussions** always brought up new ideas and approaches.* ▷ *Suas **conversas** informais sempre traziam novas idéias e estratégias.*

▶ *Silence, class. Let's continue our **discussion** of the environment.* ▷ *Silêncio, turma. Vamos continuar **conversando, falando** sobre o meio ambiente.*

● Contraste: **discussão** (português) ≠ **discussion** (inglês)

▶ *A criança era obrigada a presenciar freqüentes **discussões** entre os pais.* ▷ *The child was forced to witness frequent **rows, arguments, quarrels** between her parents.*

▶ *Os dois países iniciaram **conversações** de paz.* ▷ *The two countries initiated peace **discussions**.*

DISENFRANCHISE, DISFRANCHISE v., DISENFRANCHISEMENT s.

1. **privar do direito ao voto,** à cidadania, aos direitos civis   ≠ ENFRANCHISE

disgust

▶ *Thousands of people were **disenfranchised** because of changed election rules.* ▷ *Milhares de pessoas foram **privadas do direito ao voto** devido a mudanças nas normas eleitorais.*

▶ *(s.) Several problems contributed to the **disenfranchisement** of many elderly voters.* ▷ *Vários problemas contribuíram para **privar** muitos eleitores idosos **do direito ao voto, impedi-los de votar**.*

2. excluir, deserdar, despojar, destituir, esbulhar, espoliar, marginalizar

▶ *The candidate claims to represent the country's **disenfranchised** population.* ▷ *O candidato afirma representar os **excluídos** do país.*

▶ *We work towards greater democracy and justice for minorities, women and other **disenfranchised** groups.* ▷ *Trabalhamos em prol da democracia e da justiça para as minorias, as mulheres e outros grupos **excluídos, marginalizados**.*

DISGUST s., DISGUSTED adj.

1. repulsa, horror, asco, aversão, fastio, nojo, ojeriza, repugnância PUT OFF 2

▶ *The food at the hotel filled him with **disgust**.* ▷ *A comida do hotel lhe causava **repulsa, repugnância, nojo, asco**.*

▶ *These people fill me with **disgust**.* ▷ *Tenho **horror, aversão** a essa gente.*

▶ *We were **disgusted** by the food at the hotel; it was inedible.* ▷ *Ficamos **enojados, com asco** da comida do hotel; era intragável.*

2. desgosto, revolta, aborrecimento, antipatia, desagrado, descontentamento, desprazer, enfado, mágoa, pesar AGGRAVATED

▶ *He joined the army, much to his mother's **disgust**.* ▷ *Entrou no exército, para grande **desgosto, aborrecimento** da mãe.*

▶ *He was feeling a **disgust** of life.* ▷ *Sentia-se **desgostoso** com a vida, **cansado** da vida.*

▶ *Popular **disgust** with politicians has reached a climax.* ▷ *O **descontentamento**, a **revolta** do público com os políticos chegou ao clímax.*

▶ *I am so **disgusted** by the current political situation that I decided not to vote.* ▷ *Estou tão **revoltado, contrariado, aborrecido, chateado** com a atual situação política que decidi não votar.*

DISGUSTING adj.

1. repugnante, nojento, abjeto, asqueroso, infecto, intragável, nauseante, nauseabundo, repelente, repulsivo; de dar náuseas, de virar o estômago FOUL, OFF-PUTTING

▶ *A **disgusting** stench* ▷ *Cheiro **repugnante, nauseabundo***

▶ *Disgusting language* ▷ *Palavras **obscenas, de baixo calão***

2. revoltante, chocante, abominável, baixo, desprezível, detestável, ignóbil, inaceitável, infame, odioso, ofensivo, sórdido, torpe, vil OUTRAGEOUS

▶ *Eighty dollars for a consultation, that's **disgusting**!* ▷ *Oitenta dólares por uma consulta – é **revoltante, chocante**!*

▶ *He wrote a **disgusting** book with his porn fantasies.* ▷ *Escreveu um livro **sórdido, torpe, nojento** com suas fantasias pornográficas.*

DISHEARTEN v.   DISCOURAGE, DISMAY

dismay

DISMAL adj.

1. **triste, desolado,** deprimente, desanimador, desolador, entristecedor, lúgubre, melancólico, pessimista, sombrio, tristonho GRIM

▸ What a **dismal** place! ▷ Que lugar **desolado, triste, tristonho, deprimente**!
▸ He takes a **dismal** view of mankind. ▷ Tem uma visão **pessimista, sombria** da humanidade.

2. **péssimo, deplorável,** deprimente, fraco, horrível, incompetente, lamentável, lastimável, mau, medonho ABYSMAL

▸ **Dismal** exam results ▷ Resultados **péssimos, deploráveis** nos exames
▸ Our team played a **dismal** game. ▷ Nosso time jogou uma partida **lamentável**.
▸ What **dismal** weather – cold and damp, raining nonstop. ▷ Que tempo **horrível, medonho** – frio, úmido, chovendo sem parar.

DISMAY s.

> **Dismay** NÃO é "desmaio" (**faint, fainting spell**).

1. consternação, desalento, abatimento, choque, desânimo, desconsolo, desilusão, desesperança, pesar; grande tristeza DEJECTION, SORROW

▸ She eventually married another guy, much to my **dismay**. ▷ Ela acabou se casando com outro rapaz, para minha **tristeza, consternação,** meu **pesar, desconsolo**.
▸ He realized with **dismay** that his wallet had been stolen. ▷ Percebeu, **consternado, chocado, horrorizado,** que sua carteira fora roubada.
▸ The survivors were found in a state of shock and **dismay**. ▷ Os sobreviventes foram encontrados num estado de choque e **consternação, desalento**.

2. **apreensão, medo,** aflição, agitação, agonia, ânsia, ansiedade, espanto, nervosismo, perturbação, susto, temor, terror TREPIDATION

▸ The eclipse caused universal **dismay**. ▷ O eclipse causou grande **medo, susto, temor, espanto e terror**.
▸ They contemplate the future with fear and **dismay**. ▷ Eles contemplam o futuro com medo e **apreensão**.

• **Dismay** reúne as idéias de infelicidade + medo + desesperança diante de uma situação ruim ou perigosa:

▸ News of the defeat was met with disappointment and **dismay**. ▷ A notícia da derrota provocou decepção e **pesar, desalento, desconsolo**.

DISMAY v., DISMAYED adj.

> **Dismay** NÃO é "desmaiar" (**faint, pass out**).

1. **consternar,** abalar, afligir, alarmar, arrasar, chocar, confranger, perturbar DEJECTED, APPALLED

▸ The tragedy **dismayed** the whole family. ▷ A tragédia **abalou** a família, deixou a família **chocada, consternada, arrasada**.

dismiss

▶ *The meeting was infiltrated by protesters who tried to disrupt and dismay.* ▷ *Manifestantes infiltrados tentaram interromper e **perturbar, abalar** a reunião.*

2. desanimar, esmorecer, abater, acabrunhar, arrefecer, decepcionar, desalentar, desapontar, desconsolar, desiludir, desolar DISCOURAGE

▶ *The Stock Exchange crisis dismayed investors.* ▷ *A crise na Bolsa **abateu, desanimou, arrefeceu o ânimo** dos investidores.*

▶ *(adj.) He was dismayed to hear that his lottery ticket had been eaten by the cat.* ▷ *Ficou **desolado, consternado, desconsolado, descoroçoado, arrasado** ao saber que o gato comeu seu bilhete de loteria.*

DISMISS v.

1. demitir, mandar embora, cortar pessoal REDUNDANT

▶ *The company will dismiss thousands of workers.* ▷ *A empresa vai **demitir, cortar, mandar embora** milhares de funcionários.*

2. descartar, desprezar, depreciar, desconsiderar, desdenhar, desrespeitar, esnobar, humilhar, ignorar, menosprezar, rebaixar, rejeitar, subestimar; fazer pouco caso, não ter consideração; não dar importância; negar, minimizar a importância; jogar fora; não aceitar, não admitir

▶ *While some scientists hailed the new find, others dismissed it.* ▷ *Enquanto alguns cientistas saudavam a nova descoberta, outros a **descartavam, repudiavam, não a aceitavam, não lhe davam importância**.*

▶ *Dr. Smith solved the problem using simple methods once dismissed as ludicrous.* ▷ *O dr. Smith resolveu o problema com métodos simples antes **menosprezados, desprezados, desdenhados, rejeitados,** tidos como ridículos.*

▶ *He dismisses the opposition as the work of a few radicals.* ▷ *Ele **menospreza, subestima, desconsidera** a oposição, julgando-a obra de alguns poucos radicais.*

DISORDER v.

1. desordem, caos, confusão MESS

▶ *His room was in the utmost disorder.* ▷ *Seu quarto estava na mais completa **desordem, confusão**.*

2. doença, distúrbio, transtorno (sobretudo mental) CONDITION

▶ *Many common disorders like high blood pressure and diabetes are influenced by genes.* ▷ *Muitas **doenças** comuns como hipertensão, depressão e diabete têm origem genética.*

▶ *Sleep disorders* ▷ ***Distúrbios** do sono*

▶ *Obsessive-Compulsive Disorder* ▷ ***TOC, Transtorno** Obsessivo-Compulsivo*

DISPARAGE v.   CASTIGATE, SCORN

DISPARAGING adj.

depreciativo, insultuoso, aviltante, degradante, desabonador, desairoso, desdenhoso, desonroso, grosseiro, humilhante, infamante, pejorativo, vergonhoso, vexatório; de desprezo, deboche SNIDE

▶ *Despite the criticisms and disparaging words, I found the novel fun and entertaining.* ▷ *Apesar das críticas e palavras **desdenhosas** de **desprezo, deboche, desdém**, achei o romance divertido e interessante.*

▶ *Immigrants are often the butt of **disparaging** jokes and comments.* ▷ *Os imigrantes são alvo de piadas e comentários **insultuosos, grosseiros, humilhantes, vexatórios**.*

▶ *He was a man who never uttered **disparaging** words about anyone.* ▷ *Era um homem que nunca disse uma palavra **desairosa, desabonadora, depreciativa** sobre ninguém.*

DISREGARD v.   IGNORE

DISRUPT v.

1. **destruir, interromper,** cortar, desestruturar, desbaratar, desfazer, desmanchar, estragar, partir, quebrar, romper; causar corte brusco   RUIN

▶ *After the war traditional social relationships have been **disrupted**.* ▷ *Depois da guerra as relações sociais tradicionais foram **destruídas, desfeitas**, se **desmancharam**, se **desestruturaram**.*

▶ *Eventually he was fired and his career was **disrupted**.* ▷ *Por fim foi demitido e sua carreira foi **interrompida, cortada, sofreu um corte brusco**.*

▶ *Rotate your staff – this **disrupts** unduly personal connections.* ▷ *Faça rotação do pessoal – isso **corta, quebra, rompe** as conexões pessoais indevidas.*

2. **parar,** fechar; causar pane; fazer cair

▶ *Snowstorms have **disrupted** air traffic.* ▷ *Nevascas **pararam, fecharam, interromperam** o trânsito aéreo.*

▶ *Cell phones continued to work even as the internet was **disrupted**.* ▷ *Os celulares continuaram a funcionar mesmo quando a internet **caiu, entrou em pane**.*

3. **atrapalhar,** anarquizar, convulsionar, impedir, importunar, obstruir, perturbar, prejudicar, transtornar, tumultuar; atirar, jogar na confusão, na desordem; causar confusão, tumulto; *inf.* bagunçar   UPSET, TROUBLE

▶ *Protesters attempted to **disrupt** the meeting.* ▷ *Manifestantes tentaram **tumultuar, transtornar, impedir** a reunião.*

▶ *Young students must be taught not to **disrupt** other students.* ▷ *Os alunos menores têm de aprender a não **importunar, perturbar, prejudicar** os outros alunos.*

▶ *Jimmy is always trying to **disrupt** the lesson.* ▷ *Jimmy está sempre **atrapalhando, bagunçando** a aula.*

DISRUPTION s.

1. **ruptura, interrupção,** descontinuidade, falha, pane, rompimento; solução de continuidade; mudança, alteração radical

▶ *Oil reserves are ready for **disruptions** in supply.* ▷ *Há reservas de petróleo prontas para o caso de **interrupções, falhas, descontinuidades, panes** no abastecimento.*

2. **distúrbio, transtorno,** alteração, atrapalhação, caos, confusão, contratempo, conturbação, convulsão, crise, desordem, desorganização, dificuldade, incômodo, inconveniência, pane, perturbação, prejuízo, problema   TROUBLE

▶ *The strike caused widespread traffic **disruption**.* ▷ *A greve causou **distúrbios, confusão, desordem, caos, desorganização** no trânsito.*

▶ *Despite the National Convention local residents are going about their lives with as little **disruption** as possible.* ▷ *Apesar da Convenção Nacional, os moradores seguem sua vida com o mínimo de **inconveniência, transtorno, confusão, contratempos**.*

DISRUPTIVE adj.

1. **destrutivo, prejudicial,** adverso, comprometedor, daninho, danoso, deletério, destruidor, lesivo, nefasto, negativo, nocivo, pernicioso, perturbador, ruinoso, violento; que causa destruição, prejuízo HARMFUL

   ▶ *There were **disruptive** snowstorms across the country.* ▷ *Houve tempestades de neve **destrutivas, violentas / que causaram destruição, prejuízos** no país inteiro.*
   ▶ *This law will prove **disruptive** to family life.* ▷ *Essa lei será **destrutiva, nociva, prejudicial** para a vida familiar.*
   ▶ *My parents warned me against the **disruptive** influence of those "foreigners".* ▷ *Meus pais me advertiram contra a influência **perniciosa, nefasta** daqueles "estrangeiros".*

2. **revolucionário,** iconoclasta, inovador, radical TROUBLEMAKER

   ▶ *Dali was a leading figure of the **disruptive** spirit of Dada.* ▷ *Dali foi uma figura exponencial do espírito **revolucionário, iconoclasta, inovador** do Dadaísmo.*

3. **desordeiro,** bagunceiro, indisciplinado, malcomportado, rebelde; causador de confusão, desordem, tumulto

   ▶ *How should a teacher cope with unruly, **disruptive** children?* ▷ *Como o professor deve lidar com crianças **desordeiras, indisciplinadas, bagunceiras, rebeldes,** que **atrapalham, interrompem, prejudicam** a aula?*
   ▶ *After a couple of drinks the passenger became **disruptive** and verbally abused cabin crew.* ▷ *Depois de alguns drinques o passageiro começou a **fazer desordens, causar tumulto** e insultar a tripulação.*

DISTINGUISHED adj.   RENOWNED

DISTRACTION s.

1. **distração** DIVERSION

   ▶ *Fishing is his major **distraction**.* ▷ *Pescar é a sua maior **distração**.*
   ▶ *The **distractions** of the big city interfered with his studies.* ▷ *As **distrações** da cidade grande atrapalhavam seus estudos.*

2. **perturbação, loucura,** agitação, angústia, ansiedade, irritação, nervosismo, transtorno

   ▶ *This loud music is driving me to **distraction**.* ▷ *Essa música alta está me deixando **maluco**.*
   ▶ *I loved her to **distraction**.* ▷ *Eu a amava **tresloucadamente**.*

DISTRAUGHT adj.

1. **aflito, angustiado,** abalado, agitado, agoniado, ansioso, atormentado, desconsolado, perturbado; fora de si

   ▶ ***Distraught** family members arrived at the crash location.* ▷ *Familiares **angustiados, aflitos, desconsolados** chegaram ao local do acidente.*
   ▶ *The lost child's mother was **distraught** with worry.* ▷ *A mãe da criança perdida estava **fora de si** de preocupação.*

2. **louco,** desvairado, doido, enlouquecido, insano, tresloucado

▶ *Distraught with grief, I signed away my rights to the property.* ▷ *Enlouquecido, **tresloucado** de dor, abdiquei dos meus direitos à propriedade.*

DISTRESS s.

1. **aflição,** agonia, angústia, desgraça, drama, infortúnio, sofrimento, tribulações

▶ *In dire **distress*** ▷ *Num triste **infortúnio*** ORDEAL

2. **perigo,** apuros TROUBLE

▶ *Movie heros were always ready to save a damsel in **distress**.* ▷ *Os heróis do cinema estavam sempre prontos para salvar uma donzela em **perigo**.*

DISTRESSED adj.   DISTRAUGHT

infeliz, aflito, acabrunhado, agoniado, angustiado, ansioso, atormentado, desafortunado, desditoso, desgraçado, desventurado, mísero, pobre

▶ *The **distressed** parents awaited for news.* ▷ *Os pais **angustiados, aflitos, ansiosos** esperavam notícias.*
▶ *How can we help these **distressed** people?* ▷ *Como podemos ajudar essa gente **infeliz, desafortunada**?*

DIVERSION s.

> **Diversion** NÃO é só "diversão" (**entertainment**, FUN) mas também "desvio".
> Relaciona-se com o verbo DIVERT, "desviar".

1. **desvio**

▶ *Yellow River **Diversion** Project* ▷ *Projeto de **desvio** do rio Amarelo*
▶ *Threatening note causes **diversion** of D.C.-bound jet.* ▷ *Bilhete ameaçador causa **desvio** de um avião que se dirigia a Washington D.C.*
▶ *Contractor jailed for **diversion** of funds* ▷ *Empreiteiro preso por **desvio** de fundos*

2. **diversão,** distração, relaxamento, entretenimento FUN

▶ *During the **Diversions** festival Dublin is home to a variety of music, dance, and theatre performances.* ▷ *Durante o festival **Diversões** Dublin acolhe numerosas apresentações de música, dança e teatro.*
▶ *Music provides a **diversion** and releases the anxiety of patients.* ▷ *A música oferece uma **distração** e alivia a ansiedade dos pacientes.*

DIVERT v.   BYPASS

desviar

▶ *A dam was built to **divert** the river.* ▷ *Foi construído um dique para **desviar** o rio.*
▶ *Traffic was **diverted** to alternative routes.* ▷ *O trânsito foi **desviado** para caminhos alternativos.*

DIVIDE s.   GAP

divisão, linha divisória, abismo

divine

▶ The **digital divide** persists – many more white children have internet access than African-American children. ▷ A **exclusão digital** continua – há muito mais crianças brancas com acesso à internet to que afro-americanas.

DIVINE s., adj.

> Atenção ao sentido de **divine** como substantivo!

eclesiástico, clérigo, cura, diácono, ministro, pastor, reverendo, sacerdote; teólogo

▶ He was a middle-aged **divine**. ▷ Era um **clérigo, pastor** de meia-idade.
▶ Scholars and **divines** argue over the Dead Sea Scrolls. ▷ Estudiosos e **teólogos** discutem os Manuscritos do Mar Morto.
▶ (adj.) You are looking **divine** in this dress. ▷ Você está **divina** com esse vestido.

DO v.

1. fazer

▶ What are you **doing**? ▷ O que você está **fazendo**?

2. (verbo auxiliar)

▶ "**Do** you agree?" "Yes, I **do**." ▷ "Você concorda?" "Concordo".

• Para maior naturalidade, não use "fazer" no lugar do verbo principal. Sugestões:

• Repetir o verbo principal:

▶ You haven't asked me that yet, but every girl **does**. ▷ Você ainda não me perguntou isso, mas todas **perguntam**. (Melhor que "todas o fazem".)
▶ My children **help** me in the business, just as I **did** for my parents. ▷ Meus filhos me **ajudam** no trabalho, tal como eu **ajudava** meus pais.

• Usar um sinônimo do verbo principal:

▶ Many victims have **sued** the company, or plan **to do so**. ▷ Muitas vítimas já processaram a empresa, ou planejam **abrir processo, recorrer à lei, tomar essa atitude, seguir esse caminho**. (Melhor que "planejam fazê-lo".)

• Omitir, se o contexto deixar claro:

▶ The problem lies in making these chips; established ways **of doing this** have failed. ▷ O problema é como fabricar esses chips; as técnicas convencionais não deram certo.
▶ (Joke:) "She has a good heart." "So **does** an artichoke..." ▷ "Ela tem bom coração." "A alcachofra também..."

3. (função enfática, intensificadora)

▶ **Do** read this article; it's really good. ▷ **Não deixe de** ler esse artigo; é ótimo.
▶ Yes, I **do** believe. ▷ Sim, eu acredito. / **É verdade**, eu acredito. / Acredito **mesmo, de verdade,** (inf.) **no duro**.
▶ We know many women **do** go through this process. ▷ Sabemos que muitas mulheres **realmente** passam / passam **mesmo** por esse processo; **é um fato**.

IT DOESN'T DO expr.

não serve, não é adequado, aceitável, admissível

▶ Most people forget to protect their computers. That **won't do anymore**. ▷ As pessoas se esquecem de proteger seu computador. Isso **não é mais admissível**.

DO ONE'S BEST expr.   WORK HARD

esmerar-se, caprichar, dar o melhor de si

▶ Students **did their best** as they made their final presentations. ▷ Os alunos **se esmeraram, deram o melhor de si** nas apresentações de fim de ano.

▶ Tomorrow is the big day. I want you to **do your very best!** ▷ Amanhã é o grande dia. Quero que vocês **caprichem!**

DO THE RIGHT THING expr.

agir certo, corretamente; fazer bem, tomar a atitude, caminho, decisão, opção certa, correta; fazer a coisa certa

▶ I think you **did the right thing** under the circumstances. ▷ Creio que você **fez bem, agiu certo, corretamente** em vista das circunstâncias.

▶ I understood that was **the right thing to do**. ▷ Compreendi que essa era a **atitude, opção, decisão certa / correta, o caminho certo a tomar** era isso que eu devia fazer.

DOMESTIC adj.

1. **doméstico,** caseiro; de casa

▶ Domestic chores ▷ Tarefas **domésticas**

2. **nacional, doméstico,** interno, local; do país   INDIGENOUS

▶ Gross **Domestic** Product (GDP) ▷ Produto **Interno** Bruto (PIB)

▶ The newspaper covers only **domestic** issues. ▷ O jornal só cobre assuntos **nacionais, do país**.

▶ International and **domestic** market opportunities ▷ Oportunidades no mercado externo e **interno, doméstico**

• Contraste:

▶ Our **domestic** wine is inexpensive, as opposed to imported wine from France. ▷ Nosso vinho **local, nacional, do país** (NÃO "feito em casa"...!) não é caro, ao contrário do vinho importado da França.

▶ How to make **homemade** wine ▷ Como fazer vinho **em casa**

DOUR adj.   BLEAK, GRIM

duro, severo, austero, carrancudo, melancólico, sério, sisudo, soturno, triste

▶ I was surrounded by grim, **dour** faces. ▷ Estava rodeado por caras **austeras, tristes, sisudas, severas, carrancudas**.

DOWNTURN s.   DECREASE

DOZEN s. SCORE

> A palavra "dúzia" pode trazer uma conotação depreciativa, ausente no inglês.
> *The firm, along with **dozens** of others, is in jeopardy.* ▷ *A empresa, assim como **dezenas** [melhor que "~~dúzias~~"...!] de outras, está em perigo.*

dúzia, doze; dezena; mais de dez, de dez a doze

▶ *He has started a **dozen** extremely successful firms.* ▷ *Ele fundou uma **dezena**, **mais de dez** firmas de extraordinário sucesso.*

- Usada de modo vago, equivale à nossa "dezena":

▶ ***Dozens** of volunteers work for free in the campaign.* ▷ ***Dezenas** [melhor que "dúzias"...!] de voluntários trabalham de graça na campanha.*

- Quando o contexto pede exatidão, manter "doze":

▶ *We found 10 to a **dozen** different medical conditions in the village.* ▷ *Encontramos de dez a **doze** diferentes doenças no povoado.*

DRAB adj.

1. deprimente, sombrio, apagado, árido, chato, cinzento, comum, desbotado, descolorido, desolado, feio, insípido, lúgubre, melancólico, monótono, morto, pesado, soturno, triste, tristonho; sem graça DULL

▶ *A **drab** job* ▷ *Trabalho **chato, árido, monótono***
▶ ***Drab** housing projects* ▷ *Conjuntos residenciais **feios, cinzentos, deprimentes***

2. (cor) **cinza,** acinzentado, cinzento, bege, pardo; escuro; apagado, discreto, morto DARK

▶ *Pilgrim women wore long dresses in **drab** colors.* ▷ *As mulheres dos Pilgrims usavam vestidos longos em cores **discretas, escuras, em tons acinzentados.***
▶ *I hated the **drab** colors of my office.* ▷ *Eu odiava as cores **apagadas, cinzentas, tristes, mortas** do meu escritório.*

DRAMATIC adj., DRAMATICALLY adv.

> Ao contrário do português, **dramatic** em geral tem conotação **positiva:**
> *There has been **dramatic** progress in the treatment of depression.* ▷ *Houve progressos **sensacionais, extraordinários, empolgantes** no tratamento da depressão.*

1. drástico, radical, acentuado, enorme, forte; decisivo, revolucionário, extraordinário, fortíssimo, poderoso, profundo, tremendo; de grande impacto GROUNDBREAKING

▶ ***Dramatic** changes* ▷ *Mudanças **drásticas, radicais***
▶ *There has been **dramatic** improvement of the country's economy.* ▷ *Houve uma melhora **acentuada, extraordinária, tremenda** na economia do país.*

- These measures will have **dramatic** effects on the economy. ▷ Essas medidas terão efeitos **decisivos, profundos, de grande impacto** na economia.
- Volkswagen and the trade unions signed a **dramatic** new wage deal based on productivity. ▷ A VW e os sindicatos assinaram um novo acordo salarial **revolucionário, extraordinário,** baseado na produtividade.
- (adv.) With this new method we'll be **dramatically** more efficient. ▷ Com esse novo método, teremos um aumento **extraordinário, espetacular** na nossa eficiência.

2. **impressionante, espetacular,** admirável, belo, comovente, eloqüente, emocionante, empolgante, espantoso, expressivo, extraordinário, formidável, grandioso, impactante, marcante, poderoso, sensacional, tremendo; de grande efeito, grande impacto COMPELLING

- New York's Guggenheim Museum is famous for its **dramatic** inner ramp. ▷ O Museu Guggenheim é famoso por sua rampa interna **espetacular, surpreendente, de grande efeito.** (NÃO "dramática"...!)
- A **dramatic** sunset ▷ Um pôr-do-sol **espetacular, sensacional, grandioso**
- **Dramatic** conversations ▷ Conversas **marcantes, vívidas, emocionantes**
- A **dramatic** video shows an amputee patient swimming without assistance. ▷ Um vídeo **impressionante, de grande impacto** mostra um paciente amputado nadando sem ajuda.

3. (paisagem) **acidentado, dramático,** abrupto, escarpado, íngreme, recortado; de acentuados contrastes; de grande efeito, poderoso JAGGED

- Sicily's **dramatic** landscapes range from rugged coastlines to volcanic foothills. ▷ As paisagens **acidentadas** da Sicília vão do litoral recortado ao sopé das montanhas vulcânicas.
- "Rio Douro – Rio de paisagens **dramáticas** e agrestes, onde se alternam as encostas íngremes e verdejantes e os tortuosos e estreitos desfiladeiros de granito." (www.geotur.pt)

4. **dramático,** comovente, emocionante, trágico

- *Dramatic* art ▷ Arte **dramática**
- The firefighters staged a **dramatic** rescue. ▷ Os bombeiros fizeram um salvamento **dramático, emocionante.**
- Global warming can have **dramatic** consequences for mankind. ▷ O aquecimento global pode ter conseqüências **dramáticas, trágicas** para a humanidade.

DRAWBACK s. SHORTCOMING

- The offer had only one **drawback**: I would have to move to Mexico. ▷ A oferta só tinha uma **desvantagem, um inconveniente, problema**: eu teria de mudar para o México.

DREADFUL adj. AWFUL, APPALLING

DREARY adj. DULL, BLEAK

- He wants to leave his **dreary** job and move to Miami. ▷ Ele quer abandonar seu emprego **chato, árido, deprimente** e mudar para Miami.

DRIFT v., s.

1. **ir à deriva, deixar-se levar,** flutuar; ir na onda, ao sabor dos ventos, dos acontecimentos, sem rumo; seguir a correnteza; ser levado, deixar-se levar pela corrente, deixar o barco correr; perder o rumo

drive

- ▶ *The boat was **drifting** downstream.* ▷ *O barco descia o rio, **levado pela corrente**.*
- ▶ *The balloons **drifted** in the sky.* ▷ *Os balões **flutuavam sem rumo** pelo céu.*
- ▶ *The party is **drifting**.* ▷ *O partido está **à deriva, perdeu o rumo**.*
- ▶ *(subst.) Continental **drift*** ▷ ***Deriva** continental*

2. vagar, andar ao léu, errar, borboletear, flanar, passear, perambular, vadiar, vagabundear, vaguear, zanzar; ir no vai-da-valsa, ao acaso, a esmo, sem destino WANDER

- ▶ *As a young man he spent a couple of years **drifting** around Europe.* ▷ *Quando jovem, passou dois anos **passeando, perambulando, em andanças** pela Europa.*
- ▶ *He **drifted** from village to village.* ▷ ***Andava ao léu, vagando** de aldeia em aldeia.*

DRIVE s.

1. passeio de carro, giro, percurso, trajeto, viagem, volta; estrada, caminho, rota, viagem

- ▶ *We went for a **drive** around the town.* ▷ *Fomos dar **um passeio, uma volta** de carro pela cidade.*
- ▶ *It was a three-hour **drive**.* ▷ *Foram três horas de **estrada, viagem**.*

2. rua, avenida, caminho, estrada; entrada de carro

- ▶ *There were many cars going along the **drive**.* ▷ *Havia muitos carros na **rua**.*
- ▶ *I live on 999 Jefferson **Dr**.* ▷ *Moro na Jefferson **Drive**, 999.*
- ▶ *You can park on the **drive** in front of the house.* ▷ *Pode estacionar na **entrada** da casa.*

3. campanha, arrancada, esforço, iniciativa, movimento EFFORT

- ▶ *The impeachment **drive** is pulling forward.* ▷ *Avança a **campanha**, o **movimento** pelo impeachment.*
- ▶ *The Senator led **drives** to stop the war.* ▷ *O Senador liderou **esforços, iniciativas** para acabar a guerra.*

4. dinamismo, força de vontade, agressividade, ambição, ânimo, arrojo, elã, determinação, energia, empenho, esforço, ímpeto, impulso, iniciativa, motivação, vontade; espírito de luta, ativo, batalhador, empreendedor, vontade de vencer; *inf.* gana, garra, gás, pique METTLE, ZEST

- ▶ *You need lots of **drive** to make it big on the trading floor.* ▷ *É preciso muito **dinamismo, energia, garra, espírito de luta** para ter sucesso como corretor da Bolsa.*
- ▶ *Sex **drive*** ▷ ***Impulso, energia** sexual*
- ▶ *The other climbers questioned his **drive** to reach the summit.* ▷ *Os outros alpinistas duvidaram da sua **força de vontade, determinação, motivação** para chegar ao cume.*
- ▶ *How could we start a company? None of us had any entrepreneurial **drive**.* ▷ *Como poderíamos fundar uma empresa? Nenhum de nós tinha **espírito empreendedor, iniciativa, entusiasmo, pique** para ser empresário.*

5. (computação) drive; unidade, leitor de disco

- ▶ *The disk got stuck in the **drive**.* ▷ *O disco ficou preso no **drive**.*

DRIVE v.

1. dirigir, guiar, rodar, trafegar; ir, passar, viajar de carro; pegar o carro

- ▶ *I don't **drive**.* ▷ *Não **dirijo**, não sei **guiar, dirigir**.*
- ▶ *Don't **drive** on the shoulder.* ▷ *Não **trafegue** no acostamento.*
- ▶ *We **drove** to the beach.* ▷ ***Pegamos o carro** e **fomos** até a praia.*

▶ *I had to **drive** all over town to find a hotel.* ▷ *Tive que **rodar, passar** pela cidade inteira para achar um hotel.*
▶ *I **drive** two hours to work.* ▷ *Eu **dirijo, faço uma viagem** de duas horas / pego duas horas de **estrada** até o trabalho.*
▶ *What car do you **drive**?* ▷ *Que carro você tem? Qual é a marca do seu carro?*

2. **andar,** passear de carro

▶ *When I was a kid I loved to drive in my dad's car.* ▷ *Quando criança eu adorava **andar, passear de carro** com meu pai.*

3. **conduzir, direcionar,** guiar, orientar; dar o rumo

▶ *These plans should be used to **drive** execution.* ▷ *Esses planos devem ser usados para **orientar, guiar, dar o rumo** à execução.*
▶ *This strategy is **driving** more traffic to our website.* ▷ *Essa estratégia está **direcionando, conduzindo, levando** mais tráfego para o nosso site.*

4. **impulsionar, levar,** acionar, alavancar, atrair, dinamizar, empurrar, energizar, estimular, excitar, gerar, impelir, incentivar, lançar, mobilizar, motivar, mover, puxar; levar avante; fazer seguir, tocar em frente; ser o motor, a força propulsora BOOST

▶ *The US economy **drives** the world economy.* ▷ *A economia americana **impulsiona, puxa, alavanca,** é o **motor** da economia mundial.*
▶ *What is the dream that **drives** you?* ▷ *Qual o sonho que te **move, estimula, mobiliza, conduz,** te leva adiante, te faz seguir em frente?*
▶ *Malfunctioning devices **drive** consumers to distraction.* ▷ *Aparelhos que não funcionam **levam** os consumidores à loucura, **deixam** o consumidor maluco.*
▶ *"Interior **puxa** emprego formal". "As vendas de televisores são **puxadas, alavancadas** pela Copa do Mundo."*

DRIVEN adj.

1. **movido, impulsionado,** causado, estimulado, levado, motivado

▶ *My fear is that hate-**driven** people are endangering our world.* ▷ *Meu medo é que pessoas **movidas, impulsionadas, levadas** pelo ódio estão pondo nosso mundo em perigo.*
▶ *This is clearly a money-**driven** war.* ▷ *Sem dúvida, esta guerra é **motivada, causada** pelo dinheiro, travada **em função** do dinheiro.*

● Outras sugestões:

▶ *As with any commodity, price is **driven** by demand.* ▷ *Como acontece com qualquer mercadoria, o preço é **função** da demanda.*
▶ *The motion picture industry is **driven** by profits.* ▷ *A indústria do cinema é **movida** pelo lucro; **gira em torno** do lucro; vive, existe **em função do lucro**; baseia-se, **funciona na base** do lucro, **é questão** de lucro.*

2. **dinâmico, batalhador,** ambicioso, empreendedor, intenso, motivado; cheio de iniciativa, garra, determinação, pique ENTERPRISING

▶ *Since I was little, I've always been very **driven**.* ▷ *Desde pequena sempre fui muito **dinâmica, empreendedora, batalhadora**; sempre tive muita **garra, determinação, pique**.*

driver

- *Both rivals are brilliant, competitive, highly **driven** people.* ▷ *Os dois rivais são brilhantes, competitivos, altamente **motivados, ambiciosos**.*
- *Artists perform best on **internally driven** projects.* ▷ *Os artistas trabalham melhor em projetos que partem de sua própria iniciativa.*

DRIVER s.

1. **motorista,** chofer

- *She's a careful **driver**.* ▷ *Ela é boa **motorista**, **dirige** com prudência.*

2. **fator decisivo, determinante;** alavanca, causa, determinante, empurrão, estímulo, fermento, força, gerador, impulso, incentivo, indutor, influência, inspiração, mola mestra, motivação, motivo, motor, motriz, propiciador, propulsor, razão; força motriz SOURCE

- *These are the major risk **drivers**.* ▷ *Eis os principais **fatores** de risco.*
- *What are the **drivers** of profitable, sustainable growth?* ▷ *Quais são as **alavancas**, os **geradores**, **fatores decisivos** que **geram** o crescimento lucrativo e sustentável?*
- *The foremost **driver** for ISO 9000 registration was customer demand.* ▷ *O principal **fator, causa, motivação, motivo, incentivo, razão** para solicitar o certificado ISO 9000 foi a exigência dos clientes.*
- *Creativity is the **main driver** for economic development.* ▷ *A criatividade é o **motor**, a **mola-mestra** do desenvolvimento econômico.*
- *"O governo deveria ser o principal **indutor** de investimentos."*

• Usar os verbos: atrair, gerar, impulsionar, motivar DRIVE v.

- *The subway is a prime **driver** of tourism for NY.* ▷ *O metrô **atrai, motiva, gera** muito turismo para NY.*

DRIVING FORCE   DRIVER

- *NGOs are the **driving force** behind our policy on AIDS.* ▷ *As ONGs são a **força propulsora, força motriz, mola-mestra**, o **motor** que impulsiona nossa política para a aids.*

DRUDGERY s.   hard WORK

DULL adj.   BORING, STALE

aborrecido, chato, apagado, banal, comum, desinteressante, enfadonho, insípido, insosso, maçante, monótono, morno, morto, parado, pesado, rotineiro, tedioso; sem atrativo, brilho, graça, interesse, movimento, senso de humor; sem-sal, sem vida

- *Unfortunately, many science lessons are very **dull**.* ▷ *Infelizmente, muitas aulas de ciências são **aborrecidas, chatas, tediosas, monótonas**.*
- *How can advertising stimulate sales of **dull** items?* ▷ *Como a publicidade pode estimular a venda de produtos **rotineiros, banais, sem atrativos**?*
- *I dated him once in high school but found him deadly **dull**.* ▷ *Eu namorei com ele no colégio mas achei que ele era muito **chato**, totalmente **sem graça**.*

DUMB adj.   STUPID

DUSK s.   EVENING

anoitecer, noitinha, crepúsculo, entardecer, escurecer, penumbra, semi-escuridão, lusco-fusco, meia-luz; fim de tarde, boca da noite; o cair da tarde, da noite; meia obscuridade, entre cão e lobo

▶ *There is a **dusk** until dawn curfew.* ▷ *O toque de recolher vai desde o **anoitecer, o cair da noite** até o nascer do dia.*
▶ *Watercolor: "Fishing Boats at **Dusk**"* ▷ *Aquarela: "Barcos pesqueiros ao **entardecer, ao cair da tarde**"*

GO DUTCH expr.

dividir a conta, rachar as despesas (literalmente, "à moda dos holandeses")

▶ *Many women don't want to **go Dutch**. They still expect the man to pay for their expenses on a date.* ▷ *Muitas mulheres não querem **dividir a conta**; ainda esperam que o homem pague as despesas num encontro.*

DWINDLE v., **DWINDLING** adj.   DECREASE, DECREASING

E

EAGER adj., **EAGERNESS** s.

ansioso, afoito, animado, ardente, ávido, desejoso, entusiasmado, sedento, sequioso, sôfrego; com ansiedade, sede; *inf.* louco

▶ *The children were **eager** to open the presents.* ▷ *As crianças estavam **ansiosas, numa ansiedade, loucas** para abrir os presentes.*
▶ *My students are so keen and **eager** to learn / have such an **eagerness** to learn.* ▷ *Meus alunos são tão interessados e **ansiosos** para aprender / têm tanta **sede** de aprender.*

EARLY adj., adv.

1. **adiantado,** antecipado, prévio; feito cedo, antecipadamente, previamente, com antecedência, de antemão, em tempo hábil   TIMELY

▶ *I was **early** for my appointment.* ▷ *Cheguei **adiantado, cedo** ao encontro.*
▶ ***Early** payment* ▷ *Pagamento **antecipado***
▶ ***Early** warning* ▷ *Aviso **prévio**, dado **a tempo**, em tempo **hábil**, com antecedência*
▶ *There is no refund for **early** return of vehicle.* ▷ *Não devolvemos dinheiro pelo retorno **antecipado** do veículo.*

2. **inicial,** preliminar; do início, do começo, do passado ≠ LATE

▶ *The **early** 40's / In **early** May* ▷ *O início dos anos 40 / No **início** de maio*
▶ *Our research is still at a very **early** stage.* ▷ *Nossa pesquisa ainda está num estágio muito **inicial, preliminar.***

earnest

▶ *She struggles to repeat her **earlier** successes.* ▷ *Ela luta para repetir seus sucessos **mais antigos, iniciais, do passado, do começo, do inicio**.*

3. **primeiro,** antigo, primitivo; dos primórdios

▶ *These tools were made by the **early** inhabitants of the region.* ▷ *Essas ferramentas foram feitas pelos **primeiros, antigos, primitivos** habitantes da região.*
▶ *In the **early** days man lived in caves.* ▷ ***Antigamente, outrora** o homem vivia em cavernas.*
▶ *He was one of the **early** Picasso collectors.* ▷ *Foi um dos **primeiros, mais antigos** colecionadores de Picasso.*
▶ ***Early** mass production* ▷ *Os **primórdios** da produção em massa*

4. **jovem;** da infância, da juventude, da primeira fase

▶ *The **early** Mozart sonatas* ▷ *As **primeiras** sonatas, as sonatas da **primeira fase, da infância, da juventude**, do jovem Mozart*
▶ ***Early** second language learning* ▷ *Aprendizado de uma segunda língua **na infância***

5. **precoce,** prematuro

▶ ***Early** retirement* ▷ *Aposentadoria **precoce***
▶ ***Early** diagnosis* ▷ *Diagnóstico **precoce***
▶ *He died at the **early** age of 43.* ▷ *Morreu **jovem**, muito **cedo**, **prematuramente**, aos 43.*

• Outras sugestões:

▶ *She's in her **early** 20s.* ▷ *Ela tem 20 **e poucos** anos, está na **faixa** dos 20-25 anos.*
▶ ***Early** bird / **Early** bird breakfast* ▷ *Pessoa **madrugadora** / Café da **madrugada***
▶ ***Early** communists* ▷ *Comunistas **de primeira hora***

• Usar "já":

▶ *This sonata was an **early** indication of his major themes.* ▷ *Essa sonata **já** dava uma indicação dos seus temas principais.*

as early as

▶ *The process was used **as early as** the 1400's in Europe.* ▷ *O processo **já** era usado na Europa nos anos 1400.*

EARNEST adj., EARNESTLY, IN EARNEST adv.

1. **sincero,** aberto, cândido, convicto, genuíno, honesto, leal, sério, verdadeiro; de boa fé; sem dissimulação, sem fingimento HONEST

▶ *He convinced us with his heartfelt, **earnest** words.* ▷ *Ele nos convenceu com palavras **sinceras**, vindas do coração.*
▶ *We are moved by an **earnest** desire to reach a fair solution.* ▷ *O que nos move é o desejo **sincero, genuíno** de encontrar uma solução justa.*
▶ *(adv.) We **earnestly** hope that a good solution will be reached.* ▷ *Esperamos **sinceramente** que se chegue a uma boa solução.*
▶ *I spoke **in earnest**.* ▷ *Falei **a sério**, com toda a **sinceridade, convicção**, não de brincadeira.*

2. **sério, empenhado,** decidido, dedicado, diligente KEEN

▶ *They are **earnest** students, very hard-working.* ▷ *São alunos muito **sérios, empenhados, dedicados, diligentes**, muito estudiosos.*

▶ The government is making **earnest** efforts to curb corruption. ▷ O governo está fazendo esforços **sérios, decididos** para reprimir a corrupção.

EARTHLY adj.   MATERIAL

mundano, terreno, carnal, físico, material, sensorial, terrestre; da Terra

▶ The prince devoted himself to **earthly** pleasures like sex and good food. ▷ O príncipe se dedicava aos prazeres **mundanos, terrenos** (NÃO "à conquista de ~~territórios~~"...!) como sexo e boa comida.
▶ This island is an **earthly** paradise. ▷ Essa ilha é um paraíso **terrestre**.
▶ What is the purpose of our **earthly** existence? ▷ Qual é o propósito da nossa existência **terrena**?
▶ (Tsunami victim:) She saw all her **earthly** possessions being swept away into the sea. ▷ Ela viu todas as suas posses **terrenas**, seus bens **materiais** serem tragados pelo mar.

EAST s., adj. EASTERN adj.   WEST, WESTERN

> NÃO traduza como "leste", "do leste" quando a tradução consagrada é "Oriente", "oriental":
> Read about Japan and life in the **East**. ▷ Leia sobre o Japão e a vida no **Oriente**. (NÃO no "~~leste~~"....!)

1. **leste,** nascente

▶ Our next trip will be **East**, toward the rising sun. ▷ Nossa próxima viagem será para o **leste**, para o sol nascente.
▶ We visited New York, Boston, and other cities along the **East** Coast. ▷ Visitamos Nova York, Boston e outras cidades da Costa **Leste**.
▶ The population is concentrated in the **eastern** part of the country. ▷ A população se concentra na parte **leste** do país.
▶ We left the city and headed **eastwards**. ▷ Saímos da cidade e seguimos para o **leste**, o **nascente**.

2. **oriente;** oriental; do leste

▶ Middle **East** ▷ **Oriente** Médio
▶ Far **East** ▷ Extremo **Oriente**
▶ **East** Indies ▷ Índias **Orientais**
▶ **East** Berlin, **East** Germany ▷ Berlim **Oriental**, Alemanha **Oriental**
▶ Many immigrants came from **eastern** European countries like Russia, Poland and Hungary. ▷ Muitos imigrantes vieram de países da Europa **Oriental** / Europa **do Leste** / **Leste** europeu, como Rússia, Polônia e Hungria.
▶ "Oh, **East** is **East**, and West is West, and never the twain shall meet." ("The Ballad of East and West," by Rudyard Kipling) ▷ Ah, **Oriente** é **Oriente**, Ocidente é Ocidente, e os dois jamais se encontrarão.

take it EASY expr.

▶ Hey, Tom, **take it easy!** ▷ **Calma**, Tom! **Calminha! Não se afobe! Não se apavore! Não esquente a cabeça!**

EASY-GOING adj.   MELLOW

cordato, tranqüilo, afável, bonachão, calmo, conciliador, lhano, pacato, paciente, sereno, sossegado, tolerante; fácil de lidar; *inf.* boa-praça

echo

▶ *He was a friendly, sweet-tempered, **easy-going** type of guy.* ▷ *Era um sujeito simpático, doce, **tranqüilo, afável, boa praça**.*

ECHO v.

> Nem sempre "ecoar" é uma boa tradução para **echo.** Atenção ao contexto!

1. ecoar, ressoar

▶ *Our footsteps **echoed** through the silent street.* ▷ *Nossos passos **ecoavam** pela rua silenciosa.*

2. repetir

▶ *"He's dead!" cried Helen. "Dead!" **echoed** Amy, stunned.* ▷ *"Ele morreu!" exclamou Helen. "Morreu!" **repetiu** Amy, atônita.*

3. repercutir, ressoar, reverberar; ter repercussão, ressonância, influência

▶ *These ideas **echoed** throughout Europe.* ▷ *Essas idéias **repercutiram, tiveram repercussão, exerceram influência** em toda a Europa.*

4. concordar, aprovar, compartilhar, endossar, refletir, representar; estar em concordância, harmonia
SYMPATHIZE

▶ *Prof. Smith **echoes** other scientists' concerns.* ▷ *O prof. Smith **concorda, compartilha, endossa** as preocupações de outros cientistas.*

▶ *We must pull together and make this election **echo** our concerns.* ▷ *Precisamos nos unir e fazer esta eleição **refletir, representar** nossas preocupações.*

ECSTATIC adj.

> **Ecstatic** NÃO é "estático" (**static, still**) mas sim "extático", "em êxtase", "em delírio":
> *The winning team was acclaimed by an **ecstatic** crowd.* ▷ *O time vencedor foi aclamado por uma multidão **em delírio**.*

1. em êxtase, em transe (místico) ENRAPTURED

▶ *They claimed to have seen Jesus in **ecstatic** revelations.* ▷ *Afirmavam ter visto Jesus em revelações experimentadas **em êxtase, em transe**.*

2. extasiado, encantado, arrebatado, delirante, enlevado, exultante, felicíssimo, jubilante, maravilhado, radiante; em delírio, êxtase, transe; num transporte de felicidade

▶ *The missing girl's parents were **ecstatic** at her safe return.* ▷ *Os pais da menina desaparecida ficaram **radiantes, exultantes, felicíssimos, extasiados de felicidade** com sua volta.*

▶ *The audience broke into **ecstatic** cheers.* ▷ *O público irrompeu em aplausos **delirantes**.*

• Outras sugestões:

▶ *She seemed to be above the earth in some **ecstatic** dream.* ▷ *Ela se sentia pairando no ar, num sonho de **felicidade, bem-aventurança**.*

▶ Newspapers were **ecstatic**: "We Won", "Victory is Ours!" ▷ *Os jornais **exultavam, deliravam**: "Vencemos", "A Vitória é Nossa!"*

◊ Existe "extático" em português com o mesmo sentido do inglês, mas é pouco usado.

EDGE s.

1. **margem,** beira, beirada, borda
▶ *We were at the **edge** of the precipice.* ▷ *Estávamos à **beira** do precipício.*
▶ *The dishes had chipped **edges**.* ▷ *Os pratos tinham as **bordas** lascadas.*

2. **fio** (da faca, da espada); vigor, qualidade cortante, incisiva
▶ *Use a knife with a sharp **edge**.* ▷ *Use uma faca com o **fio** bem afiado.*
▶ *Critics say his songs don't have any **edge** anymore.* ▷ *Os críticos dizem que suas canções perderam o **vigor, pique, originalidade, interesse**.*

3. **vantagem, superioridade,** diferencial; diferença positiva
▶ *These drugs give athletes an unfair **edge**.* ▷ *Essas drogas dão uma **vantagem** desleal aos atletas.*
▶ *We offer our customers one massive **edge**: industry-leading performance.* ▷ *Oferecemos aos nossos clientes um enorme **diferencial, superioridade**: desempenho líder no setor.*

cutting edge adj. CUTTING edge

EDUCATE v.

1. **educar, ensinar,** informar
▶ *Our group tries to **educate** the public about gay rights.* ▷ *Nosso grupo procura **educar, informar** o público sobre os direitos dos homossexuais.*

2. **aprender,** educar-se, estudar, informar-se, inteirar-se; ter aulas
▶ *I can use e-learning and be **educated** over the internet.* ▷ *Posso usar o aprendizado à distância e **estudar, aprender, ter aulas** pela internet.*
▶ *We must **educate** ourselves about our risk for heart diseases.* ▷ *Precisamos **nos informar bem** sobre os riscos das doenças cardíacas.*

EDUCATED adj.

> **Educated** NÃO significa "bem educado" (POLITE, **courteous, good-mannered**).
> *The country is rich in **well educated** people with university diplomas.* ▷ *O país tem muita gente **instruída, muito bem formada, qualificada, com instrução superior**.*

1. **instruído, culto,** cultivado, educado, esclarecido, estudado, formado, ilustrado, letrado, preparado; com escola, escolaridade, estudos, instrução superior GRADUATE
▶ *American companies are tapping low-cost **educated** labor in India.* ▷ *As empresas americanas estão aproveitando a mão-de-obra **educada, de boa escolaridade, bom nível educacional** da Índia.*

education

- He's the most **highly educated** president our country has had. ▷ Ele é o presidente mais **culto, instruído, ilustrado** que nosso país já teve.

2. bem informado KNOWLEDGEABLE

- Most people on the forum made objective and **well educated** comments. ▷ A maioria dos participantes do fórum fez comentários objetivos e **bem informados**.
- An executive must make **educated** choices. ▷ Um executivo deve tomar decisões **bem informadas**.
- I don't have the definite figures, but I can make an **educated** guess. ▷ Não tenho os números exatos, mas posso arriscar um palpite, **com base nas informações que tenho**.

• Contraste: **educado** (português) ≠ **educated** (inglês)

- Ser uma pessoa amável e **bem educada** é uma grande vantagem na vida. ▷ Being friendly and **well-brought up, good-mannered** is a great asset in life.
- Ele é um advogado **formado** em Harvard. ▷ He is a Harvard-**educated** lawyer.

EDUCATION s.

> **Education** NÃO significa "boa educação" (POLITENESS, **good manners**).

1. educação, ensino, aprendizado, cultura, erudição, escola, escolaridade, estudo, estudos, formação, informação, informações, instrução, intelecto; nível cultural, intelectual; nível de escolaridade COLLEGE, FACULTY

- **Education** is the key to progress. ▷ A **educação, o estudo** é a chave do progresso.
- Travelling the world is the best **education** a child can have. ▷ Viajar pelo mundo é a melhor **escola, formação** que se pode dar a um filho.
- Poverty goes hand in hand with **poor education**. ▷ A pobreza acompanha o **baixo nível de escolaridade**.
- This film is a fantastic **education** about the Irish problem. ▷ Este filme dá **informações** completas, é uma **aula** fantástica sobre o problema da Irlanda.

2. prática, treinamento SKILL

- Before going camping, you must have an education in using ropes, a hatchet, and lighting a fire without matches. ▷ Antes de acampar você deve adquirir prática, treinamento, aprender a usar cordas, machadinha e acender fogo sem fósforos.

EERIE adj., EERILY adv.   HAUNTING, WEIRD

estranho, sinistro, assustador, desconhecido, espantoso, fantasmagórico, inquietante, insólito, misterioso, perturbador, sobrenatural, soturno, surreal

- We heard the **eerie** sound of the wind in the treetops. ▷ Ouvimos o barulho **sinistro, soturno** do vento nas árvores.
- Now there was an **eerie** quiet. ▷ Reinava um silêncio **estranho, fantasmagórico, lúgubre**.
- She had the **eerie** feeling that she had been there before. ▷ Teve uma sensação **estranha, meio sobrentural** de já ter estado ali.
- (adv. - After the Olympic Games:) The huge, modern sports facilities stand eerily empty. ▷ As enormes e modernas instalações esportivas estão estranhamente vazias.

◊ **Eerie** combina os conceitos de "estranho", "fantasmagórico" e "inquietante".

EFFECTIVE adj., EFFECTIVELY adv.

1. **efetivo, adequado,** bom, eficaz, eficiente, melhor, produtivo
   - ▶ The most **effective** leadership is by example. ▷ A liderança mais **efetiva, eficiente, eficaz / a melhor** liderança é pelo exemplo.
   - ▶ (adv.) We must learn to work more **effectively**. ▷ Precisamos aprender a trabalhar **melhor**, de maneira mais **eficiente**, mais **produtiva**.

2. **convincente,** forte, marcante, vigoroso; de efeito, de grande, bom efeito COMPELLING
   - ▶ An **effective** speech ▷ Um **bom** discurso, um discurso **convincente, de grande efeito**

3. **vigente, em vigor,** válido, que se aplica
   - ▶ The cease-fire is **effective** immediately. ▷ O cessar-fogo entra **em vigor** a partir de já.

EFFORT s.

1. **esforço**
   - ▶ These fractures were caused by excessive **effort**. ▷ Essas fraturas foram causadas pelo excesso de **esforço**.

2. **iniciativa, campanha,** ação, atividade, empreendimento, esforço, manobra, medida, movimento, plano, programa, providência, realização, tentativa DRIVE, PURSUIT
   - ▶ There have been many **efforts** to reduce poverty in the region. ▷ Já houve muitas **iniciativas, atividades, medidas, tentativas** de reduzir a pobreza na região.
   - ▶ The CEO led a major organizational change **effort**. ▷ O CEO chefiou um grande **programa, projeto, empreendimento, campanha** de mudança organizacional.

EGREGIOUS adj.

> **Egregious** tem sentido negativo, mas "egrégio", em português, é positivo:
> He's an **egregious** liar. ▷ É um **rematado** mentiroso.
> Oswaldo Cruz foi um **egrégio** brasileiro. ▷ Oswaldo Cruz was a **noted, eminent, illustrious, renowned** Brazilian.

flagrante, chocante, deslavado, rematado, revoltante OUTRAGEOUS, BLATANT
- ▶ This is an **egregious** lie. ▷ É uma mentira **flagrante, deslavada**.
- ▶ They reserve the death penalty for really **egregious** behavior, such as premeditated murder. ▷ Eles reservam a pena de morte para comportamentos realmente **chocantes, revoltantes**, como assassinato premeditado.

ELECTIVE adj.

1. **eletivo,** eleitoral
   - ▶ **Elective** office ▷ Cargo **eletivo** (que se preenche por eleição)

2. **eletivo,** facultativo, opcional, optativo
   - ▶ **Elective** surgery / procedure ▷ Cirurgia **eletiva, opcional** (não imprescindível)

elude

▶ *Students must take four mandatory subjects and two **elective** subjects.* ▷ *Os alunos devem fazer quatro matérias obrigatórias e duas **optativas**.*

ELUDE v.

> **Elude** NÃO é "iludir" (**delude, mislead,** DECEIVE).

esquivar-se, escapar, despistar, desvencilhar-se, desviar-se, driblar, eludir, escamotear-se, escapulir, evadir-se, evitar, eximir-se, fugir, furtar-se, negacear, safar-se; escapar com astúcia, inteligência

▶ *He managed to **elude** the Border Patrol.* ▷ *Conseguiu **fugir, escapar, despistar** a guarda fronteiriça.*
▶ *I managed to **elude** their blows.* ▷ *Consegui **evitar**, me **esquivar**, me **safar** dos golpes.*
▶ *Her name **eludes** me.* ▷ *Seu nome me **escapa**, me **foge**.*

• Outras sugestões:

▶ *The solution has **eluded** hundreds of scientists.* ▷ *A solução já **foi procurada, em vão**, por centenas de cientistas.*
▶ *Although the band enjoys much regional success, national success has **eluded** them so far.* ▷ *A banda tem muito sucesso regional, mas até agora **não alcançou** sucesso nacional.*

ELUSIVE adj.

> Cuidado com a palavra "esquivo" em usos pouco idiomáticos em português!
> *Lasting peace has always been an **elusive** goal.* ▷ *A paz duradoura sempre foi um objetivo **fugidio, difícil, quase impossível de alcançar**. (Melhor que "meta ~~esquiva~~"...!)*

1. **arisco,** arredio, esquivo, evasivo, fugidio

▶ *Tigers are very **elusive**, rarely seen by man.* ▷ *O tigre é um animal muito **arisco, arredio, esquivo**, raramente avistado.*

2. **difícil,** dificílimo; difícil de alcançar, apreender, captar, capturar, conquistar, conseguir, encontrar, pegar

▶ *He is the most feared – and **elusive** – man in Colombia.* ▷ *Ele é o homem mais temido da Colômbia – e o mais **procurado, difícil de capturar**.*
▶ *Precise statistics on domestic violence are **elusive**.* ▷ *Estatísticas exatas sobre a violência doméstica são **difíceis de conseguir**.*

• **Elusive** NÃO é "ilusório", uma ilusão" (**illusory**).

▶ *Despite many years of research, a cure for AIDS has remained an **elusive** goal.* ▷ *Apesar de muitos anos de pesquisas, a cura da AIDS continua sendo uma **meta não atingida, dificílima de alcançar**. [NÃO "uma meta ~~ilusória~~", isto é, impossível de alcançar.]*

3. **impalpável, misterioso,** enigmático, impenetrável, incompreensível, indefinível, inexplicado, inexplicável, obscuro, vago; um enigma; difícil de captar, compreender, conquistar, definir, descrever, lembrar; um mistério MYSTIFYING

▶ *The meaning of these modern works of art can be quite **elusive**.* ▷ *O significado dessas obras de arte* *modernas pode ser muito **obscuro, enigmático, impenetrável, difícil de captar**.*

▶ *"Some things need to remain **elusive** and mysterious. If TV can ruin sex, I do not want TV." (Bernardo Bertolucci, NYT).* ▷ *Certas coisas precisam continuar **incompreensíveis, inexplicáveis, impalpáveis, indefiníveis** e misteriosas. Se a TV estraga o sexo, então não quero TV.*

EMBARRASS v., EMBARRASSING adj.

envergonhar, constranger, incomodar

▶ *Why don't you want to introduce me to your friends? What is it, exactly, in me, that **embarrasses** you?* ▷ *Por que você não quer me apresentar aos seus amigos? O que há de errado em mim que deixa você **envergonhado**?*
▶ *(adj.) **Embarrassing** questions* ▷ *Perguntas **constrangedoras, embaraçosas***
▶ *I won't tell, it's **embarrassing**.* ▷ *Não vou contar, **tenho vergonha**.*

EMBARRASSED adj., EMBARRASSMENT s.

envergonhado, constrangido, atrapalhado, confrangido, contrafeito, desenxabido, embaraçado, encabulado, incomodado, mortificado, perturbado; (todo) sem jeito, sem graça; pouco à vontade; com vergonha, com a cara no chão

▶ *When they all stared at me I was terribly **embarrassed**.* ▷ *Quando todos olharam para mim, fiquei morrendo de **vergonha, constrangido, encabulado, mortificado, com a cara no chão**.*
▶ *(subst.) I felt that my presence was a source of **embarrassment** to my parents.* ▷ *Senti que minha presença devia estar causando **constrangimento, mal-estar** aos meus pais.*
▶ *Financial **embarrassments*** ▷ ***Dificuldades** financeiras*

EMBATTLED adj.   STRUGGLING

atacado, acossado, acuado, cercado, sitiado; em maus lençóis, em fase difícil, enfrentando sérias críticas, dificuldades, problemas; lutando para sobreviver; muito criticado, alvo de críticas, de polêmicas

▶ *The **embattled** pop star faces child molestation charges.* ▷ *O cantor, **duramente criticado, atacado**, enfrenta acusações de abuso de menores.*
▶ *The **embattled** company is deep into the red.* ▷ *A firma, **passando por uma fase difícil, enfrentando sérios problemas, lutando para sobreviver**, está afundada no vermelho.*

EMBEDDED adj.

1. infiltrado

▶ *Embedded journalists* ▷ *Jornalistas **infiltrados, integrados** às tropas (que acompanham os militares no campo de batalha)*

2. acoplado, inserido, embutido, implantado, incluído, incrustado, integrado   BUILT-IN

▶ *Cell phones with **embedded** digital cameras* ▷ *Celulares com câmeras digitais **acopladas, integradas, embutidas***
▶ *Each pet comes with **embedded** microchip for identification.* ▷ *Cada animal vem com um microchip **implantado** para identificação.*
▶ *There are many risks **embedded** in this project.* ▷ *Há muitos riscos **embutidos, inseridos** no projeto.*

3. entranhado, enraizado, inerente, internalizado

embrace

▶ *The problem is fundamental, **embedded** in the economic system itself.* ▷ *É um problema fundamental, **entranhado, enraizado, inerente** ao próprio sistema econômico.*

EMBRACE v.

1. abraçar, enlaçar

▶ *We saw a couple **embracing** in the airport.* ▷ *Vimos um casal se **abraçando** no aeroporto.*

2. adotar, aceitar, abraçar, acatar, acolher, aderir, aprovar, assimilar, assumir, concordar, eleger, escolher, esposar, seguir; optar por, tomar o caminho; aceitar bem, de bom grado; adotar, receber com entusiasmo, de braços abertos; *inf.* vestir a camisa   BELIEVE

▶ ***Embrace** these changes. They are going to happen whether you like it or not!* ▷ ***Trate de adotar, acolher, aceitar bem, de bom grado** essas mudanças, **receba-as de braços abertos, com entusiasmo**. Elas vão acontecer de qualquer maneira, quer você queira, quer não!*

▶ *We believe employees should **embrace** the organization's values.* ▷ *Acreditamos que os funcionários devem **adotar, assumir, aderir** aos valores, **vestir a camisa** da empresa.*

▶ *We **embrace** democracy.* ▷ *Nós **abraçamos, escolhemos, esposamos, seguimos, optamos** pela democracia.*

EMERGE v., EMERGING adj

> Não use "emergir" inadequadamente:
> *New leaders often **emerge** in times of change.* ▷ *Numa época de mudança é comum **surgirem** (NÃO "emergirem"...!) novos líderes.*

1. surgir, aparecer, despontar, nascer   FLEDGLING

▶ *New writers constantly **emerge**.* ▷ *Novos escritores estão sempre **aparecendo, despontando**.*

▶ *(adj.) Our consulting firm researches **emerging** social, economic, and technological trends.* ▷ *Nossa consultora pesquisa as **novas, recentes** tendências sociais, econômicas e tecnológicas **que estão surgindo**.*

2. evidenciar-se, manifestar-se, revelar-se, transparecer, ficar evidente

▶ *Eventually the truth **emerged**.* ▷ *Por fim a verdade **veio à tona, se revelou, transpareceu**.*

▶ *It **emerged** that he was not her real father.* ▷ *Acabou **se revelando** que ele não era o seu verdadeiro pai.*

3. emergir, aflorar, vir à tona

▶ *Seals must **emerge** periodically to breathe.* ▷ *As focas precisam **vir à tona** de tanto em tanto para respirar.*

4. sair (de uma sala, lugar fechado)

▶ *After one hour the two leaders **emerged** from the meeting room.* ▷ *Depois de uma hora os dois líderes **saíram** da sala.*

EMPATHIZE v.   SYMPATHIZE

solidarizar-se, sentir empatia; compreender, condoer-se, identificar-se; sentir pena, compaixão, solidariedade; compartilhar os sentimentos; avaliar o problema, a dor alheia; colocar-se no lugar dos outros; *inf.* sentir o drama

▸ *I had lost a child too – I couldn't help but **empathize** with him in his predicament.* ▷ *Eu também tinha perdido um filho – não podia deixar de **me identificar, colocar-me no lugar dele, avaliar, compreender o problema** dele, **me condoer, sentir o drama** dele.*

EMPATHY s.   SYMPATHY

empatia, compreensão, carinho, identificação, simpatia

▸ *He's an arrogant boss with no **empathy** whatsoever.* ▷ *É um chefe arrogante, sem a menor **empatia, compreensão**.*
▸ *She was an idealistic doctor who had great **empathy** with her patients.* ▷ *Era uma médica idealista, com muita **simpatia, carinho** pelos pacientes.*

EMPHASIS s., EMPHASIZE v.

> Há opções mais idiomáticas que "ênfase" e "enfatizar":
> *Public health services should **emphasize** preventive medicine.* ▷ *Os serviços de saúde pública deveriam **priorizar, dar prioridade** (melhor que ~~"enfatizar"~~...) à medicina preventiva.*

1. **destacar, ressaltar,** acentuar, apontar, assinalar, calcar, destacar, enfatizar, frisar, grifar, marcar, priorizar, realçar, reforçar, salientar; chamar a atenção, deixar claro, bem claro; dar (mais) destaque, ênfase, importância, prioridade, realce; pôr em evidência, destaque, primeiro plano, relevo   STRESS, FOCUS

▸ *The author **emphasizes** the role of the family in human behavior.* ▷ *O autor **ressalta, destaca, aponta, assinala, salienta, põe em relevo, em destaque** o papel da família no comportamento humano.*

2. **valorizar, preferir,** priorizar; dar (mais) importância, prioridade, valor   APPRECIATE

▸ ***Emphasize** your children's achievements, no matter how small.* ▷ ***Valorize, dê valor, importância** às realizações de seus filhos, por menores que sejam.*
▸ *The research **emphasizes** consumption, while **de-emphasizing** other key factors.* ▷ *A pesquisa **dá muita importância, ênfase, destaque, valor** para o consumo, enquanto **subestima** outros fatores relevantes.*
▸ *(subst.) Our government places a heavy **emphasis** on education.* ▷ *Nosso governo dá grande **destaque, importância, realce, prioridade, relevância** à educação.*

EMPHATIC adj.   COMPELLING

enfático, incisivo, bem marcado, destacado, eloqüente, forte, indisfarçado, insistente, intenso, veemente, vigoroso

▸ *Emphatic protest* ▷ *Protestos **eloqüentes, vigorosos, incisivos***
▸ *Emphatic denial* ▷ *Negativa **veemente, enfática***

EMPOWER v.

1. **dar poder, poder de decisão, controle;** emancipar, fortalecer; dar, delegar mais poderes, poder real, poder de fogo; dar autoridade, autonomia, participação, possibilidade de ação, voz, voz ativa, voz e vez; promover, fortalecer, resgatar a autonomia, a cidadania, o papel, os direitos   ENFRANCHISE

empowered

▶ *Empowering* women is key to ending poverty. ▷ Dar **poder real, poder de cidadania, poder de fogo** / Dar mais **controle, voz e vez** às mulheres é fundamental para acabar com a pobreza.

2. **capacitar,** habilitar, possibilitar

▶ It is not enough to put technology in schools; we must *empower* teachers to use it effectively. ▷ Não basta colocar a tecnologia nas escolas; precisamos **capacitar, habilitar** os professores a utilizá-la bem.

▶ These filtering devices *empower* parents to block TV content inappropriate for children. ▷ Esses filtros **possibilitam** aos pais bloquear conteúdos impróprios para crianças.

- Outras sugestões: BOOST

▶ *Empower* your computer! ▷ Dê uma **turbinada** no seu micro!
▶ Learn more about the United Nations efforts to *empower* women. ▷ Saiba mais sobre as iniciativas da ONU para **promover, incentivar o avanço, o progresso** das mulheres.

EMPOWERED adj.

▶ We workers need to run our own business. Only then can we really be *empowered*. ▷ Nós, os funcionários, precisamos administrar nosso próprio negócio. Só assim é que de fato **teremos poder, controle**.

▶ Employees are *empowered* to solve some problems on the spot. ▷ Os funcionários têm **autonomia, poder de decisão** para resolver certos problemas no próprio local.

▶ "Os meninos do tráfico querem dinheiro para sobreviver, mas também **voz, poder**. Mesmo sabendo que podem pagar com a vida, acham melhor que não ser nada." (MV Bill em Época)

EMPOWERMENT s.

poder de decisão, decisório, de ação, de fogo; emancipação, fortalecimento; maior, mais poder, autoridade, autonomia, controle, participação; resgate, pleno exercício dos direitos, da cidadania; participação ativa no processo decisório

▶ We are struggling for the *empowerment* of grassroots institutions. ▷ Estamos lutando pelo **fortalecimento,** para dar **mais poder de decisão** às instituições de base.
▶ Black *Empowerment* ▷ **Cidadania** Negra

- Usar verbos: EMPOWER

▶ The *empowerment* of women is a key element in slowing population growth. ▷ **Emancipar, dar cidadania, poder de decisão, fortalecer o papel, a autonomia, os direitos** das mulheres é fundamental para reduzir o crescimento populacional.

ENCOURAGE v., ENCOURAGING adj.

> Há opções mais idiomáticas que "encorajar":
> We've always tried to *encourage* our children to do new, exciting things. ▷ Sempre procuramos **incentivar, estimular** nossos filhos a fazer coisas novas e interessantes.

incentivar, estimular, alentar, animar, apoiar, encorajar, entusiasmar, fomentar, incitar, induzir, inspirar, instigar, levar, motivar, persuadir; dar coragem, força, esperança, alma nova

▶ *She's always **encouraged** me in difficult times.* ▷ *Ela sempre me **apoiou, animou**, me **deu coragem, força** nas horas difíceis.*

▶ *We must **encourage** private investments.* ▷ *Precisamos **incentivar, estimular, fomentar** os investimentos privados.*

▶ *War and poverty **encourage** many to emigrate.* ▷ *A guerra e a pobreza **motivam, levam, induzem** muitos a emigrar.*

▶ *(adj.) We got a very **encouraging** response.* ▷ *Tivemos uma reação muito **animadora, inspiradora, positiva**.*

ENCOURAGEMENT s.

incentivo, estímulo, alento, ânimo, apoio; *inf.* força

▶ *I have been very lucky – I got lots of **encouragement** from my parents and teachers.* ▷ *Tenho tido muita sorte – recebi muito **estímulo, apoio**, muita **força** dos meus pais e professores.*

at the END of the day expr.   ULTIMATELY

> Em geral se emprega no sentido figurado!
> *At the end of the day, it's always all about money.* ▷ *No fim das contas, em última análise* (NÃO "~~no fim do dia~~"...!) *tudo é questão de dinheiro.*

afinal, afinal de contas, no fim das contas, pensando bem, em conclusão, em última análise, soma total

▶ *At the end of the day, what really matters is that you're happy.* ▷ ***Afinal de contas, pensando bem**, o que realmente importa é que você seja feliz.*

• Compare – atenção ao contexto:

▶ *At the end of the day we went back to our camp for dinner.* ▷ ***No final do dia** voltamos ao acampamento para jantar.*

▶ *At the end of the day, only you can decide which profession to pursue.* ▷ ***Afinal, no fim das contas**, só você pode decidir qual profissão seguir.*

make ENDS meet expr.

▶ *It's hard for a young couple to **make ends meet**.* ▷ *É difícil para um casal jovem **equilibrar o orçamento, viver com o que ganha, dar conta das despesas, pagar as contas**.*

▶ *"Os assalariados se equilibram, dão saltos, piruetas e vivem na corda bamba pra pagar as contas no final de cada mês." (www.unama.com.br)*

ENDEAR v.

cativar, conquistar, granjear a simpatia, a estima, a afeição; tornar-se querido, estimado, benquisto, simpático

▶ *Her cheerful disposition **endears** her even to her political opponents.* ▷ *Seu temperamento alegre a torna **simpática, estimada, querida, benquista** / ganhou a **simpatia**, a **estima** até dos seus adversários políticos.*

endearing

▸ *His noisy parties did not **endear** him to his neighbors.* ▷ *Suas festas barulhentas não o tornavam nada **simpático** aos vizinhos.*

ENDEARING adj.   CUTE, LOVABLE

carinhoso, querido, amado, cativante, dileto, encantador, enternecedor, estimado, meigo, simpático, terno

▸ *She gave him **endearing** nicknames.* ▷ *Ela lhe dava apelidos **carinhosos, ternos, meigos**.*
▸ *She has a foreign accent that only makes her more **endearing**.* ▷ *Ela tem um sotaque estrangeiro que a torna ainda mais **simpática, querida, cativante**.*
▸ *An elderly couple holding hands – that's **endearing**.* ▷ *Um casal de idade andando de mãos dadas – que coisa mais **querida, encantadora**!*

ENDEAVOR s., v.   EFFORT, WORK HARD

▸ *Amundsen's journey to the South Pole was an amazing feat of human **endeavor**.* ▷ *A viagem de Amundsen ao Pólo Sul foi uma proeza espantosa do **esforço, valor** humano.*
▸ *(v.) We will **endeavor** to find a solution.* ▷ *Vamos nos **esforçar ao máximo**, nos **empenhar**, nos **desdobrar**, **fazer todos os esforços** para encontrar uma solução.*

◊ **Endeavor** realça o esforço e a importância da tarefa. O navio do Capitão Cook que explorou o Pacífico se chamava *Endeavour*, assim como um dos ônibus espaciais (space shuttles) americanos.

ENFORCE v., ENFORCEMENT s.

> **Enforce** em geral NÃO é "forçar" (**force**) nem "reforçar" (**reinforce**).

aplicar, fazer cumprir; executar, implementar, impor; pôr em prática, em vigor; fazer respeitar, valer, vigorar na prática; garantir o cumprimento, exigir a aplicação

▸ *This law exists on the books, but it's difficult to **enforce**.* ▷ *No papel a lei existe, mas é muito difícil de **aplicar, impor, fazer cumprir, pôr em prática**; na prática não vigora.*
▸ *(subst.) The laws exist, but **enforcement** is difficult.* ▷ *As leis existem, mas é difícil **colocá-las em vigor**, exigir que sejam **cumpridas, respeitadas**.*
▸ ***Law-enforcement** agents* ▷ *Agentes da lei, fiscais, autoridades (judiciais e policiais) encarregadas da **aplicação**, do **cumprimento das leis***

ENFRANCHISE v., ENFRANCHISEMENT s.

1. conceder, conquistar o direito ao voto ≠ DISENFRANCHISE

▸ *Women in Britain were first **enfranchised** in 1918.* ▷ *Na Grã-Bretanha as mulheres **conquistaram o direito ao voto** em 1918.*
▸ *(subst.) Many white southerners tried to prevent the **enfranchisement** of black people.* ▷ *Muitos brancos sulistas tentaram evitar que os negros conseguissem o **direito ao voto**.*

2. emancipar, libertar; incluir na sociedade; dar, conferir, conceder cidadania, direitos civis, inclusão, liberdade de ação   EMPOWER

▶ He promised his government would **enfranchise** the poor. ▷ Prometeu que seu governo daria mais **inclusão**, mais **direitos de cidadania** à classe pobre.
▶ The challenge is to **enfranchise** employees to invent new processes. ▷ O desafio é **emancipar** os funcionários, dar-lhes **liberdade de ação** para que possam inventar novos processos.

ENGAGING adj.   COMPELLING

▶ In the lab students can explore science in a more **engaging** way. ▷ No laboratório os alunos podem explorar a ciência de uma maneira mais **envolvente, atraente, cativante, interessante**.

ENGINEER s.

> Pode ser "engenheiro" ou "maquinista" – atenção ao contexto!
> I never went to college. I've spent my whole life as an **engineer**, driving trains and subways. ▷ Não fiz faculdade. Passei a vida toda como **condutor** (NÃO "engenheiro"...!) de trens e metrôs.

1. **engenheiro** (vem de **engine** como "motor")
▶ If you are interested in designing trains, you can study engineering and become an electrical or mechanical **engineer**. ▷ Se você se interessa por projetar trens, pode estudar engenharia e tornar-se um engenheiro elétrico ou mecânico.

2. **maquinista,** condutor de trem (vem de **engine** como "locomotiva")
▶ If you are interested in driving trains, you can become an **engineer**. ▷ Se você se interessa por conduzir trens, pode tornar-se um **maquinista**.
▶ Fortunately, the **engineer** managed to halt the train in time. ▷ Felizmente o **maquinista** conseguiu parar o trem a tempo.

ENGROSSED adj.

> **Engrossed** não tem nada a ver com "engrossar"!

absorto, absorvido, concentrado, enfronhado, entretido, envolvido, imerso, mergulhado
▶ I was so **engrossed** in my book that I didn't hear Tom coming. ▷ Estava tão **absorvida, envolvida, enfronhada, mergulhada** no meu livro que nem escutei Tom chegar.

ENGROSSING adj.   RIVETING

ENHANCE v.   IMPROVE

aperfeiçoar, refinar, acentuar, aprimorar, apurar, aumentar, beneficiar, elaborar, embelezar, enriquecer, favorecer, fortalecer, intensificar, melhorar, realçar, reforçar, valorizar; dar mais brilho; melhorar a qualidade; *inf.* incrementar
▶ This software will help you **enhance** your pictures. ▷ Este software o ajudará a **aperfeiçoar, refinar, aprimorar, melhorar a qualidade** das suas fotos.

enjoy

- ▶ *The beauty of the gardens was **enhanced** by the backdrop of snow-clad mountains.* ▷ *A beleza dos jardins era **realçada, acentuada, valorizada** pelas montanhas nevadas ao fundo.*
- ▶ *Consciousness-**enhancing** drugs* ▷ *Drogas que **aumentam, intensificam** a consciência*
- ▶ ***Enhance** your web page by adding links and animation.* ▷ *Você pode **enriquecer, incrementar** sua página inserindo links e animações.*

◊ Qual a diferença entre **enhance** e **improve**? **Improve** denota melhorar algo insatisfatório, ao passo que **enhance** significa aperfeiçoar, refinar algo que já é bom.

ENJOY v.   APPRECIATE

gostar muito, desfrutar, adorar, agradar-se, apreciar, aproveitar, comprazer-se, degustar, fruir, gozar, saborear, sorver, usufruir; achar gostoso, fazer algo com gosto, com prazer; ter, sentir prazer em; *inf.* curtir

- ▶ *I **enjoy** sitting under the trees.* ▷ ***Gosto muito, acho gostoso** sentar debaixo das árvores.*
- ▶ *The secret of happiness? **Enjoy** the small pleasures.* ▷ *O segredo da felicidade? **Apreciar, saborear, usufruir, desfrutar, curtir** os pequenos prazeres.*
- ▶ ***Enjoy** life!* ▷ ***Aproveite** a vida!*
- ▶ ***Enjoy** dinner!* ▷ ***Bom apetite!***

- **Na negativa: don't enjoy**

- ▶ *I **don't enjoy** that kind of show.* ▷ *Não **gosto**, não **aprecio**, não **curto** esse tipo de programa. / Esses programas não me **agradam**.*
- ▶ *Many Islamic women **don't enjoy** much freedom.* ▷ *Muitas mulheres islâmicas não **desfrutam**, não **gozam** de muita liberdade.*

ENJOY ONESELF v.   have FUN

divertir-se, adorar, deleitar-se, deliciar-se, regalar-se; ter prazer em, fazer com gosto; *inf.* curtir

- ▶ ***Enjoy** yourself!* ▷ ***Divirta-se!***
- ▶ *I **enjoyed** myself enormously in the pool.* ▷ ***Adorei, me deliciei, me deleitei, me regalei, curti, aproveitei** muito a piscina.*

ENOUGH adj., adv.

> Evitar "suficientemente", que é muito longo e tende ao eco, já possuindo um eco interno:
> *I wonder whether this cake will be **big enough** for everybody.* ▷ *Não sei se este bolo vai **dar, bastar, ser suficiente** para todo mundo. [Melhor que "vai ser ~~suficientemente~~ grande"...!]*

bastante, suficiente; razoável; suficientemente   JUST

- ▶ *A liquid, when given **enough** energy, will boil, becoming a gas.* ▷ *Um líquido, ao receber energia **suficiente**, ferve, transformando-se num gás.*
- ▶ *The group must be big **enough** to protect itself.* ▷ *O grupo deve ser **bastante** grande / grande **o bastante** / grande **o suficiente** para poder se proteger.*

- Sugestões para evitar "suficientemente":

- Usar "bastante", "suficiente" ou "necessário" com um substantivo:
  ▸ *Let's see if you're **brave enough** to jump!* ▷ *Vamos ver se você tem **coragem** de pular!*
  ▸ *The wall must be **solid enough** to resist the attack.* ▷ *A muralha precisa ter **solidez suficiente** / a solidez **necessária** para resistir ao ataque.*
  ▸ *He took care of the boy until he was **old enough** to live by himself.* ▷ *Cuidou do menino até ele ter **idade** para morar sozinho.*

- Usar os verbos: **bastar,** chegar, dar para
  ▸ *I think we've had **enough** for one day.* ▷ *Acho que por hoje **basta**, **chega**.*
  ▸ ***Enough!*** ▷ ***Chega! Basta!***
  ▸ *The recipe makes **enough** for a dozen rolls.* ▷ *A receita **dá para** uma dúzia de pãezinhos.*
  ▸ *This is **enough** water to fill two Olympic-size swimming pools.* ▷ *Essa água **daria para** encher duas piscinas olímpicas.*

- Usar: a ponto de, capaz de
  ▸ *Is your ad compelling **enough** to get people to respond immediately?* ▷ *Seu anúncio é convincente **a ponto de** motivar os leitores a responderem de imediato?*
  ▸ *Listen to people around you; none of us is smart **enough** to go it alone.* ▷ *Ouça a opinião dos outros; ninguém é inteligente **a ponto de** conseguir fazer tudo sozinho.*
  ▸ *We need pricing systems flexible **enough** to capture new customers.* ▷ *Precisamos de sistemas de preços flexíveis, **capazes de** captar novos clientes.*

- Omitir quando supérfluo:
  ▸ *I'm not strong **enough** for that.* ▷ *Não tenho forças para isso.*
  ▸ *There wasn't **enough** time for a last dive.* ▷ *Não houve tempo para um último mergulho.*
  ▸ *There were not **enough** people to form a quorum.* ▷ *Não houve quórum.*
  ▸ *To love someone is to give them **enough** room to grow.* ▷ *Amar significa dar à pessoa amada espaço para crescer.*

- **Na negativa:** not enough
  ▸ *Once is **not enough**.* ▷ *Uma vez é **pouco**, **não basta**, **não é suficiente**.*
  ▸ *There is **not enough** housing for the staff.* ▷ *Há muito **poucas** casas para o pessoal.*

- Usar um adjetivo oposto com "muito", "demais":
  ▸ *The apartment **wasn't** big **enough** for them.* ▷ *O apartamento era **muito pequeno** para eles. (Melhor que "não era suficientemente grande" ou "não era grande o suficiente".)*
  ▸ *That sleepy, provincial town **wasn't** large **enough** for his ambitions.* ▷ *Aquela cidadezinha sonolenta, provinciana, era **pequena demais** para as suas ambições.*

ENRAPTURED adj.   RAPTURE

arrebatado, cativado, deliciado, embasbacado, embevecido, empolgado, encantado, enfeitiçado, enlevado, extasiado, extático, fascinado, hipnotizado, magnetizado, maravilhado, seduzido, tomado, transportado

▸ *I felt **enraptured** by the music* ▷ *Eu me senti **arrebatada**, **transportada** pela música.*
▸ *He gazed at her **enraptured**.* ▷ *Fitou-a, **enlevado**, **embevecido**, **encantado**.*

ENSCONCE v.

1. **acomodar-se, instalar-se comodamente,** abancar-se, aboletar-se, aninhar-se, enfurnar-se, refestelar-se
   - ▸ She **ensconced** herself deep in a comfy armchair and settled down to read. ▷ *Acomodou-se, aninhou-se, instalou-se* numa confortável poltrona e se ajeitou para ler.

2. **abrigar,** alojar-se, enfurnar-se, entocar, esconder, ocultar em lugar seguro
   - ▸ The missing child is now safely **ensconced** at home. ▷ A criança perdida já está **abrigada** em casa em segurança.
   - ▸ The thieves **ensconced** themselves in the attic. ▷ Os ladrões ficaram **escondidos, entocados, enfurnados** no sótão.

ENSURE v.   make SURE

ENTERPRISING adj.   DRIVEN

empreendedor, ambicioso, ativo, batalhador, dinâmico; cheio de garra, de ambição, de arrojo, de iniciativa
- ▸ We are hiring **enterprising** youngsters. ▷ Estamos recrutando jovens **empreendedores, ambiciosos, dinâmicos.**

ENTHRALLED adj.   ENRAPTURED, ENGROSSED

fascinado, cativado, absorto, arrebatado, concentrado, encantado, enfeitiçado, imerso, interessadíssimo, magnetizado, mergulhado, mesmerizado; de olhos fixos
- ▸ The pianist held the audience **enthralled** by his performance. ▷ O público ficou **fascinado, cativado, encantado, arrebatado, de olhos fixos** na sua execução.
- ▸ "A novela **magnetiza** 30 milhões de espectadores diariamente." (Veja)
- ▸ "Pimenta acompanhava, **mesmerizado,** cada movimento do detetive." (Jô Soares, "O Xangô de Baker Street")

ENTHRALLING adj.   RIVETING

ENTREAT v.   URGE

rogar, pedir, apelar, implorar, suplicar; fazer um apelo
- ▸ The man **entreated** for his life. ▷ O homem **implorou, rogou** que lhe poupassem a vida.

EPITOME s.   ULTIMATE

paradigma, protótipo, encarnação, exemplo, ícone, ideal; modelo, padrão, personificação, retrato, símbolo; o máximo, o cúmulo
- ▸ The Parthenon is the **epitome** of the classical style. ▷ O Partenon é o **protótipo, paradigma, modelo ideal** do estilo clássico.
- ▸ Caviar for breakfast is the **epitome** of extravagance. ▷ Caviar no café da manhã é o **máximo, o cúmulo** da extravagância.

▶ She's the **epitome** of devotion. ▷ Ela é o **retrato, a personificação** da dedicação / é a dedicação **em pessoa**.

ERRATIC adj.   DESULTORY, INCONSISTENT

ERSATZ adj.   FAKE

ESTABLISH v.

> "Estabelecer" nem sempre é uma boa tradução para **establish**:
> *Police were called to **establish** who had used the computers.* ▷ *A polícia foi chamada para **determinar, verificar, averiguar** quem tinha usado os computadores.*

1. **estabelecer, criar,** formar, fundar, implantar, implementar, inaugurar, iniciar, instalar, instaurar, instituir, montar, organizar   BUILD, DEPLOY

▶ He led the movement that **established** the public school system. ▷ Chefiou o movimento que **estabeleceu, criou, instituiu, organizou, implantou** o sistema de escolas públicas.
▶ The company was **established** in 1949. ▷ A empresa foi **criada, fundada, inaugurada, montada, instalada** em 1949.
▶ The Prime Minister tried to **establish** a coalition government. ▷ O primeiro-ministro tentou **formar, montar, instaurar** um governo de coalizão.

2. **definir,** fixar

▶ It is important to **establish** objectives, criteria, and priorities. ▷ É importante **definir, fixar** metas, critérios e prioridades.

3. **comprovar, garantir,** apurar, assegurar, averiguar, certificar, confirmar, demonstrar, determinar, firmar, ratificar, sancionar, substanciar; comprovar a validade, a verdade   VERIFY, VALIDATE

▶ We can't take a new product to market before its safety has been **established**. ▷ Não podemos vender um novo produto antes de **comprovar, confirmar, assegurar, garantir** sua segurança.
▶ It's hard to **establish** the actual facts when people's stories contradict one another. ▷ É difícil **determinar, apurar, averiguar, certificar**-se dos fatos reais quando os relatos são contraditórios.
▶ The university's successes have **established** its international reputation. ▷ Os sucessos da universidade **firmaram** sua reputação internacional.

- Outras sugestões:
▶ We will **establish** a budget for this purpose. ▷ Vamos **alocar** uma verba para esse fim.   APPROPRIATE

ESTABLISHED adj.

▶ This discovery challenges many **established** ideas. ▷ Essa descoberta põe em xeque muitas idéias **convencionais, tradicionais, arraigadas, costumeiras, usuais, aprovadas, sacramentadas pelo costume**.
▶ The more **established** NGOs have had some remarkable successes. ▷ As ONGs mais **sólidas** já tiveram alguns notáveis sucessos.

ESTABLISHMENT s.

1. criação, estabelecimento, formação, fundação, implantação, inauguração, instituição, organização

▶ *In November 1947 the United Nations voted for the **establishment** of the State of Israel.* ▷ *Em novembro de 1947 a ONU votou a favor da **criação, fundação** do Estado de Israel.*

▶ *Wildlife is being restored through the **establishment** of animal preserves.* ▷ *A fauna nativa está sendo restaurada através da **criação, implantação, instituição** de reservas animais.*

2. sistema, sociedade; a sociedade convencional, majoritária, oficial, predominante, preponderante, tradicional, vigente MAINSTREAM

▶ *Many ex-hippies have been coopted by the **Establishment**.* ▷ *Muitos ex-hippies foram cooptados pelo **sistema**, pela **sociedade**.*

▶ *These new theories have not been accepted by the medical **establishment**.* ▷ *Essas novas teorias não foram aceitas pela medicina **oficial, convencional, tradicional**.*

ESTRANGED adj.   ALIENATE

afastado, separado, distanciado

▶ *He is accused of attacking his **estranged** wife.* ▷ *É acusado de atacar sua esposa, de quem já está **separado, afastado**.*

EVENING s., adj.   DUSK

crepúsculo, noitinha, anoitecer, escurecer, noitada, noite, tardinha; cair da tarde, da noite

▶ *The ceremony takes place in the mosque after the **evening** prayers.* ▷ *A cerimônia se realiza na mesquita após as orações **do crepúsculo, ao cair da noite**.*

▶ *He came almost every **evening** and stayed for dinner.* ▷ *Vinha quase todos os dias **à noite, à noitinha** e ficava para jantar.*

▶ *A pleasant **evening*** ▷ *Uma **noitada** agradável*

♪ *"Quando eu chego em casa à **noitinha**, quero uma mulher só minha." (Erasmo Carlos, "Mulher")*

EVENTUAL adj.

> **Eventual** NÃO é "eventual" no sentido de "acidental" (RANDOM), nem de "esporádico", "fortuito" (OCCASIONAL, CASUAL):
> *Our eventual aim is to create our own business.* ▷ *Nosso objetivo **final** (NÃO ~~eventual~~...!") é criar nossa própria empresa.*
> *Não tenho parceiro fixo, só encontros **eventuais** (= esporádicos, fortuitos).* ▷ *I don't have a steady partner, only **occasional, casual** dates.*

1. final, futuro, posterior; inevitável, definitivo

▶ *This legal battle is far from over, and the **eventual** outcome is still impossible to tell.* ▷ *Essa batalha legal está longe de acabar, e o resultado **final** é impossível de se prever.*

▶ *Your cooperation is indispensable to our **eventual** victory over poverty and violence.* ▷ *Sua cooperação é indispensável para nossa **futura** vitória sobre a pobreza e a violência.*

- Usar: **acabar; no fim, por fim; no futuro, futuramente**
▶ *These immigrants are eligible for resident status and **eventual** citizenship.* ▷ *Esses imigrantes podem conseguir a residência e, **futuramente** (NÃO "eventualmente"...!), a cidadania.*
▶ *They all believed in his **eventual** return.* ▷ *Todos acreditavam que ele **acabaria** voltando.*
▶ *An **eventual** divorce is very likely.* ▷ *É bem provável que **no fim, no futuro** eles acabem se divorciando.*

- Contraste:
"**Eventual**" em português significa "ocasional", "fortuito", "incerto", "que pode acontecer ou não":
▶ *Precisamos estar prontos para **eventuais** problemas de conexão.* ▷ *We must be ready for **occasional** connection problems / for any connection problems that **may** occur.*

EVENTUALLY adv.

> **Eventually** NÃO é "eventualmente" (OCCASIONALLY):
> *He got very sick and **eventually** died.* ▷ *Ficou muito doente e **por fim** morreu, **acabou** morrendo.*
> (NÃO "eventualmente morreu"...!)

finalmente, futuramente; por fim, no fim, no final, no futuro; depois, mais tarde, com o tempo, com o passar do tempo; algum dia, um dia, mais dia, menos dia (num futuro indeterminado)

▶ *****Eventually** he came back home.* ▷ ***Um dia, por fim** ele voltou para casa.*
▶ *****Eventually**, we all must die.* ▷ ***Algum dia, mais dia menos dia** todos nós vamos morrer.*
▶ *****Eventually** they forgave each other.* ▷ ***Depois, por fim, no final, mais tarde, com o tempo** os dois perdoaram um ao outro.*
▶ *We are expanding our program. **Eventually** we will offer courses through the internet.* ▷ *Estamos ampliando nosso programa. **Futuramente** vamos oferecer cursos pela internet.*
▶ *This water purification plant will **eventually** process 20 cubic meters an hour.* ▷ *Essa central de purificação de água vai processar, **depois de pronta**, 20 m³ por hora.*

- Usar "acabar":
▶ *This species will **eventually** become extinct.* ▷ *Essa espécie vai **acabar** se extinguindo.*
▶ *We hope things will **eventually** get better.* ▷ *Esperamos que **depois, por fim, um dia, com o passar do tempo** as coisas **acabem** melhorando.*

- Contraste: "**Eventualmente**" em português significa "ocasionalmente", "às vezes", "de vez em quando", "pode acontecer ou não". Em inglês, OCCASIONALLY:
▶ *Esse animal se alimenta de folhas e **eventualmente, por vezes** de insetos.* ▷ *This animal feeds on leaves and **occasionally** on insects.*

EVIDENCE s.
1. **evidência, indício,** comprovação, pista, registro, testemunho, vestígio; prova, provas CLUE
▶ *The show is a reconstruction, based on archaeological **evidence**, of the daily life of stone age peoples.* ▷ *A mostra é uma reconstrução, baseada em **evidências** arqueológicas / **testemunhos, registros, vestígios** arqueológicos, da vida diária de povos da idade da pedra.*
▶ *There's some **evidence** that olive oil is good for you.* ▷ *Há **indícios** de que o azeite de oliva faz bem à saúde.*

evidence

- *Our files do not show any **evidence** of payment.* ▷ *Nossos arquivos não mostram nenhuma **prova, comprovação, registro** de pagamento.*

• **Evidence** (indício não conclusivo) é algo que ajuda a formar uma conclusão ou um julgamento. Não é "prova" (**proof,** prova decisiva), mas sim um "indício" que pode ou não vir a ser uma prova:

- *There is insufficient **evidence** to conclude that espionage occurred.* ▷ *Não há **indícios** suficientes para concluir que houve espionagem.*
- *Those psychics can produce no **evidence** or **proof** of what they say.* ▷ *Esses médiuns não apresentam nenhum **indício** ou **prova** do que dizem.*

• Mesmo assim, em português é comum usar "prova":

- *He was acquitted for lack of **evidence**.* ▷ *Foi absolvido por falta de **provas**.*
- *No scientific **evidence** exists to show these therapies are effective.* ▷ *Não há **provas** científicas de que essas terapias funcionem.*
- *He was accused of destroying / tampering with **evidence**.* ▷ *Foi acusado de destruir / adulterar **provas**.*

2. **sinal,** demonstração, indicação, indicador, manifestação, mostra TOKEN

- *They see condoms as **evidence** of promiscuity.* ▷ *Eles acham que usar camisinha é **sinal, prova** de promiscuidade.*
- *Come on, let's see some **evidence** of respect for voters.* ▷ *Vamos lá, dêem algum **sinal, demonstração, manifestação, mostra** de respeito pelos eleitores.*

• Usar: **indicar,** demonstrar, mostrar, revelar, trair; tudo indica, tudo leva a crer APPARENTLY

- *His body language was **evidence** of his guilt.* ▷ *Sua linguagem corporal **indicava, mostrava, revelava, traía** sua culpa.*
- *In all **evidence**, the risk of accidents will only grow.* ▷ *Ao que tudo indica / Tudo leva a crer que o risco de acidentes só vai aumentar.*
- *All available **evidence** suggests that these incentives have limited impact.* ▷ *Todos os **dados** disponíveis **indicam** / Tudo indica que esses incentivos têm pouco impacto.*

3. **dados, fatos,** apoio, base, constatações, embasamento, fundamento, respaldo; pontos de apoio; dados concretos, objetivos, reais DATA

- *Provide your lawywer with all **evidence** which supports your case.* ▷ *Forneça ao seu advogado todos os **dados, fatos, comprovações, pontos de apoio** que respaldam a sua defesa.*
- *There is not much **evidence** supporting these claims.* ▷ *Essas teorias não têm muito **embasamento, respaldo**.*
- *Money spent on unproved therapies might be better spent on **evidence**-based medicine.* ▷ *O dinheiro gasto em terapias não comprovadas seria melhor gasto em tratamentos baseados em **dados concretos, objetivos**.*

• Usar o plural: **indícios,** sinais, mostras, dados etc.:

- *There was no **evidence** of a burglary.* ▷ *Não havia **indícios, sinais** de arrombamento.*
- *One can find plenty of **evidence** to suggest that animals have a sixth sense.* ▷ *Há muitos **sinais, indicações, indícios** de que os animais têm um sexto sentido.*

• No singular: **a piece of evidence** PIECE

- *The key **piece of evidence** was the videotape.* ▷ *A **prova** principal era a fita de vídeo.*

▶ *The police examined thousands of **pieces of evidence**.* ▷ *A polícia examinou milhares de **provas**.*

EVIL s. adj.   MALICE, MALICIOUS

mal, maldade, crueldade, desumanidade, infâmia, iniqüidade, malignidade, malvadeza, perversidade, ruindade

▶ *"And lead us not into temptation, but deliver us from **evil**." (Matthew 6:13)* ▷ *Não nos deixeis cair em tentação, mas livrai-nos do **mal**.*

▶ *The President mentioned a supposed "axis of **evil**".* ▷ *O presidente falou num suposto "eixo do **mal**".*

▶ ***Evil** eye* ▷ ***Mau** olhado*

▶ *The internet, that benefits us in so many ways, can also be used for **evil** purposes.* ▷ *A internet, que nos traz tantos benefícios, também pode ser usada para fins **malignos, malévolos, nefastos, perversos, diabólicos**.*

• **Evil** pode ser "o mal" (subst.) e também "mau" (adj.):

▶ *How can we stop **evil** rulers from spreading **evil**?* ▷ *Como podemos impedir que os **maus** governantes espalhem o **mal**?*

EVOKE v

> *Behavior modification has **evoked** much criticism.* ▷ *A modificação do comportamento já **provocou** (NÃO evocou....!) muitas críticas.*

1. **evocar, lembrar,** despertar, sugerir; trazer à mente, à lembrança, à imaginação

▶ *Those well-known melodies **evoked** old memories.* ▷ *Aquelas melodias bem conhecidas **despertaram, lembraram, trouxeram à mente** velhas lembranças*

2. **provocar,** despertar, inspirar   TRIGGER

▶ *Predatory behavior is **evoked** by the presence of the prey.* ▷ *O comportamento predatório é **despertado, provocado** pela presença da presa.*

EXCITED adj., EXCITEDLY adv.

> *Evite traduzir por "excitado", que em português traz mais conotação sexual:*
> *I'm very **excited** with the trip.* ▷ *Estou **entusiasmada, empolgada, animadíssima, feliz** (Melhor que "excitada"....!) com a viagem.*

1. **empolgado, entusiasmado,** alvoroçado, animado, ansioso, arrebatado, assanhado, ávido, curioso, eletrizado, emocionado, eufórico, feliz, impaciente, mobilizado, vibrante; *inf.* louco   THRILLED

▶ *The children were all **excited** to open their presents.* ▷ *As crianças estavam **alvoroçadas, ansiosas, curiosas, impacientes, loucas** para abrirem seus presentes.*

▶ *They were talking **excitedly** about the trip.* ▷ *Conversavam **animadamente** sobre a viagem.*

2. **nervoso, ansioso,** acalorado, acelerado, afogueado, agitado, emocionado, exaltado, excitado ≠ COOL

excitement

- *Now, don't get **excited**. The train is not here yet.* ▷ *Calma, não fique **nervoso**, não se **exalte**. O trem ainda não chegou.*
- *When he gets **excited**, he starts to stutter.* ▷ *Quando ele fica **nervoso, ansioso, agitado**, muito emocionado começa a gaguejar.*
- *The discovery has set off an **excited** debate among scientists.* ▷ *A descoberta provocou um debate **acalorado, animado** entre os cientistas.*

EXCITEMENT s.   THRILL

empolgação, entusiasmo, agitação, alvoroço, animação, ansiedade, ânsia, arrebatamento, arroubo, efervescência, emoção, euforia, exaltação, sensação, vibração; polvorosa; *inf.* ADRENALINA

- *If you want **excitement**, try water skiing.* ▷ *Se você quer **emoção, vibração, adrenalina**, experimente o esqui aquático.*
- *Enjoy all the cultural **excitement** of London.* ▷ *Desfrute da **efervescência** cultural de Londres.*
- *The auction caused great **excitement** in the art world.* ▷ *O leilão causou grande **sensação, agitação, alvoroço**, deixou o mundo artístico **em polvorosa**.*

EXCITING adj.   THRILLING

empolgante, emocionante, animador, arrebatador, eletrizante, espetacular, estimulante, fascinante, interessante, interessantíssimo, palpitante, provocante, sensacional; que entusiasma, interessa, mobiliza; *inf.* legal, bacana, bárbaro; de muita adrenalina

- *Exciting scientific discoveries* ▷ *Descobertas científicas **empolgantes, animadoras, fascinantes, sensacionais** (Melhor que "excitantes"...!)*
- *Basketball is an **exciting** game.* ▷ *O basquete é um jogo **emocionante, palpitante**, de **muita adrenalina**.*
- *In her travels she knew some **exciting** places.* ▷ *Em suas viagens ela conheceu lugares **muito interessantes, fascinantes**.*
- *The most **exciting** prospect for scientists is linking the human brain to a computer.* ▷ *A perspectiva que mais **mobiliza, entusiasma, estimula**, desperta o **interesse** dos cientistas é conectar o cérebro humano a um computador.*

• Muito usado simplesmente como sinônimo de "interessante", ou "bom, benéfico, positivo":

- *Titan is one of the most **exciting** satellites of the solar system.* ▷ *Titã é uma das luas mais **interessantes** do sistema solar.*
- *This method is pretty **exciting**, because it allows us to anticipate future changes.* ▷ *Esse método é muito **bom**, pois nos permite antecipar futuras mudanças.*
- *"I've won the contest!" "Wow, Tom, how **exciting**!"* ▷ *"Ganhei o concurso!" "Puxa, Tom, que **legal**!"*

EXIT s., adj., v.

> Exit NÃO é "êxito" (**success**), mas sim "saída":
> *Where's the **exit**?* ▷ *Onde é a **saída**?*

saída, porta de saída

- Emergency / Fire *exit* ▷ **Saída** *de emergência, de incêndio*
- *The crowd panicked and rushed for the **exits**.* ▷ *O público entrou em pânico e correu para as **saídas**.*
- *Exit doors* ▷ *Portas **de saída***
- *(v.) The company is **exiting** the camera business.* ▷ *A firma está **saindo** do setor de câmeras.*

◊ **Exit** mostra bem sua origem latina: é uma forma do verbo *exire*, "sair". Nos textos teatrais usa-se a rubrica **exit** ("sai"), indicando que um personagem sai de cena; no plural, **exeunt** ("saem"):

- *Farewell! [exit Romeo]* ▷ *Adeus! [Romeu **sai**]*
- *[**Exeunt**, Hamlet dragging in Polonius.]* ▷ *[**Saem**, Hamlet arrastando Polônio.]*

EXPECT v.

esperar, contar com, achar, acreditar, antecipar, assumir, calcular, confiar, crer, desejar, pensar, pensar, pressupor, presumir, querer, supor; estar preparado LOOK FORWARD, HOPE

- *"**Expect** nothing and the world will be at your feet." (Buddha)* ▷ *Não **espere** nada, e o mundo estará aos seus pés.*
- *"Is he coming?" "Yes, I **expect**."* ▷ *Será que ele vem? **Suponho, creio, acredito, calculo, penso** que sim.*
- *They were **expecting** their research to yield more conclusive results.* ▷ *Eles **supunham, acreditavam, confiavam, assumiam** que a pesquisa daria resultados mais conclusivos.*

2. prever; ter previsão, fazer previsões

- *The CEO **expects** digital and analogue cameras to coexist for a long time.* ▷ *O CEO **prevê, calcula** que / Segundo as **previsões** do CEO, as câmeras digitais e analógicas irão coexistir por muito tempo.*
- *In the US oil consumption is **expected** to continue growing.* ▷ *Nos EUA a **previsão** é de que o consumo de petróleo continuará aumentando.*
- *I stayed in the hospital five days longer than **expected**.* ▷ *Fiquei no hospital cinco dias mais que o **previsto, esperado**.*

• Usar "já":

- *I **expected** that.* ▷ *Eu **já** esperava, **já** estava **preparado**, **já** contava com isso, **já achava, previa** que ia acontecer isso.*

• Usar os substantivos "expectativa" e "esperança", bem idiomáticos:

- ***Expect** as little as possible.* ▷ *Reduza suas **expectativas** ao mínimo.*
- *I sent my resumé in without **expecting** much.* ▷ *Mandei meu currículo sem grandes **esperanças, expectativas**.*

• Contraste: **expect** ≠ **hope**

- *I **hoped** that she would eventually come back, but I didn't really **expect** it.* ▷ *Eu tinha a **esperança** de que um dia ela voltaria, mas não estava **contando com isso**.*

EXPENSIVE adj.   PREMIUM

caro, antieconômico, custoso, dispendioso, oneroso, valioso; de preço alto, elevado

- *Expensive machinery* ▷ *Máquinas **caras, onerosas, dispendiosas***

very expensive

caríssimo, proibitivo, abusivo, astronômico, escorchante, estratosférico, excessivo, exorbitante, extorsivo, extravagante, impraticável, inacreditável, inviável; custa os olhos da cara

experience

▶ We wanted to go, but the prices were way too **expensive**. ▷ Queríamos ir, mas os preços eram **proibitivos, inviáveis, astronômicos, estratosféricos**.

EXPERIENCE s.

1. experiência, conhecimentos, escola, familiaridade, prática, proficiência, tarimba, tirocínio, traquejo, treino; *inf.* cancha, janela SKILL

▶ He has a lot of **experience** on video production. ▷ Ele tem muita **experiência, prática, traquejo, cancha** em produção de vídeo.
▶ "*Experience* is the name everyone gives to their mistakes." (Oscar Wilde, "The Picture of Dorian Gray") ▷ *Experiência* é o nome que cada um dá para os seus erros.

2. experiência intensa, vivência, acontecimento envolvente; clima, atmosfera

▶ In this old castle you can have a medieval **experience**. ▷ Neste antigo castelo você pode **vivenciar o clima da Idade Média**.
▶ For a few days in summer we recreated the dorm **experience**. ▷ Durante alguns dias de verão, nós revivíamos **o clima, a atmosfera** do dormitório estudantil.

EXPERIENCE v.   FEEL

> "Experimentar" em geral NÃO é uma boa tradução para **experience**:
> *Experience* a great adventure! ▷ *Viva* uma grande aventura!
> *Experimente* um pedaço de bolo. ▷ *Try* a piece of cake.

conhecer pessoalmente, participar, sentir, vivenciar, viver; sofrer; passar por; saber o que é; experimentar pessoalmente, em primeira mão

▶ I'd love to travel and **experience** a foreign country. ▷ Gostaria de viajar e **conhecer a vida** em outro país.
▶ I've **experienced** happiness and sorrow. ▷ **Conheço, sei o que é** a felicidade e também a tristeza. / Já **senti, passei pela** felicidade e pela tristeza.
▶ I tried to share with him what I was **experiencing**. ▷ Tentei contar a ele o que eu estava **vivendo, vivenciando, sentindo, sofrendo**.

EXPERT s., adj.   KNOWLEDGEABLE

especialista, perito, autoridade, competente, conhecedor, *connoisseur*, entendido, exímio, *expert*, experto, mestre, prático, profissional, sabedor, técnico, versado; um ás

▶ Dr. Smith is an **expert** in assisted reproduction. ▷ O dr. Smith é **especialista, mestre, perito,** uma **autoridade, um ás** em reprodução assistida.
▶ Phoenicians were **expert** sailors. ▷ Os fenícios eram **exímios** marinheiros.

EXPERTISE s.   SKILL, SAVVY

perícia, especialização, competência, destreza, experiência, habilidade, *know-how*, mestria, prática, profissionalismo, qualidade; conhecimentos especializados

- ▶ *This surgery requires a lot of **expertise**.* ▷ *Essa cirurgia exige muita **perícia, habilidade, destreza, especialização, competência**.*
- ▶ *Foreign companies team up with local partners to gain local **expertise**.* ▷ *As empresas estrangeiras se aliam a parceiros locais para adquirir **conhecimentos, know-how** sobre as condições locais.*

EXQUISITE adj., EXQUISITELY adv.   SUPERB

> **Exquisite** NÃO é "esquisito" (ODD, WEIRD, strange):
> *Exquisite Chinese cuisine* ▷ **Refinada** *cozinha chinesa*

refinado, primoroso, aprimorado, apurado, belo, caprichado, delicado, divino, elegante, esmerado, excelente, fino, finíssimo, formoso, lindo, maravilhoso, perfeito, refinado, requintado; um primor; de escol

- ▶ *Exquisite taste* ▷ *Gosto **refinado, apurado, requintado; fino, finíssimo** gosto*
- ▶ *Exquisite handicraft* ▷ *Artesanato **primoroso, requintado***
- ▶ *(adv.) Leontine Price sang "Madama Butterfly" exquisitely.* ▷ *Leontine Price cantou "Madama Butterfly" **lindamente, maravilhosamente, divinamente**.*

◊ **Exquisite** é mais fiel à origem latina do que "esquisito" em português. Em latim "exquisitus" significa "escolhido, selecionado". Também em espanhol "esquisito" significa "lindo, delicioso, refinado".

EXTENUATE v.

> **Extenuate** NÃO é "extenuar" (**exhaust**).

atenuar, abrandar, amenizar, desculpar, justificar, suavizar

- ▶ *Nothing can **extenuate** his behavior.* ▷ *Nada pode **desculpar, justificar** seu comportamento.*
- ▶ ***Extenuating** circumstances resulted in a reduced sentence.* ▷ *As circunstâncias **atenuantes** resultaram na redução da pena.*

raise one's EYEBROWS expr.

1. levantar as sobrancelhas

- ▶ *He **raised his eyebrows** and sighed.* ▷ ***Levantou as sobrancelhas** e suspirou.*

2. espantar; desagradar, chocar, surpreender; causar espanto, surpresa; provocar censura, crítica, desaprovação FROWN ON, CRITICIZE

- ▶ ***Eyebrows were raised** when she announced that she would not attend her son's wedding.* ▷ *Houve **surpresa e críticas** quando ela avisou que não assistiria ao casamento do filho.*
- ▶ *At times the author's ungrounded remarks may cause careful readers to **raise an eyebrow**.* ▷ *Certas observações não fundamentadas do autor podem **desagradar, merecer censura** do leitor cuidadoso.*
- ▶ *Office romantic affairs **raise** fewer **eyebrows** these days.* ▷ *Os romances de escritório já não são causam surpresa / já não são tão **criticados, censurados** hoje em dia.*
- ▶ *This method **may raise an eyebrow or two** but it works for me.* ▷ *Há quem possa ficar **surpreso ou chocado** com esse método, mas para mim ele funciona.*

fabric

F

FABRIC s.   INDUSTRY

> **Fabric** em geral NÃO é "fábrica" (**factory, PLANT**).
> *Cotton and linen **fabrics** ▷ **Tecidos** de algodão e linho*

1. **tecido,** pano   MATERIAL
▶ *Cotton and synthetic **fabrics** ▷ **Tecidos** de algodão e sintéticos*
▶ *The pants were made of rough **fabric**. ▷ A calça era de um **pano** grosseiro.*

2. **tecido social, tessitura;** contexto, estrutura, malha, teia, textura, trama; organização subjacente da sociedade; essência, substância
▶ *Asians today are part of the American social **fabric**. ▷ Hoje os orientais fazem parte da **tessitura**, do **tecido social** americano.*
▶ *These traits are built into the basic **fabric** of his personality. ▷ Esses traços fazem parte da **estrutura**, **essência** da personalidade dele.*
▶ *This proposal is very unfortunate. It goes against the **fabric** of a democratic, multicultural society. ▷ Essa proposta é muito infeliz. Ela vai contra a própria **essência, substância** de uma sociedade democrática, multicultural.*
▶ *Walking is a physical activity which can be woven into the **fabric** of everyday life. ▷ Caminhar é uma atividade física que pode ser inserida no **contexto** da vida cotidiana.*

● Contraste: **fábrica** (português) ≠ **fabric** (inglês)
▶ *Milhões de crianças trabalham em **fábricas**. ▷ Millions of children work in **factories**.*
▶ *Trabalho na **fábrica** da Volkswagen em São Bernardo. ▷ I work at the Volks **plant** in São Bernardo.*
▶ *AIDS has devastated the economic and social **fabric** of Africa. ▷ A AIDS devastou toda a **tessitura, estrutura, organização** econômica e social da África.*

FABRICATE v., **FABRICATION** s.

> Em geral NÃO significa "fabricar" (**make, manufacture, turn out**).

1. **forjar,** criar, falsificar, inventar, maquinar; *inf.* armar   FORGE
▶ *They **fabricated** evidence against me. ▷ Eles **forjaram, inventaram, armaram** provas contra mim.*
▶ *Corporations **fabricated** revenues to inflate profits. ▷ As empresas **forjaram, inventaram** entradas de dinheiro para inflar os lucros.*
▶ *Photo manipulation software can be used to **fabricate** images. ▷ Pode-se usar software de manipulação de fotos para **falsificar, criar falsas** imagens.*
▶ *The senator said his opponent's claim was a **fabrication**. ▷ O senador disse que a acusação de seu adversário era **falsa, inverídica,** uma **invenção, maquinação**.*

2. **fabricar,** fazer, montar, produzir PRODUCE
- *We **fabricate** plastic models.* ▷ ***Fabricamos, montamos** modelos de plástico.*

FACE v. COPE, TACKLE

FACE VALUE expr. BELIEF

- *You cannot simply take all this information at **face value**.* ▷ *Não se pode **acreditar, aceitar sem questionar** todas essas informações.*
- *Don't take this biography **at face value** – the story must be taken with a grain of salt.* ▷ *Não **acredite em tudo o que diz** essa biografia; tenha um pouco de reserva.*

FACILITY s.

1. **facilidade,** jeito FLAIR, TALENT
- *I admire the **facility** (= ease) with which he has adapted himself to a new country.* ▷ *Admiro a **facilidade** com que ele se adaptou a um novo país.*
- *She has great **facility** with languages.* ▷ *Ela tem muita **facilidade, jeito** para línguas.*

2. **local, instalações,** acomodações, central, centro, dependências, escritório, espaço, estabelecimento, filial, loja, posto, unidade VENUE, CHAPTER
- *A great **facility** for indoor soccer* ▷ *Excelente **local, espaço** para futebol de salão*
- *Nasa **facility*** ▷ ***Unidade, centro** da Nasa*
- *Health care / Polling **facility*** ▷ ***Posto** de saúde / de votação*
- *Conference **facility*** ▷ ***Centro, local** para convenções*
- *The ship is a floating research **facility**.* ▷ *O navio é um **centro** de pesquisas flutuante.*
- *Your package has arrived at the FedEx Rio **facility**.* ▷ *Seu pacote chegou no **escritório, filial, loja** da FedEx no Rio.*

- Usar uma palavra específica em português:
- *Lab **facility*** ▷ *Laboratório*
- *Storage **facility*** ▷ *Depósito*
- *Child care **facility*** ▷ *Creche*
- *Manufacturing **facility*** ▷ *Fábrica*
- *Refining **facility*** ▷ *Refinaria*
- *Prison **facility*** ▷ *Presídio*
- *Residential **facilities*** ▷ *Conjunto residencial*
- *Power **facility*** ▷ *Usina de energia elétrica*

3. **recurso, sistema,** meio, dispositivo, método RESOURCE
- *The site offers a secure payment **facility**.* ▷ *Este site oferece um **sistema, método** seguro de pagamento.*

4. **verba,** conta; fundo monetário; linha de crédito
- *IDB's **Facility** for Small Business Development* ▷ ***Fundo, linha de crédito** do BID para fomento às pequenas empresas*

FACILITIES s. pl.

> Facilities NÃO é "facilidades".

1. **local, instalações** FACILITY 2
  - ▶ *Military facilities* ▷ *Instalações militares*
  - ▶ *Residential facilities for students* ▷ *Acomodações, dependências para estudantes*

2. **infra-estrutura, instalações,** confortos, comodidades, equipamentos, meios, recursos, serviços, sistema AMENITIES
  - ▶ *The city boasts good transport facilities.* ▷ *A cidade tem boa **infra-estrutura**, um bom **sistema**, **serviço** de transportes.*
  - ▶ *A tourist resort with all modern facilities* ▷ *Resort **bem equipado**, com todos os **recursos**, todas as **comodidades**, **instalações** modernas*

3. **banheiro,** toalete, WC
  - ▶ *May I use the facilities?* ▷ *Posso usar a **toalete**, o **banheiro**?*

in FACT adv.   ACTUALLY, REALLY

FACULTY s., adj.

> **Faculty** em geral NÃO é "faculdade", "escola superior". As acepções 3 e 4 são mais comuns:
> *He joined the **faculty** in 1987.* ▷ *Ele **tornou-se professor / passou a lecionar** na universidade em 1987 (NÃO "entrou na faculdade....!")*

1. **faculdade,** capacidade, dom, habilidade, poder ABILITY
  - ▶ *He has completely lost the faculty of speech.* ▷ *Ele perdeu completamente a fala, a **faculdade**, **capacidade** de falar.*
  - ▶ *Prof. Smith had the faculty of communicating his ideas in a clear and easy-flowing manner.* ▷ *O prof. Smith tinha o **dom**, **poder** de comunicar suas idéias de maneira clara e fluente.*

2. **faculdade,** colégio, escola, divisão de uma universidade COLLEGE
  - ▶ *Faculty of Applied Sciences* ▷ *Faculdade, Escola de Ciências Aplicadas*

3. **professor,** docente (invariável no pl.); **corpo docente,** professorado STAFF
  - ▶ *The cafeteria is open for both students and faculty.* ▷ *A cafeteria serve a alunos e **professores**.*
  - ▶ *I am faculty at NYU.* ▷ *Sou **professora** da Universidade de NY.*
  - ▶ *The school has a high-profile faculty.* ▷ *A escola tem **professores**, **docentes**, um **corpo docente**, **professorado** de alto nível.*
  - ▶ *The college will have to cut 80 nonfaculty staff positions.* ▷ *A faculdade terá de cortar 80 cargos **não-docentes**.*

- Note que **faculty** não varia no plural, mas leva verbo no plural:
▶ *The course will be taught by experienced **faculty** who **are** also professional translators.* ▷ *O curso será ministrado por **professores** experientes, que também **são** tradutores profissionais.*

FAD s.

moda, onda, coqueluche, febre, furor, mania, modismo, paixão; moda efêmera

▶ *This is just a passing **fad**.* ▷ *Isso não passa de uma **moda**, **onda** passageira.*
▶ *A weight reduction diet based on fact, not **fad**.* ▷ *Regime para emagrecer baseado em fatos concretos, não em **modismos**.*

FADE v., FADED adj.

1. **esmaecer, desbotar,** amortecer-se, apagar-se, desfazer-se, deslustrar, desmaiar, esvanecer-se, sumir; perder o brilho, vigor, a cor, nitidez, vivacidade

▶ *After a few days my memories began to **fade**.* ▷ *Depois de alguns dias minhas lembranças começaram a **esmaecer**, se **esvanecer**, se **apagar**, perder a **nitidez**.*
▶ *Her voice began to **fade** away.* ▷ *Sua voz começou a **sumir**.*
▶ ***Faded** jeans* ▷ *Jeans **desbotado***
▶ *Restoration of **faded** photos* ▷ *Restauração de fotos **descoloridas**, **desbotadas**, **descoradas***

2. **esmorecer,** arrefecer, enfraquecer, esvair-se; começar a desaparecer, a sumir

▶ *His courage began to **fade**.* ▷ *Sua coragem começou a **esmorecer**, **arrefecer**.*

FAIL v.

> NÃO use "falhar" em estruturas não idiomáticas em português!
> *The car **failed** to complete the circuit.* ▷ *O carro **não completou, não conseguiu completar** (NÃO "~~falhou~~ em completar...!) o circuito.*

1. **falhar, fracassar,** cair, decair, fraquejar, frustrar-se, malograr; ser malsucedido; dar em nada, gorar, não dar certo, não vingar; ser em vão; não surtir efeito; cair por terra; dar vexame, fazer feio, fazer fiasco; ir a pique, naufragar ≠ SUCCEED

▶ *All his efforts **failed** miserably.* ▷ *Todos os seus esforços **fracassaram** fragorosamente, **malograram**, foram em vão, malsucedidos, não deram certo, caíram por terra.*
▶ ***Failed** bombings in London* ▷ *Ataques **frustrados** em Londres*
▶ *Business started to **fail**.* ▷ *Os negócios começaram a **cair, fraquejar**.*
▶ *His finances were **failing**.* ▷ *Suas finanças estavam **decaindo**.*

2. **não fazer,** não conseguir fazer, deixar de fazer

▶ *Unfortunately, his parachute **failed** to deploy.* ▷ *Infelizmente, seu pára-quedas **não** abriu.*
▶ *A heavy storm hit the city, but **failed** to cause casualties.* ▷ *Uma violenta tempestade atingiu a cidade, mas **não** causou / sem causar vítimas.*
▶ *We **failed** to reach an agreement.* ▷ ***Não** chegamos, **não conseguimos** chegar a um acordo.*

failure

▶ *Whatever happens is the direct result of something the CEO has done or **failed** to do.* ▷ *O que quer que aconteça, é resultado direto de algo que o CEO fez ou **deixou de fazer**.*

3. falhar, enguiçar; dar defeito, pane; não funcionar, ratear; *inf.* furar, pifar, dar pau

▶ *This method never **fails**.* ▷ *Esse método nunca **falha**.*
▶ *The motor **failed**.* ▷ *O motor **deu defeito, pane, pifou**.*
▶ *"O plano econômico **furou**." (Veja)*

4. errar, não acertar; ser reprovado, não passar, não ser aprovado; *inf.* levar bomba

▶ *He **failed** even the easiest question.* ▷ ***Errou** até a pergunta mais fácil.*
▶ *I **failed** my driving test.* ▷ *Fui **reprovado** no exame de motorista, **não passei, levei bomba**.*

5. faltar

▶ *The water supply / power supply **failed**.* ▷ ***Faltou** eletricidade / água.*
▶ *His strength **failed** him.* ▷ *Suas forças lhe **faltaram**.*

FAILURE s.

1. fracasso, derrota, desastre, fiasco, insucesso, malogro, naufrágio, pane, revés, vexame

▶ *Success came after many **failures**.* ▷ *O sucesso chegou depois de muitos **fracassos**.*

2. o fato de **não fazer,** de deixar de fazer

▶ *The company was sued for **failure** to observe Labor Laws.* ▷ *A empresa foi processada por **não pagar**, deixar de cumprir as leis trabalhistas.*
▶ *His **failure** to answer questions made the police suspicious.* ▷ *O fato de **não** responder às perguntas deixou a polícia desconfiada.*

3. falta, pane

▶ *Power **failure** (= power outage)* ▷ ***Falta** de eletricidade, **pane, blecaute, apagão***

4. reprovação num exame

▶ *There were 10 passes and 3 **failures** in the test.* ▷ *Houve 10 aprovações e 3 **reprovações** no teste.*

FAINT adj.

1. fraco, débil; tímido; (luz) **fraca, tênue,** mortiça

▶ *She cried for help in a **faint** voice.* ▷ *Pediu socorro numa voz **fraca, débil**.*
▶ *This film is not for the **faint** of heart.* ▷ *Esse filme não é para os **fracos, frouxos, temerosos, timoratos**, os que se abatem, se assustam facilmente, têm nervos fracos.*
▶ *"**Faint** heart never won fair lady."* ▷ *Coração **tímido** não conquista bela dama.*
▶ *We saw a **faint** light in the gloom.* ▷ *Vimos uma luz **tênue, baça, mortiça** na escuridão.*

3. vago, indefinido, indistinto; pouco nítido

▶ *I haven't the **faintest** idea.* ▷ *Não tenho a mais **vaga** idéia.*
▶ ***Faint** recollections* ▷ ***Vagas** lembranças*
▶ *In the morning we saw the **faint** outline of the Rocky Mountains.* ▷ *De manhã vimos os contornos **indistintos** das Montanhas Rochosas.*

FAIR s. SHOW

feira, exposição, bazar, evento, mostra, salão

- *Italian Book Fair* ▷ *Feira, Salão, Mostra do Livro Italiano*
- *Craft fair* ▷ *Feira, bazar, exposição de artesanato*

FAIR adj.

1. **belo,** formoso

- *A fair lady* ▷ *Uma bela dama*
- (Trocadilho:) *She was elected "Fairest of the Fair".* ▷ *Foi eleita "A Mais Bela das Belas" (ou "A Mais Bela da Feira")*

2. (cabelo, pele) **claro,** loiro, aloirado ≠ DARK

- *One sister is fair, the other is dark.* ▷ *Uma das irmãs é loira, a outra é morena.*
- *Fair skin / fair eyes / fair hair* ▷ *Pele clara / olhos claros / cabelo loiro, aloirado*

3. **justo, imparcial,** correto, desapaixonado, equânime, equilibrado, eqüitativo, ético, honesto, insuspeito, íntegro, isento, limpo; sem preconceitos, sem prevenções, sem favoritismo, com isenção de espírito ≠ BIASED

- *A fair solution* ▷ *Solução justa e imparcial*
- *Fair play* ▷ *Jogo limpo*
- *Free and fair elections* ▷ *Eleições livres e limpas*
- *Fair business practices* ▷ *Ética comercial*
- *It's not fair!* ▷ *Não é justo! É uma injustiça!*
- (Em jogos, esportes:) *That's not fair! No fair!* ▷ *Não valeu! Não vale!*

4. **razoável,** satisfatório; bom, moderadamente bom, bastante bom DECENT

- *We got a fair number of phone calls about the show.* ▷ *Recebemos um bom número de telefonemas sobre o programa.*
- *Describe your health: Excellent / Very good / Good / Fair / Poor* ▷ *Sua saúde é: Excelente / Muito boa / Boa / Razoável, satisfatória / Má*

FAIRNESS s. ≠ BIAS

justiça, imparcialidade, equanimidade, equilíbrio, honestidade, integridade, isenção, neutralidade, objetividade; igualdade de condições

- *A journalist must remember that fairness and balance are needed to cover news.* ▷ *Um jornalista deve lembrar que a justiça, neutralidade, objetividade, isenção e o equilíbrio são necessários para cobrir as notícias.*
- *The game will be organized so as to ensure fairness for all participants.* ▷ *O jogo será organizado de modo a garantir a imparcialidade, a igualdade de condições para todos os participantes.*

FAKE s.

1. (coisa) **falsificação, fraude,** arremedo, blefe, cópia, contrafação, *fake,* farsa, fingimento, imitação, impostura, pastiche, réplica, simulação, simulacro, sucedâneo

fake

- ▸ *The paintings were stolen and replaced by **fakes**.* ▷ *Os quadros foram roubados e substituídos por **falsificações, cópias, réplicas, imitações**.*
- ▸ *"Nos Jardins o '**fake**' – o falso – viceja hoje numa multiplicação de efeitos." (FSP)*

2. (pessoa) **impostor,** farsante, charlatão, embromador   CON ARTIST

- ▸ *All those mediums and psychics were **fakes**.* ▷ *Todos aqueles médiuns e paranormais eram uns **charlatões, impostores, embromadores**; eram **falsos, fajutos**.*

FAKE adj.   DECEPTIVE

falso, forjado, artificial, enganoso, espúrio, *ersatz, fake,* falseado, falsificado, fantasma, fictício, fingido, fraudulento, postiço, pseudo-; de fancaria, de imitação, de plástico, para inglês ver; *inf.* fajuto, de araque, de mentira, de mentirinha, um blefe

- ▸ *He sold houses with **fake** deeds.* ▷ *Vendia casas com escrituras **falsas, falsificadas, forjadas**.*
- ▸ *He engaged in **fake** financial transactions.* ▷ *Realizava operações financeiras **fictícias**.*
- ▸ *Fake breasts* ▷ *Seios **postiços***
- ▸ *Fake doctor gave illegal treatment* ▷ ***Pseudo**-médico dava tratamentos ilegais*
- ▸ *I hate **fake** people.* ▷ *Detesto gente **falsa, fingida**.*

● Alguns exemplos da mídia brasileira:
- ▸ *"O ator fez uma tatuagem **fake** de um dragão no braço."*
- ▸ *"A boate é um palácio indiano **fake**." (Veja)*
- ▸ *"A fachada do hotel é **de mentira**."*
- ▸ *"Metade das empresas instaladas nesse paraíso fiscal é **fajuta**. As 'sedes' mudaram-se para lá **de mentirinha**." (Veja)*

FAKE v.

1. **fingir,** similar   PRETEND

- ▸ *She **faked** a pregnancy to win him.* ▷ *Ela **fingiu** que estava grávida, **simulou** uma gravidez para ganhar o cara.*

2. **falsificar,** falsear, fraudar, maquiar   FABRICATE

- ▸ *Many people **fake** University degrees.* ▷ *Muita gente **falsifica** um diploma universitário, arranja um diploma **falso**.*
- ▸ *Enron executives got rich by **faking** balance sheets.* ▷ *Os executivos da Enron enriqueceram **fraudando, maquiando** o balanço, apresentando balanços **fraudulentos, maquiados**.*
- ▸ *"As declarações de gastos incluem pequenas **maracutaias, engenharia financeira, contabilidade criativa**." (JB)*

FALL, FALL APART, FALL DOWN v.   COLLAPSE

FAMILIAR adj.

> Diferente do português, **familiar** em inglês em geral NÃO se refere à família:
> *These are **familiar** problems.* ▷ *São problemas **bem conhecidos, velhos** problemas.*

1. **familiar, bem conhecido,** antigo, comum, costumeiro, cotidiano, habitual, normal, previsível, rotineiro, velho USUAL
   - ▶ *He went in and found himself in a very **familiar** place.* ▷ *Entrou e encontrou-se num lugar **bem conhecido**, muito **familiar**.*
   - ▶ *The film deploys **familiar** thriller elements.* ▷ *O filme apresenta elementos **comuns, costumeiros, habituais, bem conhecidos** do gênero ação e suspense.*

2. **familiarizado,** a par, informado; com familiaridade; acostumado, habituado USED
   - ▶ *Is your doctor **familiar** with this issue?* ▷ *Seu médico está **familiarizado**, tem **familiaridade**, **conhece bem** o problema?*
   - ▶ *Are you **familiar** with the new rules?* ▷ *Você está **a par** das novas regras?*
   - ▶ *Wait until your child becomes **familiar** with the school.* ▷ *Espere até que seu filho fique **habituado**, se **acostume**, se **habitue** à escola.*

3. **desrespeitoso;** que toma liberdades, tem excessiva familiaridade FRESH
   - ▶ *Don't try to be **familiar** with your teachers.* ▷ *Não **tome liberdades** com seus professores.*

- Contraste:
  - ▶ *He asked me to comment on some **familiar** movies.* ▷ *Pediu-me para comentar alguns filmes **bem conhecidos**.*
  - ▶ *Recommended **family** movies* ▷ *Filmes recomendados **para a família** / **para toda a família***
  - ▶ *Ele tem tido muitos problemas **familiares**, **de família**.* ▷ *He's been plagued by **family** problems.*
  - ▶ *(subst.) Peça ajuda a um amigo ou **familiar**.* ▷ *Ask a friend or **relative**, **family member** to help you.*

FAMOUS adj.   RENOWNED

FAR-FETCHED adj.   WEIRD, WILD

mirabolante, rocambolesco, absurdo, delirante, descabido, despropositado, disparatado, estapafúrdio, estrambólico, estrambótico, exagerado, excessivo, exorbitante, extravagante, fantasioso, fantástico, forçado, ilógico, implausível, impossível, improvável, inacreditável, incrível, inverossímil, romanesco; fora da realidade, sem cabimento, lógica, nexo, sentido; do arco da velha

- ▶ *A soap opera full of **far-fetched** coincidences* ▷ *Novela cheia de coincidências **mirabolantes, rocambolescas, fantasiosas, inverossímeis, absurdas, estapafúrdias, do arco da velha***
- Usar os verbos: extrapolar, passar dos limites; *inf.* viajar
- ▶ *Come on, this idea is **far-fetched**!* ▷ *Vamos, você já está **extrapolando, viajando** com essa idéia!*

FAR-OUT adj.   FAR-FETCHED, WEIRD

FARM s.

1. **fazenda,** sítio
   - ▶ *He owns a huge **farm** in Kentucky.* ▷ *É dono de uma enorme **fazenda** em Kentucky.*
   - ▶ *We have a **small farm** in the country.* ▷ *Temos um **sítio** no interior.*

fashionable

2. **conjunto,** parque (de elementos iguais)
- *Wind **farm** ▷ **Parque** eólico (de aerogeradores, ou usinas / turbinas a vento)*
- *Google's core business rests on huge **farms** of server computers. ▷ A atividade central do Google baseia-se em enormes **conjuntos** de servidores.*

FASHIONABLE adj.   COOL, UP-TO-DATE

FAST adj.

> **Fast** nem sempre é "rápido". Atenção à estrutura da frase!
> *We became **fast** friends. ▷ Nós nos tornamos **bons** amigos, fizemos uma **sólida** amizade.*
> *(NÃO Ficamos amigos "depressa"...! ▷ We **soon** became friends.)*

1. **rápido, veloz,** acelerado, ágil, célere, expresso, galopante, ligeiro, presto, vertiginoso; rápido como um raio, um bólido
- ***Fast** trains cross the Channel. ▷ Trens **rápidos, expressos** cruzam o Canal da Mancha.*

2. **firme,** fixo, forte, indissolúvel, resistente, tenaz; **fiel,** constante, firme, forte leal, sólido
STAUNCH
- ***Fast** colors ▷ Cores **firmes***
- *This adhesive forms **fast**, permanent bonds. ▷ Esse adesivo cola de maneira **indissolúvel**, permanente.*
- ***Fast** friends ▷ Amigos **fiéis, leais***
- *The two women struck up a **fast** friendship. ▷ As duas criaram uma amizade **firme, sólida**.*

FAST adv.

> **Fast** nem sempre é "depressa"!
> *The door was shut **fast** against the storm. ▷ A porta estava **bem** fechada, **firmemente** fechada*
> *(NÃO "foi fechada depressa"...!) contra a tempestade.*

1. **rapidamente, depressa,** logo, rápido, vertiginosamente; às carreiras, em disparada, na corrida, numa correria, na vula, sem demora; a toda, a toda velocidade, a todo vapor, a galope, a jato, a mil por hora a toque de caixa; em desabalada carreira; como um raio, um bólido, um corisco, um furacão
- *I ran as **fast** as I could. ▷ Saí correndo **a toda velocidade, em disparada, a jato**.*

2. **firmemente,** com firmeza; bem; profundamente
- *He was **fast** asleep. ▷ Estava **profundamente** adormecido, num sono **profundo**.*
- *She took the box and held it **fast**. ▷ Pegou a caixa e segurou-a **bem, com firmeza**.*

FASTIDIOUS adj.   FUSSY

FAT adj.

> **Fat** nem sempre é "gordo". Também significa "rico"
> *Fat cats* ▷ *Figurões, ricaços*
> *Hey! We're in Fat City!* ▷ *Ei! Estamos ricos! (NÃO "na cidade gorda"...!)*

1. **gordo,** encorpado, robusto STOUT

2. **rico,** abundante, fértil, lucrativo, polpudo, produtivo, substancial
- *Fat profits* ▷ *Lucros polpudos, substanciais*
- *They grew fat on the labor of others.* ▷ *Enriqueceram às custas do trabalho alheio.*

FATE s., FATED adj.

destino, fado, fortuna, sina, sorte
- *The Titanic had a terrible fate.* ▷ *O Titanic teve um destino, uma sina terrível.*
- *The Fates, the Three Fates* ▷ *As Três Parcas (deusas gregas do destino)*
- *He was fated to die young.* ▷ *Estava fadado, predestinado a morrer jovem.*

FATEFUL adj.

1. **fatal, crucial,** crítico, importante, vital KEY
- *President Truman made the fateful decision to use the atomic bomb against Japan.* ▷ *O presidente Truman tomou a decisão fatal, crucial de usar a bomba atômica contra o Japão.*

2. **fatídico, funesto,** adverso, agourento, aziago, infausto, infeliz, lúgubre, pressago OMINOUS
- *The fateful day of President Kennedy's assassination* ▷ *O dia fatídico do assassinato do Presidente Kennedy*

FAULT s., FAULTLESS adj.   FLAW, FLAWLESS

FEATURE s.

1. (em geral pl.) **traços,** feições faciais
- *She has fine, delicate features.* ▷ *Ela tem traços finos, delicados.*

2. **característica, recurso,** atributo, constante, função, funcionalidade; aspecto, dado, elemento, fator, ferramenta, item, traço (constante, especial, essencial, de destaque) RESOURCE
- *Intelligence and imagination are the main features of her personality.* ▷ *Inteligência e imaginação, eis as principais características, atributos, traços, elementos da sua personalidade.*
- *In these countries economic stability is not a feature.* ▷ *Nesses países a estabilidade econômica não é uma constante.*
- *The program includes features to filter and sort e-mails.* ▷ *O programa inclui recursos, ferramentas para filtrar e classificar e-mails.*
- *The new model comes packed with features: digital clock, radio, GPS, MP3 player.* ▷ *O novo modelo vem cheio de recursos, funções, funcionalidades: relógio digital, rádio, GPS, toca-MP3.*

feature

3. **atrativo, novidade,** extra, qualidade; forte, ponto forte; característica atraente, desejável, exclusiva ASSET

- *This computer is packed with new cool **features**.* ▷ *Esse computador está repleto de **novidades, atrativos** legais.*
- *A central **feature** of our library is our vast collection of DVDs.* ▷ *Um grande **atrativo**, o **forte**, o **ponto forte** da nossa biblioteca é nossa vasta coleção de DVDs.*

4. **acidente geográfico,** formação, saliência; estrutura; fenômeno natural; ponto de referência na paisagem LANDMARK

- *Mars and Earth have several similar geological **features**, such as volcanoes.* ▷ *Marte e a Terra têm vários **acidentes** geológicos semelhantes, tais como vulcões.*
- *The map depicts natural and cultural **features** of the landscape, such as lakes and streams, highways and railroads.* ▷ *O mapa representa **características, pontos de referência** naturais e culturais da paisagem, como lagos e rios, estradas e ferrovias.*
- *Earthquakes are geographical **features** formed by plate tectonics.* ▷ *Os terremotos são **fenômenos** geográficos formados pela tectônica de placas.*
- *The bottom of the sea was full of **features**.* ▷ *O leito marinho era cheio de **saliências, formações**; era **acidentado, irregular, tortuoso**.*

featureless adj.

- *The terrain was a vast **featureless** plain.* ▷ *O terreno era uma vasta e **monótona** planície.*

5. **reportagem,** matéria; coluna, seção de jornal ou revista

- *Read our special Mother's Day **feature**.* ▷ *Leia nossa **reportagem, matéria** especial de Dia das Mães.*
- *"Ask a Reporter" is a new **feature** where we answer students' questions.* ▷ *"Pergunte a um Repórter" é uma nova **coluna, seção** onde respondemos a perguntas dos estudantes.*

6. **filme** de longa metragem; filme principal

- *The film festival accepts both short films and **features**.* ▷ *O festival aceita tanto curtas como **longas-metragens**.*
- *(adj.) The film was nominated for best **feature** documentary / **feature-length** documentary.* ▷ *O filme foi indicado como melhor documentário **de longa metragem**.*

FEATURE v.

1. **mostrar, apresentar;** expor, incluir; contar com; protagonizar

- *In the chart above we **feature** five competing systems.* ▷ *Na tabela acima **mostramos, apresentamos, expomos** cinco sistemas concorrentes.*
- *This show **features** some of our best talents.* ▷ *Este programa **apresenta, conta com** alguns dos nossos melhores artistas.*
- *Watch Philadelphia, **featuring** Tom Hanks and Denzel Washington.* ▷ *Assista a Filadélfia, **com, apresentando, protagonizado por** Tom Hanks e Denzel W.*

2. **destacar,** dar destaque; apresentar como atração especial EMPHASIZE

- *The documentary **features** deep-sea fish.* ▷ *O documentário **destaca** os peixes de águas profundas.*
- *Our **feature** product / **featured** product this week is the Playstation.* ▷ *Nosso produto **de destaque**, nossa **atração especial** esta semana é a Playstation.*

- Outras sugestões:
▶ *A prominent consultant, she has been **featured on CNN**.* ▷ *Consultora de destaque, já **apareceu, foi tema de matérias da CNN**.*
▶ *The party **featured** Cher and Elton John.* ▷ *A festa **contou com a presença** de Cher e Elton John.*

FED UP adj.   BORED, BURNT-OUT

FEEDBACK s.

1. **retorno, *feedback*,** opinião, reação, reações, resposta   INPUT
▶ *When you get the **feedback** from the students you want to do better and better.* ▷ *Quando a gente recebe a **resposta**, a **reação**, o **retorno** dos alunos, fica com vontade de fazer melhor ainda.*
▶ *"O final da novela vai depender do **feedback** do público."*

2. **opinião, parecer,** apreciação, avaliação, comentários, crítica, idéias, observações   INSIGHT
▶ *Ask those you trust and respect for **feedback**.* ▷ *Peça a **opinião**, o **parecer**, **críticas**, **comentários**, **reações** dos que merecem sua confiança e respeito.*
▶ *We appreciate your **feedback** to our show.* ▷ *Queremos saber suas **opiniões**, **comentários**, **observações**, o que você **achou** do nosso programa.*

FEEL v.

1. **sentir**
▶ ***Feel** love / pain / sadness / joy* ▷ ***Sentir** amor / dor / tristeza / alegria*

2. **julgar, acreditar,** achar, concluir, crer, pensar, perceber; ser da opinião; ter a convicção   BELIEVE, FIND
▶ *We strongly **feel** this law should be changed.* ▷ ***Cremos, acreditamos, somos da firme opinião, temos plena convicção** de que essa lei deve mudar.*
▶ *We **feel** these are the most important issues.* ▷ ***Pensamos, julgamos** que essas são as questões mais importantes.*

FEELING s.

1. **sentimento, sensação,** impressão, percepção, pressentimento, sensibilidade, senso   INSIGHT
▶ *Don't hurt her **feelings**.* ▷ *Não magoe os **sentimentos**, a **sensibilidade** dela.*
▶ *I have a **feeling** he's lying.* ▷ *Tenho a **sensação, impressão, pressentimento** de que ele está mentindo.*

2. **intuição,** aptidão intuitiva, faro, instinto, jeito, queda, sexto sentido, talento, tino   FLAIR
▶ *She has a natural **feeling** for languages.* ▷ *Ela tem **aptidão, jeito, talento** natural para as línguas.*

   mixed feelings   MIXED feelings

FEISTY adj., FEISTINESS s.   BRAVE, METTLE
valente, combativo, aguerrido, batalhador, bravo, corajoso, guerreiro, lutador, ousado, valoroso, vigoroso; muito ativo; cheio de pique, garra, espírito guerreiro, espírito de luta; *inf.* bom de briga
▶ *A **feisty** activist, he was undaunted by Big Tobacco.* ▷ *Militante **aguerrido, combativo, corajoso, lutador**, não se deixou intimidar pela indústria do cigarro.*

fellow

- *"Two feisty women walk and ski across 1,700 miles of ice to set a record". (TIME)* ▷ *Duas mulheres **valentes, guerreiras, valorosas** percorrem 2.700 km caminhando e esquiando no gelo, para bater um recorde.*
- *These cars are small but **feisty**.* ▷ *Os carros são pequenos, mas **valentes, bons de briga**.*
- *"Don't you get depressed knowing your goals are so far away?" "No, I get **feisty**."* ▷ *"Você não fica deprimido sabendo que seus objetivos são tão longínquos?" "Não, fico com mais **garra, vontade de lutar**".*
- *(subst.) You can feel the old **feistiness** on campus.* ▷ *Dá para sentir o velho **espírito de luta, combatividade** no campus.*

◊ **Feisty** e **feistiness** não trazem a conotação negativa de "agressivo". Indicam um espírito firme, decidido, lutador, exuberante.

FELLOW s., adj.

1. sujeito, camarada, cara, cidadão, fulano, indivíduo, homem, moço, rapaz, tipo

- *Who's that **fellow**?* ▷ *Quem é esse **sujeito, cara, camarada, rapaz, homem**, esse aí?*

2. companheiro, amigo, camarada, colega

- *He betrayed his **fellows**.* ▷ *Traiu seus **amigos, companheiros**.*
- *Find your old **fellow** students.* ▷ *Encontre seus antigos **colegas**.*

3. próximo; "filho de Deus"

- *"Love your **fellow** man (= **fellowman**) as yourself." (Leviticus 19:18)* ▷ *Ama a teu **próximo** como a ti mesmo.*
- *Respect her; she's a **fellow** human being.* ▷ *Respeite a moça; ela também é **filha de Deus**.*

4. membro de organização, diretoria, universidade; bolsista, pesquisador; *fellow* member

- *He is a research **fellow** at the Kellogg Foundation.* ▷ *É **pesquisador, bolsista, fellow** da Fundação Kellogg.*

FEMALE s., adj.   MALE

1. (animal) **fêmea**

- *As soon as the animals are born we separate the males from the **females**.* ▷ *Logo que os animais nascem, separamos os machos das **fêmeas**.*

2. (pessoa) **mulher;** do sexo feminino

- *Attitudes towards **female** pilots are changing.* ▷ *As atitudes estão mudando em relação às **mulheres** pilotos.*
- *She sings in a **female** choir.* ▷ *Ela canta num coro **feminino**.*

● Em geral o gênero fica claro em português:

● Pela terminação feminina:

- *There were five **female** pupils.* ▷ *Havia cinco **alunas**.*
- *A **female** friend / neighbor / cousin / doctor / researcher / architect / director / mayor* ▷ *Amiga / vizinha / prima / médica / pesquisadora / arquiteta / diretora / prefeita*

● Pelo artigo ou o possessivo:

- *The singer was kissed by a **female** fan.* ▷ *A cantora foi beijada por **uma fã**.*

- ▶ *We interviewed a **female** client.* ▷ *Entrevistamos **uma** cliente.*
- ▶ *My **male** and **female** colleagues* ▷ *Meus colegas e **minhas** colegas*

FESTER v., FESTERING adj.

1. infeccionar, supurar, contaminar, infectar-se, inflamar, ulcerar; estar infecto; segregar pus

- ▶ *The wound was left to **fester**.* ▷ *A ferida ficou **infeccionando, ulcerando, supurando**.*
- ▶ *The city's canals **fester** with sewage and industrial pollution.* ▷ *Os canais da cidade estão **infectos** de esgotos e poluição industrial.*
- ▶ *(adj.) **Festering** wounds* ▷ *Feridas **purulentas, infeccionadas, ulceradas***

2. irritar, corroer, deteriorar, envenenar, piorar, roer; ser como uma ferida aberta, gangrena, chaga infeccionada, não cicatrizada

- ▶ *As her grief **festered**, all contact with her family ceased.* ▷ *Sentindo sua dor lhe **corroer, supurar como uma ferida aberta**, ela cortou todos os contactos com a família.*
- ▶ *"Há um fato, um fato na minha vida que ninguém sabe, que eu não contei a ninguém. (...) Quis acrescentar que 'o fato' estava, dentro dele, **como uma 'gangrena**.'" (Nelson Rodrigues, "O Casamento")*
- ▶ *(adj.) Talks aimed at resolving the **festering** conflict between the two countries* ▷ *Conversações para resolver o conflito que **envenena** os dois países*

FEUD s.

1. (= fief, fiefdom) **feudo medieval**

- ▶ *The feudal lord owned the **feud**, which was worked by his vassals.* ▷ *O senhor feudal possuía o **feudo**, onde trabalhavam seus vassalos.*

2. rixa, vendeta, briga, conflito, desacordo, desavença, discórdia, guerra, rivalidade; antiga disputa QUARREL

- ▶ *This family **feud** has cost many lives.* ▷ *Essa **rixa, briga, vendeta, antiga disputa** entre as famílias já custou muitas vidas.*
- ▶ *Let's settle this **feud** once and for all.* ▷ *Vamos resolver essa **desavença, discórdia** de uma vez por todas.*

- Acrescentar os adjetivos: acerba, amarga, feroz; antiga, longa, prolongada, velha

- ▶ *In "Romeo and Juliet" we see the **feud** between the Montague and Capulet families.* ▷ *Em "Romeu e Julieta" vemos a **velha, antiga rixa**, a **feroz, acerba rivalidade** entre as famílias Montéquio e Capuleto.*

FEUD v., FEUDING adj.

- ▶ *The landlord had been **feuding** with a tenant who refused to move out.* ▷ *O senhorio estava **brigando**, numa **prolongada briga, disputa** com um inquilino que se recusava a sair.*
- ▶ *(adj.) Our center aims to calm disputes between **feuding** neighbors.* ▷ *Nosso centro visa acalmar as disputas entre vizinhos **em guerra, em conflito**.*

FIERCE adj., FIERCELY adv.

1. feroz, furioso, agressivo, cruel, encarniçado, fero, figadal, forte, fortíssimo, selvagem, violento, visceral, terrível, tremendo WILD

- ▶ ***Fierce** dogs* ▷ *Cães **ferozes, agressivos***

fiery

- *A fierce attack* ▷ *Ataque furioso, violento, encarniçado*
- *A fierce enemy* ▷ *Inimigo feroz, figadal, visceral*
- *Fierce thunders* ▷ *Trovões terríveis, fortíssimos*

2. **acirrado,** acalorado, acerbo, aceso, ácido, ardente, ardoroso, candente, extremo, ferrenho, incisivo, inflamado, intenso, intransigente, renhido

- *Fierce fight* ▷ *Luta acirrada, renhida*
- *Fierce opposition* ▷ *Oposição ferrenha, acerba, inflamada*
- *Fierce loyalty* ▷ *Lealdade intensa, extrema, ardorosa*
- *In our industry there is a fierce competition for the best people.* ▷ *No nosso ramo há uma competição acirrada, feroz, violenta, pelos melhores profissionais.*
- *Both Republicans and Democrats have been campaigning fiercely.* ▷ *Tanto republicanos como democratas estão trabalhando com ardor, intensamente, acirradamente, travando uma luta feroz em suas campanhas.*

FIERY adj.   FIERCE, FEISTY

FIGHT s.   QUARREL, STRUGGLE

FIGURE s.

> **Figure** nem sempre é "figura".
> *The painting was sold for a large figure.* ▷ *O quadro foi vendido por uma enorme quantia.*

1. **figura,** forma

- *Squares and triangles are figures.* ▷ *O quadrado e o triângulo são figuras planas.*
- *Famous historical figures* ▷ *Figuras, personalidades históricas famosas*

2. **silhueta, vulto,** contorno, forma, imagem

- *There were two figures in the shadows.* ▷ *Havia dois vultos nas sombras.*
- *I could see their tiny figures at a distance.* ▷ *À distância vi suas minúsculas silhuetas.*
- *Watch your figure!* ▷ *Atenção à silhueta! (= Cuidado para não engordar!)*

3. **número,** algarismo, dígito, cifra, quantia

- *These figures are dazzling.* ▷ *Esses números, essas cifras são estonteantes.*
- *Attractive six-figure salary.* ▷ *Atraente salário de seis algarismos, dígitos (= mais de 100.000 dólares anuais.)*

FIGURES s. pl.

cálculos, matemática, contas, dados, estatísticas, estimativas, indicadores, informações; resultados matemáticos ou financeiros DATA

- *He's good at figures.* ▷ *Ele é bom em cálculos, matemática.*
- *Your figures are wrong.* ▷ *Suas contas, seus cálculos estão errados.*
- *Unemployment figures are up.* ▷ *Os números, dados, indicadores mostram aumento no desemprego.*
- *What are your sales figures?* ▷ *Quais são seus resultados, suas estatísticas de vendas?*

facts & figures INFORMATION

▸ *Here are some **facts and figures** about Brazil.* ▷ *Eis alguns **fatos e dados, números, indicadores, informações, estatísticas** sobre o Brasil.*

FIGURE OUT v.   DECIDE

solucionar, decifrar; descobrir, encontrar um jeito, uma solução

▸ *Can you **figure out** the secret code?* ▷ *Você consegue **decifrar** o código secreto?*
▸ *We finally **figured out** how to work faster.* ▷ *Finalmente **descobrimos, encontramos uma solução, um jeito, uma maneira** de trabalhar mais rápido.*

FILIBUSTER, FILIBUSTERING s., adj., v.

bloqueio, táticas obstrucionistas; oratória prolongada (para impedir uma votação)

▸ *Democrat Senators successfully mounted a **filibuster** to block the bill.* ▷ *Os senadores democratas conseguiram armar um **bloqueio** com seus discursos, para impedir a passagem da lei.*
▸ *A minority of Senators prevented a vote by **filibustering** with their speeches for more than an hour.* ▷ *Senadores em minoria evitaram a votação **prolongando** seus discursos por mais de uma hora.*
▸ *He tries to win arguments by **filibuster** (i.e., whoever talks the longest wins).* ▷ *Ele tenta ganhar os debates pela **oratória prolongada** (isto é, quem falar mais tempo, ganha).*
▸ *No more **filibustering** tactics!* ▷ *Chega de táticas **obstrucionistas**, de **obstruir** o andamento dos trabalhos!*

◊ **Filibustering** é uma tática obstrucionista usada por políticos americanos, sobretudo no Senado, quando estão em minoria. Consiste em fazer longos discursos para atrasar os debates, adiando assim a votação de uma lei, ou forçando uma aprovação por maioria de três quintos, em vez de maioria simples.

FIND v., FINDING s.

1. **encontrar,** descobrir

▸ *We have to **find** a solution.* ▷ *Temos que **encontrar, descobrir** uma solução.*
▸ *(subst.) Archaeological **findings**.* ▷ ***Achados, descobertas** arqueológicas*

2. **descobrir, constatar,** achar, concluir, considerar, julgar, perceber; chegar à conclusão   FEEL, BELIEVE

▸ *I **found** I could do without her perfectly well.* ▷ ***Descobri, percebi, constatei, cheguei à conclusão** de que podia passar muito bem sem ela.*
▸ *Many employees **find** flexibility more important than compensation.* ▷ *Muitos funcionários **acham, julgam, consideram** a flexibilidade [de horários] mais importante do que a remuneração.*
▸ *(subst..) What are your research **findings** to date?* ▷ *Quais são as **conclusões, constatações, resultados** da sua pesquisa até agora?*

FINE adj.

1. **fino, belo,** apurado, atraente, bom, caprichado, chique, delicado, diferenciado, distinto, elegante, esmerado, excelente, ótimo, primoroso, refinado, requintado, seleto; feito com apuro, capricho, esmero
   SUPERB, EXQUISITE

▸ *Fine arts* ▷ *Belas artes*
▸ *Fine china and cutlery* ▷ *Louças e talheres **finos, requintados***

finery

- *He's a **fine** fellow.* ▷ *Ele é um **ótimo** sujeito.*
- *He was graduated by Yale, one of the **finest** American schools.* ▷ *Formou-se em Yale, uma das **melhores, mais seletas** universidades americanas.*
- *The museum is famous for its **fine** archaeological collection.* ▷ *O museu é famoso por sua **excelente, primorosa, refinada** coleção arqueológica.*

2. **aceitável,** OK, razoável, sem problemas, tudo bem

- *"Can you come tomorrow?" "Yes, **fine**."* ▷ *"Você pode vir amanhã?" "**OK, tudo bem.**"*
- *If you are throwing an informal party, it's **fine** to set up a self-service buffet.* ▷ *Se você der uma festa informal, **pode, é aceitável, não há problema em** fazer um bufê para os convidados se servirem sozinhos.*

FINERY s.

> **Finery** NÃO é "refinamento" (**refinement, finesse**).

trajes vistosos, de gala, refinados, elaborados; **adornos,** atavios, enfeites, jóias, ornamentos

- *Here's the peacock in all his **finery**.* ▷ *Eis o pavão com sua **vistosa** plumagem.*
- *The gay parade had floats featuring couples in wedding **finery**.* ▷ *A parada gay tinha carros alegóricos com casais em **trajes de gala**, nos mais **elaborados trajes** de casamento.*

FIRE s.

> *There have been many forest **fires**.* ▷ *Houve muitos **incêndios** (NÃO "fogos"..!) na mata.*

1. (sem artigo, sem plural) **fogo**
- *Many accidents are caused by **fire**.* ▷ *Muitos acidentes são causados pelo **fogo**.*
- *Don't play with **fire**.* ▷ *Não brinque com **fogo**.*

2. (com artigo, com plural) **incêndio**
- *The **fire** took dozens of lives.* ▷ *O **incêndio** tirou dezenas de vidas.*
- *Ten people died in recent **fires**.* ▷ *Dez pessoas morreram em **incêndios** recentes.*

FIT s.

1. **encaixe, ajuste,** adaptação, adequação, compatibilidade, entrosamento, harmonia MATCH
- *That's a perfect **fit**.* ▷ *É um **encaixe, ajuste** perfeito.*
- *No organ donor is ever a perfect **fit**.* ▷ *Nenhum doador de órgãos tem 100% de **compatibilidade**, é 100% **compatível**.*
- *When we hire a new employee we look at the skill **fit** and also at the personality **fit**.* ▷ *Ao contratar um novo funcionário, examinamos se as qualificações são **adequadas** e também se vai haver **entrosamento, adaptação, compatibilidade**, se a personalidade vai se **entrosar** na firma.*

2. (roupas, sapatos) **caimento,** caída

▶ It's important to try clothes on, so you have the right **fit**. ▷ *É importante experimentar as roupas, para garantir que estão **caindo bem**.*

3. acesso, ataque, convulsão, crise, espasmo, explosão, paroxismo, rasgo, rompante

▶ A **fit** of laughing, coughing ▷ ***Acesso, espasmo, paroxismo** de riso, de tosse*
▶ A **fit** of jealousy ▷ ***Ataque, crise** de ciúmes*
▶ A **fit** of temper ▷ ***Explosão, rasgo, rompante** de raiva, de mau gênio*

FIT, FITTING adj.

▶ This place is not **fit** to be a hotel. ▷ *Este lugar **não serve, não é próprio, adequado, conveniente** para ser um hotel.*
▶ I found it **fitting** to name my son after my best friend. ▷ *Achei **apropriado, adequado, certo**, dar ao meu filho o nome do meu melhor amigo.*
▶ Survival of the **fittest** ▷ *Sobrevivência do **mais apto***

2. saudável, em boa forma

▶ I'm 65 but I'm slim and **fit**. ▷ *Tenho 65 anos mas sou magra e **saudável**, estou **em plena forma**.*

FIT v.   SUIT, MATCH

combinar, entrosar-se, acertar-se, acomodar-se, adaptar-se, adequar-se, afinar-se, ajustar-se, amoldar-se, caber, casar-se, coadunar-se, compatibilizar-se, condizer, conformar-se, convir, corresponder, encaixar-se, engatar, engrenar, enquadrar-se, harmonizar-se; ser compatível, ter afinidade

▶ The words **fit** the music perfectly. ▷ *As palavras **combinam, se casam** perfeitamente com a música.*
▶ The candidate must **fit** into the company's environment. ▷ *O candidato precisa ser **compatível**, deve **adaptar-se, encaixar-se, harmonizar-se, entrosar-se** no ambiente da empresa.*
▶ I didn't **fit** at all in that school. ▷ *Naquela escola eu não me **enquadrava**, não me **adaptava**, não me **entrosava**, estava completamente **fora do ambiente**.*

FIX v.   REPAIR

FIXTURE s.

1. algo fixo, permanente, constante; atração, elemento, presença permanente, constante   FEATURE

▶ Elton John will be a **fixture** in Las Vegas. ▷ *Elton John será uma **atração permanente** em Las Vegas.*
▶ Blogs have been a growing **fixture** on the Web. ▷ *Os blogues são uma **presença**, um **elemento** cada vez mais **presente** na rede.*

2. acessório, artefato, artigo, peça

▶ Bath **fixtures** ▷ ***Acessórios, peças** para banheiro*
▶ Store **fixtures** ▷ ***Artigos, acessórios** para lojas*
▶ Light **fixture** ▷ ***Luminária***

3. (UK- esportes) **competição,** evento, jogo, partida   MATCH

▶ Our next **fixture** will be the Regional Tournament on Sunday. ▷ *Nossa próxima **partida, jogo** será o Torneio Regional, no domingo.*

flabbergasted

▶ Check the **fixture** list for race days. ▷ Consulte as datas das corridas na lista de **eventos**.

FLABBERGASTED adj.   ASTONISHED, BEWILDERED

▶ All of a sudden that quiet kid started talking and everyone was **flabbergasted**. ▷ De repente aquela menina tão quieta começou a falar e todo mundo ficou **abismado, boquiaberto, atônito, estupefato**.

FLAIR s.

1. **aptidão, pendor,** dom, dote, facilidade, faro, gosto, intuição, jeito, queda, talento, tino, verve, vocação; facilidade natural; *inf.* bossa   TALENT

▶ He has a **flair** for business. ▷ Tem **queda, pendor, jeito, facilidade, tino** para o comércio.
▶ If you have a **flair** for interior design, come work with us. ▷ Se você tem **gosto, dom, talento** para a decoração, venha trabalhar conosco.

2. **elegância,** bom gosto, estilo, imaginação   GRACE

▶ The dinner was served with **flair**. ▷ O jantar foi servido com **estilo, bom gosto**.

FLAW s.   DRAWBACK

falha, defeito, brecha, debilidade, deficiência, demérito, deslize, erro, falta, fraqueza, imperfeição, impureza, irregularidade, jaça, lacuna, lapso, mácula, problema, senão; ponto fraco, negativo; calcanhar de Aquiles; *inf.* furo

▶ I found a fatal **flaw** in his argument. ▷ Encontrei uma **falha, um defeito, problema, um furo, erro** fatal na sua argumentação.
▶ I saw a serious **flaw** in his character. ▷ Vi um sério **defeito, deficiência** no seu caráter.
▶ There was a slight **flaw** in the glass. ▷ Havia uma pequena **imperfeição, irregularidade** no vidro.

FLAWED adj.   POOR

falho, defeituoso, deficiente, errado, imperfeito, inadequado, incorreto, inferior, insatisfatório, insuficiente; irregular; com falhas, defeitos; eivado de erros; que deixa a desejar

▶ All human beings are **flawed** creatures. ▷ Todos os seres humanos **têm falhas**, são **imperfeitos**.
▶ The company has been pursuing a **flawed** strategy. ▷ A empresa está seguindo uma estratégia **falha, errada, inadequada, que deixa a desejar**.
▶ Many scientists think this study is seriously **flawed**. ▷ Muitos cientistas crêem que esse estudo tem sérias **falhas, erros, deficiências**.

FLAWLESS adj., FLAWLESSLY adv.   EXQUISITE

impecável, perfeito, correto, corretíssimo, imaculado, inatacável, inquestionável, irrepreensível, irreprochável, irretocável, puro; sem mácula, jaça, sem senão; sem defeitos, falhas, imperfeições

▶ The acrobats gave a **flawless** performance. ▷ Os acrobatas fizeram uma exibição **impecável, perfeita**.
▶ No-one can claim to have a **flawless** character. ▷ Ninguém pode afirmar que tem um caráter **irreprochável, irretocável, irrepreensível, imaculado, sem senão**.

▶ A *flawless* diamond ▷ Diamante **sem jaça**
▶ (adv.) The system worked *flawlessly.* ▷ O sistema funcionou **perfeitamente, sem** nenhuma **imperfeição.**

FLEDGLING, FLEDGELING adj.

1. **inexperiente,** aprendiz, bisonho, neófito, novato

▶ A *fledgling* skier ▷ Esquiador **novato, inexperiente**

2. **nascente, incipiente,** emergente, iniciante, novel, novo, principiante, recém-criado, recém-formado, recém-iniciado, recente; em desenvolvimento, em fase inicial; engatinhando; na infância; começando a decolar, a engatar, a engrenar; que arrisca, ensaia os primeiros passos

▶ This *fledgling* technology is designed to identify radio frequencies. ▷ Essa tecnologia **nascente, incipiente, emergente, em fase inicial** identifica freqüências de rádio.
▶ *Fledgling* enterprises often receive tax incentives. ▷ Muitas empresas **novas,** nascentes, **recém-criadas, em fase inicial** recebem incentivos fiscais.
▶ Interactive TV is still a *fledgling* creature. ▷ A TV interativa ainda é uma criatura **que arrisca seus primeiros passos.**

◊ **Fledgeling** (subst.), relacionado com **feather** (pena de ave), é o passarinho que acaba de adquirir a plumagem e começa a ensaiar o vôo.

FLICKER v.   SHIMMER

FLOURISH v.

> Cuidado com a tradução "florescer":
> These fish *flourish* in colder waters. ▷ Esses peixes **se dão bem, proliferam, se multiplicam, são abundantes** (NÃO ~~florescem~~...!) em águas mais frias.

1. **prosperar, progredir,** abundar, adiantar-se, aumentar, avançar, desenvolver-se, expandir-se, intensificar-se, medrar, multiplicar-se, proliferar, vicejar; existir em abundância; dar-se bem, ter êxito, sucesso, vigor, vitalidade; crescer vigorosamente THRIVE, SUCCEED

▶ These organizations *flourish* in spite of government efforts to stifle them. ▷ Essas organizações **prosperam, progridem, são muito ativas** apesar dos esforços do governo de asfixiá-las.
▶ Commercial exchanges between the two countries are *flourishing.* ▷ O intercâmbio comercial entre os dois países está **crescendo, aumentando, se desenvolvendo, se intensificando,** passa por um período de grande **vigor, vitalidade.**
▶ Malaria and other diseases *flourish* in hot climates. ▷ A malária e outras doenças se **proliferam** nos climas quentes.
▶ Genetics has *flourished* spectacularly during the past 15 years. ▷ A genética teve um **desenvolvimento, avanços, sucessos** espetaculares nos últimos 15 anos.

2. **florescer,** desabrochar, florir; dar flor, estar em flor

▶ Try to visit Japan in April / May when the cherry-trees *flourish.* ▷ Procure visitar o Japão quando as cerejeiras **estão em flor, florescem.**

FLOURISHING adj.

1. **próspero,** exuberante, pujante, vibrante, vigoroso, em franco desenvolvimento, plena expansão BOOMING, THRIVING

▶ *The city has a **flourishing** touristic industry.* ▷ *A cidade tem um setor turístico **próspero, vibrante, vigoroso, em franco desenvolvimento**.*

2. **florido,** florescente, viçoso

▶ *The hotel is famous for its **flourishing** gardens.* ▷ *O hotel é famoso por seus jardins **floridos**.*

FLOWERY adj.   ORNATE

FOCUS s.   EMPHASIS

foco, prioridade, atenção, concentração, especialidade, especialização, objetivo, realce; ponto de convergência; centro, foco de interesse, de atividade

▶ *Our firm's **focus** is on developing bioenergy projects.* ▷ *O **foco de atividade, a especialidade** da nossa firma é desenvolver projetos de bioenergia.*
▶ *The company's **focus** is efficiency.* ▷ *A **prioridade** da empresa é a eficiência.*
▶ *The Sales Manager's main **focus** is generating new clients.* ▷ *O principal **objetivo** do gerente de vendas é gerar novos clientes.*
▶ *New conventions on climate and desertification have **brought a focus** to these issues.* ▷ *Novas convenções sobre clima e desertificação **chamaram a atenção** para essas questões.*

FOCUS v.   STRESS

focar, enfocar, centrar, concentrar-se, contemplar, dedicar-se, direcionar-se, dirigir-se, especializar-se, focalizar, priorizar, salientar; dar prioridade, pôr em foco; voltar-se para; dar ênfase, importância, prioridade, valor

▶ *We should **focus** on closing the gap between rich and poor.* ▷ *Devemos nos **focar, concentrar** em diminuir o abismo entre ricos e pobres.*
▶ *Our firm **focuses** on market research.* ▷ *Nossa firma é **especializada** em pesquisa de mercado.*
▶ *I am more **focused** on my family now than I used to.* ▷ *Eu me **dedico** mais, **dou** mais **prioridade** à minha família agora do que antes.*

FOCUS GROUP s.

grupo de discussão

▶ *Our market research involved four **focus groups** of housewives of a mix of ages and lifestyles.* ▷ *Nossa pesquisa de mercado foi feita com quatro **grupos de discussão** com donas de casa de diversas idades e estilos de vida.*

FOCUSED adj.

1. **focalizado, especializado,** dedicado; voltado para

▶ *We are **focused** on customer service.* ▷ *Somos **especializados, dedicados, voltados** para o atendimento ao cliente.*

2. focado, objetivo, atento, concentrado, bem direcionado; sem se dispersar

▶ Stay *focused*; do what you say you will do. ▷ Fique *focado, concentrado, não se disperse*; faça o que você diz que vai fazer.

▶ The boss decided to call him for a *focused*, face-to-face encounter. ▷ O chefe resolveu chamá-lo para uma reunião cara-a-cara, *bem objetiva*.

▶ "A dificuldade de ler livros está associada (...) à dificuldade de parar quieto e *focado* num só tema." (Gilberto Dimenstein)

FOG, FOGGY   MIST, MISTY

FOIL v.   THWART

impedir, derrotar, evitar, frustrar, repelir

▶ Police *foiled* dozens of attacks and terror plots. ▷ A polícia *impediu, evitou, frustrou* dezenas de ataques e complôs terroristas.

▶ Pilots want permission to carry handguns to *foil* hijackers. ▷ Os pilotos querem permissão de portar armas para *impedir, derrotar, repelir* seqüestradores.

FOLLY s.

insensatez, loucura, demência, desatino, desvario, doidice, estouvamento, extravagância, insânia, leviandade, maluquice, tolice; falta de juízo, de bom senso

▶ Anyone can see the total *folly* of destroying the Earth's natural resources. ▷ Qualquer um pode perceber a *insensatez*, o *desatino* de destruir os recursos naturais do planeta.

▶ At the age of thirty he abandoned his youthful *follies* and applied himself to study. ▷ Aos trinta anos ele abandonou as *loucuras*, os *desatinos* da juventude e se dedicou aos estudos.

FOND adj., FONDLY adv.

1. afeiçoado, entusiasta, fã; que gosta muito; *inf.* chegado   KEEN

▶ I'm very *fond* of my grandparents / my hometown / my pets. ▷ Sou muito *afeiçoado, gosto muito* dos meus avós / da minha cidade / dos meus bichos.

▶ He's very *fond* of jazz. ▷ Ele é *fã, entusiasta* do jazz.

▶ "Autores franceses *chegados* a uma frase longa" (Fernando Gabeira)

2. carinhoso, afetuoso, querido, terno   LOVING

▶ A *fond* embrace ▷ Um abraço *afetuoso*

▶ I have *fond* memories of my father. ▷ Guardo lembranças *queridas* do meu pai.

▶ (adv.) My mother greeted me *fondly*. ▷ Minha mãe me recebeu *carinhosamente*.

FONDNESS s.

predileção, afeição, afeto, carinho, estima, fraco, gosto, inclinação, preferência, queda

▶ My dog has a special *fondness* for young children. ▷ Meu cachorro tem *predileção, carinho especial, queda, gosta muito* de crianças pequenas.

▶ Unfortunately he had a *fondness* for the bottle. ▷ Infelizmente ele tinha um *fraco* pela bebida.

FORBIDDING adj.

> Forbidding NÃO é "proibido" (**forbidden**).

ameaçador, assustador, atemorizante, duro, hostil, intimidante, perigoso, severo, sinistro, soturno; nada amigável, de poucos amigos DAUNTING

- ▸ To the west of the castle lies a dark, **forbidding** forest. ▷ A oeste do castelo fica uma floresta escura e **ameaçadora, assustadora**.
- ▸ She was afraid of the doctor, with his **forbidding** appearance. ▷ Sentiu medo do médico, com sua aparência **severa, nada amigável,** sua **cara de poucos amigos**.

FORECAST s., v.   FORETELL

prever, previsão

- ▸ Weather **forecast** ▷ **Previsão** do tempo
- ▸ It is hard to **forecast** the future demand for oil. There are all kinds of rosy **forecasts**. ▷ É difícil **prever, antecipar** a futura demanda de petróleo. Não faltam **prognósticos** otimistas.

FORESEE   FORETELL

FORESIGHT s

visão, descortino, cautela, precaução, previdência, previsão, prudência

- ▸ The accident was blamed on lack of **foresight** by the original planners. ▷ O acidente foi culpa da falta de **visão** dos autores do plano original.
- ▸ She had the **foresight** of selling her house just before house prices came down. ▷ Teve o **discernimento**, o **descortino** de vender a casa logo antes de os preços caírem.

- Usar os verbos:
  precaver-se, acautelar-se, prevenir-se, prever, predizer, antecipar; ver, enxergar longe; tomar suas precauções

- ▸ Luckily he had the **foresight** of destroying the incriminating documents. ▷ Felizmente, ele **se preveniu, enxergou longe** e destruiu os documentos que o incriminavam.

- Usar os adjetivos: precavido, cauteloso, prevenido, previdente, prudente

- ▸ With remarkable **foresight**, the President insured himself against legal suits before taking office. ▷ O presidente teve notável **cautela, prudência, precaução** / foi **precavido, previdente, prudente** e fez seguro contra processos legais antes de assumir a presidência.

FORETELL v.

predizer, prever, adivinhar, antecipar, antever, anunciar, calcular, imaginar, prenunciar, profetizar, projetar, prognosticar, vaticinar   GUESS

- ▸ Can one **foretell** the future? ▷ Será que é possível **predizer, prever** o futuro?
- ▸ Some radical religious groups are **foretelling** the end of the world. ▷ Alguns grupos religiosos radicais estão **vaticinando, prognosticando, anunciando** o fim do mundo.

FORGE v.

> Evite usar "forjar" se houver ambigüidade:
> We have **forged** a close relationship. ▷ Nós **construímos, criamos, firmamos** (melhor que "forjamos") um relacionamento íntimo.

1. **forjar,** falsificar FABRICATE
▶ *Forge an alibi* ▷ **Forjar** *um álibi*
▶ *Forge a signature, a painting* ▷ **Falsificar** *uma assinatura, um quadro*

2. **forjar, criar,** construir, compor, configurar, consolidar, constituir, cunhar, elaborar, estabelecer, fazer, firmar, formar BUILD, ESTABLISH
▶ *Forge a friendship / partnership / an alliance*
▶ *We must forge strategic alliances with our friends and partners.* ▷ *Precisamos* **forjar, criar, estabelecer, firmar, fazer** *alianças estratégicas com nossos amigos e parceiros.*

FORMER adj.

1. **ex-, anterior,** antigo
▶ *Former husband* ▷ **Ex-***marido*
▶ *My former boss* ▷ *Meu* **ex-***patrão, meu* **antigo** *patrão*

2. **the former** ≠ LATTER
   o primeiro, aquele (entre dois elementos citados)
▶ *We interviewed both Republicans and Democrats; the former support the war, while the latter demand an end to the occupation.* ▷ *Entrevistamos republicanos e democratas;* **os primeiros, aqueles** *apóiam a guerra, enquanto estes exigem o fim da ocupação.*

FORMIDABLE adj.

> "Formidável" NÃO é uma boa tradução, pois no Brasil em geral se usa no sentido positivo:
> *"É um filme formidável, extraordinário."*

tremendo, poderoso, assustador, aterrador, colossal, dificílimo, fortíssimo, gigantesco, perigoso, respeitável, terrível; de peso DAUNTING, AWESOME
▶ *Over the years this small group has evolved into a formidable criminal organization.* ▷ *Com o passar dos anos esse pequeno grupo se tornou uma* **poderosa, fortíssima** *organização criminosa.*
▶ *The CEO took on the formidable task of reorganizing the company.* ▷ *O CEO assumiu a* **tremenda, colossal, gigantesca, dificílima** *tarefa de reorganizar a empresa.*
▶ *The bill is sponsored by such formidable Democratic figures as Hillary Clinton and Edward Kennedy.* ▷ *O projeto de lei tem o apoio de figuras* **respeitáveis, de peso** *do Partido Democrata, como H. Clinton e E. Kennedy.*

FORMULA s.

> **Formula** nem sempre é "fórmula"!
> *Breast milk or **infant formula**?* ▷ *Leite materno ou **leite em pó**?*

1. fórmula
▶ *Mathematical **formulas*** ▷ ***Fórmulas** matemáticas* FIGURE

2. leite em pó, mamadeira
▶ *Never microwave the baby's **formula**.* ▷ *Nunca esquente a **mamadeira** do bebê no microondas.*

3. alimento pronto, mistura balanceada, fórmula
▶ *She tried several **formula** diets in liquid or powder form.* ▷ *Experimentou várias **fórmulas**, **misturas balanceadas** para regime, líquidas ou em pó.*

FOSTER v.   NURTURE

promover, fomentar, ajudar, alimentar, amparar, apoiar, auxiliar, beneficiar, contribuir, cuidar, cultivar, estimular, favorecer, incentivar, nutrir, proteger; favorecer a evolução, o crescimento; ajudar a crescer, desenvolver, prosperar

▶ *We need to **foster** religious tolerance.* ▷ *Precisamos **fomentar, promover, estimular, cultivar, favorecer, incentivar** a tolerância religiosa.*
▶ *My job is to detect and **foster** artistic talent.* ▷ *Minha função é descobrir e **incentivar, cultivar, apoiar** os novos talentos artísticos.*

FOUL adj.   DISGUSTING

sórdido, ofensivo, abominável, baixo, degradante, desonesto, desprezível, detestável, execrável, feio, grosseiro, hediondo, horrendo, horrível, ignóbil, ilegal, indigno, infame, obsceno, odioso, repulsivo, revoltante, sujo, torpe, vil; extremamente desagradável

▶ ***Foul** play* ▷ *Jogo **sujo**, golpe **baixo**, lance **desonesto, ilegal, trapaça***
▶ ***Foul** language* ▷ *Linguagem **obscena, ofensiva***
▶ *He resorted to **foul** means to gain power.* ▷ *Lançou mão de meios **escusos, vis, desonestos** para ganhar o poder.*
▶ ***Foul** deeds* ▷ *Atos **sórdidos, infames, execráveis, ignóbeis***

● Outras sugestões:
▶ ***Foul** weather* ▷ ***Mau** tempo (chuva, neve, geada)*
▶ ***Foul** smell* ▷ *Cheiro **horrível, pestilento, nauseabundo***

FOUNDATION s., adj.

base, alicerce, esteio, fundação, fundamento, pilar, sustentáculo

▶ *How can you lay the **foundation** for your child's success in school?* ▷ *Como assentar a **base**, o **fundamento**, os **alicerces** do sucesso de seu filho na escola?*

▶ These investments are the **foundation** for wealth. ▷ Esses investimentos são os **alicerces** da riqueza.
▶ A statement without **foundation** in fact ▷ Afirmação não **fundamentada, embasada** nos fatos
▶ (adj.) The mayor laid the **foundation stone** of the new library. ▷ O prefeito lançou a **pedra fundamental** da nova biblioteca.

FRAMEWORK s.

modelo, estrutura, arcabouço, armação, base, conjuntura, contexto, esquema, infra-estrutura, matriz, molde, moldura, organização, quadro, sistema, superestrutura, suporte; conjunto das circunstâncias; quadro de referência; esquema geral, plano geral

▶ Any changes must fit into the existing **framework**. ▷ Quaisquer mudanças devem se encaixar no **esquema, modelo, plano geral,** nos **moldes** já existentes.
▶ Here's a summary of our study and its political **framework**. ▷ Eis um resumo de nosso estudo com sua **moldura,** seu **contexto, quadro de referência** político.
▶ We need profound changes in the country's legal and political **framework**. ▷ Precisamos de profundas mudanças no **arcabouço, modelo,** na **estrutura, organização** jurídica e política do país.

FRANK adj. CANDID, HONEST

FRANTIC adj., FRANTICALLY adv.

1. **frenético, muito nervoso,** agitado, descontrolado, desesperado, desvairado, excitado, febril, histérico, transtornado HECTIC

▶ A day of **frantic** trading on the stock market ▷ Um dia de negociações **febris** na Bolsa
▶ With only five minutes to catch the plane I was getting **frantic**. ▷ Faltavam só cinco minutos para pegar o avião e eu estava ficando **histérico**.
▶ My mother was **frantic** with worry. ▷ Minha mãe ficou **transtornada, desesperada** de preocupação.
▶ (adv.) I was **frantically** looking for my driving license. ▷ Eu procurava **desesperadamente** minha carteira de motorista.

FREAK s.

1. **monstro,** curiosidade, monstrengo, monstruosidade, mostrengo; aberração da natureza; *inf.* monstrinho

▶ We saw a two-headed sheep at a **freak** show. ▷ Vimos um carneiro de duas cabeças no show de **curiosidades, aberrações**.
▶ Just because I'm gay they look at me as if I were a **freak**. ▷ Só porque eu sou gay eles me olham como se eu fosse uma **aberração da natureza,** um **monstro, monstrinho**.

2. **fanático, maníaco,** entusiasta, viciado, com mania, obsessão; fã ardoroso

▶ Rock music **freaks** ▷ Roqueiros **ardorosos**
▶ She's a clean **freak**. ▷ Ela é **fanática,** tem **mania** de limpeza.
▶ My mom is a control **freak**. ▷ Minha mãe tem **obsessão** por controlar todo mundo.

3. **capricho,** veleidade

▶ A **freak** of nature produced the midsummer snow. ▷ Um **capricho** da natureza produziu uma nevada em pleno verão.

freak

FREAK adj.   ODD, UNUSUAL

raro, imprevisto, aberrante, anômalo, anormal, bizarro, curioso, esdrúxulo, esquisito, excepcional, inesperado, insólito, inusitado, singular, surpreendente; fora do comum, fora dos padrões

▶ *He died in a freak accident.* ▷ *Morreu num acidente raro, insólito.*

FREAK OUT v. (gíria)

descontrolar-se, perder o controle, a calma, as estribeiras; ficar histérico, louco, maluco; *inf.* pirar, surtar; ter um ataque, acesso, crise, faniquito

▶ *I completely freaked out when I saw my boyfriend kissing another girl.* ▷ *Eu pirei, fiquei histérica, tive um ataque, faniquito, uma crise quando vi meu namorado beijando outra garota.*

FREQUENTLY adv.   OFTEN

FRESH adj., **FRESHLY** adv.

> **Fresh water** NÃO é "água fresca" (**cool** water) mas sim "água doce".
> *We serve both sea fish and fresh water fish.* ▷ *Servimos peixes do mar e peixes de água doce.*

1. **fresco;** refrescante ≠ STALE
▶ *Fresh milk, fresh bread* ▷ *Leite fresco, pão fresco*
▶ *I like the fresh taste of this toothpaste.* ▷ *Gosto do sabor refrescante dessa pasta de dentes.*

2. (água) **doce,** de rio (≠ água salgada)
▶ *The Brazilian Pantanal is the largest fresh water wetland on Earth.* ▷ *O Pantanal é a maior área alagada de água doce do planeta.*

3. **novo, recente,** atualizado, recém, último; que acaba de surgir, de chegar   NOVEL
▶ *We talked about the fresh attacks in the Middle East.* ▷ *Falamos sobre os novos, últimos, mais recentes ataques no Oriente Médio.*
▶ *We have fresh evidence.* ▷ *Temos novas provas, recém-descobertas, recém-surgidas.*
▶ *I decided to make a fresh start.* ▷ *Decidi começar vida nova.*
▶ *He is fresh from a trip to NY.* ▷ *Recém-chegado, acaba de chegar de Nova York.*
▶ *(adv.) We've moved to a freshly remodeled office.* ▷ *Mudamos para um escritório recém-reformado.*

• Usar "mais":
▶ *He ordered fresh drinks for everybody.* ▷ *Pediu mais bebida para todos.*

4. **diferente, original,** inédito, insólito, inusitado, novo, outro, singular; sem precedentes; inovador; uma novidade   UNIQUE
▶ *Here's a fresh approach to an old problem.* ▷ *Eis uma abordagem nova, diferente, inédita, original, sem precedentes, para um velho problema.*
▶ *Here are the freshest new clothes from London.* ▷ *Últimas novidades da moda londrina.*
▶ *Let's see this issue in a fresh light.* ▷ *Vejamos essa questão sob uma outra luz, com outros olhos.*

- Usar dois desses adjetivos para melhor passar a idéia:
▶ *Tom Jobim combined elements of several different styles into a **fresh** new sound.* ▷ *Jobim combinou elementos de diversos estilos para criar um novo som, **original e diferente**.*

5. **vívido,** espontâneo, interessante, renovado, viçoso, vivo; cheio de vida, frescor, ânimo, energia, entusiasmo, viço, vigor, vitalidade, vivacidade LIVELY
▶ *Make your lessons **fresh** and interesting.* ▷ *Torne suas aulas **vivas, vívidas, interessantes**.*

6. **relevante,** atual, atualizado
▶ *Although some data in the book are dated, much information remains **fresh**.* ▷ *Embora alguns dados do livro já estejam ultrapassados, muitas informações continuam **relevantes, atuais**.*

7. **renovado, restaurado,** descansado, limpo, refrescado, repousado
▶ *After a hot bath I felt **fresh** and rested.* ▷ *Depois de um banho quente, senti-me **renovado, restaurado** e **descansado**.*
▶ ***Fresh** towels* ▷ *Toalhas **limpas***
▶ *You will leave the course with **fresh** energy.* ▷ *Você sairá do curso com **renovadas** energias.*

8. (gíria) **atrevido,** ousado, cara-de-pau; que toma liberdades IMPUDENT
▶ *Don't be **fresh**!* ▷ *Não seja **atrevido**!*

FRIENDLY adj.   ≠ SYMPATHETIC

1. (pessoa, lugar) **amistoso, simpático,** acessível, acolhedor, afável, agradável, amável, amigável, bonachão, cálido, caloroso, camarada, convidativo, cordato, cordial, dado, delicado, gentil, hospitaleiro, lhano, receptivo, sociável, tratável, urbano; delicado no trato; *inf.* legal, boa gente, boa-praça
▶ *"Welcome!" he said, with a broad, **friendly** smile.* ▷ *"Bem-vindos!" disse ele, com um sorriso largo e **amistoso, caloroso**.*
▶ *People here are very **friendly**.* ▷ *O pessoal aqui é muito **simpático, amigável, cordial, boa-praça**.*
▶ *A very **friendly** old lady gave us directions.* ▷ *Uma senhora muito **gentil, amável** nos deu informações.*
▶ *A **friendly** atmosphere* ▷ *Atmosfera **simpática, convidativa, acolhedora, hospitaleira***
▶ *(subst.) England will play **friendlies** against France and Spain.* ▷ *A Inglaterra vai jogar dois **amistosos** contra a França e a Espanha.*

2. (usado em compostos) **favorável, fácil,** adequado, acessível, atraente, benéfico, conveniente, positivo, propício, próprio; que favorece, respeita, ajuda, apóia; que não agride USER-FRIENDLY
▶ *Sweden is a very **family-friendly** society.* ▷ *A sociedade sueca é muito **favorável, benéfica** para a família / **ajuda, apóia, favorece** a família.*
▶ ***Business-friendly** policies* ▷ *Diretrizes **favoráveis, convenientes, propícias** aos negócios*
▶ *The clinic's website features **layman-friendly** explanations.* ▷ *O site da clínica tem explicações **fáceis, acessíveis, próprias** para leigos.*
▶ *The time has come for **environmentally-friendly** automobiles.* ▷ *Chegou a hora dos automóveis que **respeitam, não agridem,** são **amigos** do ambiente.*

- Contraste:
▶ *Divórcio **amigável*** ▷ ***Non-litigious, non-contentious** divorce*

FRIGHTEN v., FRIGHTENED adj. FRIGHTENING adj.   SCARE, SCARED

- ▶ They used a loud horn to **frighten away** fierce animals. ▷ Tocaram uma buzina para **assustar, afugentar, espantar** os animais selvagens.
- ▶ I was very **frightened** of the guards. ▷ Eu tinha muito **medo** dos guardas.
- ▶ The storm came with a **frightening** display of thunder and lightning. ▷ A tempestade veio com um espetáculo **assustador, aterrorizante, medonho** de raios e trovões.

FROWN v.   raise one's EYEBROWS

franzir a testa, o cenho, as sobrancelhas, o sobrolho; fazer cara feia, fechar a cara, amarrar a cara

- ▶ He **frowned**. "I don't understand this at all." ▷ **Franziu a testa**: "Não estou entendendo nada".
- ▶ The maitre d' looked over me and **frowned** at my shabby overcoat and dirty shoes. ▷ O maître me olhou de cima a baixo e **fez cara feia, franziu o cenho** ao ver meu casaco velho e meus sapatos sujos.
- ▶ "Papai, chamou (....) **com as sobrancelhas franzidas**, papai, como são promissórias?" (Clarice Lispector, "Começos de Uma Fortuna")

FROWN ON, UPON v.   CRITICIZE

condenar, recriminar, censurar, criticar, desaprovar, objetar, rejeitar, repreender, reprovar; olhar feio, fazer cara feia; não gostar

- ▶ In many countries divorce is still **frowned upon**. ▷ Em muitos países o divórcio ainda é **condenado, criticado, censurado**.
- ▶ This practical approach is **frowned on** by purists. ▷ Essa abordagem prática é **desaprovada, reprovada** pelos puristas.
- ▶ If you're different, you're **frowned upon**. ▷ Se você é diferente, eles te **olham feio**.

- • Mudar a construção e usar os adjetivos: malvisto, inaceitável, tabu
- ▶ In my small town, homossexuality was **frowned upon**. ▷ Na minha cidadezinha, o homossexualismo era **malvisto**, era **tabu**, era **inaceitável**.

FUEL v.

1. (combustível) **abastecer, alimentar;** mover, fazer funcionar

- ▶ The reactor is **fueled by** natural uranium. ▷ O reator é **alimentado, funciona** com urânio natural.
- ▶ Gasoline-**fueled** engine ▷ Motor a gasolina, **movido** a gasolina

2. **estimular, impulsionar,** ajudar, alavancar, alimentar, ativar, aumentar, avivar, causar, favorecer, fomentar, fortalecer, gerar, impelir, incentivar, mobilizar, motivar, provocar, puxar   DRIVE, BOOST

- ▶ Our editorial continues to **fuel** an animated debate with our readers. ▷ Nosso editorial continua a **estimular, provocar, motivar** um animado debate com os leitores.
- ▶ **Fueled** by its new products, the company boasts record profits. ▷ **Alavancada, impulsionada, puxada** por seus novos produtos, a empresa mostra lucros recorde.
- ▶ The slave trade was **fueled** by foreign demand. ▷ O tráfico de escravos era **movido, gerado, causado** pela demanda externa.

3. **instigar, insuflar,** acentuar, acirrar, alimentar, atiçar, avivar, encarniçar, estimular, excitar, incendiar, incitar, inflamar, intensificar, provocar; botar lenha na fogueira

▶ *Fuel hate, resentment* ▷ ***Instigar, excitar, fomentar, insuflar, incitar** o ódio*
▶ *Can a movie **fuel** public fears?* ▷ *Será que um filme pode **acirrar, alimentar, estimular** os temores do público?*

◊ **Fuel,** "combustível", gera três idéias básicas: "alimentar", "impulsionar" e "incendiar".

FULFILLING adj.

gratificante, satisfatório; que traz realização

▶ *She'd been looking for a **fulfilling** job.* ▷ *Estava procurando um trabalho **gratificante**, em que ela pudesse se realizar.*

FUN s.

1. **diversão, prazer,** divertimento, alegria, brincadeira, delícia, distração, entretenimento, farra, festa, folga, folia, graça, lazer; *inf.* um barato, uma curtição

▶ *Work for me is **fun**.* ▷ *Para mim o trabalho é uma **diversão, curtição,** um **prazer**.*
▶ *The party was great **fun**.* ▷ *A festa foi o maior **barato**, uma **farra**, uma **delícia**.*
▶ *I only cook for **fun**.* ▷ *Só cozinho por **prazer**, como **lazer**, por **diversão**, de **farra**, de **brincadeira**.*
▶ *It's not much **fun** being there all on your own.* ▷ *Não tem **graça** ficar lá sozinho.*
▶ *Don't spoil the **fun!*** ▷ *Não venha cortar o **barato**, estragar a **festa!***

● Usar: gostoso, delicioso, legal; brincar, divertir-se

▶ *We went to the beach and it was great **fun**.* ▷ *Fomos à praia e foi muito **gostoso, legal**, uma **delícia**.*
▶ ***Fun** with numbers* ▷ ***Brincando** com os números*
▶ *I play for money or just **for fun**.* ▷ *Jogo a dinheiro ou só para me **divertir**.*

have FUN v.   ENJOY

divertir-se, curtir, brincar, distrair-se, entreter-se, esbaldar-se, espairecer, farrear; ter, sentir prazer; *inf.* curtir um barato, uma onda; fazer folia, farra

▶ *Go **have** some **fun**.* ▷ ***Divirta-se**, vá se **distrair** um pouco!*
▶ *We **had** a lot of **fun** on the beach.* ▷ *Nós **nos divertimos, curtimos** muito na praia*
▶ *If you're not having **fun** in your work, look for another job.* ▷ *Se você não **tem prazer** no seu trabalho, procure outro emprego.*
▶ *I **have** a lot of **fun** at my work.* ▷ *Eu **curto, gosto muito** do meu trabalho. / Para mim o trabalho é uma **diversão**.*
♪ *"She's **having fun** / **Fun** is the one thing that money can't buy" (Lennon / McCartney, "She's Leaving Home"* ▷ *Ela está **curtindo, se divertindo** / O **prazer** é a única coisa que o dinheiro não pode comprar*

make FUN of v.   MOCK

caçoar, ridicularizar

▶ *As a child I was constantly humiliated and **made fun of**.* ▷ *Em criança eu era constantemente humilhado e **ridicularizado**, alvo de **deboches**.*

fun

FUN adj.

1. (coisa) **divertido,** alegre, bacana, delicioso, descontraído, gostoso, legal; um prazer; *inf.* uma curtição, um barato, uma delícia

▶ *We went skiing, it was fun.* ▷ *Fomos esquiar, foi muito gostoso, uma delícia legal, um barato.*
▶ *Travel is not always fun.* ▷ *Viajar nem é sempre um prazer.*
▶ *I miss my old job; it really was a fun working environment.* ▷ *Tenho saudades do meu antigo emprego; era um ambiente de trabalho muito alegre, descontraído, divertido, gostoso, legal.*

2. (pessoa) **engraçado,** divertido, um barato FUNNY

▶ *She's fun! / She's a lot of fun!* ▷ *Ela é super divertida, um barato!*

FUND v. SUPPORT

> Não confunda **fund** ("financiar") com **found** ("fundar"):
> *The laboratory was founded by Dr. A. Smith and funded by the Department of Radiology.*
> ▷ *O laboratório foi fundado pelo dr. A. Smith e financiado pelo Depto. de Radiologia.*

financiar, bancar, custear, pagar, sustentar; dar verbas

▶ *We found out that the research was in fact funded by the tobacco industry.* ▷ *Descobrimos que, na verdade, a pesquisa foi financiada, bancada, recebeu verbas da indústria do cigarro.*

FUNNY adj.

1. **engraçado,** alegre, brincalhão, cômico, divertido, gozado, hilariante, hilário, piadista; *inf.* um número, uma figura FUN

▶ *He's a very funny guy. We're always laughing at his jokes.* ▷ *Ele é um cara muito engraçado, divertido, alegre, uma figura, um número. A gente vive rindo das piadas dele.*
▶ *He told me a very funny joke.* ▷ *Ele me contou uma piada hilária, muito gozada.*

2. **estranho, esquisito,** curioso ODD

▶ *The engine is making a funny noise.* ▷ *O motor está fazendo um barulho estranho, esquisito.*

FURTHER adv.

mais longe, mais adiante

▶ *We decided to go further to see the beach.* ▷ *Decidimos ir mais além, prosseguir para ver a praia.*
▶ *Please let's not go any further.* ▷ *Por favor, não vamos continuar.*

FURTHER v. ADVANCE, FOSTER

▶ *Our campaign aims to further the cause of human rights.* ▷ *Nossa campanha visa promover, apoiar a causa dos direitos humanos.*

FUSSY adj.

1. **superexigente, detalhista,** cuidadoso, difícil, enjoado, entojado, exigente, implicante, manhoso, meticuloso, metódico, minucioso, perfeccionista, sistemático; difícil de agradar, de contentar, de satisfazer; que faz questão dos mínimos detalhes; *inf.* chato, fresco, luxento; cheio das coisas, de coisinhas, de frescuras, fricotes, histórias, luxo, manhas, manias, nove-horas PARTICULAR

▶ My daughter is a *fussy* eater. ▷ Minha filha é muito **exigente, implicante, enjoada** para comer.
▶ The old man was very *fussy*. Everything had to be just so. ▷ O velho era muito **metódico, sistemático**. Tudo tinha que ser do jeitinho que ele queria.
▶ "É um menino **luxento**, criado pela avó que lhe faz todas as vontades."

2. **agitado,** irritadiço, irritado, manhoso

▶ The baby is *fussy*. ▷ O bebê está **agitado, manhoso**.

G

GADGET s.

1. **aparelho,** acessório, apetrecho, artefato, dispositivo, equipamento, instrumento, invenção, invento, máquina, objeto, peça, petrecho, utensílio; produto eletrônico de consumo DEVICE

▶ With this new adapter you can plug any USB *gadgets* like printers, mice, digital cameras, hard drives, and keyboards directly into your Pocket PC. ▷ Com esse novo adaptador você pode conectar qualquer **aparelho, acessório, artefato, dispositivo** USB, como impressoras, mouses, câmeras digitais, discos rígidos e teclados, diretamente no seu Pocket PC.
▶ Her kitchen is full of state-of-the-art *gadgets*. ▷ Sua cozinha é cheia de **acessórios, petrechos, utensílios** os mais modernos.

2. **engenhoca,** geringonça; *inf.* aparelhinho, breguete, brinquedinho, maquininha, maquineta

▶ He showed me some great *gadgets* like a lipstick recorder and a fruit saver. ▷ Ele me mostrou umas **engenhocas, maquinetas** ótimas, como um batom-gravador e um economizador de frutas.
▶ iPod owners are in love with their *gadgets*. ▷ Os donos de iPods estão apaixonados pelos seus **brinquedinhos**.
▶ "Organização não é um **aparelhinho**." (Millôr Fernandes)

• Outras sugestões:
▶ "Produtos futuristas, como relógios e chaveiros **inteligentes**."
▶ "Um dos **objetos** mais **curiosos** é um ímã de geladeira que mostra notícias e a previsão do tempo."

GALVANIZE v.   DRIVE

mobilizar, estimular, acender, animar, arrebatar, ativar, avivar, catalisar, contagiar, despertar, dinamizar, eletrizar, entusiasmar, galvanizar, impulsionar, incentivar, motivar, movimentar, puxar; dar uma injeção de ânimo

gamut

▶ *His speech **galvanized** many people into action.* ▷ *Seu discurso **mobilizou, eletrizou, entusiasmou, motivou, estimulou** muita gente a agir.*
▶ *The results of his research **galvanized** him to continue with his work.* ▷ *Os resultados da sua pesquisa o **animaram, incentivaram** a continuar seu trabalho.*
▶ *"O conferencista conseguiu **galvanizar** o público." [Novo Aurélio]*
▶ *(Concurso "Professor Nota 10"): "Experimentos criativos que **galvanizam** os alunos e levam a um aprendizado superior." (Claudio M.Castro, Veja)*

GAMUT s.   RANGE

GANG s.

1. **gangue,** camarilha, cambada, caterva, corja, grupelho, malta, quadrilha, súcia   MOB, RIFFRAFF

▶ *Dillinger and his **gang** terrorized the Midwest in 1933.* ▷ *Dillinger e sua **gangue** aterrorizaram o Meio Oeste em 1933.*

2. **turma,** grupo, pessoal; *inf.* galera, moçada, patota, rapaziada, tchurma, tribo   CROWD

▶ *Hey, let's call the rest of the **gang**.* ▷ *Ei, vamos chamar o resto da **turma, galera,** do **pessoal**.*

GAP s.

1. **distância, abismo,** afastamento, apartheid, brecha, buraco, cisão, defasagem, descompasso, desigualdade, desnível, desproporção, diferença, discrepância, disparidade, divisão, divórcio, fosso, hiato, lacuna, vácuo, vala, vazio   DIVIDE

▶ *The ambassador has experienced firsthand the huge **gap** between rich and poor countries and she passionately wants to help **bridge this gap**.* ▷ *A embaixadora constatou em primeira mão o enorme **abismo, fosso** entre os países ricos e pobres e tem um intenso desejo de ajudar a reduzir essa **distância, diferença, disparidade**.*
▶ *There's a **gap** in our knowledge in this field.* ▷ *Nesta área há um **buraco**, um **vazio** no nosso conhecimento.*
▶ *There is a yawning **gap** between a college education and the realities of the job market.* ▷ *Há uma imensa **disparidade, defasagem, grande distância,** um **descompasso, divórcio** entre a formação universitária e a realidade do mercado de trabalho.*

2. **intervalo**

▶ *There will be a ten minute **gap** between races.* ▷ *Haverá um **intervalo** de dez minutos entre as corridas.*

● Outras sugestões:

▶ *The truth is that the **digital gap** (= digital divide) is widening. We need to provide affordable computers to more people.* ▷ *A verdade é que a **exclusão digital** está aumentando. Precisamos popularizar os computadores baratos.*
▶ *Flying over the forest, we sighted a **gap** in the canopy.* ▷ *Sobrevoando a floresta, avistamos uma **clareira,** um **claro** na mata.*

bridge the GAP, close the GAP, narrow the GAP expr.

aproximar, alcançar; transpor, vencer o abismo, superar a diferença, o hiato; diminuir, encurtar, eliminar, estreitar, reduzir a distância; fazer a ponte

- ▶ *Party leaders must try to **narrow the gap** between the leadership and the grassroots.* ▷ *Os dirigentes devem tentar **aproximar, diminuir a distância** entre a cúpula das bases.*
- ▶ *How can we **close the gap** between rich and poor?* ▷ *Como **transpor, superar, vencer o abismo**, a desigualdade entre ricos e pobres?*
- ▶ *Scientists hope to **bridge the gap** between research and practice.* ▷ *Os cientistas esperam **fazer a ponte** entre a pesquisa e a prática.*
- ▶ *The British government wants to **close the gap** with the US on science.* ▷ *O governo britânico deseja **alcançar** os EUA no campo da ciência.*
- ▶ *"Programa de inclusão social para **diminuir as distâncias** sociais através da cultura e da informação."*

- Outras sugestões:
- ▶ *What **gaps** do we need to **close** in order to stay in the game?* ▷ *Quais **deficiências** precisamos **sanar** para continuar no jogo?*
- ▶ *"**Fiz a ponte** entre mares culturais, mas nunca fui subalterno à lógica de mercado." (Gilberto Gil)*

fill the GAP expr.

completar; preencher a lacuna; suprir a falta, a carência; tapar os buracos

- ▶ *Shortages of qualified workers have encouraged companies to **fill the gap** with immigrants.* ▷ *A falta de trabalhadores qualificados incentivou as empresas a **suprir a carência, completar, preencher** seus quadros com imigrantes.*
- ▶ *Private donations will **fill the gap** between state funding and actual costs.* ▷ *Doações particulares vão **preencher a lacuna** entre o financiamento estatal e os custos reais.*
- ▶ *The city must close its **budget gap**.* ▷ *A prefeitura precisa **tapar o buraco** no orçamento.*

GARDEN s.

> *The city's thousands of **gardens** produce tons of vegetables.* ▷ *A cidade tem milhares de **hortas** (NÃO jardins...!) que produzem toneladas de verduras.*

1. jardim
- ▶ *Garden of Eden* ▷ *Jardim do Éden*

2. **horta** (= vegetable garden, market garden, farmer's garden) PRODUCE s.
- ▶ *We grow most of our food in our **garden**.* ▷ *Nós plantamos quase tudo que comemos na nossa **horta**.*

GARDEN-VARIETY adj.

comum, normal, típico, sem nada de especial USUAL, TYPICAL

- ▶ *The young environmentalist is certainly not your **garden-variety** mayor.* ▷ *O jovem ecologista está longe de ser um prefeito **comum, típico**.*
- ▶ *This film is more than just your usual, **garden-variety** teen love story.* ▷ *Esse filme é mais do que um filmezinho **costumeiro, banal, corriqueiro** de amor adolescente.*

GARISH adj.   GAUDY

GASP v.

prender a respiração, engasgar de emoção, sufocar, abafar um grito, uma exclamação; abrir a boca de espanto; ficar sem fôlego; dar um grito sufocado; reprimir um grito (de emoção, admiração, choque, horror, surpresa, susto); assustar-se, levar um susto

- ▶ *She squeezed her eyes shut, **gasping** with horror.* ▷ *Fechou bem os olhos, **engasgando** de horror, **reprimindo um grito de horror.***
- ▶ *(A tennis match:) Serena Williams responded with bullet returns that left the crowd **gasping** in awe.* ▷ *Serena reagiu com bólidos que deixaram o público **sem fôlego** de admiração.*

- Outras sugestões:

- ▶ *The villain drew his gun and the audience **gasped**.* ▷ *Quando o vilão sacou a arma, a platéia **levou um susto, soltou um "Aaaah!" de susto** / **de horror.***
- ▶ *University life was shocking to me. Even some teachers (**gasp**) used cocaine.* ▷ *Para mim a vida universitária foi chocante. Até alguns professores – **imagine!** / **que horror!** – cheiravam cocaína.*

GATHER v.

1. *(intrans.)* **reunir-se,** agrupar-se, ajuntar-se, congregar-se; ficar juntos   JOIN

- ▶ *The demonstrators **gathered** in front of the embassy.* ▷ *Os manifestantes **se reuniram, se agruparam** diante da embaixada.*
- ▶ *Come on, let's **gather** together for a picture.* ▷ *Vamos **ficar** todos **juntos** para uma foto.*

2. *(trans.)* **coletar,** acumular, agregar, angariar, colher, colecionar, coligir, compilar, enfeixar, juntar, obter, recolher, reunir   AMASS

- ▶ ***Gather** flowers* ▷ ***Colher, juntar** flores*
- ▶ ***Gather** data, ideas* ▷ ***Coletar, reunir, coligir, obter** dados, idéias*

3. **ganhar,** adquirir

- ▶ *The train was **gathering** speed / momentum / steam.* ▷ *O trem ia **ganhando** velocidade / impulso / força.*

GAUDY adj.   CONSPICUOUS

espalhafatoso, berrante, aparatoso, carnavalesco, chamativo, vistoso, vulgar; de mau gosto; que dá na vista; *inf.* cheguei

- ▶ *Tourists wearing **gaudy** shorts and t-shirts* ▷ *Turistas usando shorts e camisetas **espalhafatosas, berrantes***
- ▶ *A **gaudy** red dress* ▷ *Um vestido "vermelho-**cheguei**"*

GAUGE v.

aferir, calcular, aquilatar, avaliar, determinar, estimar, julgar, medir, pesar, precisar, sondar, sopesar; determinar com precisão

- ▶ *This machine is used to **gauge** the performance of the robot.* ▷ *Essa máquina serve para **calcular, aferir, medir, determinar** o desempenho do robô.*

▶ *How can she **gauge** the authenticity of his affections?* ▷ *Como ela pode **avaliar, julgar, aquilatar** a autenticidade do afeto do companheiro?*
▶ *To **gauge** opinion* ▷ ***Sondar** a opinião pública*

GAZE v.   STARE

GEARED adj.   SUITABLE

concebido, dirigido, apropriado, destinado, direcionado, especial, pensado, planejado, projetado, próprio, voltado; feito especialmente

▶ *The new software is **geared** for use in customer support applications.* ▷ *O novo software foi **concebido, se destina, é voltado,** para aplicações de atendimento ao cliente.*
▶ *The company's online operations are **geared** towards average consumers without any technical skills.* ▷ *As operações online da empresa são **dirigidas, direcionadas, voltadas** para o consumidor médio, sem conhecimentos técnicos.*

GEE! interj.

Puxa! Puxa vida! Caramba! Nossa! Pôxa! Uau!

▶ ***Gee**, what a girl!* ▷ ***Caramba, uau**, que garota!*

GENIAL adj.

> **Genial** NÃO é "genial", "próprio do gênio" (**genius,** BRILLIANT, BRIGHT).
> *He's a nice, **genial** professor.* ▷ *É um professor muito **bonzinho, simpático** (NÃO "genial"!...)*

amável, cordial, acessível, fável, agradável, ameno, amigável, amistoso, aprazível, benévolo, bonachão, bonzinho, simpático, sociável FRIENDLY, CONGENIAL

▶ *He was very **genial**, willing to answer all our questions.* ▷ *Foi muito **amável, afável**, disposto a responder todas as nossas perguntas.*
▶ *She sat outside, enjoying the **genial** sunshine.* ▷ *Sentou-se lá fora, saboreando o calor **ameno, aprazível** do sol.*

• Contraste:
▶ *É uma solução **genial!*** ▷ *It's a **brilliant, genius** solution!*
▶ *Caetano é um letrista **genial**.* ▷ *Caetano is a **genius** lyricist.*

GENTILE adj.

> NÃO confunda **gentile** ("gentio", "não-judeu") com "gentil" (GENTLE).
> *I always invite some **Gentile** friends for our Passover dinner.* ▷ *Sempre convido alguns amigos **não-judeus** (NÃO "amigos gentis"...!) para nosso jantar de Páscoa.*

gentle

gentio, não-judeu; cristão

▶ *During the war many Jews were saved by **Gentile** friends like Schindler.* ▷ *Durante a guerra muitos judeus foram salvos por amigos **cristãos, não-judeus** como Schindler.*
▶ *As a boy I had many friends, Jewish and **Gentile** alike.* ▷ *Em menino eu tinha muitos amigos, tanto judeus como **não-judeus, cristãos.***

GENTLE adj., GENTLY adv.

> "Gentil", "gentilmente", nem sempre são boas traduções:
> *Take some **gentle** exercise.* ▷ *Faça um pouco de exercício **leve, moderado.***
> *She knocked at the door **gently.*** ▷ *Bateu na porta **de leve.***

1. **gentil, meigo,** afável, agradável, amável, atencioso, bondoso, bonzinho, brando, carinhoso, cordato, delicado, doce, dócil, manso, terno   KIND

▶ *He was very **gentle** with her during her illness.* ▷ *Foi muito **gentil, carinhoso, atencioso** com ela durante a doença.*
▶ *My mother was very understanding and **gentle**.* ▷ *Minha mãe era muito compreensiva e **boazinha, bondosa, meiga, doce, terna.***
▶ *(adv.) She looked into his eyes and smiled **gently**.* ▷ *Ela olhou nos olhos dele e lhe deu um sorriso **afetuoso, carinhoso.***

2. **suave, brando,** calmo, cuidadoso, leve, moderado, tranqüilo   MILD, SOFT

▶ *Gentle movements* ▷ *Movimentos **delicados, suaves***
▶ *Gentle slopes / Gentle light* ▷ *Encostas **suaves** / Luz **suave, branda, difusa***
▶ *Be **gentle** with your little sister!* ▷ ***Cuidado** com a sua irmãzinha!*
▶ *Euthanasia is the act of inducing a **gentle**, painless death to terminal patients.* ▷ *A eutanásia consiste em induzir uma morte **tranqüila, suave** e sem dor em pacientes terminais.*
▶ *(adv.) Palm trees **gently** swaying in the breeze.* ▷ *Palmeiras balançando **suavemente** na brisa.*
▶ *She put the dead butterfly **gently** on the table.* ▷ *Colocou a borboleta morta na mesa **com cuidado, com delicadeza.***

GENTRIFY v.   RETROFIT

revitalizar, modernizar, restaurar; elevar, levantar, melhorar o nível de um bairro

▶ *It was once a poor, working-class neighborhood, but for the last twenty years artists, students and yuppies have **gentrified** the neighborhood.* ▷ *Era um bairro pobre, operário, mas nos últimos vinte anos a chegada de artistas, estudantes e yuppies **revitalizou, modernizou** o bairro.*
▶ *The landlord struck gold when the neighborhood became **gentrified**.* ▷ *O senhorio ficou com uma mina de ouro nas mãos quando o bairro **melhorou, subiu de nível.***

◊ A idéia é que bairros decadentes, com moradia barata, passam a ser habitados por estudantes, artistas etc. Com isso a área é revitalizada (gentrified), os imóveis se valorizam e os antigos habitantes, mais pobres, acabam tendo que sair.

GENTRIFICATION s.

revitalização, renovação, modernização, restauro (de um bairro)

▶ The **gentrification** of the neighborhood has greatly pushed up rent prices. ▷ Com a **revitalização, modernização** do bairro, os aluguéis subiram muito.

◊ "The restoration and upgrading of deteriorated urban property by the middle classes, often resulting in displacement of lower-income people." [AHD]

GERMANE adj., GERMANELY adv.

> **Germane** NÃO significa "germânico" (**Germanic**) nem "alemão" (**German**).

relevante, aplicável, apropriado, pertinente

▶ Excuse me, but your remarks are not **germane** to the discussion. ▷ Desculpe, mas suas observações não são **pertinentes, relevantes** a esta discussão.
▶ (adv.) The beauty queen was asked about politics, literature, and, more **germanely**, "whether she'd pose naked for a Playboy". ▷ A miss respondeu a perguntas sobre política, literatura e outras mais **relevantes**, como "se posaria nua para a Playboy".

◊ Do Latim **frater germanus** (= "irmão legítimo"). É cognato de **hermano** em espanhol e **germano** em português (= "irmão legítimo"; "verdadeiro, genuíno, puro").

GET AWAY with something expr.

safar-se, sair impune, impunemente, sem ser punido; *inf.* se dar bem, sair numa boa

▶ She thinks just because she's beautiful she can **get away with anything**. ▷ Ela acha que só porque é bonita, pode fazer qualquer coisa e **tudo bem, nada vai lhe acontecer**.
▶ No one can use racial slurs in my presence and **get away with it**. ▷ Na minha presença ninguém vai usar ofensas raciais **impunemente, numa boa**.
▶ The Beatles broke all the rules and **got away with it**. ▷ Os Beatles romperam todas as regras e **se deram bem**.

GET USED TO v.   USED adj.

GHASTLY adj.   FRIGHTENING, AWFUL

horripilante, assustador, aterrorizante, chocante, dantesco, espantoso, hediondo, horrendo, horrível, lúgubre, macabro, medonho, pavoroso, repulsivo, sinistro, tenebroso, tétrico, tremendo; de gelar o sangue nas veias

▶ A **ghastly** accident ▷ Um acidente **horripilante, medonho, dantesco**
▶ A **ghastly** murder ▷ Um crime **hediondo**
▶ The newspaper reported all the **ghastly** details of the murder. ▷ O jornal publicou todos os detalhes mais **chocantes, tétricos, macabros** do crime.

GIFTED adj.

1. **talentoso,** habilidoso, prendado ADEPT
   ▶ *He's a very gifted musician.* ▷ *É um músico muito talentoso.*

2. **superdotado** ≠ GENIAL
   ▶ *We need more special schools for gifted children.* ▷ *Precisamos de mais escolas especiais para crianças superdotadas.*

GIGGLE s., v.   CHUCKLE

rir, dar risadas, risadinhas; ter ataque de riso

▶ *The two girls collapsed into giggles.* ▷ *As duas garotas tiveram um ataque de riso.*
▶ *Giggling adolescent girls* ▷ *Meninas adolescentes com suas risadinhas*

GIMMICK s.   TRICK

GINGERLY adv.   WARILY

cuidadosamente, cautelosamente; com cuidado, cautela

▶ *He gingerly felt his way along the dark corridor.* ▷ *Foi avançando pelo corredor escuro com todo o cuidado, a máxima cautela.*

GIST s.   CORE, KEY

âmago, essência, alma, centro, cerne, chave, eixo, fulcro, fundo, medula, núcleo, quintessência, substância, substrato, suco, sumo, tônica, xis; sentido geral; ponto-chave, ponto principal, central, essencial, decisivo; o principal, o fundamental

▶ *The gist of the matter* ▷ *O âmago, o xis, o fundo da questão*
▶ *That was the gist of the prosecutor's argument.* ▷ *Essa foi a essência, chave, o fulcro, ponto principal do argumento da acusação.*
▶ *"As parábolas apresentam o suco do pensamento machadiano em forma concentrada." (Otto Maria Carpeaux)*

GIVE v.   PROVIDE, DELIVER

GIZMO s.   GADGET

GLAD adj.

contente, alegre, satisfeito

▶ *I´m so glad you could come!* ▷ *Estou tão contente por você ter vindo!*

● Outras sugestões:

▶ *Glad you like it.* ▷ *Que bom que você gostou.*
▶ *I'm glad to know it.* ▷ *Ainda bem, folgo em saber.*
▶ *Glad to meet you.* ▷ *Muito prazer!*
▶ *"Could you do that for me?" "I'd be glad to".* ▷ *"Dá para você fazer isso para mim?" "Com todo o prazer."*

GLANCE s., v.

olhar de relance; dar, lançar um olhar rápido, oblíquo, de soslaio, de esguelha, uma olhada, olhadela, olhadinha, espiada, espiadela; olhar com o canto, o rabo dos olhos

▶ *She left without so much as a backward glance.* ▷ *Foi embora sem nem olhar para trás.*
▶ *He glanced at his watch.* ▷ *Deu uma olhada no relógio.*
▶ *She glanced in the rearview mirror.* ▷ *Deu uma espiada no retrovisor.*
▶ *Occasionally he would glance at his wife, who stood by the door.* ▷ *De vez em quando lançava um olhar à esposa, em pé junto à porta.*

GLIMMER v.   SHIMMER

GLIMPSE v.   GLANCE

perceber, vislumbrar, entrever; ver de relance

▶ *An airplane can be glimpsed in the picture.* ▷ *Podemos perceber um avião na figura.*
▶ *Even after all this time, she's never glimpsed the truth about Jim.* ▷ *Mesmo depois de tanto tempo, ela nunca vislumbrou a verdade sobre Jim.*
▶ *I glimpsed Susan among the crowd, but then she disappeared from sight.* ▷ *Vi Susan de relance no meio da multidão, mas logo ela sumiu de vista.*

GLOOM s.   DEJECTION

▶ *After its dramatic defeat, the team was under a cloud of gloom.* ▷ *Após sua dramática derrota, o time estava sob uma nuvem negra de **tristeza, abatimento, desânimo, consternação, depressão, baixo-astral**.*

GLOOMY adj.

1. (pessoa) **deprimido,** abatido, acabrunhado, entristecido, infeliz, jururu, macambúzio, melancólico, sombrio, sorumbático, soturno, taciturno, triste, tristonho   GLUM, DEJECTED

▶ *All through my adolescence I felt gloomy and miserable.* ▷ *Durante toda a minha adolescência eu me sentia **melancólico, deprimido, tristonho** e **infeliz**.*

2. **deprimente, pessimista,** lúgubre, negativo, negro, sombrio, soturno   GRIM

▶ *These youngsters take a gloomy look of the future.* ▷ *Esses jovens têm uma visão **deprimente, pessimista, negativa** do futuro.*
▶ *Gloomy prospects drive car sales down.* ▷ *Perspectivas **pessimistas, sombrias** esfriam as vendas de carros.*

GLOW v.   SHIMMER, SHINE

GLUM adj., GLUMLY adv.   MOODY

1. **taciturno, calado,** carrancudo, casmurro, emburrado, macambúzio, mal-humorado; desanimado, abatido, desalentado, deprimido, desconsolado, desesperançado, desgostoso, infeliz, pesaroso, triste; num abatimento silencioso

▶ *Lately my adolescent daughter has been moody and **glum**.* ▷ *Minha filha adolescente anda geniosa e **emburrada, mal-humorada**.*
▶ *(adv.) The girl kept looking **glumly** out of the window.* ▷ *A menina olhava pela janela, **taciturna, sempre calada**.*
▶ *Hey, why are you looking so **glum**?* ▷ *Ei, por que você está tão **abatido, deprimido**? Por que essa **tristeza**, esse **desânimo**, essa cara **infeliz**?*
▶ *Right now he's very **glum** about his job prospects.* ▷ *No momento ele está muito **desanimado, desesperançado** quanto às suas perspectivas de emprego.*

2. (situação econômica, política) **mau, péssimo,** deplorável, deprimente, depressivo, entristecedor, lamentável, lastimável, penoso, pessimista, negativo, negro, sombrio GRIM, DISMAL
▶ ***Glum** news in the economy means low prices for consumers.* ▷ ***Más** notícias na economia significam preços mais baixos para o consumidor.*
▶ ***Glum** scenario* ▷ *Situação **lamentável, deprimente***
▶ ***Glum** prospects* ▷ *Perspectivas **péssimas, pessimistas, sombrias***

GOAL s.   AIM

GOOD-NATURED adj.   FRIENDLY, GENIAL

GOOD-FOR-NOTHING s., adj.

vagabundo, imprestável, inútil, malandro, parasita, preguiçoso

▶ *Get a job, you **good-for-nothing**!* ▷ *Arranje um emprego, seu **preguiçoso, parasita, inútil**! Vai trabalhar, **vagabundo**!*

GORGEOUS adj.   SUPERB

GOSSIP s., v.

1. **mexerico, comentário,** boato, boataria, buxixo, diz-que-diz-que, falatório, fofoca, futrico, fuxico, intriga, rumores, tagarelice, tititi, zunzunzum; más línguas RUMOR
▶ *Don't believe the **gossip**.* ▷ *Não acredite nos **boatos, comentários**, nas **fofocas**.*
▶ *Old men sat smoking and **gossiping**.* ▷ *Os velhos se sentavam para fumar e **comentar as novidades**.*

2. **mexeriqueiro, fofoqueiro,** bisbilhoteiro, boateiro, faladeira, falador, falastrão, futriqueiro, fuxiqueiro, indiscreto, intrigante, leva-e-traz, linguarudo, tagarela; (fem.) alcoviteira, comadre, faladeira SNOOPY
▶ *She was the worst **gossip** in the neighborhood.* ▷ *Ela era a maior **fofoqueira, faladeira, leva-e-traz** do bairro.*

GRACE s.   APLOMB

graça, elegância, aprumo, bom-tom, charme, delicadeza, dignidade, encanto, finura, garbo, nobreza, refinamento

▶ *She knows how to grow old with **grace**.* ▷ *Ela sabe envelhecer com **graça, elegância, dignidade, garbo**.*
▶ *If you find yourself in an embarrassing situation, there's usually a way to recover with **grace** and tact.* ▷ *Se você cair numa situação embaraçosa, sempre há um jeito de se reerguer com tato e **elegância**.*

▶ *Divine grace* ▷ *Graça divina*

GRACEFUL adj., GRACEFULLY adv.

1. **gracioso,** airoso, atraente, delicado, elegante, encantador, fino, grácil, mimoso NIMBLE

▶ *Graceful skaters glided across the pond.* ▷ *Graciosos, elegantes patinadores deslizavam pelo lago.*
▶ *(adv.) Colorfully costumed Chinese girls danced gracefully.* ▷ *Chinesinhas de trajes coloridos dançavam graciosamente.*

2. = GRACIOUS

▶ *He was a good fireman, always graceful under pressure.* ▷ *Era um ótimo bombeiro; sempre mantinha a calma, a dignidade sob pressão.*
▶ *(adv.) The art of aging gracefully* ▷ *A arte de envelhecer com elegância, dignidade*

GRACIOUS adj., GRACIOUSLY adv., GRACIOUSNESS s.

> **Gracious** nem sempre é "gracioso". Muito usado nas acepções 2 e 3:
> *(Game rules:) Be gracious in victory and in defeat. Show your opponents sincere respect.* ▷ *Saiba vencer e perder com elegância, espírito esportivo. Demonstre sincero respeito pelos adversários.*

1. **gracioso, elegante,** belo, delicado; confortável, caro, luxuoso, refinado; de bom gosto; em grande estilo FINE

▶ *Gracious chandeliers* ▷ *Graciosos, belos, delicados, finos candelabros*
▶ *Gracious colonial mansions* ▷ *Mansões coloniais elegantes, confortáveis*
▶ *She envied their gracious living.* ▷ *Sentiu inveja daquela vida refinada, em grande estilo.*
▶ *They entertained graciously / with graciousness at their splendid mansion* ▷ *Recebiam com elegância, refinamento, estilo, bom gosto em sua esplêndida mansão.*

2. **gentil, fino,** agradável, amável, atencioso, bondoso, cavalheiresco, cavalheiro, cordial, cortês, delicado, digno, diplomático, distinto, elegante, refinado, simpático, tolerante; com respeito, consideração, tato POLITE

▶ *I broke a glass at their dinner, but my hosts were very gracious about it.* ▷ *Quebrei um copo no jantar, mas os donos da casa foram muito finos, delicados, gentis, simpáticos comigo.*
▶ *"Elegante, o cantor não quis comentar sobre a ex-mulher."*
▶ *(adv.) They have graciously invited us to stay with them.* ▷ *Eles gentilmente nos convidaram para ficar na casa deles.*
▶ *(subst.) All social and business situations are really about graciousness.* ▷ *Todas as situações sociais e de negócios dependem, na verdade, da delicadeza, gentileza, amabilidade, bom-tom, finesse, finura no trato.*

3. (esportes) **com espírito esportivo,** cavalheirismo, dignidade, elegância, respeito

▶ *The Germany captain was gracious in defeat: "Well done to Brazil for a super World Cup," he said.* ▷ *O capitão da Alemanha soube perder com elegância, dignidade, cavalheirismo, espírito esportivo, dizendo: "Parabéns ao Brasil por uma super Copa do Mundo".*

gradually

GRADUALLY adv.   INCREASINGLY

gradualmente, paulatinamente, progressivamente; aos poucos, palmo a palmo, passo a passo

▶ *The situation deteriorated **gradually**.* ▷ *A situação se deteriorou **aos poucos, progressivamente**.*

GRADUATE s., adj.

formado, diplomado, bacharel; que concluiu a universidade, o terceiro grau / a pós graduação

▶ *She's an Ivy League **graduate**.* ▷ *Ela **formou-se, diplomou-se** por uma universidade de elite.*
▶ *Some complex jobs require a **graduate** degree.* ▷ *Certos empregos mais complexos exigem **pós-graduação**.*
▶ *(abrev.) Fresh **grads*** ▷ *Os recém-**formados**, os novos **bacharéis***

- **Graduate** muitas vezes se refere à "pós-graduação" e não à "graduação" (UNDERGRADUATE).

▶ ***Graduate** student / course / school / diploma* ▷ *Aluno / curso / escola / diploma de **pós-graduação** (especialização, mestrado, doutorado)*
▶ *After **graduating** from NYU I'm now faced with a tough decision: do I go to **graduate school** or should I look for a job?* ▷ ***Formado** pela Universidade de Nova York, enfrento agora uma difícil decisão: devo entrar na **pós-graduação** ou procurar um emprego?*

GRADUATE v.   COLLEGE

graduar-se, formar-se, diplomar-se; terminar um curso

▶ *I **graduated** from high school in 1992 and went off to college.* ▷ *Terminei, me **formei**, me diplomei no 2º grau em 1992 e entrei na universidade.*

GRAND s.

1. (= grand piano) **piano de cauda**

▶ *What is the difference between playing a **grand** vs. an upright piano?* ▷ *Qual a diferença entre tocar um **piano de cauda** e um piano de armário?*

2. (gíria – não varia no *pl.*) **mil dólares / mil libras**

▶ *Give him a **grand** and he'll get you across the border.* ▷ *Por **mil dólares** ele passa você pela fronteira.*
▶ *That car cost me 20 **grand**.* ▷ *O carro me custou 20 **mil libras**.*

◊ Atenção ao contexto: podem ser dólares americanos ou libras britânicas:

▶ *He won ten **grand** at the tracks.* ▷ *Ganhou dez **mil dólares** nas corridas de cavalo.*
▶ *Find the bloke and I'll give you **two grand**.* ▷ *Encontre esse cara e eu te dou **duas mil libras**. [Bloke é gíria britânica, portanto são libras e não dólares.]*

GRAND adj.   LAVISH

grandioso, magnífico, augusto, brilhante, deslumbrante, dramático, espetacular, esplêndido, faustoso, imponente, impressionante, magno, majestoso, nobre, principesco, régio, rico, solene, suntuoso, teatral, vistoso; de gala

▶ *A **grand** wedding* ▷ *Um casamento **grandioso***
▶ *A **grand** meal was served.* ▷ *Foi servida uma refeição **suntuosa, régia, principesca**.*

▶ The Sambadrome in Rio de Janeiro hosts the country's **grandest** celebrations and parades. ▷ É no Sambódromo do Rio que acontecem as comemorações e paradas mais **grandiosas, espetaculares, deslumbrantes** do país.

take for GRANTED expr.

1. **pressupor,** assumir, presumir, supor; contar com; dar como certo, garantido, líquido e certo, fato consumado, favas contadas, ponto pacífico EXPECT

▶ Parents should not **take for granted** that their child's holiday camp is 100% safe. ▷ Os pais não devem **presumir, assumir, supor** que o acampamento de férias seja 100% seguro.

▶ He may win the election, but **don't take it for granted.** ▷ Talvez ele ganhe a eleição, mas **não conte** com isso, não pense que é **líquido e certo, ponto pacífico, favas contadas.**

▶ We can't take democracy for **granted.** ▷ Não podemos **assumir** que a democracia esteja **garantida,** seja um **fato consumado.**

2. **achar normal, natural, óbvio;** aceitar sem discutir; nem pensar, nem perceber, nem prestar atenção; assumir, considerar, ver com a maior naturalidade, como algo comum, automático, implícito, que faz parte da vida, do dia-a-dia, que passa batido, despercebido

▶ These spoiled kids **take** all their comforts and privileges **for granted.** ▷ Essas crianças mimadas **acham** que todos os seus confortos e privilégios são **a coisa mais normal, natural do mundo.**

▶ Coeducation is now **taken for granted.** We don't think twice about it. ▷ Hoje em dia a educação conjunta de ambos os sexos é coisa que **nem se discute, que todos acham natural, óbvio.** Ninguém nem pensa mais nisso.

▶ We use electricity everyday in so many ways that we just **take it for granted.** ▷ Usamos a eletricidade todos os dias de tantas maneiras que **nem prestamos atenção, nem pensamos mais nisso.**

▶ Traveling makes you appreciate more some values and conveniences which we often **take for granted** in our daily lives. ▷ Viajando a gente passa a prezar mais certos valores e comodidades que, na nossa vida diária, **passam batidos, nós nem percebemos, deixamos passar despercebidos.**

▶ Bad things are much talked about, while good things are often **taken for granted.** ▷ O que é ruim é muito comentado; o que é bom **passa batido.**

● Outras sugestões:

▶ In 1964 computer engineer Douglas Engelbart demonstrated many visionary concepts we now **take for granted,** such as the mouse and hypertext linking. ▷ Em 1964 o engenheiro de computação D.E. demonstrou muitos conceitos visionários que hoje **já se tornaram lugar-comum, fazem parte do nosso dia-a-dia, a que já estamos totalmente acostumados,** como o mouse e o hipertexto.

▶ (I-Ching – Hexagram 10) "The small treads upon the large and strong. The fact that the strong treads on the weak is not mentioned in the Book of Changes, because **it is taken for granted.** ▷ "O fraco pisa em cima do forte. O fato de que o forte pisa no fraco não é mencionado no Livro das Mutações, pois é algo **óbvio, evidente, que não se discute."**

3. **não dar valor,** o devido valor; não prezar, não ter estima, apreço; não reconhecer (os esforços, a presença); não dar importância, a devida importância ≠ APPRECIATE

▶ I'm grateful for all I have; **I don't take** any of my comforts **for granted.** ▷ Sou grata por tudo que tenho; eu **prezo, dou valor** a todas as coisas boas da minha vida.

▶ My husband **takes me for granted.** He pays me as much attention as he does the wallpaper. ▷ Meu marido **não me dá nenhum valor, nenhuma importância, não reconhece, acha normal** tudo que eu faço por ele. Para ele, é como se eu fosse o papel de parede.

GRAPHIC adj., GRAPHICALLY adv.

> **Graphic** não significa só "gráfico". Muito usado em relação a fotos ou descrições chocantes:
> *This book depicts Nazi brutality **in graphic details**.* ▷ *O livro descreve **em detalhes chocantes, vívidos** (NÃO "em gráficos"...!) a brutalidade nazista.*

1. (= graphical) **gráfico,** visual
- *Graphic Arts / Graphical Arts* ▷ *Artes **Gráficas***
- *Graphic interface* ▷ *Interface **gráfica**, **visual***
- ***Graphic** novels are comic books with high quality storyline and artwork.* ▷ *Os **romances gráficos** são histórias em quadrinhos com roteiro e arte de alta qualidade.*
- *(adv.) You can display these numbers **graphically**, in the form of a grid.* ▷ *Você pode dispor esses números **graficamente**, sob a forma de uma grade retangular.*

2. explícito, expressivo, claro, detalhado, patente, preciso, realista, revelador, vívido; em detalhes vívidos
- *This is a **graphic** illustration of how technologies can be transferred.* ▷ *É um exemplo **claro, expressivo, revelador** de transferência de tecnologias.*
- ***Graphic** sex scenes* ▷ *Cenas de sexo **explícito***
- ***Graphic** pictures of a baby being born* ▷ *Fotos **reveladoras, realistas, detalhadas, com detalhes vívidos** do nascimento de um bebê*
- *There are 8 million children without health insurance in America. These figures **graphically** illustrate the failure of the current system* ▷ *Há 8 milhões de crianças sem seguro-saúde no país. Esses números ilustram **claramente, explicitamente, de maneira vívida, inegável, gritante** o fracasso do sistema atual.*

3. chocante, escabroso   APPALLING
- *"There were bodies everywhere..." His descriptions are too **graphic** to repeat.* ▷ *"Havia cadáveres por toda parte..." Suas descrições são **chocantes, realistas, vívidas, explícitas** demais para repetirmos.*
- *The increasingly **graphic** age we live in makes us hesitate before turning on the television news.* ▷ *Vivemos numa era onde tudo se revela em detalhes **explícitos, chocantes**, que nos fazem hesitar antes de ligar o noticiário na TV.*

GRAPPLE v.

1. lutar, atracar-se, combater, engalfinhar-se, lutar corpo a corpo, atacar de frente   TACKLE
- *The policeman was **grappling** with two men.* ▷ *O policial estava **atracado, engalfinhado** com dois homens.*

2. enfrentar, encarar, afrontar, arrostar; tentar lidar, tentar dar conta, resolver; estar às voltas com; ter de se haver com   DEAL
- *The nation is **grappling** with dire social problems.* ▷ *O país está **enfrentando, tentando resolver, às voltas com, tem de se haver com** gravíssimos problemas sociais.*

GRASSROOTS, GRASS-ROOTS s., adj.   RANK-AND-FILE

bases, povo, população, pessoas comuns; local, popular, de base; que vem de baixo

▶ *These ideas come from the **grassroots**, rather than top down.* ▷ *Essas idéias vieram das **bases**, da população, e não de cima para baixo.*
▶ ***Grass-roots** support for the Games is overwhelming.* ▷ *Há um enorme apoio **popular**, da população aos Jogos Olímpicos.*
▶ *The democratic movement came from the **grassroots**.* ▷ *O movimento democrático partiu **de baixo**, do povo, da população.*
▶ ***Grassroots** institutions* ▷ *Instituições **de base***

GREAT adj., interj.

> Great NÃO é "grande" no tamanho:
>
> *Sylvester is a **great** city, with lots of greenery and friendly people.* ▷ *Sylvester é uma **ótima** (NÃO "grande"...!) cidade, com muitas areas verdes e gente simpática.*

1. **grande,** grandioso, sumo GRAND

▶ *John Coltrane discography – A tribute to a **great** jazz musician* ▷ *Discografia de John Coltrane – Tributo a um **grande** músico do jazz*
▶ *This is a matter of **great** importance.* ▷ *É uma questão de **suma** importância.*
▶ *"The Truth is my **greatest** friend." (Isaac Newton)* ▷ *A verdade é minha **maior** amiga.*
▶ *Enjoy the **great** view from the tower.* ▷ *Desfrute do **grandioso** panorama da torre.*

2. **ótimo,** excelente, sensacional; *inf.* **legal,** bacana, bárbaro, beleza, dez, genial, jóia; o fino, o máximo, fora de série TERRIFIC

▶ *(Slogan:) "Macintosh - Insanely **great!**"* ▷ *Macintosh – **Bárbaro, o máximo, uma loucura!***
▶ *That's **great!*** ▷ *Que **ótimo!***
▶ *You're looking **great!*** ▷ *Você está com uma cara **ótima!***
▶ *That's a **great** movie!* ▷ *É um filme **sensacional, bárbaro, dez, um filmaço!** Esse filme é **o máximo!***

GREATLY adv.

muito, extremamente

▶ *When he finally arrived we were **greatly** relieved.* ▷ *Quando finalmente ele chegou, ficamos **muito, extremamente** aliviados.*

• Usar o superlativo:
▶ *She was **greatly** worried.* ▷ *Estava preocupad**íssima**.*

GREED s., GREEDY adj., GREEDILY adv.

1. **ganância,** avidez, cobiça, cupidez; sofreguidão, sede de dinheiro, bens materiais

▶ *The Spanish conquistadors were motivated by **greed** for gold and other riches.* ▷ *Os conquistadores espanhóis eram motivados pela **ganância, cobiça, sede** de ouro e outras riquezas.*
▶ *(adj.) This has all been destroyed by **greedy** real estate developers.* ▷ *Tudo isso foi destruído pelas imobiliárias **gananciosas, sedentas de dinheiro**.*
▶ *These politicans are constantly **greedy** for pleasure, prestige, and power.* ▷ *Esses políticos estão sempre **ávidos, sequiosos** de prazer, prestígio e poder.*

greek

▶ *(adv.) The prisoner read the letter **greedily**.* ▷ *O prisioneiro leu a carta **sofregamente, com sofreguidão**.*

2. gula, voracidade

▶ *He had an insatiable **greed** and ate voraciously.* ▷ *Tinha uma **gula** insaciável e comia vorazmente.*
▶ *(adj.) Don't be **greedy**! Leave some cake for us!* ▷ *Não seja **guloso, comilão, esganado**! Deixe um pouco de bolo para nós!*
▶ *(adv.) The monkeys were **greedily** devouring fruit in the treetops.* ▷ *Os macacos devoravam **gulosamente, avidamente, insaciavelmente, vorazmente, com voracidade** as frutas nas árvores.*

GREEK adj.

> **Greek** nem sempre é "grego"! Atenção ao contexto universitário:
> *Come and meet some other **Greek** women on campus.* ▷ *Venha conhecer outras mulheres da **fraternidade** (NÃO "~~gregas~~"...!) no campus*
> *Tim and Katie are **Greek** students from Purdue.* ▷ *Tim e Katie são **membros da fraternidade** na Universidade Purdue.*

1. grego

▶ *"My Big Fat **Greek** Wedding" was a box office hit.* ▷ *"Casamento **Grego**" foi um sucesso de bilheteria.*

2. relativo a uma fraternidade universitária (chamadas por letras gregas)

▶ ***Greek** students from Delta Gamma and Alpha Omega raised $ 3000 for charity.* ▷ ***Alunos das fraternidades** Delta Gamma e Alpha Omega arrecadaram US$ 3 mil para associações de caridade.*
▶ ***Greek** organizations provide friends and a support system during your college years.* ▷ *As **fraternidades** proporcionam amizades e apoio durante seus anos de universidade.*
▶ *We have **Greek**-letter and **non-Greek** students studying together on our campus.* ▷ *Na nossa universidade os alunos estudam juntos, tanto **os que pertencem** como os que **não pertencem às fraternidades**.*

GRID s.

grade, quadriculado, xadrez, "tabuleiro de xadrez"; grelha (metálica); malha (viária); rede (elétrica); retícula; treliça

▶ *Look up our TV **grid** for exact programs and times.* ▷ *Consulte a nossa **grade** de programação para saber os programas e horários exatos.*
▶ ***Grid** computing* ▷ *Computação em **grade***
▶ *City streets follow a **grid** pattern.* ▷ *O traçado das ruas da cidade forma um **quadriculado**, um **xadrez**.*
▶ *Electricity flows over the local **grid**.* ▷ *A eletricidade é distribuída pela **rede** local.*
▶ *The road **grid** has been poorly designed.* ▷ *A **malha** viária foi mal planejada.*
▶ *Wooden **grid** windows* ▷ *Janelas com **treliças** de madeira*

GRIEF s.   SORROW

GRIEF-STRICKEN adj.   DISTRAUGHT

GRIEVANCE s.

1. **agravo, injustiça,** afronta, enormidade, indignidade, injúria, ofensa

▶ *The rebels demand redress of their **grievances**.* ▷ *Os revoltosos exigem reparação para os **agravos**, as **injustiças, afrontas** que sofreram.*

2. **queixa, motivo de queixa,** ressentimento, rancor (por ter sofrido um agravo ou injustiça) GRUDGE

▶ *In the refugee camps I found a miserable people, full of bitter **grievances**.* ▷ *Nos acampamentos de refugiados encontrei uma gente miserável, cheia de amargos **ressentimentos, justos motivos de queixa**.*

▶ *He still nurses a **grievance** against his former employers for not promoting him.* ▷ *Ele ainda guarda **ressentimento, rancor** contra os ex-patrões por não ter sido promovido.*

GRIM adj.

1. **duro,** deprimente, desagradável, desanimador, negativo, pessimista, severo SOBERING

▶ *We soon had to face the **grim** realities of war.* ▷ *Logo tivemos que enfrentar a **dura** realidade da guerra.*

▶ *I read some **grim** statistics on AIDS.* ▷ *Li umas estatísticas **desanimadoras** sobre a aids.*

▶ *Despite the **grim** forecasts, our production has increased.* ▷ *Apesar das previsões **pessimistas, negativas**, nossa produção aumentou.*

2. **sinistro, tétrico,** cavernoso, ermo, fantasmagórico, feio, frio, fúnebre, funesto, horrível, lúgubre, macabro, nefasto, pavoroso, penoso, sepulcral, sombrio, soturno, tenebroso, terrível, tétrico, triste DIRE

▶ *Firemen persevered in the **grim** task of looking for bodies under the rubble.* ▷ *Os bombeiros perseveravam na tarefa **tétrica, sinistra, macabra, lúgubre, triste, terrível** de procurar corpos sob os escombros.*

▶ *A **grim** joke* ▷ *Piada **macabra***

▶ *America's **grim** past is on display in those appalling lynching photographs.* ▷ *O **sinistro, tenebroso** passado da América está em exibição nessas estarrecedoras fotos de linchamentos.*

• Outras sugestões:

▶ *We were stopped by the **grim**-faced guards at the border.* ▷ *Na fronteira fomos parados por guardas de **cara fechada**, de semblante **severo, ameaçador**.*

▶ *Why this **grim** face?* ▷ *Por que essa cara **feia**, essa cara **de enterro**, esse semblante **carregado**?*

GRIP s.

1. **controle,** domínio, poder; garras, mãos

▶ *No one escaped from the dictator's **grip**.* ▷ *Ninguém escapava ao **poder, controle** do ditador.*

▶ *The glass escaped from her **grip**.* ▷ *O copo escapou-lhe das **mãos**.*

2. **compreensão**

▶ *You must get a good **grip** of the problem.* ▷ *Você precisa adquirir uma boa **compreensão** do problema.*

GRIP v., GRIPPING adj.

agarrar, prender, segurar com firmeza; controlar, dominar, tomar conta

▶ *The frightened child **gripped** his mother's hand.* ▷ *Assustada, a criança **agarrava** a mão da mãe.*

- *This helped dispel the feelings of anxiety that were **gripping** me at the moment.* ▷ *Isso ajudou a dissipar a ansiedade que me **dominava, tomava conta** de mim naquele momento.*
- *"Freud understood the **gripping** power of king Oedipus." (Peter Gay, "Sigmund Freud, a German and his Discontents")* ▷ *Freud compreendeu o poder **dominador e tenaz** do rei Édipo.*

GROSS adj.

1. (finanças) **bruto,** antes dos impostos e deduções ≠ NET
- *Gross income / Gross profit* ▷ *Renda **bruta** / Lucro **bruto***

2. **grosseiro, grosso,** tosco; asqueroso, chulo, desagradável, imoral, inaceitável, indecente, nojento, repugnante, repulsivo, sujo, vulgar DISGUSTING
- *His manner was really **gross**.* ▷ *Tinha modos **grosseiros, vulgares**.*
- *Gross language / gross jokes* ▷ *Linguagem **chula, vulgar** / piadas **sujas***
- *"Ooh, that's **gross**!" she squealed as she saw a slug.* ▷ *"Ui, que **nojo**!" gritou ela ao ver uma lesma.*

3. **crasso,** bruto, brutal, flagrante, gritante BLATANT
- *Gross mistake / Gross injustice* ▷ *Erro **crasso** / Injustiça **flagrante***
- *Gross human rights violation* ▷ *Violação **gritante, brutal** dos direitos humanos*

GROUNDBREAKING adj.   STATE-OF-THE-ART

original, inovador, avançado, arrojado, criativo, desbravador, inventivo, novo, pioneiro, revolucionário; sem precedentes, um marco, uma revolução; de ponta, de vanguarda, linha de frente

- *Groundbreaking technology* ▷ *Tecnologia **inovadora, revolucionária, de vanguarda, de ponta***
- *These are new, **groundbreaking** studies that hold a lot of promise for the future of genetics.* ▷ *São estudos novos, **pioneiros, sem precedentes,** que trazem ótimas perspectivas para o futuro da genética.*

GROW v., GROWTH s.   INCREASE

GROW UP v.

ser criado, crescer; ser criança, ser adolescente

- *I **grew up** on a farm.* ▷ *Fui criado, cresci, passei a infância, a **adolescência** numa fazenda.*
- *When I was **growing up** I didn't have many friends.* ▷ *Quando eu era **pequeno, criança, garoto, adolescente** / Na minha infância, adolescência eu não tinha muitos amigos.*
- *He **grew up** poor.* ▷ *Teve uma **juventude** pobre.*

GROWING adj.   INCREASING

- *Growing discontent* ▷ *Insatisfação **crescente***
- *There's a **growing** number of immigrants in the country.* ▷ *Há **cada vez mais** imigrantes no país.*

GRUDGE s.   GRIEVANCE

rancor, raiva, ressentimento; causa de ressentimento; queixa

▶ He still **bears / holds / nurses a grudge** against his boss. ▷ Ele ainda **tem raiva, guarda rancor, ressentimento** contra o patrão.

▶ They are free to voice their **grudges** to the authorities. ▷ Eles têm liberdade de levar suas **queixas** às autoridades.

GRUDGING adj., GRUDGINGLY adv.

com ressentimento, relutância; de má vontade, a contragosto

▶ The M.P. offered a **grudging** apology for his remarks about immigrants. ▷ **Com muita relutância, má vontade,** o deputado se desculpou por seus comentários sobre os imigrantes.

▶ (adv.) The Prime Minister **grudgingly** conceded defeat and resigned. ▷ **Muito a contragosto, demonstrando ressentimento,** o primeiro-ministro reconheceu sua derrota e renunciou.

GRUESOME adj.   GHASTLY

GUERILLA, GUERRILLA s., adj.

1. **guerrilha**

▶ **Guerilla** warfare employs unorthodox tactics to fight against regular armies. ▷ A guerra de **guerrilhas** usa táticas não convencionais para lutar contra exércitos regulares.

2. **guerrilheiro,** ativista, combatente, militante, partisan

▶ **Guerrillas** from the Animal Liberation Front infiltrated mink farms to free the animals caged there. ▷ **Combatentes, militantes, ativistas** da A.L.F. se infiltraram em fazendas de criação de vison para libertar os animais engaiolados.

GUESS s.

palpite, adivinhação, conjetura, especulação, hipótese, predição, previsão, prognóstico, suposição; *inf.* chute

▶ A good **guess** ▷ Um bom **palpite**

▶ That's a mere **guess**. There's no supporting evidence. ▷ Isso é mera **suposição, adivinhação, conjetura, especulação**. Não há provas.

wild guess

▶ I really don't know the answer. I'll just take a **wild guess**. ▷ Não sei mesmo. Vou só **especular**, dar um **palpite**, um **chute**.

educated guess

▶ It's impossible to put a dollar total on this illegal trade, so these numbers are just **educated guesses**. ▷ É impossível calcular o valor total em dinheiro desse comércio ilegal; esses números são apenas **suposições, estimativas razoáveis a partir das informações disponíveis / que possuímos.**

GUESS v.

adivinhar, supor, achar, calcular, concluir, conjeturar, deduzir, especular, imaginar, intuir, palpitar, presumir; fazer um prognóstico; dar, arriscar um palpite; confiar na intuição; aventar, levantar uma hipótese; *inf.* chutar

▶ *Guess what happened?* ▷ *Adivinhe o que aconteceu?*
▶ *As I didn't know the answer, I had to guess.* ▷ *Como eu não sabia a resposta, tive de adivinhar, chutar, arriscar um palpite.*
▶ *We can only guess what will happen next.* ▷ *Só podemos conjeturar, especular, supor o que vai acontecer agora.*
▶ *"Would you do it?" "I guess so."* ▷ *"Você faria isso?" "Acho que sim."*

GUIDELINES s. pl.   BRIEFING

orientação, instruções, coordenadas, determinações, diretrizes, dispositivos, mandamentos, normas, parâmetros, preceitos, recomendações, regimento, regras, regulamentação, regulamento; linhas mestras

▶ *In this company there are specific guidelines on every procedure.* ▷ *Nesta empresa há orientações, instruções, diretrizes, recomendações específicas para cada procedimento.*
▶ *In order to obtain government funding, proposed research projects must adhere to strict guidelines.* ▷ *Para obter recursos governamentais, as propostas de pesquisa devem ater-se a parâmetros, normas, regras estritas.*

GUILE s.   CUNNING

astúcia, malícia, manha, perfídia

▶ *They always won by guile and cunning, rather than by brute force.* ▷ *Eles sempre venciam pela astúcia, malícia, manha, não pela força bruta.*

GUILELESS adj.   NAIVE, INGENUOUS

GULLIBLE adj., GULLIBILITY s.   NAIVE, NAIVETÉ

crédulo, incauto, cândido, confiante, ingênuo, inocente, puro, simplório; de boa fé, sem malícia, sem maldade; fácil de enganar; *inf.* trouxa

▶ *I hate those televangelists who fleece gullible old ladies of their life savings.* ▷ *Odeio esses televangelistas que arrancam as economias suadas das velhinhas incautas, crédulas, ingênuas, fáceis de enganar.*
▶ *(subst.) Some people refer jokingly to a "gullibility virus" that would make people believe everything they read on the internet.* ▷ *Fala-se, brincando, no "vírus da credulidade", que faz as pessoas acreditarem em tudo que lêem na internet.*

GUN-SHY ≠ GUN HAPPY expr.

▶ *I've seen gun-shy soldiers, really scared to shoot a gun. I've also seen gun-happy (=trigger-happy) soldiers who kill civilians at random.* ▷ *Já vi soldados que evitam, procuram não atirar, têm medo de dar um tiro. Também já vi soldados sempre com o dedo no gatilho que matam civis a esmo.*

GUTS s. (gíria)   METTLE

coragem, audácia, peito

▶ *He had the guts to challenge his boss.* ▷ *Teve a coragem, ousadia, o peito de desafiar o chefe.*

H

HAGGARD adj.   BURNED-OUT

(rosto, expressão) **emaciado, abatido,** acabado, agoniado, depauperado, desfeito, desfigurado, emagrecido, esgotado, exausto, extenuado, macerado, macilento, pálido, sofrido; com olheiras de cansaço

- ▶ She was looking **haggard** as if she hadn't slept for days. ▷ Estava muito **abatida, acabada, exausta, esgotada,** como se não dormisse há dias.
- ▶ He was pale, **haggard** and unshaven. ▷ Estava pálido, **emaciado, macilento** e com a barba por fazer.

◊ **Haggard** conota cansaço + preocupação + olheiras, rosto abatido.

HALT v.   CHECK, DETER, STOP

HAMPER v.   HINDER

- ▶ China still faces a host of problems that may **hamper** its progress. ▷ A China ainda enfrenta uma legião de problemas que podem **impedir, atrapalhar, prejudicar** seu progresso.

HANDICAP s.

1. **deficiência, limitação,** problema físico ou mental
- ▶ Despite her **handicap** she became a teacher and is helping other blind people. ▷ Apesar da sua **deficiência, limitação** ela se tornou professora e está ajudando outros cegos.

2. **desvantagem,** dificuldade, empecilho, inconveniente, limitação, obstáculo, problema, restrição; algo desfavorável CONSTRAINT
- ▶ A negative attitude is a true **handicap**. ▷ Uma atitude negativa é uma grande **desvantagem,** um verdadeiro **empecilho.**
- ▶ High taxes are an unfair **handicap** for small businesses. ▷ Os impostos altos são uma **desvantagem, dificuldade,** um **obstáculo** injusto para as pequenas empresas.

3. (golfe) **handicap,** vantagem
- ▶ The veteran golfer has a **handicap** of 10. ▷ O veterano golfista tem **handicap** de 10.

HANDICAPPED adj.

1. **prejudicado,** em desvantagem
- ▶ Many women feel **handicapped** in the attainment of their goals. ▷ Muitas mulheres se sentem **prejudicadas, em desvantagem** no esforço de atingir seus objetivos.

2. **portador de deficiência** (física, mental, visual, auditiva, vocal, motora); deficiente, com problema, com necessidades especiais. (Termos estigmatizados:) aleijado, defeituoso, incapacitado, incapaz
- ▶ Curb cuts are essential for **handicapped** people. ▷ As guias rebaixadas são essenciais para os **portadores de deficiências.**

handy

- *Handicapped children* ▷ *Crianças **deficientes**, com necessidades especiais*
- *Mentally **handicapped** people* ▷ *Pessoas com **problemas**, **deficiências** mentais*
- *Visually **handicapped** students* ▷ *Alunos **portadores de deficiência** visual*

HANDY adj.

1. (coisa) **prático,** cômodo, conveniente, útil; acessível, à mão   USEFUL

- *A **handy** gadget* ▷ *Um aparelhinho **prático***

   come in handy *expr.*

- *Whether at home or at school, these scissors **come in handy**.* ▷ *Seja em casa ou na escola, essa tesoura sempre é útil, **tem utilidade, serventia, vem bem a calhar.***

2. (pessoa) **destro,** capaz, competente, hábil, habilidoso, jeitoso, prático; que tem jeito   SKILLFUL

- *Bob's very **handy** with tools. He's a real **handyman**.* ▷ *Bob tem muito **jeito** para consertar as coisas. É um verdadeiro **faz-tudo**.*
- *The name Homo habilis means "**handy man**".* ▷ *O nome Homo habilis significa "homem **hábil**".*

HARASS v., HARASSMENT s.   BULLY, BULLYING

atormentar, acossar, afligir, amolar, aperrear, apoquentar, atazanar, azucrinar, enervar, enlouquecer, exasperar, importunar, infernar, infernizar, molestar; deixar nervoso, infernizar a vida, escolher para vítima, não deixar em paz; *inf.* chatear, encher, pegar no pé, pegar para cristo

- *All the boys at school teased and **harassed** me.* ▷ *Todos os garotos da escola me provocavam e me **atormentavam, atazanavam**, me **infernizavam a vida, não me deixavam em paz**.*
- *The poor animals are incessantly **harassed** by flies.* ▷ *Os pobres animais vivem **molestados, atacados** pelas moscas.*

2. **perseguir, assediar,** achacar, acossar, acuar, hostilizar, molestar, pressionar

- *The government **harassed** journalists.* ▷ *O governo **perseguia, hostilizava** os jornalistas.*
- *I was **harassed** by tax officials.* ▷ *Fui **achacado, assediado, pressionado** pelos fiscais.*
- *The boss **harassed** female workers.* ▷ *O chefe **assediava** as funcionárias.*
- *(subst.) Sexual **harassment*** ▷ ***Assédio** sexual*

HARASSED adj.   BURNT-OUT

atribulado, aflito, cansado, esgotado, estressado, exasperado, exausto, infeliz, infernizado, nervoso, sobrecarregado, tenso; sob muita pressão; atarefado demais

- ***Harassed**-looking mothers with young children* ▷ *Mães com filhos pequenos, **atribuladas, estressadas, esgotadas, tensas, exaustas***
- ***Harassed** lunch supervisors* ▷ *As supervisoras do refeitório **nervosas, sobrecarregadas***

HARD adj.

1. **duro,** árduo, brutal, crítico, cruel, feio, forte, grave, inclemente, ingrato, inóspito, penoso, puxado, rigoroso, ruim, sacrificado, severo, sofrido; complicado, difícil, dificílimo, espinhoso, trabalhoso   HARSH, CHALLENGING

- ▶ *I had a very **hard** life.* ▷ *Tive uma vida muito **dura, sacrificada, sofrida, penosa.***
- ▶ *We had very **hard** problems to solve.* ▷ *Tínhamos problemas **difíceis, dificílimos, complicados** para resolver.*

2. impresso, de papel; não digital

- ▶ *Please keep a **hard** copy of this e-mail.* ▷ *Guarde uma cópia **impressa** deste e-mail.*

3. concreto, objetivo, científico, comprovado, exato, numérico ≠ SOFT

- ▶ *We must base our decisions on **hard** data, not optimistic fantasies.* ▷ *Precisamos basear nossas decisões em dados **concretos, objetivos, comprovados, numéricos,** não em fantasias otimistas.*

● Contraste:

- ▶ *"**Hard**" sciences such as engineering, biology and computer science are often contrasted with "**soft**" or social sciences such as arts and psychology.* ▷ *As ciências **exatas** como engenharia, biologia e computação, são contrastadas com as ciências **humanas** ou sociais, como artes e psicologia.*

HARD adv.

1. muito, arduamente, intensamente

- ▶ *She always worked very **hard**.* ▷ *Ela sempre trabalhou **muito, arduamente.***
- ▶ *These groups lobby the media organizations really **hard**.* ▷ *Esses grupos pressionam **muito, intensamente,** exercem uma pressão **intensa** sobre a mídia.*

2. com dificuldade

- ▶ *Trust is **hard** won and easily lost.* ▷ *A confiança é **difícil** de conquistar e fácil de perder.*

● Contraste os advérbios: hard ≠ hardly

- ▶ *She **tries hard**.* ▷ *Ela se esforça **muito.***
- ▶ *He can't speak English well and he **hardly tries**.* ▷ *Ele não fala inglês bem e **quase não** se esforça.*

HARDLY adv.

1. mal, dificilmente, raramente; quase não, quase nunca; praticamente não

- ▶ *I **hardly** know her.* ▷ *Eu **mal** a conheço.*
- ▶ *I **hardly ever** travel abroad.* ▷ ***Quase nunca, dificilmente, raramente** viajo para o estrangeiro.*
- ▶ *I **hardly** get out of the house.* ▷ *Eu **mal** saio, **quase não** saio, **praticamente não** saio de casa.*

2. (usado como eufemismo, ironia ou *understatement* para significar "não":)

- ▶ *Hygienic conditions in the slums are **hardly** ideal.* ▷ *As condições de higiene nas favelas **não são nada** ideais, **estão longe** do ideal. (= são péssimas, terríveis).*
- ▶ *The book is **hardly** optimistic.* ▷ *O livro **não é nem um pouco, nada** otimista, **não tem nada de** otimista, **está longe de ser** otimista.*
- ▶ *For Brazil, the financial stakes in this deal **could hardly be greater**.* ▷ *Para o Brasil, os interesses financeiros nesse acordo **não poderiam ser maiores** (= são enormes).*

● Ver contraste em HARD adv.

HARDSHIP s.   TROUBLE, ORDEAL

dificuldade, provação, adversidade, aflição, agrura, aperto, contratempo, dureza, miséria, necessidade, penúria, pobreza, problema, privação, revés, sofrimento, tribulação

- *After going through so many **hardships**, I'm happy now to be alive.* ▷ *Depois de passar por tantas **dificuldades, provações, sofrimentos**, tanta **necessidade**, estou feliz de estar vivo.*

HARD-WORKING adj.   INDUSTRIOUS

trabalhador, esforçado, aplicado, ativo, batalhador, cumpridor, dedicado, diligente, industrioso, laborioso, lidador, lutador, pelejador; *inf.* pé-de-boi

- *A **hard-working** student* ▷ *Aluna **esforçada, aplicada***
- *Most Japanese immigrants are honest and **hard-working** people.* ▷ *Os imigrantes japoneses em geral são honestos e **trabalhadores, diligentes, laboriosos**.*

HARM s.   EVIL

mal, dano, desastre, estrago, malefício, perda, prejuízo

- *I'm sure he means no **harm**.* ▷ *Tenho certeza que ele não fez por **mal**, não foi com **má** intenção.*
- *Smoking causes severe **harm** to human health.* ▷ *Fumar causa graves **danos, males** à saúde.*
- *These pests can do **harm** to our crops.* ▷ *Essas pragas podem causar **prejuízos, estragos, perdas** nas nossas plantações.*

HARM v.   HURT

prejudicar, ferir, afetar, agredir, atingir, avariar, danificar, desservir, estragar, lesar, maltratar, vitimar; fazer mal, causar danos, estragos, prejuízos; *inf.* queimar

- *No animals were **harmed** during the making of this film.* ▷ *Nenhum animal foi **ferido, maltratado** durante a produção deste filme.*
- *He wouldn't **harm** a fly.* ▷ *É incapaz de **fazer mal** a uma mosca.*
- *I was **harmed** by a medical mistake.* ▷ *Fui **prejudicada, vítima** de um erro médico.*
- *The boat capsized but fortunately my camera was not **harmed**.* ▷ *O barco virou mas felizmente minha câmera não **estragou, ficou avariada, danificada**.*
- *All these rumors **harmed** his reputation.* ▷ *Esses boatos **afetaram, atingiram, queimaram** sua reputação.*

HARMFUL adj.

prejudicial, nocivo, adverso, comprometedor, daninho, danoso, deletério, destrutivo, lesivo, maléfico, malfazejo, molesto, nefasto, negativo, pernicioso, ruinoso

- ***Harmful** insects* ▷ *Insetos **daninhos***
- *These are some of the **harmful** effects of smoking.* ▷ *Eis alguns dos efeitos **prejudiciais, adversos, negativos, nocivos, deletérios, perniciosos, nefastos** do cigarro.*

HARMLESS adj.   TAME

inofensivo, inocente, inócuo; que não faz mal a ninguém

- *Don't worry, this dog is **harmless**.* ▷ *Não se preocupe, esse cachorro é **inofensivo**, não faz mal a ninguém.*
- *That was just a bit of **harmless** fun.* ▷ *Foi só uma brincadeira **inofensiva, inocente**.*

HARNESS v. LEVERAGE

aproveitar, utilizar, arregimentar, canalizar, capitalizar, captar, controlar, direcionar, explorar, mobilizar, usar; botar para trabalhar

- *This technology is great. It can be **harnessed** for good or **harnessed** for bad.* ▷ *Essa tecnologia é ótima. Ela pode ser **aproveitada, utilizada, explorada, canalizada, direcionada** para o bem ou para o mal.*
- *Our methodology **harnesses** the organization's collective wisdom.* ▷ *Nossa metodologia **aproveita, capta, mobiliza** a sabedoria coletiva da organização.*
- *Millions of children are **harnessed** to work as domestic servants.* ▷ *Milhões de crianças são **exploradas, arregimentadas, postas para trabalhar** como empregadas domésticas.*

in harness *expr.*

- *In June I retired from my job after 25 years **in harness**.* ▷ *Em junho eu me aposentei depois de 25 anos **de serviço, trabalho**.*

● A idéia básica é colocar arreios (**harness**) num animal para fazê-lo trabalhar.

HARRIED adj. HARASSED

HARSH adj.

1. **duro, rigoroso,** amargo, árduo, brutal, cruel, difícil, espinhoso, implacável, inclemente, inóspito, penoso, puxado, sacrificado, sofrido HARD

- *Now I had to face the **harsh** realities of adult life.* ▷ *Agora eu tinha que enfrentar a **dura, difícil** realidade da vida adulta.*
- *We had to endure a long, **harsh** winter.* ▷ *Tivemos de suportar um inverno longo e **rigoroso, cruel, inclemente, implacável**.*
- *These distressed peoples have a **harsh** history.* ▷ *Esses povos infelizes têm uma história **sofrida, sacrificada**.*

2. **severo,** áspero, austero, duro, inflexível, rígido, ríspido, rude; linha-dura STERN

- *He had a **harsh** upbringing.* ▷ *Teve uma educação **severa, austera, rígida**.*
- *He said some **harsh** words about her.* ▷ *Disse palavras **ásperas, duras, ríspidas** sobre ela.*
- *Don't be so **harsh** on yourself. Remember, everybody makes mistakes.* ▷ *Não seja tão **dura, severa** com você mesma. Lembre-se, todo mundo erra.*
- *The Chinese model combines **harsh** single-party rule with market capitalism.* ▷ *O modelo chinês combina um governo **linha-dura**, de partido único, com o capitalismo de mercado.*

HATE v. LOATHE

HAUGHTY adj.; HAUGHTINESS s. ALOOF; put on AIRS

altivo, orgulhoso, altaneiro, arrogante, convencido, emproado, esnobe, inabordável, presunçoso, pretensioso, soberbo, sobranceiro, superior, vaidoso; cheio de si

- *A **haughty** aristocrat* ▷ *Um **altivo**, **orgulhoso** aristocrata*
- *I can't stand her **haughty** airs.* ▷ *Não agüento o ar **arrogante**, **convencido**, **cheio de si** daquela mulher.*
- *"O pai agressivo, a mãe se guardando. Família **soberba**." (Clarice Lispector, "A Legião Estrangeira")*
- *"Eu (....) olhara com olhos novos para a beleza **altaneira** da mãe de Ofélia." (ibidem)*
- *"Leão alto, **sobranceiro** / Junto do despenhadeiro" (Vinícius de Morais, "O Leão", in "Arca de Noé")*
- *(subst.) "Pride goes before destruction and **haughtiness** before a fall." (Proverbs 16:18)* ▷ *"A soberba precede a ruína, e o orgulho, a **arrogância**, **altivez**, **empáfia**, vem antes da queda."*

HAUNT v.

1. (fantasma) **assombrar**, afligir, atormentar, pairar, pesar, rondar; vir, ser como uma assombração, um fantasma, um espectro

- *Haunted house* ▷ *Casa **mal-assombrada***
- *She believed her late husband's spirit would come and **haunt** her.* ▷ *Acreditava que o espírito do falecido marido viria **rondá**-la, voltaria como uma **assombração**.*
- *Although apartheid was abolished in 1994, its effects still **haunt** South Africa.* ▷ *Apesar de que o apartheid foi abolido em 1994, seus efeitos ainda **pesam**, **pairam** sobre a África do Sul.*

• Exemplos de autores brasileiros:

- *"Sou **assombrada** pelos meus fantasmas." (Clarice Lispector)*
- *"No Supremo Tribunal sou **assombrado** por um clima 'Kafka clean'." (Arnaldo Jabor)*
- *"Uma maldição centenária **assombra** o jornal."*
- *A dívida externa é um fantasma que **assombra** sucessivos governos.*
- *"Pensava que iria morrer a qualquer momento. As situações mais rotineiras eram **enegrecidas pelo espectro da morte**." (Veja)*

2. **perseguir**, acompanhar, assediar, atazanar, incomodar, obcecar, obsediar, perturbar, pesar, preocupar, rondar; vir sempre à mente, à memória, ao pensamento; monopolizar, absorver, apoderar-se do pensamento; não sair da cabeça; estar presente continuamente, constantemente; ser uma idéia fixa

- *Packs of wolves **haunt** the reindeer on their migration.* ▷ *Bandos de lobos **perseguem**, **rondam** as renas durante a migração.*
- *Those memories **haunted** me day and night.* ▷ *Aquelas lembranças me **perseguiam** dia e noite, me **absorviam o pensamento**, se tornaram **obsessivas**, uma **idéia fixa**. / Eu vivia **obcecado**, **obsediado** por aquelas lembranças.*
- *His troublesome past still **haunts** him.* ▷ *Seu difícil passado continua **pesando** sobre ele, nunca mais lhe **saiu da cabeça**.*

• Exemplos de autores brasileiros:

- *"Estou há alguns meses **perseguido** por uma frase." (Fernando Sabino)*
- ♪ *"A tua voz sussurrante, as tuas costas macias, por quanto tempo **rondaram** as minhas noites vazias." (João Bosco-Aldir Blanc, "Dois Pra Lá, Dois Pra Cá")*

HAUNTING adj.

1. **misterioso**, estranho EERIE

- *The **haunting**, ethereal sounds of New Age music* ▷ *Os sons **misteriosos**, etéreos da música *New Age*
- *A **haunting**, translucent light* ▷ *Uma luminosidade **estranha**, translúcida*

2. inesquecível, impressionante, insistente, obsessivo, persistente, tenaz; sempre presente; que persegue, não sai da cabeça

▶ *The film is a **haunting** portrayal of a poor and hopeless old man.* ▷ *O filme é um retrato **impressionante, inesquecível** de um homem pobre e sem esperanças.*
▶ ***Haunting** memories* ▷ *Recordações **obsessivas, persistentes, que o perseguiam***
▶ *Our anger keeps those people who hurt us **hauntingly** on our minds.* ▷ *Nossa raiva mantém as pessoas que nos magoaram **sempre presentes** no nosso pensamento / faz com que elas **não nos saiam da cabeça**.*

HECTIC adj.

frenético, muito agitado, caótico, corrido, febril, movimentado, ocupado

▶ *He was tired of the **hectic** pace of city life.* ▷ *Estava cansado do ritmo **frenético**, da **agitação** da vida na cidade grande.*
▶ *As a working woman and a mother of two, she has a **hectic** life.* ▷ *Trabalhando e com dois filhos para criar, ela tem uma vida muito **corrida, agitada, movimentada**.*
▶ *She has a **hectic** social life.* ▷ *Ela tem uma vida social **agitadíssima**.*
▶ *A **hectic** day on the Stock Exchange* ▷ *Dia **febril** na Bolsa de Valores*

• Outras sugestões:

▶ *I had a **hectic** week.* ▷ *Esta semana foi **uma loucura, uma correria, roda-viva**.*
▶ *My boss has a **hectic** schedule.* ▷ *Meu chefe é **ocupadíssimo, não tem um minuto livre**.*

HEINOUS adj. APPALLING

hediondo, atroz, abominável, desprezível, detestável, execrável, infernal, mau, odioso, satânico, sinistro; baixo, degradado, doentio, ofensivo, repugnante, vil; uma desgraça

▶ *Killing helpless civilians is a **heinous** crime.* ▷ *Matar civis indefesos é um crime **hediondo**.*

HELL s.

1. inferno

▶ *Do you believe in heaven and **hell**?* ▷ *Você acredita em céu e **inferno**?*

2. (usado em muitas expressões:) DAMNED

▶ *What the **hell**!* ▷ *Que **inferno**, que **diabo**! / Raios! / Ora, bolas!*
▶ *When the **hell** is he coming?* ▷ *Que **diabo**, quando é que esse cara vai chegar?*
▶ *We had a **hell** of a row.* ▷ *Tivemos uma briga **terrível, tremenda**.*
▶ *Get the **hell** out of here!* ▷ *Vai embora, some já daqui!*

all hell breaks loose expr.

▶ *"I find Brazilians very patriotic. Tell them it was not Santos Dumont who invented the airplane and **all hell breaks loose**."* ▷ *Acho o brasileiro muito patriota. Basta dizer que não foi Santos Dumont quem inventou o avião e **é um deus-nos-acuda, o mundo vem abaixo**.*

HELP s.

1. ajuda, apoio, assistência, auxílio, colaboração, cooperação, socorro

help

- *Fortunately I have my wife's invaluable help.* ▷ *Felizmente tenho a **ajuda, colaboração, cooperação,** o **apoio** inestimável da minha mulher.*

2. **atendimento,** assistência, serviço; prestação de serviços

- *I need some technical **help**.* ▷ *Preciso de **assistência** técnica.*
- *Thanks for your great professional **help**.* ▷ *Obrigada pelo seu ótimo **atendimento, serviço prestação de serviços**.*
- *(adj.) **Help** desk* ▷ *Serviço de **atendimento** ao cliente*

3. **criado,** ajudante, empregado, doméstico, faxineiro, serviçal

- ***Help** wanted for general housework.* ▷ *Precisa-se de **empregada, ajudante** para todo o serviço doméstico.*
- *We drove by some wooden cabins where **the help** lived.* ▷ *Passamos por umas cabanas de madeira onde morava a **criadagem**, os **serviçais**.*

HELP v.

1. **ajudar, colaborar,** apoiar, beneficiar, contribuir, facilitar; dar assistência; ser útil

- *This device can help the installation.* ▷ *Este aparelho **ajuda, facilita** a instalação.*
- *All of us want to **help** the organization succeed.* ▷ *Todos nós queremos **contribuir, colaborar** para o sucesso da organização.*

• Há textos que repetem muito o verbo **help.** Omitir "ajudar" quando dispensável:

- *Several approaches **help** to prevent juvenile delinquency.* ▷ *Há várias maneiras de prevenir a delinqüência juvenil.*
- *What must we do to **help** our strategy succeed?* ▷ *O que precisamos fazer **em prol, em favor** da nossa estratégia?*
- *How have you **helped** to create the project?* ▷ *Qual foi a sua **contribuição** para o projeto?*
- ***Help**! **Help** me!* ▷ ***Socorro**!*

2. **atender, servir;** prestar serviços, dar assistência

- *How can I **help** you?* ▷ *Como posso **servi**-lo?*
- *We were **helped** by a friendly waiter.* ▷ *Fomos **servidos, atendidos** por um garçom simpático.*

can't help, can't help but

> *I couldn't **help but** smile.* ▷ *Não pude **deixar de** rir, não consegui **disfarçar, reprimir** um sorriso.*
> (NÃO "~~não pude ajudar~~"...!)

evitar, resistir; deixar de

- *I know I'm wasting my time on this guy but **I can't help it**.* ▷ *Sei que estou perdendo meu tempo com esse cara, mas **não posso evitar, não consigo resistir**.*
- *She laughed, and **I couldn't help but** laugh too.* ▷ *Ela riu, e eu não pude **deixar de** rir também.*

HELPFUL adj.

1. (pessoa) **prestativo,** cooperativo, prestimoso, solícito; disposto a ajudar, a coooperar; com boa vontade OBLIGING

▶ She's a **helpful** child. ▷ *É uma criança **prestativa** / sempre pronta para **ajudar, cooperar**.*
▶ *I'm sorry, I was only trying to be **helpful**.* ▷ *Desculpe, eu só queria **ajudar**.*

2. (coisa) **útil**, benéfico, conveniente, positivo, prático, produtivo, proveitoso, valioso, vantajoso; que ajuda, facilita, favorece   USEFUL

▶ *She gave us many **helpful** suggestions.* ▷ *Ela nos deu muitas sugestões **úteis, práticas, proveitosas, valiosas**.*
▶ *Any information would be **helpful**.* ▷ *Qualquer informação me **ajudaria**.*
▶ *It would be **helpful** to know how many people are coming.* ▷ *Seria **conveniente, facilitaria** muito saber quantas pessoas vêm.*

HELPLESS adj., **HELPLESSLY** adv., **HELPLESSNESS** s.

> *When her husband wanted something she had no options and followed **helplessly**.* ▷ *Quando o marido queria algo, ela não tinha alternativa e o seguia **impotente, sem poder fazer nada**.*
> *(NÃO "sem precisar de ajuda"...!)*

1. **desamparado, indefeso,** abandonado, débil, dependente, desarmado, desarvorado, desprotegido, desvalido, fraco, impotente, incapaz, inerme, vulnerável; sem poder fazer nada, de mãos amarradas

▶ *How could you attack a **helpless** old woman?* ▷ *Como você pôde atacar uma velha **desamparada, indefesa, desprotegida**?*
▶ *They were **helpless** against an enemy attack.* ▷ *Ficaram **indefesos, impotentes, sem poder fazer nada** perante um ataque inimigo.*
▶ *(subst.) As I saw him die before my eyes I experienced a terrible feeling of **helplessness**.* ▷ *Ao vê-lo morrer na minha frente, tive uma sensação terrível de **impotência**, de **não poder fazer nada**.*

2. **incontrolável,** involuntário

▶ *(adv.) Laurel and Hardy can still reduce me to **helpless** laughter / make me laugh **helplessly**.* ▷ *O Gordo e o Magro ainda conseguem me fazer rir **incontrolavelmente**.*

3. **irremediável,** sem remédio, sem solução; *inf.* **sem jeito,** uma negação, um zero à esquerda   HOPELESS

▶ *The child was dying; the situation was **helpless**.* ▷ *A criança estava morrendo; a situação era **irremediável, sem solução**.*
▶ *I'm **helpless** in the kitchen.* ▷ *Na cozinha sou **uma negação, um zero à esquerda**.*

HERITAGE s.   LEGACY

herança cultural, cultura, legado, patrimônio, tradição, tradições; interesse, riqueza, patrimônio cultural, histórico

▶ *Native Americans are trying to preserve their rich **heritage**.* ▷ *Os índios americanos estão tentando preservar suas ricas **tradições**, sua **cultura, herança cultural, patrimônio cultural**.*
▶ *The city's **heritage** is almost entirely overlooked.* ▷ *A **riqueza histórica** da cidade foi praticamente esquecida.*
▶ *Brasília has been designated [as] a **World Heritage Site** by UNESCO.* ▷ *Brasília foi tombada pela Unesco como **Patrimônio Cultural da Humanidade**.*

HIDDEN AGENDA   AGENDA

HIGH adj.

1. **alto,** elevado, superior

▸ *It's good to have friends in **high** places.* ▷ *É bom ter amigos em **altos** cargos, cargos **elevados**.*

2. **drogado;** inf. alto, chapado, doidão, louco, maluco, viajando; de barato

▸ *Many kids would go to to school **high**.* ▷ *Muitos garotos iam para a escola **chapados, viajando, de barato**.*
▸ *These homeless children **get high** on glue.* ▷ *Essas crianças sem teto se **drogam** com cola.*

HIGHLY adv.   VERY

▸ *It's **highly** unlikely.* ▷ *É **extremamente** improvável.*
▸ *I think **highly** of him.* ▷ *Eu o tenho em **alta** conta.*

HIGH END, HIGH-END s., adj.   STATE-OF-THE-ART

1. (tecnologia) **avançada,** de ponta; de alta capacidade, desempenho, potência; de alto preço, *high end* ≠ LOW END

▸ *They specialize in **high-end** devices such as palmtop computers.* ▷ *São especializados em produtos com tecnologia **de ponta, avançada**, como palmtops.*
▸ *We sell **high-end** servers for big businesses.* ▷ *Vendemos servidores **high-end** [com preços acima de US$ 1 milhão] para grandes empresas.*

2. **chique, fino,** elegante, exclusivo, refinado, requintado, selecionado, sofisticado; classe A; de luxo, de elite, de primeira linha, top de linha; de alto nível, alta qualidade; da faixa de preço mais cara PREMIUM

▸ ***High-end** clients* ▷ *Clientela **de elite, classe A, elegante, selecionada, sofisticada***
▸ ***High-end** boutiques* ▷ *Butiques **de luxo, top de linha***
▸ *(subst.) We have won 20% of the **high end** of the market.* ▷ *Conquistamos 20% da **classe A, da faixa, camada** mais **alta** do mercado.*

HIGH-PROFILE s., adj.

1. **notório, famoso;** de alto perfil, alta visibilidade; muito comentado, conhecido, divulgado, falado, rumoroso; com muito alarde, divulgação, notoriedade, repercussão; com muita divulgação, mídia, publicidade; de forte presença pública; *inf.* badalado, sempre na mídia ≠ LOW-PROFILE

▸ *This attorney has won several **high-profile** cases.* ▷ *Esse advogado já ganhou vários processos **famosos, de grande repercussão, alta visibilidade, alto perfil**.*
▸ *The former mayor was a **high-profile** figure who enjoyed the attention that came with the job.* ▷ *O prefeito anterior era uma figura muito **badalada, sempre na mídia, de forte presença pública**, que gostava da atenção que acompanha o cargo.*
▸ *After today's victory, the young tennis player has got a much **higher profile**.* ▷ *Depois da vitória de hoje, o jovem tenista ganhou muito mais **fama, notoriedade**, ficou muito mais **conhecido**.*
▸ *The arrest was very **high-profile**.* ▷ *A prisão foi feita **com muito alarde, divulgação, publicidade, ostensivamente**.*

2. de alto nível, destacado, notável, prestigioso, proeminente; de prestígio, destaque; *inf.* cartaz RENOWNED

▶ The meeting between the two Prime Ministers is the most **high-profile** contact between the two sides so far. ▷ *O encontro entre os dois primeiro-ministros é o contato de mais* **alto nível** *entre os dois lados até agora.*

▶ He's making a **high-profile** career in advertising. ▷ *Está fazendo uma carreira* **notável,** *de* **destaque** *na publicidade.*

▶ The profession is **higher profile** than ever – being a nanny is cool. ▷ *A profissão tem mais* **prestígio** *do que nunca. Ser babá hoje é moda.*

HIGHLIGHT v.

destacar, ressaltar EMPHASIZE

▶ She travels around the world **highlighting** the plight of Muslim women. ▷ *Ela viaja pelo mundo* **mostrando, chamando a atenção, destacando** *o drama das mulheres muçulmanas.*

▶ It's part of our work to **highlight** excellence. ▷ *Faz parte do nosso trabalho* **ressaltar, valorizar** *a excelência.*

HINDER v.   THWART

dificultar, atrapalhar, atrasar, bloquear, coibir, embaraçar, embargar, empatar, emperrar, entravar, estorvar, frear, frustrar, impedir, inibir, interromper, obstar, obstruir, perturbar, restringir, retardar, tolher, transtornar; ser / colocar obstáculos, impedimentos

▶ Competing national interests have **hindered** a coordinated response. ▷ *A rivalidade entre os diversos interesses nacionais* **dificulta, impede, inibe, é um obstáculo** *para uma reação coordenada.*

▶ Racism and sexism **hinder** investigations of missing women. ▷ *O racismo e o sexismo* **coíbem, obstruem, tolhem, embargam** *as investigações sobre mulheres desaparecidas.*

▶ Her career has been **hindered** by a troubled family life. ▷ *Sua carreira foi* **dificultada, atrapalhada, embaraçada** *por problemas na vida familiar.*

HINDRANCE s.   DETERRENT

obstáculo, empecilho, barreira, bloqueio, contratempo, dificuldade, inconveniente, embaraço, entrave, estorvo, impedimento, obstrução, restrição

▶ Corruption is the most severe **hindrance** to doing business in the country. ▷ *A corrupção é o pior* **obstáculo, empecilho, entrave, impedimento** *para se fazer negócios no país.*

▶ These mountain ranges are a **hindrance** to travel and communication. ▷ *Essas cadeias de montanhas são uma* **barreira, um empecilho** *às viagens e à comunicação.*

HINT s.

1. insinuação, indireta, aceno, alusão, deixa, indicação, indício, prenúncio, sinal, sugestão CLUE

▶ The audience was shocked by the play's **hint** at incest. ▷ *O público da peça ficou chocado com a* **insinuação, alusão, sugestão** *de incesto.*

▶ The severe brick walls give no **hint** of the lavish gardens within. ▷ *As severas paredes de tijolo não dão nenhum* **indício, indicação, sinal** *dos luxuriantes jardins que há lá dentro.*

hint

- *He was dropping **hints** that he wanted to come along with us.* ▷ *Ficou jogando umas **indiretas**, dando umas **deixas** para vir conosco.*

2. laivo, cheiro, indício, nuance, pitada, quê, sinal, sombra, suspeita, toque, traço, vestígio; um pouquinho
  INKLING

- *He complimented her without the slightest **hint** of irony.* ▷ *Ele a elogiou sem o menor **laivo**, **sinal**, **traço** de ironia.*
- *She tried to avoid any **hint** of scandal.* ▷ *Tentou evitar qualquer **sombra**, **suspeita**, **cheiro** de escândalo.*
- *White with just a **hint** of blue* ▷ *Branco com um leve **toque**, uma **nuance** de azul*
- *I sensed in him a **hint** of the mystic.* ▷ *Senti que ele tinha um **quê** de misticismo.*
- *Add just a **hint** of curry in the sauce.* ▷ *Acrescente só um **pouquinho**, uma **pitada** de curry no molho.*

3. dica, conselho, ajuda, recomendação, sugestão, truque; *inf.* macete, toque

- *Helpful cooking **hints*** ▷ *Boas **dicas**, **conselhos**, **truques** culinários*
- *He would always give me some good stock trading **hints**.* ▷ *Sempre me dava umas boas **dicas**, **recomendações**, **sugestões** de investimentos.*

HINT v.

insinuar, dar a entender, aludir, sugerir; deixar implícito; referir-se subrepticiamente, nas entrelinhas; *inf.* dar um toque

- *What are you **hinting** at?* ▷ *O que você está **insinuando**?*
- *She **hinted** to me that she had had many lovers.* ▷ *Ela me **deu a entender, disse nas entrelinhas, deixou implícito** que já tivera muitos amantes.*
- *Landscapes of desolation that **hint** at events of cruelty and horror* ▷ *Paisagens desoladas que **sugerem**, **aludem** a acontecimentos de crueldade e horror*

HIP adj. (gíria) COOL

moderno, *inf.* bacana, legal, pra frente, na moda, da hora

- *My parents are so **hip**. My mom is a fashion designer and my dad owns a health food store.* ▷ *Meus pais são tão **bacanas**, **modernos**. Minha mãe é estilista de moda e meu pai tem uma loja de produtos naturais.*
- *Why are blogs so **hip**?* ▷ *Por que os blogs estão tão **na moda**, são a mídia **da hora**?*

HIT THE NAIL ON THE HEAD expr.

- *You've **hit the nail on the head**.* ▷ *Você **acertou direitinho**, **pegou no ponto principal**.*

HOAX s.

blefe, notícia falsa, balela, farsa, fraude, mentira, trote; alarme falso, brincadeira de mau gosto; *inf.* pegada

- *Informant admits information about a terror plot against New York subway was a **hoax*** ▷ *Informante confessa que aviso sobre ataque terrorista contra o metrô de Nova York foi **blefe***

▶ *Don't be a victim of internet **hoaxes**.* ▷ *Não seja vítima de **fraudes, trotes, balelas, pegadas** pela internet.*
▶ ***Hoax** call* ▷ ***Trote** por telefone*

HOME s., adj.

> **Home** tem vários sentidos – atenção ao contexto e ao artigo!
> *He was jobless and living in **a home**.* ▷ *Estava desempregado e morando num **albergue**.*
> NÃO "morando ~~em casa~~" (living *at home*).

1. **casa, lar;** domicílio, habitação, morada, residência
▶ *Are you thinking of buying a new **home**?* ▷ *Pensando em comprar **casa** nova?*
▶ *Thanks goodness I'm **home**.* ▷ *Ainda bem que cheguei **em casa**.*
▶ *The lake is **home** to large numbers of fish.* ▷ *Nesse lago **habitam** numerosos peixes.*

2. **casa dos pais,** casa materna, lar paterno
▶ *I'm still living **at home**.* ▷ *Ainda moro **com meus pais**.*
▶ *Since she left **home** she has never had a house of her own.* ▷ *Desde que saiu da **casa dos pais**, ela nunca teve casa própria.*

3. (com artigo) **abrigo**, albergue, asilo, clínica, instituição, lar orfanato, casa de repouso (para terceira idade, idosos, órfãos, desabrigados etc.) ≠ ASYLUM
▶ *My grandmother is in **a home**, a nursing **home**, an old age **home**.* ▷ *Minha avó mora num **lar para idosos**, numa **casa de repouso**.*
▶ *You live in a mansion; I live in **a home**!* ▷ *Você mora numa mansão; eu moro num **asilo**! (NÃO "eu moro ~~em casa~~...!)*

4. **país natal**
▶ *I'm sick of travelling and dying to go back **home**.* ▷ *Estou cansado de viajar, morrendo de vontade de voltar para a minha **terra**, o meu **país**.*
▶ *(adj.) We must sell to foreign markets while our **home** market is in recession.* ▷ *Precisamos vender para mercados estrangeiros enquanto nosso mercado **interno, doméstico** está em recessão.*

5. **base,** origem, ponto de partida
▶ *The ship went **home** to Spain.* ▷ *O navio voltou ao seu **porto de partida, de origem**, na Espanha.*
▶ *(Board games) The starting point is called HOME.* ▷ *Esse é o ponto de partida, a **base**.*

drive something home *expr.*
incutir, enfatizar, realçar, reforçar; mostrar, revelar, transmitir claramente   EMPHASIZE
▶ *Some Aids-prevention ads feature tombstones to **drive home** the message that sleeping around can cost you your life.* ▷ *Alguns anúncios sobre a AIDS mostram túmulos para **incutir, reforçar, fazer penetrar, dar o recado, transmitir claramente** a mensagem de que transar por aí pode lhe custar a vida.*

hit home *expr.*
▶ *I cried through the whole movie. It **hit** right **home**.* ▷ *Chorei o filme inteiro. **Mexeu fundo** comigo.*

honest

HONEST adj., HONESTY s.

1. sincero, aberto, direto, franco CANDID

- *Can I be totally **honest** with you?* ▷ *Posso ser **franco, sincero, abrir o jogo** com você?*
- *"Do you think you can do it?" "Well, **honestly**, no."* ▷ *"Você acha que consegue?" "Bem, falando **sinceramente**, com toda a **sinceridade, franqueza**, não."*
- ***Honesty** on the part of all members is essential for this debate.* ▷ *A **sinceridade, franqueza** por parte de todos os membros é essencial para este debate.*
- *I appreciate your **honesty**.* ▷ *Agradeço a sua **sinceridade, franqueza**.*

2. honesto, correto, decente, direito, escrupuloso, ético, honrado, honroso, idôneo, insuspeito, íntegro, respeitável, virtuoso; de caráter; transparente EARNEST

- *He was a plain, **honest** man.* ▷ *Era um homem simples e **honesto, íntegro, honrado**.*
- *"**Honesty** is the best policy."* ▷ *A **honestidade, integridade, lisura, retidão** é a melhor política.*

HONEST! interj.   PROMISE

- *I'll keep quiet, **honest**!* ▷ *Vou ficar quieto, **palavra**! / Falando sério!*
- ***Honest**?* ▷ ***Jura**?*
- ***Honest** to goodness!* ▷ ***Palavra de honra! / No duro! / De verdade!***

HOOLIGAN s.   TROUBLEMAKER, BULLY

vândalo, *hooligan;* **jovem violento,** arruaceiro, baderneiro, bárbaro, brigão, bruto, delinqüente, desordeiro, destruidor, encrenqueiro, rufião, tranca-ruas, troglodita, valentão; *inf.* pit-boy

- *"**Hooligans** do futebol europeu* ▷ *Hordas **bárbaras** quebram vitrines após o jogo"*
- *"Os carequinhas **brigões** e covardes da geração **pit-boy** carioca" (JB)*

HOPE v.

esperar, aspirar, confiar, desejar, pretender, querer, sonhar, torcer; ter esperança AIM

- *NASA **hopes** to launch a new satellite next year.* ▷ *A NASA **espera, pretende, deseja** lançar um novo satélite no próximo ano.*
- *We were **hoping** it wouldn't explode.* ▷ *Estávamos **torcendo** para aquilo não explodir.*
- *It's not enough to sit back and **hope** for things to get better.* ▷ *Não basta sentar e ficar **torcendo** para as coisas melhorarem.*

- Diferenciar de "esperar" (**wait,** EXPECT):

- *It was the kind of restaurant I'd **hoped** to find.* ▷ *Era o tipo do restaurante que eu **queria, desejava** encontrar. (Melhor que "eu esperava encontrar" ▷ I expected to find.)*

- Usar o subst. "esperança":

- *I waited, **hoping** she would come.* ▷ *Fiquei aguardando, **na esperança** de que ela viesse.*

- Usar "tomara", "haver de":

- *I sure **hope** he'll come.* ▷ ***Tomara / Tomara mesmo** que ele venha!*
- *I **hope** to make it.* ▷ ***Hei de** conseguir!*

HOPELESS adj.

1. **desesperançado, sem esperanças,** desalentado, desanimado, desconsolado, descrente, desesperado

▶ *She shook her head **hopelessly**.* ▷ *Abanou a cabeça, **desalentada**.*

2. **irremediável,** fútil, incorrigível, incurável, inútil, irrealizável, irrecuperável, perdido, vão   HELPLESS

▶ *He recovered from an apparently **hopeless** situation.* ▷ *Recuperou-se de uma situação que parecia **irremediável, perdida, sem esperanças**.*
▶ *Intense mutual jealousies made national unity a **hopeless** dream.* ▷ *Os intensos ciúmes mútuos transformaram a união nacional num sonho **irrealizável**.*
▶ *Diseases regarded as **hopeless*** ▷ *Doenças consideradas **incuráveis***
▶ ***Hopeless** efforts* ▷ *Esforços **inúteis, fúteis, vãos***

3. **caso perdido,** sem conserto, sem remédio; que não tem jeito   BASKET CASE

▶ *I'm **hopeless** at cooking.* ▷ *Sou uma **péssima** cozinheira, um **caso perdido**.*
▶ *Oh, you forgot to bring the key again – you're **hopeless!*** ▷ *Ah, você esqueceu a chave outra vez! Mas você **não tem jeito!***

HORRIBLE, HORRID, HORRIFIC, HORRIFYING adj.   AWFUL

horrível, horripilante, atroz, bárbaro, chocante, dantesco, estarrecedor, hediondo, horrendo, horrível, horroroso, medonho, monstruoso, pavoroso, tenebroso, terrível, tétrico, tremendo

▶ *These children are victims of the **horrid** / **horrible** outcomes of war.* ▷ *Essas crianças são vítimas das **terríveis, horrendas, atrozes** conseqüências da guerra.*
▶ *I remember the **horrific** / **horrifying** events at the Beslan school siege.* ▷ *Lembro-me dos **horripilantes, hediondos, estarrecedores** acontecimentos no cerco à escola de Beslan.*

HOSPICE s.

> **Hospice** NÃO é "hospício" (ASYLUM).
> *Ela foi internada num **hospício** para doentes mentais.* ▷ *She was committed to an insane **asylum**.*

1. **hospedaria,** abrigo, albergue (esp. mantido por religiosos)

▶ *Pilgrims can stay at **hospices** run by various churches.* ▷ *Os romeiros podem ficar em **hospedarias, albergues** mantidos por várias igrejas.*

2. **clínica, lar, casa de repouso** para doentes terminais; *hospice,* cuidados paliativos, medicina paliativa, atendimento especializado para doentes terminais; internação domiciliar   HOME

▶ *Michigan Hospice* ▷ *Hospital para Doentes Terminais de Michigan*
▶ *We visited a **hospice** for patients dying of AIDS. It is a quiet place where people can die in peace and dignity.* ▷ *Visitamos uma **clínica, casa, lar** para pacientes terminais de AIDS. É um local tranquilo onde a pessoa pode morrer com paz e dignidade.*
▶ *Many terminal patients receive **hospice** care in their own home.* ▷ *Muitos pacientes terminais ficam em casa, onde recebem **atendimento paliativo, medicina paliativa**.*

HOSPITALITY s.

1. hospitalidade, acolhida

▶ *Thank you for your warm **hospitality**.* ▷ *Muito obrigada pela sua calorosa **hospitalidade**, **acolhida**, por nos **acolher** tão bem.*

2. hotelaria

▶ *I earned an MBA in **Hospitality** & Tourism.* ▷ *Fiz mestrado em **Hotelaria** e Turismo.*
▶ *I am looking for a job in spas, hotels, restaurants, or other **hospitality** business.* ▷ *Procuro emprego num spa, hotel, restaurante, ou outro negócio no ramo da **hotelaria**.*

HOST s., adj., v.

1. (fem. **hostess**) **anfitrião,** dono da casa, hospedeiro

▶ *Our gracious **hostess** invited us to a wonderful dinner.* ▷ *Nossa gentil **anfitriã** nos convidou para um jantar maravilhoso.*
▶ *Exchange students must adapt to the **host** family's lifestyle.* ▷ *O intercambista deve adaptar-se ao estilo de vida da família **hospedeira**, **anfitriã**.*
▶ *A **host** is an organism that harbors another organism.* ▷ *O **hospedeiro** é um organismo que abriga outro organismo.*

• Usar o verbo "receber":

▶ *She's a marvellous **hostess**.* ▷ *Ela sabe **receber** maravilhosamente bem.*

2. (fem. **host**) **apresentador de TV,** mestre de cerimônias; mediador

▶ *Oprah Winfrey is a talented TV **host**.* ▷ *Oprah é uma talentosa **apresentadora** de TV.*
▶ *He acted as a **host** for the debate.* ▷ *Atuou como **mediador** no debate.*

3. sede, centro

▶ *London will **host** the 2012 Summer Olympics.* ▷ *Londres vai **sediar**, será a **sede**, a cidade **anfitriã**, **hospedeira** das Olimpíadas de 2012.*
▶ *Japan and South Korea were co-**hosts** of the 2002 World Cup.* ▷ *O Japão e a Coréia **sediaram** conjuntamente a Copa do Mundo de 2002.*

4. recepcionista; aeromoço/a

▶ *As I entered the shop I was greeted by a **host**.* ▷ *Logo que entrei na loja, fui cumprimentado por um **recepcionista**.*
▶ *Our air **hostesses** will be happy to help you out.* ▷ *Nossas aeromoças ficarão felizes em servi-lo.*

5. hoste, legião, batalhão, caudal, chusma, contingente, dilúvio, enxame, enxurrada, exército, fluxo, infinidade, miríade, multidão, nuvem, onda, plêiade, profusão, torrente, tropa; grande quantidade CROWD

▶ *Celestial **hosts*** ▷ *As **hostes** celestiais*
▶ *Lord of **Hosts*** ▷ *Senhor dos **Exércitos***
▶ *The civil war created a **host** of refugees.* ▷ *A guerra civil criou uma **legião**, **multidão**, um **dilúvio** de refugiados.*
▶ *Schools today must deal with a **host** of social ills.* ▷ *Hoje as escolas precisam lidar com uma **profusão**, **miríade**, **infinidade** de problemas sociais.*

6. hóstia
▶ *Approach the altar to receive the **Host**.* ▷ *Aproxime-se do altar para receber a **hóstia**.*

HOT adj.

1. quente, abrasador, acalorado, ardente, cálido, candente, causticante, escaldante, fumegante, pelando, tórrido
▶ *It was a **very hot** day.* ▷ *O calor estava **abrasador, causticante**.*

2. sexy, sensual, gostoso SEXY
▶ *Tall and lean, with bronzed skin — that guy is **hot**.* ▷ *Alto, magro, bronzeado – esse cara é muito **sexy**.*
▶ *We spent our time chasing **hot** girls around.* ▷ *A gente passava o tempo correndo atrás das meninas mais **gostosas**.*

3. da moda, o melhor do momento; procurado, popular, vendido; incrível, ótimo, sensacional; *inf.* legal, quente, da hora, da vez COOL, POPULAR
▶ *This is one of the **hottest** brands around.* ▷ *Essa é uma das marcas mais **quentes, procuradas, vendidas** do momento.*
▶ *There's a flood of **hot** new games.* ▷ *Há um dilúvio de novos jogos **legais, sensacionais, incríveis**.*

4. (mercado) **aquecido,** forte BULL MARKET
▶ *The housing market is red-**hot**.* ▷ *O mercado imobiliário está **superaquecido**.*

HOW adv.   no MATTER how

> Evite usar "quão", muito formal em português. Busque uma construção idiomática:
> *They mentioned **how** grateful they were.* ▷ *Disseram que estão **muito gratos**, expressaram sua **gratidão**. (Melhor que "mencionaram ~~quão~~ gratos estavam".)*

como; o quanto
▶ *The more we learn, the more we realize **how** little we know.* ▷ *Quanto mais aprendemos, mais percebemos **como** é pouco o que sabemos.*
▶ *At that time I didn't know **how** special this woman was.* ▷ *Naquela época eu não sabia **o quanto** essa mulher era especial.*
▶ *"Lembrei-me das águas do Atlântico... **o quanto** elas são quentes e confortáveis..." (Amir Klink, "Mar Sem Fim")*

- Sugestões para evitar "quão":
- Substituir o adjetivo por um substantivo cognato ou relacionado:
▶ *How **important** is this agreement?* ▷ *Qual a **importância** desse acordo?*
▶ *How **hot** is the water?* ▷ *Qual a **temperatura** da água?*
▶ *How **big** can these sharks grow to be?* ▷ *Que **tamanho** esses tubarões podem atingir?*

- Usar "muito":
▶ *An accident? **How** serious is it?* ▷ *Acidente? É **muito** grave?*

however

- ▶ *How difficult do you think the exam will be?* ▷ *Você acha que o exame vai ser **muito** difícil?*
- ▶ *Now that your husband has died, **how** lonely do you get?* ▷ *Agora que seu marido morreu, você se sente **muito** sozinha?*

• Usar "tão":

- ▶ *At that time I couldn't imagine **how** crucial that decision was.* ▷ *Naquele momento eu não podia imaginar que essa decisão seria **tão** fundamental.*

• Nas perguntas, usar uma construção simples, tipo "sim ou não":

- ▶ ***How** reliable is he?* ▷ *Ele é confiável?*
- ▶ ***How** good is he at establishing priorities?* ▷ *Você acha que ele sabe definir prioridades?*
- ▶ ***How** serious is the situation?* ▷ *Como está a situação – está muito grave?*

• Usar "até que ponto", "até onde vai", "em que medida":

- ▶ ***How** widespread is this phenomenon?* ▷ *Até que ponto esse fenômeno é difundido? / Até onde vai esse fenômeno?*
- ▶ *We want to test **how** concerned consumers are about quality, design, and status.* ▷ *Queremos testar **até que ponto, em que medida** o consumidor se preocupa com qualidade, design e status.*

• Usar "grau":

- ▶ *Two countries will react differently to similar shocks, depending on **how** stable they are.* ▷ *Dois países reagirão de maneira diferente a choques semelhantes, dependendo do **grau de estabilidade** de cada um.*

HOWEVER adv.   NEVERTHELESS

HUB s.

centro (de atividades, interesse); ponto central, focal, de convergência, concentração, encontro; eixo, cubo de roda

- ▶ *This café has become the hottest literary **hub** in New York.* ▷ *Esse café se tornou o **centro, ponto de encontro** literário mais badalado de Nova York.*
- ▶ *The city's central bus station came to function as a **hub** for the whole region.* ▷ *A estação rodoviária central passou a funcionar como um **ponto focal, de convergência** para toda a região.*
- ▶ *(Motorbike tires:) Available with chrome spokes laced to a chrome **hub**.* ▷ *Disponível com raios cromados presos a um **eixo** cromado.*

HUGE adj., HUGELY adv.   BIG, MASSIVE

imenso, enorme, amplo, astronômico, avantajado, cavalar, colossal, descomunal, gigante, gigantesco, grande, grandão, graúdo, homérico, jumbo, maciço, mastodôntico, monumental, titânico, tremendo, vasto, volumoso, vultoso

- ▶ *The new Harry Potter will have a **huge** first printing of 10m.* ▷ *O novo Harry Potter terá uma primeira tiragem **enorme, gigantesca, descomunal, impressionante**, de 10 milhões de exemplares.*
- ▶ *This is a drug that controls cancer with almost no side effects. It is a **huge** breakthrough.* ▷ *Essa droga controla o câncer quase sem efeitos colaterais. É um avanço **colossal, gigantesco, imenso, monumental, tremendo**.*
- ▶ *(adv.) Tom Hanks is a **hugely** successful star.* ▷ *Tom Hanks é um ator de **imenso** sucesso.*

HUMAN s.   PEOPLE

> Buscando a naturalidade em português, evite usar "humano" como substantivo:
> Prehistoric **humans** ▷ O **homem** pré-histórico (Melhor que "os ~~humanos~~"...!)

ser humano, gente, pessoa, homem; a humanidade

▶ *Highly toxic for **humans*** ▷ *Altamente tóxico para o **homem**, o **ser humano**.*
▶ *We are **humans**, not animals.* ▷ *Somos **gente**, não somos animais.*
▶ *Dogs can smell things **humans** can't.* ▷ *Os cães sentem cheiros que **as pessoas** não sentem.*
▶ *Who's better at chess, **humans** or machines?* ▷ *Quem é melhor no xadrez, **o homem** ou a máquina?*

HUMANE adj., **HUMANELY** adv.   COMPASSIONATE

humano, humanitário, benévolo, caridoso, compassivo

▶ *We demand more **humane** conditions for our prisoners.* ▷ *Exigimos condições mais **humanas, humanitárias** para nossos prisioneiros.*
▶ *Animals should be slaughtered **humanely** / with **humane** methods.* ▷ *Os animais devem ser abatidos de maneira **humanitária, sem crueldade**.*

● Contraste:
(subst.) **human** – pronúncia **HIÚ**-man – "ser humano", "homem"
(adj.) **humane** – pronúncia hiu-**MÊIN** – "humanitário", "misericordioso"

▶ *They are against research that uses animals, even if it claims to help **humans** and to treat the animals in a **humane** way.* ▷ *São contra pesquisas com animais, mesmo as que alegam ajudar **a humanidade** e tratar os animais **com compaixão, sem crueldade**.*

HURRIED adj.   HECTIC

apressado, afobado, açodado, afoito, apressurado, apurado, esbaforido; feito às pressas

▶ *I'm sorry this is such a **hurried** note.* ▷ *Desculpe por esse bilhete tão **apressado**.*
▶ *We left early, after a **hurried** breakfast.* ▷ *Saímos cedo, depois de um café tomado **às pressas**.*
▶ *I was so **hurried** that I hardly had time to say goodbye to my wife.* ▷ *Eu estava **com tanta pressa**, tão **afobado** que mal tive tempo de me despedir da minha mulher.*

HURRY s.   HUSTLE AND BUSTLE

HURT v., adj.

> Nem sempre "machucar" é uma boa tradução. **Hurt** é muito usado como "magoar", "melindrar" moral ou emocionalmente.

1. (trans.) **ferir,** machucar   HIT

▶ *Three people died and dozens were **hurt** in the accident.* ▷ *Três pessoas morreram e dezenas ficaram **feridas** no acidente.*

husky

2. (trans.) **magoar, melindrar,** insultar, ofender; ferir os sentimentos
- *Sorry, I didn't mean to **hurt** your feelings.* ▷ *Desculpe, não tive a intenção de te **magoar, melindrar**.*
- *(adj.) She felt **hurt** and humiliated by these words.* ▷ *Ficou **magoada, melindrada, sentida, ressentida** e humilhada com essas palavras.*
- *The Russians felt **hurt** for having been left out of the conference.* ▷ *Os russos sentiram-se **insultados, melindrados, ofendidos** por serem excluídos do congresso.*

3. (trans.) **atingir, prejudicar,** afetar, afligir, danificar; fazer mal; causar dano, dar prejuízo   HARM
- *High taxes **hurt** business.* ▷ *Impostos altos **afetam, prejudicam** os negócios.*
- *It never **hurts** to have a friend in court.* ▷ *Não **faz mal nenhum** ter um amigo no tribunal.*

4. (intrans.) **doer;** sentir dor, sofrer   PAIN
- *My leg **hurts**.* ▷ *Minha perna está **doendo**.*
- *These patients have tried many drugs, but they still **hurt**.* ▷ *Esses pacientes já experimentaram muitos remédios, mas continuam **sentindo dor**.*
- *She noticed I was **hurting**.* ▷ *Ela notou que eu estava **sofrendo**.*

HUSKY adj.

(voz) **embargada,** rouca, rouquenha; **velada,** baixa, rascante, sussurrante; sensual, sexy
- *His voice was **husky** with emotion.* ▷ *Falou com a voz **embargada** de emoção.*
- *"Hello, honey", she said, in her **husky** voice.* ▷ *"Oi, amor", disse ela com sua voz **velada, sussurrante, sexy, sensual**.*

HUSTLE AND BUSTLE

agitação, correria, alvoroço, afã, afobação, atropelo, azáfama, bulício, burburinho, comoção, corrida, ebulição, efervescência, excitação, frenesi, movimentação, movimento, pressa, rebuliço, roda-viva; vida agitada; *inf.* corre-corre, lufa-lufa
- *I wanted to escape the **hustle and bustle** of the big city.* ▷ *Eu queria escapar da **agitação, alvoroço, corre-corre** da cidade grande.*
- *I just like the **hustle and bustle** of London – there's so much to do and see.* ▷ *Eu gosto da **movimentação, efervescência, ebulição** de Londres – há tanta coisa para ver e fazer.*
- *"Que **lufa-lufa** nas ruas de Hong-Kong!" (Adélia Prado)*

= **the hustle and the bustle**
- *I live in a farm, away from **the hustle and the bustle**.* ▷ *Moro numa fazenda, longe da **correria, roda-viva**.*

HYPE s. (gíria)

propaganda, publicidade, promoção exagerada; comercialismo, jogada de marketing, golpe publicitário; agitação, alarde, alvoroço, barulho, carnaval, espalhafato, estardalhaço, euforia, exagero, excitação, febre, frenesi, furor, histeria, rebuliço, sensação, sensacionalismo; *inf.* **badalação,** agito, auê, boxixo, onda
- *Is the new AIDS vaccine hope or **hype**?* ▷ *Será que a nova vacina anti-AIDS é uma esperança ou apenas **publicidade, exagero, sensacionalismo, espalhafato da mídia, onda, golpe publicitário, pura jogada de marketing**?*
- *I think there is too much **hype** and crass commercialism surrounding the Star War series.* ▷ *Creio que há muita **propaganda, promoção, publicidade** e comercialismo grosseiro em torno da série Guerra nas Estrelas.*

▶ *The film has generated a lot of **media hype**.* ▷ *O filme gerou muito **barulho, rebuliço, atenção, alarde, estardalhaço, badalação** da mídia.*

▶ *This technology has so far failed to live up to its early **hype**.* ▷ *Essa tecnologia até agora não conseguiu corresponder à **euforia**, ao **alvoroço** inicial.*

• Outras sugestões;

▶ *Does the new Harry Potter film match the hype?* ▷ *Será que o novo Harry Potter faz jus à **onda, expectativa, ao suspense**?*

▶ *The film is not that good – please let's tone down the hype.* ▷ *O filme não é tão bom assim – vamos **abaixar a bola** (inf.).*

◊ **Hype** é redução de **hyperbole** (hipérbole, exagero).

HYPE, HYPE UP v. (gíria) PRAISE

exagerar, promover, alardear, apregoar, aumentar, decantar, elogiar, exaltar, glorificar, inflar, louvar, promover, propalar, superestimar, supervalorizar; *inf.* badalar, fazer barulho, botar lá em cima, fazer um circo, um carnaval

▶ *The clinics have a financial incentive to **hype** the good news and bury the real facts.* ▷ *As clínicas têm incentivo financeiro para **exagerar, alardear** as boas notícias e enterrar os fatos reais.*

▶ *Some market analysts were accused of **hyping** stocks for personal gain.* ▷ *Alguns analistas de mercado foram acusados de **promover, inflar artificialmente** o valor das ações visando ganho pessoal.*

▶ *I think the Harry Potter books are **over-hyped**. They do deserve credit but not as much as they get.* ▷ *Creio que a série Harry Potter é **supervalorizada, badalada** demais, recebe uma **atenção, publicidade exagerada**. Os livros merecem crédito, mas não tanto assim.*

▶ *"Na volta do cantor ao Brasil a mídia armou aquele **circo**, aquele **carnaval**."*

HYPED, HYPED UP adj. (gíria)

muito elogiado, comentado, decantado, falado; *inf.* badalado

▶ *I suppose when a film has been so **hyped up** you're bound to be disappointed.* ▷ *Acho que quando um filme é tão **badalado, elogiado**, a gente não pode deixar de se decepcionar.*

▶ *Segway, the much-**hyped** high-tech scooter, is finally on sale.* ▷ *Segway, a tão **comentada, decantada** motoneta high-tech, está finalmente à venda.*

I

IDEA s.   INSIGHT, VIEW

IF conj.

1. **se,** caso

if only!

▶ *If you invite me, I will go.* ▷ *Se, caso você me convidar, eu vou.*

2. ainda que, embora

▶ *This is a useful if specialized collection of essays on natural history.* ▷ *É uma coletânea útil, embora, ainda que especializada, de ensaios sobre história natural.*

if not

▶ *The building risks being damaged if not destroyed.* ▷ *O edifício se arrisca a sofrer danos, ou mesmo ser destruído.*

IF ONLY! expr.   WISH

tomara, oxalá, quem dera

▶ *If only I knew the answer!* ▷ *Tomara, oxalá, quem dera, se ao menos eu soubesse a resposta!*

• Usar **"Ah!"**:

▶ *If only I could find the way!* ▷ *Ah, se eu conseguisse achar o caminho!*
▶ *If only the newspapers knew that!* ▷ *Ah, se os jornais soubessem disso!*

• Usar ponto de exclamação:

▶ *If only I had kept the secret.* ▷ *Tomara eu tivesse guardado o segredo!*
▶ *If only I knew all that, I would never have married that man.* ▷ *Ah, se eu soubesse de tudo isso! Eu nunca teria me casado com esse homem.*

IGNORE v.

> **Ignore** NÃO significa "ignorar" no sentido de "não saber", "desconhecer" (**not know, be ignorant**).
>
> *How can the government ignore the wishes of the majority?* ▷ *Como pode o governo desconsiderar, não tomar conhecimento, não dar atenção aos desejos da maioria?*
>
> (Melhor que "ignorar os desejos da maioria", que aqui poderia se confundir com "desconhecer".)

desconsiderar, ignorar, desdenhar, desprezar, esnobar, menosprezar; não dar atenção, não dar confiança; não levar em conta, não tomar conhecimento, fazer pouco, não fazer caso; *inf.* não ligar, não dar bola; não dar a mínima, não dar a mínima pelota; não estar nem aí, passar batido

▶ *As an avant-garde artist, he ignored academic formulas.* ▷ *Como artista de vanguarda, ele desconsiderava, desdenhava as fórmulas acadêmicas.*
▶ *I smiled at her but she ignored me.* ▷ *Sorri para ela, mas ela me ignorou, me esnobou, passou batido, não me deu a menor atenção, a mínima bola, não tomou conhecimento.*

ILL s.

mal, doença, problema, sofrimento

▶ *The plant is said to cure many ills.* ▷ *Dizem que a planta cura muitas doenças, males.*

- *Is population control the answer to the **ills** of the planet?* ▷ *Será o controle populacional a resposta para os **males, problemas** do planeta?*
- *I never heard him speak **ill** of his wife.* ▷ *Nunca o ouvi falar **mal** da esposa.*

ILL adj

mau

- *Poverty leads to **ill** health.* ▷ *A pobreza leva à **má** saúde.*
- *Sue realized his **ill** intentions.* ▷ *Sue percebeu as **más** intenções dele.*
- *There's a lot of **ill** will towards the US.* ▷ *Há muita **má** vontade em relação aos EUA.*

ILL- adv.

mal

- *Ill-bred / ill-informed* ▷ ***Mal**-educado, **mal** informado*
- *Ill- humored, ill-tempered* ▷ ***Mal**-humorado*

ILL-FATED adj.   FATED

malfadado, desafortunado, desaventurado, desditoso, desgraçado, desventurado, fatídico, infeliz, malsinado; destinado, predestinado ao fracasso

- *They travelled on the **ill-fated** Titanic.* ▷ *Viajaram no **malfadado, malsinado, desventurado** Titanic.*
- *What happened to that **ill-fated** girl?* ▷ *O que aconteceu com a **infeliz, desafortunada, desditosa** jovem?*

ILL-TIMED adj.   UNTIMELY

I'M AFRAID   AFRAID

I'M SORRY   SORRY

IMMATERIAL adj.   ≠ MATERIAL

irrelevante, não pertinente, insignificante, secundário; sem importância, que não importa, não é pertinente, não vem ao caso

- *The causes of the problem are **immaterial** now – we need solutions.* ▷ *Neste momento as causas do problema são **irrelevantes** – precisamos de soluções.*
- *She worried over **immaterial** details.* ▷ *Preocupava-se com detalhes **sem importância**.*
- *Whether the book is well or badly written is **immaterial**.* ▷ *Não importa saber se o livro é bem escrito ou não. / Saber se o livro é bem escrito ou mal escrito **não vem ao caso**.*

IMPERVIOUS adj.

1. (pessoa) **imune,** impassível, imperturbável, inabalável, indiferente, insensível, isento; não influenciável; não sujeito; sem se afetar

- ***Impervious** to fear / criticism* ▷ ***Imune** ao medo / às críticas*
- *He seemed **impervious** to all the ups and downs of everyday existence.* ▷ *Parecia **impassível, imperturbável, inabalável** perante os altos e baixos da vida diária.*

impolite

▶ *The government remains **impervious** to the public outcry.* ▷ *O governo continua **insensível, indiferente** à indignação pública.*

2. (coisa) **refratário, imune,** impenetrável, impermeável, impérvio, resistente; à prova de

▶ *Glass is **impervious** to water.* ▷ *O vidro é **impermeável, resistente** à água, **à prova d'água**.*
▶ ***Impervious** to heat* ▷ ***Refratário** ao calor*
▶ ***Impervious** to radiation / weather* ▷ ***Imune** à radiação / às intempéries*

IMPOLITE adj.   RUDE, CURT

IMPORTANCE s., IMPORTANT adj.   CONSEQUENCE, MAJOR, MATERIAL

IMPRESSION s.

1. impressão PERCEPTION

▶ *It's very important to give a good first **impression**.* ▷ *É muito importante dar uma boa primeira **impressão**.*

2. imitação humorística

▶ *He entertained us with very funny **impressions** of Churchill and other politicians.* ▷ *Ele nos divertiu fazendo **imitações** engraçadíssimas de Churchill e outros políticos.*
▶ *Come on, do your Elvis **impression**!* ▷ *Vamos, **imite** o Elvis!*

IMPROPER adj.

1. inadequado, indevido, descabido, errado, impróprio, inconveniente, incorreto UNSUITABLE

▶ *Beriberi may result from an **improper** diet.* ▷ *O beribéri pode resultar de uma dieta **inadequada**.*
▶ *Erosion was caused by generations of **improper** farming.* ▷ *A erosão foi causada por várias gerações de práticas agrícolas **inadequadas, incorretas, impróprias, erradas**.*
▶ ***Improper** shoes for trekking* ▷ *Sapatos **impróprios** para caminhadas*

2. impróprio, inaceitável, chocante, inconveniente, indecente, indecoroso UNBECOMING

▶ *Wearing a short skirt is **improper** for a formal occasion.* ▷ *É **impróprio, inconveniente** usar saia curta numa ocasião formal.*
▶ ***Improper** behavior such as smoking, fighting or using vulgar language will not be tolerated.* ▷ *Comportamento **inconveniente, inaceitável** como fumar, brigar ou usar linguagem chula não será tolerado.*

3. ilegal, antiético, desonesto DECEITFUL

▶ ***Improper** accounting practices* ▷ *Práticas contábeis **ilegais, antiéticas***
▶ *The candidate received **improper** economic benefits.* ▷ *O candidato recebeu benefícios econômicos **desonestos**.*

IMPROVE v.   ENHANCE, BOOST

melhorar, aperfeiçoar, aprimorar, apurar, burilar, calibrar, desenvolver, enriquecer, evoluir, lapidar; *inf.* incrementar

- *How to **improve** your relations with the boss* ▷ *Como **melhorar** suas relações com o chefe*
- *The museum sponsors exhibits aimed at **improving** public taste.* ▷ *O museu realiza mostras destinadas a **aperfeiçoar, aprimorar, desenvolver** o gosto do público.*

IMPROVEMENT s.   DEVELOPMENT

melhoramento, melhoria, acerto, aperfeiçoamento, aprimoramento, avanço, beneficiamento, benefício, benfeitoria, desenvolvimento, evolução, melhora, progresso

- *I have to do some **improvements** around the house.* ▷ *Preciso fazer umas **melhorias, melhoramentos, acertos, benfeitorias** na casa.*
- *There have been remarkable **improvements** in transportation.* ▷ *Houve notáveis **aperfeiçoamentos, avanços** nos transportes.*
- *The illustrations were a vast **improvement** on previous texts.* ▷ *As ilustrações foram uma grande **melhora, evolução, progresso** em relação aos textos anteriores.*

IMPUDENT adj., IMPUDENCE s.   RUDE, ATTITUDE

insolente, atrevido, abusado, cínico, confiado, debochado, desabusado, desrespeitoso, impertinente, inconveniente, irreverente, malcriado, mal-educado

- *How do you deal with impudent and disrespectful students?* ▷ *Como lidar com alunos **insolentes, atrevidos, abusados** e desrespeitosos?*
- *Rude and **impudent** remarks will not be tolerated.* ▷ *Comentários grosseiros e **desrespeitosos, irreverentes** não serão tolerados.*
- *(subst.) The kid had the **impudence** to tell the teacher to mind her own business.* ▷ *O garoto teve o **atrevimento, descaramento, a insolência, petulância, caradura, cara-de-pau** de mandar a professora tratar da sua vida.*

INADEQUATE adj.   IMPROPER, UNSUITABLE

INAPPROPRIATE adj.   IMPROPER, UNBECOMING

- *It seemed **inappropriate** to bring up old wounds at my dad's birthday.* ▷ *Achei que **não era correto, adequado, não convinha, não ficava bem, não tinha nada a ver** trazer à baila velhas feridas justo no aniversário de papai.*

INAUGURATE v., INAUGURATION s.

1. **inaugurar**

- *We are proud to announce the **inauguration** of our new building.* ▷ *Temos orgulho de anunciar a **inauguração** do nosso novo edifício.*

2. **tomar posse,** assumir o cargo, ser empossado

- *The President was **inaugurated** in January 2001.* ▷ *O presidente **assumiu o cargo,** tomou posse, foi empossado em janeiro de 2001.*
- *Many heads of state have been invited for the Presidential **inauguration**.* ▷ *Muitos chefes de Estado foram convidados para a **posse** do presidente.*

INCONSEQUENTIAL adj.   MINOR, IMMATERIAL

sem importância, irrelevante

▶ *These minor differences are **inconsequential**.* ▷ *Essas pequenas diferenças são **irrelevantes, sem importância,** de somenos importância.*

INCONSISTENT adj.   ERRATIC

▶ *Studies have shown **inconsistent** results, making it hard to draw conclusions.* ▷ *Os estudos dão resultados **variáveis, inconstantes, imprevisíveis, irregulares, incongruentes, sem consistência,** dificultando as conclusões.*

▶ *All of us say one thing and practice another. Human beings are **inconsistent**.* ▷ *Todos nós dizemos uma coisa e fazemos outra. O ser humano é **incoerente**.*

INCONSPICUOUS adj   LOW PROFILE

▶ *(What to wear for a job interview:) Purses should be conservative and **inconspicuous**.* ▷ *A bolsa deve ser clássica e **discreta, não deve chamar a atenção**.*

INCREASE s., v.   THRIVE, BOOST

aumento, crescimento, aceleração, acréscimo, acúmulo, alargamento, alta, ampliação, ascensão, avanço, desenvolvimento, dilatação, elevação, escalada, expansão, ganho, incremento, multiplicação, proliferação, redobramento, reforço, salto, subida; maior quantidade

▶ *We had a 30% **increase** in sales this year.* ▷ *Tivemos um **aumento, crescimento, avanço, ganho, salto** de 30% nas vendas.*

▶ *Sales have **increased** sharply.* ▷ *As vendas **aumentaram, subiram** muito, **deram um grande salto**.*

▶ *We were encouraged to **increase** our investments abroad.* ▷ *Fomos incentivados a **ampliar, expandir** nossos investimentos no estrangeiro.*

INCREASING adj., INCREASINGLY adv.

> Evite "crescentemente". "Cada vez mais" é uma opção mais natural.

crescente, ascendente, progressivo, redobrado; cada vez maior; em contínuo aumento, sempre em expansão, que não pára de aumentar, de crescer; que cresce sem parar

▶ *Smoking poses an **increasing** threat to public health.* ▷ *O cigarro é uma ameaça **crescente, cada vez maior** à saúde pública.*

▶ *There is an ever-**increasing** number of threatened species.* ▷ ***Aumenta, cresce, multiplica**-se espécies ameaçadas de extinção.*

▶ *(adv.) This technique has been **increasingly** adopted.* ▷ *Essa técnica vem tendo aceitação **crescente, cada vez maior,** vem sendo **cada vez mais, mais e mais** adotada.*

INCUMBENT s., adj.

1. (pessoa) **em exercício, titular;** atual, vigente; dententor, ocupante do cargo

- ▶ The **incumbent** senator is way ahead of the challenger. ▷ O senador **em exercício** está muito a frente do desafiante.
- ▶ Smith ousts **incumbent** to become mayor of Sylvester ▷ Smith conquista a prefeitura de Sylvester, derrotando o **atual** prefeito, o prefeito **em exercício**
- ▶ It's always difficult for a challenger to run against an **incumbent**. ▷ Sempre é difícil para um desafiante concorrer contra um **titular**, o **atual ocupante do cargo**.

2. (empresa, marca, produto) **dominante, já existente,** antigo, atual, incumbente, tradicional; bem estabelecido, firmado; dono, detentor, que detém, com posição de predomínio no mercado, ramo, nicho, setor, na área ≠ INSURGENT

- ▶ This new technology allows start-ups to compete effectively against **incumbents** like X. ▷ Essa nova tecnologia permite às novas empresas competir contra **nomes tradicionais, já firmados, donos do mercado** como a X.
- ▶ This innovation is clearly superior to **incumbent** products. ▷ Essa inovação sem dúvida é superior aos produtos **atuais, já existentes no mercado**.
- ▶ "Na telefonia fixa, as **tradicionais empresas incumbentes** praticamente detêm o monopólio da infraestrutura."

INDEED   ACTUALLY, REALLY

INDIGENOUS adj.

> **Indigenous** NÃO significa "indígena", "índio", habitante original das Américas (**Indian** ou **native**).
> The language of the Roman conquerors was imposed on the **indigenous** peoples. ▷ A língua dos conquistadores romanos foi imposta aos povos **nativos, locais, autóctones**.

1. **nativo, natural,** autóctone, endêmico, local, nacional; originário, oriundo, proveniente do próprio local, lugar, país, região; autônomo, próprio DOMESTIC
- ▶ Several species of rice are **indigenous** to America. ▷ Várias espécies de arroz são **nativas, naturais, endêmicas, autóctones** da América.
- ▶ Most Portuguese wines are made from **indigenous** grapes. ▷ A maioria dos vinhos portugueses são feitos com uvas **nacionais, do país**.

2. **inerente,** próprio ≠ ALIEN
- ▶ Maybe hostility and aggression are **indigenous** to mankind. ▷ Talvez a hostilidade e a agressão sejam características **inerentes, próprias** do ser humano.

- • Contraste: **indigenous** ≠ **Indian**
- ▶ Thousands of **indigenous Indians** have invaded several farms in the Amazon. ▷ Milhares de **índios da região** invadiram várias fazendas na Amazônia.
- ◊ Em português "indígena" também pode significar "autóctone, nativo", mas é pouco usado nessa acepção:
- ▶ "Na Europa, o encontro dos povos **indígenas** com o conquistador romano resultou nas línguas neolatinas."

INDUSTRIOUS adj.   HARD-WORKING

muito trabalhador; aplicado, ativo, diligente, empreendedor, esforçado, industrioso, laborioso; *inf.* pé-de-boi

▶ *These fishermen lead a simple and **industrious** life.* ▷ *Esses pescadores levam uma vida simples e **laboriosa, diligente**.*

▶ *Children must be taught to be active and **industrious**.* ▷ *As crianças devem aprender a serem ativas e **trabalhadoras, aplicadas, esforçadas**.*

INDUSTRY s.

> **Industry** nem sempre é "indústria", "fábrica" (PLANT). Contraste:
> *We have 30 years experience in the banking **industry**.* ▷ *Temos 30 anos de experiência no **setor** bancário.*
> *Meu pai é dono de uma **indústria**.* ▷ *My father owns a **factory**, is a **factory** owner, an industrialist, a manufacturer.*

1. **setor,** área, campo, segmento; mercado, praça; ramo de atividade; indústria (apenas como **setor**)   BUSINESS

▶ *Technology has revolutionized not just companies but whole **industries**.* ▷ *A tecnologia revolucionou não só empresas como **setores, segmentos** inteiros.*

▶ *Get a job in an **industry** that interests you.* ▷ *Procure trabalhar numa **área, campo, ramo de atividade** do seu interesse.*

▶ *Our service is one of the best in the **industry**.* ▷ *Nosso serviço é um dos melhores da **praça, do mercado, ramo, setor**.*

▶ *The pharmaceutical / petroleum / arms / tourism **industry*** ▷ ***Indústria** farmacêutica / petrolífera / armamentista / hoteleira*

2. **diligência,** dedicação, empenho, zelo; espírito laborioso, trabalhador   ZEAL, hard WORK

▶ *Chinese and Japanese are well known for their **industry** and intelligence.* ▷ *Os chineses e japoneses são conhecidos por sua inteligência e **espírito trabalhador, laborioso**.*

INEXPERTLY adv.   UNSKILLFUL

▶ *These Renaissance frescoes were **inexpertly** restored.* ▷ *Esses afrescos renascentistas foram restaurados **sem perícia, competência habilidade; de maneira grosseira**.*

INFAMOUS adj.

1. **famigerado, de má fama,** péssimo nome, triste lembrança, memória; conhecido, de má reputação
NOTORIOUS

▶ *Bonnie and Clyde were an **infamous** criminal duo.* ▷ *Bonnie and Clyde foram uma **famigerada** dupla de criminosos.*

▶ *The asylum became **infamous** for the brutality shown to patients.* ▷ *O hospício ficou **conhecido**, ganhou **triste fama, péssima reputação** pela brutalidade com que tratava os pacientes.*

▶ *He was arrested in an **infamous** Paris park.* ▷ *Foi preso num parque parisiense **de má fama, má reputação**.*

▶ *It was the worst snow since the **infamous** winter of 1947.* ▷ *Foi a pior nevada desde o inverno de 1947, **de triste lembrança, triste memória**.*

2. infame, abominável, chocante, desgraçado, infeliz, maldito, malfadado, odioso, perverso, terrível, torpe, vergonhoso, vil OUTRAGEOUS

▶ *The **infamous** traffic in women and children continues to flourish.* ▷ *O **infame, perverso, odioso, abominável, vergonhoso** tráfico de mulheres e crianças continua a prosperar.*

▶ *I just want to forget that **infamous** journey.* ▷ *Só quero esquecer aquela **infeliz, malfadada, maldita** viagem.*

INFATUATION s., INFATUATED adj.

paixão, adoração, embevecimento, enlevo, encanto, fascinação, loucura, obsessão; amor cego, amor louco; paixão tola, extravagante, efêmera; *inf.* paixonite, fogo de palha

▶ *The film shows a teenager's **infatuation** with a rock star.* ▷ *O filme mostra a **paixão** de uma adolescente por um roqueiro.*

▶ *His works criticize society's growing **infatuation** with technology.* ▷ *Suas obras criticam o crescente **fascínio, adoração, obsessão** da sociedade pela tecnologia.*

▶ *The professor became **infatuated** with a 15-year-old student.* ▷ *O professor ficou **apaixonado, caído, enamorado, encantado, enfeitiçado;** inf. **embeiçado, enrabichado, gamado, vidrado** por uma aluna de quinze anos.*

INFECTIOUS adj., INFECTIOUSLY adv.

1. infeccioso

▶ *Infeccious diseases* ▷ *Doenças **infecciosas***

2. contagiante, contagioso

▶ *Infectious laughter / optimism / enthusiasm* ▷ *Risada / otimismo / entusiasmo **contagiante***

▶ *He has an **infectiously** positive attitude.* ▷ *Tem uma atitude positiva **contagiante**.*

INFORM v.

1. informar, avisar, comunicar, contar, divulgar, indicar, mencionar, notificar, prevenir; dar informações

▶ *The doctor must **inform** the patient on the side-effects of prescribed drugs.* ▷ *O médico deve **informar** o paciente sobre os efeitos colaterais dos remédios receitados.*

2. formar, moldar, definir, determinar, enformar, imbuir, influenciar, permear; dar forma, o caráter, a essência; servir de base SHAPE, FORGE

▶ *What are the values that **inform** our society?* ▷ *Quais são os valores que **formam, moldam, definem, determinam, servem de base, dão o caráter** da nossa sociedade?*

▶ *A firm sense of ethics and dignity has always **informed** his behavior.* ▷ *Seu comportamento sempre foi **definido, determinado** por uma firme noção de ética.*

▶ *The architect conceived a classically **informed** design.* ▷ *O arquiteto concebeu um projeto de **inspiração** clássica, **imbuído, influenciado** pela estética clássica.*

◊ Existe "informar" no sentido 2 em português, mas é pouco usado: "Informar- 7. dar caráter ou essência a. Ex.: princípios que **informam** o ensino moderno." [Houaiss LP]

INFORM ON v.

delatar, acusar, denunciar

▶ He **informed on** his partners in exchange for a lighter sentence. ▷ **Delatou, denunciou** os parceiros em troca de uma sentença mais leve.

INFORMATION s.   DATA, INPUT

> Embora **information** em inglês seja usada apenas no singular, tem sentido plural – em geral se trata de "informações":
>
> The taxpayers can call the IRS to obtain **information**. ▷ Os contribuintes podem ligar para o Departamento da Receita Federal para obter **informações**. (NÃO "~~informação~~"...!)

informações, dados

▶ Our brain receives the **information** sent by our senses. ▷ O cérebro recebe as **informações**, os **dados** enviados pelos sentidos.

▶ **Information** storage and retrieval systems ▷ Sistemas de armazenamento e recuperação de **informações, dados**

• Uma só informação = a **piece,** a **bit** of information   BIT, PIECE

▶ This is the only **bit of information** we still don't have. ▷ Essa é a única **informação** que nós ainda não temos.

secret information   INSIDE INFORMATION

INGENIOUS adj.

> **Ingenious** NÃO significa "ingênuo" (INGENUOUS, NAIVE).
>
> The ad features two **ingenious** monkeys opening a locked box. ▷ O anúncio mostra dois macacos **engenhosos, espertos** (NÃO ~~ingênuos~~....!) abrindo uma caixa trancada.

engenhoso, criativo, destro, esperto, hábil, habilidoso, imaginoso, inteligente, inventivo, jeitoso, original; *inf.* bem bolado   CLEVER

▶ The Expo has plenty of **ingenious** mechanical devices ▷ A exposição tem muitos aparelhos mecânicos **engenhosos, bem bolados.**

▶ He was **ingenious** in smuggling merchandise across the border. ▷ Inventava maneiras **criativas, inteligentes, imaginosas** de contrabandear mercadorias.

INGENUITY s.

> **Ingenuity** NÃO significa "ingenuidade" (INGENUOUSNESS, NAIVETÉ).

engenho, criatividade, engenhosidade, habilidade, imaginação, inteligência, inventividade   RESOURCEFULNESS

▶ *Robinson Crusoe survived by virtue of his **ingenuity**.* ▷ *Robinson Crusoé sobreviveu graças ao seu **engenho**, sua **criatividade**, **habilidade**, **inteligência**.*
▶ *The playwright develops his plot with **ingenuity** and humor.* ▷ *O autor desenvolve a trama com **engenho**, **imaginação** e humor.*

INGENUOUS adj., INGENUOUSNESS s.

ingênuo, cândido, bisonho, confiante, inexperiente, inocente, simples, singelo; sem malícia, sem subterfúgios

▶ *Her simplicity borders on childish **ingenuousness**.* ▷ *A simplicidade dela chega às raias da **ingenuidade**, **candura**, **inocência**, **simplicidade infantil**.*

◊ NÃO são falsos cognatos; de fato significam "ingênuo", "ingenuidade". Mas são raramente usados; em geral se diz NAIVE, NAIVETÉ.

INHABITED adj.

> **Inhabited** significa "habitado" e NÃO "desabitado" (**uninhabited**).
> *These islands are all **inhabited**.* ▷ *Essas ilhas são todas **habitadas**. (NÃO "desabitadas"...!)*

habitado, povoado

▶ *This is a sparsely **inhabited** area.* ▷ *É uma área pouco **povoada**.*

INKLING s.   HINT, CLUE

vaga idéia, indicação, laivo, noção, suspeita; a menor, mínima idéia

▶ *She didn't have the slightest **inkling** that her husband was having an affair.* ▷ *Ela não tinha a menor **suspeita**, a **mínima**, a mais **vaga idéia** de que o marido estava tendo um caso.*
▶ *He mustn't have any **inkling** that he's being followed.* ▷ *É preciso que ele não tenha o menor **laivo de desconfiança** de que está sendo seguido.*

INNER CITY, CITY s. adj.   ≠ SUBURB, SUBURBAN

bairro pobre, de baixa renda; área degradada, dilapidada (em geral no centro da cidade)

▶ ***Inner city** residents face high rates of violent crime.* ▷ *Os moradores de **bairros pobres** enfrentam os maiores índices de crimes violentos.*
▶ *Violence blights many **inner-city** schools.* ▷ *A violência aflige muitas escolas de **baixa renda**.*
▶ *"From **inner city** to Ivy League"* ▷ *Da **pobreza** para uma universidade de elite*

◊ Nos EUA a área central das grandes cidades (**inner city**) muitas vezes é degradada, enquanto os subúrbios afastados (SUBURBS) são bairros agradáveis.

• Contraste: suburb ≠ city, inner city

▶ *(School integration:) **Suburban** students are encouraged to attend schools in the **city**. Conversely, low-income children from the **city** are bused to middle-class schools in the **suburbs**.* ▷ *Alunos de **bairros residenciais** são incentivados a freqüentar escolas do **centro**. Inversamente, alunos de baixa renda do **centro da cidade** são enviados de ônibus a escolas de classe média nas **zonas residenciais**.*

INPUT s.

1. informações, dados, subsídios; entrada de dados DATA

▶ *The President does not have access to a sufficiently varied **input** to have a realistic picture of the nation.* ▷ *O presidente não tem acesso a **informações, dados, subsídios** variados o suficiente para formar uma imagem realista do país.*

▶ *Then there is the problem of **input**: how to feed raw data into the system?* ▷ *Há também o problema da **entrada de dados**: como alimentar o sistema com informações em estado bruto?*

2. contribuição, opinião, aporte, colaboração, comentário, contribuições; ponto de vista INSIGHT, VIEW

▶ *Thank you for your valuable **input**.* ▷ *Obrigada por suas valiosas **opiniões, comentários**.*

▶ *We had a discussion with **input** from all members of the group.* ▷ *Tivemos um debate com **contribuições, aportes** de todos os membros do grupo.*

▶ *The Manual was prepared by Dr. Smith with **input** from Dr. Brown.* ▷ *O Manual foi preparado pelo dr. Smith com a **contribuição, colaboração** do dr. Brown.*

• Outras sugestões:

▶ *Raising kids takes a high **input** of your time.* ▷ *Criar filhos exige um enorme **investimento** de tempo.*

3. (economia) **insumo,** produto básico

▶ ***Input** and labor costs* ▷ *Custo dos **insumos** e da mão-de-obra*

INSIDE INFORMATION, INSIDER INFORMATION expr.   CLASSIFIED

informações privilegiadas, confidenciais, exclusivas, secretas, sigilosas

▶ *Some **inside information** leaked and the company's shares went south.* ▷ *Houve um vazamento de **informações privilegiadas, confidenciais** e as ações da empresa caíram.*

▶ *"Por que deixou os funcionários resgatarem o dinheiro dos fundos? Isso não foi **informação privilegiada**?" (O Globo)*

▶ *Chock full of **insiders' information**, this book will teach you how to become a successful actor.* ▷ *Repleto de informações **exclusivas, só conhecidas pelas pessoas da área**, este livro o ensinará como se tornar um ator de sucesso.*

INSIDER s., adj.

1. íntimo, interno, conhecedor; profissional do ramo; membro do grupo, do círculo mais íntimo; pessoa que "está por dentro" MEMBER

▶ *He talked to his **insiders** about quitting the country.* ▷ *Falou com seus **íntimos** sobre a possibilidade de deixar o país.*

▶ *The sect used symbols whose meaning only **insiders** could decode.* ▷ *A seita usava símbolos cujo significado só os **membros** sabiam decifrar.*

▶ *This blog is of interest only to industry **insiders**.* ▷ *Esse blog só interessa aos **profissionais do ramo**.*

2. insider; detentor de informações privilegiadas ou de contatos valiosos INTELLIGENCE

▶ *Ironically, economic reforms also provided **insiders** with unprecedented opportunities for graft.* ▷ *Por ironia, as reformas econômicas também ofereceram oportunidades sem precedentes de suborno para **os detentores de informações privilegiadas**.*

▶ *"Já se sabe que 'insiders' (gente de dentro da própria empresa) venderam milhões de ações um ano antes de a empresa quebrar." (Valor Econômico)*

INSIGHT s.

1. insight, descoberta repentina; achado, *flash*, idéia, iluminação, inspiração, intuição, lampejo, percepção intuitiva, revelação; *inf.* clique, estalo, sacada, sacação REALIZATION

▶ *Dreams give us precious insights.* ▷ *Os sonhos nos dão preciosos insights.*
▶ *Van Gogh's insights into color theory are documented in his Journals.* ▷ *As idéias, descobertas de Van Gogh sobre a teoria das cores estão documentadas nos seus Diários.*

• Reforçar com os adjetivos: **instantâneo,** repentino, súbito; claro, fulgurante, fulminante, iluminador, profundo, total, vívido

▶ *One day as I sat at my computer, I had an insight that changed my whole way of thinking about the Net.* ▷ *Certo dia, trabalhando no meu computador, tive um **súbito, repentino lampejo, estalo, clique,** uma **iluminação, revelação fulminante,** que mudou toda a minha maneira de pensar sobre a internet.*
▶ *"Tive então uma **percepção vívida** de que era preciso escrever uma teoria nossa do mundo." (Darcy Ribeiro)*

• Usar os verbos: compreender, descobrir, entender; compreender num relance; ocorrer; *inf.* sacar REALIZE

▶ *Sitting in the airport I suddenly had a keen insight into the real cause of my fear of flying.* ▷ *Esperando no aeroporto, de repente **descobri, saquei, me ocorreu** a verdadeira causa do meu medo de avião.*
▶ *These arguments offer some insights into this problem.* ▷ *Esses argumentos nos ajudam a **entender melhor** esse problema.*

• Exemplos de autores brasileiros:

▶ *"Está na hora de um **clique,** uma **sacação criativa** como a que o Glauber teve nos anos 60." (Fernanda Torres, FSP)*
▶ *"Em transe diante daquilo que vê, o personagem tem um **conhecimento sem palavras**. São momentos de **repentina clarividência**, de **instantâneo descortino**: percepção extasiada... um **saber imediato** arraigado à percepção em estado bruto." (Benedito Nunes, "Clarice Lispector, o drama da linguagem")*
▶ *"O empresário precisa aprender a confiar no seu **instinto,** na sua sensibilidade e encontrar a mistura certa entre 'pensar com o coração' e 'pensar com a cabeça'. Precisa **ficar de antenas ligadas** e prestar atenção numa **sensação interior,** em sua **sensibilidade especial.** Com isso ele irá **registrar de forma não-consciente** muitas impressões indefiníveis, porém importantes, e passará a **saber intuitivamente** como agir em situações delicadas." (Revista "Nova")*

2. perspicácia, percepção, acuidade, argúcia, compreensão, descortino, discernimento, entendimento, finura, penetração, sagacidade, visão; clareza de visão ACUMEN

▶ *She has always shown keen insight.* ▷ *Sempre demonstrou uma aguda **perspicácia, argúcia, discernimento, clareza de visão.***
▶ *Genetic research will provide insight into this disease.* ▷ *As pesquisas genéticas nos darão a **compreensão, percepção,** o **entendimento** dessa doença.*

3. informações úteis, reveladoras; explicação, idéia, lição, noção, revelação, visão INFORMATION, INPUT

▶ *You can gain some valuable insights by studying the competition.* ▷ *Podemos aprender valiosas **lições, informações úteis** estudando a concorrência.*

insightful

▶ *For more **insight** on this new technology, go to our website.* ▷ *Para mais **informações e explicações** sobre essa nova tecnologia, visite nosso site.*

▶ *This exhibition gives us an **insight** into everyday Victorian life.* ▷ *Esta exposição nos dá uma **boa idéia, noção, visão** do que era a vida diária na época vitoriana.*

▶ *The article gives us a real **insight** into the causes of the present crisis.* ▷ *O artigo **explica** muito bem as causas da crise atual.*

4. reflexões, constatações, idéias, observações, pensamentos

▶ *Thanks for sharing your **insights**.* ▷ *Obrigado por nos expor suas **idéias**, suas **observações**.*

▶ *I've read some thought-provoking **insights** by Albert Einstein on violence and peace.* ▷ *Li algumas **reflexões, pensamentos** instigantes de A.Einstein sobre a violência e a paz.*

INSIGHTFUL adj.   SHARP

perspicaz, aguçado, arguto, atilado, penetrante, sagaz

▶ *This is an excellent piece, well thought out and **insightful** as to the real reasons behind the crisis.* ▷ *É um artigo excelente, muito bem pensado e com uma **visão perspicaz, boa percepção** dos motivos reais da crise.*

▶ *He's an **insightful** writer and journalist.* ▷ *É um escritor e jornalista **arguto, atilado, sagaz, perspicaz**.*

INSIST v.

1. insistir, exigir, pressionar, solicitar, teimar; fazer questão, bater o pé   URGE

▶ *She **insists** on driving.* ▷ *Ela **insiste, teima** em dirigir.*

▶ *He **insists** that the rules be strictly followed.* ▷ *Ele **exige** que as regras sejam seguidas à risca.*

▶ *Please accept these small gifts – I **insist**.* ▷ *Por favor aceite estes presentes – eu **insisto, faço questão**.*

2. afirmar com veemência, categoricamente, persistentemente; dizer e repetir   EMPHASIZE

▶ *She **insisted** she was not guilty.* ▷ ***Afirmou com** toda a veemência, **disse e repetiu** que não era culpada.*

INSURGENT adj.

1. insurgente, rebelde

▶ ***Insurgents** have sabotaged oil installations.* ▷ ***Insurgentes, rebeldes** sabotaram instalações petrolíferas.*

2. entrante no mercado, desafiante, emergente, insurgente, novato, novo   ≠ INCUMBENT

▶ ***Insurgent** startups can displace incumbents in areas like air travel.* ▷ *Novas empresas **emergentes, entrantes** no mercado podem tirar o lugar das tradicionais, em áreas como aviação.*

INTELLIGENCE s.

> **Intelligence** também significa "Serviço de Informações" ou "Serviço de Inteligência".
> Evite a ambigüidade:
> *The code was deciphered thanks to our **intelligence**.* ▷ *O código foi decifrado graças ao nosso **Serviço de Informações**. (NÃO "à nossa ~~inteligência~~"...!)*

intoxicate

1. **inteligência,** acuidade, compreensão, discernimento, esperteza, percepção, perspicácia, sagacidade, senso, tino
▶ *Intelligence Quotient (IQ)* ▷ *Quociente de **Inteligência** (QI)*

2. **informações estratégicas,** confidenciais, privilegiadas, secretas
▶ *We are always gathering **intelligence** about our competitors.* ▷ *Estamos sempre coletando **informações** (estratégicas) sobre a concorrência.*

3. **serviço de informações, de inteligência; espionagem;** coleta de informações sobre o inimigo; agentes, organizações, atividades de espionagem
▶ *CIA, Central **Intelligence** Agency* ▷ *Agência Central de **Inteligência** / de **Informações***
▶ *The 9-11 attack is the worst **intelligence** disaster in U.S. history.* ▷ *O ataque de 11 de setembro de 2001 foi o pior desastre dos serviços de **inteligência/informações** da história dos EUA.*
▶ *Intelligence satellites* ▷ *Satélites de **espionagem***
▶ *Counter-**intelligence*** ▷ *Contra-**espionagem**, contra-**informação***

= **intel** abrev. (inf.)

▶ *Our **intel** is getting better.* ▷ *Nosso **serviço de informações** está melhorando.*

INTELLIGENT adj.   CLEVER, SMART, WITTY

INTEND v.   AIM, ≠ PRETEND

INTEREST s.

1. **interesse,** curiosidade, entusiasmo   ZEST
▶ *Does the government really have our best **interests** in mind?* ▷ *Será que o governo realmente pensa nos nossos **interesses**?*

2. **juros** ≠ PRINCIPAL
▶ *Capital and **interest** / Principal and **interest*** ▷ *Capital e **juros***
▶ *The client promises to pay the loan with **interest**.* ▷ *O cliente promete pagar o empréstimo com **juros**.*

INTERESTED   KEEN, ENGROSSED

INTERESTING   COMPELLING, LIVELY

INTOXICATE v., **INTOXICATED** adj., **INTOXICATING** adj.

> Nem sempre se refere a "intoxicar" com bebidas ou drogas. Muito usado no sentido figurado:
> *He was **intoxicated** by success and power.* ▷ *O sucesso e o poder lhe **subiram à cabeça**.*

1. **inebriar,** embriagar, empolgar, estimular, estontear, excitar, inflamar; virar a cabeça
▶ *Everybody wanted an interview. We were **intoxicated** with success.* ▷ *Todo mundo queria nos entrevistar. Ficamos **inebriados, embriagados, estonteados, de cabeça virada** com o sucesso.*

287

intoxication

- ▶ The **intoxicating** aroma of Greek food lingered in the air. ▷ O aroma **inebriante, capitoso, estonteante** da comida grega pairava no ar.
- ▶ "The air smelled of earth, of grass, and of something more that **intoxicated** me and made my head reel." (I. Bashevis Singer, "In My Father's Court") ▷ O ar tinha cheiro de terra, de relva e de algo mais que me **inebriava** e me fazia a cabeça girar.

2. **intoxicar, envenenar;** embriagar, entontecer, entorpecer, estontear (com drogas ou álcool)

- ▶ He was arrested for DWI (Driving While **Intoxicated**) / DUI (Driving Under the Influence). ▷ Foi preso por dirigir **alcoolizado, sob o efeito de drogas / álcool.**
- ▶ They banned all **intoxicating** drinks. ▷ Proibiram todas as bebidas **alcoólicas**.
- ▶ The movie is a narrative of a teenager's **intoxicated** Saturday night. ▷ O filme narra as **bebedeiras** de um adolescente numa noite de sábado.
- ▶ This drug should never be given to an alcohol-**intoxicated** patient. ▷ Essa droga não deve ser administrada a um paciente **alcoolizado**.

INTOXICATION s.

> Nem sempre se refere a "intoxicar" (**poisoning**).
> The sweet **intoxication** of success ▷ A doce **embriaguez**, o doce **êxtase** do sucesso

1. **entusiasmo,** animação, arrebatamento, empolgação, encantamento, encanto, enlevo, êxtase, exultação, paixão INFATUATION

- ▶ What do you think of our society's **intoxication** with technology? ▷ O que você acha do nosso **entusiasmo, encanto, arrebatamento,** nossa **empolgação, paixão** pela tecnologia?

2. **intoxicação,** envenenamento; embriaguez, bebedeira, ebriedade, entorpecimento

- ▶ *Intoxication from drugs or liquor* ▷ *Intoxicação por drogas ou álcool*
- ▶ *Death by intoxication* ▷ *Morte por intoxicação, envenenamento*
- ▶ *Tive intoxicação com um cachorro-quente estragado.* ▷ *I got food poisoning from a spoiled hot-dog.*

INVENTORY s.

estoque, patrimônio; lista detalhada dos bens

- ▶ *Inventory control* ▷ *Controle de estoque*
- ▶ We have a large **inventory** of bike parts. ▷ Temos um grande **estoque** de peças para motos.
- ▶ The museum inherited a considerable **inventory** of pre-historic artifacts. ▷ O museu herdou um **patrimônio** considerável de artefatos pré-históricos.
- ▶ I took a mental **inventory** of all my belongings. ▷ Fiz uma **lista** mental de todos os meus pertences.

INVOLVE v.

1. **envolver, participar,** fazer parte; contar com a participação

- ▶ A good teacher must be able to **involve** all students in group activities. ▷ Um bom professor deve conseguir **envolver** todos os alunos nas atividades de grupo.
- ▶ The mayor was **involved** in the murder. ▷ O prefeito estava **envolvido** no crime.

▶ *I am **involved** in several community activities.* ▷ **Participo, faço parte** *de várias atividades comunitárias.*

▶ *The conference **involved** all rebel groups.* ▷ *O congresso **incluiu, contou com a participação** de todos os grupos rebeldes.*

2. **afetar,** atingir, influenciar

▶ *These changes will **involve** everyone in the staff.* ▷ *Essas mudanças vão **atingir, afetar** todo o pessoal.*

3. **implicar,** acarretar, envolver, significar

▶ *I didn't realize planning a wedding **involves** so much work.* ▷ *Não sabia que planejar um casamento **envolve, acarreta, implica, significa** tanto trabalho.*

4. **consistir,** abranger, constituir-se de, incluir; constar de, ser composto, formado por; ser relativo a, tratar-se de, girar em torno, relacionar-se com BE ABOUT

▶ *The process **involves** five steps.* ▷ *O processo **consiste em, consta de, inclui, é formado por** cinco estágios.*
▶ *This strategy **involves** transforming the enemy into an ally.* ▷ *Essa estratégia **consiste** em transformar o inimigo em aliado.*
▶ *Her dreams **involved** a lasting relationship.* ▷ *Seus sonhos se **relacionavam, tratavam, giravam em torno** de uma relação duradoura.*

INVOLVED adj.

1. **envolvido, empenhado,** ativo, atuante, engajado, militante, participante COMMITTED

▶ *Parents must be **involved** in school activities.* ▷ *Os pais têm de se **envolver, participar** nas atividades da escola.*
▶ *A group of **involved** teenagers is leading the drive.* ▷ *Um grupo de adolescentes **atuantes, engajados** está liderando a campanha.*

2. **envolvido, implicado,** comprometido; em jogo, em questão at STAKE

▶ *Even the mayor was **involved** in the scandal.* ▷ *Até o prefeito estava **implicado, envolvido** no escândalo.*
▶ *We know what can happen when a lot of money is **involved**.* ▷ *Sabemos o que pode acontecer quando há muito dinheiro **envolvido, em jogo**.*

3. **complicado, complexo,** arrevesado, confuso, intrincado, emaranhado CONVOLUTED

▶ *It's a long and **involved** story.* ▷ *É uma história longa e **complicada**.*
▶ *As you progress through the game, the plot becomes more **involved**.* ▷ *À medida que você se avança no jogo, a trama fica mais **complexa, intrincada**.*
▶ *Some candidates spoke in complex, **involved** sentences.* ▷ *Alguns candidatos usavam frases complexas, complicadas, arrevesadas, confusas.*

4. **namorando,** num relacionamento DATE

▶ *They've been **involved** for several years.* ▷ *Eles **namoram**, estão **juntos**, têm **um relacionamento** há vários anos.*

ISSUE s.

1. **questão, tópico,** aspecto, assunto, fator, matéria, ponto, problema, tema, temática; alvo, objeto da discussão; ponto em questão, em debate, em pauta; causa, motivação AFFAIR, MATTER

take **issue** with

- ▶ *The number one **issue** for these companies is money.* ▷ *Para essas empresas o **fator, aspecto, ponto** número um é o dinheiro.*
- ▶ *Israeli and Palestinian negotiators will tackle some thorny **issues**.* ▷ *Negociadores israelenses e palestinos vão atacar alguns **problemas, tópicos, assuntos, temas, questões** espinhosas.*
- ▶ *People must be organized around an **issue**.* ▷ *É preciso organizar as pessoas em torno de uma **causa**.*

2. **problema,** preocupação; problema, questão grave, importante séria, preocupante   CONCERN

- ▶ *An error has occurred. Click here to resolve the **issue**.* ▷ *Ocorreu um erro. Clique aqui para resolver o **problema**.*
- ▶ *For miners, safety is always an **issue**.* ▷ *Para os mineiros, a segurança é sempre um **sério problema**, uma **questão grave, importante**.*
- ▶ *I talk to those rich moms and I see they also have **issues**.* ▷ *Eu converso com essas mães ricas e vejo que elas também têm **problemas, preocupações**.*
- ▶ *What are you doing about unemployment? That is the real **issue**.* ▷ *O que o sr. está fazendo a respeito do desemprego? Esse é o verdadeiro **problema**.*

3. (publicações) **edição,** número

- ▶ *Read our May **issue**.* ▷ *Leia nossa **edição**, nosso **número** de maio.*

take **ISSUE** with v.   CHALLENGE, QUESTION

discordar, divergir, contestar, questionar, rejeitar; ser contra; ter um ponto de vista oposto

- ▶ *The senator **took issue with** the proposal, calling it a misuse of public funds.* ▷ *O senador **discordou, foi contra** a proposta, que chamou de desperdício do dinheiro público.*
- ▶ *Many researchers **take issue with** Professor Brown's findings.* ▷ *Muitos pesquisadores **divergem, rejeitam** as conclusões do prof. Brown.*

IT pron.   THIS

> Evite traduzir como "isso", "aquilo" ou "ele", quando pouco idiomático em português.
> *It's fabulous!* ▷ *Fabuloso! (Melhor que "~~Isso~~ é fabuloso"...!)*

- Omitir na tradução quando é sujeito indeterminado, ou um objeto direto necessário em inglês, porém dispensável em português:
- ▶ *It's terrible. I can't believe **it**.* ▷ *É terrível. Não dá para **acreditar**.*
- ▶ *It's so ugly that nobody wants to **buy it**.* ▷ *É tão feio que ninguém quer **comprar**.*
- ▶ *"Do you know the price?" "No, but I'd like to **know it**."* ▷ *"Você sabe o preço?" "Não, mas gostaria de **saber**."*
- ▶ *It's obvious, can't you see **it**?* ▷ *É obvio, não está **vendo**?*

- Usar: tudo, as coisas   THING
- ▶ *In a week **it** would be over.* ▷ *Dentro de uma semana **tudo** estaria terminado.*
- ▶ *Don't worry, **it**'s gonna be OK.* ▷ *Não se preocupe, **tudo** vai dar certo.*
- ▶ *Why couldn't **it** stay this way forever?* ▷ *Por que **as coisas** não poderiam ser sempre assim?*

IVY LEAGUE s., adj., **IVY LEAGUER** s.   COLLEGE

universidade tradicional, de elite, de primeira linha

▶ *An **Ivy League** degree should impress your interviewer.* ▷ *Um diploma de uma **universidade tradicional, de primeira linha**, deve impressionar o entrevistador.*
▶ *I'm a **double-ivy** educated professional.* ▷ *Sou um profissional diplomado por duas **universidades de elite**.*
▶ *I always wanted to date an **Ivy Leaguer**.* ▷ *Sempre quis namorar um **estudante de uma universidade de elite**.*

◊ Refere-se em especial às oito mais prestigiosas dos EUA: Harvard, Princeton, Yale, Columbia, Pennsylvania, Brown, Cornell e Dartmouth. Literalmente, "Liga da Hera", em referência à hera (**ivy**) que recobre os muros das antigas universidades:

▶ *What are the conveniences that colleges keep behind their **ivy-covered** walls?* ▷ *Quais os confortos que as universidades guardam atrás de seus muros cobertos de **hera**?*

J

JAGGED adj.

irregular, acidentado, anguloso, dentado, denteado, entrecortado, pontudo, recortado, serrilhado; cheio de arestas, de saliências

▶ *Jagged coastline* ▷ *Litoral **acidentado***
▶ *Jagged edge* ▷ *Margem **dentada, denteada***
▶ *Jagged rocks* ▷ *Pedras **angulosas**, cheias de **arestas***
▶ *Good sex can smooth over the **jagged edges** of a relationship.* ▷ *Uma boa vida sexual pode aplainar as **arestas** de um relacionamento.*

JARRING adj.

1. **dissonante,** estridente, desafinado, destoante, gritante, irritante

▶ *Jarring colors* ▷ *Cores **destoantes***
▶ *Jarring note* ▷ *Nota **dissonante***
▶ *Jarring differences* ▷ *Diferenças **gritantes***

2. **conflitante,** discordante, discrepante, díspar, incompatível   CLASH

▶ *Jarring points of view* ▷ *Pontos de vista **conflitantes, discrepantes, díspares***

JEOPARDIZE v.   at STAKE

pôr em risco, em perigo, arriscar, comprometer

▶ *It's a serious issue that can **jeopardize** the country's security.* ▷ *É um problema sério que pode **pôr em perigo, em risco** a segurança do país.*

jerk

▶ *A wrong move can **jeopardize** your whole career.* ▷ *Uma atitude errada pode **comprometer** toda a sua carreira.*

JERK s.

1. tranco, solavanco, chacoalhão, empurrão, puxão, repelão, repuxão, sacolejo, sacudida, sacudidela, safanão, trepidação; movimento súbito

▶ *The car stopped with a sudden **jerk**.* ▷ *O carro parou com um **tranco, solavanco**.*
▶ *He lifted his head with a **jerk**.* ▷ *Levantou a cabeça num **movimento súbito**.*
▶ *Knee-**jerk** reaction* ▷ *Reação automática, reflexa*

2. idiota, imbecil STUPID

▶ *Wear your seatbelt. Don't be a **jerk** and flirt with death.* ▷ *Use o cinto de segurança. Não seja **idiota**, não brinque com a morte.*
▶ *Go see this movie before some **jerk** ruins the ending for you.* ▷ *Assista ao filme logo, antes que algum **imbecil** conte o fim e estrague tudo.*

JETTISON v.

jogar ao mar, descartar, abandonar, alijar, desembaraçar-se, desfazer-se, dispensar, livrar-se, rejeitar, sacrificar; jogar fora; aliviar-se da carga

▶ *The boat had to **jettison** all its load to stay afloat.* ▷ *O barco teve de **jogar ao mar, alijar** toda a sua carga para não afundar.*
▶ *The pioneers had to **jettison** their belongings in the desert.* ▷ *Os pioneiros tiveram de **aliviar-se, desfazer-se, desembaraçar-se, abandonar** seus pertences no deserto.*
▶ *The President agreed to **jettison** parts of his tax plan.* ▷ *O presidente concordou em **descartar, sacrificar** partes do seu plano fiscal.*

JOIN v.

> Nem sempre "juntar-se" é uma boa tradução para **join**.
>
> *Join us at 7 p.m.* ▷ *Assista ao nosso programa / Nos vemos, temos um encontro às 7 horas.*
> (Melhor que "~~junte-se~~ a nós"...!)

1. juntar, unir LINK

▶ *Join the two parts with a screw.* ▷ ***Junte, una** as duas partes com um parafuso.*

2. entrar, participar, aderir, abraçar, acompanhar, adotar, aliar-se, alistar-se, associar-se, coligar-se, filiar-se, incorporar-se, juntar-se, ligar-se, unir-se; ser admitido, dar sua adesão; tornar-se sócio, membro, adepto; fazer parte; trabalhar junto BELONG

▶ *He **joined** the Communist Party in 1952.* ▷ ***Entrou** no, **aderiu**, **filiou-se** ao, **tornou-se membro** do Partido em 1952.*
▶ *After I graduate I want to **join** a bank.* ▷ *Quando eu me formar, quero **entrar** num banco.*
▶ *I've **joined** a woman's club.* ▷ ***Faço parte, sou sócia, entrei** num clube de mulheres.*
▶ *David Smith will **join** us now.* ▷ *David Smith vai agora **participar** do nosso programa.*
▶ *A photographer **joined** us on the expedition.* ▷ *Uma fotógrafa nos **acompanhou** na expedição.*

3. **encontrar,** ir ter com MEET

▸ *He was looking forward to **joining** his family in Chicago.* ▷ *Estava ansioso para **encontrar, ir ter com** a família em Chicago.*

● Outras sugestões:

▸ *Would you like to **join** us for supper?* ▷ *Gostaria de jantar **conosco**?*
▸ *Do you mind if I **join** you?* ▷ *Posso **ficar, me sentar** com vocês?*
▸ *More and more people are **joining** us.* ▷ *As **adesões** não param.*
▸ *(Radio show:) If you are **joining** us now, here's a summary of today's shows.* ▷ *Para você que está **sintonizando** agora, vamos a um resumo da programação de hoje.*

JUDGMENT, JUDGEMENT s.

1. **julgamento,** juízo

▸ *A landmark **judgment** has settled a two-year dispute.* ▷ *Um **julgamento** histórico arbitrou uma disputa de dois anos.*
▸ *The court denied summary **judgment**, and trial proceeded.* ▷ *O tribunal negou o **juízo** sumário, prosseguindo com o julgamento normal.*
▸ *Judgement Day* ▷ *Dia do **Juízo**, **Juízo Final***

2. **discernimento, bom senso,** atilamento, critério, lógica, lucidez, perspicácia, prudência, raciocínio, razão, sagacidade, sensatez, siso, tento, tino, tirocínio; capacidade de julgar, de avaliar; clareza de julgamento, de análise, de apreciação common SENSE

▸ *I trust your **judgment**.* ▷ *Confio no seu **bom senso, discernimento, critério**.*
▸ *Nothing can replace a surgeon's **judgment**, acquired over years of practice.* ▷ *Nada pode substituir o **tino, tirocínio, discernimento, bom senso** de um cirurgião, adquirido em anos de prática.*
▸ *Lack of sleep may affect a driver's **judgment** of distances.* ▷ *A falta de sono pode afetar a **capacidade** do motorista de **avaliar, julgar** as distâncias.*

3. **opinião** VIEW

▸ *In my **judgement*** ▷ *Na minha **opinião, a meu ver***

JUGGERNAUT s.

colosso, gigante; **rolo compressor;** força arrasadora, esmagadora, implacável, irreprimível; algo que atropela, esmaga, passa por cima; monstro arrasador

▸ *China is an economic **juggernaut**.* ▷ *A China é um **gigante, colosso** econômico.*
▸ *The **juggernaut** of habitat destruction has not slowed down.* ▷ *O **rolo compressor, monstro implacável** da destruição dos habitats naturais não dá sinais de parar.*
▸ *Many fear for the survival of other languages and think the English-language **juggernaut** is unstoppable.* ▷ *Muitos temem pela sobrevivência das outras línguas e crêem que o **rolo compressor** da língua inglesa é impossível de deter / continuará **atropelando, esmagando** todas as demais.*

◊ **Origem:** na Índia, durante o festival religioso em honra do deus Krishna, ou **Jagganatha** (nome em sânscrito), os fiéis empurravam um carro alegórico colossal, cujas enormes rodas por vezes esmagavam quem estivesse na frente.

JUMP-START v. LEAPFROG

impulsionar, alavancar, ativar, energizar, incentivar, promover; dar a arrancada, o impulso, incentivo, pontapé inicial; reativar, recolocar em andamento

▶ *A $100-million loan **jump-started** the new facility.* ▷ *Um empréstimo de US$ 100 milhões permitiu **dar uma arrancada inicial** na construção da nova fábrica.*
▶ *Thousands of young people are **jump-starting** their careers by pursuing a degree through study over the Internet.* ▷ *Milhares de jovens estão **impulsionando** suas carreiras estudando pela internet.*
▶ *During the Depression, construction of massive dam projects began as a way to **jump-start** the country's economy.* ▷ *Durante a Depressão foram construídas enormes represas a fim de **energizar, reativar, recolocar** a economia **em andamento**.*

JUNK s.

1. **bugigangas, tralha,** badulaques, bagulhos, cacarecos, coisaradas, droga, joça, lixo, porcarias, quinquilharias, tranqueiras, traquitanas, trastes, trecos, troços, velharias; bobagens, coisas inúteis, sem utilidade, sem valor

▶ *They keep a lot of **junk** in the attic.* ▷ *Eles guardam uma porção de **trastes, badulaques, cacarecos, velharias** no sótão.*
▶ *Most of the stuff they bought was **junk**.* ▷ *Eles quase só compravam **bobagens, tranqueiras, coisaradas** sem nenhuma utilidade.*
▶ *Most kids love **junk food**.* ▷ *Criança em geral adora comer **porcaria, bobagens**.*

• Outras sugestões:

▶ *I hate to receive **junk mail**.* ▷ *Detesto receber **lixo eletrônico, spam, propagandas** pela internet.*
▶ *Junk jewelry* ▷ *Bijuterias **baratas, vagabundas***
▶ *Junk shops* ▷ *Lojas de objetos **usados***

2. **sucata,** entulho, ferro-velho, refugo

▶ *Junkyard* ▷ *Ferro-velho*
▶ *Junk art* ▷ *Arte feita de **sucata, refugo***

3. **heroína** (droga)

▶ *"Junkie," a novel by William Burroughs (1953), describes the life of a **junk** addict.* ▷ *"Junkie", romance de W.B., descreve a vida de um viciado em **heroína**.*

JUNKIE s. (gíria)

1. **viciado em heroína,** junkie

▶ *He started hanging out with some **junkies** and eventually died of an overdose.* ▷ *Começou a andar com uns **junkies** e acabou morrendo de overdose.*

2. **entusiasta,** fã; *inf.* amarradão, fissurado, ligado, "viciado", vidrado KEEN

▶ *It's a dangerous sport, but I'm an adrenaline **junkie**.* ▷ *É um esporte perigoso, mas eu sou **viciado** em adrenalina.*
▶ *He is a real vinyl-**junkie** and has amassed a fantastic collection of LPs.* ▷ *Ele é **fã, vidrado, fissurado** em vinil e já reuniu uma fantástica coleção de LPs.*

JUST adv.

1. justamente, justo, bem, mesmo, exatamente, precisamente; justinho, certinho, direitinho

▸ *Just as I was going to leave, she arrived.* ▷ **Justamente, justo, bem** *quando eu já ia saindo, ela chegou.*

▸ *That's just what I was going to say.* ▷ *É* **exatamente** *isso,* **direitinho***, isso* **mesmo** *que eu ia dizer.*

2. só, apenas, simplesmente, nada mais que

▸ *I just wanted to tell her that I loved her.* ▷ *Eu* **só** *queria dizer que gostava dela.*

▸ *This is just an illusion.* ▷ *Isso é* **apenas, não passa de** *uma ilusão.*

▸ *We are friends, just that.* ▷ *Somos amigos,* **nada mais.**

• **just** + imperativo: **basta**

▸ *Just double-click to enter.* ▷ *Para entrar* **basta** *dar dois cliques no mouse.*

• Outras sugestões:

▸ *She didn't just help us but actually did most of the work.* ▷ *Ela* **não se limitou a** *nos ajudar, mas fez a maior parte do trabalho.*

▸ *Just talking about your problems can help you solve them.* ▷ *O* **simples fato** *de conversar sobre seus problemas pode ajudar a resolvê-los.*

JUST in case expr.

por via das dúvidas, por segurança, para qualquer eventualidade, só por precaução; pelo sim pelo não

▸ *Let's take an umbrella just in case.* ▷ *Vamos levar um guarda-chuva* **por via das dúvidas, por precaução.**

K

K (inicial de kilo, "mil" em grego)

mil

▸ *I live in a town of about 200k people.* ▷ *Minha cidade tem 200* **mil** *pessoas.*
▸ *100K job* ▷ *Emprego com salário anual de US$ 100* **mil**
▸ *Y2K bug* ▷ *Bug do milênio (do ano 2000)*

KEEN adj.

1. aguçado, afiado, agudo, penetrante, vivo SHARP

▸ *Eagles are noted for their keen vision.* ▷ *As águias são famosas por sua visão* **aguçada.**
▸ *She takes a keen interest in her pupils.* ▷ *Ela tem um* **vivo** *interesse pelos alunos.*
▸ *I enjoy his keen sense of humor.* ▷ *Gosto do seu senso de humor* **afiado.**

kernel

2. **atilado,** perspicaz, sagaz SHREWD

▶ *She is a* ***keen*** *judge of character.* ▷ *É muito **afiada, atilada, perspicaz** para julgar o caráter das pessoas.*

3. **interessado,** ansioso, aplicado, ardoroso, curioso, dedicado, empenhado, entusiasmado, entusiástico, motivado; que faz questão EAGER

▶ *My students are very **keen**.* ▷ *Meus alunos são muito **interessados, curiosos, entusiasmados, motivados, aplicados**.*
▶ *The new teacher is very **keen**.* ▷ *A nova professora é muito **dedicada, empenhada, entusiasmada**.*
▶ *Scientists are **keen** to find out if the new device will work.* ▷ *Os cientistas estão **ansiosos** para descobrir se o novo aparelho vai funcionar.*
▶ *People were very **keen** to vote.* ▷ *As pessoas estavam **ansiosas** para votar, **faziam questão** de votar.*

keen on

4. **entusiasta, interessado,** adepto, afeiçoado, aficionado, amador, amigo, curioso, fã; que tem vivo interesse por algo; *inf.* fissurado, vidrado

▶ *He's very **keen on** horse-racing.* ▷ *É **entusiasta, fã, adepto, aficionado, fissurado** por corridas de cavalo.*
▶ *The young undergrad was **keener on** philosophical questions than on engineering.* ▷ *O jovem universitário **tinha mais interesse, entusiasmo** pelas questões filosóficas do que pela engenharia.*

• Na negativa: **not keen on**

▶ *I'm **not keen on** horse-racing.* ▷ *Sou **avesso** a corridas de cavalo. / **Não gosto, não sou amigo** de corridas de cavalo.*
▶ *I'm not **keen on** household chores.* ▷ *Não gosto, não sou a fim de fazer trabalho doméstico.*
▶ *His wife was not **keen on** moving to the U.S.* ▷ *Sua esposa não **queria** mudar, **não gostava da idéia** de mudar para os EUA.*

KERNEL s.   GIST, CORE

KEY s.

chave, essência, resposta, segredo, solução, trunfo, xis; o essencial, o fundamental, o principal GIST

▶ *This is the real **key** to leadership.* ▷ *Essa é a verdadeira **chave**, o **segredo** da liderança.*
▶ *How can we make smart choices? Technology may hold the **key**.* ▷ *Como tomar decisões inteligentes? A tecnologia pode trazer a **resposta, solução**.*
▶ *Many new features are appearing on cellphones, but differentiation is the **key**.* ▷ *Há muitos novos recursos nos celulares, mas o **segredo**, o **principal**, o **essencial**, o grande **trunfo** é a diferenciação.*

• Usar: ponto, elemento, fator + principal, central, chave, decisivo, etc. KEY adj.

▶ *One **key** to success is good client service.* ▷ *Um **ponto-chave, fator decisivo, elemento essencial** para o sucesso é o bom atendimento ao cliente.*

KEY adj.   MAJOR

chave, decisivo, básico, basilar, capital, central, crítico, crucial, determinante, essencial, fundamental, importante, importantíssimo, imprescindível, indispensável, preponderante, primordial, principal, proeminente, substancial, vital; o mais importante, relevante; de máxima importância; de importância decisiva, fundamental, vital etc.

- ▶ *Key witnesses* ▷ *Testemunhas-**chave***
- ▶ *He appeared at a **key** moment.* ▷ *Apareceu num momento **decisivo, crítico, crucial, de máxima importância.***
- ▶ *A **key** player* ▷ *Um dos **principais** participantes, uma das figuras **mais importantes, mais relevantes***
- ▶ *His participation was **key** in signing the agreement.* ▷ *Sua participação foi **fundamental, vital, essencial, importantíssima** para a assinatura do acordo.*
- ▶ *No one can predict the winner; luck seems as **key** as talent.* ▷ *Ninguém pode prever quem será o vencedor; parece que a sorte é tão **decisiva, determinante** como o talento.*

key point
ponto nevrálgico; o fulcro, nó, xis do problema

KID s.

1. (= child) **criança,** garoto, guri, menino, pimpolho, pirralho, pixote, rebento; *inf.* baixinho, fedelho, moleque, pivete; **filho**

- ▶ *Do you have patience with **kids**?* ▷ *Você tem paciência com **crianças**?*
- ▶ *My **kids** are having trouble at school.* ▷ *Meus **filhos** estão indo mal na escola.*
- ▶ ***Kids** love to play in the park.* ▷ *A **criançada, molecada, garotada, turminha** gosta de brincar no parque.*

2. **jovem,** adolescente, rapaz, moça

- ▶ *Teenage **kids*** ▷ ***Adolescentes***
- ▶ ***Kids** in high school* ▷ ***Adolescentes** secundaristas*
- ▶ ***Kids** in college* ▷ ***Jovens** universitários*
- ▶ *The **kids** love this nightclub.* ▷ *Os **jovens,** a **moçada, rapaziada, turma,** (inf.) **galera** adora essa boate.*

3. **cabrito,** cabritinho; **pelica** (pele de cabrito novo)

- ▶ *We have goats and **kids** on our farm.* ▷ *Temos bodes e **cabritos** na fazenda.*
- ▶ *It's outrageous to see white-collar criminals treated with **kid** gloves.* ▷ *É revoltante ver criminosos de colarinho branco tratados com luvas de **pelica**.*

KIND s.

tipo, categoria, cepa, classe, espécie, estirpe, faixa, feição, feitio, gênero, jaez, modalidade, naipe, natureza, qualidade, sorte, teor

- ▶ *I don't enjoy that **kind** of show.* ▷ *Não gosto desse **tipo, gênero** de show.*
- ▶ *Objects of the same **kind*** ▷ *Objetos da mesma **espécie, categoria, natureza***
- ▶ *I never received a letter of this **kind**.* ▷ *Nunca recebi uma carta desse **teor, feitio, jaez**.*
- ▶ *That's jazz of the best **kind**.* ▷ *É jazz da melhor **cepa, estirpe, qualidade**.*

• Outras sugestões:

- ▶ *Before taking any decision I always feel a **kind** of anxiety.* ▷ *Antes de tomar qualquer decisão, sempre sinto uma **certa** ansiedade.*
- ▶ *You may find this **kind** of chart in books and magazines about photography.* ▷ *Você pode encontrar tabelas **assim** em livros e revistas de fotografia.*

• Eliminar quando dispensável:

kind of

- *The hoopoe is a **kind** of bird with a fanlike crest.* ▷ *A poupa é **um pássaro** com a crista em forma de leque. (Melhor que "é ~~um tipo~~ de pássaro"...)*
- *How can you laugh when right next door people are starving? What **kind** of a world is this?* ▷ *Como se pode rir quando na casa ao lado tem gente morrendo de fome? **Que mundo** é esse?*

KIND OF adv. (inf.)   RATHER

- *It was **kind of** strange.* ▷ *Foi **meio** esquisito.*
- *I'm **kind of** mad at him.* ▷ *Estou **um pouco, um tanto, meio** zangada com ele.*

KINDRED adj.

1. **parente,** aparentado, relacionado   RELATION, RELATIVE

- *Kindred families* ▷ *Famílias **aparentadas***

2. **similar,** afim, análogo, aproximado, associado, comparável, compatível, congênere, correspondente, equivalente, gêmeo, irmão, par, paralelo, próximo, semelhante, vizinho; com afinidade   MATCHING

- *Kindred feelings* ▷ *Sentimentos **semelhantes, similares***
- *We discovered we are **kindred** spirits.* ▷ *Descobrimos que somos almas **gêmeas**, espíritos **compatíveis**, com muita **afinidade**.*

KNACK s.   FLAIR

KNOW BETTER v.

- *I always thought he was a real friend, but I **know** much **better** now.* ▷ *Sempre achei que ele fosse um amigo de verdade, mas hoje já **sei melhor das coisas**, já sei que não é nada disso.*
- *Many Chinese – and many outsiders who ought to **know better** – are beguiled by China's recent successes.* ▷ *Muitos chineses – e também muitos estrangeiros que deveriam **ter mais discernimento** – se iludem com os recentes sucessos da China.*

KNOW-HOW s.   SKILL

KNOWLEDGEABLE adj.   SAVVY

bem informado, conhecedor, entendido, especialista, especializado; que domina, entende de, conhece bem, sabe muito sobre um assunto

- *We bring our readers **knowledgeable** opinions about the world of music.* ▷ *Trazemos aos nossos leitores opiniões **bem informadas** sobre o mundo da música.*
- *He's very **knowledgeable** in literature and art.* ▷ *É muito **instruído, entende muito, conhece bem** arte e literatura.*
- *Art Deco objects are coveted by **knowledgeable** buyers.* ▷ *Os objetos art déco são cobiçados pelos compradores **entendidos, especialistas, conhecedores**.*

KUDOS s.

parabéns, aclamação, aplausos, congratulações, cumprimentos, felicitações, ovação, palmas; tirar o chapéu

▶ ***Kudos** to J.K.Rowling: my 7-year-old daughter just finished reading a 700-page book.* ▷ ***Palmas, felicitações, tiro o chapéu** para J.K. Rowling: minha filha de 7 anos acaba de ler um livro de 700 páginas.*

L

LACK v., s.

não ter, carecer, faltar, ter falta de; não dispor de; ser carente, destituído, desprovido

▶ *The company **lacks** directors with technical credentials.* ▷ *A empresa **não tem, não dispõe, carece, tem falta** de diretores com conhecimentos técnicos.*
▶ *"Democrats **Lack** a Superhero" (NYT)* ▷ *"**Está faltando** um superherói para os Democratas"*
▶ *Such a law would **lack** domestic support.* ▷ *Uma lei desse tipo **não teria** apoio interno.*
▶ *She saw that the children **lacked for** nothing.* ▷ *Cuidava para que não **faltasse** nada às crianças.*
▶ *(subst.) The army is suffering from a **lack** of personnel.* ▷ *O exército sofre de **falta, carência** de pessoal.*

LAME adj.

1. manco, capenga, claudicante, coxo

▶ *He was **lame** in one leg.* ▷ *Tinha uma perna **manca**. / **Mancava** de uma perna.*
▶ *"The blind receive their sight, and the **lame** walk." (Matthew 11:5)* ▷ *"Os cegos voltam a ver, os **coxos** a caminhar."*

2. (desculpa, argumento, tentativa) **fraco, esfarrapado,** capenga, chocho, desenxabido, frouxo, inconsistente, infundado, insatisfatório, pedestre, pobre, ralo, raso, rasteiro; pouco convincente; sem consistência; *inf.* furado POOR

▶ *Don't bring your old **lame** excuses: "I don't have time... I'm a very busy person..."* ▷ *Não venha com suas velhas desculpas **esfarrapadas**: "Não tenho tempo... Sou muito ocupado..."*
▶ *He then came with a dozen **lame** ideas to sell the product.* ▷ *Daí ele veio com uma porção de idéias **capengas, inconsistentes, furadas** para vender o produto.*
▶ *Her only previous role was in a **lame** "relationship comedy".* ▷ *Seu único papel anterior fora numa "comédia de relacionamentos" muito **fraquinha, rasteira, pobre, pedestre**.*

LAME DUCK s.

(político) **em fim de mandato**; sem chance de reeleição; *inf.* carta fora do baralho

▶ *You can't expect a **lame duck** President to accomplish much; he's only got a few months left in office.* ▷ *Não se pode esperar que um presidente **no fim do mandato** faça muita coisa; ele só tem alguns meses no cargo.*
▶ *With Brown effectively a **lame duck**, Smith is moving ahead with his campaign.* ▷ *Agora que Brown já é **carta fora do baralho, não tem nenhuma chance**, Smith avança em sua campanha.*

LANDMARK s.

1. marco, referência, sinal; cartão postal; atração, local, ponto de interesse turístico

landmark

- *The fort was designated as a national historical **landmark**.* ▷ *O forte foi tombado como **marco** histórico nacional.*
- *The Sugarloaf is the most famous **landmark** in Rio.* ▷ *O Pão de Açúcar é a mais famosa **atração turística, cartão postal** do Rio.*
- *"Oferecemos passeios pelos **cartões-postais** do Rio de Janeiro."*

2. marco, ponto de referência; acontecimento decisivo, histórico BREAKTHROUGH

- *The sequencing of the entire human genome is a **landmark** in modern science.* ▷ *O seqüenciamento do genoma humano foi um **marco, acontecimento decisivo, histórico** na ciência moderna.*

LANDMARK adj.

decisivo, histórico; de importância decisiva, grande significado; que representa um marco, uma referência, um ponto de referência KEY, MAJOR

- *A **landmark** lawsuit in South Africa has paved the way for cheap generic drugs.* ▷ *Um processo judicial **histórico, decisivo** na África do Sul abriu o caminho para os medicamentos genéricos baratos.*
- *Brazil has won a **landmark** victory at the WTO.* ▷ *Brasil conseguiu uma **importante, significativa** vitória, uma vitória que representa um **marco** na OMC.*

LANDSLIDE s., adj.

1. deslizamento de terra

- *Torrential rains and **landslides** killed dozens of people in China.* ▷ *Chuvas torrenciais e **deslizamentos** mataram dezenas de pessoas na China.*

2. vitória arrasadora, ampla, avassaladora, estrondosa, fácil, folgada, retumbante; por ampla, larga margem; *inf.* lavada

- *The opinion polls are predicting a Liberal **landslide**.* ▷ *As pesquisas estão prevendo uma **lavada**, uma **vitória folgada** dos Liberais.*
- *He won a **landslide** victory.* ▷ *Ganhou **disparado**, ganhou **fácil**, por uma **ampla, larga margem**.*

LARGELY adv.

> NÃO traduzir como "largamente", "grandemente", "amplamente":
> *Their claims are **largely** ignored.* ▷ ***Em geral, de modo geral**, suas reinvindicações são ignoradas.*

1. em boa parte, em grande parte, em boa medida, quase totalmente; de modo geral, de maneira geral, no geral

- *This hospital was **largely** financed by the Jewish community.* ▷ *Este hospital foi financiado **em grande parte, em boa parte** pela comunidade judaica.*
- *His conclusions are **largely** correct.* ▷ ***De maneira geral** suas conclusões são corretas. / Suas conclusões são **quase todas** corretas.*

2. principalmente, muito, sobretudo; em alto grau

- *His success is **largely** due to his charismatic personality.* ▷ *Seu sucesso se deve **muito, principalmente, sobretudo** à sua personalidade carismática.*

- Outras sugestões:
▶ *The physical characteristics of that planet are still **largely** a mystery.* ▷ *As características físicas daquele planeta continuam sendo um mistério **quase total**.*
▶ *This war has been **largely** ignored by the media.* ▷ *Essa guerra não vem recebendo **quase nenhuma** atenção da mídia.*

LARGER-THAN-LIFE adj.

1. **maior que o tamanho natural**
▶ *Michelangelo's David is a **larger than life** sculpture; it is about 18 feet tall.* ▷ *O "David" de Michelangelo é uma estátua **maior que o tamanho natural**, com mais de 5 metros de altura.*

2. **impressionante, grandioso**, gigantesco, grande, heróico, imponente, lendário, mítico, quase sobre-humano LEGENDARY
▶ *This is an epic film about the American far-west and the **larger-than-life** characters who conquered it.* ▷ *É um filme épico sobre o faroeste americano e os personagens **heróicos, lendários, míticos, quase sobre-humanos** que o conquistaram.*
▶ *Have you read Dickens? Every one of his characters was **larger than life** – more evil than the devil, or kinder than all the saints.* ▷ *Você já leu Dickens? Todos os seus personagens eram **gigantescos, impressionantes, míticos, sobre-humanos** – mais maléficos que o próprio diabo, ou mais bondosos do que todos os santos.*
▶ *"Enquanto isso... estava a aniversariante sentada à cabeceira da mesa, ereta, definitiva, **maior do que ela mesma**." (Clarice Lispector, "Feliz Aniversário", em Laços de Família)*

- Usar: **figura**, envergadura, estatura
▶ *He was an extraordinary actor, **larger than life**, charismatic, well-liked by everybody.* ▷ *Era um ator extraordinário, uma **grande figura**, um homem de uma **envergadura, estatura** impressionante, carismático, muito querido por todos.*

LATE adj.

1. **atrasado**
▶ *Hurry up, I don't want to be **late**.* ▷ *Vamos logo, não quero chegar **atrasado**.*
▶ ***Late** fees* ▷ *Multa por **atraso***

2. **falecido**
▶ *My **late** father* ▷ *Meu **falecido** pai*

3. **tardio, posterior,** tardo; da última fase, dos últimos anos, dos últimos tempos; do final, do período final; da maturidade, da velhice ≠ EARLY
▶ ***Late** Baroque* ▷ *Barroco **tardio***
▶ *It's **late** 90s.* ▷ *É do **final** dos anos 90.*
▶ *Picasso's **late** works contrast with his **early** works.* ▷ *As obras da **última fase, velhice, maturidade**, contrastam com as da **juventude**.*
▶ *Some of his theories were criticized by **later** scholars.* ▷ *Algumas de suas teorias foram criticadas por estudiosos **posteriores**.*
▶ *He's in his **late** 30s.* ▷ *Ele tem 30 e **tantos** anos, está na faixa dos 35-40 anos.*

4. recente, último; de última hora

▸ *Latest* fashion trends from Japan ▷ **Últimas** tendências da moda no Japão
▸ *Late* developments ▷ Notícias, fatos **recentes**
▸ *Late* changes ▷ Mudanças **de última hora**

LATTER adj.

final, recente, segundo, último; mais perto do fim

▸ London received many immigrants in the **latter** half of the 20th century. ▷ Londres recebeu muitos imigrantes na **segunda** metade do século 20.
▸ Teaching methods have changed considerably in these **latter** days. ▷ Os métodos de ensino mudaram muito nos **últimos** tempos, **recentemente**.

the latter ≠ FORMER

este, este último, o segundo (entre dois elementos citados)

▸ John wanted Ralph to come along, but **the latter** did not agree. ▷ John queria que Ralph fosse junto, mas **este** não concordou.

● Contraste: **the former ≠ the latter**

▸ I've taught American boys and Asian boys, and I found that the **latter** have more concentration than the **former**. ▷ Já dei aula para meninos americanos e meninos asiáticos, e constatei que **estes** têm mais concentração do que **aqueles**.

LAVISH adj., LAVISHLY adv.

suntuoso, **farto**, abundante, caríssimo, copioso, extravagante, exuberante, generoso, lauto, liberal, luxuoso, nababesco, opulento, pródigo, profuso, rico, riquíssimo; de luxo

▸ A **lavish** wedding ▷ Casamento **suntuoso, riquíssimo, de luxo**
▸ A **lavish** banquet / buffet ▷ **Lauto, generoso** banquete / Bufê **farto, opulento, copioso**
▸ A **lavish** production of Verdi's "Aída" ▷ Uma produção **luxuosa, caríssima** da "Aída" de Verdi
▸ (adv.) The church has been **lavishly** rebuilt. ▷ A igreja foi reconstruída com **luxo e riqueza**.
▸ The table was **lavishly** decorated with fruit and flowers. ▷ A mesa foi **profusamente** decorada com frutas e flores.

LAVISH v.

esbanjar, prodigalizar; dar, derramar, despender, distribuir fartamente, prodigamente; ser pródigo, não medir; encher de

▸ These people **lavish** indecent sums of money on their pets. ▷ Essa gente **esbanja** quantias indecentes com seus bichos de estimação.
▸ She **lavished** affection on her children. ▷ Ela **enchia** as crianças de carinho, **prodigalizava, dava todo** o carinho às crianças.
▸ The critics **lavished** praise on him. ▷ Os críticos **derramaram**-se em elogios, **não mediram, foram pródigos** em elogios.

LAY, LAY DOWN v.

1. pôr, colocar, botar, pôr a mesa; pôr ovos

▶ She **laid** her cards on the table. ▷ Ela **colocou** as cartas na mesa.
▶ Please **lay** the table for lunch. ▷ Por favor, **ponha** a mesa para o almoço.
▶ A turtle **lays** many eggs at a time. ▷ A tartaruga **bota** muitos ovos de uma vez.

2. **assentar**, dispor, arranjar

▶ Two workers were **laying** bricks. ▷ Dois operários **assentavam** tijolos.

3. (gíria) **ter relações sexuais**, transar

▶ How can a guy **get laid** in this country? ▷ Como se pode **transar, conseguir sexo** neste país?

◊ Verbo irregular: **lay-laid-laid**; part. presente **laying**.

• Veja também LIE, LIE DOWN (deitar).

LAY OFF v.   DISMISS, be made REDUNDANT

LAYOUT s.   DESIGN

layout, **leiaute**, apresentação, arranjo, diagrama, diagramação, disposição, esquema, organização, paginação, plano detalhado, planta; planejamento gráfico, projeto gráfico

▶ The magazine **layout** is cutting edge*. ▷ O **leiaute, projeto gráfico**, a **paginação, diagramação** da revista é moderníssima.
▶ The factory **layout** was designed to improve productivity. ▷ A **planta**, o **projeto** da fábrica foi concebido para melhorar a produtividade.

LAY OUT v.

1. **pôr**, colocar, dispor, distribuir   LAY, LAY DOWN

▶ The cards are **laid out** at random. ▷ As cartas foram **colocadas, dispostas, distribuídas** aleatoriamente.

2. **planejar, diagramar,** arranjar, colocar, dispor, ordenar, organizar, traçar   DESIGN

▶ New York City's Central Park was entirely **laid out** by landscape architects. ▷ O Central Park de NY foi inteiramente **planejado, traçado** por paisagistas.
▶ Belo Horizonte has wide avenues **laid out** like the spokes of a wheel. ▷ Belo Horizonte tem largas avenidas **dispostas, ordenadas, traçadas** como os raios de uma roda.
▶ A web designer **lays out** a website. ▷ O web designer faz a **diagramação** dos sites.
▶ The website is nicely **laid out**, easy to read. ▷ O site é bem **diagramado, organizado**, fácil de ler.

3. **exibir, expor**, apresentar, mostrar

▶ Street vendors **lay out** their merchandise on the sidewalk. ▷ Os camelôs **expõem, exibem** a mercadoria na calçada.
▶ The article **lays out** marketing's fundamentals. ▷ O artigo **mostra, expõe** os princípios básicos do marketing.
▶ The boss **laid out** a new plan to combat the crisis. ▷ O chefe **apresentou** um novo plano para combater a crise.

lead

4. **especificar**, detalhar; fazer planos detalhados BRIEF
- *China **lays out** space exploration plans* ▷ *A China **detalha** seus planos para a exploração espacial*
- *The government **laid out** new rules for waste processing.* ▷ *O governo **especificou** novas regras para processamento de detritos.*

- Verbo irregular: **lay-laid-laid;** part. presente **laying.**

LEAD v.

1. **conduzir**, **liderar**, capitanear, chefiar, comandar, coordenar, direcionar, dirigir, governar, guiar, levar, nortear, orientar, pilotar, presidir, reger, superintender; mostrar o caminho, estar à testa, manejar o leme, segurar as rédeas RUN
- *Churchill **led** his country to victory.* ▷ *Churchill **liderou, conduziu, guiou, levou** seu país à vitória.*
- *He **leads** his staff with an iron fist.* ▷ *Ele **chefia, comanda** a equipe com mão de ferro.*

2 **encabeçar**, ir à frente
- *Charles' name **led** the list.* ▷ *O nome de Charles **encabeçava** a lista.*
- *The three fairies **led** Titania's procession.* ▷ *As três fadinhas **iam à frente** do cortejo de Titânia.*

LEAD TO v.

levar a, **conduzir a**, acarretar, causar, criar, gerar, motivar, ocasionar, originar, produzir, propiciar, redundar em, resultar em, suscitar, trazer

- *Education **leads to** independence.* ▷ *A educação **leva, conduz** à independência.*
- *This initiative will **lead to** the creation of many new jobs.* ▷ *Essa iniciativa vai **gerar, criar, propiciar** muitos novos empregos.*
- *The war **led to** poverty and economic crisis.* ▷ *A guerra **causou, acarretou, trouxe, resultou em, redundou em** pobreza e crise econômica.*
- *Don't wait for the perfect job. Work **leads to** more work.* ▷ *Não espere o emprego perfeito. Trabalho **traz** trabalho.*

- Outras sugestões:
- *These are working conditions **leading to** productivity.* ▷ *São condições de trabalho **propícias, favoráveis** à produtividade.*
- *Feelings of unsafeness **lead to** the child turning to his parents for comfort.* ▷ *O sentimento de insegurança **faz com que** a criança busque amparo nos pais.*

LEADING adj.

1. **principal**, **mais importante**, dominante, maior, primeiro, predominante, primordial KEY, MAJOR
- *Leading role* ▷ *Papel **principal***
- *The **leading** cause of war was ethnic hatred.* ▷ *A causa **primordial, mais importante** da guerra foi o ódio étnico.*

2. **destacado**, diferenciado, importante, influente, proeminente; de destaque, de peso, de porte, de relevo, de proa, de vulto; líder; um dos melhores RENOWNED
- *A **leading** consulting firm* ▷ *Uma **importante, proeminente** firma de consultoria*
- *Leading members of the community* ▷ ***Líderes**, pessoas **influentes, de peso** na comunidade*

legacy

LEAGUE s.

1. liga, aliança, associação, confederação, união

▶ *The **League** of Nations was the UN's predecessor.* ▷ *A **Liga** das Nações foi a precursora da ONU.*

▶ *(expr.) All the contestants are skilled, but Tom is **in a league of his own**.* ▷ *Todos os concorrentes são capazes, mas Tom está numa **categoria à parte**, é **fora de série**.*

2. (medida de distância) **légua**; grande distância

▶ *"The journey of a thousand **leagues** begins from beneath your feet." (Lao-Tzu)* ▷ *Uma viagem de mil **léguas** começa logo debaixo dos teus pés.*

◊ **League** é uma medida obsoleta, mas encontrada na literatura, que varia de 2,5 a 4,5 milhas. No Brasil a légua mede 6.600 metros.

LEAPFROG v.

1. saltar, pular um estágio, queimar uma etapa, passar por cima

▶ *Several African countries are **leapfrogging** fixed telephone lines and setting up cellular phone systems* ▷ *Vários países africanos estão **saltando o estágio, queimando a etapa** das linhas telefônicas fixas e implantando a telefonia celular.*

▶ *We'll examine the first step closely because companies invariably try to **leapfrog** over it.* ▷ *Examinaremos o primeiro passo em detalhes, pois as empresas sempre querem **saltar, passar por cima desse estágio**.*

2. avançar rapidamente, aos saltos, a passos largos; ultrapassar JUMP-START

▶ *Microsoft created this platform in an effort to **leapfrog** its way back into the lead.* ▷ *A Microsoft criou essa plataforma como um **gigantesco salto** para tentar recuperar a liderança.*

▶ *Can you **leapfrog** your competition in productivity?* ▷ *Você consegue **ultrapassar** a concorrência em produtividade?*

LECTURE s.   CONFERENCE

> **Lecture** NÃO é "leitura" (**reading**).
>
> *Meu passatempo é a **leitura**.* ▷ *My hobby is **reading**.*
> *Esse livro é uma **leitura** fácil.* ▷ *The book is an easy **read**.*

palestra, aula, conferência, exposição de um assunto

▶ *The **lecture** was very useful.* ▷ *A **palestra, aula** foi muito útil.*

LEGACY s.

1. herança

▶ *How can I leave a **legacy** to a charity?* ▷ *Como posso deixar uma **herança** para uma entidade filantrópica?*

2. (sentido positivo) **legado, herança,** tradição; contribuição duradoura, permanente; o que se deixa para a posteridade; o que se herda HERITAGE

legacy

- *Residents take pride in their community's rich cultural **legacy**.* ▷ *Os moradores têm orgulho da rica **herança, tradição** cultural de sua comunidade.*
- *What is the **legacy** of the 60s?* ▷ *Qual foi o **legado**, a **herança, contribuição** dos anos 60? / O que **ficou**, o que **restou** dos anos 60? / O que nos **deixaram** os anos 60?*
- *The mayor is at the end of his career and concerned with his **legacy**.* ▷ *O prefeito está no fim da carreira e se preocupa com **o nome que vai deixar.***

3. (sentido negativo) **efeito**, **herança**, conseqüência, impacto, resultado AFTERMATH

- *The accident left a damaging **legacy** of fear among the children.* ▷ *O acidente causou um **impacto** muito negativo nas crianças: o medo.*
- *The Gulf War has left a **legacy** of cancer.* ▷ *A Guerra do Golfo deixou o câncer como **conseqüência**.*
- *"Problemas como má administração e falta de treinamento são **heranças** culturais da empresa."*

LEGACY adj.

1. (computação) **já existente**, antigo

- *The new O.S. works seamlessly with your **legacy** systems.* ▷ *O novo sistema operacional roda perfeitamente com seus sistemas **já existentes**.*

2. **antigo, herdado**, obsoleto, ultrapassado, vencido OUTDATED

- *These airlines operate **legacy** fleets.* ▷ *Essas linhas aéreas operam frotas **antigas, ultrapassadas**.*
- *Such companies have lots of **legacy** labor engagements.* ▷ *Essas empresas têm muitos contratos de trabalho **antigos, herdados**, **herança** de administrações anteriores.*

LEGEND s.

> **Legend** em geral significa "lenda" e NÃO "legenda"!
> *The **legends** of King Arthur and the Knights of the Round Table* ▷ *As **lendas** do rei Artur e os Cavaleiros da Távola Redonda*
> *Vi um filme inglês com **legendas** em português.* ▷ *I saw an English film with Portuguese **subtitles**.*

1. **lenda, mito,** fábula, ficção

- ***Legend** has it that a valuable treasure is buried there.* ▷ *Diz a **lenda** que há um tesouro valioso ali enterrado.*

2. **figura lendária**, admirável, grandiosa; lenda viva, monstro sagrado LARGER-THAN-LIFE

- *Bob Dylan is a living **legend*** ▷ *Bob Dylan é uma **figura lendária**, uma **lenda viva**.*
- *Marlon Brando was a Hollywood **legend**.* ▷ *Brando era um **mito**, um **monstro sagrado** de Hollywood.*

3. **legenda** (de foto, mapa, diagrama, tabela); **inscrição**, dizeres (em tabuleta, obra de arte etc.)

- *The map **legend** shows a list of the symbols used on the map.* ▷ *A **legenda** traz uma lista dos símbolos usados no mapa.*
- *The road sign **legends** must be clearly visible.* ▷ *As **legendas**, os **dizeres** das placas de sinalização devem ser bem visíveis.*
- *Learn to understand Roman coin **legends**.* ▷ *Compreenda o significado das **inscrições**, dos **dizeres** nas moedas latinas.*

LEGENDARY adj.

> NÃO traduza por "legendário". Em português é mais idiomático "lendário".

1. **lendário, célebre**, famoso, histórico
▶ *I finally managed to interview the **legendary** Bill Gates.* ▷ *Finalmente consegui entrevistar o **célebre, famoso, famosissimo** Bill Gates.*
▶ *Visit the **legendary** Pyramids.* ▷ *Visite as **lendárias, históricas** Pirâmides.*

2. (que só existiu em lendas) **lendário, fictício**, imaginário, mítico, mitológico
▶ *The Spaniards went in search of the **legendary** city of gold, El Dorado.* ▷ *Os espanhóis saíram em busca do Eldorado, a **lendária, mítica** cidade do ouro.*

LENIENT adj. ≠ STERN

indulgente, condescendente, benevolente, brando, complacente, flexível, frouxo, paternal, permissivo, tolerante, transigente; demasiado liberal, tolerante demais

▶ ***Lenient** teachers* ▷ *Professores muito **indulgentes, condescendentes***
▶ *Everybody thought the judge was too **lenient** with the murderer.* ▷ *Todos acharam que o juiz foi muito **complacente, benevolente** com o assassino.*
▶ *These rules are too **lenient**.* ▷ *Essas regras são demasiado **brandas, complacentes**.*

LEVERAGE s. CLOUT

influência, força, poder, superioridade, vantagem significativa; poder político, de fogo, de barganha; alavancagem, bom aproveitamento; *inf.* cacife

▶ *If the UN had more troops in the area, it would have more **leverage**.* ▷ *Se a ONU tivesse mais tropas na área, teria mais **influência, poder, superioridade, uma vantagem significativa**.*
▶ *Diplomatic **leverage** by the US persuaded several countries to cooperate.* ▷ *A **influência** diplomática, o o **poder de fogo** dos EUA convenceu vários países a cooperar.*

LEVERAGE v. take ADVANTAGE

alavancar, aproveitar, beneficiar-se de, capitalizar, lucrar, maximizar, potencializar**, utilizar bem**, valer-se; tirar partido, proveito, vantagem; tirar o máximo proveito; aproveitar bem, ao máximo, plenamente; fazer render

▶ *We still have a lot of unused material to be **leveraged**.* ▷ *Ainda temos muito material não utilizado para ser **aproveitado**.*
▶ *How can you **leverage** a company's capabilities?* ▷ *Como se pode **aproveitar, capitalizar potencializar, utilizar** os recursos da empresa, **fazê-los render ao máximo**?*
▶ *Microsoft is **leveraging** all its power to kill a promising rival.* ▷ *A Microsoft está **aproveitando, fazendo valer, tirando partido, se beneficiando** de todo o seu poder para eliminar um concorrente promissor.*
▶ *"O patrocinador **potencializa** o simpático perfil do atleta."*

LIABILITY s.

1. (em geral pl. **liabilities**) **passivo**; dívidas, compromissos financeiros ≠ ASSET
   - *Assets and **liabilities**.* ▷ *Ativo e **passivo**.*
   - *The company will have to take on heavy **liabilities**.* ▷ *A empresa vai ter de assumir pesadas **dívidas, compromissos financeiros**.*

2. **responsabilidade legal**, dívida, obrigação; **risco**, perigo legal, risco de ser processado ACCOUNTABILITY
   - *He denies any **liability** for the accident.* ▷ *Ele recusa qualquer **responsabilidade legal** pelo acidente.*
   - *We offer medical malpractice and professional **liability** insurance.* ▷ *Oferecemos seguro contra erros médicos e de **responsabilidade** civil profissional.*
   - *Doctors are afraid of being sued and try to limit their **liability** exposure.* ▷ *Os médicos têm medo de serem processados e tentam limitar sua exposição aos **riscos legais**.*
   - *We need **liabilities** in software, just like any other consumer product.* ▷ *Precisamos de **responsabilidade legal** no software, assim como em qualquer outro produto de consumo.*

3. **ponto fraco**, desvantagem, fardo, *handicap*, perigo, problema; peso morto HANDICAP
   - *This new feature is actually a **liability**, making the website more complicated to navigate.* ▷ *Na verdade esse novo recurso é um **ponto fraco, uma desvantagem**, tornando o site mais difícil de navegar.*
   - *Saved e-mail files may become a **liability** in case of a legal dispute.* ▷ *Os e-mails armazenados podem se tornar um **problema, perigo** na eventualidade de uma disputa legal.*
   - *If a man can't support himself he becomes a **liability** for his family.* ▷ *Quem não consegue se sustentar se torna um **fardo, peso morto, problema** para sua família.*
   - *We transformed **liabilities** into assets.* ▷ *Transformamos **problemas** em soluções.*
   - *My car breaks down so often, it's more of a **liability** than a help.* ▷ *Meu carro quebra tanto que mais **atrapalha** do que ajuda.*

LIABLE adj.

1. **responsável legal** ACCOUNTABLE
   - *Manufacturers are **liable** for the safety of their products.* ▷ *O fabricante é **legalmente responsável** pela segurança de seus produtos.*
   - *In a partnership each partner is **liable** for the debts of the business.* ▷ *Numa sociedade, cada sócio é **responsável perante a lei** pelas dívidas da firma.*

   hold liable HOLD ACCOUNTABLE
   - *Disclaimer: The department shall not be **held liable** for any improper use of the information above.* ▷ *Aviso: Este departamento não poderá ser **responsabilizado** por qualquer uso impróprio das informações acima.*

2. **suscetível**, **passível**, arriscado, propenso, sujeito, vulnerável LIKELY
   - *The city is only 10 m above sea level and **liable** to flooding.* ▷ *A cidade fica a apenas 10 m acima do nível do mar e é **sujeita, suscetível, vulnerável** às inundações.*
   - *Intelligence tests may give misleading results that are **liable** to be misinterpreted.* ▷ *Os testes de inteligência podem dar resultados enganadores, **passíveis, sujeitos** a serem interpretados erroneamente.*
   - *Ele tem uma constituição forte, mas é **propenso** a adoecer de repente.* ▷ *He has a strong constitution, but is **liable** to fall ill suddenly.*

- Usar: poder, ser capaz
▶ Terror attacks are **liable to** escalate. ▷ Os ataques terroristas **podem** aumentar.
▶ This restaurant is **liable** to bankrupt most folk. ▷ Esse restaurante é **capaz de** levar a maioria das pessoas à falência.

♪ "The things that you're **liable** to read in the Bible – it ain't necessarily so." (George & Ira Gershwin, "It ain't necessarily so", from "Porgy and Bess")

LIE v.

mentir PRETEND, DECEIVE

▶ Don't **lie** to me. I can't stand being **lied** to. ▷ Não **minta** para mim; não suporto que me falem **mentiras**.
▶ We all know he **lies**. ▷ Todos nós sabemos que ele **mente**.
▶ Are you **lying** or telling the truth? ▷ Você está **mentindo** ou falando a verdade?

◊ Verbo regular: **lie-lied-lied;** particípio presente: **lying.**

LIE v.

1. **ficar,** estar, localizar-se, situar-se; existir, haver
▶ Brazil **lies** in South America. ▷ O Brasil **fica, se localiza, se situa** na América do Sul.
▶ Behind every problem **lies** an opportunity. ▷ Por trás de cada problema **há** uma oportunidade.
▶ In those times, the responsibility **lay** with the parents. ▷ Naquela época a responsabilidade **ficava** com os pais.

2. **consistir**, depender de, residir REST
▶ The real problem **lies** in interpreting these data. ▷ O verdadeiro problema **consiste, reside** em interpretar esses dados.
▶ The solution **lay** in changing the decision process. ▷ A solução **consistiu** em mudar o processo decisório.

◊ Verbo irregular: **lie-lay-lain;** particípio presente: **lying.**

LIE, LIE DOWN v.

deitar, estar / ficar deitado
▶ It's so nice to **lie** on clean sheets. ▷ É tão gostoso **deitar** em lençóis limpos.
▶ I love **lying** in the grass. ▷ Adoro **deitar** na grama.
▶ I finally **lay down** to sleep. ▷ Finalmente **deitei** para dormir.
▶ She remembered the first time she had **lain** in bed with a man. ▷ Lembrou-se da primeira vez em que tinha se **deitado** na cama com um homem.

- Verbo irregular: **lie-lay-lain;** particípio presente: **lying.**

LIKELIHOOD s.   ODDS

probabilidade, chance, perspectiva, possibilidade

likely

- ▶ What is the **likelihood** of receiving the scholarship? ▷ Qual a **probabilidade**, quais as **chances**, as perspectivas de conseguir a bolsa de estudos?
- ▶ (expr.) Our candidate will, **in all likelihood**, win the election. ▷ **Com toda a probabilidade**, nosso candidato vencerá a eleição.

LIKELY adj.   PROBABLY

provável, concebível, plausível, passível, possível, razoável

- ▶ What is the most **likely** source of the infection? ▷ Qual é a causa mais **provável** da infecção?
- ▶ A **likely** excuse ▷ Desculpa **plausível, razoável**

- • Mudar o sujeito e usar as expressões: provavelmente, é provável, é possível, bem possível
- ▶ It's not **likely** to happen. ▷ **Provavelmente** isso não vai acontecer.
- ▶ John is **likely** to win the competition. ▷ **É provável**, é **bem possível** que John vença a competição.

- • Usar os substantivos: chance, possibilidade, probabilidade   LIKELIHOOD
- ▶ These patients are three times more **likely** to suffer a heart attack. ▷ Esses pacientes têm três vezes mais **chance, probabilidade** de sofrer um ataque cardíaco.

- • Usar os verbos: dever; poder, ser capaz   CAN
- ▶ John is **likely** to win. ▷ John **deve** ganhar, **pode** muito bem ganhar, é **capaz, tem chances** de ganhar.
- ▶ Radical changes are **likely** to bring more ills than benefits. ▷ Mudanças radicais **podem** fazer mais mal do que bem.
- ▶ None of these problems looks **likely** to halt Linux' advance. ▷ Nenhum desses problemas parece **capaz** de deter o avanço do Linux.

- • Usar os verbos: estar sujeito a, costumar, soer; tender a, ter propensão a   LIABLE
- ▶ Is your PC **likely** to suffer hacker attacks? ▷ Seu PC está **sujeito** a sofrer ataques de hackers?
- ▶ Economic reforms are **likely** to generate a backlash. ▷ As reformas econômicas **costumam, soem, tendem a** gerar uma reação contrária.

- • Usar: ser fácil, ter facilidade   TEND
- ▶ Smokers are more **likely** to get pneumonia. ▷ É mais **fácil** para um fumante pegar pneumonia. / Os fumantes pegam pneumonia com mais **facilidade**.

- • **Likely** é muito usado para relativizar, não fazer afirmações dogmáticas   PROBABLY
- ▶ Our servers have been fraud-free and are **likely** to remain fraud-free. ▷ Nossos servidores estão livres de fraudes e **provavelmente devem** continuar assim.

LIMB s.   MEMBER

1. (no ser humano) **membro**, braço, perna

- ▶ His upper and lower **limbs** were swollen. ▷ Seus **membros** superiores e inferiores estavam inchados.

- • Para o ser humano, normalmente usamos "braços", "pernas":
- ▶ The bride's **limbs** are festooned with gold ornaments. ▷ A noiva traz enfeites de ouro nos **braços** e nas **pernas**. (Melhor que "nos membros"....!)

▶ *Many civilians lost their **limbs** to land mines.* ▷ *Muitos civis perderam um **braço** ou uma **perna** em explosões de minas.*
▶ *I tried to move my **limbs** but I couldn't.* ▷ *Tentei mexer os **braços** e as **pernas**, mas não consegui.*

2. (nos animais) **membro,** pata

▶ *Bats have modified their front **limbs** as wings.* ▷ *Os morcegos transformaram seus **membros** anteriores em asas.*
▶ *The disease started in the animal's rear **limbs** and progressed forward to the front **limbs**.* ▷ *A doença começou nas **patas** traseiras do animal e passou para as **patas** dianteiras.*

LINGER v.

1. (pessoa) **demorar-se**, tardar-se; ficar, ir ficando para trás, deixar-se ficar

▶ *We **lingered** there for a while.* ▷ ***Fomos ficando*** *por ali mais um pouco.*
▶ *His eyes **lingered** on her face.* ▷ *Seus olhos **se demoravam** no rosto dela.*
▶ *She **lingered** at windows displaying ladies' shoes.* ▷ *Ela **se demorava** diante das vitrines de sapatos.*

2. (coisa, fato) **permanecer, restar**, perdurar, persistir, remanescer, sobrar, subsistir

▶ *The taste **lingered** in my mouth.* ▷ *O gosto **persistia, perdurava** na boca.*
▶ *A **lingering** odor* ▷ *Um cheiro **persistente***

LINK s.

ligação, **conexão**, associação, canal, correlação, correspondência, elo, interconexão, interligação, laço, liame, nexo, ponte, relação, relacionamento, vinculação, vínculo; elo de ligação

▶ *There is a direct rail **link** between France and Britain.* ▷ *Há uma **ligação** ferroviária direta entre a França e a Grã-Bretanha.*
▶ *Jung's pioneering work recognized the **link** between symbols and psychology.* ▷ *O trabalho pioneiro de Jung reconheceu **a associação, conexão, relação, correlação, o nexo, vínculo** entre os símbolos e a psicologia.*
▶ *The company acts as a **link** between programmers and software makers.* ▷ *A empresa funciona como um **elo de ligação** entre programadores e fabricantes de software.*
▶ *Missing **link*** ▷ ***Elo** perdido*

LINKS s.pl.

campo de golfe

▶ *Spring's here – time to **hit the links!*** ▷ *Chegou a primavera – hora de **jogar golfe!***

LINK v.   JOIN, MATCH

ligar, **conectar**, acasalar, acoplar, agregar, aliar, amarrar, anexar, associar, atar, atrelar, casar, coadunar, colar, combinar, concatenar, conjugar, coordenar, correlacionar, encadear, engatar, interconectar, interligar, juntar, prender, relacionar, unificar, unir, vincular; fazer a ponte

▶ *Modern railroads **link** all of Japan's major cities.* ▷ *Ferrovias modernas **ligam, unem, conectam** todas as principais cidades do Japão.*
▶ *Smoking is strongly **linked** to cancer.* ▷ *O cigarro é muito **associado**, tem forte **correlação** com o câncer.*

listless

- ▶ *The country has **linked** their currency to the dollar.* ▷ *O país **atrelou, vinculou** sua moeda ao dólar.*
- ▶ *The two works are closely **linked** together.* ▷ *As duas obras estão intimamente **interligadas, relacionadas, associadas, conectadas**.*

- Outras sugestões:
- ▶ *Compensation is **linked** to one's performance.* ▷ *A remuneração **depende, é função, varia segundo** o desempenho de cada um.*

LISTLESS adj., LISTLESSLY adv.   APATHETIC

apático, desanimado, abatido, debilitado, desalentado, desmotivado, entediado, fraco, inativo, indiferente, letárgico, lânguido, mole, molenga; sem energia, vigor, vontade; sem fazer nada

- ▶ *The heat was making me **listless**.* ▷ *O calor estava me deixando **letárgico, apático, desanimado, mole, sem energia**.*
- ▶ *The economy will remain **listless**.* ▷ *A economia vai continuar **fraca, sem vigor**.*
- ▶ *(adv.) The prisoners spend their day **listlessly** playing cards.* ▷ *Os prisioneiros passam o dia jogando cartas, **apáticos, desanimados, entediados, sem fazer nada**.*

LIVE v.

viver; morar, residir, habitar

- ▶ *For many years he **lived** in poverty.* ▷ ***Viveu** na pobreza durante muitos anos.*
- ▶ *These animals have **lived** here longer than anyone can remember.* ▷ *Esses animais **vivem** aqui desde tempos imemoriais.*
- ▶ *How long have you been **living** in this neighborhood?* ▷ *Há quanto tempo você **mora** neste bairro?*

LIVE WITH v.

conviver, aceitar, agüentar

- ▶ ***Living with** disagreement and disappointment is an inevitable part of my job.* ▷ ***Conviver** com discordâncias e decepções é parte inevitável do meu trabalho.*
- ▶ *OK, I can **live with** that.* ▷ *Tudo bem, dá para **agüentar**, eu **aceito**.*

LIVELY adj.

vívido, animado, alegre, ativo, dinâmico, esperto, rápido, vibrante, vital, vivaz, vivo; cheio de vida, de energia

- ▶ *She's always been a smart, **lively** child.* ▷ *Sempre foi uma criança esperta, **ativa, cheia de vida, de energia**.*
- ▶ *He has a **lively** imagination.* ▷ *Ele tem uma imaginação **vívida**.*
- ▶ *Her lessons are interesting and **lively**.* ▷ *Suas aulas são interessantes e **animadas, dinâmicas**.*

LOATH adj.

avesso, hesitante, relutante; que detesta, não gosta, não quer fazer algo

- ▶ *She was a kind and positive woman who was **loath** to badmouth anyone.* ▷ *Era uma mulher bondosa e positiva, **avessa a, que detestava** falar mal de qualquer pessoa.*

▶ I'm very **loath** to generalize on this issue. ▷ **Não quero, de maneira nenhuma,** generalizar nessa questão.

LOATHE v.

detestar, **execrar**, abominar, odiar; sentir aversão, horror, ojeriza, pavor; ter fobia; ser inimigo; não suportar

▶ I absolutely **loathe** doing housework. ▷ **Detesto, odeio** fazer trabalho doméstico.
▶ I **loathe** spiders. ▷ Tenho **horror, pavor** de aranhas.
▶ The old man **loathed** every form of society. ▷ O velho **execrava, abominava** qualquer forma de contato social.

LONG v., LONGING s.   YEARN, YEARNING

▶ The soldiers **longed** for home. ▷ Os soldados tinham **saudades** de casa.
▶ The letter overflowed with **longing** for his son. ▷ A carta transbordava de **saudades** do filho.

LOOK v.

1. (trans.) **olhar**, **ver**, acompanhar, mirar, observar STARE, SEE

▶ I **looked** around and saw no one. ▷ **Olhei** em volta e não vi ninguém.

2. (intrans.) **parecer**, **aparentar**, ficar; ter aspecto, ar, aparência, cara, fisionomia, semblante SEEM

▶ He **looked** very frightened. ▷ **Parecia** muito assustado.
▶ Every really new idea **looks** crazy at first. ▷ Toda idéia nova de início **parece** maluca.
▶ She was **looking** much better yesterday. ▷ Ontem ela estava com um **aspecto, semblante,** uma **cara, aparência** muito melhor.
▶ You don't **look** your age at all. ▷ Você não **aparenta** a sua idade, em absoluto.
▶ This dress makes you **look** charming. ▷ Você **fica** um encanto com esse vestido.

LOOK FOR v.   SEARCH

LOOK FORWARD TO v.   EXPECT, YEARN

esperar, aguardar ansiosamente, com ansiedade, com esperança, com prazer; estar ansioso, estar na expectativa; não ver a hora de; ter uma perspectiva; ter uma perspectiva boa, agradável, empolgante; ter algo pela frente

▶ The whole family **looked forward** to her rare visits. ▷ A família toda **esperava ansiosa** por suas raras visitas.
▶ The children are **looking forward to** the holidays. ▷ As crianças **estão ansiosas** pelas férias, **não vêem a hora** de entrar em férias.
▶ He just stayed in bed, with **nothing to look forward to**. ▷ Limitava-se a ficar na cama, sem nenhuma **perspectiva**, sem **nada pela frente**.

• Outras sugestões:

▶ I **look forward** to hearing from you. ▷ **Aguardo** notícias suas.
▶ I **look forward** to meeting you. ▷ **Terei muito prazer** em conhecê-la.

LOOK-ALIKE, LOOKALIKE s.

cópia, sósia, clone, competidor, falsificação, imitação, réplica, similar, substituto

- *Celebrities **lookalikes*** ▷ ***Sósias** de celebridades*
- *Rolex **lookalikes*** ▷ *Relógios Rolex **falsificados**, de **imitação**, **réplicas***
- *The IBM-PC must compete with all of its Asian **look-alikes**.* ▷ *O PC da IBM tem de competir com todos os seus **clones**, **similares** asiáticos.*

LOOK LIKE v.   SEEM

LOOM v.

1. **surgir, aparecer,** aproximar-se, assomar, despontar, mostrar-se, revelar-se; estar perto, próximo; começar a aparecer; aparecer indistintamente; ser visível   EMERGE

- *A ship **looms** on the horizon.* ▷ ***Surge, desponta** um navio no horizonte.*
- *A mountain peak **loomed** through the dense mist.* ▷ *O pico de uma montanha **aparecia, assomava, se revelava** através da densa névoa.*

2. **ameaçar**; ser iminente; pairar como ameaça

- *A civil war **loomed**.* ▷ *Uma guerra civil **era iminente, ameaçava** o país.*
- *Lennon fans threaten his killer as release **looms**.* ▷ *Fãs de Lennon ameaçam seu assassino agora que sua libertação **está próxima**.*

- Usar "já" para reforçar a idéia de ameaça próxima:
- *A crisis is **looming** on the horizon.* ▷ *Uma crise **já se aproxima** no horizonte.*

3. **dominar,** agigantar-se, avultar, elevar-se, sobressair-se   TOWER

- *The tower of the cathedral **loomed** over the city.* ▷ *A torre da catedral **dominava, avultava, se elevava** sobre a cidade.*

- Usar: **vulto** + ameaçador, enorme, indistinto, maciço
- *We saw a huge castle which **loomed** over the valley.* ▷ *Vimos um enorme castelo cujo **enorme vulto se elevava** sobre o vale.*

LOOM LARGE v.

1. **aproximar-se, despontar,** ser iminente; estar próximo; ameaçar, ser iminente e ameaçador

- *A general election **looms large**.* ▷ *A eleição **está próxima, se aproxima**.*
- *The war **loomed large** on the horizon.* ▷ *A guerra **era iminente**. / A ameaça de uma guerra **despontava** no horizonte.*

2. **predominar,** avultar**,** dominar; ser muito grande, importante, influente; sobressair-se, aparecer em destaque   TOWER

- *China and India **loom large** in the book.* ▷ *A China e a Índia **aparecem em destaque** no livro.*
- *Virginia Woolf still **looms large** in academia.* ▷ *V.W. ainda **exerce grande influência, tem grande importância** no mundo acadêmico.*
- *Losses **loom larger** than gains.* ▷ *As perdas, os prejuízos, nos **parecem maiores** do que os ganhos.*

LOOPHOLE s.

brecha, **buraco**, ambigüidade, omissão na lei; escapatória, saída

▶ *Loophole Allows Wealthy to Avoid Taxes* ▷ *Uma* **brecha, omissão,** *um* **buraco** *nas leis permite aos ricos evadir impostos*

LOOSE adj.

1. **frouxo**, **solto**, bambo, brando, folgado, flácido, fraco, largo, lasso, mole, molenga, relaxado

▶ *Loose bricks, papers* ▷ *Tijolos, papéis* **soltos**
▶ *Loose clothes / shoes* ▷ *Roupas / sapatos* **largos, folgados**
▶ *Loose rope* ▷ *Corda* **frouxa**
▶ *Hey, are you crazy? Have you got a loose screw?* ▷ *Ei, você está doido? Tem um parafuso* **solto**?
▶ *(adv.) He nervously tore his tie loose.* ▷ *Num gesto nervoso,* **afrouxou** *a gravata.*

2. **informal**, amorfo, desregulado, indefinido, livre, vago; pouco estruturado, pouco rígido

▶ *A* **loose** *network of citizens* ▷ *Rede* **informal** *de cidadãos*
▶ *We haven't offically adopted the children yet; it is a* **looser** *arrangement.* ▷ *Ainda não adotamos as crianças oficialmente; é um arranjo mais* **informal**.
▶ *The terrorist network's* **loose** *structure allows the cells to operate independently.* ▷ *A rede* **pouco estruturada** *dos terroristas permite às células agir com independência.*

3. **indecente**, indecoroso; promíscuo

▶ *Loose talk* ▷ *Conversas* **indecentes, indecorosas**
▶ *Loose women* ▷ *Mulheres* **promíscuas**

LOW-KEY adj.   LOW-PROFILE

▶ *I am looking for a small,* **low-key** *hotel that won't be crowded in the holidays.* ▷ *Procuro um hotel pequeno,* **discreto**, *que não fique muito cheio nas férias.*
▶ *The England squad made a* **low-key** *return to the country after losing to Brazil.* ▷ *A equipe inglesa voltou para casa* **sem alarde, discretamente**, *depois de perder para o Brasil.*

LOW-PROFILE adj.

1. **de pouca, baixa visibilidade,** baixo perfil; sem publicidade, sem alarde; nos bastidores; na sombra; de pouca divulgação, mídia, publicidade ≠ HIGH-PROFILE

▶ *A* **low-profile** *military operation* ▷ *Operação militar* **discreta**, *feita* **sem alarde**
▶ *The new federal aid program has had a pretty* **low profile.** *Many parents have never heard of it.* ▷ *O novo programa federal de ajuda recebeu muito pouca* **mídia, divulgação, publicidade.** *Muitos pais nem ouviram falar dele.*

2. **discreto,** comedido, contido, moderado, modesto, sóbrio; sem estrelismo   QUIET

▶ *The CEO likes to* **keep a low profile.** ▷ *O CEO prefere ser* **discreto**, *manter um* **baixo perfil**, *ficar nos bastidores, na sombra; não gosta de* **aparecer**, *de* **chamar a atenção**, *é avesso à* **publicidade**, *ao estrelismo.*

ludicrous

- *You'd better **keep a low profile** until the whole thing blows over.* ▷ *É melhor você **evitar aparecer**, "ficar na sua" até a poeira baixar.*
- *(s.) Americans travelling to Afghanistan are advised to maintain the **lowest** possible **profile**.* ▷ *Os americanos que viajam ao Afeganistão devem manter **o máximo de discrição**.*

LUDICROUS adj.

- *Those ads make some absolutely **ludicrous** claims.* ▷ *Esses anúncios fazem promessas totalmente **ridículas, absurdas, delirantes, estapafúrdias**.*

LUKEWARM adj.

1. **morno,** tépido
- *Wash in **lukewarm** water.* ▷ *Lave em água **morna**.*

2. **sem entusiasmo**, desanimado, desinteressado, indiferente, insípido, médio, neutro; sem convicção
VAPID, LISTLESS
- *His latest book got a **lukewarm** reception.* ▷ *Seu último livro foi acolhido **sem entusiasmo**.*
- *She gave a **lukewarm** performance.* ▷ *Seu desempenho foi **insípido, desanimado, sem convicção**.*

LUMP SUM s.

quantia, soma, valor fixo, único, pago de uma só vez
- *Lottery winners can choose between 25 annual installments or a **lump sum**.* ▷ *Quem ganha na loto pode escolher entre 25 parcelas anuais ou um **pagamento único**.*

LURE v.

atrair, **seduzir**, aliciar, fascinar, induzir, tentar
- *Thousands of people have come to this big city, **lured** by promises of easy money.* ▷ *Milhares de pessoas vieram a essa grande cidade, **atraídas, seduzidas** por promessas de dinheiro fácil.*

LURK v.

espreitar, **emboscar-se**, esconder-se, ocultar-se, rondar; estar alerta, ficar emboscado, escondido, à espreita, de tocaia, de atalaia
- *Danger **lurked** around every corner.* ▷ *O perigo **espreitava, se emboscava** em cada esquina.*
- *She saw a stranger **lurking** around outside the house.* ▷ *Viu um desconhecido **rondando** a casa.*
- *The novel exposes the hidden passions **lurking** beneath the surface of a small town.* ▷ *O romance expõe as paixões **ocultas, à espreita** sob a superfície de uma cidade pequena.*

LUST s.

1. **desejo**, luxúria, sensualidade, volúpia, voluptuosidade; *inf.* tesão
- *He looked at her with **lust** in his eyes.* ▷ *Olhou-a com os olhos cheios de **desejo, volúpia, tesão**.*

2. **ânsia**, ambição, anseio, avidez, cobiça, fome, gana, sede, sofreguidão, vontade, voracidade YEARNING, GREED

▶ *Lust for power* ▷ *Sede de poder*
▶ *Lust for life* ▷ *Vontade, gana, fome de viver*

M

MACHO adj. MALE

> **Macho** NÃO é "macho" (MALE) mas sim "machista".
> *Evite a reprodução dos peixes separando os **machos** das fêmeas.* ▷ *Prevent fish reproduction by separating **males** from females.*

machista, machão

▶ *I can't stand **macho** men and male chauvinists, and there are still a lot out there.* ▷ *Não suporto **machões**, homens **machistas**, e ainda há muitos por aí.*
▶ *He's too **macho** to admit he was hurt.* ▷ *Ele é **machão** demais para reconhecer que ficou magoado.*

MAD adj.

1. **louco, doido,** demente, desequilibrado, desmiolado, desvairado, insano, lunático, maluco, tresloucado; *inf.* **pirado**

▶ *As an old man he became stark raving **mad** and was sent to an asylum.* ▷ *Na velhice ele ficou completamente **louco, doido** e foi mandado para o hospício.*

2. (acepção mais comum) **zangado**, bravo, indignado, irado; louco da vida; com raiva

▶ *Please, Dad, don't be **mad** at me.* ▷ *Por favor, papai, não fique **bravo, zangado** comigo.*
▶ *A man became so **mad** with his cellphone that he threw it out the window.* ▷ *Um homem ficou tão **irado, com** tanta **raiva** do seu celular que o jogou pela janela.*
▶ *"I'm **mad**," said the teacher. "Our kids are lagging behind."* ▷ *"Estou **louco da vida, indignado**", disse o professor. "Nossas crianças estão ficando para trás."*

MAIN adj.

principal, maior MAJOR, LEADING, KEY

▶ *Main role* ▷ *Papel **principal***
▶ *This is the **main** reason* ▷ *Essa é a **maior** razão, a razão **mais importante, de maior peso***

MAINSTREAM s., adj.

1. **predominante, grande,** comum, dominante, generalizado, lugar-comum, maior, majoritário, popular, preponderante, prevalecente, principal, reinante, tradicional, vigente PREVAILING

go mainstream

- *Mainstream morality* ▷ A moral **predominante, vigente**
- *Mainstream beliefs* ▷ As crenças da **maioria**
- *Mainstream Islam* ▷ A **corrente principal** do Islã
- *These companies promote sex videos as fun and **mainstream**.* ▷ Essas empresas promovem os vídeos de sexo como algo divertido e **comum, normal**.

2. comercial, convencional, popular, tradicional; não alternativo

- *Linux, the once-alternative operating system, is now **mainstream**.* ▷ O sistema operacional Linux, antes alternativo, agora é **comercial, popular, lugar-comum** no mercado.
- *Mainstream media vs. alternative media* ▷ A mídia **comercial**, a **grande** mídia vs. a mídia alternativa
- *Mainstream movies vs. alternative / indie movies* ▷ Filmes **comerciais, dos grandes estúdios, cinema de Hollywood, "cinemão", "cinemão-pipoca"** vs. filmes alternativos, independentes
- *(subst.) These new technologies seem unlikely to hit the **mainstream** soon.* ▷ Essas novas tecnologias ainda devem demorar para atingir o **mercado comercial**.

3. relativo ao sistema, à sociedade como um todo, à maioria, ao consenso   ESTABLISHMENT

- *Violence for these youths is a way of demanding the respect that **mainstream** society withholds.* ▷ Para esses rapazes, a violência é uma maneira de exigir o respeito que a **sociedade, o sistema, o sistema social vigente** lhes nega.

GO MAINSTREAM v.

popularizar-se, generalizar-se; torna-se normal, popular, entrar no mercado, na sociedade   POPULAR

- *Will solar energy come into the **mainstream**?* ▷ Será que a energia solar vai se **generalizar, se popularizar**?
- *Tattoo and body art have gone totally **mainstream**.* ▷ A tatuagem e a "body art" já se tornaram **normais, já foram totalmente aceitas pela sociedade**.
- *I was involved with hip-hop long before it went **mainstream**.* ▷ Eu já fazia hip-hop muito antes de ele **entrar no mercado**.

MAJOR adj.   ≠ MINOR

1. grande, maior, básico, central, crítico, crucial, decisivo, essencial, expressivo, forte, poderoso, predominante, primeiro, primordial, principal, prioritário, proeminente, valioso, vital; de grande envergadura, porte, grandes proporções; de destaque, monta, peso, porte, proa, relevo, vulto   KEY

- *The software registers all changes, **major** and minor alike.* ▷ O software registra todas as mudanças, tanto **grandes** como pequenas.
- *The President addressed the two **major** parties.* ▷ O presidente se dirigiu aos dois partidos **maiores, principais**.
- *The crisis had a major impact on the city.* ▷ A crise teve **forte** impacto sobre a cidade.
- *A **major** disaster* ▷ Desastre **de grandes proporções**
- *A **major** initiative* ▷ Iniciativa de **grande envergadura**

2. importante, relevante, grave, sério, significativo, substancial; de peso; de grande, maior, máxima importância, projeção, valia   MATERIAL

- *A **major** issue* ▷ Questão **grave, séria, da maior, máxima** importância

▶ He gave a **major** contribution to the debate. ▷ *Deu uma contribuição **importante, substancial, significativa, relevante, valiosa, de peso, de grande valia** para o debate.*

- Outras sugestões:

▶ Unless you graduate from a **major** college, you don't stand a chance to get a job. ▷ *Se você não se diplomar por uma faculdade **de renome, de primeira linha**, você não tem a menor chance de arranjar emprego.*

make DO v.   DO

make ENDS MEET v.   END

MALE s., adj.

1. (animal) **macho** FEMALE

▶ We saw three elephants, a **male** and two females. ▷ *Vimos três elefantes, um **macho** e duas fêmeas.*

2. (pessoa) **homem**, do sexo masculino MACHO

▶ An all-**male** choir ▷ *Coro **masculino**, só de **homens***
▶ **Male** chauvinist pig ▷ ***Homem** machista*

◊ **Male** e **female** são usados em inglês para fazer a distinção entre os sexos; mas em geral o português já faz isso com a terminação masculina ou feminina:

▶ We now have more *female* than **male** medical students. ▷ *Agora temos mais **alunas** do que **alunos** na escola de medicina.*
▶ We are looking for **male** and *female* teachers / doctors / nurses ▷ *Procuramos **professores** e **professoras** / **médicos** e **médicas** / **enfermeiros** e **enfermeiras***

MALICE s.

Ao contrário de "malícia" em português, **malice** é uma palavra muito forte, que indica **maldade premeditada, desejo de fazer o mal**:

Schoolboys are often victims of **malice**, sadism, and humiliation. ▷ *Muitos garotos de escola são vítimas de maldade, perfídia, **hostilidade, malevolência, ódio**, sadismo e humilhações.*

1. **má-fé, premeditação**, dolo; má intenção, más intenções; intenção maldosa, criminosa, dolosa; desígnio doloso

▶ **Malice** aforethought ▷ ***Premeditação** (em assassinato)*
▶ If she can show the reporter acted with "**malice**," then he can sue for defamation. ▷ *Se ela conseguir provar que o repórter agiu de **má-fé**, com **premeditação, intenção dolosa**, pode processá-lo por difamação.*
▶ A crime done without **malice** ▷ *Crime **não-intencional**, sem **dolo**, sem **premeditação, culpabilidade***
▶ He claimed the Union acted with **malice** towards him. ▷ *Alegou que o sindicato agiu contra ele de maneira **premeditada**.*

2. **maldade, perfídia**, acrimônia, antagonismo, hostilidade, malevolência, malignidade, ódio, sadismo, veneno EVIL

malicious

▶ *On September 11 we saw the tragic face of human **malice**.* ▷ *Em 11 de setembro vimos o rosto trágico da **maldade** humana.*
▶ *Misinformation published by pure **malice**.* ▷ *Informações erradas publicadas por pura **maldade**, **perfídia***

3. **rancor**, raiva

▶ *Bear me no **malice**.* ▷ *Não me queira **mal**, não guarde **raiva**, **rancor** contra mim.*
▶ *"With **malice** toward none; with charity for all" (Abraham Lincoln's Second Inaugural Address)* ▷ *Sem **rancor** para com ninguém, com caridade para todos.*

- Pronúncia: /**MÁ**lice/

- **Malice** NÃO significa "licenciosidade" (**lewdness, lechery**), "brejeirice" (**liveliness, playfulness**), "astúcia" (**guile, cunning**) nem "esperteza" (**cleverness**).

◊ Em português "malícia" também significa "tendência para o mal, intenção maldosa", mas é pouco usado nesse sentido. Veja nota em MALICIOUS.

MALICIOUS adj., MALICIOUSLY adv.

> **Malicious** indica **maldade** e **premeditação**:
> *A **malicious** virus can completely wipe out your hard drive.* ▷ *Um vírus **nocivo**, **maligno**, **destrutivo** (NÃO malicioso...!) pode acabar com o seu disco rígido.*

1. **premeditado**, **mal-intencionado**, deliberado, doloso, intencional, maldoso, malicioso, proposital; de má-fé DELIBERATE

▶ *He acted with **malicious** intent.* ▷ *Agiu de **má-fé**.*
▶ *Vandalism is **malicious** destruction of property.* ▷ *Vandalismo é destruição **intencional**, **premeditada** da propriedade.*
▶ *Removal of **malicious** software* ▷ *Remoção de software **mal-intencionado** (Microsoft Windows 2005)*
▶ *(adv.) He acknowledges that no one meant to **maliciously** hurt him.* ▷ *Ele reconhece que ninguém teve a intenção de magoá-lo **deliberadamente**.*

2. **maldoso**, **pérfido**, destrutivo, diabólico, hostil, maléfico, malévolo, malevolente, malfazejo, maligno, malvado, nefasto, nocivo, pernicioso, virulento WICKED, EVIL

▶ *Malicious gossip damaged his reputation.* ▷ *Boatos **maldosos**, **malévolos**, **mal-intencionados** prejudicaram sua reputação.*
▶ *"As pragas eletrônicas que se difundem via email, causando danos a milhares de computadores, estão ficando mais **virulentas**." (terra.com.br)*
▶ *(adv.) He was **maliciously** pleased over his rival's misfortune* ▷ *Sentiu uma satisfação **pérfida** com o infortúnio do rival.*

- **Malicious** NÃO significa "malicioso" no sentido de "astucioso" (CUNNING, **sly**), "brejeiro" (LIVELY, **playful**), nem "licencioso, picante" (**risqué, naughty**).

◊ Em português "malicioso" também significa "intencional, doloso", mas é mais usado nesse sentido na linguagem jurídica, formal:

▶ *"Isso é evasão fiscal, pois configura ato **malicioso** para evitar o pagamento de impostos." (Secretário da Receita Federal em "Veja")*

MAN v.

1. tripular

▶ *A crew of four astronauts will **man** the space station.* ▷ *Uma equipe de quatro astronautas vai **tripular** a estação espacial.*

▶ *(adj.) **Manned** ≠ unmanned flight* ▷ *Vôo **tripulado** ≠ não tripulado*

2. atender, cuidar, controlar, encarregar-se, manejar, trabalhar, tomar conta, ser encarregado, ficar de plantão

▶ *When I left on holidays, she stayed to **man** the shop.* ▷ *Quando saí de ferias, ela ficou para **cuidar, tomar conta** da loja.*

▶ *Volunteers were **manning** the hotline phones.* ▷ *Havia voluntários **de plantão, atendendo** os telefones de emergência.*

▶ *He **manned** the controls of the spaceship.* ▷ *Ele **manejava** os controles da nave.*

MAN-MADE adj.

> Há opções mais idiomáticas do que "feito pelo homem".

artificial, cultivado, fabricado, sintético; causado, provocado pela ação do homem; antropogênico

▶ *Man-made lake* ▷ *Lago **artificial***
▶ *Man-made pearls* ▷ *Pérolas **cultivadas***
▶ *Man-made diamonds* ▷ *Diamantes **sintéticos***
▶ *Is global warming a natural or **man-made** phenomenon?* ▷ *Será o aquecimento global um fenômeno natural ou **antropogênico, causado pela ação do homem**?*

MANAGE v.

1. administrar, dirigir, gerenciar, gerir   RUN

▶ *To **manage** a company* ▷ ***Administrar, gerir** uma empresa*

2. conseguir; dar um jeito   SUCCEED

▶ *He **managed** to smile.* ▷ ***Conseguiu** dar um sorriso.*

MANUFACTURE v.

> **Manufacture** nem sempre é "manufaturar":
> *The documents have been **manufactured** for political purposes.* ▷ *Os documentos foram **forjados** para fins políticos.*

many

1. **forjar**, criar, fabricar, inventar (falsidades)   FABRICATE, FORGE
- ▶ *They deliberately **manufacture** and disseminate lies.* ▷ *Eles **fabricam, inventam** e espalham mentiras.*

2. **manufaturar,** fabricar   PRODUCE
- ▶ *We **manufacture** cement and concrete.* ▷ ***Fabricamos** cimento e concreto.*

MANY adj.   COUNTLESS

MAR v.   RUIN, HARM

prejudicar, estragar, arruinar, comprometer, danificar, desfigurar, lesar

- ▶ *His research was **marred** by faulty methodology.* ▷ *Sua pesquisa foi **prejudicada, comprometida** por uma metodologia falha.*
- ▶ *Riots **mar** rap concert* ▷ *Tumultos **estragam** o show de rap*
- ▶ *The chair has non-**marring** padded feet.* ▷ *A cadeira tem pés revestidos, que não **estragam** o assoalho.*
- ▶ *"The cook knows his power. He knows that he alone **makes or mars** a restaurant."* (G. Orwell, "Down and Out in Paris and London") ▷ *O cozinheiro sabe o poder que tem. Ele sabe que é ele, e só ele, que **faz ou desfaz** um restaurante.*

MARINE s.

> NÃO é "marinheiro" (**sailor**), mas sim "fuzileiro naval", que serve em terra e no mar.

- ▶ *I was a **marine** in WW II.* ▷ *Fui **fuzileiro naval** na Segunda Guerra Mundial.*
- ▶ ***Marine** Corps (pronúncia: /ma-RIN cór/)* ▷ *Corpo de **Fuzileiros Navais***

MARINE adj.

marinho, aquático

- ▶ *Whales and dolphins are **marine** mammals.* ▷ *As baleias e os golfinhos são mamíferos **marinhos**.*
- ▶ ***Marine** life and plants* ▷ *Animais e plantas **marinhos** / do mar*
- ▶ ***Marine** exploration technology* ▷ *Tecnologia de exploração **marinha***

MASSIVE adj.

> Atenção, "~~massivo~~" NÃO existe em português! A grafia correta é **maciço.**

1. **maciço,** compacto, pesado, sólido
- ▶ *We produce furniture from **massive** wood.* ▷ *Fabricamos móveis de madeira **maciça**.*

2. **volumoso,** enorme, forte, imponente, intenso, possante, poderoso, violento; de grande porte, grande vulto; em massa
- ▶ *The company was facing **massive** losses.* ▷ *A empresa enfrentava prejuízos **volumosos, de grande vulto**.*

- *A **massive** iceberg* ▷ *Um **enorme** iceberg*
- ***Massive** hemorrhage* ▷ *Hemorragia **intensa***
- ***Massive** layoffs* ▷ *Cortes de pessoal **em massa***
- *Our website has suffered **massive** attacks by hackers.* ▷ *Nosso site sofreu ataques **maciços, pesados, violentos, intensos** de hackers.*

MATCH s.

1. par; casal, combinação, companheiro, correspondente, igual, irmão, jogo, parelha, semelhante, similar
COUNTERPART

- *These two form a perfect **match**.* ▷ *Esses dois formam um **par, casal** perfeito.*
- *Turn over a card and try to find its **match**.* ▷ *Vire uma carta e tente encontrar seu **par**, sua **correspondente, igual, parelha**.*
- *Learning and playing form a perfect **match**.* ▷ *Aprender e brincar formam uma **combinação** perfeita.*

2. casamento; partido

- *We have a lot in common – it was really a **match** made in heaven.* ▷ *Temos muita coisa em comum – nosso **casamento** estava mesmo "escrito nas estrelas".*
- *He's a good **match** for you.* ▷ *Ele é um bom **partido** para você.*
- *Matchmaker* ▷ *Casamenteira/o*

3. adversário, concorrente à altura

- *The champion finally has met his **match**.* ▷ *O campeão finalmente encontrou um **adversário à altura**.*

4. jogo, partida

- *Soccer **matches*** ▷ ***Jogos, partidas** de futebol*

MATCH v.

1. combinar, corresponder, acertar, adequar, ajustar, aliar, alinhar, associar, casar, coadunar, coincidir, conciliar, condizer, correlacionar, emparelhar, encaixar, entrosar, harmonizar, irmanar, unir; fazer a correlação, correspondência, equivalência; ser equivalente, correspondente, igual; ter afinidade FIT

- *These colors don't **match**.* ▷ *Essas cores não **combinam**.*
- *I'm so happy they're getting married – they are so **well matched**.* ▷ *Estou tão feliz que eles vão se casar – eles **combinam, se entrosam** tão bem, têm tanta **afinidade**.*
- *(Origami folding:) Make sure front and back **match** perfectly.* ▷ *A parte da frente e a de trás devem **corresponder, se encaixar, casar, coincidir** perfeitamente.*
- ***Match** the columns.* ▷ *Faça a **correspondência, correlação, associação** entre as colunas.*

2. igualar-se, corresponder, equiparar-se, ombrear-se; fazer jus, estar à altura

- *Does the new film match the **hype**?* ▷ *Será que o novo filme **corresponde, faz jus** à propaganda?*

MATCHING adj.

correspondente, análogo, comparável, complementar, condizente, duplo, equivalente, gêmeo, homólogo, idêntico, igual, irmão, par, paralelo, parecido, relacionado, relativo, semelhante, similar; do mesmo tipo; formando jogo, conjunto; combinando material

- *Find the **matching** animals.* ▷ *Encontre os animais **correspondentes**, os **pares**.*
- *I bought a skirt with a **matching** top.* ▷ *Comprei uma saia e blusa **combinando**, fazendo **jogo**, **conjunto**.*
- *He has a full head of black hair and **matching** beard.* ▷ *Tem uma basta cabeleira negra e a barba **combinando**.*

MATERIAL s.

1. **material**, materiais

- *Synthetic **materials*** ▷ ***Materiais** sintéticos*
- *Raw **material*** ▷ ***Matéria**-prima*

- Muitas vezes material significa "materiais", no plural:

- *Thank you for the useful **material** you sent me – the letters, photos and all the other items for my research.* ▷ *Obrigada pelos **materiais** tão úteis que você me enviou – as cartas, fotos e todos os outros elementos para minha pesquisa.*

2. **tecido**, fazenda FABRIC

- *Cotton **material** / synthetic **material*** ▷ ***Tecido** de algodão / **tecido** sintético*
- *I must buy some curtain **material**.* ▷ *Preciso comprar **fazenda** para cortinas.*

3. **alguém qualificado**, habilitado, que serve bem, dá para, que tem as qualificações, o perfil certo (para uma posição ou atividade)

- *The Senator is future presidential **material**.* ▷ *O senador tem **perfil**, **qualificações** para presidente.*
- *He's a charming guy, but is he husband **material**?* ▷ *Ele é encantador, mas será que **tem perfil**, **serve**, **dá para** marido?*

MATERIAL adj.

> Em inglês o adj. **material** nem sempre significa "material":
> *Your personal views are not **material** to the discussion.* ▷ *Suas opiniões pessoais não são **pertinentes** à discussão.*

1. **material**, **físico**, corpóreo

- *We try to meet the **material** and spiritual needs of ex-prisoners.* ▷ *Tentamos satisfazer as necessidades **materiais** e espirituais dos ex-presidiários.*

2. **relevante**, **pertinente** ≠ IMMATERIAL

- *Any information that is **material** to the investigation should be stated now.* ▷ *Qualquer informação **relevante**, **pertinente** para a investigação deve ser dada agora.*

3. **significativo**, **substancial**, apreciável, essencial, grave, importante, sensível; de peso MAJOR

- *No **material** changes were made to the document.* ▷ *Não foram feitas mudanças **apreciáveis**, **substanciais**, **significativas** no documento.*

MATERIALIZE v. REALIZE

materializar-se, **concretizar-se**, acontecer, aparecer, ocorrer, realizar-se, surgir; tornar-se realidade, acontecer de fato, na prática

- *Fortunately these risks never **materialized**.* ▷ *Felizmente esses riscos nunca se **materializaram**, aconteceram, ocorreram na prática.*
- *Her hopes and dreams never **materialized**.* ▷ *Suas esperanças e sonhos nunca **se realizaram**, **se concretizaram**, **se tornaram realidade**.*
- *Promises were made, but only half of the money has **materialized** so far.* ▷ *Foram feitas promessas, mas até agora só metade do dinheiro **apareceu de fato, na realidade**.*

MATTER s.

1. matéria, substância

- *Organic **matter**.* ▷ ***Matéria** orgânica*

2. assunto, questão ISSUE

- *Personal **matters** should be left out of the discussion.* ▷ ***Assuntos, questões** pessoais não devem entrar na conversa.*

3. problema

- *What's the **matter** with you?* ▷ *Qual é o **problema**? / O que acontece? / O que há com você?*
- *What's the **matter** with asking for a pay rise?* ▷ *Qual é o **problema** em pedir aumento?*

MATTER v.

importar, contar, influir, interessar, significar; ser importante, relevante; ter importância, influência, interesse, peso, relevância, significado; fazer diferença CONSEQUENCE

- *What really **matters** is that you love each other.* ▷ *O que realmente **importa, interessa, conta** é que vocês dois se amam.*
- *It hardly **matters**.* ▷ *Pouco **importa**.*
- *It **matters** very much to me.* ▷ *Para mim **faz** muita **diferença**, uma grande **diferença**.*
- *What are the issues that **matter** most?* ▷ *Quais são as questões mais **relevantes**, mais **importantes**, que têm mais **peso**?*

Na negativa: It doesn't matter

- *Não importa. / Não tem importância. / Não faz mal. / Não faz diferença. Não influi. / Não conta. / Não interessa. / Não me incomodo. / Não me importo. / Não é nada. / Tudo bem.*

NO MATTER expr.

- *The cost is the same, **no matter** where you live.* ▷ *O custo é o mesmo, **onde quer que** você more.*
- ***No matter** what the project is, she's always there to help us.* ▷ ***Qualquer que seja** / **Seja lá qual for** o projeto, ela está sempre pronta a ajudar.*
- *We are determined to get our money back, **no matter what**.* ▷ *Estamos decididos a recuperar nosso dinheiro **de qualquer maneira, seja lá como for**.*

no matter how

▶ *Don't talk to anyone, **no matter** what happens!* ▷ *Não fale com ninguém, **em hipótese alguma**, aconteça o que acontecer!*

NO MATTER HOW expr. REGARDLESS

> Evite "quão", que exige uma construção formal e pouco idiomática em português.
>
> *Emphasize your children's achievements, **no matter how** small.* ▷ *Valorize as realizações de seus filhos, **por menores que** sejam. (Melhor que "não importa o quão pequenas sejam"...!)*

por mais que, por menor que; mesmo, mesmo que, ainda que

▶ *He was doomed to a tragic destiny, **no matter** how hard he tried to overcome it.* ▷ *Estava condenado a um destino trágico, **por mais que** tentasse superá-lo.*

▶ ***No matter how*** *much time has passed, his feelings haven't changed.* ▷ ***Por mais*** *tempo **que** se tenha passado, seus sentimentos não mudaram.*

▶ *Your contribution, **no matter how** modest, is very important.* ▷ *Sua contribuição, **mesmo, ainda que** modesta, é muito importante.*

MATURE adj.

1. (sentido positivo) **maduro**, adulto

▶ *When are teenagers **mature** enough to drive?* ▷ *Quando os adolescentes já são **adultos** o suficiente, já têm **maturidade** para dirigir?*

▶ *(v.) The new field of nanotechnology should **mature** quickly and generate enormous profits.* ▷ *O novo campo da nanotecnologia deve **amadurecer** logo e gerar enormes lucros.*

2. (sentido negativo) **esgotado, saturado** ou quase; muito explorado; que já passou do pico, da fase áurea; já passado, em declínio

▶ *Auditing is seen as a "**mature**" industry, with market saturation and overcapacity.* ▷ *A auditoria é considerada uma área já "**madura**", **esgotada, saturada, muito explorada**, com saturação do mercado e excesso de oferta.*

▶ *Some experts say the PC industry is **mature**.* ▷ *Alguns especialistas dizem que no setor de computadores pessoais **a fase áurea já passou**.*

◊ "No longer subject to great expansion or development. Used of an industry, a market, or a product." [AHD]

MAYBE adv. MIGHT

talvez, possivelmente; é possível, pode ser, quem sabe, vai ver que

▶ *Try it; **maybe** he likes it.* ▷ *Experimente; **talvez, pode ser** que ele goste; **quem sabe, vai ver que** ele gosta.*

MEAN adj.

1. mesquinho, baixo, calculista, desprezível, egoísta, pequeno PETTY

▶ *That was a **mean** thing to say.* ▷ *Foi um comentário muito **baixo, mesquinho**.*

2. mau, **maldoso**, cruel, malvado MALICIOUS, WICKED

▶ *The game has some really **mean** bad guys.* ▷ *O jogo tem uns bandidos bem **malvados**.*

3. avarento, mesquinho, miserável, pão-duro, sovina MISERLY

▶ *My landlord is very **mean** with the heating.* ▷ *O dono da casa é muito **mesquinho**, **pão-duro** com o aquecimento.*

4. (gíria) **excelente**, ótimo, dez, de arrombo GREAT

▶ *I can cook a **mean** lasagna.* ▷ *Sei fazer uma lasanha **de arrombo**.*

♪ *"That deaf, dumb and blind kid sure plays a **mean** pinball" (...) "Pinball Wizard", de "Tommy", por Peter Townshend (...)*

MEAN v.

1. significar, **querer dizer**, indicar; entender por, falar de algo, referir-se a, ter em mente

▶ *What does "democracy" **mean**?* ▷ *O que **significa**, o que se **entende por** "democracia"?*
▶ *What do you **mean**?* ▷ *O que você **quer dizer**? Como assim?*
▶ *That's not what I **meant**.* ▷ *Não é isso que eu **quis dizer**, que eu **tinha em mente**. / Não é a isso que eu estava me **referindo**.*
▶ *These red marks **mean** that the skin is very sensitive.* ▷ *Essas marcas vermelhas **indicam** que a pele é muito sensível.*

2. tencionar; **ter a intenção**, o propósito; fazer intencionalmente, conscientemente, voluntariamente, por querer, de propósito

▶ *I've been **meaning** to write you for a long time.* ▷ *Há muito tempo **tenciono**, **tenho a intenção** de lhe escrever.*
▶ *Sorry, I didn't **mean** to hurt you.* ▷ *Desculpa, não **quis** te magoar. / Não **tive intenção**. / Não fiz **por mal** / **de propósito**. / Foi **sem querer**, foi **involuntário**.*
▶ *Perhaps I was too stern, but I **meant** it for the best.* ▷ *Talvez eu tenha sido muito severo, mas **foi com** boa intenção.*

3. falar a sério, genuinamente, sinceramente EARNESTLY

▶ *Believe me, I **mean** it!* ▷ *Creia, estou **falando sério**, **sinceramente**.*
▶ *I didn't really **mean** it.* ▷ *Não **falei a sério**, **falei da boca para fora**.*

• Outras sugestões:

▶ *What do you **mean** by "democracy"?* ▷ *Qual o seu **conceito** de democracia?*
▶ *The country was settled by the English, **I mean**, the British.* ▷ *O país foi colonizado pelos ingleses, **isto é**, **quer dizer**, **ou melhor**, **aliás**, os britânicos.*
▶ *I bet he'll let us in – with a police order, **I mean**.* ▷ *Aposto que ele vai nos deixar entrar – com ordem policial, **bem entendido**.*
▶ *You know what I **mean**.* ▷ *Sabe como é.*
▶ *I really hoped to win the game, but unfortunately **it was not meant to be**.* ▷ *Eu esperava mesmo ganhar o jogo, mas infelizmente **não era para ser** / o destino não quis.*

MEEK adj.   MILD

manso, **submisso**, brando, cordato, dócil, mansinho, pacato

meet

- *"Blessed are the **meek**, for they shall inherit the earth." (Matthew 5:5)* ▷ *"Abençoados sejam os **mansos** de espírito, pois eles herdarão a terra."*
- *She never stands up for herself; she's too **meek** and mild.* ▷ *Ela nunca defende os seus direitos; é muito **submissa, cordata**.*

MEET v.

1. encontrar, reunir

- *Let's **meet** in the hall of the hotel at 9:00 p.m.* ▷ *Vamos nos **encontrar**, nos **reunir** no saguão do hotel às 21:00 h.*

2. conhecer, ser apresentado

- *I was new in town and anxious to **meet** some girls.* ▷ *Eu era novo na cidade e queria **conhecer** algumas moças.*
- *The first time I **met** him I was still single.* ▷ *Quando eu o **conheci**, quando **fui apresentada** a ele eu ainda era solteira.*

3. cumprir, acatar, aceitar, obedecer, observar COMPLY

- *We must **meet** the new environmental norms.* ▷ *Precisamos **cumprir, obedecer, acatar, observar** as novas leis ambientais.*

4. alcançar, satisfazer, atender, atingir corresponder, preencher, realizar; dar conta; fazer jus

- *Schools that fail to **meet** standards will receive warning.* ▷ *As escolas que não **alcançarem, atingirem** os padrões de qualidade serão advertidas.*
- *How can you meet the refugees' needs?* ▷ *Como **atender, satisfazer** as necessidades dos refugiados?*
- *The company was unable to **meet** its financial projections.* ▷ *A empresa não conseguiu **realizar, atingir, alcançar** suas projeções financeiras.*
- *Does the candidate **meet** all the requirements?* ▷ *O candidato **satisfaz, preenche** todos os requisitos?*
- *It's hard for a child to **meet** such high expectations.* ▷ *É difícil para uma criança **corresponder, dar conta, fazer jus** a expectativas tão altas.*

MELLOW adj.

1. (pessoa) **sossegado, tranqüilo**, afável, brando, dócil, gentil, maleável, meigo, moderado, relaxado, tolerante; *inf.* maneiro EASY-GOING, GENIAL

- *The old man is finally getting more **mellow** now.* ▷ *Com a idade o velho está finalmente **amolecendo**, ficando mais **brando, tranqüilo, tolerante, maneiro**.*

2. (coisa) **suave, tranqüilo**, agradável, ameno, brando, calmo, doce, macio; *inf.* relax, numa boa MILD

- *We talked in the **mellow** evening sunlight.* ▷ *Conversamos na luz **suave** do fim de tarde.*
- *Conversations ran to children, hobbies, pets – the mood was really **mellow**.* ▷ *Conversamos sobre filhos, hobbies, cachorros e gatos – foi tudo muito **tranqüilo, relax, numa boa**.*
- *(voz) He's a country singer with a rich, **mellow** voice.* ▷ *É um cantor country com uma voz rica e **melodiosa, cheia, harmoniosa**.*
- *(s.) Sorry! I didn't mean to harsh your **mellow**, man!* ▷ *Desculpe, não queria cortar seu **barato**!*

MELLOW, MELLOW OUT v.

relaxar, **abrandar**, abrandar-se, acalmar, amaciar, amainar, amansar, amolecer, serenar, sossegar, suavizar-se; tornar-se mais agradável, calmo, suave, tranqüilo

▶ *She used to be very impatient, but she has **mellowed** over the years.* ▷ *Era muito impaciente, mas com a idade ela **relaxou, amoleceu**, ficou mais **calma**, **tranqüila**, **sossegada**.*

▶ *Don't be so tough on yourself, Jim – **mellow out!*** ▷ *Não seja tão duro com você mesmo, Jim – **relaxe!***

▶ *"Ozzy Osbourne has **mellowed** from wild man of heavy rock to reality show star." (cnn.com)* ▷ *Ozzy **amaciou** – passou de roqueiro rebelde a estrela de reality shows.*

MELTING POT s.

cadinho, amálgama, complexo, composto, confluência, conjunto, coquetel, diversidade, fusão, híbrido, integração, mescla, miscelânea, mistura, *pot-pourri*, reunião, salada; sociedade multicultural, cosmopolita; caldo, encontro de culturas; *inf.* caldeirão, liquidificador cultural

▶ *America is becoming a nation of blended races and ethnic groups, a real **melting pot**.* ▷ *A América está se tornando um país de mistura de raças e grupos étnicos, um verdadeiro **cadinho, amálgama de culturas, caldeirão, liquidificador cultural**, uma **sociedade multicultural**.*

▶ *"O Canadá não é uma sociedade homogênea, mas sim **rica em uma diversidade de culturas e crenças**." (intercambiocultural.com.br)*

▶ *"O país... vai sugando, vai mesclando, vai diluindo o que era específico da cultura do imigrante e dali resulta um **caldo cultural e social unitário**." (Artur da Távola)*

MEMBER s.   LIMB

membro, componente, afiliado, associado, elemento, filiado, integrante, participante, pertencente, pessoa, quadro, sócio

▶ *Several union **members** were laid off.* ▷ *Vários **membros** do sindicato foram despedidos.*

▶ *Club **members** only* ▷ *Só para **sócios, associados** do clube*

▶ *Band **members** must purchase their own instruments.* ▷ *Os **componentes** da banda devem comprar seus instrumentos.*

▶ *One **member** of the expedition died.* ▷ *Um **integrante, participante, elemento** da expedição morreu.*

▶ *"A senadora é tradicional **quadro** do PT." (JB)*

• Sugestões para evitar "membro":

▶ *When the professor walked in the Main Hall, all **members** stood up.* ▷ *Quando o professor entrou no Salão Nobre, **todos os presentes** / **todos** (melhor que "todos os membros"...!) se levantaram.*

• Usar "pertencer", "fazer parte":

▶ *They are **members** of a secret society.* ▷ *Eles **pertencem, fazem parte** de uma sociedade secreta.*

• Usar uma palavra específica:

▶ *Some **audience members** protested.* ▷ *Alguns **espectadores** protestaram.*

▶ *Police were warned by a **member of the public**.* ▷ *A polícia foi alertada por um **cidadão**.*

▶ ***Member** of Parliament* ▷ *Deputado*

▶ *Council **member*** ▷ *Vereador*

mere

- *Family **members** ▷ **Familiares**, parentes*
- *Faculty **member** ▷ **Professor***

MERE adj., MERELY adv.

mero, reles, simples

- ***Mere** coincidence ▷ **Mera** coincidência*
- *I was a **mere** freshman then. ▷ Nessa época eu era um **reles** calouro.*

• Usar **"não passar de"**:

- *You're a **mere** child. ▷ Você **não passa** de uma criança.*

• Usar: **apenas, só**

- *These are **mere** words; we want to see the facts. ▷ São **apenas** palavras; queremos ver os fatos.*
- *I wasn't complaining. I **merely** said that I was tired. ▷ Eu não estava reclamando. **Só, apenas, simplesmente** falei que estava cansado.*

• Outras sugestões:

- *I **merely** laughed at his words. ▷ **Limitei**-me a rir das suas palavras.*
- *This **merely** reinforces the situation. ▷ Isso **não faz mais que** reforçar a situação. / Isso **só serve para** reforçar a situação.*

MERGE v.   JOIN, LINK

fundir, **mesclar**, aglutinar, amalgamar, casar, combinar, congregar, conjugar, incorporar, juntar, unir

- *The two rivers **merge** shortly before emptying into the ocean. ▷ Os dois rios se **unem** logo antes de desembocar no mar.*
- *The performance tries to **merge** painting, sculpture, dance, and theater. ▷ A apresentação tenta **unir**, **fundir**, **combinar** pintura, escultura, dança e teatro.*

MESS s., MESSY adj.

1. **confusão**, **desordem**, balbúrdia, babel, baderna, barafunda, caos, carnaval, desorganização, imbróglio, mixórdia, salada, trapalhada; *inf.* bagunça, zona, zorra

- *The kitchen was in a terrible **mess**. ▷ Na cozinha reinava uma terrível **confusão, desordem**. / A cozinha estava numa **baderna, barafunda, balbúrdia, mixórdia, bagunça, zona** terrível.*
- *His personal life was in a **mess**. ▷ Sua vida pessoal estava um **caos**.*
- *A **messy** bedroom ▷ Um quarto todo **desarrumado, bagunçado, em desordem***

2. **problema**, **encrenca**, atrapalhação, complicação, confusão, qüiproquó   TROUBLE

- *How did you get in such a **mess**? ▷ Como você foi se meter numa **encrenca, confusão** dessas?*
- *A **messy** affair ▷ Um caso **complicado, enrolado***

3. **sujeira**

- *I promise I'll clean this **mess** up. ▷ Prometo que vou limpar essa **sujeira** toda.*
- *There were **messy** bits of food all over the floor. ▷ O chão estava todo **sujo, grudento** com restos de comida.*

mild

METRO adj.

1. metrô (= subway, TUBE)

▶ *Take the **Metro** to Union Station.* ▷ *Pegue o **metrô** até Union Station..*

2. metropolitano (relativo à grande cidade, incluindo subúrbios e arredores) SUBURB

▶ *Hotels in the Chicago **metro** area (= greater Chicago)* ▷ *Hotéis na **grande** Chicago*
▶ *The city's **metro** population has grown 40 percent in the last decade.* ▷ *A população da **área metropolitana** da cidade, da cidade e seus arredores cresceu 40% na última década.*

METTLE s. STAMINA

fibra, coragem, ânimo, brio, determinação, energia, espírito, estofo, firmeza, têmpera, valor, vigor; *inf.* garra, pique, raça, tutano

▶ *The team had a chance to prove their **mettle**.* ▷ *O time teve chance de provar que tem **garra, fibra, raça**.*
▶ *That was his chance to show his **mettle** as a leader.* ▷ *Essa era a chance de provar seu **valor**, sua **coragem e determinação** como líder.*

MIGHT s. CLOUT, MUSCLE

poder, influência, poderio, potência; força bruta

▶ *Japan is worried with the rising **might** of Beijing.* ▷ *O Japão se preocupa com o **poder, poderio** cada vez maior de Pequim.*
▶ *We must use our full **might** to defeat our enemies.* ▷ *Precisamos usar toda a nossa **força, potência** para derrotar nossos inimigos.*
▶ *"**Might** is right."* ▷ *O mais forte sempre tem razão.*

MIGHT (forma verbal de may)

poderia

▶ *This **might** be a solution.* ▷ *Essa **poderia** ser uma solução.*

• Usar: talvez, quem sabe, é possível

▶ *Lower your voice – someone **might** be trying to hear our conversation.* ▷ *Fale baixo – **talvez** haja alguém tentando ouvir a nossa conversa. [Melhor que "alguém pode estar tentando ouvir".]*
▶ *I **might** go.* ▷ ***Talvez** eu vá. / **É possível** que eu vá.*
▶ *The solution **might** be right in front of us.* ▷ ***Quem sabe** a solução está bem na nossa frente.*

MILD adj. GENTLE, KIND

1. (pessoa) **afável**, amável, calmo, delicado, doce, dócil, gentil, manso

▶ *He was a gentle, **mild**-mannered man.* ▷ *Era um homem gentil, de maneiras **afáveis**.*

2. (coisa) **ameno**, agradável, aprazível, brando, moderado, suave, temperado MELLOW

▶ *We've had a mild winter.* ▷ *Tivemos um inverno **ameno, suave, brando**.*

3. leve, ligeiro, brando, fraco

- A **mild** sedative ▷ Sedativo **leve, fraco**
- It's just a **mild** throat infection. ▷ É só uma **leve** infecção na garganta.
- The economy is in a **mild** slump. ▷ A economia está numa **leve, ligeira** queda.

MINGLE v. MIX

MINOR adj. ≠ MAJOR

1. pequeno, menor, irrelevante, secundário; menos importante, de somenos importância; de pouca gravidade, relevância, seriedade IMMATERIAL

- Good camera with some **minor** flaws ▷ Boa câmera com algumas falhas **pequenas, irrelevantes, sem gravidade, de somenos importância**
- There are many **minor** characters in the play. ▷ Há muitos personagens **secundários** na peça.

2. inferior, limitado, marginal, trivial; nada de especial

- This is a very **minor** film. ▷ É um filme **menor, inferior, trivial, sem importância, sem nada de especial.**

MINUTE adj. TINY

> NÃO confunda com o *subst.* **minute,** "minuto".

diminuto, minúsculo, pequenino

- *Nanotechnology will enable us to create* minute *engines.* ▷ A nanotecnologia nos permitirá criar motores **diminutos, pequeníssimos.**
- The picture was painted in **minute** detail. ▷ O quadro foi pintado em detalhes **minúsculos, milimétricos.**
- The director planned his film down to the **minutest** detail. ▷ O diretor planejou o filme até os **mínimos** detalhes.

• Atenção à pronúncia – note a diferença:

- (subst.) /**MÍ**nit/ Wait a **minute**, please. ▷ Espere um **minuto**, por favor.
- (adj.) /mai**NÚT**/ A **minute** quantity ▷ Uma quantidade **diminuta**

MISCHIEF s., MISCHIEVOUS adj.

1. travessura, traquinagem, brincadeira, confusão, diabrura, estripulia, malandragem, molecagem, peraltice

- When I was a kid I used to get into all kinds of **mischief**. ▷ Quando eu era pequeno vivia me metendo em **confusões, encrencas,** aprontando **estripulias, molecagens** de todo tipo.
- (adj.) He was a very **mischievous** boy who loved to play funny tricks on people. ▷ Era um menino muito **travesso, arteiro, bagunceiro, peralta, terrível, levado da breca**, que gostava de pregar peças em todo mundo.

miserable

▶ *"I feel great," said the old man with a **mischievous** grin.* ▷ *"Estou ótimo", disse o velho, com um sorriso **brincalhão, maroto, malandro, gaiato**.*

2. **dano**, prejuízo, mal, maldade   HARM, MALICE

▶ *Hackers have caused a lot of **mischief**.* ▷ *Os hackers já fizeram muito **mal**, já causaram muitos **danos, prejuízos**.*

MISER s., MISERLY adj.   ≠ MISERABLE

1. **avarento**, avaro, esganado, mesquinho, miserável, sovina; *inf.* **pão-duro**, fominha, mão-de-vaca, muquirana, unha-de-fome

▶ *Moliere's play "The **Miser**" pokes fun at a **miserly** man, Harpagon.* ▷ *"O **Avarento**", peça de Molière, ridiculariza o **sovina** Harpagão.*

▶ *The old man was a **miser** who would not provide enough food for his workmen.* ▷ *O velho era um **pão-duro**, tão **muquirana**, **miserável** que regulava a comida dos empregados.*

2. **econômico**, poupador (usado, com certa ironia, no sentido positivo)

▶ *Got a question about saving money? Ask "**Miserly** Moms".* ▷ *Você tem dúvidas sobre economizar dinheiro? Pergunte às "Mães **Econômicas**".*

MISERABLE adj.

> **Miserable** NÃO é "miserável" no sentido de "avarento" (MISER, MISERLY, STINGY).
> *After the divorce I was feeling pretty **miserable**.* ▷ *Depois do divórcio fiquei me sentindo muito **infeliz**.*

1. **miserável**, **pobre**, paupérrimo   POOR

▶ *He lived in a **miserable** garret.* ▷ *Vivia numa **pobre**, **miserável** mansarda.*
▶ *The war left a **miserable** population.* ▷ *A guerra deixou uma população de **miseráveis**, de gente **paupérrima**.*

2. **miserável**, **infeliz**, aflito, angustiado, desafortunado, desconsolado, desditoso, desgostoso, desgraçado, desolado, mísero, triste; pobre coitado   DEJECTED

▶ *The poor child's been so **miserable** since her dog died.* ▷ *Pobre criança, está tão **infeliz**, **desconsolada** desde que o cachorro morreu.*

3. **péssimo**, deplorável, horrível, infernal, lamentável, lastimável, terrível, triste   APPALLING, ABYSMAL

▶ *We've had **miserable** weather over the weekend.* ▷ *O tempo esteve **péssimo**, **horrível** no fim de semana.*
▶ *It's **miserable** when a good football match is followed by crowd mayhem.* ▷ *É **deplorável**, **lamentável**, **triste** quando um bom jogo de futebol é seguido de tumulto e violência do público.*
▶ *Afghan women led a **miserable** life under Taliban rule.* ▷ *As mulheres afegãs levavam uma vida **desgraçada**, **miserável**, **terrível** no regime Talibã.*
▶ *You're making my life **miserable**!* ▷ *Você está fazendo da minha vida um **inferno**!*

MISERY s.   SORROW

> **Misery** em geral NÃO é "miséria" no sentido de "pobreza extrema" (**poverty, squalor**), mas sim de "infelicidade":
>
> *The cold increased the **misery** of the refugees.* ▷ *O frio aumentou o **sofrimento, infortúnio, a desgraça** dos refugiados.*

infelicidade, sofrimento, adversidade, aflição, angústia, ansiedade, desdita, desgraça, desventura, inferno, infortúnio, miséria, tormento

- *Her face was a picture of **misery**.* ▷ *Seu rosto era o retrato da **infelicidade**, do **sofrimento**.*
- *Ten years of marriage made her life a **misery**.* ▷ *Dez anos de casamento fizeram da sua vida um **tormento, inferno**.*
- *The best thing for that old ailing animal was to put him out of his **misery**.* ▷ *A melhor coisa para aquele animal velho e doente era acabar com seu **sofrimento**.*

- Note o plural "miseries" – NÃO traduzir por "~~misérias~~"...!
- *Increasing urbanization brings new **miseries**.* ▷ *O aumento da urbanização traz novas **desgraças**, novos **sofrimentos, infortúnios**.*

MISLEAD v.

induzir ao erro, fazer acreditar erroneamente; enganar, iludir, agir de má-fé   DECEIVE, CHEAT

- *This ad can **mislead** consumers into believing that they will be getting valuable prizes.* ▷ *Esse anúncio pode **fazer** o consumidor **acreditar, erroneamente**, que ganhará prêmios valiosos.*
- *Some Wall Street analysts **misled** investors by publicly praising junk stocks.* ▷ *Alguns analistas financeiros **enganaram** o público, **agiram de má-fé** ao elogiar em público papéis sem valor.*

MISLEADING adj.   DECEIVING

enganador, enganoso, ardiloso, especioso, falacioso, falaz, falso, ilusório, mistificador, quimérico; que induz a erro, leva a resultados errôneos

- *These leaflets contain wrong and **misleading** information.* ▷ *Esses folhetos contêm informações erradas e **enganadoras, que induzem a erro**.*
- ***Misleading** ads* ▷ *Anúncios **enganosos, ilusórios***
- ***Misleading** arguments* ▷ *Argumentos **especiosos, falaciosos***
- *Many scientists say animal research is wasteful and **misleading**.* ▷ *Muitos cientistas afirmam que a pesquisa com animais é um desperdício e **leva a resultados errôneos**.*

MISS v.

1. errar, perder; não acertar, errar o alvo, não conseguir, não alcançar, deixar de atingir   FAIL

- *He shot and **missed**.* ▷ *Tentou chutar em gol, mas **errou**.*
- *We came very close to qualifying for the semifinals but **missed** by a hair.* ▷ *Chegamos pertíssimo de nos qualificarmos para as semifinais mas não **conseguimos, perdemos** por um fio.*

▶ *The company **missed** its financial goals for this quarter.* ▷ *A empresa **não conseguiu alcançar** seus objetivos financeiros para este trimestre.*

2. **perder,** ignorar; não perceber, não ver; deixar escapar, deixar passar

▶ *I **missed** the bus / an important deadline.* ▷ ***Perdi** o ônibus / um prazo importante.*
▶ *Many scholars have **missed** this theme.* ▷ *Muitos estudiosos **não viram, não perceberam, deixaram escapar** esse tema.*
▶ *"If you obey all the rules, you **miss** all the fun". (Katharine Hepburn)* ▷ *Se você obedecer a todas as regras, vai **perder, deixar passar, deixar de curtir** todo o prazer na vida.*

3. **sentir falta,** saudades YEARN

▶ *I **miss** my family.* ▷ *Sinto **falta, saudades** da minha família.*

MISS the point v. POINT

MISSING adj.

desaparecido, perdido, extraviado, faltando

▶ *Families look for **missing** relatives* ▷ *Famílias procuram os parentes **desaparecidos***
▶ ***Missing** link* ▷ *Elo **perdido***
▶ *The books arrived with **missing** pages.* ▷ *Os livros chegaram com várias páginas **faltando.***
▶ *The **missing** pictures created quite a stir.* ▷ *O **sumiço** dos quadros causou grande agitação.*
▶ *She noticed several books were **missing.*** ▷ *Ela **deu por falta** de vários livros.*

MIX s., v.

1. **mistura, mescla,** amálgama, combinação, híbrido

▶ *Cake **mix*** ▷ ***Mistura** para bolo*
▶ *We apply a **mix** of different teaching methods.* ▷ *Utilizamos uma **combinação, mescla** de diversos métodos de ensino.*
▶ *The solution is a **mix** of new and traditional technologies.* ▷ *A solução é um **híbrido** de tecnologias novas e tradicionais.*
▶ *I always take some **trail mix** when I go trekking.* ▷ *Sempre levo **granola** quando vou caminhar.*
▶ *(v.) Oil does not **mix** with water.* ▷ *O óleo não se **mistura** com a água.*
▶ *I don't get **mixed** in other people's business.* ▷ *Não me **meto,** não me **misturo** nos negócios alheios.*

2. **entrosar-se, enturmar-se,** adaptar-se; fazer amigos BELONG

▶ *Tommy doesn't **mix** well with the other children.* ▷ *Tommy não se **entrosa,** não se **enturma** com as outras crianças.*

good mixer s.

▶ *My daughter is a **good mixer.*** ▷ *Minha filha se **entrosa** rápido, **faz amigos** com facilidade, é muito **dada, sociável,** logo encontra ambiente.*

MIXED adj.

1. **misto, variado,** diversificado, diverso, heterogêneo, sortido, variegado

mixed feelings

- *Mixed economy* ▷ Economia **mista, diversificada**
- *We got some pretty **mixed** reactions.* ▷ Recebemos reações bem **variadas, diversas.**
- ***Mixed** assortment of Christmas cards* ▷ Estoque **sortido, variado** de cartões de Natal
- *Teaching a **mixed** group of learners* ▷ Como lecionar para uma classe **heterogênea**

2. irregular, contraditório, relativo INCONSISTENT

- *The president had **mixed** success / **mixed** results in implementing reforms.* ▷ O presidente teve um sucesso **relativo** / resultados **irregulares** na implementação das reformas.
- *Investors received **mixed** signals from Motorola.* ▷ Os investidores receberam sinais **contraditórios** da Motorola.

MIXED FEELINGS, MIXED EMOTIONS

ambivalência; sentimentos contraditórios, ambivalentes, conflitantes, conflituosos, confusos, dúbios, mistos; ambivalência emocional, afetos divididos

- *It is normal to have **mixed feelings** about motherhood.* ▷ É normal ter **sentimentos conflitantes, contraditórios, dúbios** sobre a maternidade.
- *Feeling lucky, but mourning their dead, survivors had **mixed emotions**.* ▷ Agradecendo à sorte, mas chorando seus mortos, os sobreviventes tinham **emoções contraditórias.**
- *"No Japão, a URSS, a China e até os EUA são encarados com **sentimentos mistos**. Nenhuma ressalva existe em relação ao Brasil." (Paulo Rónai, "Pois É")*

● Usar: sentir-se dividido

- *The bride had **mixed feelings**, since she was marrying a man she hardly knows.* ▷ A noiva **se sentia dividida**, casando com um homem que ela mal conhece.

MOB s.

1. turba, multidão, aglomeração, horda, magote, massa, turbamulta; gangue, bando CROWD, GANG

- *An angry **mob** of demonstrators* ▷ **Multidão, massa** de manifestantes irados
- *The fearless detective must face the criminal and his **mob**.* ▷ O corajoso detetive precisa enfrentar o criminoso e sua **gangue.**

2. (também com inicial maiúscula) **a Máfia**, o crime organizado

- *The suspect has links to the **Mob** / the **mob**.* ▷ O suspeito tem ligações com a **Máfia**, com o **crime organizado.**

MOBSTER s.

mafioso, membro de uma gangue organizada

- *Mobsters arrested after police operation* ▷ **Mafiosos** presos após operação policial

MOCK v., MOCKING adj., MOCKERY s.   SCORN

zombar, caçoar, achincalhar, debochar, desmoralizar, escarnecer, ironizar, mofar, ridicularizar, rir, troçar; fazer chacota, galhofa; mangar com alguém; *inf.* avacalhar, gozar, mexer, tirar um sarro

- All the kids teased me and **mocked** me about my clothes, my accent. ▷ Todas as crianças mexiam comigo e **zombavam, debochavam, caçoavam, ridicularizavam, riam** das minhas roupas, do meu sotaque.
- (adj.) Their **mocking** laughter filled me with rage. ▷ Aquelas risadas **debochadas, sarcásticas** me enchiam de raiva.
- (subst.) Their **mockery** really hurt me. ▷ Seu **escárnio, sarcasmo** me magoava muito.
- This site is dedicated to making a **mockery** out of all things adored by the general public. ▷ Este site se dedica a **caçoar, gozar, avacalhar, tirar sarro** de todas as coisas que o público adora.
- We can't let them make a **mockery** of the law. ▷ Não podemos deixá-los **achincalhar, escarnecer** da lei.

MODEST adj., MODESTY s.

1. **recatado**, **decente**, casto, decoroso, discreto, pudico, reservado, sóbrio; que tem vergonha de ficar nu
SHY

- I want my daughter to be **modest**. ▷ Quero que minha filha seja **recatada, discreta**, tenha **pudor**.
- Many girls are tired of sexy styles and want more **modest** clothes. ▷ Muitas garotas estão cansadas dessa moda tão sexy e querem usar roupas mais **decentes**, querem se vestir com mais **recato, decoro, pudor**.
- (subst.) There were ten men sleeping in a tiny room. In such circumstances you can't be **modest** / there's no room for **modesty**. ▷ Havia dez homens dormindo num quartinho minúsculo. Nessas circunstâncias não se pode ser **recatado, pudico, ter vergonha de ficar nu**.

2. **modesto**, **simples**, desafetado, despojado, despretensioso, moderado, parco, sóbrio

- He's very **modest** about his success / the very picture of **modesty**. ▷ Quanto ao seu sucesso, ele é muito **modesto, despretensioso** / o retrato da **modéstia**.
- Indices of health and nutrition range from low to **modest**. ▷ Os indicadores de saúde e nutrição variam de baixos a **moderados**.

MOMENTOUS adj.   KEY

decisivo, **crucial**, crítico, grave, histórico, importante, importantíssimo, sério, vital; da maior, máxima importância; de grande significado

- A **momentous** decision ▷ Decisão **crucial, da máxima importância**
- Both 1789 and 1989 were **momentous** years in European history. ▷ Tanto 1789 como 1989 foram anos **decisivos, históricos, de grande significado, da maior importância** na história da Europa.
- A sensible child, everything was **momentous** to her. ▷ Criança sensível, tudo para ela era assunto **sério, grave, importantíssimo**.

MOMENTUM s.

> **Momentum** (exceto na física) NÃO é "momento" (**moment**), mas sim "impulso":
> Use a springboard to gain **momentum**. ▷ Use o trampolim para ganhar **impulso**.

1. **impulso**, força, ímpeto; impulso; *fig.* ânimo, embalo, fôlego, gás, ritmo   DRIVE

- The group started small and gained / gathered / built **momentum** during the 1990's. ▷ O grupo começou pequeno, mas **ganhou força, impulso, fôlego** nos anos 1990.

mood

- Usar verbos:
▶ *The economy **resumed momentum** in 1999.* ▷ *A economia voltou a **acelerar-se**, recuperou o **fôlego**, ritmo em 1999.*
▶ *Apparently, inflation is finally **losing momentum**.* ▷ *Parece que a inflação está finalmente **perdendo a força**, **arrefecendo**, **esmorecendo**, **desacelerando**.*

2. (física) **momento**, **momentum**

▶ *Consider the relation between **momentum** and energy.* ▷ *Consideremos a relação entre **momento**, **momentum** e energia.*

MOOD s.

humor, **estado de espírito**, ânimo, atmosfera, clima, disposição, espírito, inclinação, vontade; *inf.* astral, barato, cabeça, telha, veneta

▶ *Good **mood**, bad **mood*** ▷ *Bom **humor**, mau **humor***
▶ *Patient is subject to sudden, radical **mood** swings.* ▷ *A paciente é sujeita a mudanças de **humor** súbitas e radicais.*
▶ *Music relaxes me and changes my **mood**.* ▷ *A música me relaxa e muda meu **astral**, **humor**, **estado de espírito**, minha **disposição**.*
▶ *Our dog loves to sing along with us when the **mood** strikes him.* ▷ *Nosso cachorro gosta de cantar junto com a gente quando tem **vontade**, quando lhe dá na **telha**, na **veneta**.*

IN THE MOOD expr.

▶ *You have to be **in the mood** to have fun with this.* ▷ *A gente tem de estar no **clima**, no **barato**, no **astral** certo para curtir essa.*
▶ *I'm not **in the mood** for parties.* ▷ *Não estou a fim, não estou no **clima**, com **cabeça**, **disposição**, **vontade** nenhuma de ir a festas.*
♪ *"I'm **in the mood** for love / Simply because you're near me"* (Dorothy Fields)

MOODY adj.

1. temperamental, emotivo, genioso, imprevisível, impulsivo, instável, irritadiço; de lua, de mau gênio, de veneta; sujeito a altos e baixos de humor

▶ *She is one of those **moody** teenagers, changes her mood quickly.* ▷ *Ela é dessas adolescentes **temperamentais**, **geniosas**, **instáveis**, **de lua** – muda de astral toda hora.*

2. mal-humorado, **emburrado**, aborrecido, amuado, calado, carrancudo, chateado, contrariado, desgostoso, fechado, infeliz, macambúzio, melancólico, problemático, taciturno; de cara feia, amarrada

▶ *There's nothing worse than going to a restaurant and being helped by a **moody** waiter.* ▷ *Nada pior do que ir a um restaurante e ser servido por um garçom **emburrado**, **mal-humorado**, **taciturno**, **de cara feia**, **cara amarrada**.*

MOROSE adj.   GLUM, MOODY

> **Morose** NÃO é "moroso" (**slow, slow-paced**)
> *Despejar inquilinos é um processo **moroso**.* ▷ *Ejecting tenants is a **slow** procedure.*

melancólico, abatido, deprimido, desanimado, emburrado, fechado, taciturno

▶ When he left her she became depressed and **morose**, and started drinking and taking drugs. ▷ Quando ele foi embora ela ficou deprimida e **melancólica** e começou a beber e tomar drogas.

▶ I found the prisoner **morose** and bitter, lying in bed. ▷ Encontrei o prisioneiro deitado na cama, **abatido, desanimado** e amargurado.

MOST adj.

a maioria, a maior parte, praticamente todos, quase todos

▶ Most historians **accept this theory.** ▷ **A maioria, maior parte** dos historiadores aceita essa teoria.

▶ I've read most of these magazines. ▷ Já li quase todas, boa parte dessas revistas.

▶ When he got sick I did most of the nursing. ▷ Quando ele ficou doente, fui eu que cuidei dele quase, praticamente o tempo todo.

• Usar: em geral, de modo geral; médio, comum

▶ Most historians fail to mention this fact. ▷ Os historiadores **em geral, de modo geral** não mencionam esse fato. (Melhor que "a maioria dos historiadores ")

▶ Most managers cannot become first-rate leaders. ▷ O executivo **médio, comum**, não pode se tornar um líder de primeira linha.

• Muito usado para evitar afirmações dogmáticas. Omitir quando supérfluo: PROBABLY, APPARENTLY

▶ This is a game that **most** Harry Potter fans will enjoy. ▷ Este é um jogo que **os fãs** de Harry Potter vão curtir. [Subentende-se que são os fãs de modo geral, a maioria.]

MOSTLY adv.   LARGELY

principalmente, sobretudo; em geral; a maior parte

▶ We used to go there **mostly** because of the girls. ▷ Íamos lá **principalmente, sobretudo** por causa das garotas.

▶ The girls were **mostly** Dutch and Swedish. ▷ As meninas **em geral** eram holandesas e suecas.

MOURN v., MOURNER adj., MOURNING s., adj.

estar de luto, enlutado; prantear, chorar, lamentar

▶ She **mourned** her husband's death for many years. ▷ Ela **chorou, pranteou, ficou de luto** pela morte do marido durante muitos anos.

▶ The President **mourned** the loss of 25 seats to opposition parties. ▷ O presidente **lamentou** a perda de 25 assentos para a oposição.

▶ The rabbi comforted the **mourners** / the **mourning** parents. ▷ O rabino consolou os pais **enlutados**.

▶ (subst.) O'Neill's "**Mourning** Becomes Electra" opened in 1931. ▷ "O Luto Fica Bem em Electra", peça de O'Neill, estreou em 1931.

▶ (adj.) Invitations for the funeral should be printed on **mourning paper**. ▷ Os convites para o enterro devem ser impressos em **papel tarjado, com tarja negra**.

MOURNFUL adj.

triste, plangente, choroso, lamentoso, lamuriento, lamurioso, lastimoso, melancólico, queixoso

> *During the funeral they played some slow, **mournful** music.* ▷ *Durante o enterro, tocaram uma música lenta, **melancólica, plangente**.*

MOVE s.

1. movimento, passo; lance, jogada

> *The police are watching his every **move**.* ▷ *A polícia está vigiando todos os seus **movimentos, passos**.*
> *Do you know all the **moves** in chess?* ▷ *Você conhece todos os **lances, movimentos** do xadrez?*
> *Your **move**.* ▷ *É sua vez (de jogar).*

2. ação, manobra, ato, atitude, avanço, decisão, expediente, gesto, iniciativa, investida, lance, medida, movimento, passo, providência, tática, tentativa EFFORT

> *The president knows that the media are following all his **moves**.* ▷ *O presidente sabe que a mídia acompanha todas as suas **ações**, seus **passos, movimentos**.*
> *The company plans big layoffs, in a **move** aimed at improving its troubled finances.* ▷ *A empresa pretende fazer demissões em massa – **medida, providência, iniciativa, decisão, manobra, tentativa, tática, expediente** destinado a melhorar sua má situação financeira.*
> *In an unprecedented **move**, the summit was postponed sine die.* ▷ *Num **gesto, ato** sem precedentes, a reunião de cupula foi adiada sine die.*
> *Two mortgages? Not a wise **move**!* ▷ *Duas hipotecas? Não é uma **decisão** inteligente!*

MOVE v., MOVING adj.

> **Move** nem sempre é "mover"!
>
> *I'm **moving**.* ▷ *Estou me **mudando**. (NÃO "me movendo"...!)*

1. mover, mexer, movimentar, transferir, transportar; mudar de lugar; andar, ir, vir SHIFT

> *Don't **move**!* ▷ *Não se **mexa**!*
> *The boxes were much too heavy for me to **move**.* ▷ *Tentei **mudar** as caixas de lugar, mas eram pesadas demais.*
> *The train had already begun to **move**.* ▷ *O trem já começara a se **movimentar**, a **andar**.*
> *We saw a strange-looking man **moving** slowly toward us.* ▷ *Vimos um homem de aparência estranha **vindo** devagar na nossa direção.*

2. mudar-se (de casa)

> *When are you **moving** / **moving** house?* ▷ *Quando vocês vão **se mudar**?*
> *We have just **moved** in.* ▷ *Acabamos de **mudar** para cá.*
> *He **moved** out yesterday.* ▷ *Ele **mudou**-se daqui ontem.*

3. comover, emocionar, tocar DRAMATIC

> *His story **moved** me to tears.* ▷ *Sua história me **comoveu**, me **emocionou** até as lágrimas / me fez chorar de **emoção**.*
> *(adj.) A **moving** scene* ▷ *Cena **comovente, comovedora, emocionante, tocante***

4. agir, decidir-se; tomar iniciativas, providências

▶ *New Orleans people complain the government did not **move** fast enough after the hurricane.* ▷ *Os moradores de Nova Orleans se queixam que ou governo não **agiu**, não **tomou providências** rápidas depois do furacão.*

MOVE TO v.   ADVANCE

iniciar, lançar, propor; procurar, tentar, tratar de fazer algo, arregaçar as mangas, tomar iniciativas, providências; apresentar uma proposta; começar a agir

▶ *The President **moves** to protect endangered forests* ▷ *O presidente **decide, toma a iniciativa** de proteger as florestas ameaçadas*
▶ *Our website does not contain a complete list of our products yet but I am **moving to** make it really comprehensive.* ▷ *Nosso site ainda não contém uma lista completa de nossos produtos, mas estou **procurando, tentando, tratando de** fazê-lo bem abrangente.*

MUSCLE s., MUSCULAR adj.

1. músculo

▶ *Exercises to stengthen your muscles* ▷ *Exercícios para fortalecer os músculos*

2. poder, força, influência, potência; poder de fogo; *inf.* cacife   CLOUT, ROBUST

▶ *We don't have the **financial muscle** to pay for big ad campaigns.* ▷ *Não temos **dinheiro, meios, cacife** para bancar grandes campanhas publicitárias.*
▶ *(adj.) We need more **muscular** border security.* ▷ *Precisamos de uma segurança mais **reforçada, vigorosa, sólida** nas fronteiras.*

MYSTIFY v.   BAFFLE, CONFOUND

confundir, aturdir, desconcertar, desnortear, desorientar; deixar atônito, confuso, desconcertado, pasmo, perdido, perplexo, no escuro, sem pistas, sem respostas; ser, tornar misterioso, obscuro, um mistério

▶ *The police have been thoroughly **mystified**.* ▷ *A polícia está completamente **desorientada, no escuro, sem pista alguma**.*
▶ *This poem **mystifies** me.* ▷ *Não consigo **compreender** esse poema; é muito **obscuro** para mim.*
▶ *Stonehenge has always **mystified**; no one knows precisely who built it.* ▷ *Stonehenge sempre **foi um mistério**; ninguém sabe exatamente quem o construiu.*
▶ *Many people are **mystified** by science.* ▷ *Muita gente se sente **perplexa, confusa, desnorteada** com a ciência; sente que a ciência **é algo obscuro, que lhes escapa completamente**.*

MYSTIFYING adj.   PUZZLING, ELUSIVE

misterioso, obscuro, confuso, desconcertante, difícil, emaranhado, enigmático, estranho, incompreensível, indecifrável, inexplicável, nebuloso; difícil de entender; *inf.* enrolado

▶ *After ten years her **mystifying** disappearance is still unexplained.* ▷ *Passados dez anos, seu **misterioso, enigmático** desaparecimento continua sem explicação.*
▶ *Many parents find the educational system quite **mystifying** and opaque.* ▷ *Muitos pais acham o sistema educacional **obscuro, incompreensível, indecifrável** e impenetrável.*

N

NAIVE adj., NAIVETÉ s.   GULLIBLE

ingênuo, bobinho, bobo, boboca, cândido, confiante, crédulo, criança, incauto, inexperiente, infantil, inocente, pueril, puro, simples, simplório, singelo; sem malícia, sem subterfúgios; sem sofisticação, não-sofisticado

▶ *She was just a **naive** provincial girl.* ▷ *Era apenas uma moça **ingênua, bobinha** do interior.*
▶ *He was an uneducated man and had **naive** ideas about the world.* ▷ *Era um homem sem instrução, com idéias **ingênuas, nada sofisticadas** sobre o mundo.*
▶ *(subst.) His paintings suggest a taste for provincial **naiveté**.* ▷ *Suas pinturas sugerem um gosto pela **ingenuidade, simplicidade, candura, inocência, pureza, singeleza** provinciana.*

NARROW-MINDED adj.   PHILISTINE

tacanho, bitolado, estreito, limitado, medíocre, mesquinho, míope, preconceituoso, provinciano; de espírito, mentalidade, visão, vistas, idéias, horizontes curtos, estreitos, limitados

▶ *Most people see the military as bigoted and **narrow-minded**.* ▷ *A maioria das pessoas considera os militares pessoas intolerantes e **bitoladas, tacanhas, de vistas curtas, mentalidade estreita, cabecinha limitada**.*

NAVIGATE v.

> **Navigate, navigation, navigator** são muito usados em referência a "orientação", "encontrar e seguir a rota certa". Evite usos estranhos ou ambíguos em português:
> *Some birds can **navigate** distances of 1,000 miles.* ▷ *Algumas aves conseguem **orientar-se, manter a rota** (melhor que "navegar...!") em distâncias de até mil milhas.*
> *The dolphin's echolocation system enables the dolphin to **navigate** in complete darkness.* ▷ *O sistema de ecolocalização do golfinho lhe permite **orientar-se** (melhor que "navegar"...!) em completa escuridão.*

1. **navegar** (no mar, num rio, ou num site)

▶ *Ancient Greek sailors **navigated** the Mediterranean.* ▷ *Os antigos marinheiros gregos **navegavam** pelo Mediterrâneo.*
▶ *The Amazon River may be **navigated** along its whole length.* ▷ *O rio Amazonas é **navegável** da nascente à foz.*
▶ *The site is user-friendly and easy to **navigate**.* ▷ *O site é intuitivo e fácil de **navegar**.*

2. **orientar-se**, **localizar-se**, direcionar-se, dirigir-se, nortear-se; dar, encontrar, manter a rota, direção, o caminho

▶ *Pilots, boaters, drivers, and hikers can use a GPS receiver to **navigate**.* ▷ *Pilotos, marinheiros, motoristas e excursionistas podem usar um aparelho de GPS para se **orientar, localizar**.*
▶ *Early explorers used to **navigate** by the stars.* ▷ *Os antigos exploradores **orientavam-se, encontravam a rota** pelas estrelas.*

- *It is still unclear how carrier pigeons **navigate** during the night.* ▷ *Ainda não se sabe como os pombos-correio conseguem **orientar-se, encontrar o caminho** à noite.*
- *Here's a map. I'll drive, you **navigate**.* ▷ *Pegue o mapa. Eu dirijo, você vai me **orientando, direcionando, dando a direção, mostrando o caminho**.*

3. **manobrar**, contornar, desviar, evitar, dar a volta; desviar-se dos obstáculos, evitar escolhos

- *A blind man can **navigate** around big objects by using a tiny camera wired directly to his brain.* ▷ *Um cego pode **contornar, desviar-se** dos obstáculos com uma minúscula câmera ligada diretamente ao cérebro.*
- *An executive must be skilled in **navigating** company politics.* ▷ *Um executivo deve saber **manobrar, evitar os escolhos** da política empresarial.*

4. **passar**, **atravessar**, driblar, percorrer; abrir caminho, fazer passar   NEGOTIATE

- *Navigate a maze* ▷ *Atravessar, percorrer um labirinto*
- *Navigate difficulties / bureaucracy* ▷ ***Driblar, passar** pelas dificuldades / pela burocracia*
- *He **navigated** with difficulty through the crowd.* ▷ ***Abriu caminho** pela multidão com dificuldade.*
- *The surgeon **navigated** a cateter through the brain.* ▷ *O cirurgião **fez passar** um cateter pelo cérebro.*

◊ Em português usamos "navegar" por mar ou por rio, ocasionalmente na internet. Ao contrário do inglês, NÃO "navegamos" pelas estradas nem corredores de hotel:

- *This new map helps you **navigate** the roads.* ▷ *Esse novo mapa ajuda o motorista a se **orientar** nas estradas.*
- *The hotel suffered a power failure and I had to **navigate** back to my room in utter darkness.* ▷ *Faltou luz no hotel e tive de **encontrar o caminho** de volta para o meu quarto em completa escuridão.*

NAVIGATION s.   NAVIGATE

> **Navigation** nem sempre é "navegação".
> *Scientists are working on various **navigation** aids for the blind.* ▷ *Os cientistas estão trabalhando em diversos aparelhos de auxílio à **orientação espacial** para os cegos.*

1. **navegação** (viagem por mar ou rio)

- *These rivers have rapids which limit **navigation**.* ▷ *Esses rios têm corredeiras que dificultam a **navegação**.*

2. **navegação**, **orientação espacial**, localização, posicionamento; manutenção da rota

- *In the past, **navigation** depended on the position of the stars.* ▷ *No passado, a **navegação**, **orientação espacial** dos marinheiros dependia da posição das estrelas.*
- *Pilots use radar and GPS systems as **navigation** aids.* ▷ *Os pilotos usam o radar e o GPS como auxílios à **navegação aérea**.*

NAVIGATOR s.

1. **navegante**, **navegador**

- *Ferdinand Magellan was a Portuguese **navigator**.* ▷ *Fernão de Magalhães foi um **navegante** português.*

nearly

2. **navegador, encarregado de ler o mapa**, de determinar a localização de um veículo (pode ser em terra, mar ou ar)
- ▶ *The plane had a co-pilot and a **navigator**.* ▷ *O avião tinha um co-piloto e um **navegador**.*
- ▶ *My wife is an abysmal **navigator**. She can't read a map to save her life.* ▷ *Minha mulher é péssima para **ler mapas**. Ela não conseguiria ler um mapa nem que fosse para salvar a vida.*
- ▶ *"Navegador" de internet (Explorer, Firefox)* = *Internet **browser***

NEARLY adv.   VIRTUALLY

quase, aproximadamente, praticamente; mais ou menos

- ▶ ***Nearly** all asthma deaths are preventable.* ▷ ***Quase, praticamente** todas as mortes por asma são evitáveis.*
- ▶ *This huge investment will be **nearly** impossible to recoup.* ▷ *Esse enorme investimento será **praticamente** impossível de recuperar.*

NEAT adj., NEATLY adv.

1. **nítido**, **claro**, limpo, preciso; bem definido, ordenado, organizado; em ordem CLEAR
- ▶ *The square stones form a **neat** pattern.* ▷ *As pedras quadradas formam um desenho **nítido**.*
- ▶ *Careful urban planning is evident in the **neat** arrangement of the major buildings.* ▷ *O cuidadoso planejamento urbano se evidencia no arranjo **bem organizado** dos principais edifícios.*

2. **asseado**, **alinhado**, apurado, arrumado, caprichado, caprichoso, correto, cuidadoso, esmerado, impecável
- ▶ *Clean and **neat** appearance is a must.* ▷ *É indispensável ter aparência limpa e **asseada**.*
- ▶ ***Neat** handwriting* ▷ *Caligrafia **caprichada***
- ▶ *Her bedroom is always **neat** and tidy.* ▷ *Seu quarto está sempre bem **arrumadinho**.*
- ▶ *(adv.) Your son must be taught to work more **neatly**.* ▷ *Seu filho precisa aprender a fazer as lições com mais **cuidado**, **capricho**, **esmero** / entregar as lições mais **limpas**.*

3. **bem**, muito bem, perfeitamente: bem arrumado, bem penteado, bem feito, bem cuidado, bem organizado
- ▶ *Some drugs cannot be placed **neatly** in this category.* ▷ *Algumas drogas não se encaixam **bem** nessa categoria.*
- ▶ *She wears her hair short and **neat**.* ▷ *Usa o cabelo curto e **bem** penteado, bem **arrumado**.*
- ▶ *(adv.) The girls were all **neatly** dressed and combed.* ▷ *As meninas estavam bem **arrumadinhas** e penteadinhas.*

4. (gíria) **legal**, bacana COOL
- ▶ *"I passed the exam!" "Really? That's **neat**!"* ▷ *Passei no exame!" "Mesmo? Que **legal**!"*

NECESSITATE v.

> **Necessitate** é diferente de "necessitar" (**need**) e exige outra construção.
> *Bad weather **necessitated** a change of plans.* ▷ *O mau tempo nos **obrigou, forçou** a mudar os planos.*

obrigar, **exigir**, acarretar, demandar, forçar, implicar, requerer

▶ *The increase of passengers **necessitated** the construction of a larger station building.* ▷ *O aumento no número de passageiros **obrigou, exigiu** a construção de uma estação maior.*
▶ *A position of management **necessitates** new ways of thinking.* ▷ *Uma posição executiva **demanda, exige, requer, implica, acarreta** novas maneiras de pensar.*
▶ *Her move to Canada was **necessitated** by her husband's career.* ▷ *Sua mudança para o Canadá foi **forçada, indispensável** devido à carreira do marido.*

NEGOTIATE v.

> **Negotiate** nem sempre é "negociar":
> *The only way to **negotiate** this path is on foot.* ▷ *A única maneira de **passar por** essa trilha é a pé.*

1. negociar

▶ *Learn to **negotiate** a raise.* ▷ *Aprenda a **negociar** um aumento salarial.*

2. transpor, **vencer**, atravessar, dominar, ultrapassar; conseguir passar, passar com dificuldade; encontrar o caminho (entre obstáculos) NAVIGATE

▶ *In a steeplechase you must **negotiate** several barriers.* ▷ *Numa corrida de obstáculos é preciso **transpor, ultrapassar, vencer, passar por** várias barreiras.*
▶ *He had to **negotiate his way** through countless corridors.* ▷ *Teve de **encontrar o caminho passando** por incontáveis corredores.*
▶ *Susan was trying to **negotiate** a difficult musical passage.* ▷ *Susan tentava **dominar** uma passagem musical difícil.*

NEMESIS s.

1. arquiinimigo, **grande rival**, adversário, desafeto, desafiante, inimigo, nêmese, nêmesis; grande, maior, pior, poderoso inimigo; inimigo jurado, figadal; temível rival; destruidor

▶ *The book builds up to a confrontation between Harry Potter and his **nemesis**, Lord Voldemort.* ▷ *O livro vai armando um confronto entre Harry Potter e seu **arquiinimigo**, Lord Voldemort.*
▶ *Microsoft is directly challenging its **nemesis**, Apple Computer.* ▷ *A Microsoft está desafiando diretamente sua **grande rival**, a Apple.*
▶ *The Al-Qaeda terror network is now the **nemesis** of the West.* ▷ *A rede terrorista Al-Qaeda é hoje a **nêmesis, o inimigo jurado, figadal** do Ocidente.*
▶ *"O jornalismo tem na normalidade sua **nêmesis**." (Veja)*

2. retaliação, castigo justo, merecido; justiça, punição, vingança; derrota, desgraça, queda, ruína

▶ *Economic hyper-efficiency may be its own **nemesis**.* ▷ *A hipereficiência econômica pode causar a sua própria **ruína, desgraça, derrota**.*
▶ *The CEO invited **nemesis** when he boasted of the company's finances.* ▷ *Ao vangloriar-se das finanças da empresa, o CEO chamou para si a **retaliação, vingança, merecida punição**.*

• Na mitologia grega, Nêmesis era a deusa da vingança e da justa punição:

▶ *"Hubris leads to **nemesis**," said Aristotle.* ▷ *Segundo Aristóteles, a arrogância leva à **nêmesis**. (Ou seja, leva à implacável vingança.)*

NERVE s. (gíria)   IMPUDENCE, CHUTZPAH

▶ *He had the **nerve** to tell me it was all my fault!* ▷ *Ele teve o **atrevimento**, a **audácia**, (inf.) **cara-de-pau** de me dizer que a culpa era toda minha!*

NET adj.   ≠ GROSS

(finanças) **líquido** (depois dos impostos e deduções)

▶ *Net profit* ▷ *Lucro líquido*

NETWORK s., v.

rede de contatos, conexões, relacionamentos; intercâmbio profissional ou comercial; troca de experiências

▶ *He has an excellent **network** in the French market.* ▷ *Ele tem uma excelente **rede de contatos**, é muito **bem relacionado** no mercado francês.*
▶ ***Networking** is all important.* ▷ *É importantíssimo **fazer contatos, trabalhar seus contatos, relacionamentos**.*
▶ *How to **network** your way to a job* ▷ *Como encontrar um emprego através da sua **rede de contatos***

NEVERTHELESS adv., conj.

mas, porém, todavia, contudo, entretanto; no entanto, mesmo assim, apesar disso

▶ *They knew it was illegal; **nevertheless**, they carried on.* ▷ *Eles sabiam que era ilegal; **contudo, no entanto, mesmo assim**, continuaram.*

NEW adj.   FRESH, NOVEL

NEWS s.

notícia, informação, nova, noticiário; novidade

▶ *Have you heard the good **news**?* ▷ *Já soube da boa **notícia**, das boas **novas**?*
▶ *Do you read the **news** online?* ▷ *Você lê as **notícias**, o **noticiário** na internet?*
▶ *Big **news**!* ▷ *Grande **novidade**!*

• **News** em inglês é singular, embora termine com **s**. Note o verbo:

▶ *"When the **news is** good, people are happy."* ▷ *Quando **a notícia é** boa, as pessoas ficam felizes.*

• Na tradução em geral convém usar o plural "notícias":

▶ *Latest news* ▷ *Últimas **notícias***
▶ *"Bad **news** travels fast."* ▷ *As más **notícias** correm depressa.*

• "Uma notícia", no singular: **piece of news**   PIECE

▶ *That's the best **piece of news** I've heard for a long time!* ▷ *Essa é a melhor **notícia** dos últimos tempos!*
▶ *I read a sad news item yesterday.* ▷ *Ontem li uma notícia triste.*

NICE adj.

1. (pessoa) **simpático**, **gentil**, agradável, amável, amigo, bonzinho, educado, querido; bem educado, de boa família; *inf.* legal, bacana, boa gente, gente fina FRIENDLY, POLITE

▶ *She's such a **nice** lady!* ▷ *Ela é uma senhora tão **simpática, gentil, amável, querida!***

▶ *He's a **nice** fellow.* ▷ *Ele é um cara (inf.) muito **legal, gente fina, boa-praça**.*

▶ *My mother hopes I'll meet a **nice** girl.* ▷ *Minha mãe tem esperanças de que eu conheça uma moça **boazinha, educada, de boa família**.*

2. (coisa) **bom**, **belo**, agradável, bonito, gostoso, ótimo; *inf.* legal, bacana LOVELY, COOL

▶ *They live in a **nice** apartment.* ▷ *Eles moram num **bom, belo** apartamento.*

▶ *The letter said: "Dear Friend"… That all had a **nice** ring to it.* ▷ *A carta dizia: "Caro Amigo"…. Tudo aquilo era muito **gostoso, legal, agradável**.*

Na negativa: not nice UNGRACIOUS

▶ *It's **not nice** to badmouth your coworkers.* ▷ *Não é **bonito**, é **deselegante** falar mal dos colegas.*

NIMBLE adj.   GRACEFUL

ágil, **flexível**, alerta, ativo, desembaraçado, desenvolto, destro, esperto, expedito, grácil, gracioso, lépido, ligeiro, presto, rápido, veloz, vivo; bem azeitado

▶ *Mountain goats are very **nimble**.* ▷ *As cabras montesas são muito **ágeis, lépidas**.*

▶ *The country has a **nimble** banking system.* ▷ *O país tem um sistema bancário **rápido, ágil**.*

♪ *"You're the **nimble** tread of the feet of Fred Astaire" (Cole Porter, "You're The Top")* ▷ *Você é o pisar **ligeiro, ágil, desenvolto, gracioso** dos pés de Fred Astaire*

◊ Nimble conota rapidez, facilidade e destreza de movimentos.

NOD s.

1. **gesto**, aceno de aprovação, com a cabeça

▶ *His **nod** showed that for once he agreed.* ▷ *Seu **gesto de aprovação** mostrou que dessa vez ele estava de acordo.*

▶ *Since I was forbidden to shake hands with him, we made do with a **nod** of the head.* ▷ *Como eu estava proibido de lhe apertar a mão, tínhamos de nos contentar com um **aceno** de cabeça.*

2. **aprovação**, aceitação, consentimento, crédito, elogio, louvor, reconhecimento

▶ *The show deserves a **nod** for treating sexuality frankly.* ▷ *O programa merece **louvor, crédito, reconhecimento** por tratar a sexualidade com franqueza.*

3. **indicação**, nomeação

▶ *The film got two Academy Award **nods**.* ▷ *O filme ganhou duas **indicações, nomeações** para o Oscar.*

NOD v.

> **Nod,** assim como SHAKE ONE'S HEAD, é muito usado em inglês, mas na tradução gera construções pesadas e artificiais.
> NÃO traduza como "abanar" ou "sacudir" a cabeça, pois dão a idéia de negação e não de concordância. NÃO use "chacoalhar" nem "balançar a cabeça de cima para baixo"!

- Sugestões para eliminar a palavra "cabeça":

1. fazer que sim

▶ *"Are you going along with us?" Helen **nodded**.* ▷ *"Você vem conosco?" Helen **fez que sim**.*

2. concordar, aceitar, anuir, aprovar, aquiescer, assentir, confirmar, consentir

▶ *I asked Dad if I could stay and he **nodded**.* ▷ *Perguntei ao papai se eu podia ficar, e ele **concordou, consentiu**.*
▶ *He offered me a beer, and I **nodded**.* ▷ *Ele me ofereceu uma cerveja, e eu **aceitei**.*
▶ *"What a woman!" "Yes, she's very special," **nodded** Father.* ▷ *"Que mulher!" "Sim, ela é muito especial", **concordou** o pai.*

3. cumprimentar

▶ *People were arriving and **nodding** to one another.* ▷ *As pessoas iam chegando e se **cumprimentando**.*

4. cabecear, cochilar

▶ *The old men **nodded off** on the train.* ▷ *No trem, os velhos **cabeceavam** de sono.*

- Eliminar nos diálogos, acrescentando "Sim" ou outras palavras afirmativas:

▶ *"Is he the robber?" I **nodded** earnestly, "That's him!"* ▷ *"É esse aí o ladrão?" "**Sim, é ele!**"*
▶ *"You must have been terribly afraid." I **nodded**: "I sure did."* ▷ *"Você deve ter ficado com um medo louco." "**Sim, fiquei mesmo.**"*
▶ *"Are you going out tonight?" She **nodded**: "I have a date with Rick."* ▷ *"Você vai sair hoje?" "**Vou**. Tenho um encontro com o Rick."*
▶ *"So you got married?" I **nodded**.* ▷ *"Então você se casou?" "**Pois é.**"*

- Expressões COM "a cabeça": **dar um sim, um alô de cabeça**; fazer um aceno, gesto, sinal de cabeça; **anuir,** assentir, consentir, cumprimentar, concordar, confirmar, responder com a cabeça

▶ *The boss **nodded** hello.* ▷ *O chefe deu um **alô de cabeça** / **cumprimentou** com um **sinal, um aceno de cabeça**.*

- Exemplos de autores brasileiros:

▶ *"As moças os **cumprimentam** discretamente, com um leve **gesto de cabeça**."* (Rubem Braga)
▶ *"Me **disse adeus com a cabeça**"* (Carlos Drummond de Andrade, "Cantiga de Viúvo")
▶ *"José Dias percebeu e **agradeceu com a cabeça**."* (Machado de Assis, "Dom Casmurro")
▶ *"Pegou-lhe nas duas mãos, sorrindo, e **respondeu com a cabeça** que sim"... "Rubião **opinava de cabeça**".... "Sempre **cabeceando** com aplauso".... "Os **apoiados de cabeça**".... (Machado de Assis, "Quincas Borba")

NOISE s.

▶ *I could hardly hear him with all that **noise** in the back.* ▷ *Quase não consegui ouvi-lo com todo aquele barulho, aquela **barulheira**, **balbúrdia**, aquele **vozerio** no fundo.*

NONCHALANT adj.   CASUAL, COOL

fleumático, **displicente**, *blasé*, calmo, composto, desinteressado, despreocupado, distanciado, distante, impassível, imperturbável, indiferente; *inf.* como quem não quer nada

▶ *He was leaning on the bar, trying to look cool and **nonchalant**.* ▷ *Estava apoiado no balcão tentando parecer **indiferente**, **blasé**, **desinteressado**, numa atitude **fleumática**, **displicente**.*
▶ *How can these electricians be so **nonchalant** about these high voltage cables?* ▷ *Como podem esses eletricistas ser tão **calmos**, **indiferentes**, **despreocupados** com esses cabos de alta voltagem?*

NONDESCRIPT adj.

banal, anônimo, comum, inclassificável, indefinido, inexpressivo, insípido, insosso, padronizado, qualquer, trivial; igual a todos; sem nada de especial, sem graça, sem rosto, sem personalidade

▶ *All you see here are grey, ugly **nondescript** blocks of flats.* ▷ *Aqui a gente só vê blocos de apartamentos cinzentos e feios, **banais**, **comuns**, **triviais**, **anônimos**, **padronizados**, **todos iguais**.*
▶ *After years of churning out **nondescript** cars, GM has decided to hire some new, hot designers.* ▷ *Depois de anos produzindo carros **insossos**, **sem graça**, **sem personalidade**, **sem nada de especial**, a GM decidiu contratar novos designers mais "quentes".*
▶ *He was raised in a **nondescript** Chicago suburb.* ▷ *Foi criado num subúrbio **qualquer** de Chicago, **igual a tantos outros**.*

NONPLUSSED adj.   MYSTIFIED, PUZZLED

▶ *The film left me just **nonplussed** and speechless.* ▷ *O filme me deixou **perplexo** e sem saber o que dizer.*

NONSENSE s., adj.

1. **absurdo**, **tolice**, asneira, baboseira, bobagem, contra-senso, disparate, despautério, despropósito, enormidade, insensatez, loucura, maluquice; falta de nexo

▶ *Nonsense!* ▷ ***Bobagem!*** / *Isso é um **disparate**!*
▶ *We won't agree with such **nonsense**.* ▷ *Não concordamos com tamanho **absurdo**, **contra-senso**, **despropósito**, tamanha **asneira**, **insensatez**.*

2. nonsense

▶ *Edward Lear was a famous British writer of **nonsense** verse.* ▷ *Edward Lear foi um famoso autor britânico de poesia **nonsense**.*

NO-NONSENSE adj.   SENSIBLE

objetivo, direto, prático; sem complicação; *inf.* sem enrolação, firulas, frescura, histórias, papo furado

▶ *No-nonsense advice on caring for the seriously ill* ▷ *Conselhos **práticos**, **realistas**, **sem frescuras** para cuidar de doentes graves*

notorious

▶ *I am looking for a sincere relationship with a view to marriage. No **nonsense** please.* ▷ *Procuro um relacionamento sincero com intenção de casamento. Por favor, **nada de enrolação, papo furado**.*

NOTORIOUS adj., NOTORIOUSLY adv.

1. **amoso**, renomado RENOWNED

▶ *The **notorious** Byrd Brothers* ▷ *Os **famosos** Byrd Brothers*

2. **infame**, tristemente famoso INFAMOUS

▶ ***Notorious** robber confesses to 38 robberies* ▷ ***Conhecido** ladrão confessa 38 roubos*
▶ *(adv.) This is a **notoriously** difficult task.* ▷ *É uma tarefa **sabidamente** difícil.*

NOVEL s.

romance

▶ *"Dom Casmurro" is one of the three great **novels** by Machado de Assis.* ▷ *"Dom Casmurro" é um dos três grandes **romances** Machado de Assis.*
▶ *Chico Buarque is also a **novelist**, with three **novels** under his belt.* ▷ *Chico Buarque também é **romancista**, com três **romances** na bagagem.*

NOVELLA s.   ≠ SOAP OPERA

novela – forma literária mais longa que o conto (short story) e mais curta que o romance (NOVEL).

▶ *Here are some famous **novellas**: The Metamorphosis by Franz Kafka, Death in Venice, by Thomas Mann, Candide by Voltaire.* ▷ *Eis algumas **novelas** famosas...*

• Contraste:

▶ *Gosto de assistir **novelas**.* ▷ *I enjoy **soap operas**.*

NOVEL adj.   FRESH, GROUNDBREAKING

novo, **diferente,** inaudito, inédito, inovador, moderno, novíssimo, original, pioneiro; marcadamente diferente e original; fora do comum; sem precedentes; uma novidade, uma inovação

▶ *At the time the idea was **very novel**.* ▷ *Na época a idéia era **totalmente nova**, uma grande novidade.*
▶ *A **novel** technique to fight Alzheimer* ▷ *Técnica **pioneira, original, inédita, sem precedentes**, para combater o Alzheimer*

NUMB adj.

embotado, **entorpecido**, adormecido, amortecido, anestesiado, apalermado, aturdido**,** dormente, insensibilizado, insensível, num torpor, obnubilado, obtuso, paralisado; num estupor; *inf.* morto

▶ *My toes were **numb** with cold.* ▷ *Meus dedos dos pés estavam **entorpecidos, amortecidos, dormentes** de frio.*
▶ *With the anesthesia my lips became **numb**.* ▷ *A anestesia **adormeceu** meus lábios.*
▶ *Survivors were **numb** with shock and exhaustion.* ▷ *Os sobreviventes estavam **aturdidos, paralisados, num estupor** de choque e exaustão.*
▶ *I just stood there, **numb** with terror.* ▷ *Fiquei ali **embotada, paralisada** de terror.*

NUMBER s.

1. número

▶ Which **numbers** won the lottery? ▷ Que **números** ganharam na loteria?

2. resultados financeiros FIGURES

▶ The company will miss its **numbers** for the second quarter. ▷ A empresa não alcançará os **resultados financeiros** previstos para o segundo trimestre.

3. colega, correspondente, homólogo COUNTERPART

▶ The merger was proposed by CEO John Smith to his **opposite number** at XYZ Records. ▷ A fusão foi proposta pelo **CEO** John Smith ao **CEO** da XYZ Records.
▶ The Italian Interior Minister requested a meeting with his **opposite numbers** in Greece and Turkey. ▷ O ministro do Interior italiano pediu uma reunião com seus **colegas, homólogos** da Grécia e da Turquia.

A NUMBER OF

> Em geral NÃO significa "um certo número" (**a certain number**):
>
> I've been there **a number of** times. ▷ Ja estive lá **várias, diversas** vezes, **uma porção de** vezes.
> (NÃO "um certo número de vezes"...!)

diversos, vários, uma porção

▶ We have to factor in **a number of** other expenses. ▷ Precisamos computar **várias, diversas** outras despesas.

NURTURE s.

1. criação, formação, ambiente, cultura, educação, meio

▶ It's the old debate: Which is more important, heredity or environment? **Nature or nurture?** ▷ É o velho debate: o que é mais importante, a hereditariedade ou o ambiente? **A natureza ou a cultura, educação, o meio?**

2. nutrição, sustento, alimentação, alimento

▶ Adopted children must gain parents who are able to provide **nurture** and direction. ▷ As crianças adotadas precisam de pais que podem lhes dar **sustento** e orientação.

NURTURE v.

1. nutrir, alimentar, acalentar, criar, cuidar, cultivar, educar, sustentar, tratar; dar afeto, amparo, carinho

▶ These plants are **nurtured** in the greenhouse. ▷ Essas plantas são **cultivadas** em estufa.
▶ She just wants to be at home **nurturing** her children. ▷ Ela quer apenas ficar em casa **criando, educando, tratando, cuidando** dos filhos.
▶ Is racism inherently instinctive or **nurtured**? ▷ Será o racismo instintivo ou **alimentado, estimulado, cultivado**?
▶ His family **nurtured** high hopes for the boy's future. ▷ Sua família **acalentava, nutria, alimentava** altas esperanças para o futuro do garoto.

nurturing

2. estimular, incentivar, ajudar, amparar, apoiar, auxiliar, contribuir, favorecer, fomentar, promover, proteger; dar apoio; ajudar a crescer, desenvolver, evoluir, prosperar FOSTER

▶ *I want to **nurture** my kid's musical talent.* ▷ *Quero **estimular, incentivar, apoiar** o talento musical do meu filho.*

▶ *The group's aim is to **nurture** democracy.* ▷ *O objetivo do grupo é **promover, fomentar** a democracia.*

NURTURING adj.

1. benéfico, benigno, favorável, propício, saudável; que faz bem ≠ HARMFUL

▶ *Learn about the **nurturing** effects of classical music on babies.* ▷ *Saiba mais sobre os efeitos **benéficos, favoráveis** da música clássica para os bebês.*

2. carinhoso, afetuoso; que cuida bem, trata bem

▶ *I was blessed with a **nurturing** family.* ▷ *Tive a bênção de ter uma família **carinhosa, afetuosa**, que me **tratava bem, cuidava** de mim **com carinho**.*

O

OBLIGE v., OBLIGING adj.

> **Oblige** NÃO é só "obrigar". Atenção ao sentido 2:
> *I asked him to play it again, and he **obliged** me.* ▷ *Pedi para ele tocar de novo e ele **atendeu ao meu pedido, me fez a vontade**. (NÃO "me obrigou"...!)*

1. obrigar, forçar, coagir, compelir, constranger, exigir, impor

▶ *As a result of falling profits we were **obliged** to close the factory.* ▷ *Devido à queda nos lucros, fomos **obrigados** a fechar a fábrica.* COMPEL

2. atender, agradar, acatar, anuir, comprazer, concordar, condescender, contentar, obsequiar, satisfazer, servir; atender a um pedido, fazer uma gentileza, fazer a vontade de alguém; ser amável, gentil, cordato, prestativo HELPFUL

▶ *I did it just to **oblige** a friend.* ▷ *Fiz isso só para **ser gentil, atender, fazer uma gentileza** a um amigo.*

▶ *She asked me to go along, and I wanted to **oblige**.* ▷ *Ela me pediu para ir junto, e eu quis **agradá-la, contentá-la, fazer a vontade dela, ser gentil** com ela.*

▶ *(adj.) He's a nice gentleman, very **obliging**.* ▷ *É um senhor muito bonzinho, **gentil, agradável, prestativo**.*

much obliged (expr. formal)

▶ ***Much obliged**, Your Honor.* ▷ ***Muito obrigado**, Meritíssimo.*

OBNOXIOUS adj., OBNOXIOUSNESS s.

detestável, **antipático**, chato, desagradável, execrável, indesejável, indigesto, insuportável, intragável, intratável, irritante, odioso, ofensivo, rebarbativo OFF-PUTTING

▶ *People on coke generally become arrogant and **obnoxious**.* ▷ *Quando as pessoas cheiram cocaína, em geral ficam arrogantes e **desagradáveis, insuportáveis, irritantes**.*

▶ *My boss is an **obnoxious** man.* ▷ *Meu chefe é um homem **antipático, intragável, detestável**.*

▶ *(subst.) Many waiters complain about customer **obnoxiousness**.* ▷ *Muitos garçons reclamam de clientes **insuportáveis, extremamente chatos, desagradáveis, irritantes**.*

▶ *"Um grupo de jovens que fazia questão de falar altíssimo, gritar piadinhas e se comportar **rebarbativamente** o tempo todo." (João Ubaldo Ribeiro)*

OCCASIONAL adj., OCCASIONALLY adv.   ≠ EVENTUAL, ≠ EVENTUALLY

ocasionalmente, eventualmente; esporadicamente, às vezes, algumas vezes, de vez em quando, uma ou outra vez, de tempos em tempos, de quando em quando, de tanto em tanto, em certas ocasiões

▶ *I go out for an **occasional** run, if the weather is good.* ▷ *Eu corro **ocasionalmente, uma vez ou outra**, quando faz bom tempo.*

▶ *(adv.) Do you play sports... 1) Never. 2) **Occasionally**. 3) Often.* ▷ *Você pratica esportes... 1) Nunca. 2) **Eventualmente, às vezes, de vez em quando.** 3) Com freqüência.*

▶ *As a young kid I would **occasionally** run away from home.* ▷ *Quando eu era pequeno, **de vez em quando** eu fugia de casa.*

ODD adj.

1. ímpar

▶ *Odd or even?* ▷ *Par ou **ímpar**? (Literalmente, "Ímpar ou par?")*

2. estranho, esquisito, anômalo, anormal, atípico, bizarro, curioso, diferente, díspar, especial, excêntrico, excepcional, extraordinário, ímpar, inaudito, incomum, inesperado, infreqüente, insólito, inusitado, invulgar, peculiar, raro, singular; fora do comum UNUSUAL, WEIRD

▶ *That's **odd** – I'm sure my watch was here a moment ago.* ▷ *Que **estranho, esquisito, curioso** – tenho certeza que meu relógio estava aqui agora mesmo.*

▶ *These animals are **odd** in both appearance and behavior.* ▷ *Esses animais são **peculiares, singulares, bizarros** tanto na aparência como no comportamento.*

▶ *Detectives regularly encounter **odd** situations in their investigations.* ▷ *Os detetives encontram situações **insólitas, inusitadas, raras, extraordinárias, fora do comum** nas suas investigações.*

3. –odd

mais de; e pouco, e poucas; número um pouco superior a

▶ *They've been living together for 20-**odd** years.* ▷ *Eles vivem juntos há **mais de 20 anos**.*

▶ *We invited 30-**odd** guests.* ▷ *Convidamos umas trinta **e poucas** pessoas.*

THE ODD

> Atenção para este significado especial!
> *The tribesmen carried spears, knives and **the odd** rifle.* ▷ *Os nativos levavam lanças, facas e **um ou outro** rifle / **ocasionalmente**, um rifle. (NÃO "um ~~estranho~~ rifle...!")*

um ou outro, algum, alguns, ocasional, esparso

- *The town was dead quiet – there was just **the odd** person. cycling past.* ▷ *A cidade estava em silêncio total, com apenas **algum** cicliista **ocasional**, **uma ou outra** pessoa passando de bicicleta.*
- *I have recently started to get **the odd** gray hair.* ▷ *Há pouco comecei a ter **alguns** cabelos brancos, **um ou outro** cabelo branco.*
- *A healthy diet rich in vegetables, with **the odd** glass of wine, can extend your life.* ▷ *Uma alimentação saudável, rica em verduras e **ocasionalmente** um copo de vinho, pode prolongar a vida.*

ODDS s. pl.

chances, probabilidades   LIKELIHOOD

- *What are the **odds** that he will arrive today?* ▷ *Quais as **chances** de ele chegar hoje? É **provável** que ele chegue hoje?*

against all odds, great odds *expr.*
contra todas as dificuldades, forças em contrário, previsões

- *Two old women fought **against all odds** / **against great odds** and proved that age and poverty are no bars to success.* ▷ *Duas mulheres idosas lutaram **contra todas as dificuldades, previsões, forças em contrário** e provaram que a idade e a pobreza não impedem o sucesso.*

AT ODDS *expr.*

- *The two brothers were always **at odds** with each other.* ▷ *Os dois irmãos estavam sempre em **choque, em conflito, discutindo, discordando.***

OFF THE SHELF adj.   off the SHELF

OFFHAND adj., adv.

1. **improvisado**, espontâneo, imediato; de improviso, de repente; de cabeça, de memória; sem pensar
- *I can't remember any examples **offhand**.* ▷ *Não me lembro de nenhum exemplo assim **de repente, de improviso, de memória, de cabeça**.*

2. **casual**, indiferente, *blasé*, descuidado, displicente, impensado, informal, leviano, negligente; sem pensar; sem interesse, sem dar atenção
- *A lot of pain can be caused with just an **offhand** remark.* ▷ *Às vezes se causa muito sofrimento com um simples comentário **casual, informal, leviano, displicente, impensado**, dito **sem pensar**.*
- ♪ *"Ticking away the moments that make up a dull day / You fritter and waste the hours in an **offhand** way"* (Pink Floyd, "Time") ▷ *Você desperdiça as horas de uma maneira **displicente, indiferente, sem pensar***

OFFICE s.

1. **escritório**, consultório

▶ *Office building* ▷ *Edifício de escritórios*
▶ *The doctor was in his office.* ▷ *O médico estava no consultório.*

2. **cargo**, função, poder, posição; cargo público CHAIR

▶ *Candidates for federal office / offices* ▷ *Candidatos a cargos federais*
▶ *The new president will step into office in late January.* ▷ *O novo presidente assumirá o cargo, o poder, tomará posse no final de janeiro.*
▶ *Nine women governors now hold office.* ▷ *Há nove governadoras em exercício.*

3. **departamento**, agência, divisão, ministério, órgão, secretaria, unidade

▶ *Patent Office* ▷ *Departamento de Patentes*
▶ *Home Office* ▷ *Ministério do Interior*

good offices *expr.*

▶ *I got tickets for the show thanks to the good offices of a friend.* ▷ *Consegui entradas para o show graças aos bons ofícios, à intervenção de um amigo.*

OFFICER s.

> **Officer** nem sempre é "oficial":
> *Consular officers* ▷ *Funcionários do consulado*

1. **oficial** (forças armadas)

▶ *My father was a naval officer.* ▷ *Meu pai era oficial da marinha.*
▶ *Soldiers and officers sleep in separate quarters.* ▷ *Soldados e oficiais dormem em alojamentos separados.*

2. **policial**, guarda, polícia; agente de polícia; *inf.* chefe

▶ *I've had an accident, please call an officer.* ▷ *Tive um acidente, por favor chame um policial, guarda.*
▶ *"May I see your driver's license?" "Sure, Officer."* ▷ *"Posso ver a carteira de motorista?" "Claro, chefe / seu guarda.*

3. **autoridade**, **chefe**, administrador, diretor, executivo, quadro, responsável, supervisor; alto funcionário, funcionário graduado, de alto escalão

▶ *Church officers include bishops and cardinals.* ▷ *As autoridades da Igreja incluem bispos e cardeais.*
▶ *CEO - Chief Executive Officer* ▷ *Diretor-executivo*
▶ *The company preyed on its employees to enrich its officers.* ▷ *A empresa saqueava seus funcionários para enriquecer seus executivos.*
▶ *Top-ranking officers* ▷ *Altos funcionários / de alto escalão*

4. **funcionário**, **agente**, encarregado, responsável, servidor OFFICIAL

▶ *Public officers* ▷ *Funcionários, servidores públicos*
▶ *Customs officer* ▷ *Agente, encarregado da alfândega*

official

- *During the war he served as a canteen **officer**.* ▷ *Durante a guerra foi **encarregado** da cantina.*
- *Many colleges have a financial aid **officer**.* ▷ *Muitas universidades têm um **responsável** pelo auxílio financeiro.*

OFFICIAL s.

> **Official** como substantivo NÃO é "oficial" da polícia ou do exército (OFFICER).
> *Officials at the Tourist Office* ▷ *Funcionários (NÃO ~~Oficiais~~...!) do Depto. de Turismo*

1. autoridade, **executivo**, diretor, dirigente, encarregado, gerente, responsável, supervisor

- *Administration / Church officials* ▷ *Autoridades do governo / da Igreja*
- *Custom **officials** were accused of demanding bribes.* ▷ ***Autoridades, funcionários, supervisores** da alfândega foram acusados de exigir suborno.*
- *Boy Scout **officials*** ▷ ***Dirigentes** dos Escoteiros*
- *Many forms of training are available for both **officials** and staff.* ▷ *Há muitos tipos de treinamento, tanto para os **executivos, gerentes** como para os funcionários.*
- *Elected **officials*** ▷ ***Ocupantes de cargos públicos** eletivos*

senior official / high official
alto funcionário, funcionário graduado, de alto escalão

- *He's a **high official** in the Foreign Ministry.* ▷ *Ele é **alto funcionário** do Ministério do Exterior.*
- *Senior company **officials*** ▷ ***Autoridades de alto escalão, do alto comando** da empresa*

2. representante, delegado, embaixador, enviado

- *Governments all over the world will send their **officials** to the conference.* ▷ *Governos do mundo inteiro enviarão seus **representantes, delegados** para o congresso.*

- Contraste: officer ≠ official
- *Há programas de treinamento para os soldados e para os **oficiais**.* ▷ *There are training programs for both soldiers and **officers**.*
- *Consegui falar com advogados, banqueiros e **autoridades** da igreja.* ▷ *I managed to talk to lawyers, bankers and church **officials**.*

OFF-PUTTING adj.   OBNOXIOUS

desagradável, antipático, desanimador, frio, indesejável, rebarbativo, repulsivo; que afasta, esfria, gera antipatia; *inf.* chato, não é legal, corta o barato

- *His aggressiveness is really **off-putting**.* ▷ *A agressividade dele é muito **desagradável, afasta, esfria** as pessoas.*
- *The film is inane and it's very **off-putting** to hear the same actor do all the voices.* ▷ *O filme é idiota, e é muito **chato, não é legal, corta o barato** ouvir o mesmo ator fazer todas as vozes.*

OFFSET v.

compensar, amortizar, contrabalançar, equilibrar

- *This settlement should **offset** your liabilities.* ▷ *Esse acordo deve **compensar** suas perdas.*

often

▶ *In Canada, immigration helps to **offset** the effects of a declining birth rate.* ▷ *No Canadá, a imigração ajuda a **compensar, equilibrar, contrabalançar** a queda na natalidade.*
▶ *New tax breaks allowed our company to **offset** the purchase of new equipment.* ▷ *Novos incentivos fiscais permitiram à nossa empresa **amortizar** a compra de novos equipamentos.*

OFFTEN adv.

> Evite "freqüentemente", palavra longa e formal, com eco interno. Há soluções mais idiomáticas:
> *That would **often** come to his mind.* ▷ *Aquilo **sempre** (Melhor que "freqüentemente"...!) lhe vinha à mente.*

1. **com freqüência, muitas vezes, amiúde,** quantas vezes, tantas vezes, não raro AGAIN AND AGAIN

▶ *I go there **often**.* ▷ *Vou lá **com freqüência**.*
▶ *Our competitors are offering higher quality, **often** at lower prices.* ▷ *Nossos concorrentes oferecem mais qualidade, **muitas vezes, não raro** a preços mais baixos.*
▶ *How **often** have I said this?* ▷ ***Quantas vezes** eu já disse isso?*

2. **muito**, bastante; sempre

▶ *This device is **often** used to show...* ▷ *Este recurso é **muito** usado para mostrar...*
▶ *He **often** appears on TV.* ▷ *Ele aparece **bastante, muito, sempre** na TV.*
▶ *My father **often** told me not to despair.* ▷ *Meu pai **sempre** me dizia para não desesperar.*
▶ *People don't go up there that **often**.* ▷ *Não é **sempre** que as pessoas vão até lá. / As pessoas não vão **muito** lá.*

3. **em geral,** geralmente; de costume, de hábito; quase sempre TYPICALLY

▶ *These networks are **often** quite extensive.* ▷ *Essas redes **geralmente, em geral, quase sempre** são muito extensas.*

fairly often

▶ *We were able to get together **fairly often**.* ▷ *Nós nos víamos **bastante, com bastante freqüência**.*

very often

▶ *This motif appears **very often**.* ▷ *Este motivo **sempre, quase sempre, geralmente** aparece.*

● Usar os verbos: costumar, ser comum, ser freqüente, viver

▶ *Grown children **often** live with their parents.* ▷ *É **comum, freqüente** os filhos já adultos morarem com os pais.*
▶ *People **often** ask me this question.* ▷ *As pessoas **costumam** me perguntar, **vivem** me perguntando isso.*

● Usar "muitos", "muitas", qualificando o sujeito:

▶ *Parents **often** ask me what to do.* ▷ ***Muitos** pais me perguntam o que fazer.*
▶ *Hospital owners **often** include doctors.* ▷ ***Muitos** donos de hospitais são médicos.*
▶ *These antiques, **often** smuggled, are worth a fortune.* ▷ *Essas antigüidades, **muitas delas** contrabandeadas, valem uma fortuna.*

● Usar "também", "inclusive":

ok

▶ *They show their negative feelings, **often** in subtle and nonverbal ways.* ▷ *Eles demonstram seus sentimentos negativos, **também, inclusive** de maneiras sutis e não verbais.*

● **Often** é muito usado para relativizar, evitar afirmações taxativas. Omitir quando supérfluo: PROBABLY

▶ *It is **often** said that...* ▷ *Diz-se, dizem que...*
▶ *The sunlight would **often** reflect on the tiny raindrops.* ▷ *O sol se refletia nas gotinhas de chuva.*
▶ *In general, vendors are **often** reluctant to provide extra services.* ▷ *Em geral os fornecedores não querem oferecer serviços extra.*

OK adj., interj.

bom, certo, aceitável; está bem, tudo bem, sem problemas; *inf.* tá legal

▶ *Your homework is **ok**.* ▷ *Seu trabalho está **bom, sem problemas**.*
▶ *They think it's **ok** to kill civilians.* ▷ *Eles acham **certo, aceitável**, que **não há problema** em matar civis.*
▶ *OK, I agree.* ▷ ***Certo, está bem, tudo bem**, eu concordo.*

● Outras sugestões:

▶ *Calm down; I'm sure everything is going to be OK.* ▷ *Calma; tenho certeza que tudo vai **dar certo**.*
▶ *"Oh, I forgot our appointment!" "That's OK, don't worry."* ▷ *"Ah, esqueci o nosso encontro!" "**Não tem importância, não faz mal**, não se preocupe."*

OLD-FASHIONED adj.   VINTAGE

fora da moda, antiquado, antigo, arcaico, caduco, datado, *démodé*, desatualizado, desusado, obsoleto, *passé*, retrógado, ultrapassado, velho; *inf:* jurássico, paleontológico, pré-histórico; já era

▶ *The furniture was plain and **old-fashioned**.* ▷ *A mobília era sem graça e **fora da moda, antiquada**.*
▶ *Her views are very conservative and **old-fashioned**.* ▷ *As opiniões dela são muito conservadoras e **antiquadas, retrógadas, ultrapassadas**.*
▶ *"O **paleontológico, jurássico** Partido Comunista"*

OMEN s.

presságio, agouro, augúrio, auspício; aviso, indicação, prenúncio, sinal de má sorte

▶ *A solar eclipse was considered an evil **omen**.* ▷ *O eclipse solar era considerado um mau **presságio, sinal de má sorte**.*
▶ *Birds of ill **omen*** ▷ *Aves de mau **agouro***

OMINOUS adj.   FATEFUL

sinistro, funesto, adverso, agourento, ameaçador, angustioso, aziago, desfavorável, fatídico, fúnebre, inquietante, lúgubre, nefasto, ominoso, premonitório, pressago, profético, sombrio, soturno, tétrico; de azar, má sorte, mau agouro

▶ *Friday the 13th is considered an **ominous** day.* ▷ *A sexta-feira 13 é considerada um dia **desfavorável, adverso, funesto, de azar, mau agouro, má sorte**.*
▶ *An **ominous** silence hung over the house.* ▷ *Um silêncio **sinistro, soturno, lúgubre, ameaçador** pairava sobre a casa.*
▶ ***Ominous** black clouds* ▷ *Nuvens negras, **agourentas***

ONCE adj., adv.

> **Once** nem sempre significa "uma vez".
> *That forest where **once** birds sang is now silent.* ▷ *A floresta onde **outrora** (NÃO "uma vez"...!) os passarinhos cantavam hoje está em silêncio.*

1. **uma vez**; certa vez

▶ *I went there only **once**.* ▷ *Só estive lá **uma vez**.*
▶ ***Once** we had an incredible adventure.* ▷ ***Certa vez** tivemos uma incrível aventura.*

2. **antigamente, outrora,** antes; no passado, um dia, há muito tempo, muito tempo atrás; antes, houve época em que

▶ ***Once** smoking was viewed as chic, but it is no longer so.* ▷ ***Antigamente, no passado, outrora,** houve época em que fumar era considerado chique, mas hoje não é mais.*
▶ *All these services were **once** offered for free.* ▷ *Todos esses serviços **antes** eram oferecidos de graça.*

> **Once** no sentido de "antigamente, outrora" pede o <u>imperfeito</u> do indicativo:

▶ *Dinosaurs **once** roamed the earth.* ▷ ***Antigamente, muito tempo atrás** os dinossauros **vagavam** pela terra.*
▶ ***Once** there were many more people living here.* ▷ ***Antigamente havia** muito mais gente aqui.*

3. **assim que,** logo que, uma vez que

▶ ***Once** I started smoking I was addicted.* ▷ ***Assim que** eu comecei a fumar, fiquei viciado.*

4. **já que**, uma vez que, se

▶ *What use is protest, **once** nobody can change things?* ▷ *De que adianta protestar, **já que, se** ninguém consegue mudar as coisas?*

• Omitir quando supérfluo:

▶ *Picasso **once** said, "Art is a lie that tells the truth."* ▷ *Picasso **disse**: "A arte é uma mentira que diz a verdade".*
▶ *This game reserve was **once** home to lions and tigers.* ▷ *Nesta reserva de caça **viviam** leões e tigres.*

5. (adj.) **ex-**, antigo FORMER

▶ *The key speaker was the **once**-head of the company.* ▷ *O orador principal foi o **ex**-diretor da empresa.*

ONE s., adj.

> Além de "um", **one** significa "um único":
> *Our association has **one** goal: the pursuit of world peace.* ▷ *Nossa associação tem **um único** objetivo (NÃO "um objetivo"): a busca da paz mundial.*

one

1. um, um só, um único, apenas um

▶ *This software combines thousands of financial scenarios into **one** result.* ▷ *O software combina milhares de cenários financeiros, gerando **um único** resultado. (NÃO "gerando um resultado".)*

▶ *There's only **one** left.* ▷ *Só sobrou **um**.*

▶ *His success depends on **one** thing: perseverance.* ▷ *Seu sucesso depende de **uma** coisa **só**, **uma única** coisa, **apenas uma** coisa: perseverança.*

▶ *Remember that 80% of people on this planet can't have **one** decent meal a day.* ▷ *Lembre-se que 80% das pessoas neste planeta não têm **nem uma única** refeição decente por dia.*

2. um certo, determinado, dado

▶ *There was a conversation between the detective and one Thomas Smith.* ▷ *Houve uma conversa entre o detetive e **um certo** Thomas Smith.*

▶ *Many painters prefer **one** color over the others.* ▷ *Muitos pintores preferem **uma certa, determinada** cor.*

3. um dos

▶ *This is **one** good way of learning the craft.* ▷ *Essa é **uma das** boas maneiras de aprender a profissão.*

▶ ***One** danger of night driving is falling asleep at the wheel.* ▷ ***Um dos** perigos de dirigir à noite é adormecer na direção.*

the one – o único

▶ *He's **the one** person you can rely on in an emergency.* ▷ *Ele é **a única** pessoa em quem se pode confiar numa emergência.*

▶ *That's **the one** thing that I have learned from that experience.* ▷ *Essa foi **a única** coisa que aprendi com aquela experiência.*

ONE pron. indefinido   YOU

se, você, nós, a gente, a pessoa, as pessoas; alguém, ninguém; cada um

▶ ***One** must not arrive with empty hands.* ▷ *Não **se** deve, **(nós)** não devemos, **a gente** não deve chegar de mãos vazias.*

▶ *When **one** gets married, **one**'s whole life changes.* ▷ *Quando **alguém, você, a pessoa** se casa, sua vida inteira muda.*

▶ ***One** must do everything possible to prevent accidents.* ▷ *Deve-se fazer, **cada um** deve fazer todo o possível para evitar acidentes.*

▶ ***One** cannot know when **one** is going to die.* ▷ ***Ninguém** sabe quando vai morrer.*

- Outras sugestões para dar a idéia de sujeito indefinido:

▶ ***One** must be gracious in victory as well as in defeat.* ▷ ***É preciso** ser elegante tanto na vitória como na derrota.*

▶ ***One** laughs at him, **one** does not take him seriously.* ▷ ***Riem** dele, **as pessoas** não o levam a sério.*

OP-ED adj.

▶ *Our **op-ed** page features a variety of views regarding the war.* ▷ *Nossa **página de colunas assinadas, de artigos de opinião** apresenta diversas perspectivas sobre a guerra.*

▶ *Our **op-ed** columnist Mary Smith writes about the price of power.* ▷ *Nossa **colunista, articulista, comentarista** Mary Smith escreve sobre o preço do poder.*

◊ **Op-ed** é abreviatura de **opposite-editorial** – a página do jornal oposta à do editorial, onde articulistas independentes escrevem colunas assinadas, de opinião pessoal. Em contraste, o editorial, que não é assinado, apresenta as opiniões oficiais do próprio jornal.

OPERATION s.

> **Operation** nem sempre é "operação". Atenção ao sentido 2:
> *The method has been adopted by big **operations** like Coca-Cola and GM.* ▷ *O método foi adotado por grandes **empresas** (NÃO "~~operações~~...!") como Coca-Cola e GM.*

1. **operação**, atividade, trabalho PURSUIT

▸ *Search and rescue **operations*** ▷ ***Operações, trabalhos** de busca e salvamento*
▸ *The company is closing down its **operations** in the country.* ▷ *A firma está encerrando suas **atividades** no país.*

2. **empresa,** companhia, firma, negócio; evento BUSINESS

▸ *He owns a large equipment rental **operation**.* ▷ *Ele tem uma **grande firma** de aluguel de equipamentos.*
▸ *Very large scale **operations** like the Football World Cup or the Olympic Games* ▷ ***Eventos** em escala muito grande, como a Copa do Mundo ou os Jogos Olímpicos*

• Usar uma palavra específica:

▸ *Mining **operation*** ▷ *Mineradora*
▸ *Agricultural **operation*** ▷ *Fazenda*
▸ *Gambling **operation*** ▷ *Cassino*
▸ *Wholesale **operation*** ▷ *Atacadista*

OR conj.

> A palavra "ou" NÃO seria uma boa tradução nestas frases:
> *The child never laughs **or** smiles.* ▷ *Essa criança nunca ri **nem** sorri.*
> (Melhor que "nunca ri ~~ou~~ sorri"...!)
> *Careful, **or** you'll get wet.* ▷ *Cuidado, **se não** você vai se molhar.*
> (Melhor que "~~ou~~ você vai se molhar"...!)
> *We had gefilte fish, **or** fish balls.* ▷ *Comemos gefilte fish, **isto é**, bolinho de peixe.*
> (Melhor que "~~ou~~ bolinho de peixe"...!)

1. **ou**

▸ *She didn't know whether to laugh **or** cry.* ▷ *Não sabia se ria **ou** chorava.*

2. (em frases negativas) **nem**, tampouco

▸ *Do not sign anything **or** get involved in financial ventures.* ▷ *Não assine nada **nem** se envolva em empreendimentos financeiros.*
▸ *Many young people do not vote **or** get involved in the political process.* ▷ *Muitos jovens não votam **nem** se envolvem no processo político.*

orchestrate

3. e

▶ *She never talked about my failures **or** shortcomings.* ▷ *Ela nunca falava nos meus fracassos **e** defeitos.*

▶ *The company didn't lack the ideas, resources, **or** opportunities to succeed.* ▷ *Não faltavam à empresa as idéias, recursos **e** oportunidades para ter sucesso.*

4. (= OR ELSE, OTHERWISE) **senão**, caso contrário, do contrário

▶ *Don't do this **or** you'll be sorry.* ▷ *Não faça isso, **senão** você vai se arrepender.*

▶ *They have to reach a certain standard **or** they won't pass.* ▷ *Eles têm de atingir um certo nível de qualidade, **do contrário** não vão passar.*

5. ou seja, isto é

▶ *They rely on voodoo, **or** magical practices designed to work harm on their enemies.* ▷ *Eles confiam no vudu, **ou seja, isto é**, mágicas destinadas a prejudicar os inimigos.*

or else
se não, caso contrário (introduz uma ameaça implícita)

▶ *Do as I tell you, **or else!*** ▷ *Faça o que estou mandando, **se não** você vai ver!*

▶ *You must adopt my religion, **or else!*** ▷ *Você tem de adotar a minha religião, **caso contrário** (as conseqüências serão graves, você será punido etc.)*

ORCHESTRATE v., ORCHESTRATION s.

1. (música) **orquestrar,** compor ou arranjar para orquestra

▶ *Orchestrated hymns* ▷ *Hinos **orquestrados**, com **arranjos para orquestra***

2. organizar, **orquestrar,** armar, articular, comandar, concatenar, coordenar, planejar, sincronizar; ser o mandante

▶ *Orchestrated violence* ▷ *Violência **organizada***

▶ *He is a terrorist who has **orchestrated** many attacks against civilians.* ▷ *É um terrorista que **coordenou, comandou, planejou, articulou, armou** muitos ataques contra civis.*

▶ *(subst.) Soldiers complained about poor **orchestration**.* ▷ *Os soldados reclamaram das falhas de **coordenação, concatenação, planejamento**.*

ORDEAL s.   TROUBLE, DISTRESS

provação, adversidade, aflição, agonia, angústia, aperto, apuros, calvário, dificuldades, drama, flagelo, inferno, infortúnio, martírio, penas, pesadelo, prova, revés, sacrifício, sofrimento, suplício, tormento, tortura, trauma, tribulações, via crucis; experiência, situação difícil, dolorosa, crítica, penosa, terrível; mau bocado, mau pedaço

▶ *He went through the **ordeal** of being kidnapped.* ▷ *Passou pela **provação, tortura, agonia, angústia**, pelo **suplício, sofrimento, drama, trauma** de ser seqüestrado.*

▶ *"O **inferno** da ministra" (Veja)*

ORDINARY adj.   USUAL

ORNATE adj.

1. **decorado**, **ornamentado**, elaborado, enfeitado, paramentado, rico, sofisticado, vistoso DECORATE

▶ *The ornate interior of the church is truly dazzling.* ▷ *O interior da igreja, todo ornamentado, decorado, é deslumbrante.*
▶ *Ornate poetic imagery* ▷ *Elaboradas imagens poéticas*

2. **rebuscado**, afetado, empolado, floreado, pomposo, precioso, pretensioso, rococó; cheio de firulas, de floreios

▶ *Some Representatives used ornate, flowery language, others simple sentences.* ▷ *Alguns deputados usaram uma linguagem rebuscada, outros falaram em frases simples.*

ORTHODOX adj.   ≠ UNORTHODOX

1. **ortodoxo**, conservador, tradicionalista

▶ *Greek Orthodox Church* ▷ *Igreja Ortodoxa Grega*
▶ *They are Orthodox Jews, very conservative.* ▷ *São judeus ortodoxos, muito conservadores.*

2. **convencional**, costumeiro, oficial, tradicional; geralmente aceito STANDARD

▶ *Patients were treated by orthodox methods.* ▷ *Os pacientes foram tratados com os métodos convencionais, tradicionais.*

OTHERWISE adv.

1. **senão, do contrário**, caso contrário; de outro modo, de outra forma; se não for assim

▶ *Have a positive attitude; otherwise, you will never get a job.* ▷ *Tenha uma atitude positiva; senão, do contrário você nunca vai conseguir um emprego.*
▶ *Thankfully I went to that party – otherwise I would never have met Rick.* ▷ *Ainda bem que eu fui àquela festa – do contrário, se não fosse assim eu nunca teria conhecido o Rick.*

2. **normalmente, de modo geral,** em outras circunstâncias, outras áreas; de outra forma

▶ *This security system spots activities that would otherwise be missed.* ▷ *Esse sistema de segurança detecta atividades que normalmente, de outra forma, sem isso passariam despercebidas.*
▶ *Hospitals are forbidden to pay or otherwise induce doctors to send them patients.* ▷ *Os hospitais são proibidos de pagar comissão aos médicos, ou induzi-los de qualquer outra forma a lhes enviar pacientes.*
▶ *This essential aspect is often ignored by otherwise talented managers.* ▷ *Esse aspecto essencial muitas vezes é ignorado por administradores que normalmente, de modo geral, para outros assuntos são talentosos.*

3. **afora, fora isso**, salvo, exceto por isso, sem ser por isso

▶ *We could hear the surf breaking on the beach. Otherwise all was calm.* ▷ *Ouvíamos as ondas quebrando na praia. Afora, salvo isso, tudo estava quieto.*

• **Otherwise + adjetivo** – Ocasionalmente omitir:

▶ *Dr. Smith pointed out a silver lining in the otherwise bleak results.* ▷ *O dr. Smith mostrou um raio de esperança nesses resultados [de modo geral] desanimadores.*

▶ *This is his first accident in an **otherwise spotless** 30-year old career.* ▷ *Este é o seu primeiro acidente numa **carreira** de 30 anos [sem ser por isso] **imaculada**.*
▶ *These rumors have become the hot topic in the art world during an **otherwise quiet** summer.* ▷ *Esses boatos foram o assunto mais quente no mundo da arte neste **verão** [que sem ser por isso estava] **pouco agitado** / quebrando, rompendo a monotonia do verão.*

OUNCE s.

1. onça (medida de peso = 28 gramas; abreviatura: **oz.**)

▶ *The card only weighs half an **ounce**.* ▷ *O cartão pesa só 15 **gramas**.*
▶ *Add four **ounces** / 4 **oz**. of sugar.* ▷ *Acrescente 120 **gramas** de açúcar.*

2. pequenina quantidade, um pouquinho, laivo   BIT

▶ *There's not an **ounce** of truth in this argument.* ▷ *Não há nem uma **gota**, **grama**, **isca**, nenhum **laivo** de verdade nesse argumento.*

OUTCAST s., adj.   ROGUE

pária, proscrito, banido, excluído; marginal, marginalizado, rejeitado, repudiado; expulso da sociedade, no ostracismo; *persona non grata*

▶ *Nowadays smokers are often treated as social **outcasts**.* ▷ *Hoje os fumantes são tratados como **párias** sociais.*
▶ *After the Party expelled him, he became a political **outcast**.* ▷ *Depois de expulso pelo Partido, tornou-se um **proscrito** político.*
▶ *Gipsies, beggars and other social **outcasts*** ▷ *Ciganos, mendigos e outros **marginalizados, excluídos** pela sociedade.*

OUTCOME s.   AFTERMATH

resultado natural, conseqüência, corolário, decorrência, efeito, fruto, impacto, produto

▶ *When schools and hospitals are destroyed by war, the inevitable **outcome** is illiteracy and the spread of diseases.* ▷ *Quando escolas e hospitais são destruídos pela guerra, a **conseqüência, decorrência**, o resultado, corolário inevitável é o analfabetismo e a propagação das doenças.*

OUTDATED adj.   LEGACY

desatualizado, ultrapassado, antigo, antiquado, arcaico, atrasado, defasado, desusado, estagnado, fossilizado, obsoleto, passado, velho; fora da moda; *inf.* já era

▶ *The CEO was accused of using **outdated** figures.* ▷ *O CEO foi acusado de usar números **desatualizados, defasados**.*
▶ ***Outdated** technology* ▷ *Tecnologia **obsoleta, ultrapassada***
▶ ***Outdated** ideas* ▷ *Idéias **antiquadas, fossilizadas***

OUTDO v.   OVERCOME

superar, desbancar, eclipsar, exceder, ofuscar, passar, sobrepujar, suplantar, ultrapassar, vencer; ir além, passar à frente, deixar atrás, levar vantagem, ser superior

▶ *Each king strove to **outdo** his predecessors by building a bigger palace.* ▷ *Cada rei buscava **superar, sobrepujar, suplantar** seus antecessores construindo um palácio maior.*

OUTGOING adj.

1. **extrovertido**, **expansivo**, aberto, caloroso, comunicativo, cordial, dado, descontraído, desembaraçado, desenvolto, desinibido, despachado, efusivo, esfuziante, exuberante, falante, gregário, simpático, sociável; *inf.* espevitado, entrão TALKATIVE

▶ *Candidates must have friendly, open, **outgoing** personality.* ▷ *Os candidatos devem ter personalidade sociável, aberta e **extrovertida, expansiva, comunicativa**.*
▶ *"Regina Casé sempre foi assim, **entrona** e **espevitada**." (José Simão, FSP)*

2. **ex-**; que está saindo, se retirando, deixando o cargo FORMER

▶ *The **outgoing** CEO talks about why he left.* ▷ *O **ex**-CEO explica por que deixou o cargo.*
▶ *The **outgoing** team captain will be succeeded by a much younger player.* ▷ *O capitão do time, **que está se retirando, deixando o cargo**, será sucedido por um jogador muito mais jovem.*

● Atenção ao contexto:
▶ *The **outgoing** President will continue to participate in public life.* ▷ *O **ex**-Presidente (NÃO "Presidente ~~extrovertido~~"...!) continuará participando da vida pública.*

OUTLANDISH adj.   FAR-FETCHED

OUTLOOK s.

1. **visão**, **atitude**, compreensão, filosofia, horizontes, idéias, noção, perspectiva, posição, teoria; ponto de vista; concepção de vida, modo de ver APPROACH, VIEW

▶ *She's got a very positive **outlook** on life.* ▷ *Ela tem uma **visão, atitude, concepção de vida** muito positiva.*
▶ *She went to Europe to widen her **outlook**.* ▷ *Ela foi à Europa para ampliar sua **visão**, seus **horizontes**.*
▶ *A new educational **outlook** threatens to displace old-fashioned ideas.* ▷ *Uma nova **filosofia, teoria** da educação ameaça suplantar as idéias antiquadas.*
▶ *The democratic reforms have given people a totally new and fresh **outlook**.* ▷ *As reformas democráticas deram ao povo uma **visão, perspectiva** totalmente nova e diferente.*

2. **perspectivas**, expectativas, situação SCENARIO

▶ *What's the **outlook** for the oil prices?* ▷ *Quais as **perspectivas, expectativas**, qual a **situação** do preço do petróleo?*
▶ *Our **outlook** for the future is very bright.* ▷ *Nossas **perspectivas** para o futuro são brilhantes.*

OUTRAGE s.

1. **ultraje**, **acinte**, abuso, afronta, barbaridade, descalabro, enormidade, escândalo, indignidade, infâmia, injúria, insulto, monstruosidade, ofensa grave ABUSE

▶ *These attacks against civilians are an **outrage** against society.* ▷ *Esses ataques a civis são um **ultraje, acinte, insulto**, uma **afronta**, uma grave **ofensa** à sociedade.*

outraged

2. indignação, revolta, clamor, grita, protesto; reação vigorosa

▶ *This brutal murder has provoked public* **outrage**. ▷ *Esse crime brutal provocou* **indignação** *popular, o* **clamor** *público, a* **grita** *popular.*

▶ *The law was changed because of voter* **outrage**. ▷ *A lei foi mudada devido à* **revolta**, *o* **protesto** *dos eleitores.*

OUTRAGED adj.   AGGRIEVED

indignado, revoltado, chocado, enfurecido, escandalizado, furibundo, furioso, irado, ofendido

▶ *Many* **outraged** *viewers wrote to the BBC to complain about the nude scenes.* ▷ *Muitos espectadores* **indignados, revoltados, chocados** *escreveram para a BBC para protestar contra as cenas de nudez.*

▶ *She shot him an* **outraged** *look.* ▷ *Lançou-lhe um olhar* **irado, furioso, furibundo.**

OUTRAGEOUS adj.   APPALLING

revoltante, acintoso, abominável, absurdo, abusivo, chocante, escabroso, escandaloso, estarrecedor, insultuoso, intolerável, ofensivo, terrível, ultrajante; um escândalo

▶ *Outrageous lies* ▷ *Mentiras* **revoltantes, acintosas, chocantes**
▶ *Outrageous prices* ▷ *Preços* **abusivos, escandalosos, absurdos**
▶ *The* **outrageous** *greed of drug makers* ▷ *A* **escandalosa** *cobiça das empresas farmacêuticas*

OUTSKIRTS s.   SUBURB

arredores, vizinhanças, adjacências, arrabaldes, cercanias, imediações, proximidades, região, redondezas, subúrbios, vizinhanças, zona

▶ *The campus is located in the* **outskirts** *of the city.* ▷ *O campus fica nos* **arredores,** *nas* **adjacências,** *imediações da cidade.*

OUTSOURCE v., OUTSOURCING s.   PROCURE

terceirizar; encomendar, delegar serviços a terceiros, mandar fazer fora

▶ *We are* **outsourcing** *our accounting functions to specialized firms, some of them in foreign countries.* ▷ *Estamos* **terceirizando** *nossos serviços de contabilidade para firmas especializadas, algumas em outros países.*

▶ *Some companies will* **outsource** *as much of their work as possible.* ▷ *Algumas empresas* **terceirizam, encomendam, mandam fazer fora** *a maior parte possível do trabalho.*

▶ *(subst.) With the volume of cheap, educated labor in India and Eastern Europe,* **outsourcing** *is here to stay.* ▷ *Com tanta mão-de-obra barata e educada na Índia e Europa Oriental, a* **terceirização, exportação dos serviços** *chegou para ficar.*

OUTSTANDING adj.   REMARKABLE, DISTINGUISHED, GREAT

OVERCOME v.   OVERWHELM

derrotar, superar, bater, dominar, sobrepujar, subjugar, suplantar, vencer

▶ *She managed to* **overcome** *all obstacles of age and social class.* ▷ *Ela conseguiu* **superar, vencer** *todos os obstáculos da idade e classe social.*

▶ *I was **overcome** by a horrible feeling.* ▷ *Fui **tomado**, **invadido**, **dominado** por uma sensação horrível.*

🎵 *"We shall **overcome**!"* ▷ *Haveremos de **vencer**!*

OVERLAP v.

coincidir, duplicar (parcialmente); encavalar, encontrar-se, cobrir, imbricar, recobrir, sobrepor, superpor; cobrir terreno comum; ter elementos, partes, pontos repetidos; ter uma área em comum, de intersecção

▶ *The two maps **overlap**.* ▷ *Os dois mapas **coincidem, se superpõem, têm áreas repetidas, em comum**.*
▶ *My vacation **overlaps** with yours.* ▷ *Minhas férias **coincidem, vão se encavalar** com as suas.*
▶ *Our networks **overlap**.* ▷ *Nossas redes de contatos **coincidem em muitos pontos, têm pontos repetidos, elementos em comum**.*
▶ *Where do our interests **overlap** and where do they conflict?* ▷ *Onde os nossos interesses **coincidem, se encontram** e onde entram em conflito?*

OVERLAPPING, OVERLAP s.

duplicação, duplicidade, redundância, repetição, sobreposição

▶ *Our aim is to have fewer divisions in the company and less **overlapping** in our efforts and resources.* ▷ *Nosso objetivo é ter menos divisões na empresa e menos **duplicações, repetições** nas nossas atividades e recursos.*
▶ *Many workers will be laid off as **overlaps** are eliminated.* ▷ *Muitos funcionários serão demitidos quando as **duplicações, redundâncias** de cargos forem eliminadas.*

• Outras sugestões:
▶ *Given the large **overlap** in the services all these companies offer, discount pricing is crucial.* ▷ *Como todas essas empresas oferecem **mais ou menos os mesmos** serviços, os descontos são um fator crucial.*

OVERLAPPING adj.

superposto, encavalado, imbricado; em camadas; parcialmente coberto, coincidente

▶ ***Overlapping** tiles* ▷ *Telhas **superpostas, encavaladas, imbricadas, em camadas***
▶ *We have set **overlapping** schedules so that the two groups can work together in the morning.* ▷ *Fixamos horários **parcialmente coincidentes**, de modo que os dois grupos possam trabalhar juntos de manhã.*

OVERTONE s.

tom, **conotação**, coloração, implicação, matiz, nuance, referência, sentido, sinal, sugestão; **laivos**, indícios, mostras, traços, vestígios UNDERTONE, HINT

▶ *His voice had an ironic **overtone**.* ▷ *Sua voz tinha um **tom**, uma **nuance** de ironia.*
▶ *These painters were called "Impressionists", an epithet that soon lost its pejorative **overtones**.* ▷ *Esses pintores foram chamados de "Impressionistas", epíteto que logo perdeu sua **conotação, referência, matiz**, seu **sentido** pejorativo.*
▶ *The U2 concert had strong political **overtones**.* ▷ *O show do U2 teve forte **coloração** política.*
▶ *If challenged by an angry customer, answer in a very mild tone lacking in emotional **overtones**.* ▷ *Se você for confrontado por um cliente irado, responda num tom muito brando, sem nenhum **vestígio, indício, laivo** de emoção.*

OVERWHELM v.

> Note que o sentido pode ser negativo ou positivo, conforme o contexto:
> *Casualties are very high; doctors are **overwhelmed**.* ▷ *As vítimas são muito numerosas; os médicos estão **assoberbados**, não estão dando conta.*
> *When the baby smiles, the mother is **overwhelmed**.* ▷ *Quando o bebê sorri, a mãe fica **deslumbrada**, fora de si de tão contente.*

1. (sentido negativo) **arrasar, dominar**, acachapar, afogar, anular, assolar, conquistar, debelar, derrotar, derrubar, desbaratar, devastar, engolfar, esmagar, massacrar, oprimir, sobrepujar, soterrar, subjugar, submergir, sufocar, superar, suplantar, tomar, vencer; tomar conta, tomar todo o espaço; ganhar disparado; acabar com alguém OVERCOME

▶ *When his son died Tom was **overwhelmed** with grief.* ▷ *Quando o filho morreu, Tom ficou **arrasado** de dor.*
▶ *The kidnappers were **overwhelmed** by a police squadron.* ▷ *Os seqüestradores foram **dominados, subjugados** por um esquadrão de polícia.*
▶ *She was **overwhelmed** by his personality.* ▷ *Ela foi **dominada, anulada, sufocada, oprimida, esmagada** pela personalidade dele.*
▶ *I was **overwhelmed** by a feeling of depression.* ▷ *Fui **tomado, vencido** por uma depressão.*
▶ *Many consumers feel **overwhelmed** by too many options.* ▷ *Muitos consumidores se sentem **massacrados, sufocados** pelo excesso de opções.*

2. (sentido negativo) **sobrecarregar**, assoberbar, atolar, cumular de, estressar, inundar; ser como uma avalanche

▶ *I'm so **overwhelmed** workwise.* ▷ *Estou **sobrecarregado, estressado, assoberbado, atolado** de trabalho.*
▶ *We are being **overwhelmed** by e-mails.* ▷ *Estamos **inundados** pelos e-mails, por uma **avalanche** de e-mails.*

3. (sentido positivo) **conquistar**, arrebatar, deslumbrar, emocionar, eletrizar, empolgar, fascinar, impressionar, maravilhar; ser tomado de emoção; afetar profundamente ENRAPTURED

▶ *I was **overwhelmed** by her smile.* ▷ *Fiquei **deslumbrado**, fui **arrebatado, conquistado** pelo sorriso dela.*

OVERWHELMING adj., OVERWHELMINGLY adv.

1. (sentido negativo) **esmagador, arrasador**, acachapante, avassalador, descomunal, devastador, estrondoso, fortíssimo, fragoroso, insuportável, intenso, irresistível, maciço, massacrante, opressivo, poderoso, retumbante, tremendo

▶ ***Overwhelming** majority* ▷ *Maioria **esmagadora***
▶ *They showed an **overwhelming** military superiority.* ▷ *Demonstraram uma superioridade militar **arrasadora, avassaladora**.*
▶ *The heat was **overwhelming**.* ▷ *O calor era **opressivo, intenso, acachapante**.*
▶ *The kid received an **overwhelming** amount of attention.* ▷ *A criança recebia uma quantidade **descomunal**, uma **avalanche** de atenções.*
▶ *Workers voted **overwhelmingly** in favor of John Smith.* ▷ *Os trabalhadores votaram **maciçamente, em peso** em John Smith.*

2. (sentido positivo) **impressionante**, **arrebatador**, emocionante, irresistível; *inf.* um arraso, de arrasar, demais COMPELLING, AWESOME

▸ *The show was **overwhelming**.* ▷ *O show foi **impressionante, irresistível, um arraso**.*
▸ *(Fans weeping in rock show:) Seeing their idol live proved **overwhelming** to some fans.* ▷ *Ver seu ídolo ao vivo foi **emoção demais** para alguns fãs.*

P

PAIN s., PAINFUL adj.

1. dor; sofrimento, aflição, agonia, angústia; tormento moral MISERY

▸ *The **pain** was unbearable.* ▷ *A **dor** era insuportável.*
▸ ***Pain** killer* ▷ ***Analgésico***
▸ *Sometimes I do drugs forget my **pain** and the loneliness in my life.* ▷ *Às vezes eu tomo drogas para esquecer meu **sofrimento, angústia** e minha **solidão**.*
▸ *(adj.) The treatment was very **painful**.* ▷ *O tratamento foi muito **doloroso, doído, sofrido, traumático**. / Senti dores **atrozes, lancinantes, dilacerantes**.*
▸ *After my mom died I had the **painful** task of clearing out his personal effects.* ▷ *Quando minha mãe morreu fiquei com a tarefa **ingrata, dolorosa, penosa** de dispor dos seus pertences pessoais.*

2. (economia) **dificuldade**, problema, sacrifício econômico, financeiro**;** conseqüência, efeito negativo, severo, prejudicial (ao bolso) AFFORD

▸ *No matter who wins the election, there will be more **pain** to come.* ▷ *Quem quer que seja o vencedor da eleição, haverá mais **sacrifícios financeiros, problemas, dificuldades econômicas**.*
▸ *More **pain** at the gas pump.* ▷ *A gasolina **dói** no bolso. (Trad. livre)*
▸ *(adj.) The country took **painful** measures to get its public finances in order.* ▷ *O país tomou medidas **difíceis, dolorosas, duras, amargas** para sanar as finanças públicas.*

PAINLESS adj.

▸ *The treatment is easy and **painless**.* ▷ *O tratamento é fácil e **indolor**.*

PAINSTAKING adj., PAINSTAKINGLY adv.   THOROUGH

meticuloso, **laborioso,** atento, caprichado, caprichoso, cuidadoso**,** demorado, detalhado, detalhista, diligente, escrupuloso, esmerado, minucioso, paciente, trabalhoso

▸ *Restoring artworks is slow and **painstaking** work.* ▷ *Restaurar obras de arte é um trabalho lento e **extremamente meticuloso, laborioso, minucioso**.*
▸ *His **painstaking** documentation contributes to the value of the book.* ▷ *Sua documentação **cuidadosa, detalhada, escrupulosa** contribui para o valor do livro.*
▸ *Success was reached after **painstaking** diplomatic negotiations.* ▷ *O sucesso veio depois de **laboriosas e pacientes** negociações diplomáticas.*

pale

▶ *(adv.) The CEO ruined the reputation that the company had so **painstakingly** established.* ▷ *O CEO estragou a reputação que a empresa firmara tão **laboriosamente, com tanto esforço**.*

PALE adj.

> **Pale** nem sempre é "pálido"!
> *Viewed from space, the Earth looks like a **pale** blue dot.* ▷ *Vista do espaço a Terra parece um pontinho azul-**claro**. (NÃO "pálido ponto azul"...!)*

1. **pálido**, lívido, sem cor

▶ *She noticed how **pale** he had turned.* ▷ *Notou que ele ficou **pálido, empalideceu**.*
▶ *This is just a **pale** imitation of the original.* ▷ *Isso é apenas uma **pálida** imitação do original.*

2. (cor) **claro**, lavado FADED

▶ ***Pale** blue curtains* ▷ *Cortinas azul-**claras***
▶ *She wore a **pale** green hat.* ▷ *Usava um chapéu verde-**claro**.*

3. (luz) **fraca**, branda, tênue DIM

▶ *In the **pale** light of early morning* ▷ *Na luz **fraca, tênue** da madrugada*

PARENT, PARENTS s.

> **Parents** são "pais" e NÃO "parentes" (RELATIVES, **family**).
> *PTA – **Parents** and Teachers Association* ▷ *Associação de **Pais** e Mestres*

1. **pais**, genitores, progenitores SIBLING

▶ *Teaching a trade is the **parents'** responsibility* ▷ *Ensinar uma profissão é responsabilidade dos **pais, progenitores**.*

• **PARENT** (sing.) é muito usado em inglês quando não importa ou não é claro se se trata do pai ou da mãe. Sugestões:

• Usar "pai" ou "mãe", conforme o caso:

▶ *"As a **parent**, I am very concerned," said Mr. Brown.* ▷ *"Como **pai**, estou muito preocupado", dise o sr. Brown.*
▶ *"Of course I care about him; I'm a **parent**," said Sally Brown.* ▷ *Claro que me preocupo com ele; sou **mãe** dele / **ele é meu filho**, disse Sally Brown.*

• Usar "pais":

▶ *The first duty of a **parent** is to protect his child.* ▷ *O primeiro dever dos **pais** é proteger o filho.*

• Usar "um dos pais":

▶ *(School violence:) A **parent** hit a female teacher.* ▷ ***Um dos pais** atacou uma professora.*

particular

- Usar "pai ou mãe":

▶ Not every kid has **a parent** who can help him do his homework. ▷ Nem toda criança tem **um pai ou uma mãe** que possa ajudá-la a fazer a lição.

- Usar: ter, criar, educar filhos

▶ As the **parent** of two small children, I would like to see better TV shows. ▷ Como **tenho** dois filhos pequenos, gostaria que houvesse melhores programas de TV.
▶ It's tough to be a good **parent**. ▷ É duro **criar, educar** bem os filhos.

2. (comércio) **controladora**

▶ Time Warner is CNN's **parent** company / CNN's **parent**. ▷ A Time Warner é a empresa **controladora** da CNN.

- Contraste: **parentes** (português) ≠ **parents** (inglês)

▶ Ela sustenta os **parentes** pobres. ▷ She supports her poor **relations**.
▶ Afinal, eles são meus **parentes**. ▷ After all, they are **family**.
▶ Os **pais** dela são brasileiros, mas todos os outros **parentes** são chineses. ▷ Her **parents** are Brazilian, but all her other **relatives** are Chinese.

PARENTING s.

criação, educação de filhos; ser pai, ser mãe; ter, criar, educar filhos

▶ *Parenting is an art.* ▷ **Ser pai, ser mãe** é uma arte.
▶ *Single parenting is tough.* ▷ É duro **criar filhos** sozinho.
▶ *I like to read parenting magazines.* ▷ Gosto de ler revistas sobre **pais e filhos, criação, educação de filhos**.

PARTICULAR adj.

> **Particular** NÃO significa "particular, pessoal" (**private, personal, own**).
> Aula *particular* ▷ **Private** lesson, one-to-one lesson
> Quero falar com você em *particular*. ▷ I'd like to talk to you **in private**.
> Ela tem um escritório próprio, *particular*. ▷ She has her **own** office.

1. **particular, especial**, determinado, específico

▶ *She is a scientist with a **particular** interest in archeology.* ▷ É uma cientista com **especial, particular** interesse em arqueologia.
▶ *I am looking for a **particular** picture.* ▷ Estou procurando uma **determinada** foto.
▶ *Do you have a **particular** restaurant in mind?* ▷ Está pensando em algum restaurante **específico, em especial, em particular**?

2. **meticuloso, rigoroso**, cioso, criterioso, crítico, difícil, minucioso, seletivo, superexigente; muito exigente, difícil de contentar, de satisfazer; que faz questão FUSSY

▶ *He's always been very **particular** about clothing.* ▷ Sempre foi muito **meticuloso, fez questão** absoluta de andar bem vestido.

party

- *He's very **particular** about his food.* ▷ *É **superexigente** com a comida.*
- *As a historian I am **particular** about details.* ▷ *Como historiadora, sou muito **criteriosa**, **rigorosa**, **ciosa** dos detalhes.*

PARTY s.

1. **festa**, reunião

- *I am not much of a **party** person.* ▷ *Não sou muito chegado em **festas**, **reuniões**.*

2. **partido político**

- *The two main British **parties** are Labor and Conservative, or Tory.* ▷ *Os dois principais **partidos** britânicos são o Trabalhista e o Conservador, ou Tory.*
- *Do you support the two-**party** system?* ▷ *Você apóia o sistema **bipartidário**?*

3. **grupo**, bando, destacamento, turma

- *The hunting **party** left early.* ▷ *O **grupo**, **bando**, **turma** de caçadores saiu cedo.*
- *How many in your **party**?* ▷ *Quantas pessoas há no seu **grupo**?*
- *A **party** of soldiers was sent to help.* ▷ *Um **destacamento** de soldados foi enviado para ajudar.*

4. **parte;** parte interessada; pessoa ou grupo envolvido, interessado, participante STAKEHOLDER

- *All **parties** must maintain absolute confidentiality.* ▷ *Todas as **partes**, os **interessados**, **participantes**, **envolvidos** devem manter estrita confidencialidade.*
- *Do not disclose your password to any **third parties**.* ▷ *Não revele sua senha para **terceiros**.*
- *The check must show the **party** to be paid (payee).* ▷ *No cheque deve constar o nome da **pessoa** a ser paga (favorecido).*

PATH s.

1. **trilha**, atalho, caminho, estrada, estradinha, passeio, picada, rota, senda, vereda, via

- *We took a hidden **path** in the woods.* ▷ *Pegamos um **atalho**, uma **picada**, **trilha** escondida na mata.*
- *Each day I took a different **path**.* ▷ *Cada dia eu pegava outro **caminho**, outra **rota**.*
- *Bike **path*** ▷ *Ciclovia*

2. **rota, trajeto**, caminho, curso, trajetória

- *Thousands flee from the hurricane's **path*** ▷ *Milhares fogem da **rota**, **trajetória**, do **trajeto**, **caminho** do furacão.*
- *Our flight **path** goes from Buenos Aires to Sao Paulo to London.* ▷ *Nosso **trajeto**, nossa **rota** de vôo é Buenos Aires – São Paulo – Londres.*
- *My two sons followed quite different **paths** in life.* ▷ *Meus dois filhos seguiram **caminhos** totalmente diferentes na vida.*
- *The process followed its natural **path**.* ▷ *O processo seguiu seu **curso** natural.*

PATRON s.

> **Patron** NÃO é "patrão" (**boss, employer**).

pattern

1. **patrono**, patrocinador, benfeitor, protetor; padroeiro

▶ *He was a noted **patron** of the arts.* ▷ *Foi um renomado **patrono** das artes.*
▶ *Saint George is the **patron** saint of England.* ▷ *São Jorge é o santo **padroeiro** da Inglaterra.*

2. **freguês,** cliente regular, freqüentador assíduo

▶ *I am a regular **patron** of this pub / shop.* ▷ *Sou **freguês, cliente, freqüentador** assíduo desse bar / dessa loja.*

PATTERN s.

> "Padrão" nem sempre é uma boa tradução para **pattern:**
> *These birds have black and white **patterns**.* ▷ *Essas aves têm **desenhos** (NÃO "padrões"...!) em preto e branco.*

1. **padrão**, arranjo, combinação, configuração, diagrama, disposição, esquema, molde, modelo, plano BLUEPRINT

▶ *Each chapter follows the same **pattern**: a text followed by questions.* ▷ *Todos os capítulos seguem o mesmo **padrão, esquema, modelo**: um texto seguido por perguntas.*
▶ *The streets are arranged in an orderly **pattern**.* ▷ *As ruas são dispostas num **plano, esquema** bem ordenado.*
▶ *Look at the **pattern** of the white dots on the red background.* ▷ *Veja a **disposição, combinação, configuração**, o **arranjo** dos círculos brancos sobre o fundo vermelho.*
▶ *The steamstress was cutting dress **patterns**.* ▷ *A costureira cortava **moldes** de vestidos.*

2. **modelo**, exemplo, ideal

▶ *She's a **pattern** of virtue.* ▷ *Ela é um **modelo, exemplo** de virtudes.*

3. **forma, desenho**; formas regulares, geométricas DESIGN

▶ *We looked down from the aircraft at the **pattern** of fields.* ▷ *Olhando do avião, víamos as **formas geométricas**, o **desenho** formado pelas plantações.*
▶ *The "canals" formerly seen on Mars were just the product of a human tendency to see **patterns**, even where they don't in fact exist.* ▷ *Os "canais" de Marte eram apenas fruto da tendência humana de enxergar **formas regulares**, mesmo quando estas não existem.*

4. **estampa, desenho,** decoração, motivo, ornamentação, padrão, padronagem; desenho artístico, decorativo

▶ *I like this wallpaper **pattern**.* ▷ *Gosto dessa **estampa**, desse **desenho, motivo, padronagem** de papel de parede.*
▶ *A dress with a flowery **pattern*** ▷ *Vestido com **desenho, estampa, motivo** (NÃO "padrão".!) floral*

5. **tendência, padrão recorrente**; esquema, norma, regularidade, regra; padrão, procedimento característico, constante, geral, normal, regular, repetido, repetitivo, sistemático, típico STANDARD

▶ *Our methods try to understand group behavior **patterns**.* ▷ *Nossos métodos tentam compreender as **tendências**, os **padrões recorrentes, constantes** do comportamento grupal.*
▶ *Forced nudity of prisoners is seen as a **pattern**.* ▷ *Forçar os prisioneiros a ficarem nus é visto como um **procedimento sistemático, regular**, é a **norma, regra**.*

patterned

▶ *I feel I am stuck in the same old behavior **patterns**.* ▷ *Sinto que estou presa nos velhos **padrões, esquemas** de comportamento.*

- Omitir se dispensável:

▶ *(Photo guide:) The light meter evaluates the **lighting pattern** in a scene.* ▷ *O fotômetro avalia a **iluminação** da cena. (Melhor que "padrão de iluminação")*

▶ *The animals have returned to their normal **behavior patterns**.* ▷ *Os animais voltaram ao seu **comportamento normal, típico, característico**.*

PATTERNED adj. ≠ PLAIN

▶ *Do you prefer plain or **patterned** dishes?* ▷ *Você prefere pratos lisos ou **com desenhos, decorados, ornamentados**?*

PEAK s.

pico, **ápice**, apogeu, auge, culminância, cume, cúmulo, máximo, pináculo, píncaro, plenitude, supra-sumo, zênite; ponto alto, culminante, máximo; o mais alto grau

▶ *The Kilimanjaro is the highest **peak** in Africa.* ▷ *O Kilimanjaro é o **pico, cume** mais alto da África.*

▶ *She was then at the **peak** of her career.* ▷ *Ela estava no **ápice, auge, ponto culminante** da sua carreira.*

▶ *The term Five Stars means the **peak** of excellence.* ▷ *O termo Cinco Estrelas significa o **máximo, supra-sumo, ponto alto, mais alto grau** de excelência.*

PEEK v.   GLANCE

espiar, espionar, espreitar; dar uma espiada, espiadela, olhada, olhadela

▶ *She couldn't resist **peeking** inside the box.* ▷ *Não resistiu à tentação de **espiar** dentro da caixa.*

PEER s.

1. **par**, **colega**, congênere, assemelhado, correlato, equivalente, semelhante, similar; colega do mesmo nível, da mesma categoria, classe   COUNTERPART

▶ *Every person has the right to be judged by his **peers** / by a jury of his **peers**.* ▷ *Toda pessoa tem o direito de ser julgada pelos seus **pares** / por um júri formado por seus **pares**.*

▶ *These students still crave the approval of their **peers**.* ▷ *Esses alunos anseiam pela aprovação dos **colegas**.*

▶ *Our schools failed to make much progress when compared to their **peers** in other states.* ▷ *Nossas escolas não progrediram muito, em comparação com escolas **similares** em outros estados.*

peer review

▶ *All articles in our Journal are subjected to peer review, i.e., by knowledgeable scientists in the same field of study.* ▷ *Todos os artigos da nossa publicação são submetidos à revisão pelos pares, isto é, são examinados por cientistas de renomado saber no mesmo campo de estudos.*

2. **da mesma idade**, colega de geração

▶ *American children are learning science, but their **peers** in other countries are learning at a higher rate.* ▷ *As crianças americanas estão aprendendo ciências, mas os alunos **da mesma idade, mesma geração** em outros países estão aprendendo mais depressa.*

▶ *The Secretary of Health plans to use "**peer** educators," teenagers who are trained to talk to other teenagers.* ▷ *A Secretaria da Saúde pretende usar "educadores **colegas**", ou seja, adolescentes treinados para conversar com outros adolescentes.*

peer pressure

▶ *Teenagers are very susceptible to **peer pressure**.* ▷ *Os adolescentes são muito suscetíveis à pressão dos seus **pares**, dos **outros adolescentes**.*

3. **nobre**, que tem título de nobreza

▶ *A duke is a British **peer** of the highest rank.* ▷ *Um duque é **nobre** de mais alta hierarquia na nobreza britânica.*

PEERAGE s.

▶ *His rewards included a hereditary **peerage**.* ▷ *Sua recompensa incluiu um **título de nobreza** hereditário.*

PEER-TO-PEER, P2P adj.

ponto a ponto, P2P, de usuário para usuário

▶ *P2P systems allow users to connect to each other directly.* ▷ *Os sistemas **ponto a ponto, P2P** permitem aos usários conectar-se uns com os outros diretamente.*

PEERLESS adj.   UNIQUE

incomparável, inexcedível, inigualável, inimitável, insuperável, insuplantável; sem par, sem igual, sem paralelo, sem rival

▶ *This model features luxury, style and **peerless** performance.* ▷ *Esse modelo apresenta luxo, estilo e um desempenho **inigualável, incomparável**.*

PEOPLE s.

1. **pessoas**, gente, ser humano YOU

▶ *For many **people**, this is the best answer.* ▷ *Para muitas **pessoas**, muita **gente**, esta é a melhor resposta.*
▶ *This technique can help people's moral development.* ▷ *Essa técnica pode ajudar o desenvolvimento moral do ser humano.*

• Sugestões para evitar a repetição da palavra "pessoa":

• Eliminar quando possível:

▶ *I've met several Mexican **people**.* ▷ *Já conheci vários **mexicanos**.*
▶ *Many innocent **people** died.* ▷ *Muitos **inocentes** morreram.*
▶ *Some **people** talked, other **people** just listened.* ▷ *Alguns falaram, outros só ouviram.*

• Substituir por: os, quem, alguns, muitos, outros

▶ ***People** who could not flee were killed.* ▷ ***Os** que não conseguiram fugir foram mortos. / **Quem** não conseguiu fugir foi morto.*

▶ **People** *think that religion will solve all their problems.* ▷ **Alguns / Muitos** *pensam /* Há **quem** *pense que a religião vai resolver todos os seus problemas.*

- Substituir por uma palavra mais específica: circunstantes, consumidores, curiosos, espectadores, fiéis, freqüentadores, participantes, passageiros, passantes, pedestres, presentes, populares, profissionais, romeiros, torcedores, transeuntes etc.

▶ *Many* **people** *came on foot.* ▷ *Muitos* **romeiros, fiéis, populares** *vieram a pé.*
▶ *We research* **people's** *options in homes and automobiles.* ▷ *Pesquisamos as opções do* **consumidor** *relativas a imóveis e carros.*

2. **povo,** população
▶ *The* **people** *of China* ▷ *O* **povo,** *a* **população** *da China*

- Note o plural peoples no sentido de "povos", NÃO "pessoas":

▶ *Our aim is to achieve a lasting peace for the two* **peoples.** ▷ *Nosso objetivo é alcançar uma paz duradoura para os dois* **povos.**

PERCEIVE v.

> "Perceber" nem sempre é uma boa tradução para **perceive.**

1. **perceber,** enxergar REALIZE
▶ *We often fail to* **perceive** *the danger until it's too late.* ▷ *Muitas vezes só* **percebemos, enxergamos** *o perigo quando é tarde demais.*

2. **considerar**, ver como; ter uma imagem
▶ *He's* **perceived** *as a champion of the little man.* ▷ *Ele é* **considerado, visto** *como defensor dos fracos.*
▶ *The interviewer should avoid questions that could show actual or* **perceived** *discrimination.* ▷ *O entrevistador deve evitar perguntas que possam revelar discriminação, seja real ou* **considerada, vista** *como tal.*
▶ *The past is often* **perceived** *to be better than the present.* ▷ *É comum* **fazermos uma imagem** *do passado como uma época melhor do que o presente.*

PERCEPTION s.   VISION

percepção, imagem, concepção, idéia, impressão, noção, opinião, visão; maneira de ver, ponto de vista, visão das coisas

▶ *Self-perception* ▷ *Auto-imagem*
▶ *The public has a wrong perception of him.* ▷ *O público tem uma imagem, visão, impressão, idéia, opinião errada dele.*
▶ *This forum allows us to take the pulse of everybody's perceptions.* ▷ *Este fórum nos dá a oportunidade de sentir o pulso das idéias, opiniões, dos pontos de vista de todos.*
▶ *"O valor do dólar reflete a percepção dos agentes em relação à economia."*

PERFORM v.

1. **realizar**, cumprir, desempenhar, executar, oficiar

▶ *Perform* an experiment ▷ *Realizar* uma experiência
▶ We must **perform** our contractual obligations. ▷ Precisamos **cumprir, desempenhar** nossas obrigações contratuais.
▶ The ship's captain **performed** the wedding ceremony. ▷ O capitão **oficiou** a cerimônia de casamento.

2. desempenhar, render DELIVER

▶ This car **performs** well on curves. ▷ O carro **tem** bom **desempenho, rende** bem nas curvas.

3. (nas artes) **representar, apresentar**(-se), atuar, demonstrar, encenar, executar, exibir, interpretar, trabalhar; fazer o papel ROLE

▶ The theater group **performed** a new play. ▷ O grupo teatral **apresentou** uma nova peça.
▶ The acrobats **performed** flawlessly. ▷ Os acrobatas **fizeram** uma **exibição** perfeita.
▶ She **performed** during the whole run. ▷ Ela **trabalhou** durante toda a temporada.

PERFORMANCE s.

1. realização, cumprimento, execução

▶ What are the conditions required for the **performance** of his duties? ▷ Quais as condições exigidas para o **cumprimento** dos seus deveres?

2. desempenho, atuação, qualidade, rendimento

▶ These firms had a very poor **performance** last year. ▷ Essas firmas tiveram péssimo **desempenho, rendimento,** péssima **atuação** no ano passado.
▶ If a supplier's **performance** slips, we choose a competitor. ▷ Se a **qualidade** do fornecedor cai, escolhemos um concorrente.

3. (nas artes) **apresentação**, atuação, demonstração, encenação, espetáculo, exibição, execução, interpretação, representação; trabalho de ator

▶ The actor's **performance** was highly praised. ▷ A **atuação, interpretação** do ator foi muito elogiada.
▶ The theater was opened with a **performance** of Beethoven's Fifth. ▷ O teatro foi inaugurado com uma **apresentação, execução** da Quinta Sinfonia de Beethoven.

PERHAPS adv.   MAYBE

PERIOD s.

1. período, fase

▶ We'll be showing movies from Hitchcock's earliest **period**. ▷ Vamos mostrar filmes do **período**, da **fase** inicial de Hitchcock.

2. ponto final

▶ This is never going to happen, **period**. ▷ Isso nunca vai acontecer, e **ponto final**.

3. menstruação

▶ I've missed my **period** this month. Does this mean I am pregnant? ▷ Este mês não fiquei **menstruada;** será que estou grávida?

PERK, PERQUISITE s.

1. direito, benefício

▶ *Tax **perks** that help a tenant* ▷ ***Benefícios** fiscais que ajudam o inquilino*
▶ *We get all traditional **perquisites** such as medical benefits and retirement plans.* ▷ *Temos todos os **direitos, benefícios** de praxe, como seguro-saúde e aposentadoria.*

2. mordomia, regalia, apanágio, benesse, gratificação, prerrogativa, privilégio, vantagem; benefício especial, extra, exclusivo   LENIENT TRAPPINGS

▶ *I get a company car – it's one of the **perks** of the job.* ▷ *Tenho carro pago pela firma – é uma das **regalias, mordomias, privilégios, prerrogativas, vantagens especiais** do cargo.*

PERMISSIVE adj.   LENIENT

▶ ***Permissive** parents spoil their children.* ▷ *Pais **muito liberais, permissivos, condescendentes, indulgentes, tolerantes demais** estragam os filhos.*

PERP-WALK s., v. (gíria, abrev. de "perpetrator walk")

levar um acusado algemado em público

▶ *The suspect was led away in handcuffs and **perp-walked** before cameras.* ▷ *O suspeito foi **algemado e levado** pela polícia diante das câmeras.*

PERSON s.   PEOPLE, YOU

PERVADE v.

imbuir, impregnar, entrar, espalhar-se, filtrar-se, infiltrar-se, invadir, penetrar, permear, saturar

▶ *His poems are **pervaded** with gloom.* ▷ *Seus poemas são **imbuídos, saturados** de tristeza.*
▶ *The film is a reflection of the violence that **pervades** American culture.* ▷ *O filme é um reflexo da violência que **impregna, permeia, invade** a cultura americana.*
▶ *After the war a spirit of hopelessness **pervaded** the country.* ▷ *Depois da guerra um clima de desesperança **espalhou-se, infiltrou-se por todo** o país.*

PERVASIVE adj.   WIDESPREAD

generalizado, comum, difuso, disseminado, divulgado, espalhado, onipresente, penetrante, popular, popularizado, propagado, ubíquo, universal, vulgarizado; muito difundido, de grande alcance; que permeia, imbui

▶ *There's no denying the **pervasive** influence of television.* ▷ *Não se pode negar a influência **generalizada, onipresente, difusa** da TV.*
▶ *There is an **all-pervasive** mood of apathy.* ▷ *Há um clima de apatia **generalizada, universal.***
▶ *The influence of Freud is **pervasive** in her work.* ▷ *A influência de Freud **permeia, é onipresente** no seu trabalho.*

• Usar o substantivo "penetração":

▶ *The internet is certain to become more and more **pervasive**.* ▷ *A internet na certa terá uma **penetração** cada vez maior.*

- Trocar o sujeito e usar: impregnado, imbuído
▶ *These feelings are **pervasive** among them.* ▷ *Todos eles estão **imbuídos, impregnados** desses sentimentos.*

PESTER v.   HARASS

PET s., adj.

1. animal de estimação; animalzinho, bicho, bichinho doméstico, de estimação; mascote

▶ *Do you have any **pets**?* ▷ *Você tem algum **animal de estimação, bicho, bichinho** em casa?*

2. favorito, predileto; *inf.* menina-dos-olhos, queridinho, xodó

▶ *The boy was his mother's **pet** and the joy of the household.* ▷ *O menino era o **favorito, predileto, xodó** da mãe e a alegria da casa.*
▶ *She's always been the teacher's **pet**.* ▷ *Ela sempre foi a **queridinha** da professora.*
▶ *This is my **pet** project.* ▷ *Esse projeto é o meu **xodó**, minha **menina-dos-olhos**.*

PET adj.

de estimação; favorito, predileto; carinhoso, querido

▶ *My son wants a **pet** rabbit.* ▷ *Meu filho quer ter um coelhinho **de estimação**.*
▶ *Christy is a **pet** form of Christine.* ▷ *Christy é um apelido **carinhoso** de Christine.*

- **Pet** pode ser humorístico, irônico ou pejorativo:

▶ *Motorists discuss their **pet** peeves* ▷ *Motoristas discutem suas reclamações **favoritas, principais***
▶ *America has always backed its own **pet** dictators.* ▷ *Os EUA sempre apoiaram seus ditadores **prediletos, de estimação**.*

PET v.

acariciar, alisar; fazer carícias, carinho, festinha; passar a mão, tocar com carinho

▶ *Can I **pet** your dog?* ▷ *Posso **fazer carinho, passar** a mão no seu cachorro?*
▶ ***Petting** zoo* ▷ *Jardim zoológico "sensorial", onde as crianças podem **tocar** nos animais.*
▶ *We have had some **heavy petting** sessions in his car.* ▷ *Já demos uns **amassos** no carro dele.*

PETTY adj.

1. trivial, insignificante, banal, desimportante, estreito, fútil, inexpressivo, irrelevante, irrisório, menor, miúdo, negligével, pequeno, secundário; sem importância; à toa, de pouca monta   MINOR

▶ *I don't give importance to **petty** annoyances.* ▷ *Não dou importância a aborrecimentos **triviais, banais, miúdos, menores**.*
▶ *She bored me with her **petty** problems.* ▷ *Ela me aborrecia com seus probleminhas **fúteis, irrelevantes, insignificantes, à toa, sem importância**.*
▶ *He committed **petty** crimes such as shoplifting and pick-pocketing.* ▷ *Cometia **pequenos** delitos, como furtar em lojas e bater carteiras.*

2. mesquinho, acanhado, desprezível, medíocre, pedestre, prosaico, tacanho; sem generosidade; de visão estreita   MEAN philistine

- *Only a **petty** little pedantic mind would check these minute details.* ▷ *Só mesmo uma cabecinha **mesquinha, medíocre, tacanha** iria checar esses detalhezinhos minúsculos.*
- ***Petty** bureaucratic rules make the prisoners' life even more miserable.* ▷ *Regras burocraticas **mesquinhas** tornam a vida dos prisioneiros ainda mais infeliz.*

PHILISTINE adj.   NARROW-MINDED

filisteu, ignorante, caipira, convencional, grosso, inculto, materialista, prosaico, provinciano, tacanho, vulgar; de espírito ou mentalidade acanhada, estreita; sem cultura, refinamento, imaginação

- *How could they enjoy such a refined film? They're just a bunch of **philistines**.* ▷ *Como eles poderiam gostar de um filme tão refinado? São uma gente **caipira, ignorante, sem cultura nenhuma**.*
- *"Mulher prática, ela não tinha muitas ilusões com artistas... Meu pai irritou-se com aquela coisa **filistéia**, pequeno-burguesa." (Moacyr Scliar, "O Sentido da Vida")*

PHRASE s.

expressão, locução, palavras

- *Search instructions: Use quotes around **phrases**, e.g. "Artificial Intelligence".* ▷ *Instruções para a pesquisa: Escreva entre aspas a **expressão** (NÃO "frase"!....) procurada, por exemplo "Inteligência Artificial".*
- *"Work and love" – that's the **phrase** with which Freud defined the two key ingredients of a successful life.* ▷ *"Trabalho e amor" – são as **palavras** (NÃO "frase"!....) com que Freud definiu os dois ingredientes principais de uma vida bem-sucedida.*

◊ Em português, "frase" (**sentence**) é uma construção que encerra um sentido completo. Ex. "Vou sair". **Phrase** em inglês também pode ser uma "frase" completa, mas em geral é apenas uma locução ou expressão idiomática fixa, como "Blood, sweat and tears" ou "open for discussion".

PHYSICIAN s.

> **Physician** NÃO é "físico" (**physicist**) mas sim "médico".

médico, doutor

- *Her father was a renowned **physician** / **doctor**.* ▷ *Seu pai era um renomado **médico**.*

• Contraste:

- *Only **physicians** can prescribe drugs.* ▷ *Só os **médicos** podem receitar remédios.*
- ***Physicists** study the laws governing matter and energy.* ▷ *Os **físicos** estudam as leis que governam a matéria e a energia.*

PICK ON v.   TEASE, BULLY

perseguir, atormentar, provocar

- *The poor boy was constantly **picked on** by his classmates.* ▷ *O pobre garoto era constantemente **perseguido, atormentado** pelos colegas.*

PIECE s.

> NÃO traduza impropriamente como "pedaço"!
>
> *This robotic arm is a wonderful **piece** of technology.* ▷ *Esse braço robótico é uma maravilha (NÃO "um maravilhoso pedaço...!") da tecnologia.*

1. pedaço

▶ *Please have another **piece** of chicken.* ▷ *Pegue mais um **pedaço** de frango.*
▶ *The hotel was **falling to pieces**.* ▷ *O hotel estava **caindo aos pedaços**.*

2. Usado para designar individualmente substantivos incontáveis   BIT

● Neste caso, não traduzir!

▶ *A **piece** of news / advice / research / furniture* ▷ ***Uma** notícia / **um** conselho / **uma** pesquisa / **um** móvel*
▶ *He gave me three **pieces of advice**.* ▷ *Ele me deu três conselhos.*
▶ *This is a great **piece of software**.* ▷ *Esse é um ótimo software.*
▶ *What an awful **piece of homework**!* ▷ *Que lição de casa péssima!*
▶ *All of us can look at the same **piece of data** / **piece of information** on our site.* ▷ *Todos nós podemos consultar um mesmo **dado** / uma mesma **informação** no nosso site.*

3. obra, **trabalho**, artigo; composição musical

▶ *MoMa features a whole range of modern art **pieces**.* ▷ *O MoMa exibe uma grande variedade de **obras** de arte moderna.*
▶ *I wrote a **piece** about Microsoft for the NYT.* ▷ *Escrevi um **artigo** sobre a Microsoft para o NYT.*
▶ *Mozart's Requiem is a wonderful **piece** of music.* ▷ *O Réquiem de Mozart é uma **composição, obra** musical, uma **música** maravilhosa.*

PIETY s.   PIOUS

> **Piety** NÃO é "piedade" no sentido de "compaixão" (**pity, compassion,** MERCY).

devoção, dedicação; religiosidade, espiritualidade, devoção religiosa

▶ *Filial **piety*** ▷ ***Devoção, dedicação** filial*
▶ *The city was a noted center of **piety** and learning during the Middle Ages.* ▷ *Na Idade Média, a cidade foi um notável centro de **religiosidade** e saber.*
▶ *Wearing beards is a traditional sign of Islamic **piety**.* ▷ *Usar barba é um sinal tradicional de **religiosidade, devoção religiosa** segundo a fé islâmica.*

PINPOINT v.

localizar, apontar, captar, descobrir, detectar, determinar, especificar, explicitar, identificar, perceber, pinçar

▶ *We are unable to **pinpoint** the source of the transmissions.* ▷ *Não conseguimos **localizar, descobrir, captar, detectar** a origem das transmissões.*

pious

- Usar: exatamente, com precisão
- ▶ *Police are still unable to **pinpoint** the cause of the explosions.* ▷ *A polícia ainda não conseguiu **determinar** a causa **exata** das explosões.*
- ▶ *This technology allows scientists to compare cells and **pinpoint** even slight genetic differences.* ▷ *Essa tecnologia permite aos cientistas comparar células e **perceber, pinçar, identificar com precisão** as diferenças genéticas, mesmo sutis.*

PIOUS adj.

> **Pious** NÃO é "piedoso", "misericordioso" (COMPASSIONATE, MERCIFUL).

1. **devoto**, religioso; ultra-religioso PIETY

- ▶ *My mother, a **pious** woman, attends Mass every morning.* ▷ *Minha mãe, muito **devota**, assiste à missa todas as manhãs.*
- ▶ *He's a **pious** Muslim / Jew / Hindu.* ▷ *Ele é um muçulmano / judeu / hinduísta **devoto, religioso**.*
- ▶ *Afghan women are threatened by **pious** bullying.* ▷ *As mulheres afegãs são ameaçadas pela truculência **religiosa, dos ultra-religiosos**.*

2. **hipócrita**, falso SANCTIMONIOUS

- ▶ *I don't believe any of your **pious** talk.* ▷ *Não acredito nem um pouco na sua conversa **falsa**.*
- ▶ *Don't give me these **pious** apologies – I know you don't really care.* ▷ *Pare com essas desculpas **hipócritas** – sei que você não liga.*

PIPELINE s.

1. **cano**, canal, canalização, conduto, duto, tubo, tubulação

- ▶ *Water is carried through pipelines.* ▷ *A água é levada por **tubulações, tubos, canos, dutos, canalizações**.*
- ▶ *Oil **pipeline*** ▷ *Oleo**duto***
- ▶ *Gas **pipeline*** ▷ *Gaso**duto***

2. **canal, sistema** de abastecimento, comunicação, provisão, suprimento, transmissão (de bens ou informações)

- ▶ *Information can be sent across a variety of communication **pipelines**.* ▷ *As informações podem ser enviadas através de diversos **canais, sistemas de comunicação, de transmissão**.*

3. **reserva**, banco, fluxo, suprimento POOL

- ▶ *We have a great **pipeline** of leaders.* ▷ *Temos uma boa **reserva**, um bom **suprimento, banco** de líderes.*
- ▶ *We must create a **pipeline** of appropriate work for our new hires.* ▷ *Precisamos criar um **fluxo** de trabalho apropriado para os novos contratados.*

IN THE PIPELINE expr.

em produção, andamento, desenvolvimento, elaboração, preparação, preparo, processo; a caminho; sendo ultimado

plant

- We have dozens of products **in the pipeline**. ▷ Temos dezenas de produtos **em desenvolvimento, produção, preparo, a caminho**.
- What other films / books / albums do you have in the **pipeline** this year? ▷ Quais outros filmes / livros / discos você está **fazendo, elaborando, preparando, aprontando** para este ano?

PLAGUE v.   HARASS

atormentar, afligir, atacar, atingir, exasperar, importunar, molestar, prejudicar, vitimar; fazer sofrer

- The poor animals are **plagued** by flies and mosquitoes. ▷ Os pobres animais são **atormentados, molestados, importunados** por moscas e mosquitos.
- He was **plagued** by severe illnesses. ▷ Foi **atacado, atingido, acometido, vítima** de graves doenças.
- His campaign has been **plagued** by party infighting. ▷ Sua campanha vem **sofrendo**, foi **muito prejudicada**, é **vítima** das brigas internas no partido.

PLAIN adj.

1. simples, comum, banal, descomplicado, despretensioso, médio, modesto, normal, trivial; sem complicação; nada de especial, nada de extraordinário; **liso**; sem cores, enfeites, ornamentação, ornamentos
≠ ORNATE

- The hotel rooms are clean but very **plain**. ▷ Os quartos do hotel são limpos mas muito **simples, banais, nada de especial**.
- I don't understand – can you please explain it in **plain** English? ▷ Não compreendo – daria para você me explicar em palavras **simples, comuns, compreensíveis, sem complicação**?
- She was wearing a **plain** white blouse. ▷ Usava uma blusa branca **lisa, sem enfeites**.
- Its feathers may be **plain** or with ornate patterns. ▷ Suas penas podem ser **lisas, de uma só cor** ou com desenhos elaborados.

2. direto, franco   STRAIGHTFORWARD

- We need some **plain** talk about AIDS and sexuality. ▷ Precisamos de uma conversa **franca e direta** sobre a aids e a sexualidade.

3. claro, óbvio, aparente, evidente, manifesto, patente, visível   CLEAR

- Everybody needs friends – that's **plain** to see. ▷ Todo mundo precisa de amigos – isso é bem **claro, óbvio, evidente**.

4. feio, sem graça, feioso, sem atrativos, sem encantos, nada bonito

- She was a rather **plain** woman. ▷ Era uma mulher um tanto **feiosa, sem graça, sem atrativos**.

PLANT s.

> **Plant** também significa "fábrica". Veja também FABRIC, INDUSTRY.
> We visited a Volkswagen **plant** in Sao Bernardo. ▷ Visitamos uma **fábrica** da VW em São Bernardo.

1. planta (vegetal)

- **Plants** grow quickly in the tropics. ▷ As **plantas** crescem rápido nos trópicos.

2. **fábrica**, estação, montadora, usina FACILITIES
- *The plant was closed and the workers dismissed.* ▷ *A fábrica foi fechada e o pessoal demitido.*
- *Car assembly plant* ▷ *Fábrica, montadora de carros*
- *Power plant / hydroeletric plant / nuclear plant* ▷ *Usina elétrica / hidrelétrica / nuclear*
- *Water treatment plant* ▷ *Estação de tratamento de esgotos*

PLAYER s.

1. **jogador**
- *Michael Jordan was named team MVP (Most Valuable Player).* ▷ *M.Jordan foi escolhido como Jogador Mais Valioso da equipe.*

2. **participante, nome**, agente, ator, competidor, concorrente, elemento, figura, força, personagem, personalidade, presença, rival ACTOR
- *Smith is one of the key players in the industry.* ▷ *Smith é um dos nomes, das figuras, personagens, personalidades mais importantes do setor.*
- *China is becoming a powerful player in the home appliance market.* ▷ *A China está se tornando uma concorrente, rival, força, presença poderosa no mercado de eletrodomésticos.*
- *By accepting such cases, the court has become a new player in the debate.* ▷ *Ao aceitar casos assim, o tribunal se tornou um novo elemento, ator, agente, participante no debate.*

• Outras sugestões:
- *The CEO holds weekly meetings with all the key players on important initiatives.* ▷ *O diretor tem reuniões semanais com os principais responsáveis pelas iniciativas mais importantes.*
- *Don't be shy. Establish that you are a player.* ▷ *Não seja tímido. Deixe claro que você está no jogo.*
- *"Coal is back on the agenda as a serious player in meeting the world's energy demands." (news.bbc.co.uk)* ▷ *O carvão volta à pauta como uma opção, alternativa viável para satisfazer a demanda mundial de energia.*

PLENTIFUL adj.

1. **abundante**, cheio, copioso, farto, fervilhante, profuso, prolífico, repleto, transbordante
- *Opportunities to practice the language are plentiful.* ▷ *Há abundantes, múltiplas oportunidades de praticar o idioma.*
- *A plentiful supply of food and wine* ▷ *Comida e vinho em abundância, em profusão*

2. **fértil**, frutífero, generoso, lauto, liberal LAVISH
- *A plentiful harvest* ▷ *Colheita frutífera, generosa, farta*

PLOT s.

1. **enredo, trama**, entrecho, história, intriga
- *I'm reading a spy thriller and avidly following every twist and turn of the plot.* ▷ *Estou lendo um livro de espionagem e acompanhando avidamente cada virada da história, trama, do enredo.*

2. **complô, conspiração**, conchavo, conluio, manobra, maquinação, trama
- *Police discovered a plot to assassinate the President.* ▷ *A polícia descobriu uma conspiração um complô para assassinar o presidente.*

▶ *He often saved the King from his enemies' plots.* ▷ *Muitas vezes ele salvava o rei das **manobras, maquinações, tramas, conluios** de seus inimigos.*

PLUCK s. METTLE

▶ *Both leaders showed great pluck in a difficult year.* ▷ *Os dois líderes mostraram grande **coragem, fibra, garra, ousadia, determinação** num ano difícil.*

PLUMMET v. COLLAPSE

despencar, cair verticalmente, desabar; cair abruptamente, rapidamente, vertiginosamente; sofrer uma queda abrupta, acentuada, brusca, drástica, vertiginosa, vertical; entrar em queda livre

▶ *Competition soars, prices plummet.* ▷ *A concorrência aumenta, os preços **despencam, desabam, sofrem uma queda brusca**.*
▶ *Temperatures plummeted to 35 ºF.* ▷ *As temperaturas **caíram abruptamente** para 2 ºC.*
▶ *The prime minister's popularity is plummeting.* ▷ *A popularidade do ministro **entrou em queda livre**.*

POIGNANT adj.

1. **pungente**, comovente, doloroso, lancinante, penetrante, penoso, plangente, tocante; muito triste PAINFUL

▶ *These pictures evoke poignant memories of happier days.* ▷ *Essas fotos trazem lembranças **pungentes, dolorosas, comoventes, tocantes** de dias mais felizes.*
▶ *Such poignant grief cannot endure forever.* ▷ *Um sofrimento tão **pungente, lancinante** não pode durar para sempre.*

2. (cheiro) **acre**, penetrante, pungente

▶ *We felt the poignant smell of burning rubber.* ▷ *Sentimos o cheiro **acre, pungente** de borracha queimada.*

POINT s.

1. **ponto; questão,** aspecto, assunto, fato, idéia ISSUE

▶ *Go from point A to point B* ▷ *Ir do ponto A ao **ponto** B*
▶ *Starting point* ▷ *Ponto de partida*
▶ *Turning point* ▷ *Ponto de ruptura, virada*
▶ *There's another point to be considered.* ▷ *Há outro **ponto, aspecto**, outra **questão** a se considerar.*

2. **argumento**, idéia, opinião, ponto de vista; mensagem, recado ARGUMENT

▶ *Well, I admit you have a point there.* ▷ *Bem, reconheço que é um **bom argumento**, um **argumento válido**, que você **tem razão** nesse ponto.*
▶ *Make your point.* ▷ *Apresente seu **argumento**; expresse, dê sua **opinião**; defenda sua **idéia**, seu **ponto de vista**.*
▶ *They misinterpreted the point of the book.* ▷ *Interpretaram errado a **mensagem** do livro.*
▶ *The speaker was very eloquent and really drove his point home.* ▷ *O orador foi muito eloqüente e **deu seu recado, argumentou** de maneira convincente.*

point out

- Outras sugestões:
▶ *I see your **point**.* ▷ *Compreendo o que você quer dizer.*
▶ *Do you **see my point**?* ▷ *Percebe onde eu quero chegar?*
▶ *Good **point**!* ▷ *Bem pensado!*

3. **ponto principal, fundamental**; idéia, fato central; âmago, busílis, cerne; o xis da questão, do problema; o que interessa, o mais importante, pertinente, relevante   CORE, GIST

▶ *Get to the **point**!* ▷ *Vamos ao **que interessa**!*
▶ *I don't know exactly what happened, but **the point is**, he lost custody of the children.* ▷ *Não sei exatamente o que aconteceu, mas **ponto principal, o importante, o que importa, o que interessa, o xis da questão, o fato** é que ele perdeu a guarda dos filhos.*
▶ *A **case in point*** ▷ *Exemplo típico, relevante, bem ilustrativo*

to the point

▶ *Here's a comment I found quite **to the point**.* ▷ *Eis um comentário que achei muito **relevante, pertinente, objetivo, que capta o âmago do assunto, o xis do problema.***

off the point

▶ *That's **off the point** / **beside the point** / That's **not the point**.* ▷ *A questão não é essa. / Isso não interessa, não vem ao caso, não é relevante, é irrelevante. / Não se trata disso, não é isso que está em discussão. / (inf.) São outros quinhentos.*

miss the point

▶ *He **missed the point** of the joke.* ▷ *Ele não entendeu a **graça** da piada.*
▶ *Sorry, but you've totally **missed the point** of the film.* ▷ *Desculpe, mas você não entendeu o **ponto principal, o sentido** do filme / o que o filme **significa, quer dizer.***

4. **objetivo, sentido**, finalidade, utilidade

▶ *What's the **point** of marriage?* ▷ *Qual é o **objetivo, sentido**, a **finalidade** do casamento?*
▶ *What's the **point** of praying?* ▷ *De que **adianta** orar? **Para que** orar?*
▶ *All those rituals could have a **point** for her, but not for me.* ▷ *Todos aqueles rituais talvez tivessem/fizessem **sentido** para ela, mas não para mim.*
▶ *There's **no point** arguing. / This is **pointless**.* ▷ *Não adianta, é inútil discutir. / Para que discutir?*

POINT OUT v.   EMPHASIZE

notar, observar, apontar, indicar, lembrar, mostrar, perceber, ressaltar, salientar; chamar a atenção

▶ *Darwin **pointed out** that not all individuals of a species are exactly the same.* ▷ *Darwin **notou, percebeu, ressaltou, chamou a atenção** para o fato de que nem todos os indivíduos da mesma espécie são exatamente iguais.*
▶ *The technicians **point out** that the device is no panacea for customers.* ▷ *Os técnicos **lembram, observam** que o aparelho não é uma panacéia para os consumidores.*

POINTED adj., POINTEDLY adv.

direto, incisivo, acusador, certeiro, claro, deliberado, enfático, evidente, explícito, expressivo, indisfarçável, inequívoco, intencional, óbvio, ostensivo, pessoal, revelador, significativo; bem marcado   DELIBERATELY

▶ *She looked at her watch **pointedly**. I understood it was time to leave.* ▷ *Ela olhou para o relógio num gesto **claro, deliberado, enfático, inequívoco, ostensivo, significativo, bem marcado**. Compreendi que era hora de ir embora.*

▶ *The CEO had to face **pointed** questions about his personal behavior.* ▷ *O CEO teve de enfrentar perguntas **incisivas, diretas, acusadoras** sobre seu comportamento pessoal.*

▶ *The Mayor answered the press with clever, **pointed** remarks.* ▷ *O prefeito respondeu à imprensa com comentários inteligentes, **certeiros, com endereço certo**.*

▶ *(adv.) The sheriff **pointedly** talked about "killers," instead of one killer.* ▷ *O xerife se referiu **diretamente, de maneira direta e incisiva** a "assassinos", e não a um só assassino.*

▶ *The thief **pointedly** avoided trying to steal from major museums.* ▷ *O ladrão evitava, **deliberadamente, intencionalmente** roubar de museus importantes.*

POISED adj.

1. composto, calmo, digno, com autoconfiança, compostura   SELF-CONFIDENT, APLOMB

▶ *She remained very **poised** despite all the hostile criticism and hostility.* ▷ *Permaneceu sempre muito **bem composta, calma, digna** apesar das críticas e da hostilidade.*

2. prestes a, preparado, pronto, bem colocado, posicionado, em boa posição; a caminho de

▶ *Harry Potter is **poised** to become one of the highest grossing films ever.* ▷ *H.P. está **prestes a, a caminho de** tornar-se um dos filmes mais lucrativos de todos os tempos.*

▶ *This is good news for those **poised** to profit from this new industry.* ▷ *É uma boa notícia para os que estão **preparados, bem posicionados, em boa posição** para lucrar com esse novo setor.*

POLICY s.

1. apólice de seguro   PREMIUM

▶ *Buy your life insurance **policy** online.* ▷ *Compre pela internet sua **apólice** de seguro de vida.*

2. medidas, iniciativas, atitudes, providências

▶ *Government **policies** must encourage efficiency.* ▷ *O governo deve adotar **medidas, iniciativas** que incentivem a eficiência.*

3. programa, plataforma, ação, conduta, curso, esquema, estratégia, método, pauta, plano, projetos, propostas, sistema, tática; plano de ação   AGENDA, EFFORT

▶ *Students demonstrated against government privatization **policies**.* ▷ *Os estudantes protestaram contra os **projetos, propostas, a plataforma** de privatização do governo.*

▶ *The country has adopted modern environmental **policies**.* ▷ *O país adotou **programas, métodos, estratégias** modernas para o meio ambiente.*

▶ *The meetings are held in the evening – a **policy** that benefits working mothers.* ▷ *As reuniões se realizam à noite – **sistema, esquema** que beneficia as mães que trabalham.*

▶ *Policy makers* ▷ *Tomadores de decisão, encarregados dos planos de ação*

4. política, regras, atitude, caminho, concepção, critérios, diretrizes, filosofia, idéias, linha, modelo, normas, orientação, ótica, posição, posicionamento, postura, princípios, rumo, rumos, sistema, teoria, tese; linha de ação, posição política   APPROACH

▶ *Honesty is the best **policy**.* ▷ *A honestidade é a melhor **política**.*

polite

▶ *I had a **policy** of not accepting fees for my speeches.* ▷ *Meu **princípio, posição, atitude, filosofia** era não aceitar honorários pelos meus discursos.*
▶ *What is the company's security **policy**?* ▷ *Quais são as **diretrizes, regras, normas** de segurança da empresa?*
▶ *Our school **policies** forbid smoking on the premises.* ▷ *As **regras** da nossa escola proíbem fumar no recinto.*
▶ *There was a **policy** shift in the party.* ▷ *Houve uma mudança na **linha, orientação,** nos **rumos** do partido.*

◊ **POLITICS** ou **POLICY?** – **Politics** tem um sentido mais amplo: é a arte e ciência de governar, o método ou tática de governo. **Policy** é mais específico: é a linha de ação, as medidas práticas em relação a uma dada questão.

POLITE adj.   GRACIOUS

bem-educado, **cortês**, atencioso, cavalheiro, cavalheiresco, civilizado, delicado, distinto, educado, elegante, fino, polido, refinado, respeitoso

▶ *The technician was very helpful and **polite**.* ▷ *O técnico foi muito prestativo e **educado, atencioso, cortês**.*

POLITENESS s.   ≠ EDUCATION

boa educação, **cortesia**, atenção, bom-tom, cavalheirismo, civilidade, compostura, correção, distinção, elegância, etiqueta, finesse, fineza, finura, polidez, refinamento, urbanidade; boas maneiras, bons modos, traquejo social

▶ *Customers expect courtesy and **politeness** even when they are complaining.* ▷ *O cliente espera cortesia e **boa educação, boas maneiras, bons modos,** mesmo quando está fazendo uma reclamação.*

POLITICS s.

1. política, ciência política

• Neste sentido traduzir **politics** por "política", no singular:

▶ *Politics is a dirty business.* ▷ *A **política** é um negócio sujo.*
▶ *"Politics is the art of the possible."(Bismarck)* ▷ *A **política** é a arte do possível.*

2. postura política, atitude, convicções, crenças, filosofia, idéias, ideologia, linha, modelo, opinião, orientação, ótica, posição, posicionamento, princípios, regras, sistema, teoria, tese; filosofia de ação, linha partidária; diretrizes, idéias, opiniões, posições, princípios políticos   POLICY

• Neste sentido, usar o plural em português:

▶ *His **politics** are very conservative.* ▷ *Suas **idéias políticas** são muito conservadoras.*
▶ *I'm not ashamed of my **politics**.* ▷ *Não tenho vergonha das minhas **opiniões, convicções** políticas.*

3. politicagem

▶ *The **politics** of being police chief have become so insane no one wants the job.* ▷ *A **politicagem** envolvida no cargo de chefe da polícia se tornou tão insana que ninguém mais quer esse emprego.*

POLL s.   SURVEY

POND s.

1. **lago**, laguinho, tanque

▸ *The **pond** was beautiful and still.* ▷ *O **lago** estava lindo e tranqüilo.*
▸ *Trout fishing **pond*** ▷ ***Tanque** para pesca de trutas*

2. **o oceano Atlântico** (inf., também com inicial maiúscula)

▸ *The singer has fans on both sides of the **Pond**.* ▷ *A cantora tem fãs nos dois lados do **Atlântico**.*

◊ Dependendo do contexto, **across the pond** ou **over the pond** pode significar os EUA ou, ao contrário, a Inglaterra:

▸ *Tom met a girl in London, said goodbye to his SF life and moved **across the Pond**.* ▷ *Tom conheceu uma moça em Londres, disse adeus à sua vida em San Francisco e mudou-se **para a Inglaterra**.*
▸ *From London to Miami: Why I decided to move **across the pond*** ▷ *De Londres para Miami: Por que decidi mudar **para os EUA***

POOL s.

1. **poça**, laguinho; piscina; tanque

▸ *Pools of mud* ▷ ***Poças** de lama*
▸ *Swimming **pool*** ▷ ***Piscina***
▸ *Fish **pool*** ▷ ***Tanque** de peixes*

2. **conjunto**, **universo**, banco, celeiro, círculo, contingente, corpo, *corpus*, estoque, fonte, fundo, manancial, massa, número, quantidade, *pool*, provisão, repertório, repositório, reserva, reservatório, suprimento

▸ *The same companies are competing for a limited **pool** of users.* ▷ *As mesmas empresas estão competindo por um **conjunto, universo, número**, uma **quantidade** limitada de usuários.*
▸ *The internet has a huge **pool** of information.* ▷ *A internet tem um vastíssimo **banco, repositório, corpus, massa** de informações.*
▸ *If you discriminate against older people, you waste an enormous **pool** of human capital.* ▷ *Ao discriminar os mais velhos, desperdiça-se um enorme **contingente, celeiro, manancial, reserva, suprimento** de capital humano.*
▸ *I have a large **pool** of friends.* ▷ *Tenho um grande **círculo** de amigos.*
▸ *Zoos maintain gene **pools** of endangered species.* ▷ *Os zoológicos mantêm **reservatórios** gênicos, **reservas, estoques** genéticos, **bancos** de material genético de espécies ameaçadas de extinção.*

• Outras sugestões:

▸ *We have a well-educated **labor pool**.* ▷ *Nossa **força de trabalho, mão-de-obra** tem bom nível educacional.*
▸ *Car **pool*** ▷ ***Rodízio** de carros (para levar crianças na escola etc.)*
▸ *Office **Pool** Claims Jackpot* ▷ *"**Vaquinha**" do escritório ganha na loteria*

• Ocasionalmente omitir, se dispensável:

▸ *The country's **teaching pool** is in need of 2 million teachers by 2011.* ▷ *O país precisa de mais dois milhões de **professores** até 2011.*

pool

▶ *We can choose among a **large pool** of candidates.* ▷ *Podemos escolher entre **muitos, numerosos, dezenas, centenas** de candidatos.*

POOL v.   SHARE

compartilhar, unir, combinar, reunir, unificar; trabalhar em conjunto

▶ *The two firms are **pooling** data and resources.* ▷ *As duas firmas estão trabalhando **em conjunto, compartilhando, combinando, unindo, unificando**, seus dados e seus recursos.*

POOLED adj.

▶ *The club acquires properties using the **pooled** contributions of its members.* ▷ *O clube adquire propriedades usando um **fundo comum** de contribuições dos sócios.*
▶ ***Pooled** computing* ▷ *Computação **compartilhada, em pool***

POOR adj.

> **Poor** é muito usado no sentido de "mau, sofrível, de má qualidade":
> *They must be very **poor** doctors if they can't cure such a simple ailment.* ▷ *Eles devem ser **péssimos** médicos, médicos **muito ruins, medíocres** (NÃO "~~muito pobres~~...!) se não conseguem curar uma doença tão simples.*

1. **pobre**, carente, coitado, desfavorecido, excluído, humilde, miserável, modesto, necessitado, pé-de-chinelo, pé-rapado, pobretão; na miséria, na penúria, sem recursos; menos favorecido, morto de fome, pobre diabo; *inf.* duro, durango ≠ MISERABLE

▶ *We were so **poor** we went around barefoot.* ▷ *Éramos tão **pobres**, vivíamos em tamanha **miséria, penúria**, que andávamos descalços.*
▶ *People from **poor** backgrounds are still tied in poverty brackets.* ▷ *As pessoas de origem social **humilde, modesta, menos favorecida** continuam presas na classe pobre.*

2. **de má, baixa qualidade, precário,** deficiente, fraco, inadequado, ineficaz, inferior, insatisfatório, malfeito, medíocre, ordinário, pífio, ralo, raso, sofrível, tosco; de baixo nível, de carregação; que deixa a desejar; *inf.* mixo, mixuruca, porcaria, vagabundo, de meia-tigela   CHEAP

▶ ***Poor** performance* ▷ *Desempenho **fraco***
▶ *The country is plagued by **poor** public institutions.* ▷ *O país sofre com instituições públicas **precárias, fracas, sofríveis, deficientes**.*
▶ *The local companies are **poor** on quality control.* ▷ *As empresas locais **deixam a desejar** quanto ao controle de qualidade.*
▶ ***Poor** quality products* ▷ *Produtos de **baixa** qualidade*

• Exemplos de jornais brasileiros:

▶ *"A **pífia** atuação da seleção brasileira".*
▶ *Resultados **pálidos, pífios, exíguos**.*
▶ *Poetas **de meia-tigela, de terceira classe, de quinta categoria**.*
▶ *Elaborações **apressadas, descosturadas**. Texto **rasteiro, pedestre**.*

- *Linguagem **macarrônica, capenga, claudicante, trôpega**.*
- *Intriga **rarefeita**. Personagens **superficiais**. Conflitos **mal-alinhavados**.*
- *Trama **inconsistente**. Encenação **sem brilho**.*

3. **inábil,** ineficiente UNSKILLED

- *The minister is a **poor** negotiator, always tumbling into traps.* ▷ *Como negociador o ministro é **inábil**, sempre caindo em armadilhas.*

4. **mau,** negativo, péssimo, ruim ABYSMAL

- *The game was cancelled due to **poor** weather.* ▷ *O jogo foi cancelado devido ao **mau** tempo.*
- *Numerous accidents gave this sport a **poor** reputation.* ▷ *Numerosos acidentes deram a esse esporte uma reputação **má, negativa**.*
- *Labor had its **poorest** showing ever.* ▷ *O Partido Trabalhista teve seu **pior** resultado até agora.*
- *We are reaping the harvest of years of **poor** planning.* ▷ *Estamos colhendo o resultado de anos e anos de **mau** planejamento, de planejamento **deficiente, medíocre**.*

5. **errado**

- *Most car crashes are the result of **poor** decision making.* ▷ *A maioria dos acidentes de carro resulta de decisões **erradas**.*
- *Get detailed information before you buy. Avoid making **poor** choices.* ▷ *Peça informações detalhadas antes de comprar. Evite tomar uma decisão **errada**, fazer uma escolha **errada**.*

● Outras sugestões:

- *Lung cancer patients have a **poor** survival rate.* ▷ *Os pacientes de cancer do pulmão têm **baixa** taxa de sobrevida.*
- *The Senator displayed **poor** judgment in accepting gifts from an industrialist.* ▷ *O senador mostrou **falta de discernimento** ao aceitar presentes de um industrial.*

POORLY adv.

mal, de maneira inadequada, insatisfatória, insuficiente, sofrível POOR 2

- *I had slept **poorly** the night before.* ▷ *Eu tinha dormido **mal** na véspera.*
- *These nurses are **poorly** trained.* ▷ *Essas enfermeiras são **muito mal** treinadas, tiveram um **treinamento precário, deficiente, inadequado**.*
- *The company is performing **poorly**.* ▷ *A empresa está com um desempenho **fraco, insatisfatório, sofrível**.*
- *As a boss, he was known for treating his reports **poorly**.* ▷ *Como chefe, era conhecido por **não** tratar **bem**, faltar com a consideração aos seus subordinados.*
- ***Poorly** cooked meat can cause many diseases.* ▷ *A carne **mal** cozida traz muitas doenças.*

POPULAR adj.

> Nem sempre "popular" é a melhor tradução para **popular.**
>
> *The other climbers took more **popular** routes.* ▷ *Os outros alpinistas seguiram por trilhas mais **bem conhecidas**. (Melhor que "mais populares"...!)*

pore over

1. **popular**, público; do povo, da população
   - *The president is elected by direct **popular** vote.* ▷ *O presidente é eleito pelo voto **popular** direto.*
   - ***Popular** science* ▷ *Ciência **popular***
   - ***Popular** prices* ▷ *Preços **populares***

2. **muito conhecido**, adotado, comum, constante, empregado, freqüente, generalizado, recorrente, usado, utilizado WIDESPREAD
   - *Bombs and kidnapping are **popular** political tools in the country.* ▷ *Bombas e seqüestros são instrumentos políticos muito **comuns, empregados, usados, de uso constante** no país.*
   - *Gods, wars and heroic acts were **popular** themes in Greek art.* ▷ *Deuses, guerras e feitos heróicos eram temas **recorrentes, constantes** na arte grega.*
   - *Free music-sharing programs have become very **popular**.* ▷ *Os programas para livre troca de músicas têm sido muito **adotados, utilizados**.*

3. **procurado**, requisitado, solicitado; em moda, em voga, muito vendido, popular; que agrada muito, de muito sucesso SUCCESSFUL
   - *These holiday resorts are very **popular** today.* ▷ *Esses locais são muito **procurados** para férias, estão muito **na moda**.*
   - *He starred in the wildly **popular** sitcom "Seinfeld".* ▷ *Atuou na série "Seinfeld", de extraordinário **sucesso**.*
   - *Our most **popular** shows will be repeated.* ▷ *Nossos programas de maior **sucesso**, mais **solicitados** serão repetidos.*
   - *What is the most **popular** game among teens?* ▷ *Qual o jogo mais **popular**, mais **vendido**, de maior **sucesso, que mais agrada** os adolescentes?*

4. **bem aceito,** apreciado, aprovado; bem visto, aceito com simpatia ENDEARING
   - *Although there is a shortage of labor, the immigrants' arrival is not **popular** with many voters.* ▷ *Apesar da falta de mão-de-obra, a vinda dos imigrantes não é **bem vista, bem aceita, aceita com simpatia** por muitos eleitores.*
   - *They have to do tons of medical tests – it's the **least popular** thing among pilots.* ▷ *Eles têm de fazer uma tonelada de exames médicos – é isso que os pilotos **mais detestam**.*

5. **simpático, querido,** benquisto, estimado, favorito, popular, predileto, preferido CONGENIAL
   - *Johnson is a very **popular** teacher at this school.* ▷ *Johnson é um professor muito **querido, estimado** nesta escola.*
   - *She was the most **popular** girl in school.* ▷ *Era a garota mais **simpática, popular** da escola, **a rainha da simpatia, da popularidade**.*

PORE OVER v.   ENGROSSED

ler, estudar, analisar, examinar atentamente, detidamente, minuciosamente, com muita atenção; aplicar-se, absorver-se, aprofundar-se, concentrar-se, dedicar-se, enfronhar-se, debruçar-se, imergir, lançar-se, mergulhar; ficar absorto, concentrado, imerso
- *He **pored over** the ads in search of a job.* ▷ ***Examinou, leu detidamente** os anúncios em busca de emprego.*
- *The teacher was **poring over** his notes.* ▷ *O professor estava **enfronhado, mergulhado, imerso** nas suas anotações.*

▶ *The captain spent the night **poring over** ancient maps.* ▷ *O capitão passou a noite **debruçado** sobre antigos mapas.*

POTENTIAL adj.   PROSPECTIVE

> **Potential** como adj. é pouco usado em português. Evite soluções pouco naturais:
> *A few tips to avoid **potential** problems.* ▷ *Algumas dicas para evitar **problemas**.*
> *[Subentende-se que são problemas "em potencial".]*

possível, potencial; em potencial

▶ *We try to tap on all **potential** sources.* ▷ *Tentamos aproveitar todas as fontes **possíveis, em potencial**.*

• Omitir quando supérfluo, pleonástico em português:

▶ *Be on the lookout for **potential** threats.* ▷ *Fique atento às ameaças. (É claro que são "ameaças em potencial…!".)*
▶ *An eagle can spot **potential** prey from a very long distance.* ▷ *Uma águia consegue enxergar a presa a uma grande distância.*

• Usar o verbo "poder", o substantivo "probabilidade":

▶ *I try to avoid any topic of **potential** conflict with my boss.* ▷ *Tento evitar qualquer assunto que **possa** gerar conflito com meu chefe. (Melhor que "potencial conflito")*
▶ *Smith is a **potential** winner.* ▷ *Smith **pode** ser o vencedor, tem boa **probabilidade** de vencer. (Melhor que "~~potencial vencedor~~" ou "~~vencedor em potencial~~")*

• Outras sugestões:

▶ *This technique helps to win **potential** clients.* ▷ *Essa técnica ajuda a conquistar novos clientes.*

POWER s.

1. poder, autoridade, capacidade, força, poderio, potência EMPOWER

▶ *Lust for **power*** ▷ *Sede de **poder***
▶ *Abuse of **power*** ▷ *Abuso de **autoridade***
▶ *The Western **powers*** ▷ *As **potências** ocidentais*
▶ *There are major limitations on what American **power** can accomplish.* ▷ *Há grandes limitações ao que o **poderio** americano pode conseguir.*

2. energia elétrica, eletricidade FUEL

▶ *Thousands of homes were left without **power**.* ▷ *Milhares de casas ficaram sem **energia elétrica**.*
▶ ***Power** shortage (= power outage, blackout)* ▷ *Falta de **energia**, **apagão***

POWER BROKER s.

pessoa influente, chefe, cabeça, chefão, figurão, líder, mandarim, poderoso; homem forte; *inf.* manda-chuva, cacique; (país:) potência CLOUT

powerful

▶ He's one of Washington's key **power brokers**. ▷ Ele é um dos homens mais **poderosos**, um dos principais **chefões, homens fortes** de Washington.
▶ China has emerged as the new regional **power broker**. ▷ A China é hoje a nova **grande potência** regional.

POWERFUL adj.   COMPELLING

poderoso, formidável, forte, intenso, possante, potente, pujante, robusto, vigoroso

▶ They assembled a **powerful** army. ▷ Reuniram um **poderoso, formidável** exército.
▶ A **powerful** physique ▷ Físico **robusto, vigoroso**
▶ A sports car with a **powerful** engine ▷ Carro esporte com um motor **possante**

PRAISE v.   HYPE UP

elogiar, louvar, aplaudir, apreciar, celebrar, cultuar, decantar, enaltecer, endeusar, engrandecer, exaltar, festejar, gabar, glorificar, reverenciar; cantar, entoar louvores, loas; colocar nas alturas, nas nuvens; fazer a apologia; derramar-se em elogios

▶ She ranks among the most highly **praised** singers of our times. ▷ Ela é uma das cantoras mais **elogiadas, aplaudidas, festejadas** dos nossos dias.
▶ Customs that are considered sinful in one culture may be **praised** in another. ▷ Costumes considerados pecaminosos numa dada cultura podem ser **louvados, apreciados** em outra.
▶ His patriotic poems **praised** the triumph of Nelson over Napoleon. ▷ Seus poemas patrióticos **exaltam, decantam, enaltecem** o triunfo de Nelson sobre Napoleão.

PREDICAMENT s.   ORDEAL

crise, adversidade, emergência, tribulação; situação difícil, problemática

▶ Keep a positive attitude, no matter what **predicament** you're in. ▷ Mantenha uma atitude positiva, qualquer que seja a **crise** que você está atravessando.
▶ Unwanted pregnancy – What to do if you find yourself in this **predicament**. ▷ Gravidez indesejada – o que fazer se você se encontrar nessa **situação difícil**.

PREJUDICE s.

1. preconceito, discriminação, parcialidade, prevenção; opinião, idéia preconcebida   BIAS

▶ We need to be free of **prejudices** against people who are different from us. ▷ Precisamos nos livrar de **preconceitos, idéias preconcebidas** contra os que são diferentes de nós.

2. prejuízo, dano   HARM

▶ The company suffered no material **prejudice** from the delay. ▷ A empresa não sofreu **prejuízo, danos** materiais com o atraso.

PREMIUM s.

1. bônus, extra, gratificação

▶ Employees receive a 50 percent **premium** for working on Sundays. ▷ Os funcionários recebem um **bônus, extra** de 50% por trabalhar domingo.

2. **prêmio de seguros,** mensalidade, pagamento do seguro POLICY

▶ *If I install a home security system, will my insurance **premium** go down?* ▷ *Se eu instalar um sistema de segurança em casa, cai o **prêmio** do seguro?*

▶ *Be careful of any life insurance plan that promises you a **premium**-free policy.* ▷ *Cuidado com qualquer plano de seguro de vida que prometa uma apólice sem **mensalidades**.*

3. **preço**, taxa extra

▶ *Customers are willing to pay **premium** for superior services.* ▷ *Os clientes estão dispostos a pagar **mais, um preço mais alto** por um serviço de primeira.*

at a premium
caro e raro, escasso, precioso

▶ *Small flats are **at a premium**.* ▷ *Os apartamentos pequenos estão **muito procurados, caríssimos**.*

put / place / hold a premium
valorizar; dar importância, alto valor; considerar importante

▶ *In our school, thinking and creativity **hold a premium**.* ▷ *Na nossa escola o raciocínio e a criatividade são muito **valorizados**.*

▶ *The information society **puts / places** a huge **premium** on education.* ▷ *A sociedade da informação **dá um valor** altíssimo à educação.*

▶ *Passengers are **placing** a higher **premium** on moving quickly through an airport.* ▷ *Os passageiros estão dando mais **importância** a um percurso rápido pelo aeroporto.*

PREMIUM adj.   HIGH END

especial, de luxo, diferenciado, extra, precioso, *premium,* sofisticado, superior, valioso; de alta qualidade, alto padrão, primeira classe, primeira linha; classe A

▶ *This is a **premium** service for **premium** consumers.* ▷ *É um serviço **especial, de primeira linha** para consumidores **classe A**.*

▶ *Our site received a **Premium** Award for its high-quality content.* ▷ *Nosso site recebeu um Prêmio **Especial** pelo seu conteúdo de alta qualidade.*

• Muito usado para significar "caro":

▶ *We sell **premium**-priced SUVs (top-of-the-line models retail for $ 80,000).* ▷ *Vendemos veículos utilitários (os modelos top de linha custam US$ 80 mil).*

▶ *"Os consumidores estão abrindo mão de produtos **premium** em favor do baixo preço."*

PREPOSTEROUS adj. FAR-FETCHED

PRETEND v.

> **Pretend** NÃO significa "pretender". ("Pretender" é **intend**). Contraste:
> *I **pretended** to be asleep.* ▷ *Fingi que estava dormindo.*
> *Eu **pretendia** viajar no dia seguinte.* ▷ *I **intended** to travel the next day.*

prevail

1. **fingir**, aparentar, simular; fazer de conta, brincar de
   - ▸ *I was **pretending** I was drinking whiskey while I drank my soda pop.* ▷ *Eu **fingia** que tomava uísque enquanto bebia um refrigerante.*
   - ▸ *Precisamos encarar a verdade. Não podemos **fingir** que a AIDS não existe.* ▷ *We must face the truth. We cannot **pretend** AIDS does not exist.*
   - ▸ *When I was little I always **pretended** I was a princess and my house was a castle.* ▷ *Em pequena eu sempre **fazia de conta** que eu era uma princesa e minha casa era um castelo.*
   - ♪ *"This is the end / So why **pretend**?"* (Brown & Henderson, "The Thrill is Gone") ▷ *Este é o fim / Então pra que **fingir**?*

2. (em geral na negativa) **ter a pretensão** de, afirmar, alegar   CLAIM
   - ▸ *I can't **pretend** I understand all these technical terms.* ▷ *Não posso **alegar, afirmar,** não **tenho a pretensão de dizer** que compreendo todos esses termos técnicos.*

PREVAIL v.   OVERCOME

prevalecer, predominar, dominar, imperar, preponderar, triunfar, vencer, vigorar; levar a melhor; dominar a situação

- ▸ *We hope justice will **prevail**.* ▷ *Temos esperança de que a justiça há de **prevalecer, triunfar**.*
- ▸ *He appealed the decision but his opponent **prevailed**.* ▷ *Ele apelou, mas seu adversário **venceu, levou a melhor**.*
- ▸ *For centuries traditional values **prevailed**.* ▷ *Durante séculos os valores tradicionais **imperaram, dominaram, predominaram, vigoraram**.*

PREVAILING adj.   POPULAR

predominante, principal; dominante, generalizado, majoritário, preponderante, presente, prevalecente, reinante, vigente; em voga, em vigor; **o mais comum,** aceito, adotado, disseminado, difundido, freqüente

- ▸ *The **prevailing** opinion* ▷ *A opinião **predominante, reinante,** o consenso geral*
- ▸ *The **prevailing** tone in his comedies is ironic and caustic.* ▷ *O tom **preponderante, que predomina** nas suas comédias, é irônico e cáustico.*
- ▸ *The Big Bang Theory is the **prevailing** theory of the origin of the universe.* ▷ *A teoria do Big Bang é **a mais aceita** a respeito da origem do universo.*
- ▸ *The law requires contractors to pay construction workers locally **prevailing** wages.* ▷ *A lei exige que as empreiteiras paguem aos operários os salários **vigentes, prevalecentes, em vigor,** no local.*

PREVENT v.

> **Prevent** NÃO é "prevenir" no sentido de "avisar, alertar" (WARN).

prevenir, coibir, evitar, impedir, obstar   DETER

- ▸ *Policies to **prevent** cancer* ▷ *Medidas para **prevenir** o câncer*
- ▸ *He tried to **prevent** me from going back.* ▷ *Ele entou **evitar** que eu voltasse, tentou me **impedir** de voltar.*

PRIM adj. PROPER

pudico, correto, formal, puritano, tradicional; *inf.* careta, certinho, quadrado

- ▸ *She's too **prim** to enjoy your rude jokes.* ▷ *Ela é muito **pudica, careta** para gostar dessas suas piadas grosseiras.*
- ▸ *A stiff-backed, **prim** school teacher* ▷ *Uma professora muito rígida, **formal, puritana***
- ▸ *She's a studious, rule-following, **prim**-and-proper, model student.* ▷ *Ela é aquela aluna modelo – estudiosa, obediente, **toda certinha**.*

PRIMARY adj., PRIMARILY adv.

> Em geral tem o sentido de "principal", "básico".
>
> *These people were **primarily** hunters and gatherers.* ▷ *Eram **basicamente, sobretudo** (NÃO "~~primariamente~~"!...) caçadores e coletores.*

1. **principal**, básico, essencial, fundamental, primeiro; mais importante KEY, MAJOR

- ▸ *These are your **primary** duties and responsibilities.* ▷ *Eis os seus deveres e as suas responsabilidades **principais**.*
- ▸ *What are your students' **primary** needs?* ▷ *Quais são as necessidades **básicas** dos seus alunos?*
- ▸ ***Primary** contact* ▷ *Contato **principal***
- ▸ ***Primary** supplier* ▷ *Fornecedor **básico***

2. **primário**

- ▸ ***Primary** school (= elementary school)* ▷ *Curso **primário***
- ▸ ***Primary** colors* ▷ *Cores **primárias***

PRINCIPAL s.

1. **capital** ≠ INTEREST

- ▸ *Never spend the **principal**; spend the interest.* ▷ *Não gaste o **capital**, gaste só os juros.*

2. **diretor de escola**

- ▸ *For more information please contact the **Principal**.* ▷ *Para mais informações, procure o **diretor**.*

PRISTINE adj.

1. **puro, virgem**, inexplorado, original, virginal

- ▸ ***Pristine** wilderness* ▷ *Natureza, mata **virgem***
- ▸ *This is one of the most **pristine** areas in Brazil, virtually untouched.* ▷ *Essa é uma das áreas mais **inexploradas, virgens** do Brasil, praticamente intacta.*

2. **intacto**, inalterado, intocado; perfeito, bem conservado, em perfeito estado de conservação

- ▸ *All these memories remained **pristine** in her memory.* ▷ *Todas essas lembranças continuavam **intactas, inalteradas** na sua memória.*
- ▸ *The book must be returned in **pristine** conditions.* ▷ *O livro deve ser devolvido em **perfeitas** condições.*

probably

- ▶ *Pristine* old buildings ▷ Antigos edifícios **muito bem conservados**
- ▶ *The fossil was pristine.* ▷ O fóssil estava **em perfeito estado de conservação.**

3. **original**, antigo; **em estado puro,** original, não corrompido, não degradado

- ▶ *We clean your computer of viruses and put it in a pristine state.* ▷ Limpamos seu computador dos vírus e o deixamos em seu estado **original.**
- ▶ *China turned its back on the pristine Marxist communist model.* ▷ A China deu as costas ao modelo comunista **puro, original.**

4. **limpo,** imaculado, límpido, limpíssimo, puríssimo

- ▶ *A pristine lab* ▷ Laboratório **limpíssimo, imaculado**
- ▶ *Clear, pristine waters teeming with tropical fish* ▷ Águas **límpidas e puríssimas** repletas de peixes tropicais

PROBABLY adv.   LIKELY

> Evite usos pouco idiomáticos de "provavelmente".
> Essa palavra é mais longa e mais formal do que probably:
>
> *She'll probably be home by midnight.* ▷ Ela **deve** (melhor do que "~~provavelmente~~") chegar à meia-noite.

provavelmente, talvez; ao que tudo indica; *inf.* pelo jeito, vai ver

- ▶ *"Do you think she's coming?" "Probably."* ▷ "Você acha que ela vem?" "**Provavelmente**".
- ▶ *He's probably the best scholar in his field.* ▷ Ele é **talvez** o maior especialista da área.
- ▶ *She probably won't come.* ▷ **Pelo jeito, ao que tudo indica, vai ver** que ela não vem.

• Usar: é provável, é bem possível; com toda a probabilidade

- ▶ *He probably already knows what happened.* ▷ **É provável, bem possível** que ele já sabe de tudo que aconteceu.

• Usar os verbos: parecer, dever

- ▶ *It's probably nothing serious.* ▷ **Parece** que não é nada sério. / Não **deve ser** nada sério.

• Mudar o sujeito e usar: acho, creio, imagino, penso

- ▶ *She was probably in love with him.* ▷ **Acho, creio, penso** que ela estava apaixonada por ele.
- ▶ *"Is he coming?" "Yes, probably."* ▷ "Será que ele vem?" "**Acho, imagino** que sim."

• **Probably,** assim como APPARENTLY, SEEM, TEND é muito usado em inglês para deixar uma margem de dúvida, evitando fazer afirmações taxativas.

• Omitir quando pleonástico:

- ▶ *The acquisition is probably unlikely.* ▷ **É improvável** que essa aquisição se realize.

Na negativa: probably not HARDLY

- ▶ *I probably would not choose this one.* ▷ Eu **dificilmente** escolheria este aqui.
- ▶ *Things that you probably wouldn't ask* ▷ Coisas que você **dificilmente** perguntaria

PROCURE v.

> **Procure** NÃO é "procurar" (SEARCH, **look for**).
> *He was arrested for attempting to **procure** a false passport.* ▷ *Foi preso por tentar obter (NÃO procurar...!) um passaporte falso.*
> *They said his own wife **procured** for him.* ▷ *Diziam que a própria esposa **arranjava amantes** para ele. (NÃO "procurava por ele"...!)*

1. **comprar**, adquirir SOURCE

▸ *Now is your chance to **procure** a house!* ▷ *Esta é a sua chance de **comprar** uma casa!*
▸ *The company **procures** parts from countries with cheaper labor.* ▷ *A empresa **compra, adquire** peças de países com mão-de-obra mais barata.*
▸ *We try to **procure** raw material at reasonable prices.* ▷ *Procuramos **comprar, adquirir** matéria prima a preços razoáveis.*

2. **conseguir**, **obter**, arranjar, providenciar, trazer; tentar conseguir, obter com esforço

▸ *In this area water is very difficult **to procure**.* ▷ *Nesta área é muito difícil **obter, arranjar, conseguir** água.*
▸ *Somehow he **procured** us an invitation.* ▷ *De algum jeito ele nos **conseguiu, providenciou** um convite.*
▸ *He helped **procure** the Senators' agreement.* ▷ *Ajudou a **obter, conseguir** a aprovação dos senadores.*

3. **aliciar, agenciar mulheres**; cafetinar; arranjar, conseguir, trazer amante ou prostituta para alguém; fazer tráfico de mulheres

▸ *These gangs **procure** women for prostitution with false promises of jobs.* ▷ *Essas gangues **aliciam, agenciam** (NÃO procuram...!) mulheres para a prostituição com falsas promessas de empregos.*
▸ *She was accused of **procuring** young girls for her manager.* ▷ *Foi acusada de **aliciar, cafetinar, arranjar, conseguir, trazer** meninas jovens para o seu chefe.*

PROCUREMENT s.

compras, aquisição, obtenção de materiais; cotação, pesquisa e compra de suprimentos; contratação, provisionamento

▸ *Our Procurement Department is responsible for **procurement** of goods and services.* ▷ *Nosso departamento de **compras, suprimentos, material, cotação e aquisição de materiais** é responsável pela **aquisição** de materiais e **contratação** de serviços.*
▸ *Computers are replacing **procurement specialists**, surfing the net to find the best offers.* ▷ *Os computadores estão substituindo os **compradores** especializados, pesquisando na internet as melhores ofertas.*
▸ *Advantages of **e-procurement*** ▷ *Vantagens das **compras online, por via eletrônica, pela internet***

◊ Procurement em geral se refere à pesquisa e compra de suprimentos por parte de empresas ou de órgãos públicos.

PROCURER s.   PROCURE 3

cafetão, cafetina, agenciador, aliciador, proxeneta; traficante de prostitutas

▸ *He was a **procurer** of white slaves.* ▷ *Fazia **tráfico** de escravas brancas. / Era **agenciador, aliciador** de mulheres para a prostituição.*

PRODUCE s.

> Atenção à acepção 2:
> We sell fresh, local **produce**. ▷ Vendemos **frutas e verduras** frescas, produzidas aqui na região.

1. **produto, produção** (= product, production)
▶ *Almost 70% of their **produce** is for export.* ▷ *Quase 70% da **produção** é exportada.*

2. **frutas e verduras** frescas, hortifrútis; produtos da terra
▶ *Buy our organic, pesticide-free **produce**.* ▷ *Compre nossas **frutas e verduras** orgânicas, sem agrotóxicos.*

PRODUCE v.

> **Produce** nem sempre é "produzir"!
> *Please **produce** your passport.* ▷ *Por favor **apresente, mostre** seu passaporte.*

1. **produzir, criar**, arranjar, compor, construir, efetuar, executar, fabricar, fazer, gerar, manufaturar, originar, realizar
▶ *Picasso **produced** a large number of ceramics.* ▷ *Picasso **produziu, criou, fez, executou** um grande número de cerâmicas.* BUILD

2. **apresentar**, mostrar, trazer; tirar (do bolso, da bolsa etc.)
▶ *The prosecution **produced** three witnesses.* ▷ *A acusação **apresentou, trouxe** três testemunhas.*
▶ *The magician **produced** a rabbit out of his hat.* ▷ *O mágico **tirou, fez aparecer** um coelho da cartola.*
▶ *He fumbled in his wallet and finally **produced** his ID card.* ▷ *Mexeu e remexeu na carteira e por fim **tirou** o documento de identidade.*

PROFILE s.   HIGH-PROFILE, LOW-PROFILE

perfil, imagem, destaque, fama, notoriedade, visibilidade
▶ *The firm wants to raise its **profile** with a remodeled website and more publicity.* ▷ *A firma quer ganhar mais **destaque, visibilidade, notoriedade, elevar seu perfil** com um site renovado e mais publicidade.*
▶ *(Soccer World Cup:) A victory in this crucial match will raise the **profile** of the game in the U.S.* ▷ *Uma vitória nessa partida decisiva vai dar mais **destaque, melhorar a imagem** ao futebol nos EUA.*
▶ *"O Brasil quer **aumentar seu perfil** em questões mundiais." (Estadão)*

PROFITABLE adj.

lucrativo, compensador, frutífero, produtivo, rendoso, rentável, vantajoso
▶ *Drug companies are America's most **profitable** industry.* ▷ *Os laboratórios farmacêuticos são o setor mais **lucrativo, rendoso** dos EUA.*

PROHIBITION s.

1. **proibição** BAN

▶ *We grant respect for the individual and prohibition against discrimination.* ▷ *Garantimos o respeito pelo indivíduo e a **proibição** da discriminação.*

2. (em geral com inicial maiúscula) **Lei Seca**

▶ *Alcohol consumption actually increased during **Prohibition**.* ▷ *O consumo de álcool na verdade aumentou durante a **Lei Seca**.*

▶ *Learn a lesson from history – **Prohibition** didn't work.* ▷ *Aprendam uma lição com a História – **proibir o álcool nos EUA** não funcionou.*

◊ **Prohibition**: Período de 1920 a 1933 em que foi proibida a fabricação e a venda de bebidas alcoólicas nos EUA.

PROMISE s.

1. **promessa**, compromisso, garantia, jura, juramento, pacto, palavra, voto

▶ *I always keep my **promises**.* ▷ *Sempre cumpro minhas **promessas**, minha **palavra**, meus **compromissos**.*

2. **potencial**, talento, futuro

▶ *A student of great **promise*** ▷ *Um estudante com muito **futuro, potencial**.*

3. **esperança**, expectativa

▶ *How could the internet fulfill such an extravagant **promise**?* ▷ *Como poderia a internet satisfazer uma **expectativa** tão extravagante?*

• Usar o plural: promessas, esperanças, boas perspectivas, possibilidades para o futuro

▶ *Look at the country today – the **promise** of Communism has turned into a nightmare.* ▷ *Veja a situação atual do país – as **promessas** do comunismo viraram um pesadelo.*

▶ *America offered great **promise** to the European immigrants.* ▷ *A América oferecia grandes **esperanças, perspectivas, possibilidades** aos imigrantes europeus.*

▶ *The **promise** was fading.* ▷ *As **boas perspectivas** estavam se esvanecendo.*

• Usar o adjetivo "promissor":

▶ *Our research shows great **promise**.* ▷ *Nossas pesquisas são muito **promissoras**.*

▶ *His son, of much **promise**, was killed in the war.* ▷ *Seu filho, um rapaz muito **promissor, de grande futuro**, morreu na guerra.*

• Usar o verbo "prometer":

▶ *The new gadget holds **promise** for the blind.* ▷ *O novo aparelho **promete muito**, traz uma **esperança**, uma **perspectiva** animadora para os cegos.*

PROMISE v.   REASSURE

> "Prometer" nem sempre é uma boa tradução para **promise**.
> *I didn't do anything wrong, I **promise**!* ▷ *Não fiz nada de errado, **juro, palavra**! (NÃO "prometo"...!)*

prometer, **jurar**, comprometer-se, afiançar, assegurar, asseverar, garantir; afirmar solenemente; dar a palavra

▶ I *promise* I won't do anything dangerous. ▷ *Prometo* que não vou fazer nada de perigoso.
▶ You won't be disappointed, I *promise*. ▷ *Garanto* que você não vai se decepcionar.
▶ It wasn't me, I *promise*! ▷ Não fui eu, *juro*!
▶ The situation is desperate, I *promise* you – people are dying by the hundreds. ▷ A situação é desesperada, *juro, palavra, posso lhe garantir, afiançar* – as pessoas estão morrendo às centenas.

PRONE adj.   TEND

propenso, chegado, dado, disposto, inclinado, predisposto; que tem propensão, tendência

▶ The teacher was *prone* to tearful outbursts in class. ▷ A professora era *propensa, dada* a ter ataques de choro na classe.
▶ The author explores why some cities are violence-*prone*, while others live in peace. ▷ O autor examina por que certas cidades são *propensas* à violência, enquanto outras vivem em paz.
▶ Why are some people accident-*prone*? ▷ Por que certas pessoas têm *tendência* a sofrer acidentes?

PROPER adj., PROPERLY adv.

1. **próprio, apropriado**, acertado, adequado, bom, cabível, certo, competente, condizente, conveniente, correto, devido, oportuno, pertinente   APPROPRIATE

▶ Use the *proper* tool for the job. ▷ Use a ferramenta *própria, adequada* para o serviço.
▶ This is not the *proper* time for long explanations. ▷ Não é um *bom* momento, um momento *apropriado, conveniente, oportuno* para longas explicações.
▶ This is not the *proper* form to address a teacher. ▷ Essa não é a forma *certa, correta* de se dirigir a um professor.
▶ Put the tools back in their *proper* places. ▷ Recoloque as ferramentas nos seus *devidos* lugares.
▶ Please notify the *proper* authorities. ▷ Queira avisar as autoridades *competentes*.
▶ (adv.) Loyal customers must be *properly* rewarded. ▷ Os clientes fiéis devem ser *devidamente, adequadamente* recompensados.

2. **distinto,** convencional, correto, decente, formal, respeitável   DECENT, PRIM

▶ Our teacher was a very *prim and proper* lady, always meticulously groomed. ▷ Nossa professora era uma senhora muito *distinta, formal,* sempre muito bem arrumada.

3. **verdadeiro**, mesmo; de verdade, digno do nome; (usado após o substantivo:) propriamente dito   ACTUAL

▶ It's not a *proper* town, just a ski complex. ▷ Nao é uma *verdadeira* cidade, uma cidade *mesmo;* é apenas uma estação de esqui.
▶ I need a *proper* lunch, not just a sandwich. ▷ Preciso de um almoço *decente, de verdade, digno do nome,* não um sanduíche.
▶ I wasn't living in the city *proper* but rather in a nice suburban area. ▷ Eu não morava na cidade *propriamente dita,* mas sim num bairro afastado muito agradável.

PROPRIETARY adj.

patenteado, exclusivo, privado, próprio; protegido por direitos autorais

▶ *Apple computers are based on its **proprietary** O.S.* ▷ *Os computadores Apple se baseiam em seu sistema operacional **exclusivo, próprio, patenteado**.*

▶ *Access our **proprietary** maps.* ▷ *Acesse nossos mapas **exclusivos**.*

PROSPECTIVE adj.   POTENTIAL

provável, aspirante, candidato, esperado, futuro, interessado, possível; em potencial, em perspectiva

▶ *What are the **prospective** returns from this investment?* ▷ *Qual é o retorno **provável, esperado** para esse investimento?*

▶ *I'm meeting a **prospective** client for the house.* ▷ *Vou encontrar um **provável, futuro** cliente, um **interessado** na casa.*

▶ *Screening **Prospective** Employees* ▷ *Seleção de **futuros** funcionários, **candidatos** ao emprego*

PROVIDE v.

1. **proporcionar**, **oferecer**, abastecer, apresentar, arranjar, arrumar, conseguir, dar, fornecer, gerar, levar, munir, propiciar, prover, providenciar, suprir, trazer

▶ *Please **provide** a complete address.* ▷ *Queira **apresentar, dar, fornecer** um endereço completo.*

▶ *The hotel **provides** all kinds of entertainment for the guests.* ▷ *O hotel **proporciona, oferece** todo tipo de diversão para os hóspedes.*

▶ *We are hoping the enquiry will **provide** an explanation for the accident.* ▷ *Esperamos que o inquérito **apresente, traga, dê** uma explicação para o acidente.*

▶ *I'll **provide** the sandwiches for the picnic.* ▷ *Eu **arranjo, levo, trago** os sanduíches.*

2. **atender,** dar, prestar, oferecer (serviços, apoio etc.)   DELIVER

▶ *We **provide** free services to teenage mothers.* ▷ ***Atendemos, damos** atendimento gratuito às mães adolescentes.*

▶ *We **provide** technical assistance to large businesses.* ▷ ***Prestamos, oferecemos** assistência técnica a grandes empresas.*

PROVIDE FOR v.   SUPPORT

sustentar, alimentar

▶ *We must **provide for** our elderly parents.* ▷ *Precisamos **sustentar** nossos pais idosos.*

PROXY s., adj.

1. **procurador, representante**, agente, delegado, mandatário, preposto, substituto legal   DEPUTY

▶ *If you cannot attend the shareholders' meeting, you may appoint a **proxy** to vote on your behalf.* ▷ *Se você não pode comparecer à assembléia dos acionistas, pode nomear um **procurador** para votar no seu lugar.*

▶ *I am serving as **proxy** for Mr. Smith who could not attend this meeting.* ▷ *Estou **representando**, servindo como **representante** do sr. Smith, que não pôde vir à reunião.*

2. **procuração**

▶ *Marriage **by proxy** / **Proxy** wedding* ▷ *Casamento **por procuração***

▶ *He has been granted a **proxy** to vote for her.* ▷ *Recebeu **procuração** para votar em lugar dela.*

3. indicador, índice, equivalente indireto, indicação, representação, substituto; que está em lugar, em nome de outro

▶ Mars scientists conduct research on the Atacama desert, Earth's best **proxy** for Mars. ▷ Os cientistas que estudam Marte pesquisam no deserto de Atacama, o melhor **substituto, equivalente** a Marte na terra.

▶ These groups are fighting a **proxy war / war by proxy** on behalf of Pakistan. ▷ Esses grupos estão lutando **em nome do, em lugar** do Paquistão.

▶ Hospital admission rates can be used as a **proxy** for local health conditions. ▷ Os índices de internamento em hospitais podem ser usados como um **indicador, índice,** uma **representação** das condições de saúde locais.

• Outras sugestões:

▶ Office politics – a **proxy** for selfishness – drives many people to quit their jobs. ▷ A politicagem de escritório – **ou seja, leia-se,** egoísmo – leva muita gente a deixar seu emprego.

◊ A palavra deriva do latim *procuratio,* portanto é cognata de **procuração.**

PRUDISH adj.   MODEST

puritano, pudico, moralista, santarrão, vitoriano

▶ Text books on sex education hide vital facts, since editors are afraid of offending some narrow or **prudish** parents. ▷ Os livros escolares sobre educação sexual escondem fatos vitais, pois os editores têm medo de ofender os pais de mentalidade estreita ou **puritana, moralista, vitoriana.**

PULL v.

1. puxar ≠ PUSH

▶ Eskimo dogs have been trained for **pulling** sledges. ▷ Os cães esquimós são treinados para **puxar** trenós.

2. arrancar, extrair

▶ I've just had a tooth **pulled**. ▷ Acabo de **arrancar, extrair** um dente.
▶ **Pull up** weeds with their roots attached. ▷ **Arranque** as ervas daninhas com as raízes.

PULL OFF v.   SUCCEED

conseguir, sair-se bem (apesar das dificuldades ou obstáculos); conseguir fazer, realizar, implementar, pôr em prática

▶ Man, I can't believe you **pulled it off!** ▷ Cara, não acredito que você **conseguiu!**
▶ Congratulations for **pulling off** this amazing feat! ▷ Parabéns por **conseguir realizar** essa incrível façanha!
▶ I had just one hour to **pull off** the job. ▷ Eu só tinha uma hora para **fazer** o serviço.

PUNDIT s.

1. entendido, analista, autoridade, especialista, gênio, guru   SAVVY

▶ Spielberg should win Best Director, according to America's top Oscar **pundits**. ▷ Spielberg deve ganhar o prêmio de Melhor Diretor, segundo os principais **entendidos, analistas, especialistas** americanos no Oscar.

▶ Internet **pundit** Bob Metcalfe invented Ethernet in 1973. ▷ Bob Metcalfe, **gênio, guru** da Internet, inventou a Ethernet em 1973.

2. (sentido irônico) **crítico**, comentarista, pontífice, sabe-tudo, sumidade; pretenso conhecedor, entendido CRITIC

▶ **Pundits** were quick to criticize the Minister's remarks. ▷ Os **entendidos, pretensos especialistas, pontífices de plantão** logo criticaram os comentários do ministro.

PURSUE v.

1. **perseguir, seguir**, buscar; caçar, procurar; correr, ir atrás; ir no encalço, seguir a pista SEARCH

▶ These astronomers have been **pursuing** meteorites for 20 years. ▷ Há vinte anos esses astrônomos **caçam, perseguem, buscam, estão no encalço, em busca** de meteoritos.
▶ He spent his life **pursuing** partners of both sexes. ▷ Passou a vida **caçando, indo, correndo atrás** de parceiros de ambos os sexos.
▶ He's ruthless in **pursuing** his goals. ▷ Ele **vai atrás, corre atrás** dos seus objetivos implacavelmente.
▶ The police are **pursuing** several lines of inquiry into the case. ▷ A polícia está **seguindo** várias linhas de investigação no caso.

2. **dedicar-se, empenhar-se,** batalhar, esforçar-se, insistir, investir; tentar, lutar para alcançar, atingir, conquistar, conseguir, encontrar, obter, realizar; ir à luta ENDEAVOR

▶ He left his job to **pursue** his artistic interests. ▷ Largou do emprego para **dedicar-se** a seus interesses artísticos.
▶ She **pursued** her acting career with great determination. ▷ Ela **batalhou, lutou, esforçou-se, empenhou-se com grande determinação** para seguir sua carreira de atriz.
▶ Will this be a big chance, worth **pursuing** with a lot of resources? ▷ Será essa uma grande oportunidade, em que vale a pena **investir** muitos recursos?

3. **visar, buscar,** mirar, objetivar, promover; ter por fim, ter em mira, ter em mente AIM

▶ Let's **pursue** the nation's interests. ▷ Vamos **promover, buscar** os interesses da nação.
▶ He was only **pursuing** his own agenda. ▷ Ele só **visava, tinha em mira** seus próprios interesses.
▶ **Pursue** lofty goals ▷ **Almejar, procurar alcançar** objetivos elevados

4. **adotar,** lançar, seguir EMBRACE

▶ These parties **pursue** a more moderate agenda. ▷ Esses partidos **adotam, seguem** uma plataforma de ação mais moderada.
▶ New environmental initiatives have been **pursued** by different countries. ▷ Novas iniciativas ambientais foram **adotadas, lançadas** por vários countries.

5. **fazer, realizar,** empreender, viabilizar; levar adiante, avante, a cabo ACCOMPLISH

▶ Creative people need freedom to **pursue** their ideas. ▷ As pessoas criativas precisam de liberdade para **realizar, viabilizar, levar avante** suas idéias.
▶ She is in England to **pursue** intensive research into the Arthurian legend. ▷ Ela está na Inglaterra para **fazer, realizar** pesquisas intensas sobre as lendas arturianas.

6. **explorar, investigar,** adiantar, aprofundar, interessar-se por, pesquisar RESEARCH

▶ The newspaper was relentlessly **pursuing** the story. ▷ O jornal **explorava, investigava** essa notícia sem cessar.

pursuit

▶ Many companies are **pursuing** new military uses for their technology. ▷ Muitas empresas estão **explorando, pesquisando** novos usos militares para suas tecnologias.

7. **continuar**, insistir, persistir, prosseguir; dar andamento, continuidade, prosseguimento; levar adiante, prosseguir no rumo

▶ The conductor has taken a year off to **pursue** his interest in operatic music. ▷ O maestro tirou um ano de licença para **dar prosseguimento** ao seu interesse pela música operística.
▶ I don't think this idea is worth **pursuing** any further. ▷ Creio que não vale a pena **levar adiante, insistir** nessa idéia.

PURSUIT s.

1. **busca**, procura, caça, encalço, perseguição

▶ There were four police cars in hot **pursuit**. ▷ Quatro viaturas da polícia estavam **no encalço**, em acalorada **perseguição**.
▶ The **pursuit** of happiness ▷ A **busca, procura** da felicidade.

• Usar os verbos de PURSUE:

▶ How can you run your business **in the pursuit** of sustainable growth? ▷ Como gerir seus negócios **visando, buscando, para promover** o crescimento sustentado?
▶ I'm amazed at the things people do **in pursuit** of love. ▷ Fico espantada ao ver o que as pessoas são capazes de fazer correndo atrás do amor.

2. **empreitada**, empreendimento, encargo, esforço, realização, tarefa, trabalho   EFFORT

▶ Saving vanishing species is becoming a global **pursuit**. ▷ Salvar espécies em extinção está se tornando um **esforço, uma empreitada** global.

3. **atividade**, hobby, interesse, negócio   AFFAIR

▶ Our students excel in a wide range of **pursuits**, including soccer, golf, piano playing, chess, and software design. ▷ "Nossos alunos brilham nas mais diversas **atividades**, como futebol, golfe, piano, xadrez e criação de software.

PUSH v.

> **Push** NÃO é "puxar", mas sim "empurrar". ("Puxar" é PULL).
> Don't **push**! ▷ Não **empurre**!

1. **empurrar**

▶ I was in the mall, **pushing** my shopping cart. ▷ Eu estava no shopping, **empurrando** meu carrinho.

2. **promover; pressionar**, fazer pressão; lutar por; empurrar, forçar, insistir; tentar influenciar, impor, obrigar, vender; *inf.* empurrar goela abaixo   ADVANCE

▶ Music retailers are increasingly **pushing** nonmusic products. ▷ As lojas de música cada vez mais **promovem, tentam impor, vender** produtos não-musicais.
▶ We continue to **push** for legislation reform. ▷ Continuamos **lutando, pressionando, fazendo pressão** pela reforma da legislação.

◊ Tanto **push** como "puxar" vêm do latim **pulsare** (empurrar), que também deu "impulso" e "empuxo" em português e **pousser** em francês. **Push** conservou o sentido original, enquanto **puxar** divergiu, assumindo o sentido oposto.

PUSH THE ENVELOPE expr.   BREAKTHROUGH

inovar, ir mais longe, abrir novos caminhos; ampliar os horizontes, ir onde ninguém foi; romper, forçar os limites

▶ *The discovery is quite remarkable; these scientists have **pushed the envelope** and taken research to the next level.* ▷ *É uma notável descoberta; esses cientistas **inovaram, abriram novos caminhos, ampliaram os horizontes**, e elevaram a pesquisa a um nível mais alto.*

▶ *As an inveterate **envelope-pusher**, the artist was compelled to move on to new experiments.* ▷ ***Inovador inveterado**, o artista foi impelido a passar para novas experiências.*

◊ "Imagem derivada da gíria de aviação, de acordo com a forma do gráfico dos limites de velocidade, resistência e segurança." [**Agenor**]

PUT OFF v.

1. **adiar**, desmarcar, postergar, procrastinar, protelar, suspender, transferir

▶ *The match was **put off** due to heavy rain.* ▷ *A partida foi **cancelada, suspensa, desmarcada** devido à forte chuva.*

▶ *Let's **put off** the meeting till next week.* ▷ *Vamos **adiar, transferir** a reunião para a semana que vem.*

2. **afastar, desagradar,** aborrecer, afugentar, alienar, desanimar, distanciar, espantar; fazer alguém desistir, esfriar; gerar antipatia, aversão, hostilidade, repúdio, repulsa, reação negativa; *inf.* jogar um balde de água fria   TURN OFF, ALIENATE

▶ *Corruption and red tape are **putting off** investors.* ▷ *A corrupção e a burocracia **afastam, afugentam, desanimam** os investidores.*

▶ *The type of work she does **puts** most guys **off**.* ▷ *Ela tem um trabalho que **gera antipatia, aversão, repulsa**, uma reação **negativa**, faz os homens **esfriarem, se afastarem, desanimarem, desistirem**.*

• Mudar o sujeito e usar "não gostar" e outras sugestões de   be PUT OFF:

▶ *The smell of hospitals always **puts** me **off**.* ▷ *Não gosto, tenho aversão por cheiro de hospital.*

▶ *His bad manners **put** everybody **off**.* ▷ *Seus maus modos fazem com que todos **antipatizem** com ele.*

▶ *The long hours demanded by this job **put off** many people.* ▷ *Muitas pessoas **desistem, recusam, rejeitam** esse emprego devido às longas horas de trabalho.*

▶ *I don't plan to see that film – all the hype just **puts** me **off**.* ▷ *Não pretendo ver o filme. Tenho **antipatia** por essa propaganda toda; me **tira a vontade** de ver.*

be PUT OFF v.

esfriar, antipatizar, aborrecer-se, afastar-se, arredar-se, arrefecer, desagradar-se, desanimar, desistir, distanciar-se, esmorecer, recuar, rejeitar, repelir, repudiar, resistir; indispor-se contra, perder o entusiasmo; torcer o nariz, sentir antipatia, aversão, repulsa; ficar aborrecido, chateado, desgostoso; não gostar, não ter vontade; *inf.* desencanar, não curtir puzzle

- ▶ *I decided to study medicine, but I was **put off** by my first lesson in dissection.* ▷ *Decidi estudar medicina, mas **esfriei, desisti, perdi todo o entusiasmo** na minha primeira aula de dissecação.*
- ▶ *It was hard for her to find friends because everybody **was put off** by her interest in criminology.* ▷ *Para ela era difícil fazer amigos pois todo mundo **desanimava, se afastava, torcia o nariz, sentia repulsa** pelo seu interesse por criminologia.*
- ▶ *Don't **be put off** by the cover – it's a really good book.* ▷ *Não **desanime, não se indisponha** por causa da capa – o livro é muito bom.*

PUZZLE s.

charada, quebra-cabeças, desafio, jogo

- ▶ *The crime remains a real **puzzle** for our police department.* ▷ *Esse crime continua sendo uma verdadeira **charada** para a nossa polícia.*
- ▶ *This site has tools to help you solve crosswords, mazes, cryptograms, Rubik's Cube and other **puzzles**.* ▷ *Este site tem ferramentas para ajudar você a resolver palavras cruzadas, labirintos, criptogramas, o Cubo de Rubik e outros **quebra-cabeças**.*
- ◊ *Em inglês **puzzle** não é só jogo de montar com pecinhas (**jigsaw puzzle**), mas todo tipo de quebra-cabeças.*

PUZZLED adj., PUZZLE v.   BEWILDERED, MYSTIFY

perplexo, **intrigado**, atrapalhado, confuso, desconcertado, desnorteado, desorientado, perdido, surpreso; sem rumo; sem saber o que pensar, sem entender nada

- ▶ *They staged some very modern performances that left the public disoriented and **puzzled**.* ▷ *Encenaram apresentações muito modernas, que deixaram o público desorientado e **perplexo, confuso, sem entender nada**.*
- ▶ *(v.) Eclipses have **puzzled** man since antiquity.* ▷ *Desde a Antiguidade os eclipses deixaram o ser humano **perplexo, intrigado, desnorteado**.*

PUZZLE over something v.

pensar, **parafusar**, cismar, estranhar, examinar, matutar, ponderar, raciocinar, refletir, remoer, ruminar; tentar, tratar de resolver, de decifrar, de matar a charada; procurar uma solução; *inf.* quebrar a cabeça, dar tratos à bola, queimar as pestanas, gastar fosfato, espremer os miolos, fundir a cuca

- ▶ *Scientists have long **puzzled over** this problem.* ▷ *Há muito que os cientistas vêm **pensando, ponderando, refletindo, tentando resolver** esse problema.*

PUZZLING adj.   MYSTIFYING, ODD

estranho, intrigante, cifrado, complicado, desconcertante, desnorteante, difícil, emaranhado, enigmático, incompreensível, indecifrável, inexplicável, ininteligível, instigante, misterioso; difícil de entender

- ▶ *Where could she be? How **puzzling**!* ▷ *Onde ela poderia estar? Que **estranho**!*
- ▶ *A solar eclipse was **puzzling** to early scientists.* ▷ *O eclipse solar era **desconcertante, inexplicável** para os cientistas de outrora.*
- ▶ *Frankly, I found some of his paintings quite **puzzling**.* ▷ *Sinceramente, achei alguns quadros dele **incompreensíveis, misteriosos, muito enigmáticos**.*

Q

QUAINT adj.

1. **pitoresco**, charmoso, curioso, diferente, encantador, exótico, gracioso, original, peculiar, singular

▶ *We walked through the **quaint** streets of the old colonial city.* ▷ *Caminhamos pelas ruas **pitorescas, charmosas** da velha cidade colonial.*

2. **antiquado**, antigo, fora da moda OLD-FASHIONED

▶ *Today, that idea seems as **quaint** as grandmother's house dresses / black-and-white sets.* ▷ *Hoje essa idéia parece tão **antiquada, fora da moda** como os vestidinhos da vovó / a TV em branco e preto.*

● Usar dois destes adjetivos, que se complementam:

▶ *He used **quaint** dialect words.* ▷ *Usava palavras **curiosas, exóticas** do seu **antigo** dialeto.*

◊ **Quaint** combina as idéias de "pitoresco", "peculiar" + "antigo", "fora da moda".

QUALITY s.

> "Qualidade" nem sempre é uma boa tradução para **quality**.
> *A fundamental characteristic of Islamic art is its ornamental **quality**.* ▷ *Uma característica fundamental da arte islâmica é sua **natureza**, seu **caráter** ornamental.*

1. qualidade

▶ *Some of these objects achieve high artistic **quality**.* ▷ *Alguns desses objetos alcançam uma alta **qualidade** artística.*

2. **caráter**, **natureza**, característica; ar, aspecto, aparência, cara, jeito KIND

▶ *Norman Rockwell's paintings have a distinctly American **quality**.* ▷ *Os quadros de N.Rockwell têm um **caráter**, uma **natureza** tipicamente americana.*
▶ *One of the insidious **qualities** of a pandemic is that it destroys social cohesion.* ▷ *Uma das **características** mais insidiosas de uma pandemia é que ela destrói a coesão social.*
▶ *He has a James Dean **quality** about him.* ▷ *Ele tem um certo **ar, jeito** de James Dean.*
▶ *These watercolors have an almost childlike **quality**.* ▷ *Essas aquarelas têm um **ar, aspecto** quase infantil.*

● Eliminar quando prescindível:

▶ *Our relations retained their formal **quality**.* ▷ *Nossas relações continuaram formais, mantiveram a formalidade.*

QUARREL s.   ARGUMENT, DISCUSSION

briga, **discussão**, agastamento, altercação, atrito, choque, conflito, confronto, contenda, desavença, desentendimento, desinteligência, discórdia, disputa, encrenca, entrevero, escaramuça, litígio, pendência, querela, rixa, turra, zanga; discussão agresssiva, exaltada; *inf.* bate-boca

▶ *End sibling **quarrels**.* ▷ *Acabe com as **brigas, discussões, desentendimentos, atritos** entre irmãos.*
▶ *After endless **quarrels**, they decided to divorce.* ▷ *Depois de **brigas, bate-bocas, altercações, desavenças, conflitos** intermináveis, os dois decidiram se divorciar.*

◊ **Quarrel** é uma briga só com palavras. **Fight** pode ser tanto uma discussão como uma briga física.

QUARRELSOME adj.

briguento, **agressivo**, áspero, belicoso, beligerante, brigão, colérico, encrenqueiro, explosivo, hostil, intratável, irascível, neurastênico

▶ *The children complained the old man was **quarrelsome** and fault-finding.* ▷ *Os filhos reclamavam que o velho era **briguento, encrenqueiro, explosivo** e só sabia criticar.*
▶ *How can these two **quarrelsome** countries live in peace?* ▷ *Como podem esses dois países **beligerantes, belicosos, hostis** viver em paz?*

QUEER adj.   ODD, WEIRD

QUESTION v.

1. interrogar

▶ *The police **questioned** him about the crime.* ▷ *A polícia o **interrogou** sobre o crime.*

2. questionar, **contestar**, discutir, disputar, duvidar, objetar; pôr em questão, em dúvida, em xeque; fazer objeções CHALLENGE

▶ *She started to **question** her sexual orientation.* ▷ *Ela começou a **questionar** sua orientação sexual.*
▶ *Many people **question** the usefulness of vitamin pills.* ▷ *Muita gente **contesta, discute, disputa** a validade das pílulas de vitamina.*
▶ *This new fact makes me **question** the whole story.* ▷ *Esse fato novo me faz **duvidar, pôr em xeque** a história inteira.*

QUIET adj., QUIETLY adv.

1. silencioso, calado, quieto, quietinho; (volume) **baixo**, baixinho

▶ *A **quiet** audience* ▷ *Público **silencioso***
▶ ***Quiet!** / Be **quiet!*** ▷ ***Silêncio!***
▶ *He was a shy, **quiet** boy.* ▷ *Era um menino tímido, **calado, quieto, quietinho**.*
▶ *(adv.) I closed the gate **quietly** behind me.* ▷ *Fechei o portão **sem fazer barulho**.*
▶ *Susan spoke **quietly**.* ▷ *Susan falava **baixo, baixinho**.*
▶ *"Pianissimo" means in a very soft or **quiet** tone.* ▷ *"Pianissimo" significa tocar bem **baixinho, suavemente**.*

2. tranqüilo, **calmo**, pacífico, parado, plácido, relaxado, sereno, sossegado, suave ≠ BUSTLING

▶ *A **quiet** place to study* ▷ *Um lugar **tranqüilo** para estudar*
▶ ***Quiet** waters* ▷ ***Águas plácidas***
▶ *New Age music with **quiet** improvisation* ▷ *Música New Age com improvisos **suaves***

3. discreto, comedido, comportado, composto, conservador, moderado, modesto, pacato, pacífico, reservado; de boa paz LOW-PROFILE

▸ *A **quiet** meeting behind doors* ▷ *Encontro **reservado**, **discreto** a portas fechadas*
▸ *A **quiet** tie* ▷ *Gravata **discreta***
▸ *A **quiet** man* ▷ *Homem **pacato**, **sossegado**, **pacífico***
▸ *(adv.) I noticed a lady waiting **quietly** in a corner.* ▷ *Notei uma senhora esperando **discretamente** num canto.*

• Outras sugestões:

▸ *I make a decent living, although some months are **quieter** than others.* ▷ *Ganho para viver razoavelmente, apesar de que alguns meses são mais **parados** que outros.*
▸ *Many abusive priests were **quietly** transferred among parishes.* ▷ *Muitos padres que abusavam de crianças foram transferidos **sem alarde, na surdina** para outras paróquias.*

QUITE adv.

1. inteiramente, completamente, muito, perfeitamente, realmente, totalmente, verdadeiramente
VERY

▸ *It's not **quite** finished yet.* ▷ *Ainda não está **inteiramente** acabado.*
▸ *I was **quite** alone.* ▷ *Fiquei **completamente** sozinho.*
▸ *It's **quite** another thing.* ▷ *É uma coisa **totalmente** diferente.*
▸ *The answer left me **quite** satisfied.* ▷ *Essa resposta me deixou **perfeitamente** satisfeito.*
▸ *I'm **quite** positive about it.* ▷ *Tenho certeza **absoluta**.*

2. bem, **bastante**; até certo ponto RATHER

▸ *The food is **quite** tasty.* ▷ *A comida está **bem** gostosa.*
▸ *The film is **quite** good.* ▷ *O filme é **bastante** bom.*
▸ *Quite soon* ▷ *Logo mais*

R

RACKET s.

1. golpe, fraude, extorsão SCAM

▸ *The bank director was involved in a **racket**.* ▷ *O diretor do banco estava envolvido numa **fraude**.*

2. barulho, algazarra

▸ *The helicopter was making a hell of a **racket**.* ▷ *O helicóptero fazia um **barulho** terrível.*

RACKETEER s.   CON MAN, SCOUNDREL

golpista, chantagista, extorsionista, vigarista

▸ *He was a **racketeer** who blackmailed companies.* ▷ *Era um **golpista** que chantageava as empresas.*

RAMBLE v.

1. **passear**, perambular; andar a esmo, ao léu WANDER
▶ We **rambled** through the woods the whole morning. ▷ Passamos a manhã inteira **passeando, perambulando** pelo bosque.

2. **divagar**; fugir, desviar-se do assunto; fazer uma digressão, abrir parênteses
▶ Sorry, I'm **rambling** – let me get back to the point. ▷ Desculpe, estou **divagando, fugindo do assunto** – vou voltar ao ponto principal.

3. **tagarelar**; falar muito, tediosamente TALK
▶ We got really bored listening to her **rambling on**. ▷ Ficamos entediados de tanto ouvi-la **tagarelar**. / Ela **falou, falou**, até deixar todo mundo cansado.
▶ She **rambled on and on** about her trip to Europe. ▷ Ficou horas **falando** sobre sua viagem à Europa.

RAMPANT adj.   RIFE

desenfreado, descontrolado, desbragado, descomedido, desembestado, desgovernado, desmedido, feroz, galopante, generalizado, furioso, imoderado, infrene, irrestrito, livre, violento; sem freios

▶ *Rampant* corruption / inflation ▷ Corrupção / Inflação **desenfreada, desbragada, descontrolada, desgovernada**
▶ *Rampant* epidemic ▷ Epidemia **galopante, violenta**
▶ *Rampant* garden weeds ▷ Ervas daninhas crescendo **descontroladamente** pelo jardim
▶ Illegal logging is *rampant* in the rainforest. ▷ A derrubada ilegal de árvores é **descontrolada, irrestrita** na floresta.

◊ **Rampant** qualifica algo muito difundido e difícil de conter.

run RAMPANT v.

alastrar-se, campear, dominar, grassar, imperar, multiplicar-se, predominar, proliferar, propagar-se, reinar; correr solto, a rédea solta

▶ Crime **runs rampant** through the country. ▷ O crime **impera, grassa, campeia, corre solto** no país.

RAMPART s.

1. **baluarte**, bastião, fortaleza, fortificação, muralha; posto avançado
▶ The city is surrounded by steep stone **ramparts**. ▷ A cidade é circundada por íngremes **baluartes, muralhas, fortificações** de pedra.

2. **defesa**, proteção, reduto, refúgio, salvaguarda, sustentáculo
▶ Agriculture is the last **rampart** of our economy. ▷ A agricultura é o último **reduto, baluarte, bastião, sustentáculo** da nossa economia.

RANDOM adj.   CASUAL

aleatório, acidental, arbitrário, casual, desordenado, fortuito, indiscriminado, randômico; sem critério, propósito, objetivo

- A *random* sample ▷ Amostra **aleatória, randômica**
- (Computers:) RAM means **Random** Access Memory. ▷ RAM significa memória de acesso **aleatório.**
- *I fell into architecture by a series of random events.* ▷ *Caí na arquitetura acidentalmente, por uma série de acontecimentos casuais, fortuitos.*
- *The soldiers fired a few random shots.* ▷ *Os soldados deram alguns tiros a esmo.*
- *It's necessary to check the random crescimento of the city.* ▷ *É necessário conter o crescimento indiscriminado, desordenado, sem critério da cidade.*

RANDOMLY, at RANDOM adv. CASUALLY

aleatoriamente, **ao acaso**, arbitrariamente, indiscriminadamente; a esmo, ao léu; sem planejamento, critério; *inf.* a olho, de qualquer jeito

- *Security measures include detailed search of passengers randomly selected.* ▷ *As medidas de segurança incluem revista detalhada de passageiros escolhidos aleatoriamente.*
- *You can't just pick any color at random.* ▷ *Não se pode simplesmente escolher qualquer cor ao acaso, indiscriminadamente, sem planejamento, sem critério, a olho.*
- *We wandered at random through the city.* ▷ *Ficamos andando pela cidade ao léu.*

RANGE s.

1. **faixa**, diversidade, espectro, gama, leque, repertório, seleção, série, variedade ARRAY

- *The dollar fluctuated within a narrow range.* ▷ *O dólar oscilou dentro de uma estreita faixa.*
- *Success depends on a range of variables.* ▷ *O sucesso depende de uma série de fatores.*
- *The University offers a vast range of activities.* ▷ *A universidade oferece uma ampla variedade, gama, um amplo espectro, repertório, leque de atividades.*
- *This problem happens in a wide range of industries.* ▷ *Esse problema ocorre nos mais variados setores.*

2. **alcance, escopo**, abrangência, âmbito, amplidão, amplitude, área, campo, círculo, domínio, envergadura, esfera, espaço, extensão, latitude, limites, órbita, perímetro, quadrante, raio, região, setor, terreno; raio, campo de ação, de atuação; alçada

- *Try to set short, medium and long range goals.* ▷ *Procure fixar metas de curto, médio e longo alcance.*
- *The ship was out of range of the enemy's radar.* ▷ *O navio estava fora do alcance, do raio de ação do radar inimigo.*
- *He commented on areas that are beyond the range of his authority.* ▷ *Fez comentários sobre áreas fora da sua alçada, fora do escopo, abrangência, dos limites da sua autoridade.*
- *This exercise provides greater flexibility and range of motion.* ▷ *Este exercício proporciona maior flexibilidade e amplidão, amplitude de movimentos.*

3. **linha de produtos**

- *We have developed an entirely new camera range.* ▷ *Desenvolvemos uma linha de câmeras inteiramente nova.*

4. **serra, cadeia de montanhas,** maciço

- *To the right rose up a majestic range of mountains.* ▷ *À direita se elevava uma majestosa cadeia de montanhas.*
- *Serra do Mar is a coastal range along the Southeast coast of Brazil.* ▷ *A Serra do Mar é um maciço ao longo do litoral sudeste do Brasil.*

RANK AND FILE s., RANK-AND-FILE adj.   GRASSROOTS

as bases; os soldados rasos, peões; os membros, funcionários comuns (em oposição aos oficiais, líderes, dirigentes, autoridades)

- ▶ We offer attractive benefits both to top executives and **rank-and-file workers**. ▷ Oferecemos benefícios atraentes tanto para os altos executivos como para os **funcionários comuns**.
- ▶ There is a big discrepancy between the Catholic hierarchy and the **rank-and-file members** of the Catholic Church. ▷ Há uma grande discrepância entre a hierarquia católica e os **membros comuns, os simples fiéis** da Igreja.
- ▶ Decisions have been made in the Party without consulting the **rank and file**. ▷ Foram tomadas decisões no Partido sem consultar **as bases**.

RAPTURE s.

arrebatamento, êxtase, arroubo, assomo, beatitude, deleite, delírio, embevecimento, encantamento, encanto, enlevo, prazer, transporte; grande felicidade; sétimo céu

- ▶ He stared with **rapture** at his baby son. ▷ Olhou para o filhinho em **êxtase, enlevado, embevecido, arrebatado,** em perfeita **felicidade, beatitude, enlevo**.
- ▶ After I scored my first goal I was in **rapture**. ▷ Quando marquei meu primeiro gol, fiquei em **êxtase**.

RARE adj., RARELY adv.

> Atenção à acepção 2:
> I want a roastbeef, please. **Rare**, very **rare!** ▷ Quero um rosbife, por favor. **Mal passado, bem mal passado!** (NÃO "muito ~~raro~~"...!)

1. **raro**   UNUSUAL, UNIQUE

- ▶ We saw some very **rare** birds. ▷ Avistamos algumas aves **raríssimas**.
- ▶ (adv.) I **rarely** see her. ▷ **Raramente** a vejo.

2. (carne) **mal passada**

- ▶ How do you like your steak cooked? **Rare**, medium or well-done? ▷ Como você quer seu bife – **mal passado,** ao ponto ou bem passado?

RASCAL s.   SCOUNDREL

malandro, espertalhão, safado, tratante (em geral simpático)

- ▶ The boys were running around the house – charming little **rascals**. ▷ Os meninos corriam pela casa – uns **malandrinhos** encantadores.

RATHER adv.   QUITE

bastante, bem, mais ou menos, até certo ponto, de certa forma, meio

- ▶ Their point of view is **rather** simple: they believe that they are God's favorites. ▷ Seu ponto de vista é **bastante, bem** simples: eles acreditam que são os preferidos de Deus.

▶ *It's **rather** cold today.* ▷ *Está **meio** frio hoje.*
▶ *The dish antenna is surrounded by four solar panels, **rather** like a flower with four petals.* ▷ *A antena é rodeada por quatro painéis solares, **mais ou menos** como uma flor com quatro pétalas.*

I'd rather

▶ *I'd **rather** not go.* ▷ ***Prefiro** não ir.*

or rather

ou melhor, aliás, melhor dizendo, mais exatamente, mais precisamente

▶ *They exploit women, **or rather**, women's bodies.* ▷ *Exploram as mulheres, **ou melhor**, o corpo das mulheres.*

RATHER THAN, RATHER adv.

em lugar de, em vez de; não, e não; ao contrário; mas sim

▶ *Use underlining **rather than** italics.* ▷ *Use sublinhado e **não** itálico, **em vez de, em lugar de** itálico.*
▶ *A child needs models **rather than** critics.* ▷ *A criança precisa de modelos, **não** de críticos.*
▶ *We found that e-mail cements **rather than** replaces offline friendships.* ▷ *Concluímos que o e-mail não substitui as amizades pessoais; **ao contrário**, serve para cimentá-las.*
▶ *She does not work for financial rewards. **Rather**, she looks for personal satisfaction.* ▷ *Ela não trabalha pela recompensa financeira, **mas sim** pela satisfação pessoal.*

REAL adj.

1. **real**, autêntico, efetivo, genuíno, inquestionável, legítimo, verdadeiro; de verdade, de fato ACTUAL

▶ *A **real** diamond* ▷ *Diamante **verdadeiro, autêntico, legítimo***
▶ *He found out those games were not games at all, but rather **actual, real** wars.* ▷ *Ele descobriu que aqueles jogos não eram jogos, mas sim guerras **reais, de verdade**.*
▶ *She wants to find a **real** partner.* ▷ *Ela quer encontrar um parceiro **de verdade**.*
▶ *Get **real**, buddy!* ▷ *Cai na **real**, mano!*

2. **sincero**, autêntico, leal CANDID, HONEST

▶ *As a couple we've always been very **real** with each other.* ▷ *Eu e minha mulher sempre fomos muito **sinceros, genuínos** um com a outro.*
▶ *Is he being **real**? Is he telling the truth?* ▷ *Será que ele está sendo **sincero**? Está falando a verdade?*

the REAL THING, the REAL McCOY s.   ≠ FAKE

autêntico, **genuíno**, legítimo, natural, real, verdadeiro, verídico; de verdade, para valer; não uma imitação; propriamente dito; *inf.* o próprio, o dito cujo

▶ *This Cartier watch is **the real thing** / **the real McCoy**, not cheap imitation stuff.* ▷ *Este relógio é um Cartier **autêntico, genuíno, legítimo, de verdade**, não uma imitação barata.*
▶ *He did a remarkable imitation of Louis Armstrong. I could not believe how much he sounded like **the real thing**.* ▷ *Fez uma imitação notável do Louis Armstrong. Era incrível, parecia **o próprio** Armstrong.*

◊ Origem da expressão: "Alteration of *earlier McKay*, probably from Scots, good unadulterated whiskey". [AHD]

REALIZE v., REALIZATION s.

> **Realize** nem sempre é "realizar". Note a diferença:
> *He struggled hard to **realize** his potential.* ▷ *Ele lutou muito para **realizar** seu potencial.*
> *His teachers never **realized** his potential.* ▷ *Seus professores nunca **perceberam** o seu potencial.*

1. **realizar**, concretizar, cumprir, empreender, executar, implementar, viabilizar; pôr em prática, levar a cabo; fazer acontecer; tornar realidade

   ▶ *She's finally **realized** (= fulfilled) her dream of being a singer.* ▷ *Finalmente ela **realizou** seu sonho de ser cantora.*
   ▶ *Our worst fears were **realized**.* ▷ *Nossos piores temores se **realizaram**, se **concretizaram**, se **tornaram realidade**.*
   ▶ *The President's promises remain to be **realized**.* ▷ *As promessas do presidente ainda não foram **realizadas**, **cumpridas**, **executadas**, **implementadas**, **postas em prática**.*
   ▶ *(subst.) Working in the movies was the **realization** of my dreams.* ▷ *Trabalhar no cinema foi a **realização** dos meus sonhos.*

2. **perceber**, **atinar**, **dar-se conta**, apreender, captar, compreender, concluir, conscientizar-se, descobrir, entender, ver; tomar consciência, ficar consciente, cônscio; ocorrer; *inf.* sacar, fisgar, pescar, se tocar, se ligar; bater; ter um clique, um estalo; cair a ficha   INSIGHT

   ▶ *Only later did we **realize** the seriousness of the accident.* ▷ *Só depois é que nós **percebemos**, **compreendemos**, **atinamos**, **nos demos conta**, **nos conscientizamos** da gravidade do acidente.*
   ▶ *I suddenly **realized** he was trying to rob me.* ▷ *De repente **me ocorreu**, (inf.) **saquei**, **pesquei**, **tive um estalo**, **me liguei**, **a coisa bateu**, **caiu a ficha**: ele estava tentando me roubar.*
   ▶ *(subst.) She was all alone; but that **realization** took a long time to come.* ▷ *Ela estava totalmente sozinha; mas essa **constatação**, **descoberta** demorou muito para chegar.*
   ▶ *She eventually came to the **realization** that she would never see her son again.* ▷ *Ela por fim **compreendeu**, **percebeu**, **atinou**, **tomou consciência**, **se deu conta** de que nunca mais veria o filho.*

REALLY adv.   ACTUALLY

realmente, **de fato**, deveras, mesmo; na realidade, na verdade, de verdade, no fundo, com efeito; *inf.* falando sério, no duro

▶ *Can you tell me what **really** happened?* ▷ *Pode me contar o que aconteceu **realmente**, **de fato**, **mesmo**, **de verdade**?*
▶ *Are you leaving today? **Really**?* ▷ *Você vai embora hoje? **Mesmo**? **No duro**?*
▶ *I need your opinion. I **really** do.* ▷ *Preciso da sua opinião. Preciso **mesmo**.*
▶ *"I don't like this type of music." "Me neither, **really**."* ▷ *"Não gosto desse tipo de música." "**Pensando bem**, **nem eu**."*

- Usar o superlativo:

▶ *It was a **really** important matter.* ▷ *Era um assunto **importantíssimo**.*

REASSURE v.

1. **garantir**, **assegurar**, afirmar, asseverar; dar certeza, garantia, palavra   PROMISE

- *She **reassured** me that she would come back soon.* ▷ *Ela me **garantiu**, me **assegurou** que voltaria logo.*
- *The bank manager apologized and **reassured me** that the money would be wired right away.* ▷ *O gerente do banco pediu desculpas e me **garantiu**, me **deu a palavra** de que o dinheiro seria transferido no mesmo momento.*

2. **tranqüilizar**, **acalmar**, animar, apaziguar, assegurar, confortar, reconfortar, sossegar; dar, restaurar a confiança, o ânimo, o alento   SOOTHE

- *These are lies that **reassure** people.* ▷ *São mentiras que **tranqüilizam** as pessoas.*

• Usar duas palavras das opções acima, que se complementam:

- *Publicity **reassures** each of us that progress is being made in the world.* ▷ *A publicidade nos **reconforta**; ela nos **garante** que está havendo progresso no mundo.*
- *The businessmen were **reassured** that their rights would not be jeopardized.* ▷ *Os empresários foram **tranqüilizados** com a **garantia** de que seus interesses não correriam risco.*

REASSURING adj.

tranqüilizador, assegurador, reconfortante

- *The teacher smiled **reassuringly** at the new student.* ▷ *A professora deu um sorriso **tranqüilizador** para o novo aluno.*
- *"Sentava-se ao lado de alguma **asseguradora** mulher com uma trouxa de roupa no colo." (Clarice Lispector, "Preciosidade", "Laços de Família")*

RECKLESS adj., RECKLESSLY adv.   BOLD, WILDLY

imprudente, **temerário**, afoito, desajuizado, destrambelhado, doidão, doidivanas, estouvado, impensado, impetuoso, impulsivo, inconseqüente, incontido, insensato, intempestivo, irrefletido, irresponsável, leviano, louco, precipitado, tresloucado; *inf.* porra-louca

- *That's a **reckless** waste of money.* ▷ *É um desperdício **insensato, leviano** de dinheiro.*
- *He was a professional gambler, a wild and **reckless** character.* ▷ *Era um jogador profissional, um sujeito **doidão, desajuizado, irresponsável, intempestivo.***
- *Thousands of accidents occur annually due to **reckless** driving.* ▷ *Há milhares de acidentes por ano devido à **irresponsabilidade, imprudência,** ao volante.*
- *(adv.) Men tend to drive more **recklessly** than women.* ▷ *Os homens em geral dirigem de maneira mais **imprudente** que as mulheres.*

RECLAIM v.   CLAIM

> **Reclaim** NÃO é "reclamar", "queixar-se" (**complain**).

1. **recuperar**, **recobrar**, readquirir, reaver, resgatar, retomar, salvar; pedir de volta; exigir a devolução, a restituição, a posse

- *How to **reclaim** your lost luggage.* ▷ *Como **recuperar, resgatar** sua bagagem perdida.*
- *Amazon Indians are fighting to **reclaim** their land.* ▷ *Os índios da Amazônia lutam para **retomar, reaver, readquirir a posse** de suas terras.*
- *Egypt is making efforts to **reclaim** its illegally exported antiquities.* ▷ *O Egito tenta **recobrar, obter de volta, exigir a devolução,** a **restituição** de suas antigüidades exportadas ilegalmente.*

record

2. reconquistar, voltar a ocupar, a tomar conta

▶ *The forest has **reclaimed** these pastures.* ▷ *A floresta **voltou a ocupar** essas pastagens.*
▶ *Pedestrians have **reclaimed** the streets of Rome.* ▷ *Os pedestres **reconquistaram, voltaram a tomar conta** das ruas de Roma.*

RECORD s.

1. registro, arquivo, cadastro, documentação, documento, ficha, prontuário

▶ *Our **records** do not show any evidence of payment.* ▷ *Nossos **registros, arquivos, fichas** não mostram nenhum comprovante de pagamento.*

2. disco, álbum, CD, LP

▶ *The band has released a new **record**.* ▷ *A banda lançou um novo **álbum, CD**.*
▶ *I was playing my old Elvis **records**.* ▷ *Estava ouvindo meus velhos **discos, LPs** do Elvis.*

3. = track record
histórico, experiência, ficha, passado, trajetória; folha corrida, folha de serviços; reputação, tradição
BACKGROUND

▶ *Academic **Record*** ▷ ***Histórico** acadêmico*
▶ *He was selected because he had an excellent **record** / **track record**.* ▷ *Foi escolhido por sua excelente **reputação, folha de serviços, folha corrida**.*

RECORD v.

registrar, gravar

▶ *They've **recorded** our conversations.* ▷ *Eles **gravaram** nossas conversas.*
▶ *Everything that happened that day is **recorded** in my mind.* ▷ *Tudo que aconteceu aquele dia está **registrado, gravado** na minha mente.*

● Atenção para a diferença de pronúncia: subst. /**RÉ**-cord/ ≠ v. /re-**CÓRD**/

▶ *She re**cor**ded many **re**cords.* ▷ *Ela **gravou** muitos discos.*

REDEPLOY v., REDEPLOYMENT s.   DEPLOY, DEPLOYMENT

remanejar, redistribuir, deslocar; voltar a mobilizar, posicionar

▶ *Volunteers working in risky areas must be **redeployed**.* ▷ *Os voluntários que trabalham em áreas perigosas devem ser **remanejados, deslocados**, enviados para outras áreas.*
▶ *Relief of extreme poverty in the Third World demands a **redeployment** of resources and effort.* ▷ *Minorar a pobreza extrema no Terceiro Mundo exige uma **redistribuição, nova alocação** de recursos e esforços.*

be made REDUNDANT v.   DISMISS

> Atenção ao sentido especial – NÃO é "ser redundante"!
> *When the factory closed, he was made **redundant**.* ▷ *Quando a fábrica fechou, ele foi **despedido**.*
> (NÃO "tornou-se ~~repetitivo~~....!")

(UK) **ser despedido** (por corte de pessoal, eliminação de cargos)
- *Nearly 700 staff have **been made redundant** due to financial pressures.* ▷ *Quase 700 funcionários foram **despedidos** devido a pressões financeiras.*

REGARDLESS adv.

apesar de tudo, de qualquer maneira, seja como for, mesmo assim
- *We are under threats, but life has to carry on, **regardless**.* ▷ *Estamos sofrendo ameaças, mas a vida tem que continuar **mesmo assim, de qualquer maneira, seja como for**.*

REGARDLESS OF prep.   no MATTER

> Evitar "independentemente", palavra longa, que já contém um eco interno:
> *We must protect the children, **regardless** of their nationalities.* ▷ *Precisamos proteger as crianças, **seja qual for** (melhor que "~~independentemente da~~...") sua nacionalidade.*

apesar de, seja qual for, qualquer que seja, quaisquer que sejam; sem levar em conta, sem consideração; sem distinção, sem restrição, sem dar atenção, sem atentar para; não interessa, não importa, não conta; apesar de; mesmo assim; quer...., quer não....; seja x..., seja y
- *She is determined to take care of her family **regardless of** any obstacles.* ▷ *Ela está decidida a cuidar da família, **apesar** de todos os obstáculos / **por maiores que sejam, quaisquer que sejam, sejam quais forem** os obstáculos.*
- *We try to help all types of people, **regardless of** race, creed or color.* ▷ *Procuramos ajudar todas as pessoas, **seja qual for, sem distinção** de raça, credo ou cor.*
- *We feel that we have done an excellent job **regardless of** whether we win or lose the contest.* ▷ *Seja ganhando **ou** perdendo a competição, o fato é que fizemos um excelente trabalho.*

REGARDLESS HOW, REGARDLESS OF HOW

por mais que, por menos que, por maior, menor, melhor, pior que
- *No scientific theory, **regardless of how** well it has been tested, can be considered infallible.* ▷ *Nenhuma teoria científica, **por mais que** tenha sido testada, pode ser considerada infalível.*
- *We must keep control of the situation, **regardless how** pressing their needs may be.* ▷ *Precisamos manter o controle da situação, **por mais** prementes **que** sejam as suas necessidades.*

RELATION, RELATIVE s.   ≠ parents

> *My parents and all my **relations** / all my **relatives** came to my wedding.* ▷ *Meus pais e todos os meus **parentes** vieram ao meu casamento.*

parente, familiar, membro da família, "primo"
- *Police are interviewing **relatives** of the missing girl.* ▷ *A polícia está entrevistando **parentes**, a **família** da menina desaparecida.*

release

▶ *Ireland, once the "**poor relation**" of northern Europe, now boasts a prosperous economy.* ▷ *A Irlanda, antes o "**primo pobre**" do norte da Europa, hoje tem uma próspera economia.*

RELEASE v.

1. **soltar**, **libertar**, afrouxar, desacorrentar, desaferrolhar, desatar, desatrelar, desprender, destravar, largar, livrar; dar liberdade

▶ ***Release** the handbrake.* ▷ ***Solte** o freio de mão.*
▶ *The hostages may be **released** soon.* ▷ *Os reféns podem ser **libertados** em breve.*

2. **emitir**, lançar, liberar; dar vazão

▶ *An accident at a nuclear plant could **release** radioactivity into the atmosphere.* ▷ *Um acidente numa usina nuclear pode **liberar, emitir** radioatividade na atmosfera.*
▶ *Adrenaline is **released** by the adrenal glands in moments of danger.* ▷ *A adrenalina é **lançada** pelas glândulas supra-renais em momentos de perigo.*

3. **divulgar**, disponibilizar, distribuir, informar, lançar, publicar

▶ *The company does not **release** its financial data.* ▷ *A empresa não **divulga, informa, publica** seus dados financeiros.*
▶ *(subst.) We'll send you a **press release** that explains other details.* ▷ *Nós lhe enviaremos um **boletim informativo** que explica outros detalhes.*

RELENTLESS adj., RELENTLESSLY adv.

1. **implacável, inexorável**, decidido, firme, inflexível, resoluto; sem trégua   RUTHLESS

▶ *Dissidents suffer **relentless** persecution.* ▷ *Os dissidentes sofrem uma perseguição **implacável, sem trégua**.*
▶ *The waves pounded against our boat with **relentless** fury.* ▷ *As ondas batiam no barco com uma fúria **inexorável**.*

2. **incessante**, contínuo, firme, incansável, ininterrupto, obstinado, persistente; sem descanso

▶ *The **relentless** beat of the drums* ▷ *O bater **incessante, persistente** dos tambores*
▶ *Winning the championship is the reward for his **relentless** efforts.* ▷ *Vencer o campeonato é a recompensa pelos seus esforços **incessantes, incansáveis, obstinados**.*
▶ *The doctor worked **relentlessly**, driven by his wish to help people.* ▷ *O médico trabalhava **incessantemente, incansavelmente, sem descanso, sem trégua, sem cessar**, movido pelo desejo de ajudar os outros.*

RELIABILITY s.

confiabilidade, credibilidade, confiança, fiabilidade, segurança, solidez, validade, veracidade

▶ *These random tests have little **reliability**.* ▷ *Esses testes aleatórios têm pouca **credibilidade, validade**.*
▶ *We guarantee the **reliability** of information we publish.* ▷ *Garantimos a **confiabilidade, veracidade** das informações que publicamos.*

● Usar o adjetivo "confiável":

▶ *Can you ensure the **reliability** of the results?* ▷ *Você garante resultados **confiáveis**?*

RELIABLE adj.

1. confiável, **responsável**, abalizado, bom, conceituado, fidedigno, idôneo, leal, respeitável, sério; de (toda, inteira) confiança; digno de confiança, de fé, de crédito; com credibilidade; em quem se pode confiar, com quem se pode contar SOUND

▶ How **reliable** do you think she is? ▷ Você acha que ela é **confiável, responsável, de confiança**? Pode-se contar com ela?
▶ Before you travel make sure to hire a **reliable** guide. ▷ Antes de viajar, contrate um guia **de confiança, abalizado, idôneo**.
▶ During those hard times Rick was his most **reliable** friend. ▷ Naquela época difícil, Rick foi seu amigo mais **leal, de maior confiança**.
▶ I learned this news from a highly **reliable** source. ▷ Soube desta notícia por uma **boa** fonte, uma fonte **fidedigna, limpa, segura, de inteira confiança, total credibilidade**.

2. seguro, **garantido**, certeiro, certo, confiável, fidedigno; com confiabilidade CONSISTENT

▶ We need a more accurate and **reliable** method. ▷ Precisamos de um método mais preciso e **seguro, confiável, certeiro, fidedigno**.
▶ The river provides a **reliable** food supply. ▷ O rio proporciona uma oferta de alimentos **garantida, segura**.
▶ This procedure is safe, fast, and virtually 100 percent **reliable**. ▷ É um procedimento seguro, rápido, com praticamente 100% de **confiabilidade**.

RELISH v.   ENJOY

RELY v.

depender de, basear-se em, confiar, contar com

▶ The United States now **relies** more than ever on oil imports. ▷ Hoje os EUA **dependem** mais do que nunca das importações petrolíferas.
▶ His account **relies** on interviews with Iraqi exiles. ▷ Seu relato **baseia-se** em entrevistas com exilados iraquianos.
▶ You're the only one I can **rely** on. ▷ Você é a única pessoa com quem eu posso **contar**.

REMARKABLE adj.   HIGH-PROFILE

notável, **extraordinário**, considerável, destacado, diferenciado, distinto, excepcional, indelével, inesquecível, marcante, memorável, relevante, saliente, significativo; de destaque, de relevo, de importância, digno de nota, fora do comum, fora de série; que prima por; que chama a atenção, que salta à vista

▶ As a child, his **remarkable** musical talent was encouraged. ▷ Em criança, seu **notável, excepcional, extraordinário** talento musical foi incentivado.
▶ One of the most **remarkable** features is the friendliness of the local people. ▷ Um dos aspectos mais **marcantes, destacados, salientes, diferenciados** é a simpatia do povo.
▶ The most **remarkable** fact was the girl's courage throughout that ordeal. ▷ O mais **memorável, significativo**, o que mais me **chamou a atenção** foi a coragem da menina durante aquela provação.

RENOWNED adj.

renomado, **famoso**, aclamado, afamado, célebre, conceituado, conhecido, consagrado, decantado, destacado, distinto, emérito, eminente, ilustre, insigne, notabilizado, notável, prestigioso, proeminente, respeitado; de respeito, renome, nomeada, em evidência, de projeção

▶ He was an internationally **renowned** painter. ▷ Foi um pintor **conhecido, consagrado, ilustre,** de **renome** internacional.

REPAIR v.

consertar, reparar, corrigir, emendar, endireitar, remediar, remendar, sanar; eliminar o erro

▶ The satellite was eventually **repaired** and redeployed. ▷ O satélite por fim foi **consertado, reparado** e recolocado em órbita.
▶ Environmental damage cannot easily be **repaired.** ▷ Não é fácil **remediar, sanar** os danos ambientais.
▶ If you made a mistake, how can you **repair** it? ▷ Se você errou, como **corrigir, reparar, remediar** o erro?

REPORT s.   BRIEFING

1. relatório, informe, laudo, parecer; boletim escolar

▶ New **report** on adult literacy ▷ Novo **relatório** sobre alfabetização de adultos
▶ We are waiting for the coroner's **report.** ▷ Estamos esperando o **laudo** do legista.
▶ His **report card** shows straight As. ▷ O **boletim** dele só tem A em todas as matérias.

2. subordinado

▶ He is respected and liked by his direct **reports.** ▷ Ele é estimado e respeitado pelos seus **subordinados** diretos, seu **pessoal.**

REPRESENTATIVE, REP s.

1. representante, delegado, enviado

▶ They are **representatives** from the landless workers' movement. ▷ Eles são **representantes, delegados, enviados** do Movimento dos Sem-Terra.
▶ She was the only female Union **rep.** ▷ Ela era a única mulher **representante, delegada** no sindicato.
▶ Sales **rep** ▷ Representante, vendedor

2. parlamentar, deputado (estadual ou federal, conforme o contexto)   DEPUTY

▶ US **representative** / State **representative** ▷ **Deputado** federal / **Deputado** estadual
▶ The Senate and the **House of Representatives** form the Congress. ▷ O Senado e a **Câmara dos Deputados** [federais] formam o Congresso.
▶ The Ohio **House of Representatives** is composed of 99 members. ▷ A **Câmara dos Deputados** [estaduais] de Ohio é formada por 99 membros.
▶ We talked with several **representatives,** including **Rep.** Smith (D-CA) and **Rep.** Brown (R-LA) ▷ Conversamos com vários **parlamentares,** inclusive os **deputados estaduais** Smith (Democrata, Califórnia) e Brown (Republicano, Lousiana).

RESEARCH s.   SURVEY

pesquisa, análise, apanhado, averiguação, busca, enquete, estudo, exame, exploração, inspeção, investigação, levantamento, revisão, sondagem, vistoria

▶ Funds for **Research** and Development (R&D) ▷ Fundos para **Pesquisa** e Desenvolvimento

- Muitas vezes tem sentido plural e se traduz melhor por "pesquisas":
▶ *Research continues on this highly controversial area.* ▷ *Continuam **as pesquisas** nessa área tão controversa.*

- "**Uma** pesquisa" = **a piece of** research PIECE
▶ *The applicant must prove that that particular **piece of research** has not been done yet.* ▷ *O candidato deve provar que aquela determinada **pesquisa** ainda não foi realizada.*

RESEARCH v.   SEARCH

pesquisar, analisar, averiguar, buscar, esmiuçar, esquadrinhar, estudar, examinar, explorar, inspecionar, investigar, levantar, observar, procurar, sondar; tentar encontrar, procurar descobrir, tirar a limpo

▶ *To verify the authenticity of a painting we must **research** its provenance.* ▷ *Para confirmar a autenticidade de um quadro precisamos **pesquisar, averiguar, investigar, sondar** sua procedência.*

RESIGN v.

> *Following the defeat of his party, the prime minister **resigned**.* ▷ *Com a derrota do seu partido, o primeiro-ministro **renunciou, se demitiu**. (NÃO ~~resignou-se...~~!)*

renunciar, demitir-se; abdicar do cargo, pedir demissão

▶ *After the bloody incidents, police chief Smith was forced to **resign**.* ▷ *Após os incidentes sangrentos, o chefe de polícia Smith foi obrigado a **deixar o cargo**.*

- Compare: **resign ≠ resign oneself**
▶ *How to **resign** with grace.* ▷ *Como **pedir demissão** com elegância.*
▶ *Sam has **resigned himself** to working at McDonald's. He just can't get any other job.* ▷ *Sam **se resignou, está conformado** em trabalhar no McDonald's. Ele não consegue outro emprego de jeito nenhum.*

RESILIENCE s., RESILIENT adj.

1. **elasticidade, resiliência**; flexibilidade, maleabilidade, capacidade de voltar rapidamente ao formato original

▶ *Rubber possesses in high degree the property of **resilience**.* ▷ *A borracha possui alto grau de **elasticidade**.*
▶ *(adj.) A running shoe with a **resilient** outer sole* ▷ *Tênis de corrida com solado externo **flexível, maleável***

2. **resistência** (psicológica), **resiliência**, adaptabilidade, flexibilidade, maleabilidade; capacidade de adaptação, recuperação, regeneração, restabelecimento, sobrevivência, de superar as dificuldades, um golpe, uma tragédia; ânimo, brio, coragem moral, firmeza de espírito, valor; *inf.* capacidade de dar a volta por cima METTLE, COPE

▶ *In this backward region, settlers have shown admirable **resilience**.* ▷ *Nessa região tão atrasada, os colonizadores mostram admirável **capacidade de adaptação, de sobrevivência**.*
▶ *(adj.) Fortunately, babies are very **resilient** and often manage to get through their difficult phases.* ▷ *Felizmente os bebês são muito **resistentes, adaptáveis, se recuperam** rápido, **conseguem agüentar** muita coisa e superar muitas fases difíceis.*

resolve

▶ *These refugees are very **resilient**.* ▷ *Esses refugiados são muito **renitentes**, não se deixam abater, são duros na queda.*

- Compare: resistance ≠ resilience

▶ *The company has encountered surprising **resistance** to its brand.* ▷ *A empresa encontrou uma surpreendente **resistência contra** sua marca.*

▶ *The US economy has shown surprising **resilience**.* ▷ *A economia dos EUA vem mostrando uma surpreendente **resistência, flexibilidade, capacidade de adaptação, de recuperação**.*

RESOLVE s.

> **Resolve** em inglês pode ser substantivo:
> *I could feel my **resolve** begin to fade.* ▷ *Senti minha **firmeza, força de vontade** começar a esmorecer.*

resolução, força de vontade decisão, determinação; firme determinação, firmeza de propósito

▶ *That bad experience increased her **resolve** to change her job.* ▷ *Essa experiência ruim fortaleceu sua **resolução, decisão**, seu **firme propósito** de mudar de emprego.*

▶ *I locked my door with a firm **resolve** to go to bed early.* ▷ *Tranquei a porta com a **firme determinação, decidido** a dormir cedo.*

RESORT s.

1. **balneário**, estação, estância, hotel-fazenda, parque, pólo, recanto, reduto, refúgio, resort, rincão; destino, local turístico; local muito visitado

▶ *Mar del Plata is the biggest seaside **resort** in Argentina.* ▷ *Mar del Plata é a maior **cidade balneária, turística, praiana** da Argentina.*

▶ *Disney **resorts*** ▷ *Os **parques** da Disney*

▶ *"Grupo hoteleiro construirá **resorts** no Ceará." (Veja)*

- Acrescentar os adjetivos: turístico, de férias, recreação, temporada, veraneio; de inverno, de esqui; aquático, de águas, hidromineral; costeiro, litorâneo, marítimo, praiano; serrano, de montanha

▶ *Water **resort*** ▷ *Estação de águas, estância hidromineral*

▶ *Ski **resort*** ▷ *Estação de esqui*

▶ *Winter **resort*** ▷ *Estância de inverno*

▶ *Mountain **resort*** ▷ *Recanto, refúgio de montanha*

2. **recurso**, alternativa, expediente, opção, saída, solução

▶ *As a last **resort** we could sell the car.* ▷ *Como último **recurso**, única **saída**, alternativa, opção, solução, em último caso, poderíamos vender o carro.*

RESORT TO v.   TAP

recorrer a, apelar; lançar mão, servir-se, valer-se de

▶ *The hostages have **resorted** to a hunger strike.* ▷ *Os reféns **recorreram, apelaram a**, tiveram de **lançar mão** de uma greve de fome.*

RESOURCE s.

1. (em geral pl.) **recursos, riquezas**, reservas, suprimentos; fontes (de renda, riqueza, informação) ASSET

▶ *It's a small island, with few natural resources.* ▷ *É uma ilha pequena, com poucos recursos naturais.*

2. **recurso, meio,** bem, equipamento, expediente, ferramenta, fonte, instrumento, material, trunfo; fonte de informações, de referência

▶ *I have invested $20,000 of my personal resources in this project.* ▷ *Já investi nesse projeto 20 mil dólares dos meus recursos pessoais, dos meus próprios meios.*

▶ *As you read about Thomas Edison's life, you realize that persistence was his most valuable resource.* ▷ *Lendo sobre a vida de Édison, vemos que a persistência foi o seu bem, recurso, trunfo mais valioso.*

▶ *The school has a new multimedia resource room.* ▷ *A escola tem uma nova sala de recursos, materiais multimídia.*

▶ *This photo collection is an excellent resource.* ▷ *Essa coleção de fotos é um excelente material, ferramenta, fonte de informações, de referência.*

3. **profissional,** funcionário STAFF

▶ *A shop assistant who can speak a foreign language is a valuable resource.* ▷ *Um vendedor que fala uma língua estrangeira é um profissional valioso.*

RESOURCEFUL adj.

1. (coisa) **útil;** de grande utilidade USEFUL

▶ *Here are some resourceful links that can help you optimize your research.* ▷ *Eis alguns links úteis para você otimizar suas pesquisas.*

2. (pessoa) **versátil, prático,** adaptável, criativo, desembaraçado, desenvolto, despachado, destro, ecléctico, eficiente, engenhoso, esperto, expedito, hábil, habilidoso, imaginoso, inteligente, inventivo, jeitoso, polivalente, talentoso; tem expediente; capaz de improvisar; *inf.* cavador, descolado, multitarefa, virador; que sabe se virar, pau pra toda obra CLEVER, SMART

▶ *She was a remarkably resourceful old lady who lived alone, made all her clothes and grew her own food.* ▷ *Era uma senhora extraordinariamente versátil, prática, desenvolta, habilidosa, polivalente, que morava sozinha, fazia todas as suas roupas e plantava seus próprios alimentos.*

▶ *As a single mother, I have to be self-reliant and resourceful.* ▷ *Como sou mãe solteira, tenho de ser independente e prática, descolada, saber me virar sozinha, ser pau pra toda obra.*

▶ *The hero of Rossini's The Barber of Seville is the clever and resourceful Figaro.* ▷ *O herói de "O Barbeiro de Sevilha", de Rossini, é o esperto e despachado, expedito, engenhoso Fígaro.*

◊ **Resourceful** denota alguém que sabe aproveitar os recursos à sua volta, saindo de uma situação difícil com soluções criativas e eficientes.

RESOURCEFULNESS s.   SELF-RELIANCE

criatividade, desenvoltura, engenho, expediente, habilidade, imaginação, inteligência, inventividade, jeito, praticidade; senso prático; *inf.* jogo de cintura

▶ *The islanders showed amazing resourcefulness during the war, making the most of whatever they had at hand. They even used used coconut oil to run cars.* ▷ *A população da ilha mostrou incrível criatividade,*

inventividade, imaginação, senso prático, inteligência durante a guerra, aproveitando o máximo o que tinham à mão. Até usaram óleo de coco como combustível.
▶ This young filmmaker has shown remarkable dedication and **resourcefulness** in bringing films to life. ▷ O jovem cineasta mostrou notável dedicação e **criatividade, inventividade** para conseguir realizar seus filmes.

REST v.

> **Rest** NÃO é só "descansar":
> The solution **rests** on this new chip. ▷ A solução **está, reside** (NÃO ~~"descansa"~~...!) neste novo chip.

1. **descansar**, repousar
▶ I feel over-worked and under-**rested**. ▷ Estou trabalhando demais e **descansando** de menos.

2. (morto) **jazer**, descansar, repousar
▶ **Rest** in Peace (R.I.P), Jack. ▷ **Descanse** em paz, Jack.
▶ Oscar Wilde's body **rests** in the Pere Lachaise cemetery in Paris. ▷ O corpo de Oscar Wilde **jaz, repousa** no cemitério Pere Lachaise em Paris.

3. **basear**-se, **depender**; apoiar-se, estar com, estar nas mãos   LIE
▶ Our future **rests** on our ability to adapt. ▷ Nosso futuro **depende** da nossa capacidade de adaptação.
▶ The argument **rests** on a false assumption. ▷ Esse argumento **se baseia** numa hipótese falsa.
▶ The final decision **rests** with the President. ▷ A decisão final **está nas mãos** do presidente.

RESTLESS adj., RESTLESSNESS s.   EXCITED, EXCITEMENT

agitado, inquieto, alvoroçado, buliçoso, conturbado, excitado, indócil, intranqüilo, irrequieto, nervoso, turbulento
▶ The children are **restless**. ▷ As crianças estão **agitadas, indóceis, irrequietas**.
▶ Overconsumption of coffee can result in insomnia and **restlessness**. ▷ Excesso de café pode causar insônia e **agitação, excitação, nervosismo**.

RESTRAIN v.   CONSTRAIN

restringir, coibir, bloquear, brecar, cercear, conter, controlar, diminuir, frear, impedir, inibir, limitar, moderar, reduzir, refrear, reprimir, tolher
▶ Laws to **restrain** arms sales ▷ Leis para **restringir, controlar** a venda de armas
▶ Officers were required to forcibly **restrain** the man. ▷ Os policiais tiveram de **conter, controlar** o homem à força.
▶ Please **restrain** yourself from making offensive remarks. ▷ Por favor, **contenha**-se e não faça comentários ofensivos.

RESTRAINT s.

1. **restrição, limitação**, barreira, contenção, controle, freio, impedimento, inibição, repressão   CONSTRAINT

▶ *New laws are needed to impose **restraints** on cigarrette advertisement.* ▷ *São necessárias novas leis que imponham **restrições, barreiras, controles** à propaganda de cigarros.*
▶ *The court's decision created an unconstitutional **restraint** on free expression.* ▷ *A decisão do tribunal criou uma **limitação**, um **freio, controle** inconstitucional à livre expressão.*
▶ *We fight for the liberty to speak and write without fear of government **restraint**.* ▷ *Lutamos pela liberdade de falar e escrever sem medo de uma **repressão** governamental.*

2. **calma**, auto controle, comedimento, moderação, prudência, reserva
▶ *The administration is urging both sides to show **restraint**.* ▷ *O governo está apelando aos dois lados para que tenham **calma**, ajam com **comedimento, moderação**.*

RESULT IN v.   LEAD TO

▶ *Their efforts **resulted in** new environmental legislation.* ▷ *Seus esforços **resultaram, redundaram em** novas leis ambientais.*
▶ *The war **resulted in** a sharp rise in oil prices.* ▷ *A guerra **causou, gerou, acarretou, provocou, precipitou, trouxe** um acentuado aumento no preço do petróleo.*

RESUME v., RESUMPTION s.

> **Resume** NÃO é "resumir" (SUM UP, SUMMARIZE).
> *Our meeting will **resume** in just a moment.* ▷ *Nossa reunião será **reiniciada** (NÃO ~~resumida~~...!) em poucos momentos.*

recomeçar, **reiniciar**, continuar, reatar, retomar, voltar a fazer algo que foi interrompido
▶ *The radio stopped and then **resumed** playing.* ▷ *O rádio parou e em seguida **recomeçou, continuou, voltou a** tocar.*
▶ *The two countries will **resume** conversations.* ▷ *Os dois partidos vão **reiniciar, retomar** as conversações.*
▶ *The US has **resumed** diplomatic ties with Libya.* ▷ *Os EUA **reataram** relações diplomáticas com a Líbia.*
▶ *She must **resume** her place in the family.* ▷ *Ela precisa **reassumir** seu lugar na família.*
▶ *(subst.) Demonstrators protested against the **resumption** of nuclear testing.* ▷ *Manifestantes protestaram contra o **reinício**, a **retomada** dos testes nucleares.*
▶ ***Resumption** Notice: From January on we will **resume** publishing our newsletter.* ▷ *Aviso de **continuação**: A partir de janeiro **voltaremos a** publicar nosso boletim.*

RETICENCE s.

reserva, reticência, cautela, hesitação, relutância, silêncio; falta de disposição, vontade de revelar seus sentimentos ou assuntos particulares; falta de entusiasmo
▶ *His **reticence** about his past made Susie suspicious.* ▷ *O **silêncio**, a **reserva**, **má vontade**, **relutância** dele em falar sobre o passado deixou Susie desconfiada. / Susie ficou desconfiada ao ver que ele **relutava, não queria, não se dispunha** a falar sobre o passado.*
▶ *The American initiative was received with **reticence** by the French.* ▷ *A iniciativa americana foi recebida com **reserva, cautela, relutância, sem entusiasmo** pelos franceses.*

RETORT v.

retrucar, **replicar**, contestar, contra-argumentar, objetar, redargüir, responder, retorquir

▶ *"You see what happened?" he asked, angrily. "It's all your fault!" she **retorted**.* ▷ *"Está vendo o que aconteceu?" perguntou ele, zangado. "É tudo culpa sua!" **retrucou, replicou, retorquiu** ela.*
▶ *Newspapers criticized the celebrations, but the President **retorted** that they were justified.* ▷ *O jornais criticaram as comemorações, mas o presidente **respondeu, objetou, argumentou** que eram justificadas.*

RETROFIT v.

reformar, equipar, modernizar, remodelar, renovar

▶ *These old buildings were **retrofitted** with insulation, sprinklers and smoke detectors.* ▷ *Esses edifícios antigos foram **reformados, modernizados, equipados** com isolamento térmico, sprinklers e detetores de fumaça.*
▶ *Many older cars were **retrofitted** with seat belts in order to comply with European legislation.* ▷ *Muitos carros mais antigos foram **equipados** com cintos de segurança para atender à legislação européia.*

RICH adj.

1. **rico**, abastado, abonado, endinheirado, próspero; bem de vida; de posses, recursos, alta renda, alto poder aquisitivo; milionário, magnata, nababo, ricaço; *inf.* nadando em dinheiro, cheio da grana, podre de rico, playboy, filhinho de papai COMFORTABLE

▶ *Rich vs. Poor: Our Unstable World* ▷ *Ricos contra Pobres: Nosso Mundo Instável*
▶ *These people are **filthy rich**.* ▷ *Essa gente é **milionária, podre de rica, nada em dinheiro**.*
▶ *These **rich** kids have never had to work.* ▷ *Esses **filhinhos de papai** nunca precisaram trabalhar.*

2. **rico, fértil**, abundante, cheio, farto, fecundo, intenso, pleno, produtivo, rendoso, valioso; matizado, nuançado

▶ *Rich soil for your garden* ▷ *Terra **fértil, fecunda** para o seu jardim*
▶ *This year the farmers have had a **rich** harvest.* ▷ *Este ano os fazendeiros tiveram uma colheita **farta, abundante**.*
▶ *Music makes learning a much **richer** experience.* ▷ *A música torna o aprendizado uma experiência muito mais **rica, intensa**.*
▶ *These exercises will help you develop a much **richer** understanding of the problem.* ▷ *Esses exercícios o ajudarão a adquirir uma compreensão muito **mais plena, matizada, nuançada** do problema.*

3. **forte**, aromático, intenso, penetrante

▶ *I woke up to the **rich** smell of fresh coffee.* ▷ *Acordei sentindo o cheiro **forte, penetrante** de café fresco.*

4. (comida) **gordurosa**, pesada (feita com muito açúcar, manteiga, gordura, ovos)

▶ ***Rich** food is bad for your heart.* ▷ *Comida **pesada, gordurosa** faz mal para o coração.*

RIFE adj.

1. **cheio**, abarrotado, pleno, repleto, transbordante

▶ *The construction industry is **rife** with illegal labor.* ▷ *O setor da construção civil está **cheio, repleto, transbordando** de trabalhadores ilegais.*

2. generalizado, abundante, comum, corrente, difundido, disseminado, espalhado, freqüente, numeroso, transbordante; que corre, circula, se espalha rápido WIDESPREAD

▸ *Racism is **rife** in the job market.* ▷ *O racismo é **generalizado, impera** no mercado de trabalho.*

● **Usar os verbos:** abundar, campear, grassar, imperar, reinar; correr solto, à rédea solta run RAMPANT

▸ *Corruption is **rife** in the country.* ▷ *A corrupção **campeia, reina, impera, corre solta**, é **generalizada** no país.*
▸ *Diseases are **rife** in the villages.* ▷ *As doenças **grassam** nos vilarejos.*

RIFFRAFF s.

ralé, escória, gentalha, gentinha, massa, plebe, populacho, povaréu, povo, zé-povinho; gente de clase baixa; *inf.* povão

▸ *The Minister referred to the protesters as "scum" or "**riffraff**".* ▷ *O ministro chamou os manifestantes de "escória", "ralé", "gentinha", "gente baixa".*
▸ *They've raised the prices to keep the **riffraff** out.* ▷ *Eles subiram os preços para afastar **o povão, as massas**.*

RIOT s.   TURMOIL

tumulto, distúrbio, agitação, arruaça, baderna, barafunda, barulho, comoção, conflito, confusão, convulsão, desordem, enfrentamento, entrevero, incidente, motim, perturbação, protesto, quebra-quebra, rebuliço, revolta, transtorno, turbulência, violência

▸ *The police were called in to put down the **riot**.* ▷ *A polícia foi chamada para conter o **tumulto, a arruaça, baderna, desordem**.*
▸ *Racial **riots*** ▷ ***Distúrbios, incidentes, enfrentamentos** raciais, **violência** racial*
▸ ***Riot** police* ▷ *Tropas de **choque***

RIVETING adj.   COMPELLING

fascinante, absorvente, apaixonante, arrebatador, cativante, eletrizante, empolgante, envolvente, hipnótico, interessantíssimo, magnético, sedutor; que prende a atenção

▸ *Her **riveting** portrayal of Lady Macbeth was her best performance.* ▷ *Sua **fascinante, envolvente, eletrizante, empolgante**, caracterização de Lady Macbeth foi seu melhor desempenho.*

◊ **Riveting** vem de **rivet**, "rebite"; conota algo que fixa, prende, imobiliza (a atenção).

RIVETED adj.

▸ *The public remains **riveted** to the trial.* ▷ *O público continua **absorvido, interessadíssimo, fascinado** pelo julgamento.*

ROADMAP s.

roteiro, mapa, caminho a seguir; estratégia, plano estratégico

▸ *Our **roadmap** for success* ▷ *Nosso **mapa, estratégia, plano estratégico** para o sucesso*
▸ *Israeli and Palestinian authorities will discuss the Middle East **roadmap**.* ▷ *Autoridades israelenses e palestinas debaterão o **mapa, roteiro, plano** de paz para o Oriente Médio.*

ROAM v.   WANDER, DRIFT

- *When dinosaurs **roamed** the Earth...* ▷ *Quando os dinossauros **andavam**, **vagavam** pela Terra...*
- *Roaming Service* ▷ *Serviço de **Roaming** (permite que o usuário **viaje**, **percorra** vários países usando o mesmo número de celular)*

ROBUST adj.   MUSCULAR

robusto, reforçado, firme, forte, fortificado, poderoso, possante, resistente, rijo, sólido, vigoroso

- *She gave birth to a healthy, **robust** baby.* ▷ *Teve um bebê saudável e **robusto**.*
- *This new truck is a **robust** utility vehicle.* ▷ *A nova picape é um utilitário **reforçado, possante**.*
- ***Robust** packaging* ▷ *Embalagem **resistente, reforçada***
- ***Robust** home sales in the US* ▷ *Vendas de imóveis estão **sólidas, firmes e fortes** nos EUA*
- ***Robust** border security.* ▷ *Segurança **reforçada** nas fronteiras*

ROGUE s., adj.

1. **transgressor, independente,** delinqüente, fora-da-lei, pária, rebelde, renegado, "pária", "pirata"; que não respeita, não acata as leis internacionais

- ***Rogue** countries are building nuclear weapons.* ▷ *Países **"párias", fora-da-lei, transgressores** das leis internacionais, **que não respeitam, não acatam as leis internacionais** estão fabricando armas nucleares.*
- ***Rogue** scientists vow to clone human beings in secret labs.* ▷ *Cientistas **independentes, "piratas"** estão decididos a clonar seres humanos em laboratórios secretos.*
- *"Um Estado **delinqüente** – A **delinquência** internacional consiste no repúdio sistemático do direito e da moral nas relações entre povos." (Fábio Konder Comparato, FSP)*
- *(subst.) Those **rogues** have robbed me of my last penny.* ▷ *Aqueles **canalhas, patifes, bandidos** me roubaram até meu último níquel.*

2. **ilegal, irregular,** desonesto, ilícito, inescrupuloso

- *Careful with **rogue** traders who sell unsafe products.* ▷ *Cuidado com comerciantes **desonestos, inescrupulosos, irregulares, ilegais, inescrupulosos** que vendem produtos perigosos.*
- ***Rogue** deals* ▷ *Negócios **ilícitos, ilegais***
- ***Rogue** settlements.* ▷ *Colônias **ilegais, irregulares**.*

ROLE s.

1. (teatro, cinema) **papel**

- *He shines in the **role** of Hamlet.* ▷ *Ele brilha no **papel** de Hamlet.*

2. **função,** atuação, papel, participação; **cargo,** posição

- *The country aspires to a leadership **role**.* ▷ *O país aspira a um **papel** de liderança.*
- *What was your dad's **role** in your life?* ▷ *Qual foi o **papel, a atuação, função, participação** do seu pai na sua vida?*
- *My dad was my **role** model.* ▷ *Meu pai foi meu **modelo**, meu **exemplo de vida**.*
- *He will assume the **role** of chairman.* ▷ *Ele assumirá o **cargo, a posição** de chairman.*

ROMANCE s.

> **Romance** em inglês NÃO é o mesmo que "romance" em português, gênero literário (NOVEL).
> *Gosto muito dos **romances** de Machado de Assis, principalmente "Dom Casmurro".* ▷ *I love Machado de Assis' **novels**, especially "Dom Casmurro".*

1. **romance**, **amor**, paixão; caso de amor
▶ *Ruth is a young, lonely woman yearning for **romance**.* ▷ *Ruth é uma jovem solitária ansiando por um **amor**, um **romance**, uma **paixão**.*

2. **romantismo**, **aventura**, charme, fascínio, glamour, mistério; atmosfera, clima de aventura, heroísmo
▶ *These leather jackets evoke the **romance** of vintage aviation.* ▷ *Essas jaquetas de couro lembram o **romantismo**, o **charme**, **clima de aventura** dos primeiros tempos da aviação.*
▶ *The **romance** of finding a job overseas often ends in bitter disappointment.* ▷ *A **aventura**, o **fascínio** de encontrar um emprego no exterior muitas vezes termina em amarga decepção.*

3. (ficção popular:) **romance**, **história** de amor, aventuras, crime, ficção científica, mistério, paranormalidade etc.
▶ *Sure I read **romance** novels / **romances** – I like the "happily ever after" endings.* ▷ *Claro que leio **romances**, **histórias de amor** – gosto dos finais tipo "e foram felizes para sempre".*

ROUGH adj.

1. **áspero** ≠ SMOOTH
▶ ***Rough** hands* ▷ *Mãos **ásperas***

2. **difícil**, duro HARD, HARSH
▶ *When things got **rough** I had to sell my car.* ▷ *Quando as coisas ficaram **difíceis**, tive de vender o carro.*
▶ *A **rough** winter* ▷ *Um inverno **duro***

3. **rudimentar**, **esquemático**, aproximado, básico, elementar, preliminar
▶ *This is a very **rough** idea of what we intend to do.* ▷ *Esta é uma idéia muito **rudimentar**, **básica**, **esquemática** do que pretendemos fazer.*
▶ *A **rough** copy* ▷ *Versão **preliminar**, **rascunho**, **esquema***

4. **bruto**, cru, elementar, grosseiro, ordinário, primário, rasteiro, tosco
▶ *A **rough** diamond* ▷ *Diamante **bruto***
▶ *Get this shelf in **rough** wood or smooth wood.* ▷ *Escolha a prateleira em madeira **crua** ou lixada.*
▶ *His essay was very **rough**, with grammar mistakes and lack of logic.* ▷ *Seu ensaio era muito **primário**, **rasteiro**, **elementar**, com erros gramaticais e falta de lógica.*

5. (pessoa) **bruto**, **rude**, estúpido, grosseiro, violento; *inf.* barra pesada RUDE
▶ ***Rough** manners* ▷ *Maneiras **rudes**, **grosseiras***

roughly

- *I liked to play sports, especially the **rougher** games.* ▷ *Eu gostava de fazer esportes, principalmente os jogos mais **brutos, violentos.***
- *Boys, stop the **rough** play!* ▷ *Meninos, parem com essas brincadeiras **estúpidas!***
- *The boy hang out with a **rough** crowd.* ▷ *O garoto andava com uma turma **barra pesada.***

6. (terreno) **acidentado**, difícil, escarpado, irregular, pedregoso

- ***Rough**, rocky terrain* ▷ *Terreno **acidentado**, pedregoso*

7. (água, mar) **turbulento**, agitado, bravo, bravio, crespo, encapelado, encrespado, revolto

- ***Rough** seas* ▷ *Mares **turbulentos, revoltos, bravios***

ROUGHLY adv.   APPROXIMATELY

- *Her treatment costs **roughly** $120 a month.* ▷ *O tratamento custa **cerca de, mais ou menos, por volta de, aproximadamente** US$ 120 por mês.*

RUDE adj.   BLUNT, GROSS

grosseiro, sem educação, áspero, bruto, desabrido, desaforado, desagradável, desatencioso, descortês, deselegante, desrespeitoso, estúpido, grosseirão, grosso, hostil, indelicado, malcriado, mal-educado, respondão, ríspido, rude, vulgar; sem cerimônia, sem modos, com maus modos, sem (a mínima, a menor) educação, consideração; *inf.* casca-grossa, cavalgadura; feio

- ***Rude** behavior will not be tolerated.* ▷ *Comportamento **grosseiro, vulgar** não será tolerado.*
- *Tommy, don't stare at people – it's **rude**.* ▷ *Tommy, não encare assim as pessoas, é **feio**, é **falta de educação**.*
- ***Rude** manners* ▷ ***Maus** modos*
- ***Rude** words* ▷ ***Palavrões, grosserias***
- *That man is so **rude**!* ▷ *Aquele homem é tão **grosso, casca-grossa**! / É uma **cavalgadura**!*

RUIN v.   MAR

arruinar, estragar, baldar, depredar, destruir, erodir, esbodegar, escangalhar, inutilizar

- *I tried fixing my **laptop** and ultimately ruined it.* ▷ *Tentei consertar meu laptop e acabei por **estragá-lo, inutilizá-lo** completamente.*
- *His plans were **ruined** by incompetence and bad luck.* ▷ *Seus planos foram **arruinados, baldados** pela incompetência e a má sorte.*

RUMOR s.

> **Rumor** NÃO é "rumor" no sentido de "barulho", mas sim de "boato".

rumor, boato, boataria, comentários, diz-que-diz-que, falatório, notícia, zunzum, zunzunzum

- ***Rumor** says she's getting married again.* ▷ *Dizem, dizem os **boatos, comentários**, comenta-se que ela vai se casar de novo.*
- *This was a very nervous, **rumor**-driven market.* ▷ ***Rumores, boatos** deixaram o mercado nervoso.*

RUN v.

1. correr, chispar, desabalar; desandar, desatar a correr; sair correndo, em disparada,

▶ *Every day I'd **run** for one hour on the beach.* ▷ *Todos os dias eu **corria** uma hora na praia.*
▶ *When the cops showed up I **ran** like crazy.* ▷ *Quando a polícia chegou **saí correndo, voando, chispei, desabalei** feito um louco.*

2. administrar, dirigir, chefiar, comandar, conduzir, controlar, cuidar, gerenciar, gerir, governar, guiar, liderar, manejar, manter, orientar, reger, superintender, tocar, zelar; tomar conta; fazer funcionar; segurar as rédeas LEAD

▶ *Ms. Smith was hired to **run** our client service division.* ▷ *A sra. Smith foi contratada para **dirigir, comandar, conduzir, cuidar** da nossa divisão de atendimento ao cliente.*
▶ *This project is **run** by IBM.* ▷ *Quem está **administrando, gerindo, tocando** o projeto é a IBM.*
▶ *The old man **ran** the business with an iron hand.* ▷ *O velho **tocava, chefiava** os negócios com mão de ferro.*

3. funcionar, operar, trabalhar; estar ligado, em atividade, funcionamento, operação WORK

▶ *These machines **run** virtually free of human attention.* ▷ *Essas máquinas **funcionam, rodam** praticamente sem atenção humana.*
▶ *The company will have 20 networks **running** by mid-year.* ▷ *A empresa terá 20 redes **funcionando, trabalhando, operando**, em **atividade, funcionamento, operação** em meados do ano.*
▶ *Amtrak **runs** hundreds of passenger trains.* ▷ *A Amtrak **opera** centenas de trens de passageiros.*
▶ *I left my engine **running**.* ▷ *Deixei o motor **ligado**.*

4. (computação) **executar**, rodar

▶ *Please **run** register.exe.* ▷ ***Execute** o programa register.exe.*
▶ *The program **runs** on both Windows and Mac platforms.* ▷ *O programa **roda, funciona** tanto no Windows como no Macintosh.*

5. concorrer, candidatar-se

▶ *How to **run** for public office* ▷ *Como **concorrer, candidatar**-se a um cargo público*
▶ *Smith chose Brown as his **running** mate.* ▷ *Smith escolheu Brown para **vice**, companheiro de **chapa**, de candidatura.*

RUN OUT OF v.   LACK

ficar sem

▶ *I **ran out of** gas.* ▷ ***Fiquei sem** gasolina.*
▶ *The village has **run out of** water and electricity.* ▷ *A aldeia **ficou sem** água nem eletricidade.*

• **Mudar o sujeito e usar:** acabar, esgotar, terminar

▶ *I **ran out of** diapers.* ▷ *As fraldas **acabaram**.*
▶ *We **ran out of** resources.* ▷ *Nossos recursos se **esgotaram, terminaram**.*

in the long RUN expr.   EVENTUALLY

a longo prazo, a longo termo; no final, com o passar do tempo

▶ *In the long run these impopular measures undermined the regime.* ▷ *No final, com o passar do tempo essas medidas impopulares acabaram minando o regime.*
▶ *(adj.) A **long-run** project* ▷ *Projeto **de longo prazo, prolongado, de fôlego***

in the short RUN expr.   IMMEDIATELY

a curto prazo, num primeiro momento, de imediato, no futuro próximo

▶ *There's no solution in sight **in the short run**.* ▷ *Não há solução a vista **a curto prazo, de imediato, no futuro próximo**.*
▶ *(adj.) A **short run** project* ▷ *Projeto **breve***

RUN UP, RUN-UP s.

1. **vésperas,** logo antes; período preliminar, precedente, que antecede, precede; preparativos finais (para algo importante) AHEAD

▶ *The two candidates had a TV debate in the **run up** to the elections.* ▷ *Os dois candidatos fizeram um debate na TV **nas vésperas, logo antes** das eleições.*
▶ *Everyone is very busy during the **run-up** to the Carnival parade.* ▷ *Todos ficam ocupadíssimos nas **vésperas, nos preparativos finais** para o desfile de Carnaval.*

2. **aumento acelerado** (rápido e substancial) INCREASE

▶ *There has been an unprecedented **run-up** in home prices.* ▷ *Houve um **aumento** sem precedentes nos preços dos imóveis.*

RUN-DOWN, RUNDOWN adj.   RUIN

desmantelado, **desconjuntado**, cai-não-cai, capenga, danificado, decadente, decrépito, depredado, despencando, destruído, deteriorado, dilapidado, estropiado, maltratado, periclitante, precário, quebrado; caindo aos pedaços, em petição de miséria, em ruínas

▶ *I waited in the lobby of an old, **rundown** building, furnished with a pair of **rundown** chairs.* ▷ *Esperei no saguão de um velho edifício **dilapidado, deteriorado, decrépito, caindo aos pedaços**, com duas cadeiras **desmanteladas, desconjuntadas, capengas**.*

RUTHLESS adj., RUTHLESSLY adv.   RELENTLESS

implacável, **inexorável,** cruel, desalmado, desapiedado, desumano, duro, empedernido, ferrenho, impiedoso, inclemente, inflexível, irredutível; sem coração, sem compaixão, sem sentimentos, sem piedade, sem dó nem piedade

▶ *Wild animals are subject to the harsh and ruthless **laws** of Nature.* ▷ *Os animais selvagens estão sujeitos às leis duras e **implacáveis, inexoráveis, inclementes** da natureza.*
▶ *He was a **ruthless** dictator.* ▷ *Foi um ditator **impiedoso, desalmado**.*
▶ *(adv.) He was a tyrant who ruthlessly eliminated his rivals.* ▷ *Era um tirano que eliminava seus rivais **impiedosamente, implacavelmente, sem dó nem piedade**.*
▶ *We must be **ruthlessly** realistic.* ▷ *Temos que ser de um realismo **implacável, ferrenho, irredutível**.*

S

SAFE AND SOUND expr.   UNHARMED

são e salvo, **ileso**, incólume, intato; em segurança

▶ *Fortunately, the hikers were found **safe and sound**.* ▷ *Felizmente, os excursionistas foram encontrados **sãos e salvos, em segurança**.*

for the SAKE of expr.

por, **por causa**, por motivo de; para o bem; em prol, em atenção, em benefício, em atenção, consideração, favor, função, nome, proveito; no interesse; pensando em

▶ *Art **for** art's **sake*** ▷ *Arte **pela** arte*
▶ *They decided to stay together **for the sake** of the children.* ▷ *Decidiram ficar juntos **por causa, para o bem**, **no interesse, pensando** nas crianças.*
▶ *A true artist knows when and how to break the rules **for the sake of** expression.* ▷ *Um verdadeiro artista sabe quando e como romper as regras **em função, em benefício, em favor, em prol, em nome** da expressão.*
▶ *Let's drink **for** old times' **sake**.* ▷ *Vamos beber **em nome** dos velhos tempos.*
▶ *The comments have been condensed **for the sake of** clarity and brevity.* ▷ *Os comentários foram condensados **por motivos de, no interesse da** clareza e da brevidade.*

• Usar "em si":

▶ *Do we love money **for its own sake**, or **for the sake** of the good we can do with it?* ▷ *Será que amamos o dinheiro **em si**, ou **pelo bem** que podemos fazer com ele?*
▶ *Variety is good, but not just **for the sake of it**.* ▷ *É bom variar, mas não só **por variar**, pela variação **em si**.*

for the sake of argument / **for the sake of the argument** expr.

▶ *Let's not argue just **for the sake of argument**.* ▷ *Não vamos discutir só **por discutir**.*
▶ *I don't know whether he was guilty or innocent but **for the sake of the argument**, let's assume he was innocent.* ▷ *Não sei se ele era culpado ou inocente, mas vamos supor, só **como hipótese de trabalho, ponto de partida para a discussão, para podermos raciocinar**, que ele era inocente.*

SANCTIMONIOUS adj.   SMUG, PIOUS

hipócrita, falso moralista, devoto, fariseu, fingido, santarrão, santo, santinho; que se faz, se finge de santo, justo, superior; falso piedoso, pio, santinho-do-pau-oco

▶ *It is incredible to see those **sanctimonious** religious zealots railing against homosexuals.* ▷ *É incrível ver esses fanáticos religiosos **hipócritas, tão santos**, tão **superiores**, criticando os homossexuais.*
▶ *The students hated all those **sanctimonious** lectures about "sexual responsibility".* ▷ *Os alunos odiavam aquelas palestras **sérias e moralistas** sobre "responsabilidade sexual".*

SAVVY s.   SKILL

inteligência, know-how, astúcia, compreensão, domínio, entendimento, esperteza, habilidade, tino; bom senso, senso prático, conhecimento prático; argúcia, esperteza

savvy

▶ *Artists show increasing marketing **savvy**.* ▷ *Os artistas demonstram cada vez mais **domínio, inteligência, know-how** ao lidar com o marketing.*

▶ *He has statistical skills but lacks business **savvy**.* ▷ *Ele é bom de estatística mas não tem **habilidade, tino** comercial.*

▶ *Congressmen can't move their bills forward unless they have the right political **savvy**.* ▷ *Os parlamentares não conseguem aprovação para seus projetos se não tiverem **esperteza, astúcia** política, se não **conhecerem bem** os mecanismos políticos.*

▶ *Prove your film **savvy** – Predict this year's Academy Award winners.* ▷ *Mostre que você **conhece, entende** de cinema, é **craque, fera** em cinema – faça suas previsões para os Oscars deste ano.*

◊ Savvy = Sophisticated and intuitive understanding, esp. of the way organizations work and of people's motives for action." (wordsmyth.net)

SAVVY adj.

1. entendido, **conhecedor**, craque, esclarecido, escolado, experiente, hábil, perito, prático, sabido, versado; bem informado, familiarizado; com conhecimento prático, muita prática, familiaridade, know-how; que entende, domina o assunto; um ás; *inf.* bamba, cobra, craque, doutor, fera; que está por dentro, manja, sabe das coisas   KNOWLEDGEABLE

▶ *Computer-**savvy** kids* ▷ *Garotos **entendidos, sabidos**, que **dominam, sabem tudo** sobre o computador*

▶ ***Savvy** consumers know their rights and demand good service.* ▷ *O consumidor **bem informado, esclarecido**, conhece seus direitos e exige um bom serviço.*

▶ *Media-**savvy** politicians* ▷ *Políticos que **dominam** muito bem, têm muito **know-how** de mídia.*

▶ *NGOs are getting more **savvy** about using the internet to raise funds.* ▷ *As ONGs estão ficando mais **hábeis, peritas, experientes** em usar a internet para levantar fundos.*

2. astuto, sabido, esperto   SMART

▶ *Drug traffickers are getting **savvier** and much harder to control.* ▷ *Os traficantes estão ficando mais **espertos** e muito mais difíceis de controlar.*

◊ **Savvy** vem do espanhol "sabe"; portanto, são apropriadas as traduções como "sabido" ou "que sabe das coisas".

SCAM s.

golpe, **trapaça**, arapuca, ardil, armadilha, cilada, conto-do-vigário, embuste, estratagema, extorsão, falcatrua, logro, negociata, tapeação, trambique, truque, vigarice; esquema, manobra, negócio desonesto, fraudulento; *inf.* aplique, armação, roubada

▶ *Don't be a victim of internet **scams**.* ▷ *Não seja vítima de **golpes, contos-do-vigário, estratagemas, esquemas fraudulentos, falcatruas, roubadas, trapaças, trambiques** aplicadas pela internet.*

▶ *"Cair como um patinho numa conversa dessas!... Vislumbrei a possibilidade de estar sendo conduzido como um cego para o abismo do **engano**, da **tramóia**, da **trapaça**, do **engodo**, da **mutreta**, do **conto-do-vigário**." (Fernando Sabino, "O Pato Sou Eu", em "As Melhores Histórias")*

scam artist
trapaceiro, vigarista   CON ARTIST

SCARCE adj.   POOR

escasso, **pouco**, exíguo, difícil, insuficiente, minguado, mísero, modesto, parco, raro

▶ *Scarce resources* ▷ *Parcos, escassos, exíguos recursos*
▶ *These coins are scarce now.* ▷ *Essas moedas são raras, difíceis de encontrar.*

• Atenção à pronúncia: /skÉrs/ (NÃO scars).

SCARE v.   STARTLE

assustar, **amedrontar**, afugentar, alarmar, ameaçar, apavorar, atemorizar, aterrar, aterrorizar, espantar, espavorir, estarrecer, gelar, horrorizar, intimidar; dar, meter medo, infundir pavor

▶ *All these defensive devices may scare predators.* ▷ *Todos esses recursos defensivos podem assustar, amedrontar, intimidar, meter medo nos predadores.*

SCARED, SCARED STIFF adj.

apavorado, alarmado, amedrontado, assustado, atemorizado, aterrado, aterrorizado, espavorido, sobressaltado; com medo, morto de medo, morrendo, paralisado, petrificado, gelado de medo; em pânico

▶ *When I saw that fierce dog I was scared stiff.* ▷ *Quando vi aquele cão bravo, fiquei apavorado, aterrorizado, morto de medo, em pânico.*

SCARY adj.   FORMIDABLE

assustador, **medonho**, alarmante, ameaçador, amedrontador, apavorante, arrepiante, atemorizante, aterrador, aterrorizante, dantesco, impressionante, intimidante, pavoroso, temível, tenebroso, terrível; de dar medo, pavor, terror

▶ *The situation is really very scary.* ▷ *A situação é realmente alarmante, assustadora, terrível.*
▶ *He enjoyed telling scary tales and ghost stories.* ▷ *Gostava de contar histórias de terror e de fantasmas*
▶ *The street was dark, deserted and scary.* ▷ *A rua estava escura, deserta, de dar medo.*

SCATTER v.

espalhar, **dispersar**, atirar, cobrir, forrar, jogar, juncar

▶ *His family is scattered all over the world.* ▷ *Sua família está espalhada, dispersa pelo mundo todo.*
▶ *After the party there were dozens of beer cans scattered on the floor.* ▷ *Depois da festa, ficaram dezenas de latas de cerveja jogadas no chão.*
▶ *There will be scattered showers tomorrow.* ▷ *Amanhã haverá chuvas esparsas.*

• Mudar o sujeito e usar a voz passiva:

▶ *Old newspapers were scattered on the floor.* ▷ *O chão estava juncado, coberto, forrado de jornais velhos.*

SCENARIO s.

> **Scenario** NÃO é "cenário" de teatro (**set, stage set, set design, décor**). Compare:
> There's a lack of good **scenarios** in Hollywood. ▷ Faltam bons **roteiros**, boas **histórias** (NÃO "bons ~~cenários~~"...!) em Hollywood.
> O que mais me impressionou na peça foi o **cenário**. ▷ What impressed me most in the play was the **set design**.

1. **roteiro de cinema**, história
▶ He wrote **scenarios** for Hollywood. ▷ Ele escrevia **roteiros**, era **roterista em** Hollywood.

2. **situação, conjuntura**, cena, cenário, panorama, quadro, realidade
▶ We have been rehearsing fire and accident **scenarios**. ▷ Temos ensaiado **situações** de incêndio e acidente.
▶ For the women it's a very different job **scenario**. ▷ Para as mulheres a **situação, conjuntura, realidade, o cenário, panorama** do trabalho é muito diferente.

- Exemplos da mídia brasileira:
▶ "A escalada da guerra no Iraque lembra o **cenário** libanês dos anos 80." (www.terra.com.br)
▶ "Não pára de crescer a integração entre os alunos excepcionais e os chamados normais.... Uma pesquisa mostra números impressionantes desse **cenário** de inclusão." (Veja)

3. **hipótese**, perspectiva, possibilidade
▶ A civil war in the country sounds like a very plausible **scenario**. ▷ Uma guerra civil no país parece uma **hipótese, possibilidade** muito plausível.

worst-case-scenario ≠ best-case scenario
▶ In the **worst-case-scenario**, it is projected that half of the Amazon will be destroyed. In the **best-case scenario**, a quarter of the forest would disappear. ▷ Segundo as projeções, na **pior das hipóteses**, num **cenário pessimista**, a metade da Amazônia será destruída. Na **melhor das hipóteses**, num cenário otimista, uma quarta parte da floresta desaparecerá.

SCHEDULE s.   ≠ AGENDA

horário, cronograma, agenda, agendamento, calendário, plano, prazo, previsão, programa, programação
▶ I have to check the bus **schedule**. ▷ Tenho de checar os **horários** dos ônibus.
▶ Sports TV **Schedule** ▷ **Programação** dos esportes na TV
▶ We finished the project three weeks ahead of **schedule**. ▷ Terminamos o projeto três semanas antes do **prazo, cronograma, dos planos, da previsão**.
▶ I've got a full **schedule** today. ▷ Hoje estou com a **agenda** cheia.

SCHISM s.   SPLIT

▶ The **schism** in the party will damage its chances of being reelected. ▷ O **rompimento, racha, a ruptura, dissidência, cisão** no partido prejudicará suas chances de reeleição.

SCHOLAR s., SCHOLARLY adj. — KNOWLEDGEABLE

estudioso, **acadêmico**, autoridade, conhecedor, douto, doutor, entendido, erudito, especialista, expoente, intelectual, luminar, pensador, perito, pesquisador, sábio

- *Scholars have proposed several theories to explain this phenomenon.* ▷ *Os **estudiosos, especialistas, pesquisadores, acadêmicos** já propuseram várias teorias para explicar o fenômeno.*
- *Thomas Aquinas was a great medieval scholar.* ▷ *São Tomas de Aquino foi um grande **sábio, erudito, pensador** medieval.*
- *Latin scholar* ▷ *Latinista*
- *(adj.) He wrote many scholarly papers.* ▷ *Escreveu muitos artigos **eruditos, acadêmicos**.*
- *Latin was the European scholarly language for almost two millennia.* ▷ *O latim foi a língua dos estudos **acadêmicos**, da **cultura**, **erudição**, dos **intelectuais** na Europa durante quase dois milênios.*

SCOLD v. — CASTIGATE

repreender, **recriminar**, admoestar, censurar, condenar, criticar, desancar, desaprovar, descompor, exprobar, invectivar, ralhar, reprochar, reprovar; chamar às falas, falar asperamente; *inf.* dar bronca, dar uma dura, bronquear, esculhambar, estrilar, espinafrar; passar pito, sermão, sabão

- *The president scolded lawmakers for not passing the bill.* ▷ *O presidente **recriminou, censurou, criticou** os legisladores por não aprovar o projeto de lei.*
- *Our teacher scolded us severely for talking.* ▷ *A professora nos **repreendeu**, nos **deu uma bronca**, uma tremenda **dura** porque estávamos conversando.*

SCOLDING s.

repreensão, admoestação, advertência, carão, censura, crítica, descompostura, diatribe, invectiva, lição, ralho, recriminação, reprimenda, reproche, reprovação, sermão; palavras ásperas, duras, ríspidas; *inf.* bronca, carraspana, chamada, dura, esculacho, esculhambação, espinafração, espinafrada, esporro, pito, sabão, puxão de orelha

- *The teacher gave me a severe scolding for my bad behavior.* ▷ *A professora me deu uma severa **repreensão, descompostura** pelo meu mau comportamento.*
- *"O presidente **deu uma bronca** nos maridos que deixaram as esposas morando sozinhas com os filhos, sem nenhuma ajuda." (últimosegundo.com)*

SCOPE s. — RANGE

- *The economic calculations are out of the scope of present study.* ▷ *Os cálculos econômicos fogem ao **escopo** deste estudo.*
- *The December 2004 tsunami was a natural disaster of unprecedented scope.* ▷ *O tsunami de dezembro de 2004 foi um desastre natural de uma **envergadura, abrangência** sem precedentes.*

SCORE s., v.

> **Scores** NÃO significa "centenas" (**hundreds**) nem "milhares" (**thousands**):
> *Scores of casualties* "*Numerosas, dezenas (NÃO ~~milhares~~...!) de vítimas*

1. **vinte,** vintena; muitos, numerosos DOZEN
   - ▶ As many as a **score** of local peasants are believed to have been killed. ▷ Acredita-se que foram assassinados cerca de **vinte** camponeses do local.
   - ▶ The days of our years are **threescore** years and ten. (Psalm 90) ▷ Os anos da nossa vida chegam a setenta (= três **vintenas** mais dez).

   - O significado exato é "vinte", mas em português normalmente dizemos "dezena":
   - ▶ **Scores** of directors have come to the festival. ▷ **Dezenas, muitos, numerosos** diretores vieram ao festival.
   - ▶ **Scores** of thousands demonstrate in London ▷ **Dezenas de milhares** de pessoas protestam em Londres

2. **placar,** pontuação, pontos
   - ▶ Who is keeping **score**? ▷ Quem está marcando os **pontos**, cuidando da **pontuação**, atualizando o **placar**?

3. **partitura;** trilha sonora
   - ▶ I've bought the **score** for a Mozart sonata. ▷ Comprei a **partitura** de uma sonata de Mozart.
   - ▶ John Williams composed beautiful **scores** for many Spielberg's movies. ▷ John Williams compôs belas **trilhas sonoras** para muitos filmes de Spielberg.
   - ▶ (v.) Beatles songs **scored** for orchestra ▷ Canções dos Beatles **arranjadas, com arranjo** para orquestra

SCORN v., s.   MOCK, MOCKERY

escarnecer, desprezar, achincalhar, aviltar, depreciar, desdenhar, menosprezar, ridicularizar, rir, zombar; fazer pouco, pouco caso

- ▶ His original and novel ideas were **scorned**. ▷ Suas idéias novas e originais foram **desprezadas, desdenhadas, achincalhadas,** alvo de **ridículo.**
- ▶ He **scorned** our advice. ▷ Ele **desdenhou, fez pouco** dos nossos conselhos.
- ▶ (subst.) My attempts at socializing in school were met with **scorn**. ▷ Minhas tentativas de fazer amigos na escola foram recebidas com **deboche, zombaria, escárnio, menosprezo.**
- ▶ He dismissed my suggestion with **scorn**. ▷ Descartou minha sugestão com **desprezo, desdém.**

SCOUNDREL s.   CON ARTIST

canalha, patife, bandido, cafajeste, crápula, desclassificado, escroque, estróina, malandro, mau-caráter, miserável, ordinário, pelintra, pilantra, pulha, safado, salafrário, sem-vergonha, tratante, vagabundo, velhaco, verme; *inf.* sacana, filho da mãe

- ▶ He may be a fine doctor, but he's a **scoundrel** in his private life. ▷ Ele pode ser um bom médico, mas, na vida particular, é um **canalha, patife, cafajeste, crápula, sem-vergonha.**
- ▶ I'll see you in court, you **scoundrel**! ▷ Vou te processar, seu **sacana, miserável, salafrário!**
- ▶ "Patriotism is the last refuge of a **scoundrel**." (Samuel Johnson) ▷ O patriotismo é o último refúgio do **canalha.**

SEAL s.

chancela, sinete, carimbo, emblema, marca, rubrica, selo, sinal, timbre

- ▶ The books have won the library's **Seal** of Approval. ▷ Os livros ganharam o **selo, chancela** de aprovação da biblioteca.
- ▶ **Seal** ring ▷ Anel com **sinete**

SEAMLESS adj.

1. **inteiriço**, inconsútil, sem costura, sem emendas; feito de uma só peça UNDISRUPTED

▶ *Seamless* stockings ▷ Meias **sem costura**
▶ *Seamless, one-piece steel pipes* ▷ Tubos de aço **inteiriços, sem emendas**, feitos de uma só peça

2. **integrado, contínuo**, fluido, harmonioso, ininterrupto, inteiro, suave, unificado; bem, perfeitamente entrosado; sem descontinuidade, falhas, interrupções, solução de continuidade; (quase) imperceptível SMOOTH

▶ *This technology blends conventional internet and phone communications into one* **seamless** *network*. ▷ Essa tecnologia une as comunicações convencionais via internet e via telefone numa única rede **integrada, unificada, contínua**.
▶ *The transition to the euro was almost* **seamless**. ▷ A transição para o euro foi **perfeitamente, muito bem entrosada**, quase **sem problemas, falhas, descontinuidades**.
▶ *(Computer software:) This switching between applications is so* **seamless**, *most users don't even notice it*. ▷ Os aplicativos se alternam de maneira tão **fluida, imperceptível, perfeita**, que a maioria dos usuários nem nota.

3. **coeso**, coerente, harmonioso; *inf.* bem costurado, "redondinho" CONSISTENT

▶ *A* **seamless** *plot* ▷ Um enredo **coeso, bem amarrado, redondinho**

SEAMLESSLY adv.   SMOOTHLY

integradamente, imperceptivelmente, ininterruptamente, perfeitamente, suavemente; sem interrupções, sem cortes, sem interferências, sem sobressaltos; com perfeição; de maneira coesa, contínua, entrosada, fluida, suave, totalmente integrada

▶ *(Movie special effects:) The computer-generated background fits* **seamlessly** *with the actors' shot*. ▷ O fundo criado por computador se ajusta **imperceptivelmente, perfeitamente** com a cena rodada com os atores.
▶ *Compatibility issues must be sorted out so that different gadgets just work* **seamlessly**. ▷ É preciso resolver os problemas de compatibilidade, de modo que os diferentes aparelhos trabalhem **integradamente, com perfeita integração, sem interrupções**, de maneira **contínua, perfeitamente integrada**.
▶ "O artista é antes de tudo um mentiroso. O que acontece é que a gente sabe organizar as coisas **de maneira que não se vejam as costuras** entre ficção e realidade." (Pedro Juán Gutierrez, escritor cubano, Veja)

SEARCH v.   TRACK

procurar, vasculhar, averiguar, bater, buscar, campear, devassar, escarafunchar, escrutar, esmiuçar, esquadrinhar, examinar, explorar, garimpar, inspeccionar, investigar, perscrutar, pesquisar, pinçar, rastrear, remexer, revistar, revolver, sondar, varrer; bater o campo, ir ao encalço, passar em revista, dar busca, batida; estar na captura, tentar encontrar, procurar descobrir; *inf.* fuçar

▶ *They* **searched** *the river exhaustively, but could not find the body*. ▷ **Procuraram, vasculharam, esquadrinharam, sondaram** o rio exaustivamente, sem conseguir encontrar o corpo.
▶ *The police* **searched** *his house thoroughly but didn't find anything*. ▷ A policia **deu busca, fez uma batida, revistou, remexeu** a casa toda, mas não achou nada.
▶ *If you're looking for CDs, it's much easier to search the net*. ▷ Para procurar CDs é muito mais fácil **pesquisar, garimpar** na internet.

▶ *"O jornal **escarafunchou** as verdadeiras causas do afastamento do ministro."*
♪ *"**Vasculhou** minha gaveta, me chamava de perdida." (Chico Buarque, "Terezinha")*

SECOND-GUESS v.

1. prever, adivinhar, antecipar o que o outro vai fazer GUESS

▶ *You can never **second-guess** what an audience will like, what people are going to think.* ▷ *É impossível **prever, antecipar** o que o público vai gostar, o que as pessoas vão pensar.*
▶ *As an artist, I try to **second-guess** the common man and try to imagine what they feel.* ▷ *Como artista, tento **adivinhar** o que se passa com as pessoas comuns, tento imaginar o que elas sentem.*

2. desconfiar, não confiar; procurar intenções, motivos ocultos HIDDEN AGENDA

▶ *I don't like to **second-guess** anyone or look for hidden motives.* ▷ *Não gosto de **procurar motivos ocultos** nas ações dos outros.*
▶ *I always **second-guess** my friendships and wonder if any of my friends really like me or they just tolerate me.* ▷ *Eu sempre **desconfio** das minhas amizades, **procuro intenções ocultas**, e fico pensando se meus amigos gostam mesmo de mim ou apenas me toleram.*

3. criticar depois do fato ocorrido, já conhecendo o resultado SCOLD

▶ *It's easy to **second guess** after the game on what could or should have been done.* ▷ *É fácil **criticar** depois da partida e dizer o que os jogadores poderiam ou deveriam ter feito.*
▶ *I'm very insecure. I tend to question myself and **second-guess** my decisions, such as leaving school.* ▷ *Sou muito insegura. Sempre me questiono e **critico** minhas decisões, como ter abandonado os estudos.*

have SECOND THOUGHTS v.   IN AFTERTHOUGHT

pensar bem, pensar melhor; ter dúvidas; reconsiderar, mudar de idéia

▶ *I was already having **second thoughts** about the plan.* ▷ *Eu já estava **tendo dúvidas** quanto ao plano, reconsiderando, pensando melhor, querendo mudar de idéia.*

SEE v.

1. ver, enxergar, avistar, contemplar, descortinar, discernir, distinguir, divisar, fitar, fixar, mirar, notar, observar, visualizar; pôr os olhos; dirigir o olhar LOOK

▶ *From here you can **see** a wonderful view of the town.* ▷ *Daqui se pode **ver, avistar, contemplar, descortinar** uma maravilhosa vista da cidade.*
▶ *I could hardly **see** some dim shapes.* ▷ *Mal consegui **discernir, distinguir, notar** alguns vultos.*

• Usar "enxergar":

▶ *The fish were so minute I could hardly **see** them.* ▷ *Os peixes eram tão minúsculos que eu mal conseguia **enxergá-los**.*
▶ *A tall guy sat right in front of me, so I could hardly **see** the screen.* ▷ *Um sujeito alto se sentou bem na minha frente e quase não consegui **enxergar** a tela.*

2. perceber, constatar, verificar REALIZE

▶ *They fail to **see** how much their children need them.* ▷ *Eles não **percebem** o quanto os filhos precisam deles.*

▶ *It is fairly easy to **see** whether or not the job has been done.* ▷ *É bem fácil **constatar, verificar** se o trabalho foi feito ou não.*

3. visitar, encontrar, consultar-se, conversar, procurar, falar com; ter uma conversa, uma reunião, um encontro MEET

▶ *We're going to **see** Tom tonight.* ▷ *Hoje vamos **visitar** o Tom.*
▶ *He went to New York to **see** his girl.* ▷ *Foi para Nova York **encontrar** sua garota.*
▶ *I want to **see** the manager.* ▷ *Quero **falar** com o gerente.*
▶ *The chief wants to **see** you.* ▷ *O chefe quer **ter uma conversa** com você.*
▶ *You must **see** a doctor!* ▷ *Você precisa **ir** ao médico, **se consultar**!*

SEE AS v.

considerar, ver como; perceber, reconhecer

▶ *I don't **see** myself **as** a leader.* ▷ *Não me **considero**, não me **vejo como** líder.*
▶ *This region is **seen as** the new Eldorado.* ▷ *Esta região é **considerada** o novo Eldorado.*
▶ *The Christians **saw** these carved stones **as** the pagan signs they were.* ▷ *Os cristãos **perceberam, reconheceram** que essas pedras talhadas eram símbolos pagãos.*

SEE TO v.

providenciar, arranjar, atender, cuidar

▶ *Leave it to me, I'll **see to** that.* ▷ *Deixe que eu **cuido** disso. / Deixe por minha conta.*
▶ *There were only a few details still to be **seen to**.* ▷ *Faltava apenas **providenciar, cuidar** de alguns detalhes.*
▶ *Please **see to** it that no one comes in without permission.* ▷ *Por favor, **cuide** para que ninguém entre sem permissão.*

SEEK v. SEARCH, PURSUE

▶ *"Do not **seek** to follow in the footsteps of the Masters: **seek** what they **sought**." (Matsuo Basho)* ▷ *Não **procure** seguir as pegadas dos mestres; **procure, busque** o que eles **procuraram, buscaram**.*

SEEM v.

> Para maior naturalidade, usar "parece" no início da frase:
> *The troubles **seem** to be over.* ▷ ***Parece** que os problemas já passaram.*
> *(Melhor que "Os problemas* ~~parecem já ter passado...!~~*")*

parecer, lembrar; dar a impressão, a sensação APPEAR, LOOK

▶ *Her eyes **seem** two blue lakes.* ▷ *Seus olhos **parecem, lembram** dois lagos azuis.*
▶ *She's 15, but she **seems** older.* ▷ *Ela tem 15 anos, mas **parece, dá a impressão** de ser mais velha.*
▶ *It **seems** to me this is the main point.* ▷ *Parece-me que esse é o ponto principal.*
▶ *They **seemed** to be taking no notice of him.* ▷ *Parecia que eles nem estavam notando a sua presença.*
▶ *In this sleepy town time **seems** to have stopped.* ▷ *Nesta cidadezinha sonolenta **parece que** o tempo parou / **temos a impressão** de que o tempo parou.*

- Usar: ter aspecto, aparência, ar, cara, semblante
  - ▸ *He **seemed** very pleased.* ▷ ***Dava a impressão** de estar muito satisfeito. / Fez **uma cara, um ar** muito satisfeito.*
  - ▸ *She **seemed** sleepy.* ▷ *Estava **com cara** de sono.*

- Usar: achar; pelo jeito, pelo visto; como que; dar sinais
  - ▸ *Wait just a second – I **seem** to have lost my keys.* ▷ *Espere um momentinho – **Acho** que perdi minhas chaves.*
  - ▸ *The crisis **seems** to be over at last.* ▷ *A crise finalmente está **dando sinais** de terminar. / **Pelo jeito, pelo visto** a crise terminou.*
  - ▸ *His eyes **seemed** to flash.* ▷ *Seu olhar **como que** se acendeu.*

- Usar: **aparentemente,** ao que tudo indica; há indícios; acredita-se, pensa-se APPARENTLY, PROBABLY
  - ▸ *The house **seems** to have been destroyed by fire.* ▷ ***Aparentemente, ao que tudo indica,** a casa foi destruída num incêndio.*
  - ▸ *That **seems** to have been the real cause.* ▷ ***Acredita-se, pensa-se que** essa foi a verdadeira causa.*

- ◊ **Seem** é muito usado para evitar afirmações dogmáticas, especialmente na linguagem científica e na jurídica, que precisam ser cautelosas. ALLEGED, SUPPOSED
  - ▸ *He **seems** to be the same man who committed the murder.* ▷ ***Aparentemente** ele é o mesmo homem que cometeu o crime.*

- Omitir quando a nuance de dúvida é supérflua em português:
  - ▸ *What **seems** to be the matter, Charlie?* ▷ *O que há com você, Charlie?*

SELF s.   ONE, YOU

eu, ego, personalidade, ser; a pessoa, o indivíduo, a própria pessoa; si mesmo

- ▸ *Get in touch with your inner **self**.* ▷ *Entre em contato com seu **ser** interior, seu **eu**, o mais profundo do seu **eu**.*
- ▸ *His other **self** then emerged.* ▷ *Foi aí que a sua outra **personalidade** veio à tona.*
- ▸ *What is the interaction between the **self** and the collectivity?* ▷ *Qual é a interação entre a **pessoa,** o **indivíduo** e a coletividade?*

SELF-CONFIDENT adj.   CONFIDENT

autoconfiante, **seguro de si,** decidido, desembaraçado, desenvolto, despachado, independente, seguro

- ▸ *He was a sophisticated, **self-confident** man, with an intense social life.* ▷ *Era um homem sofisticado, **autoconfiante, seguro de si,** com uma vida social intensa.*
- ▸ *They were not used to sophisticated, **self-confident** women like her.* ▷ *Não estavam acostumados com mulheres **seguras de si,** **decididas, despachadas, independentes,** como ela.*

SELF-CONSCIOUS adj., SELF-CONSCIOUSNESS s.

1. **inibido, tímido,** acanhado**,** contrafeito, constrangido, desenxabido, *gauche,* inseguro; sem jeito, sem espontaneidade, sem naturalidade   UNCOMFORTABLE

- ▸ *I used to get very **self-conscious** in parties.* ▷ *Nas festas eu sempre ficava **inibido, acanhado, tímido, inseguro, constrangido, sem jeito,** perdia a **espontaneidade.***

▶ (subst.) Many boys suffer from anxiety and excessive **self-consciousness** in social situations. ▷ Muitos meninos sofrem de ansiedade e forte **inibição, constrangimento, timidez, acanhamento, insegurança** em situações sociais.

2. **consciente** AWARE, AWARENESS

▶ *The building is a **self-conscious** imitation of Egyptian architecture.* ▷ *O edifício é uma imitação **consciente** da arquitetura egípcia.*
▶ *(subst.) New associations attest to nurses' growing **self-consciousness** and self-organization.* ▷ *Novas associações mostram que as enfermeiras estão mais **conscientes** e mais bem organizadas.*

SELF-CONTAINED adj.

1. **autônomo**, auto-suficiente, independente

▶ *Self-contained modules* ▷ *Módulos **autônomos***

2. **contido**, reservado

▶ *"Old money is **self-contained**."* ▷ *As pessoas que têm dinheiro de berço são **contidas, reservadas**.*

SELFISH adj.   ≠ SELFLESS

egoísta, calculista, interesseiro; que só pensa em si

▶ *Humans are by nature **selfish** and aggressive.* ▷ *O ser humano é, por natureza, **egoísta** e agressivo.*
▶ *He despised the **selfish** machinations necessary for electoral success.* ▷ *Desprezava as maquinações **interesseiras** necessárias para o sucesso eleitoral.*
▶ *You're vain, callous and **selfish**.* ▷ *Você é vaidoso, indiferente e **egoísta**, só pensa em si.*

SELFLESS adj.   ≠ SELFISH

altruísta, desinteressado, abnegado, dedicado, desapegado, despojado, desprendido, filantropo, generoso, humanitário, nobre

▶ *She was known for her **selfless** devotion to people in need.* ▷ *Era conhecida pela sua dedicação **altruísta, desinteressada, abnegada** aos necessitados.*
▶ *He was **selfless** enough to share his last piece of bread with me.* ▷ *Teve a **generosidade**, o **despreendimento** de repartir comigo seu último pedaço de pão.*

SELF-RELIANT adj.   RESOURCEFUL

auto-suficiente, independente, autoconfiante; autônomo; que tem autonomia, que se basta: *inf.* virador, que se vira sozinho, que sabe se virar

▶ *His heroes express the **self-reliant** spirit of the Wild West pioneers.* ▷ *Seus heróis expressam o espírito **auto-suficiente, independente** dos pioneiros do faroeste.*
▶ *The government is trying to make the nation **self-reliant** by diminishing the role of foreign enterprise.* ▷ *O governo tenta tornar o país **auto-suficiente**, reduzindo o papel das empresas estrangeiras.*

SELF-RIGHTEOUS adj., SELF-RIGHTEOUSNESS s.   SMUG

moralista, dono da verdade; convicto de estar sempre com a razão, de ser melhor que os outros

self-satisfied

▶ *I can't stand the **self-righteous** attitude of these religious groups.* ▷ *Não suporto a atitude **moralista, de dono da verdade** desses grupos religiosos.*
▶ *The **self-righteousness** of these fanatics is unbearable.* ▷ *A **convicção** desses fanáticos **de estar sempre com a razão** é insuportável.*

SELF-SATISFIED adj.   SMUG

SELF-SEEKING, SELF-SERVING adj.   SELFISH

SENSE, COMMON SENSE s.   JUDGMENT

bom senso, **sensatez**, critério, discernimento, juízo, lógica, razão, siso, tento, tino

▶ *He was invited to join the gang, but had the **sense** to decline.* ▷ *Foi convidado a entrar na gangue, mas teve o **bom senso**, o **juízo** de declinar.*
▶ *Most people want moderation and **sense** / **common sense** as opposed to extremist politics.* ▷ *A maioria das pessoas deseja a moderação e o **bom senso**, a **sensatez**, não políticas extremistas.*
▶ *Come on, use your **common sense**!* ▷ *Ora, use seu **bom senso**, **discernimento**, **lógica**!*

make SENSE v.

fazer sentido, ser lógico, sensato; ter bom senso

▶ *This solution **makes sense** to me.* ▷ *Para mim essa solução é **lógica, sensata, faz sentido**.*
▶ *She was trying to **make** some **sense** of that story.* ▷ *Ela tentava entender **a lógica** da história.*
▶ *Hats off to Apple for finding a solution that **makes** financial **sense**.* ▷ *Parabéns à Apple por encontrar uma solução financeira **sensata**.*

• Na negativa:

▶ *This doesn't **make any sense**!* ▷ *Isso não **faz (o menor) sentido**, não tem **lógica**, é **absurdo**, não tem **cabimento**, não tem **pé nem cabeça**.*

SENSIBLE adj.   WISE, SOBER

> **Sensible** em geral NÃO significa "sensível" (**sensitive**). Compare:
> *She's a **sensible** woman.* ▷ *Ela é uma mulher **sensata, ponderada, objetiva**. (NÃO "sensível"...!)*
> *Se você é **sensível** à luz, evite a luz do sol.* ▷ *If you're **sensitive** to light, avoid bright sunlight.*

sensato, **prudente**, ajuizado, avisado, cauteloso, conseqüente, criterioso, equilibrado, judicioso, lógico, lúcido, objetivo, plausível, ponderado, pragmático, prático, racional, razoável, realista, refletido, sóbrio, sólido; bem fundado, fundamentado, pensado; que faz sentido, tem bom senso; pé no chão, pão-pão, queijo-queijo

▶ *That was a **sensible** decision.* ▷ *Foi uma decisão **sensata, prudente, judiciosa, bem pensada, pragmática, objetiva**.*
▶ ***Sensible** ideas for saving energy* ▷ *Idéias **sensatas, práticas** para economizar energia*
▶ *We have to adopt a more **sensible** approach to weight loss.* ▷ *Temos que adotar uma maneira mais **sensata, racional, razoável, realista** de perder peso.*

▶ *Sensible* shoes ▷ Sapatos **práticos** *(confortáveis)*
▶ *I hope she stays quiet and* ***sensible***. ▷ *Espero que ela fique bem quietinha e* ***ajuizada***.

SERENDIPITY s., SERENDIPITOUS adj., SERENDIPITOUSLY adv.   RANDOM

feliz acaso, feliz coincidência; descoberta feliz e acidental, aleatória, casual, fortuita, feita por sorte; (fato de) encontrar, topar, trombar com algo feliz e inesperado

▶ *Many great inventions have come through* ***serendipity***, *such as Fleming's discovery of penicillin.* ▷ *Muitas grandes invenções ocorreram por* ***acaso***, *por um* ***feliz acaso***, *por* ***pura sorte***, ***coincidência***, *tais como a da penicilina por Fleming.*
▶ *People enjoy the* ***serendipity*** *intrinsic to newspaper reading.* ▷ *As pessoas gostam de* ***topar com o inesperado***, *que é próprio da leitura de jornais.*
▶ *(adj.) This new development resulted from a* ***serendipitous*** *confluence of events.* ▷ *A nova descoberta resultou de uma confluência de eventos* ***fortuita e feliz***, ***casual***, ***inesperada***.
▶ *(adv.) Many of Edison's inventions came about* ***serendipitously***. ▷ *Muitas invenções de Edison ocorreram* ***inesperadamente***, ***por um feliz acaso***, *uma feliz coincidência.*

◊ **Serendipity** vem de uma história de Horace Walpole chamada "Os Três Príncipes de Serendip", ou Serendib (antigo nome do Ceilão, atual Sri Lanka). Indica uma feliz descoberta que ocorre por acaso, quando se estava procurando outra coisa.

SETBACK s.   TROUBLE

revés, contratempo, contrariedade, percalço, piora, problema, retrocesso

▶ *Our study tries to understand how young people deal with* ***setbacks*** *and pain.* ▷ *Nosso estudo busca compreender como os jovens lidam com as* ***contrariedades***, *os* ***reveses*** *e o sofrimento.*
▶ *They have suffered serious financial* ***setbacks***. ▷ *Sofreram graves* ***problemas*** *financeiros.*

SEXY adj.

1. **sensual**, **erótico**, ardente, atraente, atrevido, audacioso, cálido, charmoso, convidativo, coquete, desinibido, desreprimido, estimulante, excitante, insinuante, liberado, liberal, provocante, quente, sedutor, *sexy*, sugestivo, tentador, voluptuoso; *inf.* gostoso, tesudo, um tesão   HOT, LEWD

▶ *She likes to wear* ***sexy*** *clothes.* ▷ *Ela gosta de usar roupas* ***sensuais***, ***sexy***, ***sedutoras***, ***provocantes***.

2. **atraente**, interessante, empolgante, fascinante; da moda   COOL, EXCITING

▶ *"Bono, the Irish rocker who has made debt reduction* ***sexy***". *(TIME)* ▷ *Bono, o roqueiro irlandês que fez com que a redução da dívida [externa dos países pobres] virasse um assunto* ***atraente***, ***empolgante***, ***da moda***.

SHABBY adj.

1. **desleixado**, desalinhado, descuidado, desmazelado, desmilingüido, esmolambado, esfarrapado, largado, maltratado, molambento, negligente, relaxado; mal-ajambrado, mal vestido, em desalinho

▶ *The slum kids were* ***shabby*** *and hungry.* ▷ *As crianças faveladas estavam* ***esfarrapadas*** *e famélicas.*
▶ *Litter lying scattered about gives a* ***shabby*** *appearance to the building.* ▷ *O lixo espalhado pelo chão dá uma aparência* ***desleixada***, ***descuidada*** *ao edifício.*

shady

2. **surrado**, cambaio, capenga, chinfrim, desgastado, esgarçado, gasto, inferior, mambembe, pobre, precário, puído, roto, usado, velho; em mau estado; *inf.* esculachado, esculhambado, no osso, na pior, numa pior RUNDOWN

▶ He wore a **shabby** old coat. ▷ Usava um paletó velho e **surrado, puído, roto**.
▶ She shook the dust off her **shabby** shoes that were badly worn down. ▷ Tirou o pó dos sapatos **cambaios** e muito gastos.
▶ He'd become used to those **shabby** hotels, with peeling wallpaper. ▷ Já se acostumara àqueles hotéis **mambembes, fuleiros**, com o papel de parede descascando.

SHADY adj.

escuso, dúbio, duvidoso, equívoco, nebuloso, questionável, suspeito

▶ *Shady* business ▷ Negócios **escusos, suspeitos**

SHAKE ONE'S HEAD loc. v.   ≠ NOD

> Evite "chacoalhar", "menear a cabeça", "sacudir a cabeça de um lado para o outro"
> e outras expressões canhestras em português.
> Evite "balançar a cabeça", pois pode ter sentido positivo:
> *"Ele queria que eu ficasse ali só **balançando a cabeça**, feito vaquinha de presépio".*

- Expressões com "a cabeça":
  abanar a cabeça; dar um não de cabeça

▶ She **shook her head** dejectedly. "I don't know what to do." ▷ Ela **abanava a cabeça**, desanimada: "Não sei o que fazer."
▶ "Here, have a cigarette." I **shook my head**. ▷ "Toma um cigarro." **Dei um não de cabeça**.
▶ "No tempo de Johnny Weissmuller os entendidos **sacudiam a cabeça**: não existirá ninguém mais veloz." (Fernando Sabino, "Retrato do Nadador Quando Jovem")

- Expressões sem "a cabeça":

- Usar: fazer que não

▶ "Are you coming?" Peter just **shook** his head. ▷ "Você vem?" Peter **fez que não**.

- Substituir por "não" ou outra palavra negativa:

▶ "Do dinosaurs still exist?" I **shook my head**. "They're all extinct." ▷ "Ainda existem dinossauros?" "**Não**. Estão todos extintos."

- Usar: desaprovar, discordar, ser contra; recusar, não aceitar

▶ "Please let us pass!" The guard **shook his head**. ▷ "Por favor, nos deixe passar!" O guarda se **recusou**.
▶ In other countries collecting plants is allowed, but the park director **shook his head** at this idea. ▷ Em outros países é permitido colher plantas, mas o diretor do parque **discordou, vetou, não aceitou** a idéia.
▶ "We could ask Susan to help us." Mark **shook his head**. "That's no good. She wouldn't know what to do." ▷ "Poderíamos pedir ajuda à Susan." Mark **foi contra**: "Não adianta. Ela não saberia o que fazer".

- Eliminar quando dispensável:
▶ *"John, do you know where Mabel is?" John **shook his head**. "No idea."* ▷ *"John, você sabe onde está Mabel?" "John, você sabe onde está Mabel?" "**Não faço idéia**."*
▶ *The most revealing pictures ever taken of a comet have scientists **shaking their heads in astonishment**.* ▷ *As fotos mais reveladoras jamais tiradas de um cometa deixaram os cientistas **atônitos**.*

SHALLOW adj.

1. raso

▶ *We saw a small, **shallow** pond.* ▷ *Vimos um laguinho **raso**.*

2. superficial, sem substância   LAME, POOR

▶ *This is only a shallow **explanation**, with minimal details.* ▷ *Esta é apenas uma explicação **superficial**, com um mínimo de detalhes.*
▶ *He tried to evade his obligations with **shallow** excuses.* ▷ *Tentou fugir das suas obrigações com desculpas **esfarrapadas, mal alinhavadas**.*

SHAME s.

vergonha

▶ *He felt **shame** at his past behavior.* ▷ *Sentiu **vergonha** de seu comportamento anterior.*
▶ *What have you done? **Shame** on you!* ▷ *O que você fez? Que **vergonha**!*

- Atenção às expressões "Shame!" "What a shame!"

▶ ***What a shame** you missed the concert – it was beautiful.* ▷ ***Que pena** que você perdeu o concerto, foi lindo.*
▶ *"Unfortunately she couldn't have children." "Oh, **shame**!"* ▷ *"Infelizmente ela não podia ter filhos." "**Que pena!**"*

SHAMEFUL adj.

vergonhoso, abjeto, baixo, degradante, desonroso, humilhante, ignóbil, indigno, infamante, infame, miserável, sórdido, torpe, vil; uma vergonha

▶ *It's **shameful** the way they treat their elderly parents.* ▷ *É **vergonhoso, ignóbil, uma vergonha** como eles tratam os pais idosos.*
▶ *This has always been a **shameful** family secret.* ▷ *Isso sempre foi um segredo de família **vergonhoso, desonroso, humilhante**.*

SHAPE v.   FORGE, INFORM

formar, moldar, compor, constituir, construir, criar, fabricar, fazer, forjar, produzir, talhar; dar forma

▶ *Our political beliefs are **shaped** by the media.* ▷ *Nossas opiniões políticas são **formadas** pela mídia.*
▶ *We are all **shaped** by the times in which we live.* ▷ *Todos nós somos **moldados** pela época em que vivemos.*
▶ *These cave-dwellers **shaped** tools out of stone.* ▷ *Esses trogloditas **faziam, fabricavam** ferramentas de pedra.*
▶ *These were momentous events that **shaped** our character.* ▷ *Foram acontecimentos decisivos que **forjaram, talharam** nosso caráter.*

share

SHARE v.

> Evite usos pouco idiomáticos de "compartilhar", que é mais formal do que **share.**
> Let's **share** the gas. ▷ Vamos **dividir, rachar** (melhor que "~~compartilhar~~") a gasolina.
> We **shared** many good moments. ▷ **Passamos juntos** (melhor que "~~Compartilhamos...~~")
> muitos bons momentos.

1. **compartilhar, repartir,** compartir, cotizar, dar, disponibilizar, distribuir, dividir, parcelar, partilhar, rachar, ratear, repartir, trocar; *inf.* botar na roda

   ▶ We **share** the same heritage. ▷ **Compartilhamos** a mesma tradição cultural.
   ▶ It's time to **share** your bread. ▷ É hora de **repartir, partilhar** o pão.
   ▶ The manufacturer and the dealer **share** in the expense of advertising. ▷ O fabricante e o revendedor **dividem, racham, rateiam** as despesas de publicidade.
   ▶ We **share** tips, news and information. ▷ **Trocamos** dicas, notícias, informações.
   ▶ You can't expect a baby to **share** his toys. ▷ Não se pode esperar que um bebê queira **dividir, dar, compartilhar** seus brinquedos.

2. **participar,** tomar parte, envolver-se

   ▶ Everybody wanted to **share** the experience. ▷ Todos queriam **se envolver, participar** da experiência.
   ▶ We want to **share** in the profits. ▷ Queremos **participar** dos lucros

3. **comunicar, divulgar,** abrir, comentar, confiar, contar, demonstrar, espalhar, expor, expressar, externar, falar, informar, mostrar, passar, relatar, revelar, transmitir

   ▶ She's a good teacher, who loves to **share** whatever she knows. ▷ Ela é uma boa professora, que adora **comunicar, passar, transmitir** tudo o que sabe.
   ▶ He's a silent, depressed boy; we must help him **share** his feelings. ▷ É um garoto calado, deprimido; precisamos ajudá-lo a **demonstrar, expressar, externar, revelar** seus sentimentos.
   ▶ Many vendors hesitate to **share** their cost data. ▷ Muitos fornecedores não querem **revelar, divulgar, abrir, comentar, informar, falar** sobre seus custos.
   ▶ He **shared** some pictures with me. ▷ Ele me **mostrou** umas fotos.
   ▶ She **shared** her secrets with me. ▷ Ela me **contava, confiava, relatava** seus segredos.

- Omitir quando dispensável:

   ▶ They **shared** an almost psychic **connection**. ▷ Tinham uma **conexão** quase mediúnica.
   ▶ **Shared** tips from our readers ▷ Dicas dos nossos leitores
   ▶ (adj.) After that meeting we arrived at a **shared understanding**. ▷ Depois dessa reunião, chegamos a um **entendimento**.

- Usar palavras que já dão a idéia de compartilhar, fazer algo junto: com, junto, juntamente, conjuntamente, em conjunto; também; comum, em comum, comunhão; mútuo, igual, semelhante, o mesmo; nosso, coletivo; convívio, conviver

   ▶ **Sharing** a house with strangers is not easy. ▷ Não é fácil viver **junto, conviver,** viver **com** estranhos na mesma casa.
   ▶ She's a very close friend of mine; we **share** a lot. ▷ Ela é minha amiga íntima; temos **muita afinidade, identificação,** muita coisa **em comum.**

▶ *There's no question the board **shares** responsibility for the bankruptcy.* ▷ *Não há dúvida de que a diretoria **também** tem responsabilidade pela falência.*
▶ *(adj.) We are united by our **shared** goals and interests.* ▷ *Somos unidos por objetivos e interesses **em comum, iguais, semelhantes** / pelos **mesmos** interesses.*

● Outras sugestões:

▶ *I encourage my students to **share** their books and magazines.* ▷ *Estimulo meus alunos a **trocar, circular**, fazer **intercâmbio, rodízio** dos livros e revistas.*
▶ *Benefits of technology-**sharing*** ▷ *Benefícios do **intercâmbio** de tecnologias*
▶ *This goal is **shared by all** our students.* ▷ *Esse objetivo é **geral, generalizado** entre nossos alunos.*
▶ *Do you **share** this view?* ▷ *Você **concorda** com essa opinião?*

SHARP adj., SHARPLY adv., SHARPEN v.

1. afiado, aguçado, agudo, cortante, penetrante ≠ BLUNT

▶ *Use a **sharp** knife.* ▷ *Use uma faca **afiada**.*
▶ *A shark has **sharp** teeth* ▷ *O tubarão tem dentes **aguçados, cortantes**.*
▶ *My grandfather does puzzles to **sharpen** his mind.* ▷ *Meu avô faz quebra-cabeças para **afiar, aguçar** a mente.*
▶ *I need to **sharpen** my pencil.* ▷ *Preciso **fazer a ponta** do lápis.*

2. arguto, atilado, afiado, alerta, observador, penetrante, perspicaz, sagaz

▶ *His mind remained **sharp** until the end.* ▷ *Sua mente continuou **alerta, atilada** até o final.*
▶ *Many older folks are going back to school; they want to stay **sharp**.* ▷ *Muitas pessoas mais velhas estão voltando a estudar; elas querem continuar com a mente **alerta, afiada**.*

3. (resposta, comentário) **cortante, incisivo**, acerbo, ácido, áspero, brusco, cáustico, contundente, ferino, mordaz, ríspido, sarcástica, viperino; sem tato, sem cerimônia CURT

▶ *The proposal was received with **sharp** criticism.* ▷ *A proposta foi recebida com críticas **mordazes, contundentes, incisivas**.*
▶ *That woman sure has a **sharp** tongue.* ▷ *Que língua **ferina, viperina** tem essa mulher!*
▶ *(adv.) "Cut that out," she answered **sharply**.* ▷ *A resposta veio **cáustica, ríspida**: "Corta essa".*

4. afilado, aquilino, anguloso

▶ *He was handsome, with **sharp** features and penetrating blue eyes.* ▷ *Era um homem bonito, de feições **aquilinas** e olhos azuis penetrantes.*

5. nítido, abrupto, acentuado, forte, marcado, pronunciado CLEAR, STEEP

▶ ***Sharp** improvements* ▷ *Melhoras **nítidas, marcadas, acentuadas, pronunciadas***
▶ *(adv.) Prices have increased **sharply**.* ▷ *Os preços tiveram um aumento **acentuado, abrupto**.*

SHARPNESS s.

1. nitidez

▶ *This new lens enhances image **sharpness** and clarity.* ▷ *Essa nova lente aumenta a **nitidez** e a clareza das imagens.*

shatter

2. acuidade, agudeza, argúcia, finura, perspicácia, sagacidade; presença de espírito wit
- His **sharpness** of wit won him an immense audience of viewers. ▷ Sua **argúcia, sagacidade, perspicácia, finura** conquistou um público imenso.
- At 85, he worries about losing his **sharpness**. ▷ Aos 85 anos de idade, ele tem medo de perder a **acuidade** mental.

3. contundência
- "Absolutely not," she answered with some **sharpness**. ▷ "De forma alguma", respondeu com **contundência**, numa resposta **cortante, incisiva.**

SHATTER v.

estilhaçar, despedaçar, arrebentar, destroçar, destruir, espatifar
- The vase fell over and **shattered** on the floor. ▷ O vaso caiu e se **espatifou** no chão.
- There was **shattered** glass everywhere. ▷ Havia **estilhaços** de vidro por toda parte.
- Our dreams were **shattered** to pieces. ▷ Nossos sonhos foram **despedaçados**.
- Helicopters offer this **shattered** region some relief. ▷ Os helicópteros trazem algum auxílio a essa região **destroçada** pela guerra.

SHEER adj.

> Atenção aos vários significados totalmente diferentes!
> I am amazed at the **sheer** plot of this film. ▷ Estou assombrada **só** com a trama desse filme.
> (NÃO "com a trama ~~transparente~~....!")

1. (usado como reforço) **só; puro**; puro e simples
- We were taken aback by the **sheer** audacity of the robbery. ▷ Ficamos atônitos só com a audácia do roubo. [Ou seja, só a audácia já foi espantosa, sem contar os outros fatores do roubo.]
- It was **sheer** madness. ▷ Foi **pura** loucura. / Foi loucura **pura e simples.**
- It was a matter of **sheer** luck. ▷ Foi questão de **pura** sorte, **só isso.**
- Many people do this out of **sheer** habit. ▷ Muita gente faz isso **pura** força do hábito.

• Sugestões:
- I was impressed by their **sheer** professionalism. ▷ Fiquei impressionada com o profissionalismo deles, **100%, a toda prova.**
- How are the hospitals coping with the **sheer** number of victims? ▷ Como os hospitais estão dando conta desse número **enorme** de vítimas?

2. fino, transparente, finíssimo, delicado, delicadíssimo, diáfano
- **Sheer** fabric / curtain ▷ Tecido / cortina **muito fina, transparente**
- When wearing a **sheer** blouse, wear a bra underneath. ▷ Quando usar uma blusa fina, transparente, use sutiã por baixo.

3. íngreme, brusco, escarpado; a prumo, quase perpendicular, vertical STEEP
- **Sheer** cliffs ▷ Penhascos **íngremes**
- The waterfall comes down in a **sheer** drop. ▷ A cachoeira despenca na **vertical**.

OFF-THE-SHELF adj. ≠ CUSTOM

de prateleira, pronto; comercial, disponível comercialmente; já existente no mercado, nas lojas, no varejo; produzido em série; para pronta entrega

▶ *Once you've worn a bespoke suit you don't want to wear **off-the-shelf** clothes.* ▷ *Depois de usar um terno feito sob medida, você não quer mais usar roupas **prontas**.*

▶ *Some companies prefer **off-the-shelf** software rather than special house-developed solutions.* ▷ *Algumas empresas preferem comprar programas **prontos, de prateleira, comercialmente disponíveis**, em vez de desenvolver suas próprias soluções.*

SHIFT v., s.   MOVE

mudar, deslocar, passar, redirecionar, relocar, reorientar, transferir, trocar; direcionar, dirigir, desviar para outro lugar

▶ *Thanks to medical marijuana activism, public opinion may be **shifting**.* ▷ *Graças às campanhas pelo uso médico da marijuana, talvez a opinião pública esteja **mudando**.*

▶ *Many American companies makers have **shifted** their business to China.* ▷ *Muitas empresas americanas **relocaram, transferiram** seus negócios para a China.*

▶ *Our focus is **shifting** from desktop computers to mobile devices.* ▷ *Nosso foco está **passando, mudando, se desviando** dos computadores de mesa para os aparelhos móveis.*

▶ *(subst.) Paradigm **shift*** ▷ ***Mudança** de paradigma*

SHIMMER v.

rebrilhar, tremeluzir, bruxulear, cintilar, luzir, reverberar, reluzir; rebrilhar com luz, luminosidade trêmula, difusa

▶ *The lake **shimmered** in the moonlight.* ▷ *O lago **rebrilhava** ao luar.*
▶ *A **shimmering** star in the sky.* ▷ *Uma estrelinha **tremeluzindo** no céu.*
▶ *The actress shone in a black dress with layers of shiny material that **shimmered** as she walked.* ▷ *A atriz brilhou num vestido preto com camadas de tecido brilhante que **cintilavam** quando ela andava.*
▶ *The desert air **shimmered** in the midday heat.* ▷ *O deserto **reverberava** no calor do meio-dia.*

◊ **Shimmer** é rebrilhar com uma luz que parece tremer de leve, como o mar à luz da lua.

SHIMMERING adj.

1. (luz) **difusa**, bruxuleante, tremeluzente, trêmula

▶ *In these Impressionist paintings the atmosphere has a **shimmering** quality.* ▷ *Nesses quadros impressionistas, a atmosfera tem uma luminosidade **difusa**.*

2. (cor) **iridescente**, cambiante, furta-cor, irisado, matizada, opalescente

▶ *The **shimmering** surface of the mosaic* ▷ *A superfície **iridescente** do mosaico*

SHINE v.

brilhar, arder, chamejar, cintilar, faiscar, flamejar, fulgir, fulgurar, iluminar, lampejar, luzir, pratear, raiar, rebrilhar, refulgir, reluzir, resplandecer, reverberar, rutilar; lançar, emitir luz

shoot

- *Her eyes were **shining** with curiosity and anticipation.* ▷ *Seus olhos **brilhavam, cintilavam** de curiosidade e expectativa.*
- *The sun **shone** with all its might.* ▷ *O sol **brilhava, chamejava, faiscava, fulgurava, resplandecia** com toda a força.*
- *The moon **shone** with a strange yellowish light.* ▷ *A lua **reluzia, lançava** uma estranha **luz** amarelada.*
- *Our headlights **shone** on a sign by the side of the road.* ▷ *Os faróis **iluminaram** uma placa na beira da estrada.*
- *"O sol **ardia**, **faiscava** em cada seixo branco." (Clarice Lispector, "Viagem a Petrópolis")*

SHOOT v.

1. lançar, atirar, disparar

- *The warriors attacked, **shooting** arrows, darts and spears.* ▷ *Os guerreiros atacaram, **lançando, disparando** flechas, dardos e lanças.*

2. atirar, balear; alvejar, disparar, fuzilar, lançar; dar, desfechar, desferir um tiro; matar

- *Police started **shooting**.* ▷ *A polícia começou a **atirar, disparar, dar tiros**.*
- *President Lincoln was **shot** in a theater.* ▷ *O presidente Lincoln foi **baleado, alvejado** num teatro.*
- *Towards the end of the film he **shoots** her lover.* ▷ *No final do filme ele **atira** na namorada, **mata** a namorada **com um tiro**.*
- *The prisoners were **shot** in the morning.* ▷ *Os prisioneiros foram **fuzilados** pela manhã.*

   be shot – ser baleado, levar tiros

- *He **was shot** with three bullets.* ▷ ***Foi baleado** com, **levou** três tiros.*

3. filmar, rodar

- *Spielberg is **shooting** a new film.* ▷ *Spielberg está **rodando** um novo filme.*

SHORTCOMING s.   FLAW

defeito, falha, deficiência, desvantagem, inconveniente, obstáculo, problema, senão; ponto fraco, negativo

- *What are the advantages and **shortcomings** of this method?* ▷ *Quais as vantagens e **desvantagens, falhas, deficiências, defeitos** desse método?*

SHOULDER s.

1. ombros, costas

- *He carried a heavy burden on his shoulders.* ▷ *Carregava um pesado fardo nos **ombros**, nas **costas**.*
- *Square your **shoulders**!* ▷ *Endireite os **ombros**, as **costas**!*
- *He walked with his gun hanging from his **shoulder**.* ▷ *Caminhava com o rifle **a tiracolo**.*

2. acostamento

- *I had to stop on the **shoulder**.* ▷ *Precisei parar no **acostamento**.*

SHOW s.

> **Show** NÃO significa apenas "espetáculo", "show". Atenção ao contexto:
> My favorite **show** is "Friends". ▷ Meu **seriado, programa de TV** preferido é "Friends".
> Comdex is the biggest U.S. computer trade **show**. ▷ A Comdex é a maior **exposição, feira, evento** de informática dos EUA.

1. **show, espetáculo**
- Police prepare for rock **show** ▷ A polícia se prepara para o **show** de rock
- Sound and Light **show** ▷ **Espetáculo** Som e Luz

2. **programa** de rádio ou TV; seriado
- The new NBC **show** drew an audience of 7 million. ▷ O novo **seriado** da NBC alcançou 7 milhões de espectadores.
- Listen to our weekly **show**. ▷ Ouça nosso **programa** semanal.

3. **exposição**, evento, feira, **mostra**, salão CONFERENCE
- Book **Show** / Car **Show** ▷ **Feira, Salão** do Livro /do Automóvel
- Photography **show** ▷ **Mostra, exposição** de fotografia
- "Termina hoje a **Feira** de Las Vegas, ou Consumer Electronics **Show**, maior **exposição** mundial de eletrônica de consumo." (Estadão)

SHOW OFF v.   BOAST

- He's always **showing off**. ▷ Ele vive **se exibindo, se bacaneando**.

SHOWER s.

> Save the gifts for the **shower**. ▷ Guarde os presentes para o **chá de cozinha**.
> (NÃO "para o ~~chuveiro~~"...!)

1. **chuveiro; aguaceiro**, pancada de chuva
- Do you prefer a **shower** or a bathtub? ▷ Você prefere **chuveiro** ou banheira?
- Isolated **showers** are expected all over the state. ▷ **Pancadas de chuva** isoladas são previstas para todo o estado.

2. **chá**, festa para homenagear e presentear alguém
- Bridal **shower** ▷ **Chá** de cozinha
- Baby **shower** ▷ **Chá** de bebê
- **Shower** invitations ▷ Convites para **festas** (de bebê ou casamento)

SHREWD adj.   CUNNING, CLEVER

- A **shrewd** businessman ▷ Negociante **esperto, astuto, ladino**
- It was **shrewd** of her to make that investment. ▷ Ela teve a **argúcia, esperteza, malícia** de fazer esse investimento.

SHRUG v.

dar de ombros

▶ Doug **shrugged** / **shrugged** his shoulders. "I don't care." ▷ Doug **deu de ombros**: "Que me importa."

• Num diálogo informal, acrescentar expressões como "Não sei", "Sei lá", "Tanto faz":

▶ "What's wrong with her?" Andy **shrugged**: "She's just weird." ▷ "O que ela tem de errado?" Andy **deu de ombros**: "Sei lá. Ela é muito estranha".

SHRUG OFF v.   IGNORE

descartar, ignorar, menosprezar, rejeitar, subestimar; não dar importância, fazer pouco, jogar fora

▶ You can't just **shrug** all criticism **off**. ▷ Não se pode simplesmente **descartar, rejeitar, não dar importância** às críticas.
▶ I have a wife and kids; I can't simply **shrug off** my responsibilities. ▷ Tenho mulher e filhos; não posso **ignorar, jogar fora** minhas responsabilidades.

SHY adj.

1. **tímido**, **retraído**, acanhado, arisco, arredio, caladão, calado, encabulado, encaramujado, ensimesmado, envergonhado, esquivo, fechado, inibido, inseguro, introvertido, reprimido, reservado, ressabiado, tolhido; *inf.* travado   QUIET

▶ As a teenager I was very **shy**. ▷ Na adolescência fui muito **tímido, retraído**.

2. **que evita**, foge, carece de

▶ The book gives endless, **analysis-shy** "pearls of wisdom". ▷ O livro dá intermináveis "pérolas de sabedoria", **carentes** de análise, que **evitam, fogem** das análises.

SHY OF adj.

1. **faltando**

▶ I'm a week **shy** / a month **shy** / a year **shy of** being able to get a driver's license. ▷ **Falta** uma semana / um mês / um ano para eu tirar carta de motorista.
▶ The Queen Mother died a month **shy of** her 102nd birthday. ▷ A Rainha-Mãe morreu um mês **antes** / **faltando** um mês para completar 102 anos.

2. **inferior**; abaixo de; que não consegue alcançar (um objetivo pré-determinado); que quase chega a

▶ Amazon sales came in **shy of** 2Q forecasts. ▷ As vendas da Amazon foram **inferiores**, ficaram **abaixo** das previsões para o segundo trimestre.
▶ The jackpot is just **shy of** $200 million. ▷ O prêmio da loteria é de **quase** US$ 200 milhões.

SIBLING s.   PARENT

irmão, irmã (de ambos os sexos ou sem definir o sexo)

▶ He lost both parents and four **siblings** in the war. ▷ Perdeu o pai, a mãe e quatro **irmãos e irmãs** na guerra.
▶ The girls must help to raise younger **siblings**. ▷ As meninas precisam ajudar a criar os **irmãos** mais novos.

SIGHT s.

> "Visão" nem sempre é uma boa tradução para **sight**.
> *That **sight** amused us no end.* ▷ *A **cena** (melhor que "a ~~visão~~"...!) nos divertiu muito.*
> *I was horrified at the **sight**.* ▷ *Fiquei horrorizado ao **ver** aquilo.*

1. **cena**, imagem, quadro
▶ *The dolphins were jumping and playing – what an amazing **sight** to see.* ▷ *Os golfinhos saltavam e brincavam – que **cena** incrível.*

2. **visão**, vista
▶ *Her **sight** (= **eyesight**) has been restored with a cornea transplant.* ▷ *Sua **visão** foi restaurada com um transplante de córnea.*
▶ *No solution in **sight**.* ▷ *Nenhuma solução **à vista**.*

catch sight of
▶ *I caught **sight** of a rare bird.* ▷ *Vi, **avistei** uma ave rara.*

SIGNATURE adj.   TYPICAL

característico, inconfundível, típico; especialidade, marca registrada

▶ *I soon recognized his **signature** laughter.* ▷ *Logo reconheci sua gargalhada **típica, inconfundível**.*
▶ *A pair of John Lennon's **signature** spectacles were auctioned off in London.* ▷ *Foi leiloado em Londres um par de óculos **característicos**, que eram a **marca registrada** de John Lennon.*
▶ *On Sundays my mother would make her **signature** chocolate cake.* ▷ *Aos domingos minha mãe fazia o bolo de chocolate que era sua **especialidade**.*

SINGLE adj.

> *This virus is the **single biggest** threat to our existence.* ▷ *Esse vírus é a **maior de todas** as ameaças (NÃO "a ~~única~~" ameaça...!) à nossa existência.*

1. **maior, principal** (usado para enfatizar um elemento entre vários)
▶ *Smoking is the **single** largest cause of cancer.* ▷ *O cigarro é **a principal, a maior de todas** as causas do câncer.*
▶ *She contributed to this cause more than any other **single** person.* ▷ *Ela contribuiu para essa causa mais que **qualquer outra** pessoa.*

2. **único, um só** ≠ UNIQUE
▶ *We had two accidents in a **single** day.* ▷ *Tivemos dois acidentes em **um só, um único** dia.*
▶ *In a **single** block there are three pharmacies.* ▷ *Há três farmácias em **um só** quarteirão.*
▶ *(neg.) **Not a single** violent incident was recorded.* ▷ *Não foi registrado **nenhum, nem um único** incidente violento.*

skill

3. solteiro
- *Single room or double room?* ▷ *Quarto de solteiro ou de casal?*

SKILL s.

1. habilidade, **técnica**, aptidão, atributos, capacidade, competência, conhecimentos, jeito, know-how, saber, prática, preparo, proficiência, qualidade, qualificação, requisito, talento; conhecimentos práticos
- *Playing chess doesn't involve any luck; it's pure skill.* ▷ *Jogar xadrez não envolve o fator sorte; é pura habilidade / só depende de jogar bem.*
- *I wanted to show him my cooking skills.* ▷ *Queria mostrar a ele minhas habilidades culinárias.*
- *He has all the necessary skills to be an excellent manager.* ▷ *Tem todas as qualidades, qualificações, requisitos, conhecimentos, preparo necessário para ser um excelente chefe.*
- *These girls have superior learning skills.* ▷ *Essas moças têm grande talento para aprender, aptidão, capacidade de aprendizado.*
- *Use martial arts skills to disarm your opponent.* ▷ *Use técnicas das artes marciais para desarmar seu adversário.*

2. profissão; capacitação, especialidade, especialização, formação, habilitação, treinamento profissional
BACKGROUND
- *What are your skills?* ▷ *Você tem profissão? O que você sabe fazer?*
- *Do you have good computer skills?* ▷ *Você tem bons conhecimentos, formação, especialização em computação?*
- *These women must improve their skills.* ▷ *Essas mulheres precisam melhorar sua formação, capacitação profissional.*
- *Skill / Skills development* ▷ *Desenvolvimento, treinamento, capacitação profissional*

3. perícia, arte, ciência, desenvoltura, habilidade, maestria, mestria, virtuosidade, virtuosismo; forte, ponto forte
- *You need a lot of skill to achieve a professional finish.* ▷ *É preciso muita habilidade, perícia para conseguir um acabamento profissional.*
- *Kurosawa was a filmmaker of great skill.* ▷ *Kurosawa foi um diretor de grande virtuosismo, maestria.*

SKILLED adj.   ABLE

especializado, **qualificado**, apto, adestrado, bom, capacitado, capaz, competente, conhecedor, eficiente, especialista, exímio, experiente, *expert*, experto, habilitado, mestre, perito, prático, preparado, proficiente, profissional, tarimbado, treinado, versado
- *Our union has skilled, semiskilled, and unskilled workers.* ▷ *Nosso sindicato tem trabalhadores especializados, semi-especializados e não especializados.*
- *We offer highly skilled nurses.* ▷ *Dispomos de enfermeiras altamente qualificadas, capacitadas, experientes, treinadas, capazes.*
- *A skilled judo practitioner* ▷ *Judoca experiente, perito, exímio*

SKILLFUL adj

1. (pessoa) **habilidoso**, **exímio,** apto, ás, capaz, competente, craque, destro, fino, hábil, jeitoso, perito, prendado, talentoso; de mão cheia; *inf.* artista, bamba, fera ACCOMPLISHED

- *A skillful seamstress* ▷ Costureira **habilidosa, exímia, fina, prendada, de mão cheia**
- *The old man was a skillful story-teller.* ▷ O velho era **perito, craque** em contar casos.

2. (coisa) **esmerado, primoroso**, competente, fino, hábil, habilidoso, feito com esmero EXQUISITE

- *Ravel's skillful orchestration is shown in his popular "Bolero".* ▷ A orquestração **esmerada, primorosa** de Ravel é demonstrada no seu popular "Bolero".
- *The film is enhanced by the skillful use of sound effects.* ▷ O filme é valorizado pela utilização **habilidosa, competente** dos efeitos sonoros.

SLANDER v.

caluniar, difamar, denegrir, injuriar, ultrajar

- *He said the newspaper had slandered him by blaming him for Susan's death.* ▷ Disse que o jornal o havia **caluniado, difamado** ao acusá-lo pela morte de Susan.

SLANT s.   BIAS

SLOW DOWN v., SLOWDOWN s.

desacelerar, afrouxar, arrefecer, desaquecer, esmorecer, moderar, ralentar; reduzir, refrear, diminuir a marcha, o passo, o ritmo; ir mais devagar; perder impulso, velocidade

- *Figures indicate that the economy is slowing down.* ▷ Os números indicam que a economia está se **desacelerando, desaquecendo, perdendo o ritmo**.
- *Reconstruction efforts are slowing down due to a lack of resources.* ▷ Os esforços de reconstrução estão **esmorecendo, perdendo impulso** devido à falta de recursos.
- *There has been a slowdown in sales.* ▷ Houve uma **desaceleração, queda, redução, recuo** nas vendas.

SLUMP s.   SLOWDOWN, DECREASE

SLY adj.   CUNNING

SMALL adj.   TINY

SMART adj.

> *He was smartly dressed.* ▷ Vestia-se com **elegância**. (NÃO "~~inteligentemente~~...!")

1. elegante, bonito, chique, fino COOL

- *She loves smart clothes.* ▷ Ela adora roupas **finas, chiques**.
- *The interior of the car is much smarter now.* ▷ O interior do carro está muito mais **elegante, bonito, fino**.

2. inteligente, brilhante, esperto CLEVER, SHARP

- *How could such a smart guy make such a stupid mistake?* ▷ Como um sujeito tão **inteligente, esperto** pôde cometer um erro tão estúpido?
- *Smart card / phone / building* ▷ Cartão / telefone / edifício **inteligente**

SMOKING GUN s.   EVIDENCE

confirmação, prova cabal, irrefutável, indiscutível

▶ *After two years of investigation, no culprit emerged, no **smoking gun** was found.* ▷ *Depois de dois anos de investigações, não surgiu nenhum culpado, não foi encontrada nenhuma **prova irrefutável**.*

▶ *The scientist described his findings as a "**smoking gun**" that should dispel any doubts about global warming.* ▷ *O cientista disse que suas conclusões são uma **prova cabal, indiscutível**, que deve eliminar qualquer dúvida sobre o aquecimento global.*

◊ A comparação é com uma pistola antiga, ainda "fumegante" logo após ter disparado um tiro.

SMOOTH adj., **SMOOTHLY** adv.

1. macio, acetinado, aveludado, lisinho, liso, sedoso, suave ≠ ROUGH

▶ *The material has a **smooth** velvet-like feel.* ▷ *O tecido tem uma textura **macia** como veludo.*

▶ *You can leave your fingerprints on any **smooth**, hard surface.* ▷ *Pode-se deixar impressões digitais em qualquer superfície **lisa** e dura.*

▶ ***Smooth** complexion* ▷ *Pele **sedosa, macia***

2. brando, agradável, ameno, calmo, fácil, fluente, fluido, harmonioso, ininterrupto, manso, sereno, simples, suave, tranqüilo   MELLOW

▶ *Reading aloud should sound as natural and **smooth** as if it were a conversation.* ▷ *A leitura em voz alta deve soar tão natural e **fluente, fácil, agradável** como se fosse uma conversa.*

▶ *I was captivated by his **smooth** manners.* ▷ *Fui cativada por seus modos **agradáveis, calmos, tranqüilos**.*

▶ *Help your child make a **smooth** transition to his new school.* ▷ *Ajude seu filho a fazer uma transição **suave** para a nova escola.*

3. tranqüilo; livre e desimpedido; sem acidentes, conflitos, dificuldades, incidentes, intercorrências, problemas, solavancos, transtornos, tropeços   SEAMLESS

▶ *My first week in the office was fairly **smooth**.* ▷ *Minha primeira semana de trabalho foi bastante **tranqüila, calma, sem incidentes**.*

▶ *(adv.) Things went **smoothly**.* ▷ *As coisas corriam **bem, mansas, fáceis, tranqüilas**.*

▶ *The trip began **smoothly** enough.* ▷ *A viagem começou **bem, sem tropeços, problemas, incidentes, intercorrências, tropeços**.*

smooth sailing *expr.*

▶ *The election has been **smooth sailing**.* ▷ *A eleição **corre tranqüila, sem problemas, incidentes, conflitos**.*

SMUG adj.   SELF-RIGHTEOUS

presunçoso, convencido, afetado, esnobe, fátuo, metido, orgulhoso, pedante, pernóstico, petulante, presumido, pretensioso, satisfeito, superior, vaidoso; cheio de si; com ar, ares de superioridade; *inf.* que se acha o máximo, o tal

▶ *It's difficult to tell people about my exam results without sounding **smug**.* ▷ *É difícil falar dos resultados dos meus exames sem parecer **convencido, pretensioso, metido**.*

▶ *After being elected class representative, Alice looked terribly **smug**.* ▷ *Eleita representante da classe, Alice ficou insuportável, toda **satisfeitinha, vaidosa, petulante, com ar de superioridade, se achando o máximo**.*

SNAZZY adj.   COOL, HOT

▶ *A **snazzy** website* ▷ *Site **bacana, maneiro, legal, descolado***

SNEER v.   MOCK

SNEAK v.   CREEP, STEALTHY

esgueirar-se, escapulir, evadir-se; entrar, sair, mover-se furtivamente, sorrateiramente, de mansinho, de fininho, pé ante pé, escondido

▶ *The thief **sneaked out** through the back door.* ▷ *O ladrão se **esgueirou, pé ante pé**, pela porta dos fundos.*
▶ *Sue **sneaked into** her mother's room as she slept.* ▷ *Sue **entrou de mansinho, de fininho** no quarto da mãe, que dormia.*

SNIDE adj.   MALICIOUS

sarcástico, **maldoso**, depreciativo, malicioso, mordaz, pérfido, sardônico

▶ *The announcement was received with **snide** smirks.* ▷ *O aviso foi recebido com sorrisinhos **sarcásticos**.*
▶ *She's always making **snide** remarks about the kid's foreign accent.* ▷ *Ela vive fazendo comentários **maldosos** sobre o sotaque estrangeiro do garoto.*

SNOOPY s., adj.

bisbilhoteiro, abelhudo, curioso, enxerido, intrometido, metido; *inf.* xereta

▶ *I hate these **snoopy** neighbors.* ▷ *Detesto esses vizinhos **xeretas, metidos**.*

SOAP OPERA, "SOAP" s.   ≠ NOVELLA

novela, telenovela, folhetim

▶ *Brazil exports its TV **soap operas** to more than 100 countries.* ▷ *O Brasil exporta **telenovelas** para mais de cem países.*
▶ ***Soap** star arrested at airport* ▷ *Estrela de **novelas** presa no aeroporto*

◊ As primeiras novelas de rádio eram patrocinadas por fábricas de sabão ou sabonete, e seus anúncios e jingles ficaram associados ao gênero.

SOBER adj.

1. **sóbrio, não alcoolizado,** não bêbado, não embriagado, não sob o efeito de drogas

▶ *I've been **sober** for two years.* ▷ *Faz dois anos que **não bebo**.*
▶ *Come back when you're **sober**.* ▷ *Volte quando **não** estiver **embriagado**.*
▶ *My parents made me do a drug test to prove that I was **sober**.* ▷ *Meus pais me obrigaram a fazer um teste para provar que eu **não estava tomando drogas**.*

sober

2. **realista**, **objetivo**, concreto, equilibrado, ponderado, pragmático, prático, sensato, sério; não enganoso, fantasioso, fictício, imaginário; sem exageros, especulações, ilusões, otimismo infundado; de cabeça fria, com os pés no chão SENSIBLE

▶ *Open your eyes and confront your problems in a **sober** way.* ▷ *Abra os olhos e enfrente seus problemas de maneira **realista, objetiva, sensata, de cabeça fria**.*

SOBER, SOBER UP v.

1. **parar de beber** ou tomar drogas

▶ *I finally decided to join AA and **sober up**.* ▷ *Por fim decidi entrar para os Alcoólicos Anônimos e **parar de beber**.*

▶ *If you drink, take a taxi. Don't drive until you **sober up**.* ▷ *Se você beber, tome um táxi. Não dirija até **passar o efeito do álcool**.*

2. **ficar sério**; esfriar, perder o otimismo, entusiasmo; ficar mais realista, objetivo, sensato; *inf.* cair na real

▶ *The kids were laughing and joking but **sobered up** when the teacher walked in.* ▷ *Os garotos estavam rindo e brincando, mas **ficaram sérios** quando a professora chegou.*

▶ *I was **sobered** when I realized how much work there was still to do.* ▷ *Meu entusiasmo / otimismo **esfriou, caí na real** quando vi quanto trabalho ainda restava por fazer.*

▶ *The next morning everybody had **sobered up**.* ▷ *Na manhã seguinte todos já **estavam de cabeça fria**.*

● Outras sugestões:

▶ *When the stock market fell, the housing market **sobered up**.* ▷ *Quando o mercado de ações entrou em baixa, o mercado imobiliário **recuperou o bom senso**.*

▶ *"Graft in Russia. Oppression in Indonesia. It's enough to **sober up** a World Bank meeting." (Newsweek)* ▷ *Corrupção na Rússia. Opressão na Indonésia. Basta para **jogar um balde de água fria** numa reunião do Banco Mundial.*

SOBERING adj.

sério, realista, duro, grave, triste; que faz pensar, refletir; *inf.* que faz cair na real, que joga um balde de água fria

▶ *I came to the **sobering** realization that I would never be a good pianist.* ▷ *Percebi a **dura, triste realidade, caí na real**: eu nunca seria um bom pianista.*

▶ *These are **sobering** statistics.* ▷ *São estatísticas que **dão o que pensar, fazem refletir, pensar duas vezes**, servem para moderar o entusiasmo.*

SO-CALLED adj.

1. **chamado, denominado**

▶ *The **so-called** hypercomputers are much faster than any supercomputers on the market.* ▷ *Essas máquinas, **chamadas, denominadas** hipercomputadores, são muito mais rápidas do que qualquer supercomputador que há no mercado.*

2. **pretenso**, **suposto**, autodenominado, chamado, dito, intitulado, pseudo, *soi-disant,* tal SUPPOSED

▶ *We must not let these **so-called** leaders mislead us.* ▷ *Não devemos deixar esses **pretensos, chamados, supostos** líderes nos enganarem.*

▶ The so-called expert turned out to be a charlatan. ▷ O **tal** do especialista acabou se revelando um charlatão.
▶ The **so-called** revolutionaries ▷ Os que se **autodenominam, se auto-intitulam** revolucionários
▶ Millions of children are exploited in our **so-called** civilized society. ▷ Milhões de crianças são exploradas na nossa sociedade **dita** civilizada.

• Usar aspas:
▶ This **so-called** theory lacks a real scientific basis. ▷ Essa **tal** "teoria" não tem uma verdadeira base científica.

SOFT adj.

1. **macio**, mole, maleável SMOOTH
▶ A **soft** fabric ▷ Tecido **macio**

2. **suave**, agradável, ameno, brando, terno MELLOW
▶ **Soft** lights and colors ▷ Luzes e cores **suaves**
▶ A **soft** breeze ▷ Brisa **amena**
▶ She was talking to her child in a **soft** voice. ▷ Falava com a criança numa voz **suave, terna**.

3. **fraco**, baixo, pequeno
▶ The dollar's down and the economy's **soft**. ▷ O dólar caiu e a economia está **em baixa**.
▶ Demand has been **softer** than expected. ▷ A demanda está mais **fraca** do que o previsto.

4. **fácil**
▶ Businesses can apply for **soft loans** with below market interest rates. ▷ As empresas podem pedir empréstimos **fáceis**, com juros abaixo do mercado.
▶ **Soft** money ▷ Dinheiro **fácil** (doações indiretas às campanhas políticas)

5. **indulgente**, tolerante, permissivo LENIENT
▶ Some complain that he's too **soft** on the opposition. ▷ Alguns reclamam que ele é muito **tolerante, frouxo** demais com a oposição.

6. **humano**, cultural, emocional, interpessoal, pessoal, psicológico, social; abstrato, intangível; *soft* ≠ HARD
▶ Bank customers value the "**soft**" side of their relationship: they want to be understood and treated as individuals. ▷ Os clientes valorizam o lado **humano, pessoal, emocional, psicológico** de seu relacionamento com o banco: desejam ser compreendidos e tratados como indivíduos.
▶ Our students learn **soft** skills such as good manners, leadership and conflict resolution. ▷ Nossos alunos aprendem habilidades **humanas, sociais, interpessoais**, tais como boas maneiras, liderança e resolução de conflitos.
▶ "É preciso considerar os aspectos **comportamentais, psicológicos, emocionais** das mudanças tecnológicas, o lado **soft**."

7. **vago**, não objetivo, não confiável
▶ This diagnostic is grounded in hard financial information rather than in **soft** assumptions about the company's performance. ▷ Esse diagnóstico se baseia em informações financeiras concretas, e não em **vagas** suposições sobre o desempenho da empresa.

SOFTEN v.

1. **amaciar**, amolecer; ficar macio, tenro

▶ *Sauté the mushrooms until they start to **soften**.* ▷ *Refogue os cogumelos até começarem a **amolecer, amaciar, ficar macios, tenros**.*

2. **abrandar,** amainar, amansar, amenizar, atenuar, suavizar SOOTHE, MELLOW

▶ *Her voice **softened**.* ▷ *Sua voz **se abrandou, se suavizou**.*
▶ *He **softened** his satire in his later works.* ▷ *Em seus trabalhos posteriores ele **amenizou, atenuou** a sátira.*
▶ *Several discounts have **softened** the price increases of recent years.* ▷ *Vários descontos **atenuaram** os aumentos de preços dos últimos anos.*

SOIL v.

sujar, manchar, conspurcar, corromper, degradar, denegrir, desonrar, difamar, emporcalhar, enlamear, enxovalhar, estigmatizar, macular, poluir, profanar

▶ *Miles of beaches were **soiled** by the oil spill.* ▷ *Há quilômetros de praias **sujas, poluídas** pelo derramamento de petróleo.*
▶ *His reputation was **soiled** by vicious rumors.* ▷ *Sua reputação ficou **manchada, enxovalhada, enlameada, desonrada, difamada** por boatos maldosos.*

SOMETIMES adv.   OCCASIONALLY

SOOTHE v., SOOTHING adj., SOOTHINGLY adv.

1. **acalmar, tranqüilizar**, apaziguar, aplacar, confortar, consolar, reconfortar, serenar, sossegar COMFORT, REASSURE

▶ *I heard Stella trying to **soothe** her crying baby.* ▷ *Ouvi a voz de Stella tentando **acalmar, sossegar** seu bebê que chorava.*
▶ *(adj.) **Soothing** music* ▷ *Música **suave, calmante, calma, tranqüila***
▶ *He tried to comfort the poor woman with **soothing** words.* ▷ *Tentou consolar a pobre mulher com palavras **tranqüilizadoras, reconfortantes**.*
▶ *(adv.) "Don't worry," he said, **soothingly**.* ▷ *"Não se preocupe", dizia ele, numa voz **reconfortante**, tentando **acalmá-la, sossegá-la**.*

2. **abrandar, aliviar**, amainar, amansar, amenizar, amortecer, atenuar, diminuir, melhorar, minorar, mitigar, moderar, pacificar, suavizar; servir de bálsamo, lenitivo

▶ *This drug can **soothe** joint pain.* ▷ *Esse medicamento pode **abrandar, amenizar, atenuar, melhorar, aliviar** a dor nas juntas.*

SORROW s.   MISERY

tristeza, sofrimento, agruras, desdita, desgosto, desgraça, desventura, dissabor, dor, infelicidade, infortúnio, mágoa, padecimento, penas, pesar

▶ *The joys and **sorrows** of love* ▷ *As alegrias e **tristezas, dissabores** do amor*
▶ *She never forgot the **sorrows** of her early life.* ▷ *Nunca se esqueceu das **mágoas**, dos **desgostos, sofrimentos** da juventude.*

SORRY adj.

1. **lamentável**, deplorável APPALLING

▶ *They came back in a **sorry** state.* ▷ *Voltaram num estado **deplorável**.*

2. (pessoa) **arrependido** I'M SORRY

▶ *Don't do this or you'll be **sorry**.* ▷ *Não faça isso, se não você vai se **arrepender**.*

I'M SORRY expr.   I'M AFRAID

desculpe, peço desculpas; lamento, sinto muito

▶ *I'm **sorry**, I didn't mean it.* ▷ ***Desculpe**, não tive intenção.*
▶ *I'm awfully **sorry**, but we don't have this model anymore.* ▷ ***Sinto muito, lamento**, mas não temos mais esse modelo.*
▶ *Come on, say you're **sorry**.* ▷ *Vamos, **peça desculpas**.*

• Outras sugestões:

▶ *I'm **sorry** I agreed to go.* ▷ ***Que pena** que eu concordei em ir.*
▶ *Your father's dead? Oh, I'm **sorry** to hear that!* ▷ *Como, seu pai morreu? **Não diga! Meus pêsames! Meus sentimentos!** (Melhor que "Sinto muito")*

SOUND adj.

1. **sadio**, são, saudável; em boas condições

▶ *A Latin proverb says, "Mens sana in corpore sano" – "A **sound** mind in a **sound** body."* ▷ *Um provérbio latino diz, "Mente **sadia** num corpo **sadio, saudável**".*
▶ *(expr.) We arrived **safe and sound**.* ▷ *Chegamos **sãos e salvos**.*

2. **sólido**, comprovado, concreto, firme, objetivo, realista; com boa base HARD

▶ *Our analysis was based on **sound** assumptions rather than vague generalities.* ▷ *Nossa análise se baseou em premissas **sólidas, concretas, objetivas**, não em vagas generalidades.*
▶ *The company enjoys **solid** financial health.* ▷ *A empresa tem **sólida** saúde financeira.*

3. **sensato, prudente**, acertado, benéfico, bom, judicioso, razoável, sábio; que convém SENSIBLE, WISE

▶ *We can produce electricity in an environmentally **sound** way.* ▷ *Podemos produzir eletricidade de uma maneira **sensata, prudente, benéfica** para o meio ambiente.*
▶ ***Sound** choices* ▷ *Opções **acertadas, sensatas, judiciosas, razoáveis***
▶ *It is a **sound** practice to identify these problems right in the beginning.* ▷ *É uma **boa** prática, é **prudente**, **convém** identificar esses problemas logo de início.*

SOUND v.

> Evite "soar" em contextos pouco naturais em português:
> *How does it **sound** to you?* ▷ *Que tal te **parece**? (Melhor que "Como te ~~soa~~...!)*
> *It **sounds** reasonable.* ▷ *Me **parece** (melhor que "~~soa~~"...!) razoável.*

sound bite

soar, ter o som; parecer, dar a impressão SEEM

▶ *In my country young people often use English words to insult each other. It doesn't **sound** as bad as in our own language.* ▷ *No meu país os jovens costumam xingar com palavras em inglês. Elas não **soam** tão mal como no nosso idioma.*
▶ *Incredible as it may **sound**.* ▷ *Por incrível que **pareça**.*
▶ *It isn't as mysterious as it **sounds**.* ▷ *Não é tão misterioso como **parece**.*
▶ *Her voice **sounded** happy.* ▷ *Pela voz ela **dava a impressão** de estar feliz.*

● Usar: voz, tom de voz, jeito de falar; nome

▶ *He **sounded** worried.* ▷ *Pelo **jeito de falar**, parecia preocupado. / Falou com **um tom de voz** preocupado.*
▶ *I said I was sorry. It **sounded** awful.* ▷ *Pedi desculpas. Minha **voz** saiu horrível.*
▶ *We visited some exotic-**sounding** regions.* ▷ *Visitamos algumas regiões de **nomes** exóticos.*

SOUND BITE s.

frase de efeito, de impacto; tirada, resposta espirituosa, cortante; boa resposta

▶ *The press loved the President's **sound bites**.* ▷ *A imprensa adorava as **tiradas** do presidente.*
▶ *Politicians should drop the **sound bites** and concentrate on the real issues.* ▷ *Os políticos deveriam parar com as **frases de efeito** e se concentrar nos verdadeiros problemas.*

SOURCE s.

1. **fonte,** cabeceira, nascente, manancial, mina

▶ *A **source** of pure water* ▷ ***Fonte, nascente, mina, manancial** de água pura*
▶ *Livingstone discovered the **sources** of the Nile river.* ▷ *Livingstone descobriu as **cabeceiras** do Nilo.*

2. **fonte**, autoria, autor

▶ *When writing a paper, quote your **sources** accurately.* ▷ *Ao redigir seu trabalho, cite as **fontes**, os **autores** com precisão.*

3. **causa, origem**, explicação, motivo, porquê, procedência, proveniência, raiz, razão DRIVER

▶ *What was the **source** of the strike?* ▷ *Qual a **causa, raiz, motivo, razão** da greve?*
▶ *What is the **source** of this silly superstition?* ▷ *Qual a **origem, procedência, explicação**, o **porquê** dessa tola superstição?*

SOURCE v.

1. **comprar**, adquirir, importar PROCURE

▶ *Many automakers are **sourcing** car parts from overseas.* ▷ *Muitas montadoras estão **comprando, adquirindo, importando** autopeças de outros países.*

2. **obter,** buscar, trazer

▶ *Finding local workers is proving difficult, so we have resorted to **sourcing** people from other areas.* ▷ *Como está difícil encontrar trabalhadores locais, estamos **trazendo, buscando** pessoas de outras áreas.*

SPARE adj.

extra, livre, desocupado, guardado, sobrando; de reserva

- *I have two spare tickets.* ▷ *Tenho duas entradas extras, sobrando.*
- *I always have some spare batteries.* ▷ *Sempre tenho algumas pilhas de reserva, sobrando, guardadas.*
- *We have a spare room.* ▷ *Temos um quarto extra, desocupado.*
- *Spare tire* ▷ *Pneu sobressalente, estepe*
- *What do you do in your spare time?* ▷ *O que você faz no seu tempo livre?*

SPEECHLESS adj.   AWESTRUCK

mudo (de espanto), sem fala, sem palavras; boquiaberto, de boca aberta, de queixo caído

- *Speechless with horror* ▷ *Mudo de horror*
- *We were speechless when we found out what he had done.* ▷ *Ficamos boquiabertos, de queixo caído quando descobrimos o que ele tinha feito.*

SPIN s.

1. (sentido neutro) **interpretação**, **versão**, abordagem, cara, direção, estilo, jeito, olhar, orientação, pegada, roupagem, tom, viés; apresentação especial, característica; maneira de ver   APPROACH, VIEW

- *The Minister has tried to put a positive spin on the election.* ▷ *O ministro tentou dar uma versão, interpretação positiva da eleição.*
- *The film gives the classic book a psychedelic spin.* ▷ *O filme dá a esse livro clássico um tom, viés, uma versão, interpretação, cara, pegada, roupagem psicodélica.*
- *When I bought the restaurant I gave it a totally different spin.* ▷ *Quando comprei o restaurante, dei a ele uma direção, orientação, cara, estilo, jeito totalmente diferente.*
- *Train yourself to always put a positive spin on things.* ▷ *Eduque-se para sempre ver as coisas de maneira positiva, ter um olhar positivo sobre as coisas.*

2. (sentido negativo) **manipulação, distorção** da verdade, dos fatos; interpretação, versão tendenciosa dos fatos; demagogia, marketing político, propaganda, retórica, *inf.* enrolação   BIAS

- *The media coverage has few hard facts, so it's impossible to tell what is spin and what is real.* ▷ *Como a cobertura da mídia traz poucos fatos objetivos, é impossível dizer o que é propaganda, demagogia, retórica, marketing, manipulação, distorção dos fatos e o que é realidade.*
- *The newspaper put a completely different spin on the events.* ▷ *O jornal deu uma interpretação, versão totalmente diferente dos acontecimentos.*

◊ **Spin** em geral se refere à manipulação dos fatos feita por políticos, jornalistas ou empresas, para persuadir o público ou em benefício próprio.

SPIN v.

1. **manipular**, distorcer os fatos

- *Reports are unreliable since all the parties try to spin events to their advantage.* ▷ *As notícias não são confiáveis, pois todos os envolvidos tentam manipular, distorcer os fatos em seu próprio benefício.*

2. **ficar na retórica**, dizer palavras vazias; *inf.* enrolar

▶ *We asked the CEO to give us a sound explanation, but he just **spun** and **spun** and **spun**.* ▷ *Pedimos ao CEO que nos desse uma explicação concreta, mas ele só **disse palavras vazias**, só "**enrolou**".*

SPIN DOCTOR s.

assessor de imagem, de marketing; marqueteiro

▶ *The candidate's **spin doctors** have successfully convinced the public that he was a war hero.* ▷ *Os **assessores de imagem, marqueteiros** do candidato conseguiram convencer o público que ele foi um herói de guerra.*

▶ *He was a **spin doctor** for a cigarette maker.* ▷ *Era **assessor de marketing** de uma fábrica de cigarros.*

SPLIT s.

1. **fenda**, brecha, fissura, fratura, quebra, rachadura

▶ *Cleft palate is a **split** of the roof of the mouth.* ▷ *O palato fendido é uma **fissura** no céu da boca.*

2. **ruptura, dissidência**, cisão, cisma, desacordo, desavença, dissensão, divergência, quebra, rompimento, separação; *inf.* racha GAP

▶ *This situation ended with a **split** among the Republicans.* ▷ *A situação terminou com uma **cisão, dissidência**, um **racha** entre os Republicanos.*

SPOIL v.   RUIN, MAR

SPOT v.   PINPOINT

enxergar, perceber, avistar, descobrir, detectar, discernir, encontrar, identificar, localizar, notar, observar, perceber, reconhecer, ver

▶ *This method allows us to **spot** problems early.* ▷ *Esse método nos permite **enxergar, perceber, descobrir, identificar, detectar** os problemas logo de início.*

▶ *Have you **spotted** a missing child?* ▷ *Você **viu, avistou** uma criança desaparecida?*

SPRAWL s.

espraiamento, alastramento; vasta extensão

▶ *Urban **sprawl** makes our cities look ugly and gobbles up farm land.* ▷ *O **espraiamento, alastramento** urbano enfeia nossas cidades e engole as terras aráveis.*

▶ *"O **espraiamento** das cidades, com as populações avançando sobre áreas sem nenhuma infra-estrutura urbana..." (www.icidadania.org.br)*

• Outras sugestões:

▶ *The naval base is a **sprawl** of barracks and storehouses.* ▷ *A base naval é uma **vasta área**, um **mar** de quartéis e depósitos.*

SPRAWLING adj.

extenso, amplo, espraiado, vasto, esparramado; que ocupa, se espalha, se esparrama por uma vasta área, em todas as direções

▶ *This **sprawling** book failed to convince me.* ▷ *Esse livro tão **extenso** não conseguiu me convencer.*

▶ *They live in a **sprawling** shantytown on the outskirts of Lima.* ▷ *Moram numa **extensa** favela na periferia de Lima, que se espraia, se espalha, se alastra, se irradia por uma extensa, vasta área, que se derrama, se esparrama em todas as direções.*

◊ A idéia é espalhar-se de maneira excessiva, irregular ou desordenada.

SPREAD v.

1. **espalhar**, **difundir**, dispersar, disseminar, distribuir, divulgar, esparramar, expandir, irradiar; alastrar-se, propagar-se

▶ *The new ideas **spread** throughout Europe.* ▷ *As novas idéias **se espalharam, difundiram, se expandiram, se disseminaram, se irradiaram** por toda a Europa.*

▶ *The population is **spread** all over the country.* ▷ *A população está **distribuída** por todo o país.*

▶ *The fire **spread** quickly.* ▷ *O incêndio **se alastrou** rapidamente.*

▶ *The disease is **spread** by contaminated water droplets.* ▷ *A doença **se propaga** por gotículas de água contaminada.*

2. **abrir**, desdobrar, estender

▶ *The bird **spread** its wings and flew off.* ▷ *O pássaro **abriu** as asas e voou.*

▶ *Let's **spread** the map out on the floor.* ▷ *Vamos **abrir, desdobrar, estender** o mapa no chão.*

STAFF s.

1. (coletivo – em geral com verbo no pl.) **equipe**, **pessoal**, corpo, equipe, gente, quadro, time; auxiliares, colaboradores, funcionários, profissionais, pessoas

▶ *The school **staff** are excellent.* ▷ *A **equipe**, o **pessoal** da escola é excelente.*

▶ *The Foundation has a **staff** of 200.* ▷ *A Fundação tem um **corpo, quadro** de 200 **funcionários, colaboradores, pessoas na equipe**.*

▶ *Demand for talented **staff** is high.* ▷ *Há uma grande demanda de **profissionais** talentosos.*

• O pl. pode ser **staffs** ou **staff:**

▶ *Hospital **staffs** went on strike.* ▷ ***Funcionários*** *do hospital entraram em greve.*

▶ *I own a restaurant with 56 **staff**.* ▷ *Tenho um restaurante com 56 **funcionários**.*

• Ocasionalmente omitir:

▶ *Retail **staff** needed.* ▷ *Precisamos de balconistas/vendedores.*

▶ *We urgently need volunteer **staff**.* ▷ *Precisamos urgentemente de voluntários.*

▶ *The marketing **staff** decided against it.* ▷ *O marketing foi contra.*

▶ *The technical support **staff** was very efficient.* ▷ *A assistência técnica foi muito eficiente.*

2. (sing.) **assessor** DEPUTY

▶ *He's a former **staff** of President Clinton.* ▷ *Ele é ex-**assessor** do presidente Clinton.*

3. **estado-maior**

▶ *Chief of **Staff*** ▷ *Chefe de **Estado-Maior** / Chefe da **Casa Civil***

STAKE s.

1. aposta, jogo, parada, risco

▶ *High **stakes** gamble* ▷ *Jogo, **aposta** de alto risco*
▶ *We are playing for very **high stakes** here.* ▷ *Estamos **jogando, apostando** alto.*

2. investimento, participação (numa empresa)

▶ *The company has a 35% **stake** in GroceryWorks.* ▷ *A empresa **investiu**, tem 35% de **participação** na GroceryWorks.*

3. interesse, interesses em jogo, em questão; conseqüências, envolvimento, implicações, participação, preocupação, responsabilidade; interesse pessoal, direto AGENDA

▶ *What are the **stakes** for the US?* ▷ *Quais são os **interesses em jogo, em questão** para os EUA?*
▶ *We all have **a stake** in the future of our planet.* ▷ *Todos nós temos **interesse direto** no futuro do planeta. / O futuro do planeta é de máximo **interesse**, tem **conseqüências diretas** para todos nós.*
▶ *He is accused of awarding federal contracts to firms that he has a **stake** in.* ▷ *É acusado de conceder contratos federais para firmas em que ele tem **participação, interesse direto**.*

● Outras sugestões:

▶ *What are his **stakes** in the deal?* ▷ *O que esse acordo **representa, significa, implica** para ele? / Que **interesse** ele tem nesse acordo?*

high stakes

▶ *A CEO must make **high stakes** decisions.* ▷ *O CEO precisa tomar decisões de **alto risco**, onde há **altos valores em jogo**.*
▶ *This is a **high stakes** exam.* ▷ *Este é um exame **importante**, que implica **graves conseqüências**, tem **implicações de peso**.*

AT STAKE expr.

1. em jogo, envolvido INVOLVE

▶ *The expenses **at stake** are insignificant compared to the firm's total revenue.* ▷ *As despesas **em jogo** são insignificantes em relação ao faturamento total da firma.*

2. em jogo, em risco; ameaçado, comprometido; correndo perigo JEOPARDIZE

▶ *Hundreds of jobs are **at stake**.* ▷ *Centenas de empregos estão **em jogo, em risco, ameaçados, comprometidos, correndo perigo**.*

STAKEHOLDER s.

parte interessada; ator, envolvido, interessado direto ou indireto, participante; quem tem interesse

▶ *The company needs feedback from any **stakeholders** – e.g., customers, employees, suppliers and the community at large.* ▷ *A empresa precisa da opinião de todos os **envolvidos, partes interessadas, interessados diretos e indiretos** – p. ex. consumidores, funcionários, fornecedores e a comunidade em geral.*
▶ *It is vital that our voice be heard, for we are also **stakeholders** in the future of this planet.* ▷ *É vital que nossa voz seja ouvida, pois também **temos interesse direto** no futuro do planeta.*

STALE adj.

1. velho, **estagnado**, amanhecido, bolorento, envelhecido, mofado, parado, passado, rançoso, seco
≠ FRESH

- *Stale bread* ▷ *Pão **velho**, **amanhecido***
- *Stale water* ▷ *Água **estagnada***
- *Stale beer* ▷ *Cerveja **choca***
- *Stale, stuffy indoor air* ▷ *Ar **parado**, abafado de lugares fechados*
- *Get rid of your **stale** energy.* ▷ *Bote para fora sua energia **estagnada**.*

2. batido, **cansativo**, banal, cansado, chato, chavão, corriqueiro, desinteressante, enfadonho, insípido, insosso, insulso, monótono, pisado, rotineiro, surrado, tedioso, trivial, velho; sem criatividade, gosto, graça, imaginação, sal; lugar comum BORING, VAPID

- *Stale jokes* ▷ *Piadas **velhas**, **batidas**, **pisadas**, **surradas**, **sem graça**, **cansadas**, **insossas**, **banais**, **chavão***
- *They hoped to improve their **stale** sex life.* ▷ *Esperavam melhorar sua vida sexual **insípida**, **rotineira**, **sem sal**, **sem graça**, **sem criatividade**.*

STAMINA s.   METTLE, RESILIENCE

resistência, **energia**; ânimo, força; disposição incansável; *inf.* gás

- *The marathon is a great test of **stamina**.* ▷ *A maratona é uma grande prova de **resistência**.*
- *Most musicians don't require an athlete's **stamina**; but a drummer does.* ▷ *Os músicos em geral não precisam ter o **vigor**, o "**gás**", a **energia**, **disposição** de um atleta; mas o baterista precisa.*

• **Stamina** é uma combinação de "energia" e "resistência". Contraste:

- *O material passou por testes rigorosos de **resistência** à água e à poeira.* ▷ *The material has passed stringent water and dust **resistance** tests.*
- *Alguns esportes dependem mais da **resistência** física do que de velocidade.* ▷ *Some sports rely more on **stamina** than on speed.*

STAND v.

> NÃO traduzir como "estar em pé" ou "parado" a menos que seja relevante no contexto:
> *There he **stood**, smiling at her.* ▷ *Ali **estava** ele, sorrindo para ela.*
> *People are **standing** around the hospital.* ▷ *Há muita gente em volta do hospital.*
> *He **stands** six feet tall.* ▷ *Ele **tem** 1m 80 de altura.*

1. ficar em pé (só quando relevante)

- *I'm tired of **standing** in line.* ▷ *Estou cansada de **ficar em pé** na fila.*
- *There's only **standing** room.* ▷ *Só há lugares **em pé**.*
- *She received a **standing** ovation.* ▷ *Foi aplaudida **em pé**.*

2. estar, **ficar**, parar, postar-se, plantar-se

- *He **stood** by the window.* ▷ ***Parou**, **postou-se** à janela.*
- *He **stood** squarely in front of the boss.* ▷ ***Plantou-se** firmemente diante do chefe.*

standard

- ▶ We **stood** there silently for a long time. ▷ **Ficamos** ali muito tempo em silêncio.
- ▶ We are **standing** here on exactly the same place where the old theater **stood**. ▷ **Estamos** aqui exatamente no lugar onde **ficava** o antigo teatro.

3. suportar, agüentar

- ▶ These poor people have to **stand** all kinds of sufferings. ▷ Essa pobre gente tem de **suportar, agüentar** todo tipo de sofrimento.
- ▶ I can't **stand** that guy. ▷ Não **suporto** aquele cara.

4. ficar com alguém, dar apoio moral   BE THERE

- ▶ His wife always **stood** by his side. ▷ Sua esposa sempre **ficou** ao lado dele.
- ♪ "**Stand** by me" (Ben E. King) ▷ **Fique** ao meu lado, **fique** comigo

5. vigorar, valer, continuar em vigor, estar valendo

- ▶ Does your offer still **stand**? ▷ Sua oferta ainda **está valendo**?

STANDARD s.

1. padrão, critério, condições, especificação, especificações, exigência, medida, nível, norma, parâmetro, patamar, quesito, regra, requisito   BENCHMARK

- ▶ The bill sets new performance **standards** for schools. ▷ A lei define novos **padrões, critérios, parâmetros** de desempenho para as escolas.
- ▶ These old buildings do not meet basic safety **standards**. ▷ Esses prédios velhos não atendem aos **critérios, requisitos, às exigências, especificações, normas, regras** básicas de segurança.
- ▶ Local medical **standards** are appalling. ▷ As **condições** médicas locais são de estarrecer.

2. modelo, referência, exemplo, ideal, paradigma, protótipo; modelo de qualidade

- ▶ Amazon reviews have become an industry **standard**. ▷ As resenhas de livros da Amazon se tornaram um **modelo**, uma **referência** no setor.

3. estandarte, bandeira

- ▶ Who will bear the Party's **standard**? ▷ Quem levará o **estandarte** do Partido?

• Algumas expressões:

- ▶ **Double standards** ▷ Dois pesos e duas medidas
- ▶ The hotel service was not really **up to standard**. ▷ O serviço ficou abaixo do **padrão, patamar, nível de qualidade exigido; deixou a desejar.**

STANDARD adj.   DEFAULT

padrão, normal, clássico, clichê, comum, convencional, costumeiro, estandardizado, genérico, médio, padronizado, recorrente, regulamentar, regular, representativo, *standard,* típico, tradicional, usual

- ▶ What is the **standard** procedure? ▷ Qual é o procedimento **padrão, padronizado**?
- ▶ What's the **standard** rate for the job? ▷ Qual é o preço **normal, médio** desse serviço?
- ▶ The UN has followed the **standard** practices on this matter. ▷ A ONU seguiu as práticas **convencionais, tradicionais, regulamentares** para o assunto.

▶ *The internet will become the **standard** way of doing business.* ▷ *A internet se tornará a maneira **normal**, mais **comum, usual** de fazer negócios.*
▶ *It accepts **standard**-size and mini CDs.* ▷ *Aceita CDs tamanho **standard, normal** ou mini.*

STAPLE s., adj.

1. matéria-prima

▶ *Cotton is a **staple** for textile production.* ▷ *O algodão é a **matéria-prima** básica para a indústria têxtil.*

2. bem de consumo básico; produto, artigo, item de primeira necessidade

▶ *Many stores lack **staples** such as soap, toilet paper or cooking oil.* ▷ *Muitas lojas não têm **artigos, itens de primeira necessidade**, como sabonete, papel higiênico ou óleo de cozinha.*

3. alimento básico, base da alimentação DIET

▶ *Wheat, oats and corn were **staples** of the settler's diet.* ▷ *Trigo, aveia e milho eram os **alimentos básicos** dos colonizadores.*
▶ *The **staples** of the traditional diet in Brazil are rice and beans; but cassava root is also a **staple** food.* ▷ *O **prato básico** no Brasil é feijão com arroz, mas a mandioca também é um **item essencial da alimentação**.*
▶ *Monkeys hunt for leaves, seeds, and fruits, their **staple** foods.* ▷ *Os macacos buscam folhas, sementes e frutos, a **base da** sua **alimentação**.*

4. elemento básico, essencial, necessário, principal; sempre procurado, utilizado; um clássico

▶ *Extra-terrestrial life has long been a **staple** of science fiction.* ▷ *A vida extraterrestre sempre foi um **tema básico** da ficção científica.*
▶ *This book has become a **staple** at business schools worldwide.* ▷ *Esse livro se tornou um **clássico** nas escolas de negócios do mundo todo.*

STARE v., s.   SEE, LOOK

fitar, **olhar fixamente**, contemplar, encarar; olhar bem, firme, firmemente, fundo, fixo, fixamente; cravar, fixar os olhos; olhar em cheio, bem na cara, bem nos olhos, direto nos olhos; ficar olhando, não tirar os olhos

▶ *Don't **stare** at people; it's rude.* ▷ *Não **fique olhando** para as pessoas, é falta de educação.*
▶ *She **stared** up to the teacher.* ▷ ***Olhou firme, nos olhos, encarou** a professora.*
▶ *She **stared** at him and he **stared back**.* ▷ ***Fixou os olhos** nele e ele lhe retribuiu **o olhar**.*
▶ *(subst.) Like all the people who have a handicap, I suffer **stares** when I go out.* ▷ *Como todos os que têm algum problema físico, tenho que agüentar os **olhares** quando saio na rua.*

STARTLE v.

espantar, **assustar**, alarmar, chocar, desconcertar, sobressaltar, surpreender; pegar de surpresa; dar um susto, um sobressalto

▶ *Hey, you **startled** me!* ▷ *Ei, você me deu um **susto**!*
▶ *She was **startled** to see him looking so ill.* ▷ *Ficou **assustada, alarmada, chocada, sobressaltada** ao vê-lo com uma cara tão doente.*

STATE-OF-THE-ART adj.   GROUNDBREAKING

de ponta, **de vanguarda**; inovador, moderníssimo; de última geração; o mais adiantado, atualizado, avançado, moderno, recente; a última palavra; estado da arte

▶ *State-of-the-art technology* ▷ *Tecnologia **de ponta, de última geração***
▶ *Athens has inaugurated a new, **state-of-the-art** airport.* ▷ *Atenas inaugurou um novo e **moderníssimo** aeroporto.*

STATELY adj.   GRAND

STATUS s.

1. **prestígio**, *status;* reputação, conceito, renome; situação elevada

▶ *Leaders concerned with **status** and privilege* ▷ *Líderes interessados em **status** e privilégios*
▶ *"Songbook dá **status** erudito à bossa nova." (FSP)*

2. **posição**, condição, estado, situação; condição social

▶ *Marital status* ▷ *Estado civil*
▶ *High-**status** businessmen* ▷ *Executivos de alta **posição***
▶ *Traditional Japanese costumes often reflect social **status**.* ▷ *Os trajes japoneses tradicionais /costumam refletir a **situação**, a **posição** social.*

STAUNCH adj.

1. **firme**, aguerrido, ferrenho, forte, resoluto, sólido, tenaz

▶ *The governor is facing **staunch** opposition* ▷ *O governador enfrenta uma oposição **forte, tenaz, ferrenha**.*

2. **leal**, fiel, dedicado   FAST 3

▶ *Staunch friend* ▷ *Amigo **leal, fiel***

STAY PUT loc. v.

ficar, permanecer, ficar no mesmo lugar, ficar onde está; ficar em casa

▶ *The settlers are determined to **stay put** no matter what.* ▷ *Os colonos estão decididos a **ficar, permanecer** ali de qualquer maneira.*
▶ *You don't look well. You'd better **stay put** and rest.* ▷ *Você nao está com boa cara. É melhor você **ficar em casa** e descansar.*
▶ *With the night coming I'd better **stay put** and make camp.* ▷ *Com o cair da noite era melhor **ficar por ali mesmo** e montar acampamento.*

• Usar a negativa: **não sair**, não se mexer, não arredar pé

▶ *Immigrants should be given more reason to **stay put** in their own countries.* ▷ *O certo seria dar aos imigrantes mais motivos para **não sair** de seus países.*
▶ *I've travelled quite enough; now I want to **stay put**.* ▷ *Já viajei bastante; agora **não saio** mais daqui, **não arredo pé**.*

STEALTHY adj., STEALTHILY adv.

furtivo, disfarçado, dissimulado, oculto, secreto, sorrateiro, subreptício

- *They heard **stealthy** footsteps on the stairs.* ▷ *Ouviram passos **furtivos** na escada.*
- *(adv.) The thief moved **stealthily**.* ▷ *O ladrão se movia **furtivamente, dissimuladamente, pé ante pé, na surdina,** (inf.) **de fininho***
- *The same old fantasies crept **stealthily** in her mind.* ▷ *As mesmas velhas fantasias penetravam **às escondidas, subrepticiamente, sorrateiramente** na sua cabeça.*

STEEP adj.   SHEER

íngreme, abrupto, vertical; acentuado, agudo, franco, grave, rápido

- *We climbed up a **steep** slope.* ▷ *Subimos uma encosta **íngreme, abrupta**.*
- *There has been a **steep** fall in the GDP.* ▷ *Houve uma **acentuada, rápida** queda no PIB.*

STEM FROM v.

provir, resultar de, advir, brotar, decorrer, derivar, descender, emanar, originar-se, proceder, vir; ser causado por, ser proveniente de, surgir de; ser resultado, fruto, conseqüência de; seguir-se a

- *The Hovercraft **stems from** research done in the 1950s.* ▷ *O Hovercraft **provém, é resultado, fruto** das pesquisas feitas nos anos 50.*
- *Many people think that natural disasters **stem** from the divine wrath.* ▷ *Muita gente acha que os desastres naturais **provêm, resultam, advêm, são conseqüência** da cólera divina.*
- *He **stems** from many generations of rabbis.* ▷ *Ele **descende, vem** de muitas gerações de rabinos.*

STEPPING STONE s.

ponte, ponto de apoio, ajuda, caminho, degrau, escala, meio, oportunidade, passo, porta

- *The Cape Verde islands have served as **stepping stones** between Europe and the Americas since the age of the explorers.* ▷ *As ilhas Cabo Verde serviram de **escala, pontos de apoio** entre a Europa e as Américas desde o tempo das grandes navegações.*
- *Social mobility is actually very low in America. Menial jobs are rarely **stepping-stones** to better jobs.* ▷ *A mobilidade social na América na verdade é muito baixa. Os empregos subalternos dificilmente **levam a**, servem de **ponte**, são um **passo, degrau, meio, caminho**, uma **porta** para alcançar empregos melhores.*

STERN adj.   ≠ LENIENT

severo, rigoroso, austero, draconiano, duro, espartano, intransigente, rígido, seco, sério, sisudo

- *A **stern** teacher* ▷ *Professora **severa***
- ***Stern** measures to control public borrowing* ▷ *Medidas **rigorosas, austeras, draconianas** para controlar os empréstimos públicos*

STICKS AND CARROTS, CARROTS AND STICKS expr.

sanções e recompensas; penalidades e incentivos; punições e recompensas

- *Use "**Sticks and Carrots**" to motivate students.* ▷ *Use a política de **punições / sanções e recompensas, penalidades e incentivos** para motivar os alunos.*

stifle

▶ *The problem with most tax reforms is that they're **all stick and no carrot**.* ▷ *O problema das reformas tributárias é que só têm **penalidades**, e não **recompensas**.*
▶ *So we've got the **stick**. Now what's the **carrot**?* ▷ *Já sabemos qual a **punição**. E qual é a **recompensa**?*

◊ *A imagem é fazer um cavalo andar, ora pela força, ora incentivando-o com uma cenoura.*

STIFLE v.   THWART

sufocar, reprimir, abafar, amordaçar, asfixiar, conter, debelar, embargar, estrangular, extinguir, silenciar, suprimir, tolher

▶ *Excessive rules and regulations **stifle** initiative.* ▷ *Regras e normas excessivas **sufocam, estrangulam** a iniciativa.*
▶ *Dissent and criticism were **stifled**.* ▷ *A oposição e as críticas foram **sufocadas, reprimidas, amordaçadas, tolhidas**.*
▶ *I tried to **stifle** a yawn.* ▷ *Tentei **reprimir, abafar, conter** um bocejo.*
▶ *She answered in a voice **stifled** with emotion.* ▷ *Respondeu numa voz **embargada** pela emoção.*

STINGY adj.   MISER, MISERLY

▶ *What a **stingy** lot!* ▷ *Que gente **pão-dura, miserável**!*

STINK v.

> *"Quite frankly, as a singer... you **stink**!"* ▷ *Para ser franca, como cantora você é **péssima**! (NÃO "cheira mal"...!)*

1. feder, cheirar mal

▶ *I sniffed my backpack. It **stunk** like a skunk!* ▷ *Dei uma cheirada na mochila. **Fedia** como um gambá!*

2. *inf.* **ser péssimo,** horrível, horroroso; uma droga, negação, porcaria; fazer algo muito mal

▶ *The economy **stinks**.* ▷ *A economia está **péssima, vai muito mal**.*
▶ *My son **stinks** at sports.* ▷ *Meu filho é **uma negação** em esportes.*
▶ *Frankly, my job **stank**.* ▷ *Francamente, meu emprego era **horrível, uma droga**.*
▶ *I was so hopeful before the game, but my team just **stank**.* ▷ *Eu estava tão esperançoso antes do jogo, mas meu time **foi péssimo, jogou muito mal**.*

STINKING adj.

1. malcheiroso, asqueroso, catinguento, empesteado, fedido, fedorento, fétido, mefítico, nauseabundo, nauseante, nojento, pestilento, podre, pútrido, repugnante

▶ ***Stinking** garbage cans* ▷ *Latas de lixo **fedorentas**.*
▶ *There's a **stinking** smell in the city anywhere you go.* ▷ *Há um odor **fétido, nauseabundo** na cidade, onde quer que se vá.*

2. mau, péssimo, porcaria, ruim; uma droga   AWFUL

▶ *That **stinking** job!* ▷ *Aquela **droga**, aquela **porcaria** daquele emprego!*

STONE s.

1. pedra

▶ *"Rolling stones gather no moss." (Proverb)* ▷ **Pedra** *que rola não cria limo.*

2. (UK) **unidade de peso** = 6,4 kg (abrev.: **st.**; pl. invariável **stone**)

▶ *Her doctor gave her an ultimatum after her weight ballooned to 20 stone.* ▷ *O médico lhe deu um ultimatum depois que seu peso subiu para quase 130 quilos.*
▶ *I became so unwell that my weight dropped to just five-and-a-half stone / 5 st 6 (= 5 stone and 6 pounds).* ▷ *Fiquei tão mal que meu peso caiu para apenas 35 kg.*

STOUT adj.

1. robusto, rijo, firme, forte, maciço, possante, reforçado   ROBUST

▶ *The Suffolk horse has short, stout legs.* ▷ *O cavalo Suffolk tem as pernas curtas e rijas.*
▶ *These birds have stout bills adapted for eating seeds.* ▷ *Esses pássaros têm o bico forte, possante, adaptado para comer sementes.*

2. (pessoa) **corpulento**, encorpado, parrudo, sacudido, taludo, troncudo; bem fornido   FAT

▶ *He was a short, stout man.* ▷ *Era um homem baixinho e corpulento, robusto.*

STRANDED adj., STRAND v.   STUCK, TRAPPED

preso, retido, imobilizado, aprisionado, empacado, encalacrado, encalhado, isolado, parado, paralisado; sem ter para onde ir.

▶ *In Cast Away, Tom Hanks' character is stranded on a desert island.* ▷ *Em "Náufrago", Tom Hanks faz um personagem preso, aprisionado, encalhado, perdido numa ilha deserta.*
▶ *Many immigrants are virtually stranded in the cities.* ▷ *Muitos imigrantes estão praticamente presos nas cidades, sem ter para onde ir*
▶ *(v.) Many flights were canceled, stranding thousands of passengers / leaving thousands of passengers stranded in airports.* ▷ *Muitos vôos foram cancelados, deixando milhares de passageiros presos, retidos nos aeroportos.*

STRANGER s.

desconhecido, estranho; pessoa estranha, pessoa que não se conhece

▶ *Don't talk to strangers.* ▷ *Não fale com desconhecidos, gente estranha, com pessoas que você não conhece.*
▶ *I won't tell you my name. You're a stranger!* ▷ *Não vou te dizer meu nome. Nem te conheço!*

STREAMLINE v.

1. tornar aerodinâmico

▶ *The wing has been streamlined.* ▷ *O desenho da asa ficou mais aerodinâmico.*

2. agilizar, otimizar, dinamizar, modernizar, racionalizar, simplificar; tornar mais eficiente, aumentar a eficiência

streamlined

▶ *These new forms should **streamline** the task of entering data.* ▷ *Esses novos formulários devem **agilizar, otimizar, racionalizar, simplificar** a entrada de dados.*

▶ *Efforts were made to **streamline** those old factories.* ▷ *Houve esforços para **modernizar, dinamizar, aumentar a eficiência** daquelas fábricas antigas.*

3. **enxugar**, compactar, condensar, desburocratizar, reduzir, resumir; cortar gorduras

▶ *The drug company plans to **streamline** its operations, cutting jobs and closing plants.* ▷ *O laboratório planeja **enxugar** suas atividades, eliminando empregos e fechando fábricas.*

▶ *The director **streamlined** a 600-plus-page book into a two-hour film.* ▷ *O diretor **reduziu, condensou, resumiu** um livro de mais de 600 páginas num filme de duas horas.*

4. (eufemismo) **demitir** <u>DISMISS</u>

▶ *Workers nowadays must hope they don't get **streamlined**.* ▷ *Hoje os funcionários têm que torcer para não serem **demitidos pelos enxugamentos** nas empresas.*

STREAMLINED adj.

1. **aerodinâmico**

▶ *Friction is minimized in airplanes by a modern, **streamlined** design.* ▷ *O atrito nos aviões é minimizado por um design **aerodinâmico**.*

2. **eficiente, moderno**, agilizado, melhorado, modernizado, otimizado; bem organizado, racionalizado, simplificado <u>SEAMLESS</u>

▶ *A **streamlined** production method* ▷ *Método de produção **eficiente, racionalizado, simplificado***

3. **enxuto**, compacto, condensado; elegante, moderno

▶ *Its **streamlined** design (smaller than a pack of cards) makes this recorder a very convenient travel accessory.* ▷ *Seu design **enxuto, compacto** (menor que um baralho de cartas) faz desse gravador um acessório de viagem muito prático.*

▶ *A **streamlined** sports car* ▷ *Carro esporte de linhas **elegantes, modernas***

STRESS v., s.   <u>EMPHASIZE</u>

acentuar, ressaltar, apontar, assinalar, calcar, destacar, enfatizar, frisar, grifar, marcar, priorizar, realçar, reforçar, salientar; pôr em evidência, destaque, primeiro plano, relevo; achar de especial interesse, relevância; dar, chamar a atenção para um certo ponto; deixar claro, bem claro

▶ *When you say "sushi", **stress** the second syllable / the **stress** falls on the second syllable.* ▷ *Ao dizer "sushi", **acentue** a segunda sílaba / o **acento** cai na segunda sílaba.*

▶ *The fireman **stressed** basic safety rules.* ▷ *O bombeiro **destacou, realçou, frisou, salientou, ressaltou, chamou a atenção** para as regras básicas de segurança.*

▶ *The bank chose to **stress** short-term borrowing.* ▷ *O banco decidiu **priorizar, dar prioridade** aos empréstimos a curto prazo.*

▶ *(subst.) We intend to give a new **stress** to productivity.* ▷ *Pretendemos dar novo **destaque, relevo, realce, nova atenção, ênfase, importância, prioridade, relevância**, à produtividade.*

STRIKING adj.   <u>COMPELLING, DRAMATIC, TELLING</u>

STRIVE v.   STRUGGLE

STRUGGLE v., s.

lutar, atracar-se, batalhar, brigar, combater, enfrentar, engalfinhar-se; esforçar-se, empenhar-se, pelejar; enfrentar dificuldades   WORK HARD

▶ *Britain and France **struggled** for supremacy in the area.* ▷ *A Grã-Bretanha e a França **lutavam**, **combatiam** pela supremacia na área.*
▶ *Two men were **struggling** over a weapon.* ▷ *Os dois homens estavam **brigando**, **se atracando**, **se engalfinhando** por causa de uma arma.*
▶ *She's **struggling** to get by.* ▷ *Ela está **lutando**, **batalhando**, **pelejando** para ganhar a vida.*
▶ *(subst.) **Struggle** for power / survival* ▷ ***Luta** pelo poder / pela sobrevivência*
▶ *He was involved in a **struggle** with Big Pharma.* ▷ *Envolveu-se numa **luta**, **batalha**, **briga**, **conflito**, **embate** contra os grandes laboratórios farmacêuticos.*

STRUGGLING adj.   EMBATTLED

combalido, acuado; em dificuldades, com problemas, em má fase, má situação, maus lençóis; lutando para sobreviver

▶ ***Struggling** economy fuels Argentine emigration* ▷ *A **combalida** economia argentina estimula a emigração*
▶ *Many **struggling** companies were bought by larger ones.* ▷ *Muitas empresas **em dificuldades**, **em má situação**, **lutando para sobreviver** foram compradas por outras maiores.*

STUBBORN adj.   CONTRARY

teimoso, **obstinado**, cabeçudo, contumaz, inflexível, pertinaz, recalcitrante, renitente, tenaz, turrão, voluntarioso; cabeça-dura

▶ *I was a very difficult and **stubborn** child.* ▷ *Eu era uma criança muito difícil e **teimosa**, **voluntariosa**, **cabeça-dura**.*
▶ *The plan has faced **stubborn** resistance from the top brass.* ▷ *O plano enfrenta **obstinada** resistência do alto escalão.*

STUCK adj.

1. **emperrado**, grudado

▶ *The drawer is **stuck**.* ▷ *A gaveta está **emperrada**.*

2. **preso**, **imobilizado**, amarrado, aprisionado, atolado, confinado, detido, embatucado, empacado, encalacrado, encalhado, encurralado, enfiado, enfurnado, engripado, enredado, entalado, estagnado, imprensado, parado, paralisado, prensado, tolhido, travado; num impasse, sem saída   TRAPPED, STRANDED

▶ *We were **stuck** in a muddy road.* ▷ *Ficamos **presos**, **encalhados**, **atolados** numa estrada lamacenta.*
▶ *Make sure your company is a part of the future and not **stuck** in the past.* ▷ *Faça tudo para que sua empresa faça parte do futuro, e não fique **imobilizada**, **estagnada**, **paralisada** no passado.*
▶ *I'd hate to be **stuck** in an office all day.* ▷ *Eu detestaria ficar **preso**, **enfiado**, **enfurnado**, **aprisionado** num escritório o dia inteiro.*

get STUCK v.

emperrar, atolar, empacar, encalacrar-se, encalhar, engasgar, engripar, travar, parar; ficar preso, não deslanchar, não desatar

- *The lever got stuck.* ▷ *A alavanca emperrou, travou, ficou presa.*
- *The river was so shallow that our boat kept getting stuck.* ▷ *O rio era tão raso que nosso barco a todo momento encalhava, atolava.*
- *You mustn't get stuck in the past.* ▷ *Você não deve ficar estagnado, aprisionado, amarrado, preso ao passado.*

STUNNED adj.   ASTONISHED

- *I was stunned at the scale of domestic violence in the country.* ▷ *Fiquei estupefata, pasma, boquiaberta com a escala da violência doméstica no país.*

STUNNING adj.   DAZZLING

- *A stunning blonde* ▷ *Uma loira espetacular, estonteante*
- *Sales in 2002 exceeded $4 billion, a stunning figure for a recent start-up.* ▷ *Em 2002 as vendas ultrapassaram US$ 4 bilhões, um número espantoso, assombroso, surpreendente para uma firma nova.*

STUPID adj.   FOOLISH

> **Stupid** não é o mesmo que "estúpido, mal-educado" (RUDE).

burro, idiota, besta, obtuso, tapado

- *What a stupid idea!* ▷ *Que idéia burra, cretina, idiota!*
- ♪ *"E quem pára e espera o verde é que é chamado de boçal."* (Caetano Veloso, "Vamo comê")

- Usar os substantivos: **besteira**, absurdo, asneira, bobagem, burrada, burrice, disparate, estupidez, idiotice, imbecilidade, insensatez, tolice

- *What a stupid thing to say!* ▷ *Que bobagem, absurdo! Falou besteira, asneira!*
- *Sorry, that was stupid of me.* ▷ *Desculpe, foi burrice minha.*
- *It's stupid to wait in the rain.* ▷ *É burrice, estupidez esperar na chuva.*

SUBJECT s.   ISSUE, POINT

SUBMIT v.   APPLY

apresentar, enviar, inscrever, propor

- *All research grant applications must be submitted to the Committee.* ▷ *Todos os pedidos de bolsas para pesquisa devem ser apresentados, enviados, propostos ao Comitê.*
- *Submit your website URL to 40 major search engines for free.* ▷ *Inscreva seu site em 40 mecanismos de busca, gratuitamente.*

SUBMISSION s. APPLICATION

pedido, apresentação, inscrição, proposta, solicitação; entrega, envio de trabalhos, artigos

▶ *Submissions for scholarships must reach us by July 15.* ▷ *Os **pedidos**, as **inscrições, solicitações, propostas** de bolsas de estudo devem chegar até 15 de julho.*

▶ *The deadline for **submissions** will be March 10* ▷ *O prazo para **apresentação, envio, entrega** dos trabalhos é 10 de março.*

• Outras sugestões:

▶ *Submissions for publication must be sent in PDF format.* ▷ *Os **trabalhos, artigos, originais, matérias, contribuições, textos** para publicação devem ser enviados em formato PDF.*

SUBSIDE v. DECREASE

SUBSTITUTE v.

> As construções com **substitute** (for ou with) são muito capciosas, em geral opostas às de "substituir" em português. Muita atenção ao contexto!
>
> *Hydrogen **can be substituted** for oil.* ▷ *O hidrogênio **pode substituir** o petróleo.*
> *(NÃO "ser substituído pelo petróleo"...!)*
> *I've got diabetes. The doctor told me to **substitute** saccharine for sugar.* ▷ *Estou com diabetes. O médico me mandou **substituir** o açúcar pela sacarina.*

substituir, introduzir; colocar, pôr, usar, utilizar em substituição, no lugar de, em vez de; trocar por; colocar no lugar de; tomar o lugar de, assumir o lugar de, entrar no lugar de

▶ *You can **substitute** soy milk **for** cow's milk.* ▷ *Você pode **substituir** o leite de vaca **pelo** leite de soja / **usar** leite de soja **em vez de** leite de vaca.*

▶ *For a tastier cake, don't **substitute** margarine **for** butter.* ▷ *Para o bolo ficar mais gostoso, não **use** margarina **no lugar de** manteiga.*

▶ *Behavior therapy tries to **substitute** new responses **for** undesirable ones.* ▷ *A terapia comportamental tenta **substituir** as reações indesejáveis por novas / **introduzir, colocar** reações novas **no lugar** das indesejáveis.*

▶ *We made a cheaper copier by **substituting** a disposable cartridge **for** the complex mechanism used in other copiers.* ▷ *Fizemos uma copiadora mais barata **introduzindo** o cartucho descartável **em lugar** do complexo mecanismo usado nas outras copiadoras.*

• Construções OPOSTAS ao português!!!

▶ *Technology is increasingly being **substituted for** human labor.* ▷ *Cada vez mais a tecnologia **está substituindo** o trabalho humano.*

▶ *Consumers are tightening their belts and **substituting** cheaper products **for** premium products.* ▷ *O consumidor está apertando o cinto e **substituindo, trocando** produtos sofisticados por outros mais baratos.*

▶ *Scientists are trying to **substitute** the sick cells **with** healthy ones.* ▷ *Os cientistas estão tentando substituir as células doentes **por** células saudáveis.*

▶ *To **substitute** opinion **for** fact is not acceptable in journalism.* ▷ *Não é aceitável no jornalismo dar opiniões **em vez de** fatos, **substituir** os fatos pelas opiniões*

suburb

- Construções equivalentes ao português:
▶ (Football) Smith **substituted for** Brown, who strained his ankle. ▷ Smith **substituiu** Brown, que torceu o tornozelo.
▶ These machines **substitute for** hundreds of workers. ▷ Estas máquinas **substituem** centenas de operários.

- As construções com **substitute** em geral correspondem a **replace**:
▶ Electronic sensors may one day **substitute for** / **replace** human eyes. ▷ Sensores eletrônicos talvez venham a **substituir** os olhos humanos.

SUBURB s.

> Nos EUA **suburb** NÃO tem a mesma conotação de "subúrbio" ou "periferia" no Brasil.
> I met a wealthy lady who lives in an affluent **suburb**. ▷ Conheci uma senhora abastada, que mora num **bairro chique, de classe alta**.

bairro residencial, rico; subúrbio
▶ They have a nice house in the **suburbs**. ▷ Eles moram numa linda casa num **bairro residencial**.
◊ No Brasil e outros países "subúrbio", "periferia", lembra um bairro pobre, de difícil acesso. Nos EUA, suburb é um bairro agradável de classe média ou média alta, afastado do centro. Em contraste, o centro da cidade (**CITY, INNER CITY**) muitas vezes é pobre e decadente:
▶ We visited a wide range of locations, from **inner-city** to **suburban** areas. ▷ Visitamos os mais variados locais, desde **bairros pobres** até áreas **elegantes**.

SUBURBAN, SUBURBANITE adj.

> Não traduza por "suburbano". Veja nota em SUBURB.
> These horrible events happened right here, in **suburban** America. ▷ Esses fatos horríveis aconteceram bem aqui, num bairro **rico, de classe média alta** (NÃO "suburbano") dos EUA.

residencial; chique, elegante, rico, de classe média, classe média alta
▶ Live in affordable **suburban** houses on tree-lined streets near country clubs, beaches, lakes and good schools for your children. ▷ More numa casa de preço acessível, num bairro **residencial** com ruas arborizadas, próximo a clubes, praias, lagos e boas escolas para seus filhos.
▶ I am not a boring **suburban** mother. ▷ (Tradução livre:) Não sou dessas mães chatas **de classe média**.
▶ Well-heeled **suburbanites** ▷ Gente abastada, moradores de **bairros ricos, agradáveis**

SUCCEED v.

1. **conseguir** ≠ FAIL
▶ We have **succeeded** in delivering all orders on schedule. ▷ **Conseguimos** entregar todas as encomendas no prazo.

- ▶ He **succeeded** in deceiving everybody around him. ▷ **Conseguiu** enganar todo mundo ao redor.
- ▶ All of them tried, but none **succeeded**. ▷ Todos tentaram, mas nenhum **conseguiu**.

2. ter sucesso, êxito; dar certo; ser bem sucedido, vitorioso; progredir, prosperar, triunfar, vencer, vencer na vida, chegar lá; dar bons resultados, realizar a contento; sair-se bem, dar-se bem; ir de vento em popa; *inf.* abafar, arrasar, emplacar, estourar, estraçalhar, fazer furor THRIVE

- ▶ It's very hard to **succeed** in the business world. ▷ É muito difícil **ter sucesso, vencer, prosperar, progredir, se dar bem** no mundo dos negócios.
- ▶ The new process has **succeeded**. ▷ O novo processo **deu certo, deu bons resultados**.
- ▶ "O software educacional **emplaca** nas escolas."
- ♪ "Ele disse que **chegava lá**." (Chico Buarque, "Meu Guri")

SUCCESSFUL adj.

1. bem-sucedido; vencedor, vitorioso; de sucesso; coroado de êxito

- ▶ A **successful** heart transplant ▷ Transplante de coração **bem-sucedido, coroado de êxito**

2. bom, melhor, adequado, aprovado, competente, efetivo, eficaz, eficiente, excelente, grande, ótimo; com resultados bons, favoráveis, positivos

- ▶ The program has been very **successful**. ▷ O programa tem obtido **bons, ótimos, excelentes resultados**.
- ▶ What are your most **successful** sales techniques? ▷ Quais são suas **melhores** técnicas de vendas, as mais **eficientes, eficazes, efetivas**?
- ▶ **Successful** candidates will be notified. ▷ Os candidatos **aprovados** serão avisados.

• Usar o substantivo "**sucesso**":

- ▶ The singer has been hugely **successful**. ▷ O cantor tem feito um **sucesso** enorme.

• Usar os verbos: conseguir, vencer, dar certo SUCCEED

- ▶ The strategy was **successful** in stopping the leak of oil. ▷ A estratégia **conseguiu** deter o vazamento.
- ▶ The restaurant has been quite **successful**. ▷ O restaurante **deu certo, teve êxito, bons resultados, vai de vento em popa**.
- ▶ He's been very **successful** in his profession. ▷ Ele **se deu muito bem** na profissão.
- ▶ The show was very **successful**. ▷ O show **arrasou**.

SUCCESSFULLY adv.

> Omitir quando supérfluo em português:
> The message was **successfully** received. ▷ A mensagem foi recebida.
> (NÃO "foi recebida com sucesso"...!)

bem, muito bem; com sucesso, bons resultados, bons efeitos

- ▶ He adapted **successfully** to life in the United States. ▷ Ele se adaptou **bem, muito bem** à vida nos EUA.
- ▶ The action plan was **successfully** implemented. ▷ O plano de ação foi implementado **com sucesso, bons resultados**.

sudden

- Omitir e usar "conseguir":
▶ *The two astronauts **successfully** completed a 7-hour spacewalk.* ▷ *Os dois astronautas **conseguiram** (NÃO "conseguiram com sucesso...!") completar uma caminhada no espaço de 7 horas.*
▶ *These companies have **successfully** changed their strategies.* ▷ *Essas empresas **conseguiram** mudar sua estratégia.*

SUDDEN adj., **SUDDENLY** adv.

súbito, **repentino**, abrupto, brusco, imprevisto, inesperado, inopinado, instantâneo

▶ *He had a **sudden** heart attack.* ▷ *Teve um ataque de coração **súbito**, **repentino**.*
▶ *She was subject to **sudden** mood swings.* ▷ *Era sujeita a mudanças de humor **abruptas**.*
▶ *What if a **sudden** change in legislation makes our business impossible?* ▷ *E se uma mudança **imprevista**, **inesperada** na legislação tornar nosso negócio inviável?*
▶ *(adv.) The solution came to me **suddenly**.* ▷ *A solução me veio **de repente**, **de súbito**, **de chofre**, **de estalo**.*
▶ *He died **suddenly**.* ▷ *Morreu **de repente**, **inesperadamente**, **repentinamente**.*

SUFFER v.

1. **sofrer**, **padecer**, afligir-se, agonizar, amargurar-se, atormentar-se, expiar, martirizar-se, mortificar-se, penar, torturar-se; comer o pão que o diabo amassou

▶ *Don't **suffer** in silence.* ▷ *Não **sofra**, não fique **se torturando** em silêncio.*

2. **suportar**, agüentar, aturar, tolerar; ter paciência STAND

▶ *(expr.) He doesn't **suffer** fools gladly.* ▷ *Ele não **tem paciência** com gente tola.*

SUIT v.

1. **convir**, **servir**; adequar-se, prestar-se; ser conveniente

▶ *It's been hard to find a date that **suits** everybody.* ▷ *Está difícil encontrar uma data **conveniente**, que **convenha** para todos.*
▶ *The old systems are ill-**suited** to our current task.* ▷ *Os velhos sistemas **não servem**, **não se prestam** à nossa tarefa atual.*
▶ *This truck is particularly **suited** to long trips.* ▷ *Essa picape é especialmente **adequada** para viagens longas.*

2. **cair bem**, ornar; ficar bem, assentar bem; cair como uma luva FIT

▶ *This dress really **suits** you.* ▷ *Este vestido **cai bem**, **fica** muito **bem** para você.*

SUITABLE adj.   APPROPRIATE

conveniente, **adequado**, acertado, apropriado, apto, certo, compatível, condizente, conforme, correto, próprio; que serve, serve bem

▶ *An overcoat **suitable** for everyday wear* ▷ *Casaco **adequado**, **apropriado** para o uso diário*
▶ *She must find a **suitable** match.* ▷ *Ela precisa encontrar um parceiro **compatível**, o parceiro **certo**.*
▶ *This book is not **suitable** for children.* ▷ *Esse livro não é **próprio**, não **serve** para crianças.*

SULLEN adj.   DEJECTED, MOODY

SUM UP, SUMMARIZE v.   ≠ RESUME

resumir, condensar, encapsular, sintetizar; fazer uma súmula, uma sinopse

▶ *The book **summarizes** his views of man and society.* ▷ *O livro **resume, faz uma sinopse** das suas idéias sobre o homem e a sociedade.*

▶ *Can you **sum up** your life in 15 words?* ▷ *Você consegue **resumir, condensar, sintetizar** sua vida em 15 palavras?*

SUPERB adj.   EXQUISITE

▶ *A **superb** musician* ▷ *Um músico **esplêndido, exímio, estupendo, magnífico***

▶ *A **superb** interpretation* ▷ *Interpretação **primorosa, esmerada, refinada, requintada**; de primeira, de primeiríssima, de escol, de elite; de primeira grandeza, linha, ordem; de primeiro plano, time; de alto calibre, gabarito, grau, naipe, nível, padrão, quilate; de alta categoria, classe, qualidade*

SUPPORT v., s., adj.

> **Support** nem sempre é "suportar". Compare:
> *I don't **support** this war.* ▷ *Não **apóio**, não **sou a favor** dessa guerra.*
> *Não **suporto** esse sujeito!* ▷ *I can't **stand** that fellow.*
> *This game **supports** up to eight players.* ▷ *O jogo **comporta, permite, tem capacidade** para (NÃO "suporta"...!) até oito participantes.*

1. **suportar, sustentar**, agüentar, apoiar, escorar

▶ *Unfortunately, the ice on the lake didn't **support** his weight.* ▷ *Infelizmente, o gelo no lago não **suportou, agüentou** seu peso.*

▶ *The bridge is **supported** by two huge towers.* ▷ *A ponte é **sustentada** por duas enormes torres.*

▶ *"Os ombros **suportam** o mundo" (Carlos Drummond de Andrade)*

2. **apoiar, ajudar**, assessorar, defender, favorecer, respaldar; ser a favor; dar apoio   CHAMPION

▶ *Even when everybody was against me, my parents have always **supported** me.* ▷ *Mesmo quando todos eram contra mim, meus pais sempre **me ajudaram, me apoiaram, me deram apoio**.*

▶ *Tony Blair **supported** a directly elected mayor of London.* ▷ *Tony Blair **defendeu, foi a favor** de eleições diretas para prefeito de Londres.*

▶ *(subst.) Your **support** is central to our survival.* ▷ *Seu **apoio, respaldo**, sua **ajuda**, cooperação, solidariedade sé fundamental para a nossa sobrevivência.*

▶ *(adj.) **Support** group* ▷ *Grupo de **apoio***

▶ ***Supporting** part* ▷ *Papel **coadjuvante***

3. **comprovar, provar**, confirmar, corroborar, embasar, endossar, estribar, fundamentar, justificar, sustentar; respaldar, dar respaldo   VERIFY

▶ *This new theory is **supported** by genetic and archeological evidence.* ▷ *Essa nova teoria é **comprovada, corroborada** por evidências genéticas e arqueológicas.*

supporter

- ▶ *No scientific evidence **supports** this theory.* ▷ *Não há nenhuma evidência científica que **comprove, sustente, justifique, dê respaldo,** a essa teoria.*

4. sustentar, patrocinar; pagar as despesas; alimentar, prover, dar vida   PROVIDE

- ▶ *How can you get married if you can't **support** a family?* ▷ *Como você pode se casar se não consegue **sustentar** uma família?*
- ▶ *His research is **supported** by a grant from Unesco.* ▷ *Sua pesquisa é patrocinada por uma bolsa da Unesco.*
- ▶ *The Pantanal **supports** an astounding variety of animals and plants.* ▷ *O Pantanal **sustenta, dá vida** a uma espantosa variedade de animais e plantas.*
- ▶ *(subst.) He worked very hard to provide **support** for his family.* ▷ *Trabalhava duro para garantir o **sustento** da família.*

5. comportar, ser compatível, admitir, aceitar, atender, permitir; ter recursos, capacidade

- ▶ *This printer **supports** Linux.* ▷ *Essa impressora **aceita, é compatível com** Linux.*
- ▶ *3G mobile phones **support** multimedia.* ▷ *Os celulares de terceira geração **comportam,** têm **recursos, capacidade** para, **permitem** o uso de multimídia.*
- ▶ *Our large service center can **support** all our New York clients.* ▷ *Nossa grande central de serviços pode **atender** todos os nossos clientes de Nova York.*

SUPPORTER adj.   ADVOCATE, CHAMPION

simpatizante, partidário, adepto, aderente, admirador, aliado, amigo, apoiador, correligionário, defensor

- ▶ *The candidate thanked his **supporters**.* ▷ *O candidato agradeceu aos seus **simpatizantes, correligionários, aliados** / aos **adeptos, partidários** da sua candidatura.*
- ▶ *She's a passionate **supporter** of children's rights* ▷ *Ela é **defensora** ardorosa, grande **amiga** dos direitos da criança.*

be SUPPOSED v.

dever, precisar, ter de, ter a obrigação de; ter permissão para

- ▶ *According to the script, he was **supposed** to beg her forgiveness.* ▷ *Segundo o roteiro, ele **devia** lhe pedir perdão.*
- ▶ *She's **supposed** to clean the house every day.* ▷ *Ela **precisa, tem a obrigação de, tem de** limpar a casa todos os dias.*
- ▶ *You're not **supposed** to smoke in here.* ▷ *Aqui não é **permitido** fumar. / Aqui não se fuma.*
- ▶ *Small children are not **supposed** to listen to this.* ▷ *Criança pequena não **deve,** não **deveria** ouvir essas coisas.*
- ▶ *That's the way it's **supposed** to be.* ▷ *É assim que **deve** ser.*

- Usar: **supor,** assumir, esperar, presumir
- ▶ *At this point he is **supposed** to know English fairly well.* ▷ *Nessas alturas, **supõe-se, espera-se, presume-se** que ele já saiba inglês bastante bem.*

- Usar: combinar, ficar combinado; ficar de; ser para
- ▶ *We were **supposed** to tell each other everything.* ▷ *Nós **combinamos, ficou combinado** que uma contaria tudo à outra.*

▶ *He was **supposed** to come at ten.* ▷ *Ele **ficou de** vir às dez. / **Era para** ele vir às dez. / Ele **era para** vir às dez.*
▶ *We aren't **supposed** to go.* ▷ *Não é para nós irmos.*

- Outras sugestões:

▶ *Students were not **supposed** to enter, but this was a big joke.* ▷ ***Teoricamente**, os alunos não **deveriam** entrar, mas isso foi uma grande piada.*
▶ *His new film is **supposed** to be very good.* ▷ ***Parece, pelo que dizem, estão achando** seu novo filme muito bom.*
▶ *Mechanization **was supposed** to free man from hard labor.* ▷ ***Pensava-se, o consenso geral dizia** que a mecanização viria libertar o homem do trabalho pesado.*
▶ *We had bouillabaisse in Marseille, as we were **supposed**.* ▷ *Tomamos bouillabaisse em Marselha, **como não poderia deixar de ser, como manda o figurino**.*

SUPPOSED adj.

suposto, pretenso, alegado, apontado, fictício, hipotético, presumido, putativo, suspeito, tal; considerado por hipótese, sem provas; falsamente atribuído SO-CALLED

▶ *The crowd was anxious to get a glimpse of the **supposed** murderer.* ▷ *A multidão ansiosa procurava avistar o **suspeito, suposto** assassino.*
▶ *Little did she know the **supposed** millionaire was actually a jobless student.* ▷ *Mal sabia ela que o **pretenso, hipotético, tal** "milionário" era na verdade um estudante desempregado.*

◊ *"An accused person is presumed innocent until proven guilty."* Enquanto um acusado não for julgado e condenado, assume-se que seja inocente, e a imprensa é obrigada a qualificá-lo como "supposed" criminal.

SUPPOSEDLY adv.

supostamente, hipoteticamente, presumivelmente, pretensamente, teoricamente; segundo consta; em tese, em teoria, por hipótese ALLEGEDLY

▶ *She had dreams and premonitions that **supposedly** foretold the future.* ▷ *Tinha sonhos e premonições que **supostamente, pretensamente** previam o futuro.*
▶ *These politicians rule over the nation, while never answering to the people whom they **supposedly** serve.* ▷ *Esses políticos mandam no país e nunca atendem ao povo que **teoricamente, em tese** deveriam servir.*

- Usar os verbos: **supor**, achar, acreditar, crer, pensar, pressupor, presumir ASSUME

▶ ***Supposedly** the dead man rose from his grave.* ▷ *Eles **acham, acreditam, supõem** que o morto se levantou do túmulo.*

- Usar o condicional para passar a nuance de dúvida:

▶ *He showed me an exquisite garden, **supposedly** designed by a famous architect.* ▷ *Mostrou-me um belo jardim que **teria sido** projetado por um famoso arquiteto.*

SURE adj.

seguro, certo, garantido; confiante

▶ *A **sure** way to increase sales* ▷ *Método **garantido** de aumentar as vendas* make sure

▶ *He's very **sure** of himself.* ▷ *Ele é muito **seguro** de si, **autoconfiante**.*

● Outras sugestões:

▶ *I'm 100% **sure**.* ▷ *Tenho **certeza absoluta**.*
▶ *I'm not **sure** how this works.* ▷ *Não **sei bem** como isso funciona.*
▶ *(interj.) **Sure!*** ▷ ***Claro!***

MAKE SURE, BE SURE v.

cuidar, certificar-se, exigir, garantir, lembrar-se, procurar, providenciar; tratar de; ter em mente; ter certeza; não se esquecer, não deixar, fazer questão de; tomar cuidado, prestar atenção

▶ ***Be sure** to lock the door.* ▷ ***Lembre-se, preste atenção, tome cuidado** não deixe, não se esqueça de fechar a porta.*
▶ *I'll **make sure** of it.* ▷ *Vou **cuidar, providenciar, tratar** disso. / Não vou esquecer.*
▶ ***Make sure** the shop gives you a receipt.* ▷ ***Exija, faça questão** do recibo.*
▶ ***Make sure** you understand the rules.* ▷ ***Procure, trate** de compreender **bem** as regras.*
▶ ***Be sure** to perform three repetitions.* ▷ ***Cuidado / Atenção**: Repita o exercício três vezes.*

SURGE s.

onda, **arroubo**, surto, assomo, efusão, ímpeto, impulso, rompante, transbordamento; **aumento**, **pico**, crescendo, intensificação, subida BOOM, INCREASE

▶ *There has been a **surge** of enthusiasm for this theory.* ▷ *Há uma **onda**, um **surto** de entusiasmo por essa teoria.*
▶ *This was the beginning of a new creative **surge**.* ▷ *Foi o início de um novo **arroubo**, **ímpeto** de criatividade.*
▶ *An unexpected **surge** in demand* ▷ ***Aumento, pico** inesperado da demanda*

SURROUNDINGS s. pl.   OUTSKIRTS

meio, **ambiente**, adjacências, arredores, entorno, imediações, proximidades, redondezas, vizinhança

▶ *It took her just a few days to get used to her new **surroundings**.* ▷ *Levou apenas alguns dias para acostumar-se ao seu novo **ambiente**.*
▶ *The building fits wonderfully in with its **surroundings**.* ▷ *O edifício se integra maravilhosamente com seu **entorno**, **meio**, as **redondezas**.*

SURVEY s.   RESEARCH

pesquisa, levantamento, apanhado, descrição, enquete, estudo, exame, inspeção, investigação, panorama, reconhecimento, sondagem, vistoria; visão geral; pesquisa de opinião

▶ *Geological **survey*** ▷ ***Levantamento, estudo, reconhecimento** geológico do terreno*
▶ *A **survey** of English literature* ▷ ***Panorama, visão geral, apanhado** da literatura inglesa*
▶ *People often respond to **surveys** by imitating the majority.* ▷ *As pessoas costumam responder às **enquetes, sondagens, pesquisas de opinião** repetindo o que diz a maioria.*

SURVEY v.

pesquisar, examinar, estudar, inspecionar, observar; levantar dados, fazer um levantamento, um reconhecimento; passar em revista, ter uma visão geral

▶ The area was carefully **surveyed**. ▷ A área foi cuidadosamente **pesquisada**
▶ From the top of the mountain they **surveyed** the scene around them. ▷ Do alto da montanha, **observaram, examinaram, estudaram, passaram em revista** o panorama ao redor.
▶ Surveying expedition ▷ Expedição de **pesquisa, reconhecimento**

SWEEP v.

1. **varrer**, limpar

▶ This issue cannot be **swept** under the carpet. ▷ Não se pode **varrer** esse problema para debaixo do tapete.

2. **levar,** arrastar, arrebatar, dominar, empolgar, entusiasmar; levar de roldão; vencer de longe; tomar conta OVERWHELM

▶ The film **swept** the Academy Awards. ▷ O filme **arrebatou** os Oscars.
▶ President Wilson's candidature **swept** the country. ▷ A candidatura do presidente Wilson **empolgou, entusiasmou, tomou conta** do país.

3. **mover-se majestosamente**, triunfalmente

▶ Everyone claps as the debutantes **sweep** into the ballroom. ▷ Todos aplaudem enquanto as debutantes **fazem sua entrada triunfal** no salão de baile.

SWEEP AWAY v.   WIPE OUT

destruir, aniquilar

▶ The flood has **swept away** hundreds of homes. ▷ A enchente **destruiu, levou de roldão** centenas de casas.

SWEEPING adj.

1. **amplo**, completo, geral, total COMPREHENSIVE, THOROUGH

▶ The country is looking into a **sweeping** overhaul of immigration laws. ▷ O país está considerando uma mudança **ampla, geral, total** nas leis de imigração.

2. **generalizado,** indiscriminado

▶ You can't draw such **sweeping** conclusions about the country after such a short time. ▷ Não se pode tirar conclusões assim **generalizadas** sobre o país depois de tão pouco tempo.

SWINDLE s., v., SWINDLER s.   SCAM, CHEAT, CON ARTIST

▶ He was a victim of a financial **swindle**. ▷ Foi vítima de um **golpe**, uma **fraude** financeira.
▶ He **swindled** investors by selling them worthless promissory notes. ▷ **Enganava, fraudava** os investidores vendendo-lhes notas promissórias sem valor algum.
▶ He was a **swindler** who cheated gullible people out of their savings. ▷ Era um **escroque, vigarista, golpista** que roubava as economias de pessoas ingênuas.

SYMPATHETIC adj.

> **Sympathetic** é pouco usado para pessoas "simpáticas".
> Em geral indica alguém que compreende, apóia, concorda com uma idéia:
> *He was very upset, and tried to be **sympathetic**.* ▷ *Ele estava muito abalado, e tentei ser **compreensivo, solidário**.*
> *Era uma senhora muito **simpática**.* ▷ *She was a very **nice, friendly, warm, congenial** lady.*

1. **simpatizante, solidário**; amigável, amigo, compreensivo, favorável, receptivo, sensível, solidário; simpático a uma idéia, uma causa

▶ *Most rich countries are **sympathetic** to the idea of giving aid to the Third World.* ▷ *A maioria dos países ricos é **simpática, favorável** à idéia de ajudar o Terceiro Mundo.*
▶ *The boss gave their complaints a **sympathetic** hearing.* ▷ *O patrão **recebeu bem**, foi **compreensivo, receptivo, sensível** às queixas.*
▶ *At times like these you need a **sympathetic** ear.* ▷ *Em momentos assim, a gente precisa de um ouvido **amigo**.*
▶ *The beggar told a sad story that evoked a **sympathetic** response.* ▷ *O mendigo contou uma história triste que despertou uma reação de **solidariedade, piedade, compaixão**.*

2. **simpático**, querido CONGENIAL

▶ *This great actor managed to turn a drug dealer into a **sympathetic** antihero.* ▷ *Esse grande ator conseguiu transformar um traficante num **simpático** anti-herói.*

◊ Existe a palavra **simpatico** em inglês americano (dicionarizada, vinda do espanhol):

▶ *I found Jim very **simpatico**, with a great sense of humor.* ▷ *Achei o Jim muito **simpático**, com um ótimo senso de humor.*

SYMPATHIZE v.

> **Sympathize** em geral NÃO é "simpatizar" no sentido de "sentir simpatia por alguém":
> *They **sympathize** with the Americans and condemn terrorism.* ▷ *Eles **se solidarizam, apóiam** os americanos e condenam o terrorismo.*
> *Simpatizei com ele à primeira vista.* ▷ *I **liked** him, I **took a liking** to him, I **hit it off** with him at first sight.*

solidarizar-se, simpatizar, apoiar, compreender, compartilhar os sentimentos; ser a favor; **condoer-se**, ter compaixão, dó, pena, piedade

▶ *We **sympathize** with the striking workers.* ▷ *Nós nos **solidarizamos, apoiamos, somos a favor** dos operários em greve.*
▶ *I know what it's like to be away from home for so long. I do **sympathize** with you.* ▷ *Eu sei o que é estar fora de casa há tanto tempo. Eu **compreendo** seus sentimentos / **sei o que você sente**.*
▶ *I **sympathize** with the plight of the homeless.* ▷ *Compreendo o drama, **tenho pena** das pessoas sem teto.*

SYMPATHY s.

> **Sympathy** em geral NÃO é "simpatia" no sentido de "encanto pessoal" (**charm, congeniality**):
> *I complained to my father about the school but got no **sympathy** from him.* ▷ *Queixei-me ao meu pai sobre a escola, não recebi nenhuma **solidariedade, apoio, compreensão**.*
> *Ela é muito estimada e foi eleita Miss **Simpatia**.* ▷ *She is very well liked and has been elected Miss Congeniality.*

1. **solidariedade**, **simpatia** por uma causa; apoio, aprovação, compreensão, empatia, entendimento, estima; **compaixão**, dó, pena, piedade
▶ *The rebels have won international **sympathy** for their cause.* ▷ *Os rebeldes granjearam **solidariedade, simpatia, apoio, aprovação, estima** internacional pela sua causa.*
▶ *The terrorists expressed no **sympathy** for their civilian victims.* ▷ *Os terroristas não expressaram nenhuma **piedade, compaixão** por suas vítimas civis.*

2. **simpatia**, afeição, afeto, afinidade, amizade, atração, compatibilidade
▶ *We felt great **sympathy** for each other, and we struck up a friendship.* ▷ *Sentimos grande **simpatia** mútua, e fizemos amizade.*

3. **pêsames,** condolências
▶ *We extend our heartfelt **sympathy/sympathies** to the widow.* ▷ *Apresentamos à viúva nossas mais sinceras **condolências**.*

SYSTEM s.

> **System** nem sempre significa "sistema".

1. **sistema**
▶ *The solar **system*** ▷ *O **sistema** solar*

2. **organismo**, corpo humano
▶ *The illness spread through his **system**.* ▷ *A doença espalhou-se por todo o seu **organismo**.*
▶ *(expr.) It's no good to bear a grudge – you have **to get it out of your system**.* ▷ *Não é bom guardar rancor – Você tem de **se livrar disso, botar para fora, fazer uma catarse**.*

T

TACKY adj.   CORNY

TACKLE v.

1. **atracar-se com,** afrontar, arrostar, atacar, derrubar, dominar GRAPPLE

▶ *Police **tackled** the suspect and hndcuffed him.* ▷ *A polícia **atracou-se com, dominou, derrubou** o suspeito e o algemou.*

2. **encarar,** atacar, enfrentar, dar conta de; tentar resolver, lidar COPE

▶ *There are many ways of **tackling** this problem.* ▷ *Há muitas maneiras de **atacar, enfrentar, tentar resolver, lidar** com esse problema.*

TAKE FOR GRANTED v.   GRANTED

TAKE IT EASY expr.   EASY

TALENT s.

1. **talento,** aptidão, bossa, queda FLAIR

▶ *The boy has an enormous **talent** for drawing.* ▷ *O garoto tem um enorme **talento, aptidão** para o desenho.*

2. **profissional,** bom profissional; mão-de-obra especializada; talento

▶ *We are hiring new **talent**.* ▷ *Estamos contratando novos **profissionais, talentos**.*
▶ *Companies are competing for **talent**.* ▷ *As empresas estão competindo pelos **bons profissionais**, pela mão-de-obra especializada.*
▶ *India is teeming with cheap **talent**.* ▷ *A Índia está fervilhando de **profissionais bons** e baratos.*

3. **artista,** ator; pessoa em profissão artística

▶ *The TV director directs **talent** during production.* ▷ *O diretor de TV dirige os **atores** durante a produção.*
▶ *Are you **talent** or an assistant?* ▷ *Você é **ator, artista** ou técnico?*
▶ *Talent show* ▷ *Show de **calouros***
▶ *Talent charge* ▷ ***Cachê***

TALK v., TALKATIVE adj.   DISCUSS

falar, conversar, comunicar-se, dialogar, entender-se, papear, prosear

▶ *Stop **talking**!* ▷ *Parem de **falar**!*
▶ *The two friends would spend hours **talking**.* ▷ *As duas amigas passavam horas **conversando, proseando, papeando**.*
▶ *(adj.) Our guide was very **talkative** and funny.* ▷ *Nosso guia era muito **falante, comunicativo, expansivo** e engraçado.*
▶ *She was a boring **over-talkative** guest.* ▷ *Era uma visita cansativa, **falava demais**.*

• Usar os substantivos: conversa, diálogo

▶ *When I came back home I would write down everything we'd **talked about**.* ▷ *Chegando em casa eu escrevia todas as **nossas conversas**.*
▶ *These two have to really **talk** to one another.* ▷ *Esses dois precisam ter uma boa **conversa**, um **diálogo** de verdade.*

TAMBOURINE s.

> **Tambourine** NÃO é "tamborim", mas sim "pandeiro".

▸ *The church choir was accompanied by **tambourines**.* ▷ *O coro da igreja era acompanhado por **pandeiros**.* (NÃO "~~tamborins~~"...!)

♪ *"Mr. **Tambourine** Man" (Bob Dylan)* ▷ *O homem do **pandeiro***

TAME adj.

1. (animal) **domesticado**, **manso**, dócil, domado, inofensivo, mansinho HARMLESS

▸ *The zoo has a large collection of animals, both **tame** and wild.* ▷ *O zoo tem uma grande coleção de animais, tanto **domesticados** como selvagens.*

▸ *The squirrels in the park are quite **tame** and will take food from your hand.* ▷ *Os esquilos do parque são **mansos** e vêm comer na nossa mão.*

2. **moderado**, bem comportado, comedido QUIET

▸ *His "horror" novels are rather **tame**.* ▷ *Seus romances de "terror" são bastante **comedidos**.*

▸ *Madonna has launched a **tamer** version of her video.* ▷ *Madonna lançou uma versão mais **moderada**, **bem comportada** do seu vídeo.*

TAP, TAP INTO v.

1. **extrair**, explorar

▸ *The local people **tap** rubber trees for their latex.* ▷ *A população local **explora** as seringueiras para **extrair** o látex.*

2. **aproveitar, utilizar**, absorver, acessar, beber, capitalizar, empregar, haurir, recorrer, sorver, usar; contar com, servir-se, lançar mão, ter acesso, tirar partido, valer-se de HARNESS

▸ *Science has only just begun to **tap into** solar power.* ▷ *A ciência mal começou a **aproveitar**, **utilizar**, **explorar** a energia solar.*

▸ *Private employers increasingly **tap** prison labor force.* ▷ *A indústria privada **utiliza**, **emprega**, **absorve**, **recorre**, **se vale** cada vez mais da mão-de-obra dos presidiários.*

▸ *Those tribes want to preserve their traditions and **tap** the experience of their elders.* ▷ *Essas tribos querem preservar suas tradições e **absorver**, **haurir**, **beber** na experiência dos mais velhos.*

▸ *He **tapped** his family and friends to finance the film.* ▷ *Ele **recorreu** à família e aos amigos para financiar o filme.*

▸ *Chess playing computers can **tap** databases with millions of games.* ▷ *Os computadores que jogam xadrez podem **acessar**, **utilizar** bancos de dados com milhões de partidas.*

3. **conseguir, buscar**, captar, colher, obter

▸ *Global companies deciding where to locate consider first where they can **tap into** the talents they need.* ▷ *Antes de decidir onde vão se localizar, as multinacionais consideram primeiro onde poderão **conseguir**, **captar**, **obter** os talentos de que precisam.*

4. (= appoint) **nomear**, designar, escolher

- Queen **taps** Bill Gates for knighthood ▷ Rainha **nomeia** Bill Gates cavaleiro
- The president **tapped** (= appointed) a woman for Secretary of State. ▷ O presidente **designou, nomeou** uma mulher para ser sua secretária de Estado.

TARGET s., adj., v.   AIM

alvo, meta, objetivo, propósito

- Only one missile missed the **target**. ▷ Só um dos mísseis errou o **alvo**.
- **Target** audience ▷ Público-**alvo**
- How can you **target** your ideal consumers? ▷ Como **visar, se direcionar, buscar, tentar atingir** seus consumidores ideais?

TASK s.   WORK

tarefa, encargo, afazer, atividade, compromisso, dever, empreitada, empreendimento, empresa, encargo, esforço, faina, incumbência, iniciativa, labor, labuta, lida, missão, obrigação, ocupação, quefazer, responsabilidade, serviço

- She received the **task** of organizing the whole thing. ▷ Ela recebeu a **incumbência, missão, o encargo** / foi **encarregada** de organizar tudo.
- A working mother must be adept at juggling **tasks**. ▷ A mãe que trabalha tem que ser perita em dar conta de muitas **tarefas, responsabilidades, afazeres, obrigações**, muitos **compromissos, deveres, quefazeres** ao mesmo tempo.

TAKE TO TASK, BRING TO TASK v.

repreender, censurar, criticar   CASTIGATE

- The director was often **taken to task** / **brought to task** for being too authoritarian. ▷ O diretor era **criticado** e **cobrado** por ser muito autoritário.

TEASE v.

1. **provocar, fazer pirraça**, amolar, arreliar, caçoar, chatear, cutucar, espicaçar, hostilizar, implicar, importunar, ridicularizar; fazer picuinha; *inf.* encher, torrar   HARASS

- The older boys are always **teasing** him. ▷ Os meninos mais velhos vivem **provocando, fazendo pirraça, implicando, caçoando** dele.
- The poor boy was constantly **teased** by his classmates. ▷ O pobre garoto era alvo constante das **provocações, picuinhas, hostilidade** dos colegas.
- Eric, don't **tease**! ▷ Eric, não **amola**, não **enche**, não **torra**!

2. **brincar**, amolar, bulir; *inf.* mexer com alguém, pegar no pé, tirar sarro

- He **teased** her like a big brother. ▷ **Brincava, implicava** com ela como um irmão mais velho.
- I was 18 then, but my friends **teased** me, saying I was "just a kid". ▷ Eu já tinha 18 anos, mas meus amigos **brincavam** comigo, **tiravam sarro**, diziam que eu era "criança".

TEEM v., TEEMING adj.

fervilhar, formigar, apinhar, enxamear, ferver, pipocar, pulular, regurgitar, transbordar

▶ *The train station was **teeming** with people.* ▷ *A estação **fervia, fervilhava, pululava transbordava, regurgitava** de gente.*
▶ *(adj.) The **teeming** streets of Cairo* ▷ *As ruas do Cairo, **fervilhantes, transbordando, apinhadas, repletas, superlotadas** de gente*

TELL OFF v.

repreender, ralhar SCOLD

▶ *Teachers should praise their pupils instead of **telling** them **off**.* ▷ *Os professores deveriam elogiar os alunos, em vez de **repreendê-los, ralhar** com eles.*

TELLING adj.

1. **significativo**, **revelador**, acusador, comprometedor, expressivo, indisfarçável, inequívoco, sugestivo POINTED

▶ *He didn't come for the party and I found this very **telling**.* ▷ *Ele não apareceu na festa, o que achei muito **significativo, revelador**.*
▶ *A **telling** detail / smile / glance* ▷ *Detalhe / Sorriso / Olhar **comprometedor, revelador, significativo, expressivo, sugestivo***

2. **forte, influente,** convincente, eloqüente, expressivo, importante, incisivo, marcante, poderoso, significativo, vigoroso, vívido COMPELLING

▶ *Heredity has a **telling** effect on human character.* ▷ *A hereditariedade tem um efeito **marcante, incisivo, forte, poderoso, significativo** no caráter humano.*
▶ *A **telling** argument* ▷ *Argumento **poderoso, convincente, eloqüente, válido, vigoroso***
▶ *The most **telling** evaluations include both financial and psychological aspects.* ▷ *As avaliações mais **significativas, expressivas** incluem tanto os aspectos financeiros como os psicológicos.*

TEND v.

> Muito usado para relativizar, amenizar, evitar afirmações dogmáticas.
> *She **tends** to interfere in other people's business.* ▷ *Ela **costuma, sói, tem o hábito** de interferir (melhor que "~~tende~~ a interferir"...) na vida alheia.*

1. **costumar**, soer; ter o hábito

▶ *Symptoms **tend** to disappear in two to four days.* ▷ *Os sintomas **costumam** desaparecer dentro de dois a quatro dias.*

• Usar: **muitas vezes,** em geral, de modo geral OFTEN

▶ *These accounts **tended** to blend fact and fiction.* ▷ *Essas narrativas **muitas vezes** misturavam fato e ficção.*
▶ *They **tend** to spend the winter abroad.* ▷ ***Em geral** eles passam o inverno no estrangeiro.*
▶ *Improvement in the lives of addicts **tends** to be very modest.* ▷ *A melhora na vida dos viciados **costuma** ser, **em geral** é muito modesta.*

tentative

- Usar: **a maioria,** a maior parte MOST
▶ *These immigrants **tend** to vote right of center.* ▷ *A **maioria, maior parte** desses imigrantes vota na direita.*

- Omitir quando supérfluo:
▶ *The views of those bigots **tend** to reflect blind prejudice.* ▷ *As idéias desses fanáticos **refletem** um preconceito cego.*

2. **tender**, **inclinar-se**, dirigir-se, pender, preferir; ter tendência, disposição, inclinação, pendor, propensão para; ser **propenso**, inclinado, predisposto, sujeito a

▶ *Inertia **tends** to carry the weight forward.* ▷ *A inércia **tende** a levar o peso para a frente.*
▶ *Unfortunately, the spirit of the times is **tending** to the right.* ▷ *Infelizmente, o espírito do nosso tempo está **pendendo, se inclinando** para a direita.*
▶ *We now **tend** to work along with the client.* ▷ *Atualmente **preferimos, nos inclinamos,** nossa **tendência** atual é trabalhar junto com o cliente.*
▶ *He **tends** toward destructive behavior.* ▷ *Ele é **propenso, predisposto** ao comportamento destrutivo.*

TENTATIVE adj.

1. **hesitante**
▶ *A **tentative** smile* ▷ *Sorriso **hesitante***

2. **provisório**, experimental; piloto; de teste; não definitivo, não certo
▶ *This is just a **tentative** schedule.* ▷ *É apenas um horário **provisório, não definitivo.***
▶ ***Tentative** idea / conclusion* ▷ *Sugestão / conclusão **provisória***

TERRIFIC adj.

> **Terrific,** ao contrário de "terrível", em geral tem sentido positivo:
> *He's got a **terrific** personality.* ▷ *Ele tem uma personalidade **bárbara, fantástica**. (NÃO "terrível"...!)*

1. **ótimo, esplêndido**, excelente, fantástico, fenomenal, maravilhoso; *inf.* bárbaro GREAT
▶ *We had a **terrific** time at the party.* ▷ *A festa foi **ótima, bárbara!***
▶ *A **terrific** actress / teacher / player* ▷ *Uma atriz / professora / jogadora **fantástica***
▶ *I feel **terrific!*** ▷ *Estou me sentindo **esplendidamente** bem!*

2. (menos usado neste sentido) **terrível,** enorme, espantoso, tremendo AWFUL
▶ *The newspaper said the dictator represents "a **terrific** danger".* ▷ *Segundo o jornal, o ditador representa um "perigo **terrível**".*
▶ *Suddenly there was a **terrific** crash.* ▷ *De repente ouvi um barulho **tremendo, espantoso**.*

TESTAMENT s.

> Pouco usado como "testamento". A acepção 1 é mais comum:
> *The anti-war demonstrations are a **testament** to our democracy.* ▷ *As passeatas contra a guerra são um **testemunho**, uma **prova** (NÃO "um testamento...!) da nossa democracia.*

theater

1. **testemunho,** prova cabal, incontestável, indiscutível, inegável, inequívoca, inquestionável, irrefutável, tangível, viva EVIDENCE

▶ These immigrants are **testaments** to the transformative power of our society. ▷ Esses imigrantes são um **testemunho indiscutível, irrefutável,** uma **prova viva** da força transformadora da nossa sociedade.

▶ She has played numerous Broadway roles – a **testament** to her extraordinary talent. ▷ Ela já interpretou muitos papéis na Broadway – **prova cabal, incontestável, inegável** do seu extraordinário talento.

2. **testamento**

▶ You can write your own **Testament** and Last Will. ▷ Você pode redigir sozinho seu **testamento** e declaração de última vontade.

▶ The Bible consists of the Old **Testament** and the New **Testament.** ▷ A Bíblia consiste do Velho **Testamento** e do Novo **Testamento.**

THE artigo, adj.

> **The** também significa "esse" ou "aquele", referindo-se a algo que acaba de ser mencionado:
>
> Corporal punishment is inhumane and ineffective. **The** practice should be replaced by alternatives. ▷ O castigo corporal é desumano e ineficiente. **Essa** prática / **Tal** prática deveria ser substituída por alternativas.

1. **o, a**

▶ **The** rich and **the** poor ▷ **Os** ricos e **os** pobres

2. **esse, aquele,** tal

▶ Boarding school... The boy shuddered with fear whenever **the** thought occurred to him. ▷ Colégio interno... O menino estremecia de medo cada vez que **tal, esse** pensamento lhe ocorria.

▶ Millions of business people around the world want to learn English. Without **the** language, their opportunities are limited. ▷ Milhões de executivos do mundo todo querem aprender inglês. Sem **esse** idioma, / Sem **o inglês,** suas oportunidades são limitadas.

THEATER s.

> **Theater** também é "cinema, sala de cinema" (**movie theater**). Atenção ao contexto!
>
> After the movie we went to an Italian restaurant just next to the **theater.** ▷ Depois do filme, fomos a um restaurante italiano pertinho do **cinema.** (NÃO "do ~~teatro~~"...!)

1. **teatro**

▶ She was a famous **theater** actress. ▷ Era uma famosa atriz de **teatro.**

2. **cinema,** sala de cinema

▶ **Theater** managers must keep children from adult movies. ▷ Os gerentes dos **cinemas** devem proibir a entrada de crianças em filmes adultos.

3. (= operating theater, operating room) **sala de operações,** centro cirúrgico

▶ The patient was rushed to the operating **theater.** ▷ O paciente foi levado às pressas para a **sala de operações.**

4. teatro de guerra, de operações

▶ Supplies are moved to the **theater** on private civilian transport. ▷ Os suprimentos são levados ao **teatro da guerra** em transporte civil privado.

THEIR adj.

> NÃO usar possessivo com partes do corpo.
> Isso gera construções extremamente artificiais em português:
>
> They lowered **their** heads in embarrassment. ▷ Constrangidos, abaixaram **a** cabeça.
> (NÃO "~~suas~~ cabeças"...!)

seu, deles

▶ Everyone will get **their** own room. ▷ Cada um vai ganhar **seu** próprio quarto.
▶ The children were not in **their** room. ▷ As crianças não estavam no quarto **delas**.

• Para evitar a ambigüidade de "seu", "sua", usar "dele", "dela":

▶ After her parents died in a crash, Susan asked me to spread **their** ashes on the sea. ▷ Depois que seus pais morreram num desastre, Susan me pediu para espalhar as cinzas **deles** no mar.

• Outras sugestões: **de todos**, de todos eles; de cada um; dos dois, do casal; da família

▶ Tom and Mary called a financial advisor to evaluate **their** richness. ▷ Tom e Mary chamaram um consultor financeiro para avaliar a riqueza **dos dois, do casal**.
▶ The mother felt **their** well-being were the first things to be considered. ▷ A mãe sentia que o bem estar **da família / de cada um deles** era a primeira coisa a considerar.

• Omitir quando óbvio e prescindível:

▶ They take good care of **their** kids. ▷ Eles cuidam bem **dos** filhos. (Melhor que "dos seus filhos")
▶ The children washed **their** faces and brushed **their** teeth. ▷ As crianças lavaram **o** rosto e escovaram **os** dentes. (NÃO "~~seu~~ rosto e ~~seus~~ dentes"...!)
▶ They've locked themselves in **their** room. ▷ Eles se trancaram **no** quarto.

THING s.

coisa, negócio, ser

▶ "The only **thing** we have to fear is fear itself." (F.D. Roosevelt) ▷ A única **coisa** que temos a temer é o próprio medo.
▶ The giant redwood is the biggest living **thing**. ▷ A sequóia gigante é o maior **ser** vivo do planeta.
▶ Well, the **thing** is we never got along well. ▷ Bem, o **negócio** é que nós nunca nos demos bem.

• Evite usar em excesso a palavra "coisa". Sugestões:

• Usar uma palavra mais específica: elemento, aspecto, fator, questão POINT, ISSUE

▶ There's another **thing** to consider. ▷ Há outro **fator, aspecto** a se considerar.
▶ All these theories had one **thing** in common. ▷ Todas essas teorias tinham um **elemento, fator** em comum.

▶ *The **thing** is...* ▷ *A **questão**, o **problema** é...*

• Outras sugestões:

▶ *"Every man kills the **thing** he loves." (Oscar Wilde)* ▷ *Todo homem mata **aquilo** que ama.*
▶ *How is it possible to define the source of **all things**?* ▷ *Como se pode definir a origem de **tudo**?*
▶ *The most important **thing** is...* ▷ *O mais importante é...*
▶ *Older Germans are being pushed out of the workforce. **The same thing** is happening in Italy and France.* ▷ *Os alemães mais velhos estão sendo expulsos da força de trabalho. **O mesmo** acontece na Itália e na França.*
▶ *Do the right **thing*** ▷ *Agir certo, agir corretamente, tomar a decisão certa*

THIS pron.   IT

isso, isto

• Omitir "isso" quando dispensável:

▶ *This is too much!* ▷ *É demais! (Melhor que "Isso é demais")*
▶ *Can you deposit **this** in my account?* ▷ *Pode **depositar** (melhor que "depositar isso") na minha conta?*

THOROUGH adj., THOROUGHLY adv.

1. (coisa) **completo**, **exaustivo**, abrangente, aprofundado, árduo, cabal, consumado, cuidadoso, detalhado, escrupuloso, esmerado, global, integral, intenso, laborioso, meticuloso, minucioso, rematado, rigoroso, total   COMPREHENSIVE

▶ *A **thorough** check-up* ▷ *Check-up **completo, detalhado, aprofundado, global, total***
▶ *We did a **thorough** revision of the manuscript.* ▷ *Passamos o manuscrito por uma revisão **cuidadosa, esmerada, exaustiva, laboriosa, minuciosa, meticulosa, rigorosa**.*
▶ *A **thorough** pleasure* ▷ ***Consumado, rematado** prazer*
▶ *(adv.) We went through the report **thoroughly**.* ▷ *Revisamos o relatório **meticulosamente, exaustivamente, rigorosamente, de ponta a ponta**.*
▶ *The chief of police has been **thoroughly** mystified.* ▷ *O chefe de polícia está **completamente** desorientado.*

2. (pessoa) **escrupuloso**, conscienscioso, detalhista, diligente, meticuloso, minucioso, paciente, perfeccionista   PARTICULAR

▶ *My assistants are very **thorough** in their research* ▷ *Meus assessores são muito **escrupulosos, detalhistas, meticulosos, rigorosos, perfeccionistas** em suas pesquisas.*

thoroughbred s. – (cavalo) **puro-sangue**

THOU pron.   YOU

tu, você (forma antiga, usada na literatura e na Bíblia)

▶ *"**Thou** shall not kill." (Exodus 20:13)* ▷ *Não matarás.*
▶ *"Dust **thou** art, and to dust **thou** shalt return." (Genesis 3:19)* ▷ *"**Tu** és pó, e ao pó **tu** voltarás."*
▶ *"This above all: to **thine** own self be true, and... **thou** canst not then be false to any man." (Hamlet, Shakespeare)* ▷ *E isto acima de tudo: sê fiel a **ti** mesmo... e assim **tu** jamais serás falso para com ninguém.*

thoughtful

THOUGHTFUL adj.

1. atencioso, **gentil**, amável, atento, cortês, cuidadoso, delicado, extremoso, obsequioso, prestativo, prestimoso, previdente, solícito, zeloso; cheio de atenção, consideração; que pensa em tudo   KIND

- ▶ *It was so **thoughtful** of you to remember my birthday!* ▷ *Você foi tão **gentil**, **atencioso** de lembrar do meu aniversário! Quanta **atenção**, **consideração**!*
- ▶ *My coworker was **thoughtful** enough to bring an extra sandwich for me.* ▷ *Minha colega teve a **gentileza** de trazer um sanduíche a mais para mim.*

2. pensativo, concentrado, sério; que pensa, cisma, contempla, medita, reflete   ENGROSSED

- ▶ *The doctor looked **thoughtful** for a moment.* ▷ *O médico ficou **pensativo, cismando, refletindo** por alguns instantes.*

3. ponderado, bem pensado, criterioso, judicioso, reflexivo, sensato   SENSIBLE

- ▶ *We have to come up with **thoughtful** ways of protecting the environment.* ▷ *Precisamos encontrar maneiras **bem pensadas, sensatas** de proteger o meio ambiente.*

THOUGHTFULNESS s.

consideração, atenção, delicadeza, solicitude

- ▶ *Let's teach our children to treat others with kindness, respect and **thoughtfulness**.* ▷ *Vamos ensinar nossos filhos a tratar os outros com bondade, respeito e **consideração**.*
- ▶ *We were charmed by our hostess' **thoughtfulness**.* ▷ *Ficamos encantados com a **atenção**, a **delicadeza** da dona da casa.*

THRILL s.   EXCITEMENT

forte, **intensa emoção**, **sensação**; arrepio, estremecimento, excitação, frêmito, *frisson*, palpitação, tremor, vibração; *inf.* adrenalina

- ▶ *"Cheap **Thrills**" (Janis Joplin)* ▷ *"Emoções Baratas"*
- ▶ *They wanted to relive the **thrill** of falling in love.* ▷ *Desejavam reviver a **intensa emoção** de se apaixonar.*
- ▶ *It gave me a real **thrill** to see her again after so many years.* ▷ *Senti uma **emoção enorme** ao revê-la depois de tantos anos.*
- ▶ *A **thrill** of fear ran through her.* ▷ *Sentiu um **arrepio** de medo.*
- ▶ *Imagine the **thrill** of hitting 230 miles per hour in this race car.* ▷ *Imagine a **vibração**, a **adrenalina** de chegar a 370 km por hora nesse carro de corrida.*
- ▶ *"Momentos antes da estréia, os atores estão num clima de euforia e **frisson**."*

THRILLED adj.   EXCITED

eletrizado, emocionado, empolgado, excitado, excitadíssimo, fascinado

- ▶ *The children were **thrilled** to see the dolphins.* ▷ *As crianças ficaram **emocionadas, empolgadas, fascinadas** ao ver os golfinhos.*

THRILLER s. adj.   ROMANCE

(filme, livro) **de suspense**, policial, *thriller;* de detetive; de ação e suspense

▶ *Hitchcock directed great **thrillers** such as Psycho and Vertigo.* ▷ *Hitchcock dirigiu grandes **filmes de suspense** como "Psicose" e "Um corpo que cai".*

THRILLING adj.   DRAMATIC

eletrizante, **emocionante**, apaixonante, arrebatador, arrepiante, empolgante, espetacular, fascinante, impressionante, interessante, magnetizante, palpitante, provocante, sensacional, surpreendente, vibrante; de arrepiar, de tirar o fôlego

▶ *We're heading to a **thrilling** climax for the championship.* ▷ *Estamos caminhando para um final **emocionante, eletrizante, palpitante** do campeonato.*

THRIVE v.

> Cuidado com a tradução "florescer":
> *Few animals can **thrive** in this dry region.* ▷ *Poucos animais podem **se dar bem**
> (NÃO "florescer"...!) nessa região seca.*

1. (plantas) **vicejar**, abundar, crescer, dar, florescer, florir, medrar, vingar; dar-se bem, crescer bem, vigorosamente   FLOURISH

▶ *Mushrooms **thrive** in moist soil.* ▷ *O cogumelo **dá, cresce bem, se dá bem, se desenvolve bem** em solo úmido.*

2. (animais) **abundar**, multiplicar-se, proliferar, vingar; se dar bem, dar, existir em abundância   TEEM

▶ *These wild horses **thrive** in our region.* ▷ *Esses cavalos selvagens **abundam, existem em abundância** (NÃO florescem...!) na nossa região.*
▶ *During the Mesozoic age, dinosaurs evolved and **thrived**.* ▷ *Na Era Mesozóica os dinossauros evoluíram e **se multiplicaram, proliferaram**.*

3. **prosperar**, **progredir**, adiantar-se, aumentar, avançar, brilhar, desabrochar, desenvolver-se, expandir-se, florescer, florir, fortalecer-se, fortificar-se, frutificar, intensificar-se; ganhar força; ter sucesso, bom desempenho, dar certo; ir de vento em popa; estar em plena atividade, pleno desenvolvimento   SUCCEED

▶ *His business is **thriving**.* ▷ *Seus negócios estão **prosperando, florescendo, vão bem, de vento em popa**.*
▶ *How can a small company **thrive** in a world dominated by huge players?* ▷ *Como pode uma pequena empresa **vingar, dar certo, progredir, ter sucesso** num mundo dominado por empresas enormes?*
▶ *Linux stocks will **thrive** next year.* ▷ *As ações da Linux terão **ótimo desempenho** no ano que vem.*
▶ *"Cheerfulness is the atmosphere under which all things **thrive**." (J.P. Richter)* ▷ *A alegria é a atmosfera onde todas as coisas **florescem, desabrocham, prosperam, frutificam, se desenvolvem**.*

4. **gozar de boa saúde**; desabrochar, ganhar vida; passar muito bem

▶ *The baby has recovered and is **thriving**.* ▷ *O bebê se recuperou e **passa muito bem, está em ótima saúde**.*
▶ *She **thrives** in front of an audience.* ▷ *Diante do público ela **desabrocha, ganha vida**.*

• Usar adjetivos: THRIVING

▶ *The whole region **thrives** with plant and animal life.* ▷ *A região toda está **pujante, estuante** de vida animal e vegetal.*

thriving

▶ *The town's traditional Turkish bath still **thrives** after 500 years.* ▷ *O tradicional banho turco continua **em plena atividade**, como há 500 anos.*

● Outras sugestões:

▶ *This is the kind of environment in which chidren **thrive**.* ▷ *Esse é o tipo de ambiente **favorável** às crianças, onde as crianças podem se **desenvolver** bem.*

THRIVING adj.

pujante, **próspero**, animado, borbulhante, exuberante, febril, fervilhante, florescente, lucrativo, progressista, vibrante, vicejante, viçoso, vigoroso, vivo; cheio, estuante de vida; de grande progresso; em expansão; em franco, pleno desenvolvimento, crescimento, plena atividade   BOOMING

▶ *The town, once **thriving**, has been abandoned.* ▷ *A cidade, antes **pujante**, **próspera**, **progressista**, **vibrante**, **cheia de vida** foi abandonada.*
▶ ***Thriving** vegetation* ▷ *Vegetação **viçosa**, **exuberante***
▶ *This once arid site today is a **thriving** forest.* ▷ *Esse lugar, antes árido, é hoje uma floresta **fervilhante** de vida.*
▶ *The country has a **thriving** tourist industry.* ▷ *O país tem um setor turístico **próspero**, **vigoroso**, **pujante**, em franca **expansão**, em **plena atividade**.*

THWART v.   DETER

tolher, **impedir**, baldar, barrar, bloquear, cercear, coibir, contrariar, cortar, deter, dificultar, embaraçar, embargar, evitar, frustrar, impossibilitar, inibir, obstar, obstruir, paralisar, parar, reprimir

▶ *The government **thwarted** any attempts at restoring democracy.* ▷ *O governo **tolhia**, **impedia**, **coibia**, **inibia**, **reprimia** qualquer tentativa de restaurar a democracia.*
▶ *An attempted attack was **thwarted** by the police.* ▷ *Uma tentativa de ataque foi **impedida**, **evitada**, **barrada**, **frustrada** pela polícia.*

TIDY adj.   NEAT

TIME s.

1. **tempo**, **tempos**, época, fase, hora, momento, ocasião, período, ponto

▶ *I don't have **time**.* ▷ *Não tenho **tempo**.*
▶ *We live in a **time** of plenty.* ▷ *Vivemos em **tempos** de fartura.*
▶ *This was not part of my life at the **time**.* ▷ *Não fazia parte da minha vida naquele **tempo**, naqueles **tempos**, naquela **época**.*
▶ *I remembered all the difficult **times** we went through* ▷ *Lembrei de todos os **momentos**, as **épocas**, **ocasiões**, **fases**, **horas** difíceis que passamos juntos.*
▶ *A new wave of attacks comes at a critical **time**.* ▷ *Uma nova onda de ataques vem num **momento**, **ponto** crítico.*

● Outras sugestões:

▶ *"It's **time** to start living the life we've imagined." (Henry James)* ▷ *Já é **hora** de começar a viver a vida que nós imaginamos.*
▶ *It's **high time** we changed that situation.* ▷ *Já é **mais do que hora** de mudarmos essa situação.*

▶ We had a **great time**, a **wonderful time**. ▷ Foi **ótimo**, nós nos divertimos muito, curtimos, aproveitamos muito.

2. vez

▶ How many **times** you've been there? ▷ Quantas **vezes** você já esteve lá?
▶ **Time after time** they told me no. ▷ **Vezes e vezes** eles me disseram que não.

3. prazo

▶ Processing **times** for travel documents have greatly increased. ▷ Aumentaram muito os **prazos** de processamento para documentos de viagem.

TIMELY adj. ≠ UNTIMELY

1. oportuno, providencial, azado, conveniente, favorável, propício; que vem a tempo, em tempo hábil, bem a calhar, em boa hora, bem a propósito, na hora certa, num momento oportuno, favorável

▶ This is a very **timely** and relevant book on the growing friction between America and China. ▷ É um livro muito **oportuno** e relevante sobre o crescente atrito entre os EUA e a China.
▶ I escaped death due to a **timely** warning. ▷ Escapei da morte devido a um aviso **providencial**, que veio **bem a tempo, na hora certa**.
▶ **Timely** actions can reduce the risk of fires. ▷ Medidas tomadas **a tempo** podem reduzir o risco de incêndios.
▶ The **timely** arrival of the guests led to a welcome turn in the conversation. ▷ A chegada **providencial** dos convidados levou a uma bem-vinda mudança na conversa.

2. imediato, atualizado, instantâneo, pronto, rápido; o mais recente; chegado em cima da hora

▶ The victims have recovered, thanks to the **timely** intervention of the medics. ▷ As vítimas se recuperaram, graças à **imediata, pronta, rápida** intervenção dos paramédicos.
▶ We need accurate and **timely** information on delayed and canceled flights. ▷ Precisamos de informações precisas e **atualizadas, instantâneas** sobre vôos atrasados e cancelados.

TIMING s.

1. timing; coordenação, controle do tempo; cronograma, planejamento, sincronia SCHEDULE

▶ This ship is so big it can only enter the port at the highest tide, so **timing** is critical. ▷ O navio é tão grande que só pode entrar no porto com a maré mais alta; assim, a **coordenação**, o **planejamento, controlar o tempo** é fundamental.
▶ When it comes to cooking, **timing** is everything – you can't let anything burn or get cold. ▷ Na cozinha o principal é a **coordenação, sincronia**, o bom **planejamento**, é fazer tudo no **momento certo** – não se pode deixar nada queimar nem esfriar.
▶ "O diretor conseguiu o **timing** perfeito para uma história tão explosiva." (JB)

2. senso de oportunidade, de ocasião; hora, época, ocasião, momento, tempo certo, conveniente, oportuno TIMELY

▶ As in most success stories, **timing** was everything. ▷ Como na maioria das histórias de sucesso, tudo foi questão de **senso de oportunidade, de estar no lugar certo, na hora certa**.
▶ The **timing** of this book is perfect. ▷ Esse livro veio **bem na hora certa**. / A publicação foi muito **oportuna**.

tinker

- ▸ *His parents were away, so the **timing** was perfect.* ▷ *Como os pais dele estavam fora, a **oportunidade, ocasião**, o **momento** era perfeito.*
- ▸ *Unfortunately, the **timing** was wrong.* ▷ *Infelizmente, o **momento** foi impróprio, foi numa **hora** errada.*

- Outras sugestões:

- ▸ *The country's troubles arose partly from unlucky **timing**.* ▷ *Os problemas do país surgiram em parte da falta de sorte na **seqüência dos acontecimentos**.*
- ▸ *Start thinking about **timing**; for instance, is a potential threat to your company one, three, or five years out?* ▷ *Comece a pensar no **fator tempo**, numa **perspectiva cronológica**; por exemplo, haverá uma ameaça à sua empresa daqui a um ano, três anos, cinco anos?*
- ▸ *Gen. Clark will determine the **timing** of the planes' return.* ▷ *O general Clark vai decidir o **escalonamento** do retorno dos aviões.*

TINKER v.   TWEAK

lidar, **mexer**, experimentar, manipular, trabalhar; fazer experiências; tentar consertar, remendar; mexer e remexer; *inf.* fuçar

- ▸ *I've always liked to **tinker** with motors and machines of all kinds.* ▷ *Sempre gostei de **mexer, lidar, fuçar, fazer experiências** com motores e máquinas de todo tipo.*

TINY adj.   MINUTE

minúsculo, **pequenino**, anão, diminuto, ínfimo, liliputiano, microscópico, *mignon*, miniatura, mínimo, mirim, miúdo, nanico, pequeno, pequenininho, pequeníssimo, pequetito

- ▸ *Nanotechnology will bring us **tiny** computers built into our watches.* ▷ *A nanotecnologia nos trará computadores **minúsculos, microscópicos** embutidos em nossos relógios.*
- ▸ *Only a **tiny**, **tiny** percentage of patients – about 0.3 percent – opted for this method.* ▷ *Apenas uma porcentagem **mínima, ínfima** dos pacientes – cerca de 0,3% – optou por esse método.*
- ▸ *Tiny sandals for **tiny** feet.* ▷ *Sandalinhas **pequetitas** para pezinhos **pequeninos, miudinhos**.*
- ▸ *"As Traquinices do Mascarado **Mignon**" (Villa-Lobos)*

- Usar os sufixos diminutivos: inho, ito, ino, oca, ínculo, únculo

- ▸ *Mimi laid her **tiny** hand on her father's knee.* ▷ *Mimi pôs a **mãozinha** no joelho do pai.*
- ▸ *Many people find it hard to read on the **tiny** screen of a mobile phone.* ▷ *Muita gente tem dificuldade para ler na **telinha**, na tela **diminuta, pequenina** de um celular.*
- ▸ *Pinguinho, homenzinho, homúnculo, um pouquito, uma beijoca*

- Usar os prefixos: mini, micro

- ▸ *He produced a **tiny** recorder.* ▷ *Tirou do bolso um **micro**gravador.*

TOKEN s.

1. **ficha**, senha, vale

- ▸ *I need a subway **token**.* ▷ *Preciso de uma **ficha**, uma **passagem** de metrô.*
- ▸ *The game is played with a pair of dice, and **tokens** of different colors.* ▷ *Joga-se com um par de dados e **fichas** de várias cores.*
- ▸ *Gift **token*** ▷ *Vale-presente*

2. **sinal**, **símbolo**, demonstração, lembrança, lembrete, penhor, prova, signo, testemunho

▶ *Please accept this small gift as a **token** of our appreciation.* ▷ *Aceite este presentinho como **sinal, penhor, prova** do nosso reconhecimento.*

▶ *He took the name of his great-uncle as a **token** of respect.* ▷ *Adotou o nome de seu tio-avô como **sinal, demonstração** de respeito.*

TOKEN adj.

simbólico, formal, insignificante, pro forma, por formalidade, só para constar; *inf.* só para inglês ver

▶ *The soldiers offered **token** resistence.* ▷ *Os soldados ofereceram uma resistência **mínima, simbólica, pro forma**.*

▶ *A **token** gesture of good will* ▷ *Gesto **simbólico** de boa vontade*

▶ *One servant checked the car with **token** thoroughness.* ▷ *Um criado examinou o carro **simulando** grande atenção.*

BY THE SAME TOKEN expr.

da mesma forma, igualmente; assim também, da mesma maneira, por isso mesmo, pela mesma razão, pelo mesmo motivo

▶ *Even if you are losing the game you will have opportunities to change its outcome. **By the same token**, you can't always be the winner.* ▷ *Mesmo se você estiver perdendo o jogo, terá oportunidades de mudar o desfecho. **Assim também, igualmente, da mesma forma, pela mesma razão**, você não pode ganhar todas as vezes.*

TOLL s.

1. **taxa**, tributo, pedágio; custo, preço de um serviço

▶ *Stop, **pay toll** ahead* ▷ *Pare, **pedágio** adiante*

▶ *Avoid the high **tolls** for long-distance calls.* ▷ *Evite os altos **custos** dos interurbanos.*

   toll-free

▶ *Call **toll-free**.* ▷ *Ligue **grátis**, ligue para o nosso número **gratuito**.*

2. **vítimas, fatalidades**, mortos, perdas; balanço, contagem, número de mortos, acidentados, vítimas; conseqüências, impacto negativo CASUALTY

▶ *Quake **toll** rises* ▷ *Aumenta o número de **mortos, vítimas** do terremoto*

▶ *Miles of fencing have sharply reduced the **toll** along some highways.* ▷ *Muitos quilômetros de cercas reduziram as **fatalidades, acidentes** em algumas estradas.*

▶ *We try to reduce the maternal **death toll**.* ▷ *Tentamos reduzir a **mortalidade** materna.*

▶ *The tsunami has taken a heavy psychological **toll** on the survivors.* ▷ *O tsunami teve forte **impacto**, pesadas **conseqüências** psicológicas sobre os sobreviventes.*

TAKE A TOLL v.

prejudicar, afetar, atingir, lesar, vitimar; surtir efeito, impacto negativo; causar, acarretar custos, danos, destruição, gastos, prejuízo, sacrifício, sofrimento HURT

▶ *The scandal has **taken a toll** on the President's ratings.* ▷ *O escândalo **prejudicou, afetou, atingiu**, teve forte **impacto negativo** sobre a popularidade do presidente.*

- ▶ *That heavy, dirty job has **taken** a huge **toll** on his health.* ▷ *Esse trabalho sujo, pesado **causou** graves danos à sua saúde.*
- ▶ *The war has taken a terrible **toll** from these luckless people.* ▷ *A guerra causou um terrível **sofrimento, sacrifício** para essa gente desafortunada.*

TONY adj.

chique, elegante HIGH-END

- ▶ *Tony neighborhood* ▷ *Bairro **chique, exclusivo, classe A***

TOO adv.   VERY

> Evite "demasiadamente", longo e pouco idiomático:
> *She's **too** critical.* ▷ *Ela é crítica **demais, super**crítica. (Melhor que "~~demasiadamente~~ crítica".)*
> *The water was **too** cold for me.* ▷ *A água estava **muito** fria para mim.*

demais, demasiado, excessivamente, muito, super-; em excesso, em demasia

- ▶ *This is **too** good to be true.* ▷ *É bom **demais** para ser verdade.*
- ▶ *Sadly, it was **too** expensive for us.* ▷ *Infelizmente era **muito** caro para nós.*
- ▶ *Sometimes she was **too** frank.* ▷ *Às vezes ela era **demasiado** sincera, sincera **demais**, **exagerava** na sinceridade, pecava por **excesso** de sinceridade.*
- ▶ *Come back before it's **too** late.* ▷ *Volte antes que seja tarde demais.*

- Usar: tão... que não, tão.... que nem

- ▶ *The table was **too** big to fit in the room.* ▷ *A mesa era **tão** grande **que não** cabia na sala.*
- ▶ *He was **too** busy to answer the phone.* ▷ *Estava **tão** ocupado **que nem** atendeu ao telefone.*
- ▶ *I was **too** tired to listen.* ▷ *Eu estava **tão** cansada **que nem** conseguia escutar.*

TOUGH adj.   HARD, HARSH

- ▶ *This is one of the city's **toughest** neighborhoods.* ▷ *Este é um dos bairros mais **perigosos, violentos** da cidade.*

TOWER v.

1. **elevar-se**, avultar, erguer-se LOOM

- ▶ *The tall poplar **towered** high above all other trees.* ▷ *O alto choupo **elevava-se** acima de todas as outras árvores.*
- ▶ *There was the cathedral **towering** in front of us.* ▷ *Ali estava a catedral **se erguendo, se avultando** à nossa frente.*

2. **sobressair-se**, destacar-se, dominar, predominar, salientar-se LOOM LARGE

- ▶ *Emily Dickinson **towers** above all the other poets of the day.* ▷ *Emily Dickinson se **sobressai**, se **destaca** acima de todos os demais poetas de sua época.*
- ▶ *One manufacturer **towers** above all the others.* ▷ *Um fabricante **predomina** sobre todos os outros.*

- Reforçar com os adjetivos: alto, elevado, imponente, majestoso
- ▶ *I looked at the cliffs **towering** above me.* ▷ *Fitei os **imponentes, altíssimos** penhascos se **elevando** ao redor.*

TOWERING adj.   AWE-INSPIRING

imponente, monumental, altaneiro, colossal, eminente, enorme, excelso, extraordinário, gigantesco, grande, incomparável, insigne, magnificente, magnífico, majestoso, proeminente, soberbo, sublime

- ▶ *I've always loved Mozart, especially his **towering**, magnificent Requiem.* ▷ *Sempre adorei Mozart, especialmente seu **majestoso, monumental**, magnífico Réquiem.*
- ▶ *Rembrandt was the **towering** figure who dominated Dutch painting in mid-17th century.* ▷ *Rembrandt foi a figura **proeminente, imponente, monumental**, o **gigante** que dominou a pintura holandesa em meados do século 17.*

TRACE, TRACE BACK v.

1. **rastrear**, seguir a pista, o rastro, a trilha, o curso; ir ao encalço; buscar, descobrir, encontrar, localizar   PURSUE, TRACK

- ▶ *The phone company was unable to **trace** the call.* ▷ *A companhia telefônica não conseguiu **rastrear** a chamada.*
- ▶ *Police dogs **traced** the suspect's path to a nearby parking lot.* ▷ *Cães da polícia **seguiram a pista, o rastro** do suspeito até um estacionamento próximo.*
- ▶ *There are many new devices to **trace** missing persons.* ▷ *Há muitos novos recursos para **localizar, seguir a pista, encontrar** pessoas desaparecidas.*
- ▶ *We are trying to **trace** the cause of the disease.* ▷ *Estamos tentando **descobrir, encontrar, localizar** a causa da doença.*

2. **pesquisar**, acompanhar, investigar, traçar; reconstituir, refazer, retraçar o curso; encontrar as origens   RESEARCH

- ▶ *I'm trying to **trace back** my genealogy via a DNA test.* ▷ *Estou tentando **pesquisar, investigar, reconstituir** minha genealogia com um teste de DNA.*
- ▶ *The film **traces** the events leading up to WWI.* ▷ *O filme **acompanha, traça** os acontecimentos que levaram à Primeira Guerra Mundial.*
- ▶ *Let's **retrace** the course of your thoughts.* ▷ *Vamos **refazer, reconstituir** o curso dos seus pensamentos.*

3. **provir**, derivar, datar, originar-se, remontar

- ▶ *This practice can be **traced back** to ancient Greek festivals.* ▷ *Esse costume **provém, data** dos, **remonta** aos festivais na Grécia antiga.*
- ▶ *This religion cannot be **traced** to a specific founder.* ▷ *Essa religião não **provém**, não **deriva**, não **se origina** de um fundador específico.*

◊ Veja nota em TRACK, TRACK DOWN

TRACK s.

1. **rastro, pista**, encalço, indicação, indício, marca, pegada, rasto, sulco, traço, vestígio

- ▶ *Our dogs followed the fugitive's **track** in the snow.* ▷ *Nossos cães saíram no **encalço**, seguiram o **rastro, a pista**, as **pegadas** do fugitivo na neve.*
- ▶ *We saw tire **tracks** in the mud.* ▷ *Vimos **marcas, sulcos** de pneus na lama.*

keep track

2. trilha, caminho, pista

▶ *The **track** led into the woods.* ▷ *A **trilha**, o **caminho** levava até a mata.*

3. trilho (de trem, bonde etc.)

▶ *Do not walk across the **tracks**.* ▷ *Não atravesse os **trilhos**.*
▶ *After a difficult period, Roy's **back on track**.* ▷ *Depois de um período difícil, Roy está **de volta nos trilhos**, reencontrou o **rumo** certo.*

● Outras sugestões:

▶ *I found it difficult to **follow the track** of his argument.* ▷ *Achei difícil **seguir o fio** do seu pensamento.*
▶ *That was just a ruse to throw his competitors off the **track**.* ▷ *Foi só uma artimanha para **despistar** a concorrência.*
▶ *I lost all **track** of time.* ▷ *Perdi a **noção** do tempo.*

KEEP TRACK v.

acompanhar, **seguir**, controlar, fiscalizar, monitorar, vigiar, manter sob vigilância; não perder de vista; seguir o paradeiro, o trajeto

▶ *It's hard to **keep track** of all these new scientific discoveries.* ▷ *É difícil **acompanhar** todas essas novas descobertas científicas.*
▶ *GPS-enabled cell phones allow individuals to **keep track** of children or aged parents.* ▷ *O celular com GPS permite **controlar, monitorar, não perder de vista, manter sob vigilância, seguir o paradeiro** das crianças ou dos pais idosos.*

● Outras sugestões:

▶ *I always make sure I **keep track** of all the money I spend.* ▷ *Faço questão de **controlar, anotar, registrar** todo o dinheiro que gasto.*
▶ *Make sure to **keep track** of the score.* ▷ *Não esqueça de **marcar** os pontos, a pontuação.*

TRACK, TRACK DOWN v.

1. localizar, **caçar**, descobrir, encontrar, perseguir, procurar; seguir o rasto, rastro, a pista, sombra, as pegadas, os calcanhares; ir ao encalço, à procura, à busca de; tentar alcançar PURSUE

▶ *These dogs can **track down** game through the forest.* ▷ *Esses cães conseguem **seguir a pista, o rastro** dos animais na floresta.*
▶ *Why can't the airline **track down** my suitcase?* ▷ *Por que a empresa aérea não consegue **encontrar, localizar** minha mala?*

2. rastrear, monitorar, acompanhar, controlar, fiscalizar, observar, seguir TRACE

▶ *Our trucks are satellite **tracked**.* ▷ *Nossos caminhões são **rastreados, monitorados** por satélite.*
▶ *You can **track** the status of your order online.* ▷ *Você pode **acompanhar, rastrear, seguir** pela internet o andamento do seu pedido.*

◊ Note que **track** e **trace** podem ser sinônimos:

▶ ***Tracking** Terror Money – Authorities want special powers to **trace** terrorists using the financial system* ▷ ***Rastreando** o dinheiro dos terroristas – As autoridades querem ter poderes especiais para **localizar, encontrar, seguir a pista** dos terroristas usando o sistema financeiro.*

TRACK RECORD s. BACKGROUND

histórico, carreira, dossiê, experiência, passado, reputação, trajetória

- ▶ *The firm has a dismal **track record** when it comes to preserving the environment.* ▷ *A firma tem um **dossiê, histórico, passado,** uma **trajetória, reputação** péssima quanto à conservação do meio-ambiente.*
- ▶ *Why was he chosen? He had no **track record** as an artist.* ▷ *Por que ele foi escolhido? Ele não tinha nenhuma **experiência, não era conhecido** como artista.*
- ▶ *At 19, the actor has an impressive **track record**.* ▷ *Com 19 anos, o ator já tem uma **carreira** de respeito.*

TRADE s.

1. **profissão, ofício,** *métier,* mister, ocupação

- ▶ *You must learn a **trade**.* ▷ *Você precisa aprender uma **profissão**.*
- ▶ *He was a plumber by **trade**.* ▷ *Tinha o **ofício** de encanador.*
- ▶ ***Trade** Union* ▷ *Sindicato*

2. **comércio,** negócio BUSINESS

- ▶ *Foreign **trade*** ▷ ***Comércio** exterior*

3. (= trade magazine) **revista especializada,** da área, do setor

- ▶ *The blog is full of Hollywood gossip that the **trades** are afraid to publish.* ▷ *Esse blog é cheio de fofocas de Hollywood que as **revistas especializadas** têm medo de publicar.*

TRAMPOLINE s.

> NÃO significa "trampolim" de piscina (**springboard**).

cama elástica

- ▶ *She was in the garden jumping on her **trampoline**.* ▷ *Ela estava no jardim, pulando na **cama elástica**.*

TRANSLATE v.

1. **traduzir,** expressar, interpretar

- ▶ *How can you translate "saudades" into English?* ▷ *Como se **traduz,** se **expressa** "saudades" em inglês?*
- ▶ *She made a gesture I **translated** as "I don't care".* ▷ *Ela fez um gesto que eu **interpretei** como "Tanto faz".*

2. **transformar,** converter

- ▶ *How can you **translate** your ideas into reality?* ▷ *Como **transformar, converter** suas idéias em realidade?*

3. **representar,** causar, implicar, redundar em, resultar, significar, traduzir-se em

- ▶ *A country's political instability **translates** into greater risks for investments.* ▷ *A instabilidade política de um país **representa, significa, resulta, implica, se traduz** em maior risco para os investimentos.*

TRANSLATION s.

1. tradução

▶ *There's no simple **translation** for many Chinese words.* ▷ *Não há uma **tradução** simples para muitas palavras chinesas.*

2. transformação, conversão, passagem

▶ *A lot of money was wasted in the **translation** of plans into actual programs.* ▷ *Muito dinheiro se perdeu na **passagem, transformação** dos planos em programas reais.*

TRAP s.

1. armadilha, alçapão, arapuca, laço, ratoeira, teia

▶ *Fish are caught in **traps**.* ▷ *Os peixes são pegos em **armadilhas**.*

2. ardil, arapuca, cilada, emboscada, embuste, estratagema, esparrela; *inf.* armação

▶ *He's way too clever to fall into that **trap**.* ▷ *Ele é muito esperto para cair nessa **armadilha, armação, arapuca**.*

TRAPPED adj.

aprisionado, encurralado, acossado, acuado, apanhado, capturado, encalacrado, pego, preso, prisioneiro; num impasse; numa armadilha, cilada, ratoeira; sem escapatória, sem saída, num beco sem saída

▶ *Several people are **trapped** in the collapsed building.* ▷ *Há várias pessoas **presas** no edifício desmoronado.*

▶ *Germany was **trapped** between the Russian and French armies.* ▷ *A Alemanha ficou **encurralada, acuada** entre o exército russo e o francês.*

▶ *He escaped from jail but was **trapped** and shot.* ▷ *Escapou da prisão, mas foi **apanhado, capturado** e fuzilado.*

TRAPPINGS s. pl.

> NÃO confunda **trappings** com TRAP ("armadilha"):
> *He was a modest man who never got used to the **trappings** of fame.* ▷ *Era um homem modesto, que nunca se acostumou com as **regalias, mordomias, privilégios** (NÃO "armadilhas"...!) da fama.*

1. parafernália, aparato, aparências, luxo, mordomias, ostentação, pompa, privilégios, regalias   PERK

▶ *He very much enjoyed the **trappings** of power and money, such as a chauffeur-driven car.* ▷ *Ele gostava muito de todo o **aparato**, das **pompas, mordomias, regalias** do poder e do dinheiro, como ter carro com chofer.*

▶ *You can buy the **trappings** of class, but you can't buy class.* ▷ *Pode-se comprar o **aparato**, o **luxo**, a **parafernália**, as **aparências** da classe alta, mas classe não se compra.*

2. características, aspectos; acessórios, adornos, insígnias; símbolos, sinais externos, exteriores

▶ *Those clothes present all the **trappings** of masculinity.* ▷ *Essas roupas apresentam todas as **características**, os **símbolos** da masculinidade.*

▶ *They make a big deal of the **trappings** of organizational politics: Who has the largest office? Who is invited to speak at a meeting?* ▷ *Eles dão muito valor para os **sinais exteriores** da política organizacional: Quem tem a maior sala? Quem é convidado para falar numa reunião?*

▶ *I am not religious but I identify with the cultural **trappings** of Judaism – the music, the cuisine, the humor.* ▷ *Não sou religiosa, mas me identifico com os **aspectos**, as **características** culturais do judaismo – a música, a cozinha típica, o senso de humor.*

3. **arreios**, jaezes, ornamentos para cavalos (esp. antigos, de guerra)

▶ *Saddle **trappings*** ▷ ***Arreios e ornamentos** da sela*

TRAVESTY s.   MOCKERY

> **Travesty** (pronuncia-se "TRÁ-vesti") NÃO é o mesmo que "travesti" em português (**transvestite, cross-dresser**).
>
> *Ele era travesti.* ▷ *He was a **transvestite**.*
> *This is a **travesty** of truth!* ▷ *Isso é **zombar** da verdade, é um **arremedo** da verdade!*

farsa, **paródia**, arremedo, caricatura, sátira, simulacro; imitação, zombaria grotesca; *inf.* marmelada

▶ *This trial is a **travesty** of justice.* ▷ *Esse julgamento é uma **marmelada**, **farsa**, **paródia**, **caricatura** da justiça, um **arremedo** de justiça.*

TREASURE-TROVE s.   TROVE

TREASURE v.   CHERISH

valorizar, **prezar**, amar, apreciar, considerar, estimar, respeitar, querer bem; ter apreço, afeto, afeição, carinho, alta estima; dar valor; achar precioso, querido; guardar com carinho, cuidado; considerar um tesouro, um bem precioso

▶ *What the refugees **treasured** most in America was a sense of security.* ▷ *O que os refugiados mais **valorizaram, apreciaram, deram valor** na América foi a sensação de segurança.*

▶ *I **treasure** my freedom.* ▷ *Eu **prezo** minha liberdade. / Para mim, minha liberdade é **preciosa**, é um **tesouro**.*

▶ *I'll always **treasure** those pictures.* ▷ *Sempre vou **guardar** essas fotos **com carinho**.*

▶ ***Treasured** childhood memories* ▷ *Lembranças **preciosas, queridas** da infância*

▶ *My **treasured** friends* ▷ *Meus amigos **queridos, queridíssimos***

TREAT v.

1. **tratar**, considerar, tomar como, ver como   DEAL

▶ *She **treated** the matter as a joke.* ▷ ***Tratou, tomou** o assunto como uma piada.*

2. **oferecer**, convidar, pagar, proporcionar; dar um luxo, prazer, presente especial, privilégio

▶ *I'll **treat** you to the theater.* ▷ ***Convido** você para ir ao teatro.*

▶ *She decided to **treat** herself to a double ice-cream.* ▷ *Resolveu **dar-se o luxo** de tomar um sorvete duplo.*

▶ *Residents of Athens were **treated** to a good view of the eclipse.* ▷ *A população de Atenas teve o **privilégio**, **prazer** de ter uma boa visão do eclipse.*

trepidation

▶ *My husband **treated** me to a nice dinner for my birthday.* ▷ *Meu marido me **ofereceu, proporcionou** um belo jantar no meu aniversário.*

- Outras sugestões

▶ *Put your money away – I'm going to **treat** you to this.* ▷ *Guarde esse dinheiro – **deixe por minha conta, eu pago, eu convido, você é meu convidado**.*

TREPIDATION s.

> **Trepidation** em geral NÃO é "trepidação" (**rattling, shaking**).

medo, ansiedade, agitação, alarme, apreensão, inquietação, nervosismo, perturbação, receio, temor

▶ *As I approached our meeting point I felt some understandable **trepidation**.* ▷ *Já chegando ao nosso ponto de encontro, senti uma compreensível **ansiedade, nervosismo**.*
▶ *I published my first scientific paper with considerable **trepidation** – I was afraid people would think I was crazy.* ▷ *Publiquei meu primeiro artigo científico com considerável **receio, apreensão, inquietação** – temia que me achassem louco.*

TRICK s.

1. **truque, golpe,** ardil, artifício, artimanha, estratagema, manobra, recurso, subterfúgio, tramóia, trapaça SCAM

▶ *The students devised a clever **trick** to fool the director.* ▷ *Os alunos inventaram um **golpe, ardil** para enganar o diretor.*
▶ *Dirty **trick*** ▷ ***Golpe** sujo*

2. **truque**, mágica, número, prestidigitação, proeza; brincadeira, *inf.* pegadinha

▶ *A magician performed the most amazing **tricks**.* ▷ *Um mágico apresentou **truques, proezas, números** inacreditáveis.*
▶ *He played a clever **trick** on us all on April Fools' Day.* ▷ *Ele pegou todo mundo com uma **brincadeira, pegadinha** muito bem bolada de Primeiro de Abril.*

TRICKY adj.

1. (pessoa) **falso**, ardiloso, astucioso, astuto, manhoso, trapaceiro; sem escrúpulos CUNNING

▶ *Careful with him – he's a **tricky**, opportunist fellow.* ▷ *Cuidado com ele – é um sujeito oportunista, **falso, astucioso, sem escrúpulos**.*

2. (situação, problema) **difícil**, capcioso, complicado, delicado, dificultoso, encrencado, espinhoso, melindroso, problemático, trabalhoso

▶ *A **tricky** question* ▷ *Pergunta **capciosa***
▶ *A **tricky** problem* ▷ *Problema **complicado, espinhoso, melindroso**.*
▶ *I found myself in a really **tricky** situation.* ▷ *Encontrei-me numa situação muito **melindrosa, delicada**.*

TRIGGER s.

gatilho; estopim; agente, causa, motivo, origem

▶ *Quick on the **trigger*** ▷ *Rápido no gatilho*
▶ *The assassination of Archduke Franz Ferdinand was the **trigger** that set off the Great War.* ▷ *O assassinato do arquiduque Ferdinando da Áustria foi o **estopim** que deflagrou / foi a **causa, origem** da Primeira Guerra Mundial.*

TRIGGER-HAPPY adj. GUN-HAPPY

▶ *I've seen **trigger-happy** (= gun-happy) soldiers who would shoot at anything that moved.* ▷ *Já vi soldados **loucos para atirar**, que mandavam bala em qualquer coisa que se mexia.*

TRIGGER v.

deflagrar, desencadear, acarretar, acionar, atear, ativar, causar, despertar, detonar, disparar, explodir, iniciar, precipitar, provocar, suscitar, trazer; ser o estopim, fazer eclodir, fazer irromper; dar o sinal

▶ *This disagreement **triggered** the war.* ▷ *Essa desavença **deflagrou, desencadeou, precipitou, suscitou, fez eclodir, foi o estopim** da guerra.*
▶ *Police brutality **triggered** a furor among the population.* ▷ *A brutalidade da polícia **provocou, ateou, fez irromper** o furor da população.*
▶ *A smoking electrical panel **triggered** a fire alarm.* ▷ *A fumaça num painel elétrico **acionou, disparou** um alarme de incêndio.*

TRINKET s. JUNK

bugiganga, badulaque, bagatela, bijuteria, berloque, bibelô, enfeite, miudeza, ninharia, penduricalho, pingente, quinquilharia

▶ *Why did the American Indians exchange large tracts of land for the **cheap trinkets** offered by the Europeans?* ▷ *Por que os índios americanos trocaram grandes extensões de terra pelos **enfeites, bugigangas, quinquilharias** baratas oferecidas pelos europeus?*

TROUBLE s., adj.

1. **problema, dificuldade**, aborrecimento, adversidade, aflição, agrura, aperto, apuro, atrapalhação, atribulação, complicação, confusão, contrariedade, contratempo, cuidado, desgosto, dificuldade, dissabor, dor de cabeça, encrenca, enrascada, estorvo, imbroglio, infortúnio, obstáculo, percalço, preocupação, problemão, prova, provação, revés, sufoco, transtorno, tribulação, vicissitude; situação, conjuntura difícil, aflitiva, arriscada, crítica, perigosa; maus lençóis; *inf.* fria, sinuca ORDEAL

▶ *Please help me – I'm in **big trouble**.* ▷ *Por favor me ajude – estou em **dificuldades, apuros**, num **sufoco**, numa **fria, sinuca**, com um **problemão**.*
▶ *The kid is always getting himself into **trouble**.* ▷ *O garoto está sempre se metendo em alguma **encrenca, confusão, enrascada**, numa **fria**.*
▶ *The job was delayed by one **trouble** after the other.* ▷ *O trabalho atrasou com um **contratempo, percalço, obstáculo, estorvo**, uma **dificuldade** atrás da outra.*
▶ *This poor man has suffered many **troubles*** ▷ *Esse pobre homem já sofreu muitos **desgostos, dissabores, infortúnios, aflições, penas, aguras, atribulações**.*

trouble

- Usar o plural: **problemas, dificuldades**, aflições, desgostos, reveses
▶ *The kids were always causing us **trouble**.* ▷ *As crianças viviam nos dando **problemas, preocupações, aborrecimentos, dores de cabeça**.*
▶ *We want to keep our kids **out of trouble**.* ▷ *Não queremos que nossos filhos se metam em **encrencas, confusões**.*

2. incômodo, esforço, transtorno, trabalho
▶ *You're sure you wouldn't want a cup of tea? It's **no trouble**.* ▷ *Tem certeza de que não quer um chazinho? Não é **incômodo, trabalho** nenhum.*

TROUBLE adj. TROUBLED

▶ *Ethnic conflicts in **trouble** spots of the planet* ▷ *Conflitos étnicos em lugares **problemáticos, conturbados, convulsionados** do planeta*

TROUBLE v.

1. perturbar, preocupar, abalar, aborrecer, afligir, agitar, alterar, atrapalhar, complicar, conturbar, desarranjar, embaraçar, estorvar, inquietar, transtornar; deixar ansioso, inquieto UPSET, VEX
▶ *What **troubles** you, dear?* ▷ *Que mal te **aflige**, querido? / O que está te **preocupando, inquietando**, te **deixando ansioso**?*
▶ *We are deeply **troubled** by his decision.* ▷ *Estamos profundamente **perturbados, transtornados** com a sua decisão.*
▶ *Power shortages have **troubled** the whole country.* ▷ *Panes de energia **transtornaram, atrapalharam, estorvaram** o país inteiro.*

2. incomodar, dar trabalho; dar-se ao trabalho BOTHER
▶ *Sorry to **trouble** you but I need a little help.* ▷ *Desculpe **incomodar, dar trabalho**, mas preciso de ajuda.*
▶ *He left without **troubling** even to leave a note for his parents.* ▷ *Foi embora sem nem **se dar ao trabalho** de deixar um bilhete para os pais.*

TROUBLED adj.

1. perturbado, atribulado, aflito, agoniado, angustiado, apreensivo, inquieto, transtornado UPSET
▶ *A letter from a very **troubled** and confused soul* ▷ *Carta de uma alma muito **atribulada, perturbada** e confusa.*

2. conturbado, problemático, tumultuado, turbulento; em dificuldades, em má situação, com problemas STRUGGLING
▶ *A **troubled** peace* ▷ *Uma paz **conturbada***
▶ *The book explains the country's **troubled** history.* ▷ *O livro explica a **conturbada, tumultuada** história do país.*
▶ *Schools for **troubled** and rebellious teenagers* ▷ *Escolas para adolescentes **problemáticos** e rebeldes*
▶ *Thousands are being laid off in **troubled** industries like steel and textiles.* ▷ *Milhares estão sendo despedidos em setores **em dificuldades**, como aço e têxteis.*

TROUBLEMAKER s.   HOOLIGAN

desordeiro, agitador, arruaceiro, baderneiro, bagunceiro, brigão, encrenqueiro, problemático, provocador, rebelde, refratário

▶ *Before the match police arrested 50 potential **troublemakers**.* ▷ *Antes do jogo a polícia prendeu 50 possíveis **desordeiros, encrenqueiros, arruaceiros**.*

TROUBLESHOOTING s.

resolução, correção, eliminação, identificação, remediação, solução de problemas

▶ ***Troubleshooting** and machine repair guide* ▷ *Guia para **resolução de problemas** e consertos na máquina*

TROUBLESOME adj.   TROUBLING

TROUBLING adj.   AGGRAVATING

inquietante, perturbador, aflitivo, alarmante, angustiante, difícil, grave, preocupante, problemático, sério

▶ *Adolescence can be a **troubling** time for parents too.* ▷ *Também para os pais a adolescência pode ser um período **difícil, inquietante, angustiante, problemático**.*
▶ *This trend has **troubling** implications for U.S. multinationals.* ▷ *Essa tendência tem implicações **sérias, graves** para as multinacionais americanas.*

TROVE, TREASURE-TROVE s.

tesouro; acervo, "baú", cabedal, coleção, patrimônio, profusão, riqueza; conjunto, grande quantidade de bens valiosos

▶ *The CD brings us a **treasure-trove** of Ladino songs from medieval Spain.* ▷ *O CD traz um **tesouro, acervo**, uma rica **coleção** de canções em ladino da Espanha medieval.*
▶ *Our databases hold **troves** of valuable information.* ▷ *Nossos bancos de dados contêm uma **profusão**, **enormes quantidades** de informações valiosas.*
▶ *The old man was a **treasure trove** of sayings and proverbs.* ▷ *O velhinho era um verdadeiro "**baú**" de adágios e provérbios.*

TRUCK s.

> No inglês americano moderno, **truck** (ou **pickup truck**) também pode ser "picape", "caminhonete". Em geral NÃO é "caminhão" (**semi-detachable truck, semi-truck, semi**):

1. **caminhão**

▶ *Large, heavy or hazardous loads are shipped by **truck** or rail.* ▷ *Cargas grandes, pesadas ou perigosas são enviadas por **caminhão** ou por trem.*
▶ *Truck driver* ▷ *Chofer de **caminhão***

2. **picape,** caminhonete, van

trust

▸ *The thief demanded that the woman give him her **truck**, but she refused.* ▷ *O ladrão exigiu que a mulher lhe entregasse a **picape**, mas ela se recusou.*

• Note como na notícia abaixo **truck** é sinônimo de **van**:

▸ ***Truck** Hits Child – A **van** crashed into pedestrians on the sidewalk.* ▷ ***Caminhonete** fere criança – Uma **van** atropelou pedestres na calçada.*

• Compare:

▸ *He was driving a **semi** loaded with meat.* ▷ *Dirigia uma **carreta** carregada de carne.*

TRUST v., TRUSTWORTHY adj.   RELY ON, RELIABLE

TUBE s.

> *We arranged to meet at Holborn **tube** station.* ▷ *Marcamos um encontro no **metrô***
> *(NÃO "tubo"...!) Holborn.*

1. tubo, cano, cilindro

▸ *Water is piped through a thick **tube** into the tank.* ▷ *A água corre para o tanque por um **cano** grosso.*

2. (UK-inf.) **metrô de Londres**

▸ *I took the **tube** to Westminster.* ▷ *Peguei o **metrô** para Westminster.*

3. *inf.* **televisão,** TV

▸ *What's on the **tube** today?* ▷ *O que temos hoje na **TV**?*
▸ *The average American spends four hours a day glued to the **tube**.* ▷ *O americano médio passa quatro horas por dia colado na **TV**.*

TURMOIL s.   UNREST

tumulto, pandemônio, agitação, algazarra, alvoroço, balbúrdia, caos, comoção, confusão, convulsão, deus-nos-acuda, distúrbio, frenesi, inferno, perturbação, polvorosa, rebuliço, torvelinho, transtorno, turbulência

▸ *The country is in **turmoil** over labor strikes* ▷ *Há **tumultos, turbulências** no país / O país está em **convulsão**, em **polvorosa** devido às greves trabalhistas.*
▸ *Her mind was in a **turmoil**.* ▷ *Sua mente estava num **torvelinho**.*
▸ *The Stock Exchange is in **turmoil**.* ▷ *A Bolsa está um **caos**, em **convulsão**, num **pandemônio**.*

TURN OFF v., s.

1. desligar ≠ TURN ON

▸ ***Turn off** the radio, please.* ▷ ***Desligue** o rádio, por favor.*

2. desagradar, aborrecer, amolar, antagonizar, chatear, enfadar; irritar; fazer alguém desanimar, se desinteressar, desistir, esfriar, perder o interesse; causar afastamento, antipatia, aversão, desagrado, desinteresse, repulsa, tédio; *inf.* cortar o barato, não fazer a cabeça   PUT OFF, ALIENATE

▶ Many youngsters are **turned off** school because they feel the curriculum has no relevance to them. ▷ Muitos jovens **se desinteressam, desanimam, desistem** da escola porque acham que o currículo não tem relevância para eles.

▶ Those long speeches **turned** everybody **off**. ▷ Aqueles discursos compridos **chatearam, aborreceram** todo mundo.

▶ Those maudlin songs really **turn** me **off**. ▷ Essas músicas melosas me **irritam, não me fazem a cabeça**

▶ (subst.) My boss is a tyrant. The way he talks to his reports is simply a **turn-off**. ▷ Meu chefe é um tirano. Só o jeito como ele fala com os subordinados já **provoca antipatia**.

TURN ON v.

1. ligar, acender ≠ TURN OFF

▶ Please **turn** the TV **on** / **turn on** the lights. ▷ Por favor, **ligue** a TV / **acenda** a luz.

2. agradar, excitar, interessar; *inf.* fazer a cabeça, ligar

▶ I knew that a big, flashy car was the kind of thing that would **turn** her **on**. ▷ Eu sabia que um carrão espalhafatoso era o tipo de coisa que ia **agradá-la, fazer a cabeça** dela.

TURN OUT v.

1. acabar, terminar; resultar em, dar um resultado; acabar acontecendo; dar em algo; ter um final, um resultado EVENTUALLY

▶ The situation could have **turned out** differently if his parents had interfered. ▷ A situação poderia ter **acabado, terminado** de outra forma, tido um **final, resultado** diferente se os pais tivessem interferido.

▶ How will it **turn out**? ▷ Como será que a coisa vai **acabar**? No que vai **dar** tudo isso?

2. revelar-se, evidenciar-se, transparecer; ficar claro no fim

▶ The kid **turned out** to be the best player in the team. ▷ O garoto acabou **se revelando** o melhor jogador do time.

▶ The famous letter **turned out** to be false. ▷ No fim ficou claro, acabou transparecendo que a famosa carta era falsa.

TURNING POINT s.

momento decisivo, crucial, de decisão, virada

▶ That film marked a **turning point** in her career. ▷ Esse filme foi um **momento decisivo**, deu uma **virada** na sua carreira.

TURNOVER s.

1. faturamento bruto, vendas

▶ The company's **turnover** has jumped 30%. ▷ O **faturamento** da empresa saltou 30%.

2. rotatividade (de pessoal ou de bens)

▶ Low pay is the number one reason for high staff **turnover**. ▷ Os baixos salários são o motivo número um para a alta **rotatividade** de pessoal.

▶ Slow inventory **turnover** ties up capital. ▷ A baixa **rotatividade** do estoque imobiliza o capital.

TWEAK v., s.   **TINKER**

modificar, acertar, ajustar, alterar, calibrar, manipular, melhorar, mexer, mudar; fazer pequenos acertos, ajustes, alterações, mudanças, modificações, toques

▸ *After months of **tweaking**, here's the beta version.* ▷ *Depois de meses de **modificações, acertos, ajustes, melhorias**, eis a versão beta.*
▸ *Does anyone know how to **tweak** Google results / do some Google **tweaking**? I'd love to push my website ratings.* ▷ *Alguém sabe como **manipular** os resultados do Google? Eu adoraria melhorar a colocação do meu site.*
▸ *(subst.) I've been adding the final **tweaks** to the program.* ▷ *Estou **acertando, ajustando** o programa, dando os **toques** finais.*

TWILIGHT s.   **DUSK, EVENING**

TWIST s.   **CHANGE**

virada, desvio, guinada, reviravolta, viravolta; mudança súbita, inesperada

▸ *Towards the end the film takes an unexpected **twist**.* ▷ *No final, o filme dá uma **guinada**, uma **virada**, **reviravolta** surpreendente.*

TWO-BY-FOUR s.

sarrafo; pedaço de pau, de madeira

▸ *I saw a fellow with a **two-by-four** chasing after another man.* ▷ *Vi um homem correndo atrás de outro com um **sarrafo, pau, pedaço de pau**.*
▸ *The treadle pump had **two-by-fours** as pedals.* ▷ *A bomba tinha dois **sarrafos** de madeira servindo de pedais.*
▸ *The letter hit me like a **two-by-four** in the middle of my head.* ▷ *A carta me atingiu como uma **paulada** no meio da testa.*

◊ **Two-by-four** = 2x4 polegadas, isto é, 5 cm de espessura por 10 de largura. Usado de maneira ampla para designar qualquer pedaço de pau não muito grande.

TYPICAL adj.

típico, médio, característico, comum, costumeiro, habitual, mediano, médio, normal, padrão, padronizado, previsível, representativo, rotineiro, tradicional, usual; de sempre, de costume, de hábito, de praxe; a regra; mais freqüente, constante, recorrente   **USUAL**

▸ *He's a **typical** New Yorker.* ▷ *É um novaiorquino **típico**.*
▸ *What's the child's **typical** response to unfamiliar situations?* ▷ *Qual a reação **típica, característica, habitual, costumeira** da criança a situações desconhecidas?*
▸ ***Typical** teacher pay moves up modestly* ▷ *O salário **médio** dos professores tem aumento modesto*
▸ *The earnings were 8% this year, vs. the more **typical** 2% rate.* ▷ *Este ano os lucros foram de 8%, em vez de 2% como **de praxe, de costume**.*

TYPICALLY adv.   **OFTEN**

> "Tipicamente" nem sempre é uma boa tradução para **typical.**

em geral, geralmente, normalmente; muitas vezes

▶ *The transmission is **typically** secure.* ▷ ***Em geral, normalmente** a transmissão é segura.*

• Usar "costumar":

▶ *The Annual Conference is **typically** held in the fall each year.* ▷ *O Congresso anual **normalmente** se realiza / **costuma** realizar-se no outono.*

▶ *We examined some rocks where crabs **typically** hide.* ▷ *Examinamos algumas rochas onde os caranguejos **costumam** se esconder.*

U

U-TURN s.

retorno, guinada; meia volta, virada total, radical, de 180 graus

▶ *Make a left **U-turn** at the next intersection.* ▷ *Faça o **retorno** à esquerda na próxima esquina.*

▶ *The NGO has decided to accept government loans, in a marked **U-turn**.* ▷ *A ONG decidiu aceitar empréstimos do governo, numa acentuada **meia-volta**, numa **virada de 180 graus**.*

ULTIMATE s.

o máximo, o maior, o melhor

▶ *We believe people should have **the ultimate** in convenience.* ▷ *Acreditamos que as pessoas devem obter **o máximo** da conveniência.*

ULTIMATE adj.

> **Ultimate** NÃO é "último" (**last**):
> *This is the **ultimate** bike.* ▷ *Esta é a **última palavra, o máximo** em matéria de bicicletas.*
> (NÃO "a ~~última~~ bicicleta"…!)

1. **final, definitivo** EVENTUAL

▶ *The shortlisted films will be put online, where the public will vote for the **ultimate** winner.* ▷ *Os filmes finalistas ficarão no site, e o público votará no vencedor **final**.*

▶ *Early puberty can decrease a girl's **ultimate** height.* ▷ *A puberdade precoce pode diminuir a altura **definitiva** da menina.*

2. **máximo, supremo**, absoluto, acabado, consumado, definitivo, grande, insuperável, maior, melhor, rematado, sumo, superior, verdadeiro; o auge, ápice, cume, máximo, supra-sumo, ponto alto; a última palavra; o campeão, o rei; o mais completo, o mais importante THOROUGH

▶ *Our **ultimate** goal is finding inner peace and balance.* ▷ *Nosso objetivo **final, máximo, supremo** / Nosso **grande, verdadeiro** objetivo é encontrar equilíbrio e paz de espírito.*

ultimately

- *Fallen soldiers – remember those who made the **ultimate** sacrifice.* ▷ *Soldados caídos – lembre-se dos que fizeram o sacrifício **supremo**.*
- *The **Ultimate** Trivia Book* ▷ *Guia **Definitivo**, **Completo** das Trivialidades*
- *Some say power is the **ultimate** aphrodisiac.* ▷ *Há quem diga que o poder é o **melhor**, o **maior** dos afrodisíacos.*
- *His actions represent the **ultimate** political expediency.* ▷ *Suas ações representam o **máximo**, o **melhor**, **supra-sumo** da habilidade política.*

3. fundamental, básico, elementar, essencial KEY

- *Ultimate truths* ▷ *Verdades **elementares**, **fundamentais***

4. o mais típico; por excelência TYPICAL

- *This church is the **ultimate** example of the Italian baroque.* ▷ *Esta igreja é o exemplo mais **típico**, **acabado**, **rematado** do Barroco italiano.*
- *At that time driving a car was the **ultimate** grown-up activity.* ▷ *Naquela época, dirigir era **o máximo** da atividade adulta, era a atividade adulta **por excelência**.*

5. o pior, o cúmulo APPALLING

- *That was the **ultimate** insult.* ▷ *Aquele foi o insulto **supremo**, **o maior**, **o pior** de todos os insultos.*
- *This behavior is intolerable; it's the **ultimate** lack of respect.* ▷ *Esse comportamento é intolerável; é o **cúmulo** da falta de respeito.*

ULTIMATELY adv.

> **Ultimately** NÃO é "ultimamente" (**recently, lately**).
> **Ultimately** se refere ao futuro, não ao passado:
> *The plant will **ultimately** produce 1,000 units a year.* ▷ *A fábrica **produzirá** mil unidades por ano.*

1. no futuro, por fim, finalmente, futuramente, no fim EVENTUALLY

- ***Ultimately**, this database will allow us to control all our activities.* ▷ ***No futuro, futuramente**, esse banco de dados nos permitirá controlar todas as nossas atividades.*
- *He seeks to dominate this region and **ultimately** the whole country.* ▷ *Seu objetivo é dominar essa região e, **por fim, no fim**, o país inteiro.*
- ***Ultimately**, our goal is to be the best in the industry.* ▷ *Nossa meta **final** é sermos os melhores do ramo.*

- Usar o verbo "acabar":

- *We can improve our health, but **ultimately** we will die of something.* ▷ *Podemos melhorar nossa saúde, mas **por fim** vamos **acabar** morrendo de alguma coisa.*
- *I knew the facts would **ultimately** come out.* ▷ *Eu sabia que **no fim** os fatos **acabariam** vindo à tona.*

2. no fundo, em última análise, em última instância; pensando bem; no fim das contas, afinal de contas, ao fim e ao cabo

- ***Ultimately**, it's a small group of people that control the world.* ▷ ***No fundo, pensando bem**, o mundo é controlado por um pequeno grupo de pessoas.*
- ***Ultimately**, it's the fans who are lining the pockets of these big stars.* ▷ ***No fim das contas**, são os fãs que forram os bolsos dessas grandes estrelas.*

▶ *For all his talk of Europe, he is **ultimately** a French nationalist.* ▷ *Apesar de falar muito em Europa, ele é, ao fim e ao cabo, em última análise, um nacionalista francês.*

3. **fundamentalmente**, basicamente, essencialmente

▶ *Something in these youngsters is **ultimately** immune to society's control.* ▷ *Algo nesses jovens é **basicamente, essencialmente** imune aos controles sociais.*

● Contraste: ultimamente (português) ≠ ultimately (inglês)

▶ ***Ultimamente** tem havido muitos casos assim.* ▷ *There have been many such cases **recently**.*

▶ *It looks like a disadvantage, but **ultimately** it will be good for him.* ▷ *Parece uma desvantagem, mas **no fim, em última análise** será bom para ele.*

UNACCOUNTABILITY s. ≠ ACCOUNTABILITY

▶ *The Church was criticized for its policy of **unaccountability** for sexual abuse cases.* ▷ *A Igreja foi criticada por sua política de **falta de transparência**, por **não assumir a responsabilidade** pelos casos de abuso sexual.*

UNACCOUNTED FOR adj. ≠ ACCOUNT FOR

1. (vítimas) **desaparecido** sem explicações, sem justificativas; com paradeiro desconhecido

▶ *Hundreds of hurricane victims are still **unaccounted for**.* ▷ *Centenas de vítimas do furacão ainda **não foram encontradas, continuam desaparecidas, com paradeiro desconhecido**.*

2. (dinheiro) **extraviado**, desaparecido, sumido; com paradeiro não explicado, não justificado; não computado, não considerado, não incluído nas contas

▶ *Millions of dollars of Party funds remain **unaccounted for**.* ▷ *Milhões de dólares dos fundos do Partido continuam **extraviados, sumidos, desapareceram sem explicação, sem justificativa**.*

▶ *(CEO perks:) Cash advances for foreign trips often go **unaccounted for**.* ▷ *Adiantamentos em dinheiro para viagens ao estrangeiro muitas vezes **não são computados, não entram nos cálculos, na contabilidade**.*

▶ *Women's unpaid work is **unaccounted for** in national accounts.* ▷ *O trabalho não remunerado das mulheres **não é considerado, computado, levado em conta** na contabilidade nacional, **não entra nas contas, é como se não existisse**.*

UNADDRESSED adj. ≠ ADDRESS

▶ *Many issues went **unaddressed**.* ▷ *Muitas questões **não foram enfrentadas, atendidas, abordadas, solucionadas, resolvidas**.*

UNAPPRECIATED adj. ≠ APPRECIATE

▶ *She feels totally **unappreciated** by her husband.* ▷ *Ela sente que o marido **não a valoriza, não lhe dá valor, não reconhece, não aprecia o seu valor**.*

▶ *These special needs are often **unappreciated**.* ▷ *Essas necessidades especiais muitas vezes são **mal avaliadas, mal compreendidas, não são bem compreendidas**.*

UNASSUMING adj.   MODEST

despretensioso, **simples**, desafetado, discreto, lhano, modesto

▶ *I found out he was shy and **unassuming**, not at all how you expect an actor to be.* ▷ *Descobri que ele era tímido e **simples**, **despretensioso**, **modesto**, nem um pouco como a gente imagina um ator.*

UNAVAILABLE adj.   ≠ AVAILABLE

▶ *Sorry, this product is **unavailable** at this time.* ▷ *Lamentamos, mas o produto **não está disponível, está em falta** no momento.*
▶ *Sorry, the doctor is **unavailable** right now.* ▷ *Infelizmente a doutora **não pode atender** agora.*
▶ *A bedridden person badly needs someone to help them when expert help is **unavailable**.* ▷ *Uma pessoa acamada precisa muito de alguém que a ajude quando **não há, não se pode obter, contar com** serviços profissionais.*

UNAWARE adj.   ≠ AWARE

desavisado, alheio, desconhecedor, despercebido, ignorante, inconsciente; sem desconfiar, perceber, suspeitar; sem notar, sem saber, sem ter ciência, sem se dar conta

▶ ***Unaware** of the danger, she knocked on Jim's door.* ▷ ***Desavisada, alheia, sem se dar conta, inconsciente** do perigo, ela foi bater na porta de Jim.*
▶ *He was **unaware** that there was an old well in the yard and fell into it.* ▷ *Ele **não sabia** que havia um velho poço no quintal e caiu lá dentro.*
▶ *His family was **unaware** that he had won the lottery.* ▷ *Sua família estava **desavisada, não sabia, não suspeitava, não tinha ciência** de que ele ganhara na loteria.*

catch UNAWARES expr.

pegar desprevenido, de surpresa, sem avisar

▶ *Don't be caught **unawares**.* ▷ *Não seja **pego desprevenido**.*
▶ *We were caught **unawares** by the attack / blackout / downpour.* ▷ *Fomos **pegos de surpresa** pelo ataque / apagão / toró.*

UNBECOMING adj.   IMPROPER

inconveniente, chocante, inadequado, impróprio, indevido; que não fica bem, não cai bem, não é de bom tom, não condiz

▶ *An athlete may be suspended for **unbecoming** behavior such as drug-taking or unsportsmanlike conduct.* ▷ *O atleta pode ser suspenso por comportamento **impróprio, inconveniente**, como uso de drogas ou conduta antiesportiva.*
▶ *He found Sue's dress very ugly and **unbecoming**.* ▷ *Achou que o vestido de Sue era horrível e **não lhe ficava bem**.*

UNBIASED adj.   ≠ BIASED

imparcial, **isento**, desapaixonado, desinteressado, equilibrado, equitativo, insuspeito, íntegro, justo, neutro; sem preconceitos, sem prevenção, sem favoritismos; com isenção de espírito

▶ Each individual is entitled to a fair and **unbiased** trial. ▷ Todo indivíduo tem direito a um julgamento justo e **imparcial, equitativo**.
▶ This documentary is not actually an **unbiased** recording. ▷ Esse documentário não é, na verdade, um registro **neutro, isento, desapaixonado**.
▶ Consumers should have access to **unbiased** reporting on products and prices. ▷ Os consumidores deveriam ter acesso a relatórios **imparciais, sem favoritismo**, sobre produtos e preços.

UNCALLED FOR adj.   UNBECOMING, UNTIMELY

UNCANNY adj.   EERIE, WEIRD

UNCHALLENGED adj.   ≠ CHALLENGE

▶ The mayor's competence was **unchallenged**. ▷ A competência do prefeito não foi **questionada, disputada, posta em questão**.

UNCHECKED adj.   RAMPANT

▶ **Unchecked** urban growth ▷ Crescimento urbano **descontrolado, desenfreado, incontido**

UNCOMFORTABLE adj.

1. (coisa, situação) **desconfortável**, desagradável, delicado, incômodo, melindroso   AWKWARD
▶ An **uncomfortable** chair ▷ Cadeira **desconfortável**
▶ An **uncomfortable** situation ▷ Situação **delicada, desagradável, melindrosa**
▶ I've learned to accept **uncomfortable** truths about myself. ▷ Aprendi a aceitar as verdades **incômodas, desagradáveis** sobre mim mesmo.

2. (pessoa) **constrangido**, ansioso, desenxabido, incomodado, tenso; pouco à vontade, sem jeito; num mal-estar   EMBARRASSED
▶ His rude jokes made us feel **uncomfortable**. ▷ Suas piadas grosseiras nos deixaram **constrangidos, incomodados**, criaram um **mal-estar**.
▶ The kids felt slightly **uncomfortable** meeting him for the first time. ▷ As crianças ficaram um pouco **sem jeito** ao encontrá-lo pela primeira vez.

UNCOMMITTED adj.   ≠ COMMITTED

▶ Many men don't contemplate marriage, preferring to remain **uncommitted**. ▷ Muitos homens não pensam em se casar; preferem **não assumir compromissos**.

UNCOMMON adj.   UNUSUAL

UNCOMPROMISING adj.   ADAMANT
  intransigente, inflexível, estrito, linha-dura, intolerante, rígido, severo
▶ During the strike the management showed an **uncompromising** attitude. ▷ Durante a greve a gerência teve uma atitude **intransigente, inflexível, rígida**.

▶ *Republicans and Democrats are increasingly polarized, in an **uncompromising** mood.* ▷ *Os Republicanos e os Democratas estão cada vez mais polarizados e mais **intolerantes**, menos dispostos a **transigir, negociar, fazer concessões**.*

UNCONCERNED adj.   ≠ CONCERNED

indiferente, desinteressado, despreocupado, distante, fleugmático, impassível

▶ *Many companies appear **unconcerned** with the welfare of their workers.* ▷ *Muitas empresas parecem **desinteressadas, indiferentes** ao bem-estar dos seus funcionários.*
▶ *She walked away, looking totally **unconcerned**.* ▷ *Ela saiu andando, parecendo totalmente **despreocupada, impassível**, na maior **fleugma**, como quem não tinha **nada a ver** com a situação.*

UNDAUNTED adj.   UNDETERRED

destemido, decidido, firme, impávido, inabalado, indômito; sem se amedrontar, se intimidar, se dar por vencido, se deixar vencer; sem se abalar, se abater; sem desanimar, desistir, esmorecer; sem se deixar vencer

▶ *They kept on climbing, **undaunted** by the enormity of the task.* ▷ *Continuaram escalando, **sem se intimidar, sem se deixar vencer** pela enormidade da tarefa.*
▶ *People stood hours in line, **undaunted** by the heavy rain.* ▷ *As pessoas ficaram horas na fila, **sem esmorecer, sem se abalar** com a chuva grossa.*
▶ *William Garrison, a champion of abolitionism, received dozens of assassination threats. **Undaunted**, he carried on his campaign.* ▷ *O abolicionista W.G. recebia dezenas de ameaças de morte. **Destemido, sem se intimidar**, prosseguiu na sua campanha.*

UNDERDEVELOPED adj.   ≠ DEVELOP

▶ *Underdeveloped countries* ▷ *Países **subdesenvovidos***
▶ *Undeveloped land* ▷ *Terras **virgens, sem desenvolvimento***

UNDERDOG s.

fraco, oprimido, coitado, derrotado, desfavorecido, perdedor, vencido; vítima das injustiças, da sorte; quem está em desvantagem, por baixo, em posição de inferioridade

▶ *A champion of the **underdog*** ▷ *Defensor dos **fracos** e dos **oprimidos***
▶ *The film keeps the audience rooting for the **underdog**.* ▷ *O filme faz o público torcer pelo **perdedor**, a **vítima**, o mais **fraco**, o que está por baixo.*

UNDERGRADUATE s., adj.   ≠ GRADUATE

bacharel, aluno / curso de graduação, bacharelado, da faculdade

▶ *Can I take some graduate classes while still an **undergraduate**?* ▷ *Posso assistir a algumas aulas da pós-graduação enquanto ainda estou na **graduação, fazendo o bacharelado**?*
▶ *After my **undergraduate** studies are over, I hope to enroll into graduate school and pursue a graduate degree in physics.* ▷ *Depois de terminar meu **bacharelado**, espero entrar na pós-graduação em física.*

undergrad *abrev.* (inf.)

- *I'm about to become an **undergrad**.* ▷ *Vou entrar na **faculdade**.*
- *I did some research about it during my **undergrad** years.* ▷ *Pesquisei esse assunto quando estava na **faculdade**, na **graduação**.*

UNDERMINE v.

1. **minar, abalar,** corroer, danificar, desestabilizar, desestruturar, desgastar, desmontar, erodir, estragar, estremecer, roer; abalar os alicerces, a estrutura

- *Water has **undermined** the stone foundations.* ▷ *A água **abalou, erodiu, desgastou, corroeu, estragou** os alicerces de pedra.*
- *Conservative leaders say these TV shows are **undermining** the American family.* ▷ *Líderes conservadores afirmam que esses programas estão **destruindo aos poucos, abalando os alicerces, a estrutura** da família americana.*
- *All this violence is aimed at **undermining** the incoming government.* ▷ *Toda essa violência visa **desestabilizar** o novo governo.*

2. **prejudicar, solapar,** enfraquecer, abater, afetar, arruinar, atacar, atingir, atrapalhar, balançar, boicotar, comprometer, debilitar, derrubar, desacreditar, lesar, piorar, sabotar, sacudir, subverter, transtornar; acabar com, ter efeito negativo; tirar a força; destruir aos poucos, insidiosamente HARM, HURT

- *It was a deliberate attempt to **undermine** his authority.* ▷ *Foi uma tentativa calculada de **sabotar, abalar, solapar, enfraquecer, desacreditar** sua autoridade.*
- *His progress was continually **undermined** by his family.* ▷ *Seu progresso era continuamente **sabotado, boicotado, prejudicado** pela família.*
- *"Catch-22" is a war novel that **undermines** the whole heroic logic of World War II.* ▷ *"Ardil 22" é um romance que **desmonta, destrói, acaba com** toda a lógica do heroísmo da Segunda Guerra Mundial.*
- *"As denúncias **minaram** a força política do chefe da polícia." (JB)*

• Para dar a idéia de uma ação gradual, usar "ir", "acabar" + gerúndio:

- *Criticism **undermines** the student's confidence.* ▷ *As críticas **vão abalando, acabam minando** a autoconfiança do aluno.*

◊ **Undermine** conota 1) atacar os alicerces ou 2) sabotar, especialmente o poder, a autoridade ou as chances de sucesso de alguém.

UNDERSTATEMENT s.

eufemismo; algo expresso de maneira sutil, atenuada, comedida, discreta, moderada

- *"Our company has a rather long tradition," says the CEO, with typical English **understatement**.* ▷ *"Nossa empresa tem uma tradição bastante longa", diz o diretor, **discreto, moderado, comedido, sutil** como um bom inglês. [Na verdade a empresa tem mais de 150 anos, portanto dizer "rather long" em vez de "very long" é um **understatement**.]*
- *(adj.) I like this suit. It's **understated** chic.* ▷ *Gosto desse tailleur. É de um chique **sutil, discreto**.*

UNDERTONE s.   OVERTONE

laivo, tom, caráter, conotação, implicação, insinuação, nota, nuance, subentendido, subtexto, sugestão, toque, traço

- *There was an **undertone** of sadness in her voice.* ▷ *Havia um **laivo, traço, tom** de tristeza na sua voz.*
- *His speech had **undertones** of hostility towards immigrants.* ▷ *Seu discurso tinha um **subtexto**, uma **conotação implícita, latente, subentendida** de hostilidade para com os imigrantes.*

UNDETERRED adj.   UNDAUNTED

sem se deixar abater, desanimar, intimidar

- *Venture capitalists are **undeterred** by pessimists.* ▷ *Os capitalistas de risco **não se deixam abater, desanimar** pelos pessimistas.*
- *Abortion providers are **undeterred** by threats of violence.* ▷ *Médicos que fazem aborto **não se deixam intimidar** pelas ameaças de violência.*

UNDISPUTED adj.   UNQUESTIONABLE

- *The social benefits of a good education are **undisputed**.* ▷ *Os benefícios de uma boa educação são **indiscutíveis, inegáveis, irrefutáveis**. / **Ninguém discute** os benefícios de uma boa educação.*
- *He wanted to become the **undisputed** leader of the Arab world.* ▷ *Queria tornar-se o líder **incontestável, inconteste** do mundo árabe.*

UNDOUBTED adj., UNDOUBTEDLY adv.   UNQUESTIONABLE, DOUBTLESS

UNDISRUPTED adj.   ≠ DISRUPT

ininterrupto, sem interrupções

- *We had a few hours of **undisrupted** entertainment.* ▷ *Tivemos algumas horas de diversão **ininterrupta**.*

UNEASY adj.

1. **apreensivo,** agitado, ansioso, desassossegado, impaciente, inquieto, intranqüilo, nervoso, preocupado, tenso   WORRIED

- *When he didn't call for the next three days I started to get **uneasy**.* ▷ *Quando ele ficou três dias sem ligar, comecei a ficar **apreensiva, preocupada, ansiosa, inquieta**.*
- *"Oh, you're back! Thank God! I was **uneasy**!"* ▷ *"Você voltou! Graças a Deus! Como fiquei **preocupada**!"*
- *Many customers are still **uneasy** about using credit cards over the internet.* ▷ *Muitos clientes ainda **ficam apreensivos, não têm confiança** em usar seu cartão de crédito na internet.*
- *There's an **uneasy** peace between the two countries.* ▷ *Há uma paz **intranqüila, tensa** entre os dois países.*

2. **constrangido,** ansioso, incomodado, sem jeito, pouco à vontade   EMBARRASSED

- *The boy's **uneasy** with strangers.* ▷ *O garoto fica **constrangido** com gente estranha.*

3. **constrangedor,** incômodo, desagradável   AWKWARD

- *An **uneasy** silence followed.* ▷ *Seguiu-se um silêncio **incômodo**.*

UNENFORCED adj.   ≠ ENFORCE

- *Regulations went **unenforced**.* ▷ *As normas não eram **cumpridas, na prática não vigoravam**.*

UNFAIR adj., UNFAIRNESS s. — BIASED

1. **injusto**, **tendencioso**, desleal, faccioso, parcial, unilateral

▶ *Don't be **unfair**. She didn't say that.* ▷ *Não seja **injusto**; ela não disse isso.*
▶ *The newspaper reports were **unfair** and inaccurate.* ▷ *As reportagens foram **tendenciosas, parciais** e inexatas.*
▶ *Our mission is to fight against poverty and **unfairness** in the world.* ▷ *Nossa missão é lutar contra a pobreza e a **injustiça** no planeta.*

2. (comércio) **ilegal,** antiético, desleal, ilegítimo, ilícito

▶ ***Unfair** competition* ▷ *Concorrência **desleal***
▶ *Dumping is an **unfair** trade practice that distorts competition.* ▷ *O dumping é uma prática comercial **ilegal, ilícita, injusta, antiética** que distorce a competição.*

UNFIT adj. — UNSUITABLE

UNFORTUNATE adj. — MISERABLE, ILL-FATED

UNFRIENDLY adj. — UNSYMPATHETIC

1. (pessoa) **antipático**, carrancudo, desagradável, difícil, fechado, frio, hostil, inamistoso, reservado, secarrão, seco, sisudo; de poucos amigos, anti-social

▶ *We found him rather **unfriendly**. He hardly said a word to us.* ▷ *Achamos que ele foi bem **frio, desagradável, antipático**. Quase não nos disse uma palavra.*
▶ *He gave up writing after the critics' **unfriendly** reception of his first book.* ▷ *Desistiu de escrever depois da recepção **hostil** dos críticos ao seu primeiro livro.*

2. (coisa) **adverso**, desfavorável

▶ *Our laws remain highly **unfriendly** to business.* ▷ *Nossas leis continuam muito **adversas, desfavoráveis** para os negócios*

UNGRACIOUS adj. — RUDE

indelicado, **deselegante**, sem trato social; rude

▶ *Don't badmouth your hosts. You'd be very **ungracious**.* ▷ *Não fale mal de seus anfitriões. Seria muito **indelicado, deselegante** da sua parte.*

UNHAPPINESS, UNHAPPY s., adj. — MISERY, MISERABLE

UNHARMED adj. — SAFE AND SOUND

ileso, incólume, intato; são e salvo

▶ *Fortunately, all the passengers escaped **unharmed**.* ▷ *Felizmente, todos os passageiros escaparam **ilesos, sãos e salvos**.*

unique

UNIQUE adj.

> **Unique** não é usado como "único" em português.

especial, **único**, atípico, diferenciado, diferente, distinto, excepcional, exclusivo, extraordinário, ímpar, incomparável, inconfundível, invulgar, original, originalíssimo, peculiar, privilegiado, raro, singular, *sui generis;* único e exclusivo, sem igual, sem par, paralelo, rival, semelhantes, similar; como nenhum outro, fora de série REMARKABLE

- *Rio is a **unique** city.* ▷ *O Rio é uma cidade muito **especial, única, privilegiada, ímpar**, sui generis, **sem igual, sem paralelo, sem similar, fora de série, diferente de todas as outras**.*
- *Each person's fingerprints are **unique**.* ▷ *As impressões digitais de cada pessoa são **inconfundíveis, únicas e exclusivas**.*
- *All of those rock bands try to be **unique**.* ▷ *Todas essas bandas de rock tentam ser **diferentes, especiais, originais**.*
- *Learn English with our **unique** method.* ▷ *Aprenda inglês com nosso método **exclusivo, original**.*
- *"Com sua voz **singular**, Maria Bethania lança novo CD." (Veja)*

2. **inédito**, inaudito, nunca visto, sem precedentes NOVEL, FRESH

- *We found some caves with **unique** prehistoric designs.* ▷ *Encontramos cavernas com desenhos pré-históricos **nunca vistos**.*

• Usar "único" depois do substantivo:

- *Take advantage of this **unique** opportunity.* ▷ *Aproveite esta oportunidade **única**.*
- *A **unique** experience* ▷ *Experiência **única, excepcional, extraordinária, singular***

• Outras sugestões:

- *Enjoy the **unique** flavor of kiwi.* ▷ *Aprecie o sabor **próprio, peculiar** do kiwi.*
- *Our survey provides a **unique** picture of market opportunities.* ▷ *Nossa pesquisa oferece um panorama **privilegiado** das oportunidades de mercado.*

unique to

- *None of these problems is **unique to** Africa.* ▷ *Nenhum desses problemas é **exclusivo da** África, **ocorre apenas** na África.*
- *We saw several fish species, all **unique to** the valley.* ▷ *Vimos várias espécies de peixe que **só existem, só ocorrem** naquele vale.*

• Contraste: **único** (português) ≠ **unique** (inglês)

- *Ela é filha **única**.* ▷ *She's an **only** child.*
- *Ela é uma criança **muito especial**.* ▷ *She's a very **unique** child.*
- *Tamanho **único*** ▷ *One size fits all*
- *Esta é uma cópia **única**.* ▷ *This is a **one-of-a-kind** copy.*

UNIQUELY adv.

- *This actor is **uniquely** suited to the part.* ▷ *Ele se encaixa **especialmente, excepcionalmente** bem nesse papel.*
- *No one is **uniquely** privileged to say what an election means.* ▷ *Ninguém tem o privilégio **único e exclusivo** de dizer o que uma eleição significa.*

▶ The president is **uniquely** representative of all the people. ▷ *O presidente representa o povo todo de uma maneira **única**, **sem paralelo**, **sem similar**.*

▶ An old, loyal friend can give us **uniquely** satisfying comfort. ▷ *Um velho amigo leal pode nos dar um consolo que satisfaz **como nenhum outro**.*

UNLEASH v.

desencadear, soltar, desacorrentar, liberar, libertar; fazer deslanchar, decolar, levantar vôo; dar vazão

▶ They believed those magic words could **unleash** powerful evil forces. ▷ *Acreditavam que aquelas palavras mágicas eram capazes de **desencadear, libertar** poderosas forças do mal.*

▶ It remains to be seen whether broadband will live up to its promise to **unleash** the internet. ▷ *Ainda não se sabe se a banda larga corresponderá às expectativas de **soltar as amarras** da internet, **fazer** a internet **deslanchar, decolar, levantar vôo, aproveitar ao máximo todo o potencial** da internet.*

▶ **Unleash** your creative energy. ▷ ***Liberte, solte, dê vazão** à sua energia criativa.*

◊ **Leash** é a guia com que se prende um cão. O sentido básico de **unleash** é soltar algo poderoso que estava preso, como um cão na corrente.

UNLESS conj.

a não ser que, a menos que; se... não; enquanto... não; exceto, salvo

▶ You can't have a transplant **unless** someone donates an organ. ▷ *Não se pode receber um transplante **a não ser que, a menos que** alguém doe um órgão / **enquanto** alguém não **doar** / **salvo, exceto** se alguém doar um órgão.*

▶ **Unless** that player is replaced, we won't be able to win the game. ▷ *Se esse jogador **não** for substituído, **não** conseguiremos ganhar o jogo.*

• Para maior clareza, evite a dupla negativa. Use uma construção afimativa com "só":

▶ The purchase won't go through **unless** you type in your PIN. ▷ *A compra **só** é processada **depois** que você digitar a senha. (Melhor que "~~não~~ é processada enquanto você ~~não~~ digitar...")*

UNLIKE adj., prep.

diferente, contrário; ao contrário

▶ He's **unlike** any other child his age. ▷ *Ele é **diferente** de qualquer outra criança da sua idade.*

▶ **Unlike** other schools, here we have plenty of computers. ▷ ***Ao contrário** de outras escolas, aqui temos computadores de sobra.*

Na negativa: not unlike

▶ I saw a small silver tube, shaped **not unlike** a pen. ▷ *Vi um tubinho prateado **não muito diferente** de uma caneta / **parecido, semelhante** a uma caneta.*

UNLIKELY adj.

> Nem sempre "improvável" é uma boa tradução!
>
> (Marine bacteria:) These **unlikely** creatures may have saved our planet. ▷ *Essas **surpreendentes** (melhor que "~~improváveis~~"...!) criaturas talvez tenham salvo nosso planeta.*

unlucky

1. **improvável**, absurdo, impensável, implausível, inacreditável, inconcebível, incrível, inimaginável, inusitado; fora do comum; difícil de acreditar, de imaginar ≠ LIKELY

- ▶ *That's a highly **unlikely** coincidence* ▷ *Coincidência extremamente **improvável, implausível***
- ▶ *His victory is highly **unlikely**.* ▷ *Sua vitória é extremamente **improvável**.*

• Usar: **dificilmente**, provavelmente não; não deve

- ▶ *The dollar is **unlikely** to recover any time soon.* ▷ *O dólar **dificilmente** vai se recuperar, **provavelmente** não vai se recuperar, **não deve** se recuperar tão cedo.*
- ▶ *This situation is **unlikely** to change.* ▷ *Essa situação **não deve** mudar tão logo.*

• Usar: ao que tudo indica, nada indica

- ▶ *This is not the first casualty, and it's **unlikely** to be the last.* ▷ *Essa não é a primeira vítima e, **ao que tudo indica**, **provavelmente** não será a última.*
- ▶ *The danger is **unlikely** to stop tourists of challenging the rapids.* ▷ ***Nada indica** que o perigo vá dissuadir os turistas de desafiar as corredeiras.*

2. **surpreendente**, fora do comum ODD, BIZARRE

- ▶ *The company's ascent is an **unlikely** tale.* ▷ *A ascensão da empresa é uma história **surpreendente, fora do comum**.*

• Outras sugestões

- ▶ *Dr. Smith, a petite, mild-mannered woman, seems an **unlikely** heroine.* ▷ ***Ninguém diria** que a Dra. Smith, uma mulher miúda, de modos afáveis, é uma heroína.*
- ▶ *How the **unlikely** sport of golf is saving the tourism industry.* ▷ *O golfe – **imagine, quem diria** – está salvando o turismo.*

• Contraste os adjetivos: unlike ≠ unlikely

- ▶ *This terrain is **unlike** the one where we trained.* ▷ *Este terreno é **diferente** daquele onde treinamos.*
- ▶ *The new strategy is **unlikely** to boost sales.* ▷ *A nova estratégia **dificilmente** vai alavancar as vendas.*

UNLUCKY adj.   ILL-FATED, MISERABLE

UNMATCHED adj.   UNIQUE, PEERLESS

- ▶ *The first few years of a child's life offer **unmatched** opportunities for learning.* ▷ *Os primeiros anos da vida de uma criança oferecem oportunidades **sem par, sem igual, inigualáveis** para o aprendizado.*

UNMISTAKABLE adj.   CLEAR, PLAIN

- ▶ *An **unmistakable** smell of incense* ▷ *Cheiro **inconfundível** de incenso*
- ▶ ***Unmistakable** signs of illness* ▷ *Sinais **inequívocos** de doença*

UNORTHODOX adj.   ≠ ORTHODOX

alternativo, diferente, original; não ortodoxo, não convencional, não tradicional; fora dos padrões, das normas, fora do comum; diferente do usual, do geralmente aceito

- ▶ ***Unorthodox** medicine* ▷ *Medicina **alternativa***

▶ *Unorthodox methods* ▷ *Métodos **não convencionais, originais***
▶ *A tennis player with an **unorthodox** style* ▷ *Tenista com estilo **original, fora do comum***

UNPRETENTIOUS adj.   UNASSUMING

UNQUESTIONABLE adj.

indiscutível, **inegável**, evidente, inatacável, incontestável, inconteste, incontroverso, indisputado, indubitável, inequívoco, inquestionável, insofismável, irrefutável; fora, acima de dúvida, fora de questão; que não se discute

▶ *His influence on modern poetry is **unquestionable**.* ▷ *Sua influência na poesia moderna é **indiscutível, indubitável, inegável, incontestável, fora de dúvida**.*

UNRAVEL v.

1. **desfazer**, **desmanchar**, desatar, desenlear, desenredar, desenrolar; desfazer os nós

▶ *Every night Penelope **unravelled** the work she had done during the day.* ▷ *Todas as noites Penélope **desmanchava, desfazia** o trabalho que fizera durante o dia.*
▶ *Soap opera plots often take years to **unravel**.* ▷ *A trama das novelas às vezes leva anos para se **desenrolar, desenredar**.*

2. **desfazer-se**, desagregar-se, desmanchar-se, desmoronar, destruir-se, ruir; falir, fracassar, dar em nada, cair por terra   COLLAPSE, FAIL

▶ *After the war this complex commercial network was **unraveled**.* ▷ *Depois da guerra essa complexa rede comercial foi **desfeita, destruída**.*
▶ *At the peak of their success, the band began to **unravel**.* ▷ *No auge do sucesso a banda começou a **se desfazer, se desmanchar, se desagregar**.*
▶ *The company's ambitious plans have **unravelled**.* ▷ *Os ambiciosos planos da empresa **fracassaram, deram em nada, caíram por terra**.*

3. **deslindar**, **decifrar**, aclarar, compreender, descobrir, destrinçar, destrinchar, desvendar, esclarecer, explicar, explicitar, interpretar, resolver, revelar, solucionar

▶ *Unravel a mystery* ▷ ***Deslindar, solucionar, resolver** um mistério*
▶ *Scientists have yet to **unravel** all the secrets of genetics.* ▷ *Os cientistas ainda não conseguiram **desvendar, decifrar, destrinchar, explicar, esclarecer** todos os segredos da genética.*

◊ O substantivo **ravel** significa "emaranhado de fios". O sentido básico de **unravel** é "desmanchar, desfazer" um emaranhado, um tecido ou uma peça tricotada.

UNRELENTING adj.   RELENTLESS

UNRELIABLE adj.   ≠ RELIABLE

falho, inseguro, falível, defeituoso, deficiente, discutível, duvidoso, imperfeito, imprevisível, incerto, irregular, precário, questionável, refutável; pouco confiável, em que não se pode confiar

▶ *The process was found to be expensive, time-consuming and **unreliable**.* ▷ *O processo se revelou caro, demorado e **falho, inseguro**.*

unrest

- Why are the numbers so **unreliable**? ▷ Por que os resultados são tão **pouco confiáveis**?
- Eyewitnesses' observations are notoriously **unreliable**. ▷ Como é bem sabido, as observações feitas por testemunhas oculares são **falhas, questionáveis, duvidosas**.
- Many Americans say that Saudi Arabia is an **unreliable** partner. ▷ Muitos americanos dizem que a Arábia Saudita é um parceiro **duvidoso, imprevisível, em quem não se pode confiar**.

UNREST s.

1. **insatisfação,** angústia, ansiedade, desassossego, descontentamento, inquietação, instabilidade, nervosismo, turbulência

- The riots happened after labor **unrest** provoked a strike. ▷ Os tumultos ocorreram depois que a **insatisfação** trabalhista provocou uma greve.
- Political **unrest** is apparent in most developing countries. ▷ A **turbulência, instabilidade** política é visível na maioria dos países em desenvolvimento.

2. **agitação,** atritos, conflitos, desordens, distúrbios, enfrentamentos, protestos   RIOT, TURMOIL

- The government kept food prices low to discourage **unrest**. ▷ O governo conservou os preços baixos para os alimentos para dissuadir os **protestos, enfrentamentos**.
- Unemployment may cause mass social **unrest**. ▷ O desemprego pode causar **atritos, conflitos, distúrbios** sociais em massa.

UNREMARKABLE adj.   NONDESCRIPT

UNSEEMLY adj.   IMPROPER, UNBECOMING

- We cannot tolerate disrespect and **unseemly** behavior in our school. ▷ Não podemos tolerar o desrespeito nem o comportamento **impróprio, inadequado** em nossa escola.

UNSELF-CONSCIOUS adj.   ≠ SELF-CONSCIOUS

espontâneo, natural, desinibido, genuíno; à vontade, com desenvoltura

- With her I could be totally **unself-conscious** and really relax. ▷ Com ela eu podia ser totalmente **espontâneo, agir com naturalidade** e relaxar de verdade.

UNSKILLED adj.   ≠ SKILLED

não especializado, não qualificado, sem capacitação, sem habilitação, sem formação, sem treino; desequipado, despreparado

- They are **unskilled** laborers such as construction or factory workers, miners, restaurant help, or domestic servants. ▷ São trabalhadores **não especializados, não qualificados, sem formação profissional**, como operários de construção ou de fábrica, mineiros, pessoal de restaurante, e empregadas domésticas.
- This is a dangerous procedure in **unskilled** hands. ▷ É um procedimento perigoso em mãos **despreparadas, não bem treinadas**.

UNSKILLFUL adj.   ≠ SKILLFUL

incompetente, incapaz, ineficiente, inepto, mau, primário, tosco; não qualificado, não profissional

▶ *Unskillful* drivers cause accidents. ▷ Os **maus** motoristas, motoristas **incompetentes**, causam acidentes.

UNSPEAKABLE adj.

1. **indizível**, indescritível, inefável, inenarrável, inexprimível

▶ *Unspeakable* happiness ▷ Felicidade **indescritível, inefável**

2. **indescritível, horrível**, abominável, baixo, chocante, execrável, horrendo, inqualificável, terrível, vil
APPALLING, GRAPHIC

▶ *Unspeakable* atrocities ▷ Atrocidades **indescritíveis**

UNSPOKEN adj.

tácito, implícito, mudo, subentendido; não dito, não expresso; nas entrelinhas

▶ *Unspoken* agreement ▷ Acordo **tácito**
▶ *Unspoken* doubts, fears ▷ Dúvidas, medos **não expressos**

UNSUCCESSFUL adj., UNSUCCESSFULLY adv.   FAIL

malsucedido, fracassado, malogrado

▶ He finally won the election after two *unsuccessful* attempts. ▷ Finalmente ganhou a eleição depois de duas tentativas **malsucedidas, malogradas**.
▶ (adv.) Several companies have *unsuccessfully* lobbied the antitrust authorities. ▷ Várias empresas tentaram **em vão** / tentaram, mas **não conseguiram** pressionar as autoridades antitruste.

UNSUITABLE adj.   ≠ SUITABLE

inadequado, impróprio, incompatível, inconveniente; que não serve

▶ The following beaches are *unsuitable* for swimming. ▷ As seguintes praias estão **impróprias** para o banho.
▶ These books are *unsuitable* for children. ▷ Esses livros são **inadequados, inconvenientes, não servem** para crianças.

UNSUPPORTED adj.   ≠ SUPPORT

▶ The critics called the book full of *unsupported* assertions. ▷ Os críticos disseram que o livro é cheio de afirmações **sem fundamento, sem base**.
▶ Our radio station is *unsupported* by commercial ads. ▷ Nossa rádio **não é sustentada, financiada, patrocinada** por anúncios comerciais.

UNSYMPATHETIC adj.   ≠ SYMPATHETIC

▶ The government has been accused of being grossly *unsympathetic* to the plight of the refugees. ▷ O governo foi acusado de ser totalmente **insensível, indiferente, impassível, não demonstrar** a mínima **compaixão, simpatia** pelo drama dos refugiados.

untapped

UNTAPPED adj. ≠ TAP INTO

inexplorado, não aproveitado, não explorado, não utilizado, virgem

▶ The country has **untapped** mineral resources. ▷ O país tem recursos minerais ainda **inexplorados, não aproveitados.**

UNTIL prep.

até

▶ We worked **until** midnight. ▷ Trabalhamos **até** a meia-noite.

Na negativa: not... until
- Preferir uma construção afirmativa com "só", em vez da dupla negativa:

▶ The young cubs **won't** eat **until** their mother returns. ▷ Os filhotes **só** comem **depois que** a mãe voltar. (Melhor que "**não** comem enquanto a mãe **não** voltar")
▶ Things **cannot** improve **until** students learn to resolve conflicts peacefully. ▷ As coisas **só** vão melhorar **quando** os alunos aprenderem a resolver os conflitos de maneira pacífica.

UNTIMELY adj. ≠ TIMELY

1. inoportuno, inconveniente, inadequado, descabido, deslocado, despropositado, extemporâneo, gratuito, indevido; fora de propósito, fora de hora

▶ An **untimely** jest ▷ Brincadeira **inoportuna, inconveniente, fora de hora**
▶ The player's **untimely** injury came just before the finals. ▷ O jogador se contundiu numa **péssima** hora, logo antes das finais.

2. premature EARLY

▶ His **untimely** death at the age of 32 was a shock to all of us. ▷ Sua morte **prematura**, aos 32 anos, foi um choque para todos nós.

UNUSUAL adj. ≠ USUAL

insólito, incomum, anômalo, anormal, atípico, diferente, especial, excêntrico, excepcional, extraordinário, ímpar, inaudito, inédito, inesperado, infreqüente, inusitado, invulgar, isolado, ocasional, original, peculiar, raro, singular, surpreendente; não convencional, fora do comum, fora do normal, fora dos padrões, foge à regra; nunca visto; uma novidade

▶ **Unusual** circumstances ▷ Circunstâncias **especiais, extraordinárias**
▶ His artwork is very **unusual**. ▷ Seu trabalho é muito **original, peculiar, singular**.
▶ At that time it was highly **unusual** for women to have a career. ▷ Naquela época, era **insólito**, muito **inusitado, raro, raríssimo, fora do comum, fora dos padrões** uma mulher ter uma carreira profissional.
▶ No one found it **unusual**. ▷ Ninguém **estranhou**. / Não foi **nenhuma novidade**.

UNVERIFIED adj. ≠ VERIFY

▶ The best-seller list is based on the **unverified** reports of nearly 4,000 bookstores. ▷ A lista de best-sellers baseia-se em relatórios **não comprovados** de quase 4 mil livrarias.

UNYIELDING adj.   UNCOMPROMISING

UP-TO-DATE adj.

1. **atualizado**, em dia, a par   TIMELY

▶ *An **up-to-date** map* ▷ *Mapa **atualizado***
▶ *Our doctors are **up to date** with the most modern techniques.* ▷ *Nossos médicos estão **atualizados, a par** das técnicas mais modernas.*

2. **moderno**, **contemporâneo**, arrojado, atual, avançado, modernista, recente, vanguardista; da moda, da última moda, de vanguarda, último grito, último tipo; em vigor, em voga, na ordem do dia; *inf.* da hora, na onda   COOL

▶ ***Up-to-date** technology* ▷ *Tecnologia **moderna, contemporânea***
▶ ***Up-to-date** fashions* ▷ *As modas mais **recentes, de vanguarda***

UPSCALE adj.   HIGH-END

UPSET adj.

perturbado, **aflito**, abalado, aborrecido, agitado, alterado, amofinado, angustiado, ansioso, apreensivo, atribulado, chateado, contrariado, conturbado, desassossegado, infeliz, inquieto, nervoso, preocupado, transtornado   WORRIED

▶ *I was so **upset** about the argument I started to cry.* ▷ *Fiquei tão **perturbada, nervosa, aflita, transtornada, chateada** com a briga que comecei a chorar.*
▶ *Stay calm, don't be **upset**. Everything will be ok.* ▷ *Fique calma, não fique **nervosa, preocupada, apreensiva**. Vai dar tudo certo.*
▶ *Life is too short to be **upset** over such petty matters.* ▷ *A vida é muito curta para a gente se **aborrecer** com coisas tão insignificantes.*

2. (resultado esportivo) **surpreendente**, inesperado; *inf.* zebra

▶ *Monaco scored an **upset** win over nine-time winners Real Madrid.* ▷ *Zebra: vitória surpreendente do Mônaco sobre o Real Madrid, nove vezes campeão.*

UPSET v.

perturbar, abalar, aborrecer, afligir, agitar, alterar, amofinar, atrapalhar, balançar, chatear, complicar, contrariar, conturbar, convulsionar, desarranjar, desconcertar, enervar, inquietar, irritar, preocupar, transtornar; deixar nervoso   TROUBLE

▶ *The fact is, we Americans are more **upset** about traffic jams than gas prices.* ▷ *O fato é que nós, americanos, ficamos mais **aborrecidos, chateados, contrariados, irritados, nervosos** com os engarrafamentos do que com o preço da gasolina.*
▶ *I wasn't planning on a church wedding, but I don't want to **upset** my mother.* ▷ *Eu não tinha planos de casar na igreja, mas não quero **aborrecer, chatear** a minha mãe.*
▶ *The delicate ecological balance of the area has been **upset**.* ▷ *O delicado equilíbrio ecológico da área foi **perturbado, abalado**.*
▶ *Unexpected problems **upset** our plans.* ▷ *Nossos planos foram **atrapalhados, transtornados** por problemas inesperados.*

URGE s.   YEARNING, DRIVE

impulso, **vontade**, anseio, ânsia, ansiedade, desejo, fome, impulso, necessidade, premência, pressa, pressão, sede, urgência

▶ *He felt a sudden **urge** to tell her everything.* ▷ *Sentiu um súbito **impulso**, **desejo**, uma **vontade**, **necessidade** de lhe contar tudo.*
▶ *Dogs feel a strong **urge** to mate.* ▷ *Os cães sentem um forte **impulso** de se acasalar.*
▶ *The dictator felt the **urge** to exert his power.* ▷ *O ditador sentia o **desejo**, a **ânsia** de exercer o poder.*
▶ ***Urge** for revenge* ▷ ***Sede** de vingança*

● Reforçar com os adjetivos: imperioso, premente, intenso

▶ *He felt an **urge** to go back.* ▷ *Sentia uma **vontade premente** de voltar.*
▶ *He tried to conceal his **urge** to look at other women.* ▷ *Tentava disfarçar sua **vontade imperiosa**, seu **intenso desejo** de olhar para as outras mulheres.*

URGE v.

1. apelar, **instar**, clamar, conclamar, exortar, insistir, pedir, pelejar, pressionar recomendar, requerer, rogar, solicitar; fazer um apelo, fazer pressão, fazer campanha; demandar, exigir, fazer questão, bater pé; aconselhar vivamente   INSIST

▶ *We **urge** the IMF to cancel the debt of the most impoverished countries.* ▷ ***Apelamos, exortamos, instamos, demandamos** ao FMI que cancele a dívida dos países mais pobres.*
▶ *Most Europeans are **urging** for an end to the war.* ▷ *A maioria dos europeus **exige, pressiona, pede** o fim da guerra.*
▶ *The businessman claimed he was **urged** to lie to federal investigators.* ▷ *O empresário alegou que foi **instado**, **pressionado** a mentir para os fiscais federais.*
▶ *"**Pelejou** com o amigo para que aceitasse a ajuda." [Houaiss LP]*

● Acrescentar como reforço: com insistência, insistentemente, reiteradamente, enfaticamente, vivamente

▶ *My friends **urged** me to go.* ▷ *Meus amigos **insistiram, me aconselharam vivamente** a ir.*
▶ *The doctor **urged** me to practice sports.* ▷ *O médico me **recomendou com insistência, enfaticamente** a praticar esportes.*

2. animar, impelir, incentivar, estimular, motivar   DRIVE

▶ *My inner voice **urged** me to go inside.* ▷ *Minha voz interior me **impeliu** a entrar.*
▶ *The plan's aim is to **urge** businesses to relocate to depressed areas.* ▷ *O plano visa **estimular, incentivar** as empresas a se transferirem para áreas carentes.*

3. incitar, instigar   FUEL

▶ *Fanatics are **urging** youths to attack shops.* ▷ *Fanáticos estão **incitando** os jovens a atacar lojas.*

USE v.

usar, aplicar, aproveitar, empregar, utilizar; servir-se de

▶ *How do you **use** this word?* ▷ *Como se **usa**, se **emprega** essa palavra?*
▶ *I sure could **use** more offers like this.* ▷ *Eu bem poderia **aproveitar** mais ofertas como essa.*
▶ *My office could clearly **use** more people.* ▷ *Minha firma bem poderia **empregar** mais gente.*

use up

▶ Is it wise to **use up** all our resources? ▷ Será prudente **esgotar** todos os nossos recursos?

USED to v.   WOULD

> Em geral usamos simplesmente o imperfeito do indicativo, e NÃO o verbo "costumar":
> I **used to smoke** but I don't anymore. ▷ Eu **fumava**, mas atualmente não fumo mais.

- Indica ação habitual no passado.

- Usar o imperfeito do indicativo:
▶ She **used to** take me to school every day. ▷ Todos os dias ela me **levava** à escola.
▶ I **used to** be a beauty, but now I'm just an ordinary lady. ▷ Eu **era** uma beldade, mas hoje sou apenas uma mulher comum.
▶ Didn't you **use to** be vegetarian? ▷ Você não **era** vegetariana?
▶ "He's got a lot of dough, now. He **didn't use to**. He **used to** be just a regular writer." (J.D. Salinger, "The Catcher in the Rye") ▷ Agora ele tem muita grana. Mas antes não **tinha**. Antes ele **era** só um escritor comum.

- Usar: sempre; antes, antigamente ONCE
▶ My father **used to** say, "Learn a trade." ▷ Meu pai **sempre dizia**, "Aprenda uma profissão".
▶ They don't make movies like they **used to**. Now it's all so predictable… ▷ Não se fazem mais filmes como **antes, antigamente**. Hoje é tudo tão previsível…

- Ocasionalmente cabe a tradução "costumar":
▶ We **didn't use to** go out much in the winter. ▷ Nós não **costumávamos** sair muito durante o inverno.

USED adj.   FAMILIAR

acostumado, familiarizado, habituado; que tem o hábito

▶ I'm **used** to my laptop. ▷ Estou **acostumada** com meu laptop.
▶ He's **used** to reading a lot. ▷ Ele está **acostumado** a ler muito, tem o **hábito** de ler muito.

- Note que em inglês se segue um verbo no gerúndio:
▶ I'm **used to being** free. ▷ Estou **acostumado** a ser livre.

get USED TO v.

acostumar-se, aclimatar-se, adaptar-se, familiarizar-se, habituar-se

▶ I must **get used to** the new model. ▷ Tenho de me **habituar**, me **familiarizar** com o modelo novo.

- Note que em inglês se segue um verbo no gerúndio:
▶ I finally **got used to living** in a foreign country. ▷ Finalmente me **acostumei** a viver num país estrangeiro.

USEFUL adj.   ≠ USELESS

útil, bom, conveniente, produtivo, proveitoso, válido, valioso, vantajoso; tem serventia

useless

▶ A **useful** device ▷ Aparelho **útil, conveniente** com muita **serventia**
▶ **Useful** members of society ▷ Cidadãos **úteis, produtivos, válidos** da sociedade

USELESS adj.   ≠ USEFUL

inútil, baldado, estéril, fútil, imprestável, improdutivo, ineficaz, infrutífero, inoperante, ocioso, perdido, vão; que não adianta, não serve para nada; sem préstimo, sem serventia

▶ It's **useless** trying to convince him. ▷ É **inútil** tentar convencê-lo; **não adianta**.
▶ **Useless** efforts ▷ Esforços **estéreis, improdutivos, infrutíferos, ineficazes, perdidos**
▶ **Useless** talks ▷ Conversações **baldadas, vãs, fúteis, ociosas**
▶ I'm **useless** in the kitchen. ▷ Na cozinha eu sou uma pessoa **sem préstimo, não sirvo para nada**.

USER-FRIENDLY adj.   FRIENDLY

fácil, simples de usar; amigável, claro, descomplicado, intuitivo; sem complicações; de utilização simples, de fácil utilização, de uso fácil; auto-explicativo

▶ **User-friendly** software ▷ Software **fácil, simples de usar, intuitivo, descomplicado, amigável**
▶ Book online on our **user-friendly** site. ▷ Faça sua reserva online no nosso site, com telas **claras, confortáveis, auto-explicativas**.
▶ This software can hardly be called **user-friendly**. ▷ Esse software **não facilita nada** as coisas para o usuário.

USUAL adj.   STANDARD

comum, habitual, aceito, admitido, banal, batido, clássico, conhecido, consagrado, constante, convencional, corrente, costumeiro, cotidiano, diário, estabelecido, familiar, freqüente, generalizado, geral, habitual, mediano, médio, normal, ordinário, padrão, padronizado, popular, recorrente, regulamentar, regular, rotineiro, típico, tradicional, trilhado, trivial, usual, vulgar; a regra; de sempre, de costume, de praxe; nada raro, nada de especial, de excepcional; *inf.* carne de vaca

▶ Let us think in terms of the **usual** decimal system. ▷ Vamos pensar em termos do sistema decimal **comum, habitual, corrente, consagrado, convencional**.
▶ I'll meet you at the **usual** time. ▷ Te encontro na hora **costumeira, de costume, de sempre**.
▶ Is it **usual** for lectures to start so early? ▷ É **comum, normal** as palestras começarem tão cedo?
▶ "Arrest the **usual** suspects." ▷ Prenda os suspeitos **de praxe**.

• Usar os verbos: sói, costuma   TYPICAL

▶ As is **usual** these days, the lawyers may have the last say. ▷ Como sói acontecer hoje em dia, a última palavra deve ser dos advogados.

USUALLY adv.   OFTEN, TYPICALLY

UTILITY, UTILITIES s.

> Em geral NÃO se refere a "utilidade" (**usefulness**), mas sim a serviços, sobretudo de eletricidade.

1. (sentido mais comum) **eletricidade**, energia elétrica; *inf.* luz
▶ *A man climbed up a **utility** tower.* ▷ *Um homem subiu numa torre de **eletricidade**.*

2. **serviços públicos**; água, gás, eletricidade, transportes
▶ *The rent is $1,000 a month – **utilities** not included.* ▷ *O aluguel é de U$ 1.000 – **água, gás e eletricidade** não incluídos.*
▶ *Consumers are struggling to pay their monthly **utility** bills.* ▷ *Os consumidores lutam para pagar as contas de **água e luz**.*
▶ *In cities like Seoul broadband internet has become a basic **utility** like water or electricity.* ▷ *Em cidades como Seul a internet banda larga tornou-se um **serviço** básico como a água ou a eletricidade.*

3. **concessionária,** empresa de serviços públicos
▶ *Factories and **utilities** were nationalized in Cuba in the 1960s.* ▷ *As fábricas e os **serviços públicos** foram nacionalizados em Cuba nos anos 60.*
▶ *In the U.S. most **utilities** are privately owned.* ▷ *Nos Estados Unidos a maioria das **concessionárias de serviços públicos** é privada.*
▶ *Public **utilities*** ▷ ***Concessionárias** estatais*
▶ *Investor-owned **utilities*** ▷ ***Concessionarias** de capital aberto*

the utility s.
concessionária, empresa distribuidora de energia elétrica; *inf.* companhia da luz
▶ *Farmers sued **the utility** over the tower's location.* ▷ *Os fazendeiros processaram a **distribuidora / concessionária de eletricidade / companhia de luz** devido à localização da torre de energia elétrica.*

4. **utilidade** (pouco usado nesse sentido)
▶ *What is the medical **utility** of this drug?* ▷ *Qual é a **utilidade** médica dessa droga?*
▶ *SUV means Sports **Utility** Vehicle.* ▷ *SUV significa "veículo esportivo **utilitário**".*

V

VALIDATE v.

1. **confirmar**, **validar** certificar, comprovar, corroborar, garantir; demonstrar, evidenciar, provar, ratificar; demonstrar, determinar a validade, a veracidade; dar, conferir validade
▶ *More experiments are needed to **validate** his theories.* ▷ *São necessárias mais experiências para **confirmar, comprovar, ratificar** sua teoria.*

2. (sentimentos) **respeitar**, mostrar que é válido, legítimo
▶ *At the time, only Sarah **validated** my feelings.* ▷ *Na época, Sarah foi a única que **respeitou** meus sentimentos.*
▶ *I don't try to comfort a terminally ill patient with false promises; I just try to **validate** his feelings.* ▷ *Não tento consolar um paciente terminal com falsas promessas; procuro apenas lhe mostrar que seus sentimentos são **válidos, legítimos**.*

value

VALUE s.

1. **valor**, importância, valia
▶ What is the **value** of a university education? ▷ Qual o **valor** de uma educação universitária?

2. **princípio**, valor BELIEF
▶ Teach your children good **values** like kindness and consideration. ▷ Ensine aos seus filhos bons **princípios**, como bondade e consideração.

3. **dinheiro**, lucratividade, lucro, riqueza; preço, valor BOTTOM LINE
▶ Our goal is to create/deliver **value** for our shareholders. ▷ Nosso objetivo é criar **valor**, gerar **lucro**, **riqueza** para os nossos acionistas.
▶ We place an emphasis on higher **value-added** activities. ▷ Priorizamos as atividades de maior **valor agregado**.
▶ Low-**value** toys. ▷ Brinquedos **baratos**, de baixo **preço**.
▶ High-**value** / Low-**value** clients ▷ Clientes que dão alto / baixo **retorno**

4. **economia**, lucro, proveito; bom retorno pelo dinheiro, boa compra, bom negócio, bom investimento; preço bom, acessível, econômico, vantajoso, em conta
▶ The hotel offers packages appealing to the **value-conscious**. ▷ O hotel oferece pacotes para os que procuram **economia, bons preços**.
▶ We offer high quality products at exceptional **value**. ▷ Oferecemos produtos de alta qualidade a **preços excepcionalmente econômicos, vantajosos**.
▶ This record was incredibly **poor value** – it only lasts 15 minutes! ▷ Esse disco foi uma **péssima compra, não vale o que custa** – dura só 15 minutos!

5. **oferta**, oportunidade, promoção
▶ Super **value**! Only $2.99. ▷ Super **oferta, oportunidade**! Apenas US$ 2,99.
▶ Real breakfast **values** ▷ Grandes **promoções** para o café da manhã!
▶ Shop early – limited time **values**. ▷ Faça suas compras logo – **promoções, ofertas** por tempo limitado.

• Outras sugestões:
▶ Statisticians are the people who can really **extract value** from databases. ▷ São os estatísticos que realmente conseguem **explorar, aproveitar, fazer render, extrair lucro, o máximo benefício** dos bancos de dados.

FACE VALUE expr.   FACE value

VALUE adj.

econômico; em conta; de preço bom, acessível, vantajoso; em oferta, em promoção
▶ We offer furniture that's functional, beautiful and **value** (= **value-priced**). ▷ Oferecemos mobília funcional, bonita e **econômica / de bom preço**.

◊ **Value** significa econômico, vantajoso, mas de boa qualidade. É diferente de CHEAP e POOR, que indicam algo barato e de má qualidade.

VALUE FOR MONEY expr.

▶ *You'll get good **value for** your **money**.* ▷ *Você fará uma **boa compra, bom investimento**, ficará satisfeito com o **retorno** pelo seu dinheiro, obterá a melhor **relação custo/benefício**.*
▶ *The player was bought by Real Madrid for over $20 million. But is he **value for money**?* ▷ *O jogador foi comprado pelo Real Madrid por mais de US$ 20 milhões. Mas será que ele **vale** todo esse dinheiro?*
▶ *(adj.) It's a friendly, beautiful and **value-for-money** hotel.* ▷ *É um hotel simpático, bonito e **econômico**.*

VALUE v.   APPRECIATE, CHERISH

VAPID adj.   STALE

insípido, **insosso**, aguado, chocho, choco, desanimado, desinteressante, enfadonho, inexpressivo, insulso, repetitivo, superficial; sem espírito, graça, imaginação, interesse; sem gosto, sabor, sal; *inf.* besta

▶ *I'm tired of her **vapid** personality.* ▷ *Estou cansado da personalidade dela, **chocha, desinteressante, sem graça, sem sal**.*
▶ *His poetry is sometimes **vapid**.* ▷ *Por vezes, sua poesia é **aguada, insípida, insossa, inexpressiva, desinteressante**.*

VEIN s.   APPROACH

veia, **teor**, **tom**, atitude, caráter, clave, coloração, corte, cunho, diapasão, disposição, espírito, estilo, feição, fio, inclinação, índole, jaez, linha, maneira, modo, registro, tendência, timbre, vertente; linha geral

▶ *He continued in the same **vein**.* ▷ *Continuou no mesmo **diapasão**, na mesma **linha**.*
▶ *The rest of the speech was in a more light-hearted **vein**.* ▷ *O restante do discurso seguiu num **tom** mais leve.*

VENDOR s.

> Atenção ao sentido 2:
> *GM has antagonized its **vendors** by demanding price reductions every year.* ▷ *A GM gerou hostilidade entre seus **fornecedores, fabricantes** [de peças] ao exigir reduções de preço todos os anos.*

1. **vendedor**
▶ *Street **vendor*** ▷ *Camelô, feirante*
▶ *News **vendor*** ▷ *Jornaleiro*

2. **fornecedor, fabricante;** prestador/a de serviços
▶ *Software vendors* ▷ ***Fornecedores** de software*
▶ *We order parts directly from part **vendors**.* ▷ *Encomendamos peças direto dos **fornecedores, fabricantes**.*
▶ *The competitive bidding process is done online, and **vendors** (= service providers) may bid on the services requested.* ▷ *A licitação é feita online, e as **prestadoras de serviços** podem apresentar suas propostas para os serviços solicitados.*

VENUE s.

local, **casa**, espaço (para o público); sede

▶ *Our new theater will give the school a year-round **venue**.* ▷ *Nosso novo teatro dará à escola um **local, espaço** [para apresentações, reuniões] durante o ano todo.*
▶ *(Musician:) I'm very happy to play in a wonderful **venue** like this one.* ▷ *Estou muito feliz de tocar numa **casa** (= auditório, teatro) maravilhosa como esta.*
▶ *Which city was the **venue** for the 2000 Olympic Games?* ▷ *Qual cidade foi a **sede** dos Jogos Olímpicos de 2000?*

VERIFY v., VERIFIABLE adj.   CHECK

> **Verify** não é o mesmo que "verificar":
> *Please retype to **verify** your password.* ▷ *Por favor digite novamente para **confirmar, autenticar** sua senha.*

conferir, **comprovar**, apurar, autenticar, certificar, checar, confirmar, constatar, corroborar, examinar, garantir, provar, validar; comprovar, determinar a veracidade; certificar-se de que é verdadeiro, legítimo

▶ *The bank must **verify** your signature.* ▷ *O banco precisa **conferir** sua assinatura.*
▶ *The picture was found but its authenticity could not be **verified**.* ▷ *O quadro foi encontrado, mas a autenticidade não foi **comprovada**.*
▶ *Many experiments must be conducted to **verify** a hypothesis.* ▷ *É preciso fazer muitas experiências para **apurar, validar, demonstrar, comprovar, comprovar a veracidade** de uma hipótese.*
▶ *(adj.) Please use easily **verifiable** details, such as your home address.* ▷ *Por favor, dê detalhes facilmente **comprováveis**, tais como seu endereço residencial.*

● Contraste:

▶ *Não sei se ela está em casa – vou **verificar**.* ▷ *I don't know if she's at home – I'll **check**.*

VERY adj., adv.

> **Very** significa "muito". NÃO traduzir como "bastante" (= apenas "o que basta").
> *We live in **very** complex times.* ▷ *Vivemos numa época **muito, extremamente** (NÃO ~~bastante~~..!) complexa.*

1. muito, extremamente   QUITE

▶ *Very small* ▷ *Muito pequeno, mínimo, minúsculo*

● Sugestões para não abusar da palavra "muito":

● Usar o superlativo sintético:

▶ *Her father was **very, very** famous.* ▷ *Seu pai era **famosíssimo**.*

▶ *Very good indeed!* ▷ **Ótimo!**
▶ *It was in **very** poor conditions.* ▷ *Estava em **péssimas** condições.*
▶ *Wow, I just thought **the very same thing**.* ▷ *Uau, acabo de pensar a **mesmíssima** coisa.*

● Usar o diminutivo:

▶ *He's a **very** short man.* ▷ *Ele é bem **baixinho**.*
▶ *She talked **very** slowly.* ▷ *Falou bem **devagarinho**.*

2. (função de reforço) **próprio**; até, até mesmo

▶ *The point here is to redefine the government's **very** mission.* ▷ *O importante aqui é redefinir a **própria** missão do governo.*
▶ *Our **very** survival was threatened.* ▷ *Nossa **própria** sobrevivência / **até mesmo** nossa sobrevivência estava ameaçada.*

● Outras sugestões:

▶ *They fled the country to escape from the **very** violence that now surrounds them.* ▷ *Fugiram do país para escapar **justamente, exatamente** da violência que agora os rodeia.*
▶ *The **very** people he needed disappeared.* ▷ ***Justamente** as pessoas de que ele mais precisava desapareceram.*
▶ *From that **very** moment...* ▷ *A partir daquele **exato** momento...*
▶ *The **very** idea of going abroad scared him.* ▷ *Tinha medo **só** de pensar em viajar para o estrangeiro.*

VESTED INTEREST s.   hidden AGENDA

1. **interesse pessoal**, **próprio**, forte, especial, oculto, particular; interesse em jogo

▶ *Authoritarian ideologies have a **vested interest** in promoting fear.* ▷ *As ideologias autoritárias têm seu **interesse particular** em promover o medo.*

2. **lobby**, grupo de pressão; força, pressão; representantes de interesses particulares

▶ *The government is trying to cut down expenses, but **vested interests** are very powerful.* ▷ *O governo está tentando cortar gastos, mas os **lobbies**, as **pressões**, as **forças** em contrário, os **interesses particulares** são muito poderosos.*

VEX v.   ANNOY

aborrecer, **irritar**, afligir, agastar, amofinar, atormentar, chatear, exasperar, incomodar, molestar, mortificar, perturbar, provocar; *inf.* dar nos nervos

▶ *Mistakes that salesmen make that **vex** clients* ▷ *Erros cometidos pelos vendedores que **aborrecem, irritam, incomodam** os clientes*
▶ *Hecklers asked irrelevant questions for the sole purpose of **vexing** the speaker.* ▷ *Aparteadores faziam perguntas irrelevantes só para **irritar, perturbar, provocar, dar nos nervos** do orador.*

VEXING adj.   AGGRAVATING

difícil, **dificílimo**, alarmante, árduo, espinhoso, exasperador, grave, gravíssimo, irritante, sério, seríssimo

▶ *Terrorism is one of the more **vexing** problems facing our society.* ▷ *O terrorismo é um dos problemas mais **difíceis, graves, espinhosos**, que mais **afligem** a nossa sociedade.*

vicious

- ▶ *Autism is a **vexing** brain disorder.* ▷ *O autismo é um distúrbio cerebral **seriíssimo, gravíssimo**.*
- ▶ *The constant barrage of spam is a **vexing** problem for businesses.* ▷ *A enxurrada de lixo eletrônico é um problema **dificílimo, exasperador, extremamente irritante** para os negócios.*

VICIOUS adj.   FIERCE, WICKED

- ▶ *It is a **vicious** and dangerous dog and must be put down.* ▷ *É um cão **feroz, selvagem, violento** e perigoso, que deve ser sacrificado.*
- ▶ *She had to withstand **vicious** attacks on her reputation.* ▷ *Teve de suportar ataques **malignos, perversos, cruéis** à sua reputação.*

VIEW s.

1. **visão, concepção**, atitude, conceito, convicção, crença, doutrina, filosofia, juízo, julgamento, idéia, noção, opinião, parecer, pensamento, posicionamento, postura, perspectiva, política, posição, programa, teoria, visão; opinião pessoal, individual, modo de ver, de pensar; ponto de vista   APPROACH, BELIEF

- ▶ *That's an optimistic **view** of the development of mankind.* ▷ *É uma **visão** otimista do progresso da humanidade.*
- ▶ *This was a new **view** of sovereignty.* ▷ *Era uma nova **visão, concepção**, um novo **conceito** de soberania.*
- ▶ *Tolerance is not compatible with mocking others' **views**.* ▷ *A tolerância não é compatível com o escárnio às **convicções, idéias, opiniões, pontos de vista** alheios.*
- ▶ *What are your **views** on this point?* ▷ *Quais são suas **idéias** a respeito?*

• Outras sugestões:

- ▶ *In my **view*** ▷ *A meu **ver**, na minha **opinião**, no meu **ponto de vista**, no meu **parecer**, no meu **entender***
- ▶ *In his **view*** ▷ *A seu **ver**, **segundo** ele*
- ▶ *The common **view*** ▷ *O **consenso**, a **opinião geral***

2. **imagem** PERCEPTION

- ▶ *That **view** didn't match reality anymore.* ▷ *Essa **imagem** não combinava mais com a realidade.*
- ▶ *She thought her father was a saint and stubbornly clung to that **view**.* ▷ *Ela achava o pai um santo e se agarrava tenazmente a essa **imagem**.*

VIEWPOINT s.   APPROACH, VIEW

VINTAGE s.

vindima, safra de vinho

- ▶ *Wine producers are happy with this excellent **vintage**.* ▷ *Os produtores de vinho estão felizes com esta excelente **safra**.*

VINTAGE adj.

clássico, antigo; de época; bom, excelente, maduro, valioso; de alta qualidade; da época de ouro

- ▶ ***Vintage** Hollywood movies* ▷ *Filmes **antigos, clássicos** de Hollywood, da **época de ouro** de Hollywood*
- ▶ ***Vintage** jewelry / watches* ▷ *Jóias / Relógios **antigos, clássicos***

▶ We repair all kinds of cameras, from **vintage** to digital. ▷ Consertamos todos os tipos de câmeras, desde as **antigas** até as digitais.

▶ The evolution of movie theaters is shown through **vintage** photos. ▷ A evolução dos cinemas é mostrada com fotos **de época**.

▶ "A princesa usava vestido Dior e bolsinha **vintage**." (Veja)

◊ Como substantivo, **vintage** significa "vindima, colheita da uva". O adjetivo conota "velho e bom", como um vinho de boa safra. Refere-se a coisas antigas que conservam ou aumentam de valor com o passar do tempo.

VIRTUAL adj., **VIRTUALLY** adv.

> This species is **virtually** extinct. ▷ Essa espécie está **praticamente** (Não "~~virtualmente~~"...!) extinta.

1. **praticamente, quase; na prática,** em essência, para todos os efeitos   BASICALLY

▶ The new rules mean a **virtual** ban on cigarette advertising. ▷ As novas regras significam, **na prática, para todos os efeitos**, proibir a publicidade do cigarro.

▶ (adv.) Unemployment in this town is **virtually** non-existent. ▷ O desemprego nesta cidade **quase, praticamente** não existe.

▶ The wine stain has **virtually** disappeared. ▷ A mancha de vinho já **quase, praticamente** desapareceu.

2. **virtual**, criado por meios eletrônicos, no computador; que ocorre online, via internet, no espaço cibernético; não presencial, à distância   ≠ ACTUAL

▶ This game is only **virtual** reality; it's very different from an actual experience. ▷ Esse jogo é apenas realidade **virtual**; é muito diferente de uma experiência real.

▶ **Virtual** schooling, or e-learning, is witnessing a boom. ▷ Está havendo uma explosão do aprendizado **virtual, não presencial, à distância, online, pela internet**.

VISION s.

1. **visão** (= **sight, eyesight**)

▶ Are you sure your child has good **vision**? ▷ Tem certeza que seu filho tem boa **visão**?

2. **visão, imagem**, concepção   PERCEPTION

▶ In my dream I had a strange **vision**. ▷ No sonho, tive uma **visão**, vi uma **imagem** estranha.

▶ This book changed my whole **vision** of physics. ▷ Esse livro mudou toda a minha **visão, concepção** da física.

▶ The TV series presented a very different **vision** of Africa. ▷ O seriado apresentou uma **imagem** muito diferente da África.

3. **visão individual**, **idéias próprias**, compreensão, convicção, descortino, perspicácia, princípios; ponto de vista pessoal; modo, maneira de ver as coisas; visão geral, visão de futuro   VIEW

▶ The President must have a **vision** for the country. ▷ O presidente deve ter uma **visão própria**, uma **visão de futuro** para o país.

▶ We are true to our **vision statement**: to become the best in the industry. ▷ Somos fiéis à nossa **declaração de princípios**: ser os melhores do ramo.

volunteer

4. **ideal**, crença, objetivo, sonho

▶ *You have to have a **vision** and carry it through.* ▷ *Você deve ter um **objetivo**, **ideal**, **sonho** e realizá-lo.*

VOLUNTEER v.

oferecer-se, apresentar-se voluntariamente, espontaneamente; dispor-se, prontificar-se; ser voluntário, trabalhar como voluntário

▶ *Several people **volunteered** for the job.* ▷ *Várias pessoas **se ofereceram, se prontificaram** para trabalhar como voluntários.*

▶ *He **volunteered** some bits of personal information.* ▷ *Ele **apresentou**, deu algumas informações pessoais **espontaneamente, sem ninguem pedir**.*

W

WAIVE v.

dispensar, abster-se, ceder, isentar, prescindir; abrir mão, desistir, renunciar a um direito

▶ *We've **waived** many different restrictions to make sure that these abandoned children can enroll in our school.* ▷ *Nós **dispensamos, abrimos mão** de diversas restrições para que essas crianças abandonadas possam entrar na nossa escola.*

WAIVER s.

dispensa, isenção, renúncia legal

▶ *How can I apply for a fee **waiver**?* ▷ *Como posso pedir **dispensa, isenção** de pagamentos?*

in the WAKE expr.   AFTERMATH

na esteira, após, no rastro, depois, logo após, logo atrás, em seguida; a reboque, em conseqüência, decorrência, resultado

▶ *Industrialization brought **in its wake** labor conflicts and urban poverty.* ▷ *A industrialização trouxe **na sua esteira, a reboque** conflitos trabalhistas e pobreza urbana.*

▶ *Missionaries entered the interior of the country **in the wake** of the explorers.* ▷ *Missionários entraram pelo interior do país no **rastro** dos exploradores.*

▶ *Violent riots broke out **in the wake** of the minister's assassination.* ▷ *Tumultos violentos irromperam **em seguida, logo após, em conseqüência, em decorrência** do assassinato do ministro.*

▶ *Suicides plunge **in the wake** of prevention program* ▷ *Diminuem os suicídios **em resultado, decorrência** do programa de prevenção*

◊ O sentido básico é a esteira de espuma que um barco vai deixando atrás de si:

▶ *We sailed on, dolphins playing in our **wake**.* ▷ *Continuamos navegando, com os golfinhos brincando na **esteira** do nosso barco.*

WANDER v.

1. **perambular**, errar, passear, vagar, vaguear, viajar, zanzar; andar sem destino, sem rumo, à toa, a esmo, ao acaso, por aí, ao léu; bater pernas DRIFT

▸ *I spent hours **wandering** around the streets.* ▷ *Eu passava horas **vagando, perambulando, andando sem destino** pelas ruas.*
▸ ***Wandering** gypsies* ▷ *Ciganos **errantes***
♪ *"Quando vem a madrugada, meu pensamento **vagueia**"* (Paulinho da Viola, "Dança da Solidão")

2. **passear**, andar, caminhar, flanar, dar uma volta, uma circulada

▸ *I'll just **wander** around the mall for an hour or so.* ▷ *Vou **passear, andar, dar uma volta** pelo shopping uma horinha.*
▸ *We spent the morning **wandering** around the old city.* ▷ *Ficamos a manhã toda **passeando, caminhando** pela cidade velha.*

3. **divagar**, devanear, desviar-se do rumo, distrair-se; sair, fugir do assunto RAMBLE

▸ *The teacher started to **wander** from the point.* ▷ *O professor começou a **desviar-se, sair** do assunto.*
▸ *I'm sorry, my mind was **wandering**. What did you say?* ▷ *Desculpe, minha mente **fugiu** / eu estava **distraído**. O que você disse?*

WARN v.

avisar, prevenir, advertir, alertar, precaver, recomendar; pôr de sobreaviso, dar o alarme, chamar a atenção, recomendar cuidado

▸ *They called and **warned** me that they would be delayed.* ▷ *Ligaram para me **avisar, prevenir** que iriam se atrasar.*
▸ *My father was **warned** by the neighbors that we were in danger.* ▷ *Meu pai foi **alertado** pelos vizinhos de que estávamos correndo perigo.*
▸ *There were several **warning** signs on the highway because of the fog.* ▷ *Havia vários **avisos**, sinais de **alerta** na estrada devido ao nevoeiro.*

WARNING s.   ≠ ADVICE

aviso, advertência, alerta, lembrete, recomendação

▸ *He turned up completely without **warning**.* ▷ *Apareceu sem **aviso** nenhum.*
▸ *Just a word of **warning** – these restaurants are very expensive.* ▷ *Uma palavra de **advertência** – esses restaurantes são muito caros.*
▸ ***Warning!** Tobacco seriously damages health.* ▷ ***Cuidado!** O cigarro causa graves danos à saúde.*

WARY adj., WARILY adv.

cauteloso, desconfiado, alerta, atento, cuidadoso, precavido, previdente, prudente, receoso, ressabiado, temeroso, vigilante; de prevenção, de sobreaviso, de olhos bem abertos, de orelha em pé, em guarda, com um pé atrás

▸ *In this small town foreigners are received with **wary** glances.* ▷ *Nesta cidadezinha os estrangeiros são recebidos com olhares **desconfiados, ressabiados**.*

wasp

- *The Minister is trying to entice **wary** foreign investors.* ▷ *O ministro está tentando atrair os **cautelosos, receosos, temerosos** investidores estrangeiros.*
- *Asian markets are **wary** but not panicked.* ▷ *Os mercados asiáticos estão **atentos, vigilantes, de sobreaviso**, mas não em pânico.*
- *Investors are watching **warily** the latest developments.* ▷ *Os investidores acompanham **com cautela, com certo receio** as últimas notícias.*

• Usar os verbos: desconfiar, acautelar-se, precaver-se, recear; ter cautela, cuidado, receio, medo

- *I was taught to be **wary** of strangers.* ▷ *Sempre me ensinaram a **desconfiar** dos estranhos.*
- *I'm a bit **wary** of driving in this fog.* ▷ *Tenho certo **receio** de dirigir nessa cerração.*
- *Be **wary**: these companies may charge for extra services.* ▷ ***Tenha cuidado, cautela, fique alerta, em guarda, de sobreaviso**: essas empresas podem cobrar por serviços extras.*

WASP s. (iniciais de White Anglo-Saxon Protestant)

indivíduo branco, protestante, de origem anglo-saxônica; caucasiano

- *I don't care if the candidate is black, hispanic or **WASP**.* ▷ *Não me importa se o candidato é negro, hispânico ou **branco**.*
- *Aside from Kennedy, who was a Catholic, all US presidents were **WASP**.* ▷ *Tirando Kennedy, que era católico, todos os presidentes americanos foram **brancos, protestantes, de origem anglo-saxônica**.*

WASPISH adj.

> Mais usado no sentido 1. Atenção ao contexto!
>
> *He wanted to marry a white, blue-eyed, **Waspish** girl.* ▷ *Queria casar com uma moça **branca**, de olhos azuis. (NÃO "~~mordaz~~"!...)*

1. (relativo a WASP) **branco**, caucasiano, ocidental
- *These comic books feature almost exclusively characters of **waspish** appearance.* ▷ *Essas revistas em quadrinhos apresentam quase exclusivamente personagens **brancos**, de aparência **caucasiana, ocidental**.*

2. (semelhante a uma vespa, **wasp**) **irascível**, exasperado, irritado, mordaz, viperino
- *She was a **waspish**, unpleasant woman who looked much older than she was.* ▷ *Era uma mulher **irascível**, desagradável, que parecia muito mais velha do que era.*
- ***Waspish** remarks / **Waspish** tongue* ▷ *Comentários **mordazes** / Língua **viperina***

WATCH v.

1. **observar**, acompanhar, apreciar, espiar, espionar, espreitar, flagrar, seguir, ver, vigiar; ficar atento, alerta, de atalaia
- *Watch it!* ▷ *Cuidado!*
- *We stood at the window, **watching** the clouds go by.* ▷ *Ficamos na janela, **apreciando** as nuvens que passavam.*

2. assistir, ver

▶ *I was **watching** my favorite TV show.* ▷ *Estava **assistindo, vendo** meu programa favorito.*

WEALTHY adj.   RICH

WEIRD adj.   ODD, EERIE

estranho, curioso, enigmático, esdrúxulo, espantoso, esquisito, excêntrico, inacreditável, incompreensível, incrível, inquietante, insólito, intrigante, misterioso, sobrenatural, surpreendente

▶ *Nobody home? That's **weird**.* ▷ *Ninguém em casa? Que **estranho, esquisito!***
▶ *There are some really **weird** coincidences.* ▷ *Há certas coincidências **estranhíssimas, surpreendentes, intrigantes, enigmáticas.***

WEST s., adj., WESTERN adj.   EAST, EASTERN

> Não traduzir como "oeste", "do oeste" quando a tradução consagrada é "Ocidente", "ocidental".
>
> *Many developing countries wish to catch up with standards of living in the **West**.* ▷ *Muitos países em desenvolvimento querem alcançar os padrões de vida do **Ocidente**. (NÃO do "oeste"...!)*

1. oeste, poente

▶ *Far away in the **west** the sun was already setting.* ▷ *Lá longe, no **oeste**, o sol já estava se pondo.*
▶ *We decided to head **westwards**.* ▷ *Decidimos rumar para o **oeste**.*
▶ *Far **West** movies* ▷ *Filmes de **faroeste** (passam-se no Oeste dos EUA)*

2. ocidente; ocidental, do oeste

▶ *Many easterners are desperate to emigrate to the US, Canada, England or other countries of the **West**.* ▷ *Muitos orientais querem desesperadamente emigrar para os EUA, Canadá, Inglaterra ou outros países do **Ocidente**.*
▶ ***West** Berlin, **West** Germany* ▷ *Berlim **Ocidental**, Alemanha **Ocidental***
▶ *We visited the **West** Bank and the Gaza Strip.* ▷ *Visitamos a **Cisjordânia**, a **Margem Ocidental** (do rio Jordão) e a faixa de Gaza.*
▶ *There have been wildfires in several **Western** states, including California, Oregon and Colorado.* ▷ *Tem havido incêndios em vários estados **do oeste** do país, inclusive Califórnia, Oregon e Colorado.*
▶ *Today's **western** women enjoy more freedom than their Muslim counterparts.* ▷ *Hoje as mulheres **ocidentais** desfrutam de mais liberdade do que as muçulmanas.*

WESTERNER s.

▶ ***Westerners** tend to believe in free will and personal choice.* ▷ *Os **ocidentais** tendem a acreditar no livre arbítrio e nas opções pessoais.*

WHILE conj.

1. enquanto AS

▶ *It was lovely **while** it lasted.* ▷ *Foi maravilhoso **enquanto** durou.*

2. embora, se bem que, apesar de que; é verdade que; mas, porém; se, por um lado, por outro lado; ao mesmo tempo

▸ *While my parents loved us, they were very strict with us.* ▷ **Embora** *meus pais gostassem de nós, eram muito severos conosco.*

▸ *While she is a good friend, she can be very demanding.* ▷ *É verdade que ela é uma boa amiga,* **mas, porém, por outro lado, ao mesmo tempo** *às vezes é muito exigente.*

▸ *While we cannot answer each e-mail, we appreciate your feedback.* ▷ **Apesar de que** *não podemos responder todos os e-mails, valorizamos sua opinião.*

WHITE-COLLAR adj.   BLUE-COLLAR

colarinho branco, burocrata, funcionário de escritório, administrativo, da administração

▸ *He started his career at the firm in a blue-collar job and was promoted into a* **white-collar** *job.* ▷ *Ele começou sua carreira na firma num trabalho manual, depois foi promovido para um cargo* **burocrático, administrativo, de escritório.**

▸ *White-collar crime* ▷ *Crime de* **colarinho branco**

WICKED adj.   EVIL, MALICIOUS

▸ *Cinderella's* **wicked** *stepmother made her life a misery.* ▷ *A madrasta* **má, perversa** *de Cinderela fazia da sua vida um inferno.*

WIDESPREAD adj.   POPULAR

difundido, generalizado, aceito, adotado, amplo, comum, conhecido, corrente, disseminado, divulgado, espalhado, extenso, geral, popular, popularizado, vulgarizado; em voga, em circulação

▸ *These ideas quickly became very* **widespread.** ▷ *Essas idéias logo se tornaram muito* **difundidas, disseminadas, comuns, conhecidas,** *entraram* **em circulação.**

▸ *Malnutrition in the region is* **widespread.** ▷ *A subnutrição é* **geral, generalizada** *na região.*

▸ *The campaign has received* **widespread** *support.* ▷ *A campanha vem recebendo* **amplo** *apoio.*

▸ *There was* **widespread** *flooding in the area.* ▷ *Houve* **extensas** *inundações na área.*

• Usar os verbos: generalizar-se, popularizar-se vulgarizar-se

▸ *Things will change once this new technology becomes* **widespread.** ▷ *As coisas vão mudar logo que essa nova tecnologia* **se popularizar, se generalizar.**

WILD s.

1. natureza, floresta, mata, mato, selva; ambiente, habitat natural; liberdade

▸ *Many explorers walked into the* **wild** *and never returned.* ▷ *Muitos exploradores se embrenharam na* **selva, no mato, na mata,** *e nunca mais voltaram.*

▸ *Do animals in the* **wild** *live longer than those in captivity?* ▷ *Os animais que vivem na* **natureza, selva, floresta, em liberdade, no seu habitat natural** *vivem mais do que os animais em cativeiro?*

2. região selvagem, remota, agreste, deserta, erma, inóspita, primitiva, rústica, silvestre   WILDERNESS

▸ *In the* **wilds** *of the North Pole* ▷ *As regiões* **ermas, remotas, inóspitas** *do Pólo Norte*

wild

WILD adj., **WILDLY** adv.

1. (animal) **selvagem, arisco,** bravio, bravo, indômito, selvático, silvestre ≠ TAME

   ▶ *How can you tame a wild horse?* ▷ *Como domar um cavalo bravo, selvagem?*
   ▶ *Wild animal smuggling* ▷ *Contrabando de animais silvestres*

2. (planta) **silvestre**, agreste, bravo; da mata, do mato

   ▶ *They fed on wild plants* ▷ *Alimentavam-se de plantas silvestres, agrestes.*
   ▶ *Wild strawberries* ▷ *Morangos silvestres*
   ▶ *Wild grape* ▷ *Vinha-selvagem, parreira-brava*
   ▶ *Wild blackberry* ▷ *Amora-brava, amora-do-mato*

3. (lugar) **virgem, selvagem,** agreste, bravio, desabitado, descampado, deserto, desolado, ermo, esquecido, inculto, inexplorado, inóspito, primitivo, remoto, rústico, solitário PRISTINE

   ▶ *Part of the island is still wild and unexplored.* ▷ *A ilha tem uma parte selvagem, virgem, agreste, inculta, inexplorada.*
   ▶ *Remote, wild country* ▷ *Região remota, desabitada, esquecida do mundo*
   ▶ *Cowboys in the Wild West* ▷ *Caubóis no Oeste selvagem, bravio*

4. **impetuoso, rebelde**, agitado, ardente, arrebatado, desbragado, descontrolado, desembestado, desenfreado, desgovernado, exaltado, fogoso, frenético, impensado, impulsivo, incoercível, incontrolável, indomável, indômito, infrene, intempestivo, irrefletido, louco, precipitado, sôfrego, solto; sem freios RECKLESS

   ▶ *He was a shy guy who never did anything crazy and wild.* ▷ *Era um cara tímido que nunca fez nenhuma maluquice, nada de impulsivo, precipitado, impetuoso.*
   ▶ *Give your hair a wild look.* ▷ *Dê ao seu cabelo um look rebelde.*
   ▶ *A wild river* ▷ *Rio turbulento, incontrolável, indômito*
   ▶ *Wild kisses* ▷ *Beijos delirantes, loucos, ardentes, fogosos*

5. **violento**, bravio, bravo, brutal, feroz, furioso, tempestuoso, turbulento FIERCE

   ▶ *He was a wild man when he was drinking.* ▷ *Quando bebia ficava violento, furioso.*
   ▶ *He was amazed at the wild disorder of the room.* ▷ *Ficou espantado ao ver a violenta desordem do quarto.*
   ▶ *(adv.) When the earthquake struck I saw the walls shaking wildly.* ▷ *Quando o terremoto começou, vi as paredes sacudindo violentamente.*
   ▶ *The dogs began to bark wildly.* ▷ *Os cachorros começaram a latir furiosamente.*

6. **louco, tresloucado**, maluco, delirante, desvairado, doido, fora de si

   ▶ *She had a wild look in her eyes.* ▷ *Tinha nos olhos uma expressão desvairada, tresloucada.*
   ▶ *Even in our wildest dreams we did not anticipate such a spectacular outcome.* ▷ *Nem nos nossos sonhos mais delirantes nós imaginamos um resultado tão espetacular.*
   ▶ *The audience went wild.* ▷ *A platéia ficou louca, delirou, entrou em delírio, pegou fogo.*

7. **infundado**, absurdo, sem fundamento FAR-FETCHED

   ▶ *Jews have often been victims of the wildest accusations.* ▷ *Os judeus muitas vezes já foram vítimas das acusações as mais absurdas, totalmente infundadas, sem nenhum fundamento.*

wild card

- Outras sugestões:
▸ *Harry favored **wild** neckties.* ▷ *Harry gostava de gravatas **extravagantes**.*
▸ ***Wild** shrieks of laughter* ▷ *Gargalhadas **estrepitosas***
▸ *A **wild** party* ▷ *Festa de **arromba***
▸ *This **wildly** popular game has sold millions of copies around the world.* ▷ *Esse game de **extraordinário, fantástico** sucesso já vendeu milhões no mundo todo.*
▸ *The crisis has provoked **wildly** divergent responses.* ▷ *A crise provocou reações **totalmente, completamente** divergentes.*

WILD CARD s.

1. (cartas) **coringa**
▸ *The game is played with two **wild cards** (twos or jokers).* ▷ *Joga-se com dois **coringas** (o dois ou o valete).*

2. **incógnita**, fator surpresa, fator imprevisível
▸ *The **wild card** in the elections is the possible entry by Smith.* ▷ *A **incógnita**, o **fator supresa** nas eleições é a possível candidatura de Smith.*

WILD CHARACTER s.

caractere-coringa, que representa qualquer outro
▸ *You can use the asterisk (*) and the question mark (?) as **wild characters** in your searches.* ▷ *Use o asterisco (*) e o ponto de interrogação (?) como **caracteres-coringa** em suas pesquisas.*

WILD GUESS   GUESS

WILDERNESS s.

1. **natureza**, mata, mato, floresta, selva; mata virgem
▸ *It's hard to survive in the **wilderness**.* ▷ *É duro sobreviver na **natureza**.*
▸ *The garden is a **wilderness**.* ▷ *O jardim é um **mato**, uma **floresta**.*

2. **deserto**, **vastidão**, amplidão, descampado, desolação, imensidão, solidão; lugar ermo, desabitado, deserto; meio do mato, fim de mundo
▸ *"The voice of him that crieth in the **wilderness**" (Isaiah 40:3)* ▷ *A voz que clama no **deserto***
▸ *He spent weeks in the Artic **wilderness**.* ▷ *Passou semanas na **vastidão, imensidão**, nos **ermos** gelados do Ártico.*

- Usar os substantivos: **lugar**, ambiente, cenário, espaço, meio, paisagem, região + os adjetivos de WILD:
▸ *The North Pole is the last great **wilderness**.* ▷ *O Pólo Norte é o último grande lugar **virgem, desabitado, inexplorado** do planeta.*

◊ Atenção à pronúncia: **wilderness** (**i** curto) ≠ **wild** /**uá**ild/.

WILDLIFE s.

natureza, fauna e flora; animais selvagens, vida selvagem, silvestre, vida animal

win

- *Federal **wildlife** laws* ▷ *Leis de proteção à **natureza**, à **vida selvagem***
- *Tourists come here to see the **wildlife**.* ▷ *Os turistas vêm até aqui ver a **fauna e a flora**.*
- *(adj.) A **wildlife** park* ▷ *Parque **ecológico***

WILDLIFE SANCTUARY s.

santuário ambiental, **ecológico**, reduto, refúgio animal

- *It's a magnificent **wildlife sanctuary** with a beautiful lake.* ▷ *É um magnífico **santuário ambiental** com um lindo lago.*
- *Our **Wildlife Sanctuary** provides care for injured and orphaned animals and eventual release back in to the wild.* ▷ *Nosso **refúgio, santuário animal** cuida de animais feridos e órfãos, procurando depois soltá-los na natureza.*

WILL v.

1. (auxiliar do futuro)

- ***Will** they ever live in peace?* ▷ *Será que algum dia eles **viverão** em paz?*

2. **aceitar**, estar disposto, disport-se

- *Around 70 per cent of consumers **will** pay a premium for organic products.* ▷ *Cerca de 70% dos consumidores **aceitam, estão dispostos, se dispõem** a pagar mais por produtos orgânicos.*

WILL NOT, WON'T v.

> **Won't** nem sempre indica a negativa do futuro; também significa "recusar-se".
> *The CEO **won't** disclose his salary.* ▷ *O CEO **não revela, se recusa a revelar** seu salário.*

1. (auxiliar do futuro, na negativa:)

- *I bet he **won't** come tomorrow.* ▷ *Aposto que ele **não vem, não virá** amanhã.*

2. **recusar-se**, não aceitar, não querer; não se dispor, não estar disposto a fazer; não fazer

- *I **will not** be a victim!* ▷ *Eu **me recuso** a ser vítima!*
- *Immigrants do jobs that Americans **won't** do.* ▷ *Os imigrantes fazem trabalhos que os americanos **não querem, não aceitam, não se dispõem a** fazer.*
- *She was found at a location police **won't** disclose.* ▷ *Foi encontrada num local que a polícia **não quer, se recusa** a revelar.*
- *The young cubs **won't** eat until their mother returns.* ▷ *Os filhotes **não comem, se recusam a comer** até a mãe voltar.*

- No passado: WOULD NOT

- *Police **wouldn't** disclose the details.* ▷ *A polícia **se recusou** a dar detalhes.*

WIN, WIN OVER v.

1. **vencer**, conseguir, ganhar, triunfar; levar a taça, ser vitorioso

- *We **won**!* ▷ ***Vencemos! Ganhamos!***

2. (simpatia, amizade) **conquistar, cativar**, convencer, granjear a simpatia

▶ We are trying to **win over** the undecided voters. ▷ Tentamos **conquistar** os eleitores indecisos.

WIN-WIN adj.

(acordo, negócio) **ganha-ganha**, bom para todos, em que todo mundo ganha, que favorece ambos os lados COMPROMISE

▶ The proposal is a **win-win** deal – it's good for the environment and good for the economy. ▷ É uma proposta **ganha-ganha, em que todo mundo ganha** – boa para o meio ambiente e boa para a economia.

WINCE v.

crispar-se, recuar, encolher-se, estremecer, retrair-se (de dor, medo, horror, repulsa); ficar horrorizado

▶ She **winced** as the pain returned. ▷ **Crispou-se, encolheu-se** toda quando a dor voltou.
▶ It makes me **wince** even thinking about this operation. ▷ **Fico horrorizado** só de pensar nessa operação.

WIPE OUT v.   RUIN

aniquilar, exterminar, abolir, anular, apagar, arrasar, cancelar, debelar, desbaratar, desintegrar, destruir, devastar, dizimar, eliminar, erradicar, extinguir, extirpar, liquidar, obliterar, pulverizar, siderar, suprimir, varrer, zerar; levar de roldão, varrer do mapa, riscar do mapa, não deixar pedra sobre pedra

▶ Her whole family was **wiped out** by the Nazis. ▷ Toda a sua família foi **aniquilada, exterminada, dizimada, liquidada** pelos nazistas.
▶ The town was completely **wiped out** by hurricane Katrina. ▷ A cidade foi **arrasada, obliterada, varrida do mapa** pelo furacão Katrina.
▶ The savings of the middle classes were **wiped out** in a single blow. ▷ As economias da classe média foram **pulverizadas, varridas** num único golpe.
▶ Polio was **wiped out** in Europe thanks to mass vaccination. ▷ A pólio foi **debelada, erradicada, eliminada, extirpada, extinta** na Europa graças à vacinação em massa.

WISDOM s.

1. sabedoria, compreensão, entendimento

▶ Words of **wisdom**: "Turn your dreams into goals." ▷ Palavras de **sabedoria**: "Transforme seus sonhos em objetivos".

2. sensatez, prudência, bom senso, critério, discernimento, inteligência, juízo, lucidez, sapiência SENSE

▶ Did we ever stop to question the **wisdom** of going to war? ▷ Será que já paramos para pensar se é **sensato, prudente** ir à guerra?

WISE s., adj.

sábio, prudente, aconselhável, ajuizado, sensato SENSIBLE

▶ Words of a **wise** old man ▷ Palavras de um velho **sábio**
▶ A **wise** decision ▷ Decisão **aconselhável, prudente, sensata**
▶ I thought it **wiser** to keep quiet. ▷ Achei mais **prudente** ficar quieto.

WISELY adv.

▶ *Time is money – spend it **wisely**.* ▷ *Tempo é dinheiro – gaste com **prudência, bom senso e inteligência**.*

- Usar "bem":

▶ *Pick your projects **wisely**.* ▷ *Saiba escolher **bem** os seus projetos.*

WISH v.   YEARN

desejar, gostar, querer muito

▶ *We **wish** you a merry Christmas.* ▷ ***Desejamos** a você um feliz Natal.*
▶ *I **wish** I could go.* ▷ *Eu **gostaria** muito de ir.*

- Outras sugestões:

▶ *I **wish** I had known all this before I married him.* ▷ ***Que pena** que eu não sabia disso antes de casar com ele!*
▶ *How I **wish** I were home!* ▷ ***Tomara**, oxalá eu pudesse estar de volta em casa! / Quem me dera estar em casa! / Ah, que vontade / Ah, se eu pudesse / Gostaria tanto / Como eu gostaria / Bem que eu gostaria / Eu só gostaria de estar em casa!*

WISHFUL THINKING expr.

ilusão, auto-engano, auto-sugestão, desejo, fantasia, quimera, sonho, utopia; excesso de otimismo; subjetivismo; falta de realismo, de objetividade

▶ *I thought he would come back to me, but I guess it was just **wishful thinking**.* ▷ *Pensei que ele ia voltar para mim, mas acho que foi apenas **ilusão**, uma **fantasia, excesso de otimismo** da minha parte.*
▶ *They think their candidate is going to win, but it's just **wishful thinking**.* ▷ *Eles acham que o candidato deles vai ganhar, mas é **sonho, falta de realismo, auto-engano**, é **confundir o desejo com a realidade**.*

WIT s.

1. **verve, senso de humor,** acuidade, agudeza, argúcia, brilho, cabeça, espírito, espirituosidade, finura, graça, imaginação, inspiração, inteligência, perspicácia, sagacidade, vivacidade; espírito humorístico, humor sutil

▶ *He was famous for his **wit**.* ▷ *Era famoso por sua **verve, vivacidade, graça**, seu **senso de humor**.*
▶ *Caustic **wit*** ▷ ***Humor** cáustico*

2. **pessoa** dotada de verve, senso de humor etc.   WITTY

▶ *Oscar Wilde was renowned as a **wit**.* ▷ *Oscar Wilde era conhecido por sua **verve**, sua **agudeza de espírito**, sua **inteligência e senso de humor**.*

◊ **Wit** combina inteligência, agilidade mental e senso de humor.

WITTY adj.   SHARP, FUNNY

espirituoso, alerta, arguto, atilado, brilhante, engenhoso, engraçado, esperto, fino, humorístico, imaginoso, inspirado, inteligente, penetrante, perspicaz, rápido, sagaz, talentoso, vivo; rápido no gatilho, com agudeza de espírito

woe

▶ *The film has funny, **witty** dialogues.* ▷ *O filme tem diálogos engraçados e **espirituosos, inspirados, bem humorados, espertos**.*

• Witty qualifica alguém capaz de dizer coisas ao mesmo tempo inteligentes, engraçadas e inesperadas. Usar dois adjetivos para melhor passar a idéia:

▶ *George Bernard Shaw was famous for his **witty** remarks* ▷ *G.B. Shaw era famoso por seus comentários **espirituosos e penetrantes** / **engraçados e perspicazes**.*

WOE s.   TROUBLE, ORDEAL

WONDER s.   AWE

maravilha, maravilhamento, deslumbramento, encantamento, fascinação, fascínio, magia, mágica, magnetismo

▶ *Get a telescope and feel the **wonder** of infinite space.* ▷ *Arranje um telescópio e sinta a **maravilha**, o fascínio, deslumbramento do espaço infinito.*

no wonder / small wonder *expr.*
não admira, não é de se admirar, não surpreende, não é para menos

▶ *No **wonder** she has such gorgeous hair – she spends a fortune on it.* ▷ *Não admira, não é para menos que ela tem um cabelo tão bonito – ela gasta uma fortuna para isso.*

WONDER v.

1. **perguntar-se**, **querer saber**, cismar, cogitar, conjeturar, especular, indagar-se, imaginar, interrogar-se, lucubrar, matutar, parafusar, pensar, ponderar, refletir, ruminar; tentar adivinhar, imaginar; procurar descobrir; ficar curioso, ter curiosidade de saber; ficar pensando, pensar com seus botões

▶ *He **wondered** why they were always late.* ▷ ***Perguntou-se, perguntou com seus botões, queria saber, gostaria de saber, tinha curiosidade de saber** por que eles estavam sempre atrasados.*
▶ *How do you do this? she **wondered**.* ▷ *Como será que se faz isso? **pensou** ela.*
▶ *He **wondered** what the purpose of the visit was.* ▷ *Começou a **pensar, cismar, conjeturar, especular, refletir, ponderar** sobre o objetivo da visita.*
▶ *I always **wonder** what she's doing now.* ▷ *Fico tentando **imaginar** o que ela anda fazendo agora.*
▶ *"E quem eram eles?* ***Indagava-me*** *às vezes." (Clarice Lispector, "A Legião Estrangeira")*

2. **não saber,** não compreender, não entender por quê

▶ *I **wonder** why I can't do this.* ▷ ***Não compreendo** por que não consigo fazer isso.*

3. **estranhar,** duvidar, questionar; achar estranho; ter dúvidas

▶ *Seeing the two girls walking home together, he couldn't help **wondering**.* ▷ *Vendo as duas meninas voltando para casa juntas, não pôde deixar de **estranhar, ficar curioso**.*
▶ *This Susan, I don't know. I **wonder** about her.* ▷ *Essa Susan, não sei não. **Tenho minhas dúvidas** sobre ela.*

• Usar: **será**, **seria**

▶ *I **wonder** whether I'll be able to do it.* ▷ ***Será** que vou conseguir fazer isso?*
▶ *I **wonder** if you could do me a favor.* ▷ ***Será** que você poderia me fazer um favor?*

▶ *I wonder what would happen if she came in right now.* ▷ ***O que será*** *que aconteceria se ela entrasse aqui agora?*

- Usar o futuro ou o condicional:

▶ *I wonder what time it is.* ▷ *Que horas **serão**?*
▶ *I wondered what time it was.* ▷ *Fiquei pensando, que horas **seriam**?*
▶ *I wonder what they're doing now.* ▷ *O que será que eles **estarão** fazendo?*
▶ *He wondered if it wasn't Billy.* ▷ *Por acaso não **seria** o Billy?*

- Usar os adjetivos: **intrigado, perplexo,** cismado, curioso, desconfiado; *inf.* encucado, encafifado

▶ *A solar eclipse was a total mystery. Imagine how ancient people must have **wondered** about it.* ▷ *O eclipse solar era um mistério total. Imagine como os antigos deviam **ficar intrigados, perplexos, cismados**.*

WONDERFUL adj.   SUPERB, EXQUISITE

WON'T v.   WILL NOT, WON'T

WORK s.

1. **trabalho, obra**, realização   TASK

▶ *Picasso: His life and **work*** ▷ *Picasso: Sua vida e sua **obra***

2. **emprego**, cargo, colocação, especialização, ganha-pão, profissão; mercado

▶ *What skills do you need to succeed at **work**?* ▷ *Quais são as qualificações necessárias para ter sucesso na **profissão**, no **emprego, mercado**?*

hard WORK

trabalho pesado, esforço, afã, batalha, canseira, diligência, faina, labuta, lida, lide, suor, trabalhão, trabalheira; *inf.* pauleira

- Usar os adjetivos: **pesado**, cansativo, complicado, difícil, duro, estafante, exaustivo, extenuante, fatigante, intenso, laborioso, penoso, puxado

▶ *Gardening requires a lot of **hard work**.* ▷ *Cuidar do jardim é um **trabalho pesado, exaustivo, laborioso**, dá uma **trabalheira**.*

WORK v.

1. **trabalhar**, agir, atuar, desempenhar, labutar, realizar

▶ *Thousands of workers died **working** on the Panama Canal.* ▷ *Milhares de operários morreram **trabalhando, labutando** no canal do Panamá.*
▶ *We have to **work** fast.* ▷ *Temos que **agir** depressa.*

2. **funcionar**

▶ *The machine is not **working**.* ▷ *A máquina não está **funcionando**.*
▶ *This pay phone **works** with coins.* ▷ *Esse telefone público **funciona** com moedas.*

3. **funcionar bem**, dar certo, dar bom resultado   SUCCEED

work hard

- *Here are the methods that have **worked** for me.* ▷ *Eis os métodos que **funcionaram**, deram melhor resultado comigo.*
- *This **doesn't work**.* ▷ *Isso **não funciona**, não dá certo, não adianta, é inútil.*

WORK HARD v.   do ONE'S BEST

esforçar-se, trabalhar muito, aplicar-se, batalhar, dedicar-se, empenhar-se, esfalfar-se, esgotar-se, estafar-se, exaurir-se, extenuar-se, labutar, lutar, pelejar, suar; arregaçar as mangas, ir à luta; trabalhar com afinco, arduamente, incansavelmente, com perseverança, sem tréguas; dar o máximo de si; *inf.* dar duro, suar a camisa

- *You have to **work harder**.* ▷ *Você precisa **se esforçar mais**.*
- *She **worked hard** on her husband's behalf.* ▷ *Ela **se empenhou, batalhou, labutou, lutou** muito em favor do marido.*
- *"**Work** smarter, not **harder**."* ▷ *"O negócio é pensar mais e **suar** menos." (Trad. livre)*

WORK OUT v.

1. fazer ginástica, exercícios físicos; freqüentar academia; *inf.* malhar

- *She **works out** every day.* ▷ *Ela **faz exercícios, malha, vai à academia** todos os dias. (NÃO "trabalha fora"....!)*

2. tentar resolver, buscar uma solução; *inf.* dar um jeito

- *Tell me your problem. Whatever it is, we can **work it out**.* ▷ *Me conte o seu problema. Seja lá o que for, podemos **dar um jeito, tentar resolver**.*

WORKER s.   STAFF

trabalhador, funcionário, operário, profissional, técnico; (pl., coletivo:) pessoal, mão-de-obra

- *Rural **workers*** ▷ ***Trabalhadores** rurais*
- *Blue-collar **workers*** ▷ ***Operários***
- *White-collar **workers** / Office **workers*** ▷ ***Funcionários, pessoal** de escritório*
- *Self-employed professional / Self-employed professional **worker*** ▷ ***Profissional** liberal*
- *We need skilled **workers**.* ▷ *Precisamos de **profissionais** qualificados.*
- *Unskilled / semi-skilled **workers*** ▷ ***Mão-de-obra** não qualificada / semiqualificada*

WORRY v., s.

1. preocupar-se, afligir-se, amofinar-se, apoquentar-se, atormentar-se, cismar, impressionar-se, inquietar-se, ruminar; ficar preocupado, ansioso; pensar insistentemente; *inf.* esquentar a cabeça

- *Don't **worry**.* ▷ *Não **se preocupe**.*
- *I **worry** it won't come out.* ▷ ***Fico preocupado**, pensando se vai dar certo.*
- *(subst.) "Work won't kill, but **worry** will."* ▷ *O trabalho não mata, o que mata são as **preocupações, os cuidados**.*

2. recear, temer; ter medo, receio

- *Many elderly people **worry** about becoming a burden to their families.* ▷ *Muitos idosos **receiam** tornar-se um fardo para a família.*
- *Iranian women are **worried** that conservatives could gain the upper hand again.* ▷ *As mulheres iranianas **receiam, temem** que os conservadores voltem ao poder.*

3. **importar-se**, interessar-se CARE
▶ These lawyers hardly **worry** about the poor near them. ▷ Esses advogados pouco **se importam**, nem se **interessam** pelos pobres ao seu redor.

WORRIED adj.

1. **preocupado**, aflito, angustiado, ansioso, apreensivo, desassossegado, inquieto UPSET
▶ Tom ran away from home and his mother was **worried sick**. ▷ Tom fugiu de casa e sua mãe estava **preocupadíssima, aflita**.

2. **que receia**, teme AFRAID
▶ I was **worried** he would tell my parents. ▷ Fiquei **preocupado, temendo, pensando** que ele ia contar para os meus pais.
▶ I was **worried** I would be late. ▷ **Temia, receava** chegar atrasado.
▶ I was **worried** Tom would fall asleep at the wheel. ▷ **Tive medo** que Tom dormisse na direção.

WORRYING adj.   SOBERING

preocupante, **inquietante,** aflitivo, alarmante, angustiante, difícil, grave, perturbador, problemático, sério

▶ Our most **worrying** concern is the population explosion. ▷ O problema mais **preocupante, sério,** o que mais nos **preocupa** é a explosão populacional.

WOULD v.

> Atenção ao contexto: **would** também indica ação repetida no passado:
> Every night my mother **would** read a story to me. ▷ Todas as noites minha mãe me **lia**
> (NÃO "~~teria~~"...!) uma história.

1. (auxiliar do condicional)
▶ If I could, I **would** go right away. ▷ Se eu pudesse, **iria** agora mesmo.
▶ If I had known, I **would** have warned you. ▷ Se eu soubesse, **teria** te avisado.

• Usar "haver de":
▶ His mother told me that the kid **would** become President one day. ▷ Sua mãe me disse que o garoto ainda **haveria** de ser presidente. (Melhor que "seria")
▶ I didn't realize that this meeting **would** change my life forever. ▷ Eu não percebi que esse encontro **haveria** de mudar minha vida para sempre.

2. (auxiliar para ação habitual no passado) USED TO
▶ My father **would** always say, "Learn a trade." ▷ Meu pai sempre me **dizia**, "Aprenda um ofício".

• Usar o imperfeito do indicativo:
▶ (An astronaut remembers:) When I was a kid, I **would** tell my friends about the moon, and they **would** laugh at me and call me crazy. ▷ Quando eu era garoto, **falava** aos meus amigos sobre a lua, e eles **riam** de mim e me **chamavam** de doido.

would not

- Usar os verbos: **viver**, passar a
▶ *He **would** always look for me in the club.* ▷ ***Vivia** me procurando no clube.*
▶ *From then on, she **would** take me to art galleries.* ▷ *Dali em diante, ela **passou a** me levar a galerias de arte.*

WOULD NOT v.

1. (auxiliar do condicional, na negativa)
▶ *Even if they knew, they **wouldn't** tell us.* ▷ *Mesmo que soubessem, eles **não** nos **diriam**.*
▶ *If I knew about his past, I **wouldn't** have hired him.* ▷ *Se eu conhecesse o passado dele, **não** o **teria** contratado.*

2. **recusar-se,** não concordar (no passado)   WILL NOT, WON'T
▶ *He designed some ingenious instruments, but **would not** reveal all his ideas.* ▷ *Ele criou instrumentos engenhosos, mas **se recusava** a revelar todas as suas idéias.*
▶ ***Neither** the CEO nor the CFO **would** comment.* ▷ *Tanto o CEO como o diretor financeiro **se recusaram** a comentar.*

WOULD-BE adj.

candidato, aspirante, futuro; quem ambiciona, aspira, deseja, pretende ser algo
▶ *This contest gives all those **would-be** movie directors a chance to show their talent.* ▷ *Este concurso dá a todos os **candidatos, aspirantes**, os que **desejam, pretendem** ser diretores de cinema uma chance de mostrar seu talento.*

WRETCHED adj.   MISERABLE, DAMNED

WRY adj.

1. **sarcástico**, cético, cínico, irônico, mordaz, sardônico; de um humor seco e desiludido
▶ *The book attacks the current administration with **wry** humor.* ▷ *O livro ataca o governo com tiradas **mordazes, irônicas**, de humor **sarcástico**.*

2. (sorriso) **contrafeito**, **irônico**, seco, torto, de viés
▶ *My remarks were received with a **wry** smile.* ▷ *Minhas observações foram recebidas com um sorrisinho irônico, de viés.*

X

X-RATED adj.   CLASSIFIED

(filme) **impróprio,** proibido para menores

◊ Nos Estados Unidos, a idade legal para assistir a esse tipo de filme é 17 anos.

Y

YEARN v.   LOOK FORWARD TO

ansiar, desejar ardentemente; almejar, ambicionar, anelar, aspirar; sentir, ter saudades; querer muito, estar ansioso, ávido, desejoso, saudoso, sedento, sequioso, sôfrego, morrendo de vontade; ter saudades; suspirar por

▶ He **yearned** to be free. ▷ Ele **ansiava, aspirava** pela liberdade, estava **sôfrego, sedento, sequioso** de liberdade.

▶ I'm very homesick. I **yearn** to see my family again. ▷ Tenho muitas saudades de casa. Estou **ansiosa, morrendo de vontade** de rever minha família.

▶ She had always **yearned** to travel, but in Europe she **yearned** for home. ▷ Ela sempre **desejou, ambicionou, quis muito, teve muita vontade** de viajar; mas na Europa **sentia saudades** de casa.

YEARNING s.   URGE

anseio, anelo, ânsia, apetite, aspiração, desejo, fome, saudades, sede, sofreguidão, vontade

▶ This religious singer captures the **yearning** that believers have – the **yearning** for friends, the **yearning** for love, the **yearning** for home. ▷ Esse cantor religioso capta os **anseios** dos fiéis – o **desejo** de ter amigos, a **vontade** de amar, a **saudade** de casa.

YELL v.

gritar, berrar, bradar, clamar, esbravejar, esganiçar-se, esgoelar-se, urrar, vociferar, trovejar; dar gritos

▶ I **yelled** until I was hoarse. ▷ Eu **gritei, berrei, me esgoelei,** até ficar rouco.

▶ I don't want you **yelling** at me. ▷ Não quero saber de **gritos.**

YET adv.

1. ainda, até agora

▶ My husband, luckily, has not left me for a younger woman. **Yet.** ▷ Por sorte, meu marido ainda não me trocou por uma mulher mais jovem. **Ainda, até agora.**

2. ainda não, até agora não, nunca

▶ Dr. Smith has **yet** to publish his results. ▷ O dr. Smith **ainda não** publicou seus resultados.

▶ I haven't been abroad **yet.** ▷ Até agora, **nunca** saí do país.

▶ I have **yet** to meet a girl who is completely happy with her figure. ▷ **Nunca** conheci, **estou para** conhecer uma moça totalmente feliz com o corpo que tem.

3. mas, contudo, entretanto, porém, todavia; no entanto, mesmo assim   BUT

▶ He knew it was illegal; **yet,** he insisted on doing it. ▷ Sabia que era ilegal; **mas, contudo, no entanto, mesmo assim,** continuou fazendo.

4. mais ainda

▶ It's very warm here, and warmer **yet** in July. ▷ Aqui faz muito calor, e **mais ainda** em julho.

you

yet another (função de reforço)
mais um
▶ *This is **yet another** case of accounting fraud.* ▷ *Este é **mais um** caso de fraude contábil.*

YOU pron.

> Não traduza como "você" quando o contexto pede "senhor", "senhora":
> *Yes, Captain, **you** are correct.* ▷ *Sim senhor, Capitão, **o senhor** (NÃO "você"...!) tem razão.*

1. **você,** o senhor, a senhora THOU
▶ *It's entirely up to **you**.* ▷ *Depende só de **você**.*
▶ *Could **you** please help me?* ▷ *A **senhora** poderia me ajudar?*

2. (pron. indefinido) **se,** quem; a gente, a pessoa, as pessoas; você ONE
▶ ***You** play soccer with 11 players on each side.* ▷ *Joga-**se** futebol com onze de cada lado.*
▶ *If **you** don't have money, **you** shouldn't travel.* ▷ ***Quem** não tem dinheiro não deve viajar.*
▶ *The casino wants **you** to spend as much money as possible.* ▷ *O cassino quer que **a gente, você** gaste o máximo possível.*
▶ *The drug makes **you** more alert.* ▷ *Essa droga deixa **a pessoa** mais acordada.*
▶ *"Aliás, bastava **a pessoa** ficar sentada num banco e já via o Rio de Janeiro." (Clarice Lispector, "Viagem a Petrópolis")*

- Omitir o pronome para dar a idéia de impessoalidade:
▶ *The rules are simple: **you** must have five players on each side.* ▷ *As regras são simples: **é preciso** haver cinco jogadores de cada lado.*
▶ *Water is good for **you**.* ▷ *A água **faz bem, faz bem à saúde**.*

- Usar uma palavra mais específica: o usuário, consumidor, cliente, cidadão, passageiro, turista etc. PEOPLE
▶ ***You** log on to a website hoping to find some information when **you** are confronted by annoying ads.* ▷ *O **internauta, cliente, consumidor** entra num site esperando encontrar informações, mas se depara com anúncios irritantes.*
▶ *The books on the same topic are placed near one another, helping **you** find additional relevant volumes.* ▷ *Os livros sobre um mesmo tópico ficam próximos, ajudando o **usuário, leitor, consulente** a encontrar outras obras relevantes.*

YOUR adj.

1. **seu,** teu, de você, de vocês THEIR
▶ *Hi, Nick and Martha! Is this **your** car?* ▷ *Oi, Nick e Martha! Esse carro é **seu, é de vocês**?*

2. **comum, costumeiro,** bem conhecido, familiar, médio, normal; como os outros USUAL, GARDEN-VARIETY
▶ *This is not **your** average kids' site!* ▷ *Este não é um site para crianças **comum, como os outros!***
▶ *These are not **your** typical housewives; these are sophisticated, Ivy-League educated housewives.* ▷ *Essas não são donas de casa **comuns, médias, do tipo que a gente está acostumado a ver**; são donas de casa sofisticadas, educadas em universidades de elite.*

Z

ZEAL s.   DRIVE

zelo, empenho, aplicação, ardor, dedicação, desvelo, diligência, entusiasmo, esforço, fervor, interesse, solicitude; vivo ardor

▶ *He showed fervent zeal for the interests of the state.* ▷ *Mostrava ardoroso* **zelo, empenho, dedicação** *pelos interesses do Estado.*

▶ *She started her orphan care program with her own zeal and no money.* ▷ *Ela criou seu programa de assistência aos órfãos sem dinheiro algum, apenas com sua* **dedicação e entusiasmo, esforço, empenho.**

◊ **Zeal** reúne as idéias de ardor, entusiasmo + dedicação, constância, diligência.

ZEALOUS adj.   KEEN, PASSIONATE

zeloso, dedicado, abnegado, aplicado, ardoroso, cioso, diligente, empenhado, entusiasmado, entusiástico, esforçado, extremoso, fervoroso, trabalhador

▶ *She's well known as a zealous teacher.* ▷ *Ela é bem conhecida como professora* **dedicada, empenhada, zelosa.**

ZEST s.

1. **casca** de laranja ou limão

▶ *Add grated lemon zest.* ▷ *Acrescente* **casca** *de limão ralada.*

2. **interesse,** gosto, prazer, sabor, "pimenta", "tempero"

▶ *The danger of being caught any moment added a certain zest to the affair.* ▷ *O risco de serem pegos a qualquer momento dava mais* **interesse, pimenta, tempero, sabor** *ao romance.*

3. **entusiasmo, energia,** afã, amor, animação, ânimo, ânsia, ardor, calor, dinamismo, disposição, elã, empenho, empolgação, energia, fervor, fogo, força, gosto, iniciativa, interesse, motivação, prazer, sofreguidão, vibração, vontade; inf. gana, garra, gás, pique; alegria de viver   DRIVE

▶ *At 58 he retains all the heady zest of adolescence.* ▷ *Aos 58 anos, ele conserva toda a* **disposição, o pique, gás** *da adolescência.*

▶ *She captivated everyone with her sense of humor and her zest for life.* ▷ *Ela cativava a todos com seu senso de humor e sua* **energia, garra, entusiasmo, gosto, amor** *pela vida,* **alegria** *de viver.*

BIBLIOGRAFIA

DICIONÁRIOS INGLÊS-PORTUGUÊS

- Houaiss, Antonio. *Dicionário Inglês-Português*. Rio de Janeiro, Record, 1982.
- Marques, Amadeu & Draper, David. *Dicionário Inglês-Português Português-Inglês*. São Paulo, Ática, 1998.

DICIONÁRIOS DA LÍNGUA INGLESA

- OneLook – www.onelook.com
- www.thefreedictionary.com
- The Exploding Dictionary http://projects.ghostwheel.com/dictionary
- The American Heritage Dictionary of the English Language. Versão eletrônica – Microsoft Bookshelf, 1999 [AHD]
- Cambridge International Dictionary of English. Cambridge, Cambridge University Press, 1995.
- Cobuild Essential English Dictionary. Londres, Collins ELT, 1988.
- Concise Oxford Dictionary. Oxford, Oxford University Press, 1978.
- Dictionary Thesaurus. Dorling Kindersley, Londres, 1999.
- Longman Dictionary of Contemporary English. Londres, Longman Group, 1995.
- Rodale, J. I. *The Synonym Finder*. Nova York, Warner Books, 1983.
- Roget's Thesaurus of English Words and Phrases.

DICIONÁRIOS DA LÍNGUA PORTUGUESA

- Azevedo, Francisco Ferreira dos Santos. *Dicionário Analógico da Língua Portuguesa*. Brasília, Coordenada, 1974.
- Buarque de Holanda, Aurélio. *Novo Dicionário Eletrônico Aurélio.* – versão 5.0 [Novo Aurélio]
- Houaiss, Antonio. *Dicionário Eletrônico Houaiss da Língua Portuguesa*. Rio de Janeiro, Objetiva, 2001. [Houaiss LP]

OBRAS SOBRE FALSOS COGNATOS

- Soares dos Santos, Agenor. *Guia Prático da Tradução Inglesa*. São Paulo, Cultrix, 1981. [Agenor]
- Meertens, René. *Guide Anglais-Français de la Traduction*. Paris, Chiron, 2004.
- Alves de Oliveira, Ronaldo. *280 Erros Comuns na Tradução da Língua Inglesa*. São Paulo, Edicta, 2004.

PRINCIPAIS FONTES DE EXEMPLOS

- BBC – www.news.bbc.co.uk
- CNN – www.cnn.com
- Google
- Harvard Business Review

- National Geographic Magazine
- New York Times – www.nyt.com
- Newsweek, TIME, Business Week, Financial Times
- The Guardian – www.guardian.co.uk
- Veja, Folha de S.Paulo [FSP], Jornal do Brasil [JB]

EMISSORAS DE TV

- BBC, CNN, GNT
- National Geographic, Discovery

OBRAS LITERÁRIAS EM DOMÍNIO PÚBLICO

- Project Gutemberg – http://www.gutenberg.org
- UMICH Text Initiative: HTI Modern English Collection http://www.hti.umich.edu/p/pd-modeng/simple.html

LEITURAS ÚTEIS E INSPIRADORAS

- Campos, Augusto. *VivaVaia*. São Paulo, Ateliê Editorial, 2002.
- Campos, Augusto. *O Anticrítico*. São Paulo, Companhia das Letras, 1986.
- Campos, Augusto. *Linguaviagem*. São Paulo, Companhia das Letras, 1987.
- Paes, José Paulo. *Tradução, a ponte necessária*. São Paulo, Ática, 1990.
- Rónai, Paulo. *A tradução vivida*. São Paulo, Nova Fronteira, 1981.
- Rónai, Paulo. *Escola de tradutores*. São Paulo, Nova Fronteira, 1987.
- Silveira, Breno. *A arte de traduzir*. São Paulo, Editora Unesp, 2004.
- Winchester, Simon. *The Meaning of Everything: The Making of the Oxford Dictionary*. Oxford USA, 2003.

SOBRE OS AUTORES

Isa Mara Lando é formada em inglês pela Cultura Inglesa e pela PUC de São Paulo. Lecionou dez anos na Cultura Inglesa, especialmente na preparação para os exames de Cambridge-Proficiency.

Desde 1986 já traduziu mais de 80 livros, de autores como Salman Rushdie, Susan Sontag, Yukio Mishima, Bernard Malamud, John Fante, Emily Dickinson, Edgar Alan Poe. Para o teatro, traduziu *José e seu Manto Tecnicolor*, *Violinista no Telhado* e *Angels in America*.

Traduz regularmente para as revistas National Geographic e Harvard Business Review. Já traduziu muitos artigos de outras publicações como TIME, Business Week, Financial Times, The Economist, Foreign Affairs, Scientific American.

É adaptadora e autora de livros infantis e juvenis, como *O Fantasma de Canterville* (Scipione), *Ghosts! A play for the classroom* (Ática), *Pano Rápido, Bicho no Lixo* e *Thank You, Mrs. Goldman*.

Participa regularmente de encontros e congressos sobre tradução e aprendizado de inglês, como Braz-Tesol, APIRS, ABRATES, ATA. Reside no Rio de Janeiro, onde dá palestras e oficinas de tradução e prepara seus novos livros (infantis e juvenis, exercícios de tradução).

Contato: isamara@vocabulando.com, isamaralando@hotmail.com

Para conhecer seus trabalhos e próximos lançamentos, visite o site: www.vocabulando.com

David Coles é mestre em Literatura Inglesa pela Universidade de Cambridge e Mestre em Educação pela UWIST (University of Wales Institute of Science and Technology). De 2000 a 2002 foi coordenador do Depto. de Tradução e Interpretação da Associação Alumni de São Paulo. Atualmente é intérprete autônomo e dá aulas de interpretação simultânea na Interstudio. Participou dos quatro seminários do Curso "Training of Trainers" da AIIC – Association Internationale des Interprètes de Conférence (2003-2006).

Contato: david@dct.com.br e o site www.interstudio.trd.br.

Este livro foi composto nas fontes Fago Condensed e Kepler Std Condensed
e impresso em agosto de 2006 pela Prol Gráfica Ltda., sobre papel offset 90g/m².